LUZ EMERGENTE

BARBARA ANN BRENNAN

LUZ EMERGENTE

A Jornada da Cura Pessoal

Tradução
Paulo Cesar de Oliveira

Editora
Pensamento
SÃO PAULO

Título do original: *Light Emerging*.
Copyright © 1993 Barbara Ann Brennan.
Copyright da arte da capa © 1993 Gabriel Molano.
Ilustrações © 1993 Thomas J. Schneider e Joan Tartaglia.
Essa tradução foi publicada mediante acordo com a Bantam Books, um selo da Random House, uma divisão da Penguin Random House LLC.
Copyright da edição brasileira © 1995, 2018 Editora Pensamento-Cultrix Ltda.
Texto de acordo com as novas regras ortográficas da língua portuguesa.
12ª edição 2018./3ª reimpressão 2024.

Observe que *Luz Emergente* reflete a experiência pessoal da autora e de muitas outras pessoas com quem ela trabalhou. O livro não deve ser interpretado como um guia independente de autocura. As informações contidas neste livro são para completar, não para substituir, os conselhos médicos ou de algum profissional da saúde, que deve ser consultado em caso de necessidades individuais ou de qualquer sintoma que precise de um diagnóstico médico antes de iniciar o uso de qualquer medicação ou tratamentos que envolvam exercícios ou dietas.

O poema citado nas páginas 16-17, "Além das Portas da Percepção" foi extraído do livro *O Caminho da Autotransformação* (The Pathwork of Self-Transformation) de Eva Pierrakos, e reimpresso com a permissão da Bantam Books.

Todos os direitos reservados. Nenhuma parte deste livro pode ser reproduzida ou usada de qualquer forma ou por qualquer meio, eletrônico ou mecânico, inclusive fotocópias, gravações ou sistema de armazenamento em banco de dados, sem permissão por escrito, exceto nos casos de trechos curtos citados em resenhas críticas ou artigos de revista.

A Editora Pensamento não se responsabiliza por eventuais mudanças ocorridas nos endereços convencionais ou eletrônicos citados neste livro.

Editor: Adilson Silva Ramachandra
Editora de texto: Denise de Carvalho Rocha
Gerente editorial: Roseli de S. Ferraz
Produção editorial: Indiara Faria Kayo
Editoração eletrônica: Join Bureau
Revisão: Bárbara Parente

Dados Internacionais de Catalogação na Publicação (CIP)
(Câmara Brasileira do Livro, SP, Brasil)

Brennan, Barbara Ann
  Luz emergente: a jornada da cura pessoal / Barbara Ann Brennan; tradução Paulo Cesar de Oliveira. – 12. ed. – São Paulo: Pensamento, 2018.

  Título original: Light emerging: the journey of personal healing
  Bibliografia.
  ISBN 978-85-315-2000-6

  1. Cura mental 2. Energia vital – Uso terapêutico 3. Imposição das mãos – Uso terapêutico 4. Medicina alternativa I. Título.

18-13025   CDD-615.852

Índices para catálogo sistemático:
1. Cura: Energia vital: Terapia alternativa   615.852

Direitos de tradução para o Brasil adquiridos com exclusividade pela
EDITORA PENSAMENTO-CULTRIX LTDA., que se reserva a
propriedade literária desta tradução.
Rua Dr. Mário Vicente, 368 – 04270-000 – São Paulo, SP
Fone: (11) 2066-9000
http://www.editorapensamento.com.br
E-mail: atendimento@editorapensamento.com.br
Foi feito o depósito legal.

Este livro é dedicado a todos os que estão
no caminho de volta para casa,
para a Verdade e para o Eu Divino.

SUMÁRIO

Introdução   Um Novo Paradigma: A Cura e o Processo Criativo............ 13
Agradecimentos 16

Primeira Parte
UMA VISÃO GERAL DA CURA NO NOSSO TEMPO

Capítulo 1   O Dom da Cura.. 18
Capítulo 2   As Quatro Dimensões da Energia Criativa.................. 39
Capítulo 3   Uma Nova Visão da Cura – A Experiência Holográfica........ 70
Capítulo 4   O Respeito ao Seu Sistema de Equilíbrio..................... 96

Segunda Parte
AS TÉCNICAS DE CURA NA NOSSA ÉPOCA

Introdução   Minha Perspectiva Pessoal como Curadora 110
Capítulo 5   Coisas que o Seu Médico ou Terapeuta não Fazem, mas que o Seu Curador Faaz 117
Capítulo 6   A Equipe Curador-Médico 138

Terceira Parte
A EXPERIÊNCIA PESSOAL DA CURA

Introdução   É Tempo de Cuidar de Si Mesmo......................... 162
Capítulo 7   Os Sete Estágios da Cura 164
Capítulo 8   Os Sete Níveis do Processo de Cura 181

Quarta Parte
A CRIAÇÃO DE UM PROJETO DE CURA

Introdução A Criação do Seu Projeto de Cura Pessoal 202
Capítulo 9 As Energias da Terra como Base da Vida............................ 204
Capítulo 10 O Seu Corpo Físico como Habitat Espiritual 233
Capítulo 11 A Cura por Meio do Amor e a Negação
do Perfeccionismo 257
Capítulo 12 A Cura por Meio da Autoconsciência................................ 284

Quinta Parte
A CURA E OS RELACIONAMENTOS

Introdução A Importância dos Relacionamentos para a Sua Saúde 310
Capítulo 13 Como Criar Relacionamentos Saudáveis 311
Capítulo 14 Os Três Tipos de Interação entre os Campos Áuricos
nos Relacionamentos 340
Capítulo 15 Observações Acerca da Interação dos Campos Áuricos
nos Relacionamentos 395

Sexta Parte
A CURA POR MEIO DE NOSSAS REALIDADES ESPIRITUAIS SUPERIORES

Introdução A Integração dos Seus Aspectos Espirituais Superiores e
das Suas Dimensões Profundas no Seu Projeto de Cura 470
Capítulo 16 O Processo de Orientação na Sua Vida.............................. 471
Capítulo 17 A Nossa Intencionalidade e a Dimensão Hara 517
Capítulo 18 Nosso Âmago Divino 548

Conclusão... 571
Apêndice A Sessão de Cura com Richard W. 573
Apêndice B Tipos de Cuidados Profissionais com a Saúde................... 583
Apêndice C A Escola de Cura de Barbara Brennan 590

Bibliografia 592
Índice Remissivo.. 597

ILUSTRAÇÕES

CAPÍTULO 2
2-1 As Quatro Dimensões do Ser Humano 42
2-2 Referências Históricas a um Campo de Energia Universal 44
2-3 Observadores do Campo de Energia Humano no Século XX 44
2-4 Os Sete Níveis do Campo Áurico 52
2-5 Localização dos Sete Chakras Principais 64

CAPÍTULO 3
3-1 Um Holograma Feito com uma Maçã 85
3-2 O Projeto de um Holograma Feito com uma Maçã 85

CAPÍTULO 8
8-1 Suas Necessidades em cada Nível do Campo Áurico 183

CAPÍTULO 9
9-1 Tons dos Chakras 220
9-2 O Efeito Geral das Cores 225

CAPÍTULO 11
11-1 As Cores dos Chakras no Segundo Nível do Campo Áurico e as Regiões do Corpo que Elas Alimentam 277

CAPÍTULO 12

12-1   Tabela para Encontrar o Medo que Está por Trás das Desculpas que Você Usa para Deixar de Fazer o que Deseja..........290

12-2   Tabela para Entender Mais os seus Julgamentos e os seus Efeitos.......298

CAPÍTULO 13

13-1   O Contrato Negativo de Gary..................318

13-2   Resultados Positivos da Rescisão do Contrato Negativo de Gary.......318

13-3   Tabela para Esclarecer o seu Contrato Negativo..................319

13-4   Resultados Positivos da Dissolução do Contrato Negativo............319

CAPÍTULO 14

14-1   As Auras Róseas das Pessoas Apaixonadas............ (ilustração colorida)

CAPÍTULO 15

15-1   Aspectos Defensivos das Estruturas de Caráter............................399

15-2   A Defesa Áurica do Caráter Esquizoide................405

15-3   A Defesa Esquizoide e uma Reação de Repulsão................408

15-4   A Defesa Esquizoide e uma Reação de Puxar................409

15-5   A Defesa Esquizoide e uma Reação de Interrupção......................412

15-6   A Defesa Esquizoide e uma Reação de Permissão ou Rejeição........413

15-7   A Defesa Esquizoide e uma Reação de Retração 414

15-8   Responde-se com a Cura à Defesa Esquizoide ..... (ilustração colorida)

15-9   A Defesa Áurica do Caráter Oral 419

15-10   A Defesa Oral e uma Reação de Repulsão....................420

15-11   A Defesa Oral e uma Reação de Puxar 421

15-12   A Defesa Oral e uma Reação de Interrupção.................423

15-13   A Defesa Oral e uma Reação de Permissão ou de Rejeição............424

15-14   A Defesa Oral e uma Reação de Retração....................425

15-15   Reage-se com a Cura à Defesa Oral .... (ilustração colorida)

15-16   A Defesa Áurica do Caráter Psicopático........................431

15-17   A Defesa Psicopática e uma Reação de Repulsão 432

15-18   A Defesa Psicopática e uma Reação de Puxar 434

15-19   A Defesa Psicopática e uma Reação de Interrupção................435

15-20	A Defesa Psicopática e uma Reação de Permissão ou de Rejeição	436
15-21	A Defesa Psicopática e uma Reação de Retração	437
15-22	Responde-se com a Cura à Defesa Psicopática	(ilustração colorida)
15-23	A Defesa Áurica do Caráter Masoquista	445
15-24	A Defesa Masoquista e uma Reação de Repulsão	446
15-25	A Defesa Masoquista e uma Reação de Puxar	447
15-26	A Defesa Masoquista e uma Reação de Interrupção	448
15-27	A Defesa Masoquista e uma Reação de Permissão ou de Rejeição	449
15-28	A Defesa Masoquista e uma Reação de Retração	450
15-29	Responde-se com a Cura à Defesa Masoquista	(ilustração colorida)
15-30	A Defesa Áurica do Caráter Rígido	454
15-31	A Defesa Rígida e uma Reação de Repulsão	456
15-32	A Defesa Rígida e uma Reação de Puxar	457
15-33	A Defesa Rígida e uma Reação de Interrupção	458
15-34	A Defesa Rígida e uma Reação de Permissão ou de Rejeição	459
15-35	A Defesa Rígida e uma Reação de Retração	460
15-36	Responde-se com a Cura à Defesa Rígida	(ilustração colorida)
15-37	O Campo Áurico de um Casal em Atitude Defensiva	462
15-38	O Campo Áurico de um Casal em Defesa Cada Vez Maior	463
15-39	O Campo Áurico de um Casal em Comunhão Sincrônica	(ilustração colorida)

CAPÍTULO 17

17-1	O Hara de uma Pessoa Saudável	(ilustração colorida)
17-2	Distorção no Tan Tien	526
17-3	A Sede da Alma Encoberta pelo Véu	527
17-4	Bloqueio no Ponto ID	528
17-5	Distorção na Linha do Hara	530
17-6	Postura do Hara	534
17-7	Pontas dos Dedos Dentro do Tan Tien	534
17-8	Triângulo Voltado para Baixo	535
17-9	Pontas dos Dedos da Mão Direita Dentro do Tan Tien, Mão Esquerda Sobre o Tan Tien, Dedos Voltados para Baixo	535
17-10	Pontas dos Dedos da Mão Direita Dentro da Sede da Alma, Mão Esquerda Sobre o Tan Tien, Dedos Voltados para Baixo	536

17-11	Mão Direita Alinhada com o Ponto ID, Mão Esquerda Sobre o Tan Tien, Dedos Voltados para Baixo	537
17-12	Mão Direita Sobre a Sede da Alma, Dedos Voltados para Cima, Mão Esquerda Sobre o Tan Tien, Dedos Voltados para Baixo	537
17-13	Linha do Hara do Grupo	541

CAPÍTULO 18

18-1	A Estrela do Âmago	(ilustração colorida)
18-2	O Nível da Estrela do Âmago de um Grupo de Pessoas	(ilustração colorida)

Introdução

UM NOVO PARADIGMA: A CURA E O PROCESSO CRIATIVO

Desde a publicação de *Hands of Light**, meu primeiro livro, tenho continuado a estudar a relação das nossas energias vitais com a saúde, com a doença e com a cura. Fiquei muito interessada nas questões mais profundas relativas aos motivos pelos quais ficamos doentes. "Ficar doente" faz parte da condição humana, havendo alguma lição ou significado profundos por trás disso? De que modo uma vida "normal" em nossa cultura nos leva à doença? Eu me perguntava que tipo de ritmo de vida seria mais saudável para nós. Como as nossas opções e os nossos atos cotidianos afetam a nossa saúde? Como as mudanças em nossa consciência de momento a momento afetam a nossa saúde? Eu me perguntava se as nossas doenças poderiam estar relacionadas com a nossa criatividade e com o nosso processo evolutivo, e de que forma isso aconteceria.

Interrompi as minhas atividades de cura com o propósito de ter mais tempo para criar a Barbara Brennan School of Healing, e continuei a observar o fenômeno da energia tanto em salas de aula e em reuniões como também em estudantes considerados individualmente. Continuando a lecionar e a dar palestras, comecei a perceber a existência de um padrão muito interessante. No início do ano, meu guia me disse que eu estaria fazendo palestras sobre o processo criativo. Quando finalmente consegui que várias dessas palestras fossem transcritas, revisadas e selecionadas, descobri uma ligação inteiramente nova entre o plano evolutivo da Terra, a nossa missão na vida, a nossa criatividade e a nossa saúde, e vivi o que Heyoan – o meu guia – chama de momento de expansão.

---

* *Mãos de Luz*, publicado pela Editora Pensamento, São Paulo, 1990.

Para compreender o novo material, é preciso penetrar num novo paradigma. O dicionário define a palavra *paradigma* como "um padrão, exemplo ou modelo". Um paradigma é um conjunto de pressuposições aceitas que explica o mundo para nós e nos ajuda a prever o modo como ele se apresenta. Temos como certas essas pressuposições. Nós as definimos como a realidade fundamental, e não pensamos mais nisso. O peixe nota a presença da água?

"A maioria de nossas ideias a respeito do mundo deriva de um conjunto de pressuposições que temos como certas e que, em geral, não examinamos nem questionamos", observa Werner Erhard, criador dos Seminários Est e Forum. "Trazemos essas pressuposições conosco como algo comprovado. Essas pressuposições estão de tal modo integradas em nós que temos dificuldade para nos afastarmos delas o suficiente para podermos comentá-las. Não pensamos nessas pressuposições – pensamos com base nelas."

Os paradigmas médicos determinam o modo como pensamos a respeito do nosso corpo. Durante muitos anos, a medicina ocidental identificou espíritos, humores, germes e vírus malignos como causas das doenças, e planejou os tratamentos de acordo com isso. Como as tecnologias na área da medicina avançaram, e como aprendemos mais a respeito da ligação entre a mente e o corpo, nossos paradigmas médicos estão mudando. Novos paradigmas dão origem a novas possibilidades.

No passado, o campo áurico foi associado à saúde e à cura, ainda que de uma maneira um tanto "esotérica". Os conhecimentos a respeito do campo têm sido uma combinação de observações reais, de suposições e de fantasias. Agora, quando aprofundamos nossos conhecimentos de bioenergética em nossas clínicas e laboratórios, a ideia de um campo de energia humano ligado diretamente à nossa saúde está se tornando mais aceitável segundo o paradigma da medicina ocidental.

Neste livro, apresento uma nova visão da saúde, da cura e da doença. A Primeira Parte inclui um pano de fundo científico que se baseia na teoria do campo de energia e na teoria holográfica para explicar como e por que a imposição das mãos funciona.

Na Segunda Parte, descrevo o que um curador pode e o que não pode fazer para beneficiar uma pessoa, a forma básica de uma sessão de cura e como uma equipe constituída por um curador e um médico pode funcionar. A Segunda Parte apresenta o conceito de sistema interno de equilíbrio – um sistema automático – em geral inconsciente – que nos mantém em boa forma se nós lhe dermos ouvidos e se lhe seguirmos a orientação. A Segunda Parte também mostra como podemos desenvolver a doença na nossa vida e no nosso corpo quando não seguimos a orientação do nosso sistema de equilíbrio.

Na Terceira Parte, mediante uma série de entrevistas com pacientes, apresento os estágios da experiência pessoal que ocorrem durante o processo de cura, considerando as coisas do ponto de vista do paciente. Analiso o que um paciente pode fazer para tirar o máximo proveito desse processo, incluindo o modo de trabalhar com um curador e com um médico para elaborar um projeto de cura. Estudos de casos clínicos ajudam a explicar o processo de cura de modo simples.

A Quarta Parte oferece projetos de cura detalhados, além de visualizações e reflexões muito úteis, que irão contribuir para o seu processo de cura pessoal.

A Quinta Parte descreve o modo como os relacionamentos afetam a sua saúde, tanto positiva como negativamente. São descritas maneiras práticas de criar relacionamentos saudáveis, bem como as interações entre os campos áuricos que ocorrem nesses relacionamentos. São apresentadas maneiras de restabelecer o intercâmbio e a relação saudável entre os campos áuricos de energia.

A Sexta Parte descreve as realidades espirituais superiores e as dimensões mais profundas das energias criativas, e também relaciona saúde, doença e cura com o processo criativo.

O Apêndice A apresenta uma transcrição do processo da cura; o Apêndice B traz uma lista dos tipos de profissionais na área da saúde, aborda as atividades desses profissionais e as organizações nacionais por meio das quais o leitor pode travar contato com eles; o Apêndice C contém uma descrição da Barbara Brennan School of Healing, que treina homens e mulheres para trabalhar profissionalmente como curadores, e divulga uma lista com os nomes dos curadores que se graduaram. A Bibliografia oferece meios para mais pesquisas e leituras que o leitor queira fazer.

AGRADECIMENTOS

Eu gostaria de fazer um agradecimento especial ao meu marido, Eli Wilner, pelo seu amoroso apoio e por estimular a expansão natural do meu desenvolvimento pessoal.

Agradeço sinceramente aos professores da Barbara Brennan School of Healing por caminharem ao meu lado durante o desenvolvimento dos escritos reunidos na elaboração deste livro; a Roseanne Farano, pela sua dedicada amizade, pela sua capacidade de ouvir e pelos conselhos lúcidos; e aos funcionários dos escritórios da Barbara Brennan School of Healing, pela preparação do manuscrito.

Primeira Parte

UMA VISÃO GERAL DA CURA NO NOSSO TEMPO

"Uma ideia nova primeiro é considerada ridícula e, depois, desprezada e considerada sem importância, até que finalmente transforma-se naquilo que todo mundo sabe."
– William James

Capítulo 1

O DOM DA CURA

O dom da cura faz parte de todas as pessoas. Não se trata de um dom conferido apenas a uns poucos; ele é um direito natural tanto seu quanto meu. Todas as pessoas podem ser curadas, e todos podem aprender a curar. Qualquer um pode proporcionar cura para si e para os outros.

Você já se curou a si mesmo, muito embora talvez não use a palavra "cura" para o caso. Qual é a primeira coisa que você faz quando se machuca? Geralmente, você toca a parte machucada do seu corpo. Você pode até mesmo apertá-la para ajudar a diminuir a dor. Este instinto do corpo também transmite energia de cura para a parte machucada. Se você relaxar as mãos sobre o ferimento durante mais tempo do que normalmente faria, você vai descobrir que uma cura ainda mais profunda estará se processando. Toda mãe toca, abraça, beija ou acaricia os filhos quando eles sentem dor. Ela faz o mesmo pelas outras pessoas que ama. Se você prestar atenção a essas reações simples e começar a estudá-las, vai descobrir que, ao tocar com a mão alguém de quem gosta muito, haverá um efeito mais forte do que se você estivesse tocando com a mão alguém que não conhece. Muito provavelmente, você concedeu ao ato de tocar uma essência especial – a essência do amor que você tem por essa pessoa. Você agora percebe que sabia curar o tempo todo, mas que não tinha consciência disso.

Quando você está alegre, feliz, energizado, ou quando sente alguma outra emoção positiva, o seu toque é mais agradável para os outros do que nos momentos em que você está de mau humor. A energia transmitida pelo toque da mão quando a pessoa está de mau humor não é a mesma que existe no toque da mão quando há bom humor. O modo como você se sente num determinado momento se manifesta por meio da sua energia. Ao aprender a regular o seu humor e, portanto, a natureza da sua energia e o seu fluxo energético, você logo estará usando a sua energia para curar. É isso o que os curadores fazem. Eles simplesmente aprendem a perceber e a regular as suas energias para utilizá-las com propósitos de cura.

Essas experiências pessoais cotidianas, que, tenho certeza, vêm ocorrendo desde que morávamos nas cavernas, se transformaram na base da cura por meio da imposição das mãos. Isso vem acontecendo desde o aparecimento do homem. Os antigos tinham consciência do poder de cura proveniente das mãos. Cada cultura explorou e utilizou esse poder segundo o seu sistema de conhecimentos e de tradições. No livro *Future Science*, John White relaciona 97 diferentes culturas, cada uma das quais com um nome característico para designar os campos de energia vital ou de cura. Os campos de energia vital são conhecidos na China e na Índia há mais de cinco mil anos.

Chamo de campo de energia universal (CEU) a energia vital que envolve e interpenetra todas as coisas. À energia vital associada aos seres humanos dou o nome de campo de energia humano (CEH), mais conhecido como aura humana.

A Percepção e o Bom Funcionamento do CEH

Muitas pessoas são capazes de perceber o campo de energia humano, e *todos* podem aprender a fazer isso. De fato, já o fazemos – talvez não de maneira consciente e, possivelmente, sem dar muita importância a isso ou atribuindo ao fato algum outro nome. Por exemplo: você tem consciência do momento em que alguém está olhando fixamente para você – até quando você mesmo não está olhando – porque sente isso; ou, então, você simpatiza imediatamente com um estranho, a quem acabou de ser apresentado, e pressente que vocês vão se dar bem; ou, ainda, você tem uma vaga sensação de que alguma coisa boa vai acontecer, e isso de fato acontece. Você está sentindo o campo de energia humano com o uso do que chamo de Percepção Sensorial Sutil (PSS). A PSS simplesmente diz respeito aos nossos sentidos expandidos para além das faixas normais a que estamos acostumados, coisa que às vezes é chamada de sexto sentido. Outros termos usados para designar essa capacidade são: clarividência, ou capacidade de ver as coisas significativas que os outros não conseguem enxergar; clariaudiência, ou capacidade de ouvir coisas que os outros não podem ouvir; e clarissenciência, ou capacidade de sentir coisas que os outros não podem sentir.

Há muitos anos, venho desenvolvendo, estudando e utilizando a PSS. Descobri maneiras mais específicas de discriminar os diferentes tipos de PSS. Isso inclui todos os nossos cinco sentidos normais – visão, audição, tato, paladar e olfato – bem como sentidos adicionais. Um desses sentidos, a intuição, é uma vaga sensação de conhecimento, como acontece quando tem consciência de que alguma coisa boa vai acontecer, mas não consegue especificar o quê. Um outro exemplo de intuição é o momento em que você sabe que alguém vai telefonar – você pode até mesmo saber de quem se trata – mas não sabe exatamente qual é o assunto.

Um outro sentido é aquilo que chamo de *conhecimento direto*. Esse sentido nos dá informações completas e diretas. Por exemplo: sabemos que uma determinada pessoa vai telefonar, quando vai telefonar e o que vai nos dizer. Ou, se nos fizerem uma pergunta a respeito de alguma coisa sobre a qual achávamos que não sabíamos nada, saberemos tanto o conceito geral como os pontos específicos da resposta. No caso do conhecimento direto em geral, não sabemos como temos consciência da informação. Simplesmente estamos cônscios dela.

Outro sentido superior é a nossa capacidade de sentir as nossas emoções e as de outras pessoas. Sabemos o que cada um de nós está sentindo, muito embora talvez não cheguemos a comunicar isso na forma de palavras. Simplesmente, captamos a energia dos sentimentos da outra pessoa.

Faço uma distinção entre sentir as emoções e sentir amor. Assim, outro sentido superior é a nossa capacidade de sentir amor. Sentir amor implica uma conexão com os outros muito mais profunda do que a percepção das suas emoções. Trata-se de uma categoria própria.

Além dos nossos cinco sentidos da visão, audição, paladar, olfato e tato, temos também a intuição, o conhecimento direto, a percepção das emoções e a sensação de amor. Quando todos esses sentidos funcionam, conseguimos nos tornar plenamente conscientes do momento que estamos vivendo.

Nossos sentidos servem à nossa consciência, e esta nos traz para o presente. Estar no presente é uma experiência por que passam muitas pessoas quando praticam a meditação. Esse estado é uma maneira de escapar das limitações que nos são impostas pelo tempo e pelo espaço. A meditação acalma e purifica a mente, aguçando a sensibilidade.

A PSS se situa na esfera de informações muito sutis que o nosso cérebro normalmente descarta, considerando-as pouco importantes. Façamos uma analogia com o ato de ouvir música. Quando a música é alta, fica mais difícil perceber as suas notas mais suaves. Se você reduzir o volume, as notas mais suaves e as nuanças mais sutis se destacam. Você pode ouvir ritmos dentro de ritmos. O mesmo vale para a PSS e para o campo de energia humano. Você pode aprender a reduzir o ruído interior na sua mente e prestar atenção aos ritmos mais suaves e às notas mais sutis da vida. Depois de praticar isso durante algum tempo, você vai descobrir que esses ritmos constituem a base do modo como você sente a vida a cada momento. Eles estão ligados à poderosa energia vital de que todos fazemos uso.

Coloque as mãos sobre o joelho do seu filho da próxima vez que ele o machucar. Sinta o amor que você tem por ele. Suas mãos vão ficar quentes. Por quê? Porque a energia de cura do seu campo de energia está fluindo de sua mão e o está ajudando a curar o joelho. Você vai sentir a energia de cura na forma de calor, de pulsações ou de formigamento semelhante à eletricidade. Esse tipo de percepção é chamado de sensação cinestésica. Você está percebendo o campo de energia humano cinestesicamente, por meio do tato.

Visto que você é capaz de perceber o campo de energia humano, você pode aprender a interagir com ele e a controlá-lo segundo os seus propósitos. Tente modificar o fluxo de energia que passa pelo seu corpo seguindo estas instruções. Você pode fazer isso da próxima vez que se sentir cansado ou tenso.

Deite-se, e imagine um sol belo e agradável dentro do plexo solar (região do estômago) do seu corpo. Em pouco tempo, você vai se sentir muito melhor, e o seu estômago lhe parecerá mais quente. Sua respiração provavelmente vai ficar mais lenta quando você começar a se relaxar mais. Se quiser aumentar esse relaxamento ao ponto de ele abarcar o seu espírito, lembre-se de alguma experiência religiosa ou espiritual significativa que você tenha vivido, quem sabe na infância. Recorde-se daquele momento maravilhoso e especial quando você soube que Deus (o que quer que isso signifique para você) existia, e que estar vivo era a experiência mais natural e mais sagrada – tão natural que você nem se preocupava com isso. Você nem sequer pensou duas vezes nisso. Deixe-se impregnar por essa experiência e ser carregado brandamente nos braços do criador. Depois que fizer isso, você terá modificado o seu fluxo de energia. Você se encontra numa situação de intensa cura. Agora, sinta a sua energia. A sensação lhe é agradável?

O estado de relaxamento que você sente no processo de cura corresponde ao seu campo de energia, à medida que ele apresenta mais integração, e também a uma redução na frequência de suas ondas cerebrais. Elas podem ser medidas com um eletroencefalógrafo ou EEG. Isso provavelmente vai mostrar que o seu cérebro está no ritmo alfa ou estado de cura – cerca de 8 Hz ou ciclos por segundo. O detector de campo magnético mostraria que o nosso campo de energia está pulsando entre 7,8 e 8 Hz. Esse é um estado de energia muito natural para todas as pessoas.

É muito provável que, quando criança, de uma maneira muito natural e espontânea, você se deixava levar plenamente pelo que estivesse fazendo num certo momento. Você ainda faz isso nesses momentos maravilhosos em que se entrega à criatividade, à energia vital que emana de você a partir de uma fonte interior. Quando isso acontece, as cores são mais vivas, o sabor mais suave, o ar mais perfumado e os sons à sua volta criam uma sinfonia. Você não é exceção, todo mundo passa por essas experiências.

É possível que as suas melhores ideias lhe ocorram quando você nem sequer está pensando na solução de um problema. Você está passeando pela floresta, ou apreciando um lindo entardecer e, subitamente, lá está ela. A ideia surgiu de dentro de você. Pode ser ainda que você olhe dentro dos olhos de um bebê pequeno e seja tomado de admiração diante do mistério da vida. Uma vez mais, os sentimentos afloraram a partir de dentro de você. É dessa profunda fonte interior que aflora a sua luz. Ela é a sua centelha divina interior.

O Acesso às Energias de Cura da Vida

Todas as pessoas podem aprender a ter acesso a essa fonte profunda que existe dentro delas. É preciso prática para liberar voluntariamente essas energias criativas. O processo tem mais que ver com acabar com os obstáculos interiores do que com melhorar as energias de cura. Depois de eliminar os bloqueios, a criatividade flui para o exterior como um poço artesiano. Qualquer pintor ou escritor conhece a luta para superar o bloqueio criativo. Superando o bloqueio, a pintura ou a escrita fluem com facilidade. Isso acontece com cientistas que estão tentando resolver problemas. Todos os dados são colocados na mente racional, que se esforça em vão para encontrar uma resposta. Depois de um bom sono, de alguns sonhos e de um pouco de atividade do hemisfério direito do cérebro, a resposta simplesmente aparece. A força criativa foi libertada por meio de um processo de entrega que desobstrui o caminho e que deixa a energia fluir.

A força criativa também é liberada em momentos de crises. É aí que penetramos no terreno do heroico. Todo mundo já ouviu falar das grandes façanhas que foram realizadas em momentos de crise, como a do homem que ergueu com as mãos um carro cujas rodas estavam sobre um ente querido, depois de um acidente, ou da mãe que sente um forte ímpeto de voltar para casa, e chega a tempo de salvar os filhos de algum perigo.

A liberação dessa força criativa nos permite resolver os problemas com que nos deparamos. O processo de cura é um processo de liberação da nossa força criativa para o triunfo da saúde e do bem-estar. De fato, do meu ponto de vista, e, conforme ficará demonstrado neste livro, boa parte das doenças é consequência do bloqueio do fluxo natural das energias criativas de um indivíduo.

Por que Bloqueamos a Nossa Energia Criativa

Quando passamos por experiências dolorosas em nossa vida, tentamos automaticamente não sentir dor. Temos feito isso desde a infância. Reprimimos a dor física não prestando atenção à parte do corpo que está doendo. Reprimimos nossa angústia mental e emocional retesando os músculos e reprimindo-a no nosso inconsciente. Para mantê-la reprimida no inconsciente (ou, às vezes, logo abaixo do nível da consciência), nos entregamos a todo tipo de distrações a fim de não atentar para o problema. Podemos nos manter muito ocupados e ficar viciados em trabalho, ou tomar o caminho oposto e nos entregamos à indolência. Muitos de nós ficam viciados em drogas, em cigarros, em chocolate e em álcool. Outros ficam viciados na ideia de serem perfeitos, tentando ser os melhores ou os piores. Projetamos nossos problemas nas outras pessoas e, em vez de tentar resolvê-los, apenas nos preocupamos. Empregamos mal ou reprimimos uma enorme quantidade de energia para não sentir a dor, deixando até mesmo de sentir o que sentimos e de ser quem somos no momento. Achamos que isso funciona. Achamos que podemos fugir do sofrimento ou da necessidade de ser quem somos, mas isso não dá certo. Embora o preço seja alto, nós nos recusamos até mesmo a admitir que ele exista. O preço que pagamos é a nossa vida.

Achamos que o único jeito de neutralizar todo esse sofrimento é interromper o fluxo de energia que contém a dor. Existem fluxos de energia específicos que abrangem a dor física, a dor emocional e a dor mental. Infelizmente, porém, esse fluxo de energia também abrange todas as outras coisas. A dor constitui apenas uma parte dele. Quando interrompemos a experiência negativa da dor, da raiva ou do medo de qualquer situação negativa, também interrompemos a experiência positiva, incluindo os aspectos físicos, emocionais e mentais dessa experiência.

Talvez nem sequer tenhamos consciência desse processo porque, quando chegamos à idade da razão, já o transformamos num hábito. Erguemos muros ao redor das nossas chagas. Ao fazer isso, também interrompemos a nossa ligação com o nosso núcleo ou centro mais profundo. Como o processo criativo decorre do núcleo criativo que existe dentro de nós, também nos isolamos do processo criativo. Literalmente, isolamos a parte mais profunda de nós mesmos, separando-a de nossa percepção consciente e da nossa vida exterior.

Conglomerados do Tempo Psíquico Congelado

A dor que reprimimos começou muito cedo na nossa infância, com frequência antes do nascimento, no útero. Desde então, cada vez que interrompemos o fluxo de energia num acontecimento doloroso, congelamos esse acontecimento tanto na energia como no tempo. É a isso que chamamos de bloqueio no nosso campo áurico. Como o campo áurico é constituído de energia-consciência, um bloqueio é energia-consciência congelada. A parte da nossa psique associada a esse acontecimento também se congelou no momento em que interrompemos a dor. Essa parte de nossa psique permanece congelada até a derretermos. Ela não amadurece se não fizermos isso. Se o acontecimento ocorreu quando tínhamos um ano, essa parte de nossa psique ainda tem um ano de idade. Ela vai continuar a ter um ano de idade e a agir como uma criança de um ano quando for evocada. Ela não vai amadurecer até que seja curada, o que acontece quando o bloqueio recebe energia suficiente para derreter, e, assim, poder iniciar-se o processo de maturação.

Estamos repletos desses bloqueios de energia-consciência no tempo. Durante quanto tempo, ao longo de um determinado dia, um ser humano age como adulto? Não durante muito tempo. Estamos constantemente interagindo uns com os outros a partir de diferentes bloqueios de tempo psíquico congelado. Em qualquer interação intensa, num minuto cada pessoa poderia estar percebendo a realidade com o aspecto do adulto interior, e, no minuto seguinte, uma ou mais pessoas poderiam passar para um aspecto da criança ferida de determinada idade. Essa constante mudança de um para outro aspecto da consciência interior é que torna tão difícil a comunicação.

Uma importante característica desses bloqueios de tempo psíquico congelado é que eles se aglomeram de acordo com as semelhanças de energia, formando um aglomerado de tempo psíquico congelado. Digamos, por exemplo, que a natureza da energia seja a do sentimento abandono. Considere um homem de meia-idade chamado Joe. (Embora ele na verdade seja uma personagem fictícia, sua história exemplifica a história de muitas pessoas com as quais trabalhei. Para dar exemplo do que acontece por ocasião do nascimento, e do que pode continuar a se agravar ao longo da vida, vou usar o caso de Joe no decorrer deste capítulo. Ele poderia ser qualquer um de nós.)

Quando Joe nasceu, foi afastado da mãe porque ela teve dificuldade com o trabalho de parto e precisou receber anestesia. Ele foi separado mais uma vez quando tinha um ano de idade, e sua mãe ficou internada num hospital para ter outro bebê. A partir dessas duas experiências de vida, a criança, que amava muito sua mãe, esperava o abandono por parte da pessoa a quem mais amava. Sempre que a experiência de abandono em qualquer grau se repetia posteriormente em sua vida, ele passava por ela com a mesma sensação devastadora da primeira vez.

A partir desse primeiro trauma, criamos uma *imagem final*. Uma imagem final baseia-se na experiência – neste caso, na experiência do abandono. Ela se baseia na lógica da criança, que diz: "Se eu amo, serei abandonado." Essa imagem final, então, dá o tom a todas as situações semelhantes. Obviamente, o Joe de um ano de idade não está consciente de ter essa opinião. Ao contrário, ele é mantido preso inconscientemente a esse sistema de crenças por toda a vida. Em termos de psique, os dois acontecimentos que tiveram lugar no início da infância também estão diretamente ligados a um fato ocorrido quando Joe tinha dez anos e sua mãe saiu de férias. Quando algum acontecimento semelhante ocorre na sua vida, sua reação será do ponto de vista da imagem e não da situação imediata. Isso causa todo tipo de reações emocionais que são exageradas numa determinada situação.

Como veremos em outros capítulos, nossa imagem final dá início ao modo como nos comportamos, o que, na verdade, tende a recriar traumas semelhantes aos originais. Assim, Joe teria muito que ver com o surgimento de uma situação em que, por exemplo, ele é abandonado pela mulher ou pela namorada. Seus atos, baseados nas suas expectativas negativas inconscientes, ajudaram a criar a situação. Como Joe inconscientemente espera ser abandonado, ele vai tratar a mulher ou a namorada como alguém que iria abandoná-lo. Ele poderá ser excessivamente exigente em relação à companheira para testar o amor que ela sente por ele, ou poderá até mesmo acusá-la de planejar abandoná-lo. Esse comportamento inconsciente vai provocá-la e, na verdade, ajudar a empurrá-la porta afora. A questão real e delicada é que, ao tratar a si mesmo como se merecesse ser abandonado, ele na verdade abandonou a si mesmo.

Conforme iremos ver, nunca devemos subestimar o poder da nossa imagem final. A descoberta dessa imagem encerra a chave para o processo de transformação que nos leva a ter saúde e felicidade. Estamos repletos dessas imagens, em torno das quais se agrupam os nossos conglomerados de tempo psicológico congelado. Todos temos um grande trabalho de purificação a fazer.

Os bloqueios de tempo psíquico congelado se coagulam em torno das energias semelhantes que constituem uma imagem, a qual confunde os que acham que essas experiências deveriam ser tão separadas emocionalmente quanto são separadas no tempo cronológico. Mas as coisas não funcionam assim. Cada pequeno fragmento do conglomerado de tempo psíquico congelado é constituído de energia-consciência que foi congelada durante determinada experiência no passado. Todavia, experiências semelhantes se acham diretamente ligadas, independentemente do tempo que possa ter decorrido entre elas.

Por meio do trabalho de cura, é eliminado um dos pequenos bloqueios de tempo psíquico congelado. Depois disso, a maior energia liberada no campo áurico, por sua vez, começa a eliminar outros pequenos fragmentos do conglomerado de tempo porque eles são formados de energias semelhantes. Voltando à história de Joe: quando cada bloqueio é eliminado, Joe tem a sensação de que isso se dá instantaneamente. Assim, ele poderá estar sentindo a dor de quando tinha trinta anos e, quando essa dor passar, ele subitamente se descobre tendo dez anos de idade. Em pouco tempo, a criança de dez anos se transforma num bebê de um ano.

Depois de serem liberados, esses fragmentos da psique humana que não amadureceram com o restante da personalidade dão início a um rápido processo de amadurecimento. Esse processo pode demorar desde alguns minutos até dois anos, dependendo da profundidade, da força e da resistência da energia-consciência.

À medida que essas energias se integram por igual ao CEH e são liberadas de volta no processo criativo do indivíduo, tudo muda na sua vida. A vida de Joe começa a se reestruturar a partir da nova consciência que agora está em atividade no processo criativo. Ele não vai mais se entregar a um esforço inconsciente para se proteger. Em vez disso, vai aceitar a si mesmo tal como é porque agora acredita que é digno de fazer amigos, e que é capaz de fazer isso. Depois de desenvolver essa nova relação consigo próprio, ele arranjará uma namorada que não traga em si a energia da sensação de abandono. Assim, o novo relacionamento será estável nessa área. Obviamente, talvez sejam necessárias diversas tentativas de ordem prática até que a "mulher certa" apareça.

O Sofrimento de Vidas Passadas

Boa parte das pesquisas sobre "vidas passadas" foram feitas por via dos estudos literários e da regressão hipnótica. Essas pesquisas atribuem a origem da maioria dos sofrimentos psicológicos crônicos a experiências anteriores em vidas passadas. Um relato pormenorizado pode ser encontrado em *Other Lives, Other Selves**, de Roger Woolger. Em sua terapia de regressão a vidas passadas, o dr. Woolger descobre que, quando a pessoa se sente aliviada do sofrimento de uma experiência numa vida passada, ela se torna capaz de explicar circunstâncias semelhantes na vida atual, coisa que outros tipos de terapia não conseguiam fazer.

---

* *As Várias Vidas da Alma*, Editora Cultrix, São Paulo, 1994.

As vidas passadas também são conservadas nos nossos conglomerados de tempo psicológico congelado. Elas também se atraem e se ligam umas às outras por meio de energias semelhantes. Como não se desassociam com o passar do tempo, elas estão diretamente ligadas a acontecimentos desta e de outras vidas. Embora seja preciso um pouco mais de energia para dissolver um acontecimento congelado numa vida passada, já que ele existe há mais tempo e se acha numa camada mais profunda, essa dissolução pode ser feita em sessões de cura. Isso acontece automaticamente quando a pessoa está pronta.

De acordo com minhas observações acerca do campo de energia humano, feitas durante as sessões de cura, os traumas de vidas passadas sempre estão por trás de problemas crônicos de difícil solução. Quando traumas desta vida são em certa medida desfeitos por meio da cura usando-se a imposição das mãos, os traumas de vidas passadas que estavam em camadas inferiores sobem à superfície para serem desfeitos. Esse tipo de trabalho de cura é muito eficaz tanto para transformar a vida de um paciente como para melhorar a sua saúde. Grandes mudanças sempre ocorrem em consequência da eliminação de traumas de vidas passadas mediante a cura por meio da imposição das mãos. Nesse trabalho, é sempre importante que o paciente relacione o trabalho realizado na vida passada com as situações de sua vida atual, de modo que todo o conglomerado seja eliminado e não venha mais a ser usado para evitar problema nesta vida.

A Origem do Sofrimento – O Ferimento Original

A origem do sofrimento, do meu ponto de vista, encontra-se num nível ainda mais profundo do que o bloqueio de energia da dor pessoal ou dos fenômenos relacionados a vidas passadas. Ele decorre da crença de que cada um de nós está separado; separado de todas as outras pessoas e separado de Deus. Muitos de nós acreditamos que, para termos individualidade, precisamos estar separados. Em consequência, nós nos separamos de tudo, inclusive da nossa família, dos nossos amigos, do nosso grupo, do nosso país e do mundo. Essa crença na separação é sentida na forma de medo e, a partir desse sentimento, todas as outras emoções negativas se manifestam. Depois que criamos essas emoções negativas, nós nos afastamos delas. Esse processo de separação continua criando mais sofrimento e ilusão, até que o ciclo de retroalimentação negativa seja interrompido ou revertido num processo de trabalho pessoal. Este livro aborda a maneira de romper esse círculo vicioso para criar cada vez mais prazer e luz na nossa vida. A chave para isso é o amor e a ligação com tudo o que existe.

O amor é a experiência de estar ligado a Deus e a todas as outras coisas. Deus está em todas as coisas e em toda parte. Deus está acima, abaixo, em torno e dentro de nós. A centelha divina de Deus é singularmente individual em cada um de nós. Ela é Deus se manifestando individualmente, e nós a sentimos como o nosso manancial interior ou o âmago do nosso ser. Quanto mais nos ligamos a Deus fora de nós mesmos, mais nos ligamos e trazemos à luz a individualidade do Deus interior. Estamos completamente seguros e livres quando nos ligamos ao Deus universal e ao Deus interior individual.

A Criação da Máscara do Eu para Mascarar o Nosso Sofrimento Original

Quando nascemos, ainda estamos muito ligados a uma grande sabedoria e poder espirituais por meio do nosso âmago. Essa ligação com o nosso âmago e, portanto, com a sabedoria e o poder espirituais nos proporciona uma sensação de completa segurança e de admiração. Ao longo do processo de amadurecimento, essa ligação vai aos poucos desaparecendo, e é substituída pelas vozes de nossos pais, que tentam nos proteger e que zelam pela nossa segurança. Elas falam de coisas certas e erradas, boas e más, de como tomar decisões e de como agir ou reagir numa determinada situação. À medida que essa ligação com o âmago desaparece, nossa psique infantil tenta desesperadamente substituir a sabedoria original inata por um ego atuante. Infelizmente, a voz dos pais que se havia sobreposto ou que fora introjetada jamais consegue realmente fazer isso. Em seu lugar, o que toma forma é uma máscara do Eu.

A máscara do Eu é a nossa primeira tentativa de nos corrigirmos. Com ela tentamos expressar o que somos de uma maneira positiva e que também seja aceitável para os outros num mundo onde temos medo de ser rejeitados. Apresentamos as nossas máscaras do Eu ao mundo de acordo com o que achamos que o mundo diz ser correto, para que possamos ser aceitos e nos sentir seguros. A máscara do Eu se esforça para estabelecer uma ligação com os outros porque essa é a coisa "certa" a fazer. Mas ela não consegue estabelecer uma conexão profunda porque nega a verdadeira natureza da personalidade. Ela nega os nossos temores e sentimentos negativos.

Embora nos esforcemos ao máximo para criar essa máscara, mesmo assim ela não funciona. A máscara jamais consegue produzir a sensação interior de segurança pela qual lutamos. De fato, ela gera a sensação interior de que somos impostores, porque estamos tentando provar que somos bons e não conseguimos fazer isso o tempo todo. Sentimo-nos como se fôssemos impostores e sentimos mais medo. Assim, redobramos os nossos esforços. Valemo-nos de toda a capacidade para provar que somos bons (uma vez mais, de acordo com a voz dos pais que foi introjetada) e isso gera mais medo, especialmente porque não podemos manter a fraude o tempo todo e, por isso, nos sentimos mais falsos, ficamos com mais medo, e se forma um ciclo vicioso.

Usamos a máscara com o propósito de nos proteger de um mundo supostamente hostil, provando que somos bons. A intenção da máscara é a falsa aparência e a negação. Ela nega que o seu propósito seja ocultar a dor e a raiva porque nega a existência da dor e da raiva na personalidade. O propósito da máscara é proteger o Eu, deixando de assumir a responsabilidade por quaisquer atos ou pensamentos negativos.

Da perspectiva da nossa máscara, a dor e a raiva existem apenas do lado de fora da personalidade. Nós não assumimos nenhuma responsabilidade por isso. Qualquer coisa negativa que aconteça deve ser culpa de alguma outra pessoa. Nós as culpamos. Isso significa que alguma outra pessoa é que deve estar sofrendo ou sentindo raiva.

A única maneira de manter essa máscara é sempre tentar provar que somos bons. Interiormente, nós nos ressentimos da constante pressão que impomos sobre nós mesmos para sermos bons. Tentamos agir de acordo com as regras. Ou, então, tentamos provar que estamos certos, e que os outros é que estão errados.

Nós nos ressentimos por ter de viver de acordo com as regras de outra pessoa. Isso dá muito trabalho. Queremos fazer apenas as coisas de que gostamos. Ficamos cansados, irritados, negligenciamos nossas obrigações e disparamos queixas e acusações negativas. Magoamos as pessoas. A energia que retivemos com a máscara se desvia, força a passagem, transborda e atinge os outros. E, obviamente, também negamos isso, pois a nossa intenção é nos conservarmos seguros, provando que somos bons.

Em algum lugar dentro de nós, gostamos de desferir golpes nos outros. Liberar a energia é um alívio, mesmo se ela não for pura e sincera, mesmo se não estivermos agindo de forma responsável ao fazê-lo. Há uma parte de nós que gosta de despejar a nossa negatividade nas outras pessoas. Isso é chamado de prazer negativo, cuja origem está no Eu inferior.

O Prazer Negativo e Eu Inferior

Tenho a certeza de que você pode se lembrar de ter sentido prazer com algum ato negativo que praticou. Qualquer movimento de energia, negativo ou positivo, é prazeroso. Esses atos proporcionam prazer porque são liberações da energia armazenada interiormente. Se você sentir dor quando a energia começar a fluir, essa sensação sempre virá acompanhada de uma sensação de prazer porque, ao liberar a dor, você também vai liberar a energia criativa, que sempre proporciona prazer.

O prazer negativo tem origem no nosso Eu inferior. Este é a parte de nós que se esqueceu de quem somos; a parte da nossa psique que acredita num mundo separado e negativo e que age em conformidade com essa crença. O Eu inferior não nega a negatividade. Ele a aprecia e tem a intenção de sentir o prazer negativo. Como o Eu inferior não rejeita a negatividade, como faz a máscara, ele é mais honesto do que o Eu mascarado. O Eu inferior é sincero a respeito das suas intenções negativas. Ele não finge ser bom. Não é bom. Ele se coloca em primeiro lugar e não faz segredo disso. Ele diz: "Eu me importo comigo, não com você." Ele não pode se importar ao mesmo tempo com si mesmo e com os outros porque vive num mundo de separação. Ele aprecia o prazer negativo e quer senti-lo com mais frequência e intensidade. Ele conhece a dor que existe na personalidade, e não tem absolutamente nenhuma intenção de senti-la.

O objetivo do Eu inferior é manter a separação, fazer tudo o que quiser e não sentir dor.

O Eu Superior

É claro que durante o processo de separação nem toda a psique está separada do âmago. Uma parte de nós se conserva pura e carinhosa, sem nenhuma perturbação. Ela está ligada diretamente à nossa divindade individual interior. Ela está cheia de sabedoria, de amor e de coragem, apresenta uma ligação com um grande poder criativo e facilita a realização de todo o bem que foi criado em nossa vida. Ela é a parte de nós que não se esqueceu de quem somos.

O seu Eu superior se manifestará por meio do princípio criativo em qualquer parte da sua vida onde haja paz, alegria e satisfação. Se você se perguntar o que significa "quem você realmente é" ou o seu "verdadeiro Eu", examine essas áreas de sua vida. Elas são a expressão do seu verdadeiro Eu.

Jamais considere uma área negativa de sua vida como a expressão do seu verdadeiro Eu. As áreas negativas de sua vida são expressões de quem você não é. Elas são exemplos de como você bloqueou a expressão do seu verdadeiro Eu.

O propósito do Eu superior é a verdade, a comunhão, o respeito, a individualidade, a lúcida autoconsciência e a união com o criador.

A Importância da Intenção

A principal diferença entre o Eu superior, o Eu inferior e o Eu mascarado está no propósito fundamental em que cada um deles se baseia e na qualidade da energia presente em qualquer interação que resulte no propósito subjacente.

Boa parte das interações humanas nos causa perplexidade porque varia de acordo com o propósito que está por trás dessa ação recíproca entre os homens. As palavras que pronunciamos podem provir de qualquer dessas três fontes de intenção – do nosso Eu superior, do nosso Eu inferior ou do Eu mascarado. As próprias palavras podem dizer uma coisa mas significar outra. O Eu superior quer dizer exatamente isso, ao afirmar: "Somos amigos." O Eu mascarado quer dizer: "Somos amigos enquanto eu for bom e você nunca deve acabar com a ilusão de que eu sou bom." O Eu inferior diz: "Somos amigos apenas na medida em que eu assim quiser. Depois disso, cuidado. Não chegue muito perto porque eu vou usar você para obter o que eu quero e evitar o meu sofrimento. Se você chegar muito perto de mim ou de minha dor, ou tentar me impedir de obter o que quero, vou me livrar de você." (Neste caso, *livrar-se* significa qualquer coisa que seja feita para deter a pessoa. Pode significar simplesmente não falar com as pessoas, vencê-las numa discussão ou numa disputa por poder, ou, até mesmo, pede chegar a significar livrar-se delas fisicamente.)

A Defesa ou a Negação do seu Ferimento Original Cria Mais Sofrimento

Quanto mais as ações que brotam no nosso âmago são distorcidas pela máscara, mais temos de justificar os nossos atos por meio da culpa. Quanto mais negamos a existência do nosso Eu inferior, mais nos privamos de poder. A negação retém o poder da fonte criativa que existe dentro de nós, e isso cria um ciclo cada vez maior de sofrimento e de desesperança. Quanto maior se torna esse ciclo vicioso de sofrimento e de desesperança, maior parece ser a dor ou o ferimento original. Ela passa a ser ocultada por uma dor ilusória tão intensa que chega a causar em nós um medo inconsciente dela, e nada faremos para tentar evitar sentir isso. Na nossa imaginação, ela se transforma numa pavorosa tortura. Quanto mais nos justificamos por permanecer longe dela e deixar de curá-la, mais completamente encoberto fica o ferimento original, e mais diferente ele se torna daquilo que pensamos que seja.

Com base na minha experiência como curadora e professora, cheguei à conclusão de que geramos muito mais dor e doenças na nossa vida e no nosso corpo evitando o ferimento original por meio dos nossos padrões habituais de defesa do que o ferimento original geraria por si só.

Nossos Habituais Sistemas de Defesa

Na minha experiência, o modo como distorcemos constantemente o nosso campo de energia mediante os nossos sistemas de defesa habituais provoca mais sofrimento e doença do que qualquer outra causa.

Quando eu descrever o campo de energia humano mais adiante neste livro, veremos como essa evitação cria disfunções nos nossos campos, e, então, causa doenças no nosso corpo. Nossos padrões de defesa habituais podem ser vistos em nossos campos de energia como um sistema de defesa energético. O nosso sistema de defesa energético é o nosso padrão habitual de distorção de nossos campos, aos quais recorremos repetidas vezes. Ele está correlacionado com o Eu mascarado.

Quanto maior o nosso sucesso em reter a dor e a cólera dentro de nós por meio desse sistema de defesa, mais os nossos sentimentos positivos também são retidos dentro de nós. Ficamos embotados. A vida não corre da maneira como esperávamos – ela se torna rotineira e entediante. Eros morre. Ficamos presos nos ciclos viciosos originais e somos incapazes de realizar o que esperamos da vida. Isso também onera o nosso corpo. Começamos a perder a fé na vida.

Por meio dos nossos processos habituais de isolar a dor, também nos isolamos de nosso âmago mais profundo. Nós nos esquecemos de como ele é, nos esquecemos de nossa essência, nos esquecemos de quem somos e perdemos contato com as nossas energias essenciais, que utilizamos para criar a nossa vida. É como se esperássemos criar a nossa vida do modo como queremos, ao mesmo tempo que não sabemos quem é esse "nós" que está querendo isso.

A Estrada de Volta ao Ferimento Original

A única maneira de nos lembrarmos de quem somos, de criar a nossa vida do modo como a queremos, de ter saúde e de nos sentirmos seguros é nos ligarmos mais uma vez, plenamente, ao nosso âmago. Só existe um modo de fazer isso. Descobrimos e observamos as nossas imagens e eliminamos os conglomerados de tempo psíquico congelado associado a eles para que possamos alcançar a fonte de todas as imagens, o nosso ferimento original. Precisamos detectar o nosso ferimento original. Fazer isso significa ir além dos nossos sistemas de defesa e eliminar os sentimentos negativos e todas as camadas de dor imaginária existentes em torno do ferimento original. Uma vez alcançado o ferimento original, toda a nossa vida fica diferente, e curamos a nós mesmos e à nossa vida. Esse é o processo de transformação.

Existem muitas técnicas para encontrar o ferimento original. Duas delas são o uso da autossugestão e da postura corporal. Ambas as técnicas são ensinadas em classes durante o programa de treinamento na Barbara Brennan School of Healing. Usando essas técnicas, conseguimos ajudar os estudantes a irem juntos até os seus ferimentos originais.

Num determinado exercício de grupo, os estudantes se livram de suas defesas assumindo a postura corporal que expressava aquilo que eles acreditavam fosse o seu ferimento. Para encontrar a postura equivalente ao seu ferimento, eles precisaram apenas voltar a atenção para os principais problemas emocionais e para as dores que sentiam na vida, e deixar o corpo reagir a eles. Essa técnica funciona porque a dor é ligada por energia semelhante no conglomerado de tempo psíquico congelado.

Ao intensificar a reação do seu corpo e ao manter a sua atenção voltada para o interior, a dor dos estudantes vem à luz e, progressivamente, começa a ser eliminada. O resultado é sempre uma sala cheia de pessoas muito vulneráveis, sofrendo. A postura do corpo, retorcido e recurvo, demonstra claramente a dor que sente. Às vezes, as pessoas ficam apenas com um dos pés no chão, a outra perna e ambos os braços erguidos e dobrados na frente do corpo. Muitos abaixam a cabeça enquanto outros se deitam no chão, encolhidos como crianças pequenas.

Nesse exercício, fica claro que o sofrimento relacionado com as questões da vida presente é na verdade a mesma dor sentida no início da vida. Quando a dor presente vem à luz, ela também libera a dor antiga. Para conseguir isso, os estudantes continuam fazendo os exercícios de postura ao mesmo tempo que conservam a intenção de manter a atenção voltada para dentro de si mesmos e para o tempo passado, buscando alcançar o ferimento original.

Eles voltam automaticamente, camada por camada, passando pela dor associada à imagem que envolve a ferida. Muito embora essa dor seja forte e assustadora, ela é fundamentalmente ilusória porque se baseia na ilusão mantida pela imagem. Para explicar o que quero dizer com dor ilusória, vamos voltar ao nosso exemplo do Joe com dez anos de idade, que ficou arrasado quando sua mãe tirou algumas semanas de férias. Embora ele tivesse sentido isso, não foi realmente essa situação que o deixou arrasado.

Ao continuar a penetrar na dor ilusória que está coagulada em torno dos seus ferimentos originais, os estudantes acabam penetrando no próprio ferimento original. Ao chegar perto do seu ferimento original, eles se surpreendem com a diminuição da dor.

Depois de penetrar no ferimento original, pedimos a eles para manter essa postura enquanto se aproximam, de uma outra pessoa, a fim de fazer contato com outro ser humano ferido. Isso sempre instaura no ambiente um clima de respeito. Todo mundo está ferido. Todo mundo é igual. O contato entre as pessoas cria muito amor na sala.

Completando o exercício, chega o momento de cada um compartilhar com os outros a própria experiência, ocasião em que são feitas importantes descobertas. Os estudantes geralmente ficam surpresos ao ver que o seu ferimento não era aquilo que eles acreditavam que fosse. Eles descobrem que a maior parte da sua dor não advém da ferida original, mas sim da defesa contra ela. Logo no início da sua vida, eles começam a se defender contra aquilo que esperam que a vida lhes traga, de acordo com a sua imagem final. Todas as vezes que reagiram contra essa imagem final, eles acrescentaram mais energia a seus conglomerados de tempo psíquico. Cada vez que isso foi feito, a ilusão da dor se tornou maior, até eles perderem de vista o que era realmente a dor. Tudo o que restou foi uma terrível dor, desconhecida e insuportável.

O aspecto mais interessante desse exercício, de acordo com os estudantes, é observar quanto tempo e energia desperdiçamos ao longo da nossa vida nos defendendo do nosso ferimento original. A dor mais profunda é a autotraição. Ao fazer isso, os estudantes podem tomar consciência de sua decisão precoce de não agir de acordo com quem realmente são, de não reconhecer o que são e de não viver de acordo com isso. Eles podem perceber que tomaram essa decisão repetidas vezes ao longo da vida, até ela se tornar um hábito inconsciente. Essa é uma parte do seu sistema de defesa.

Essa experiência lhes dá uma grande sensação de liberdade e uma perspectiva inteiramente diversa em relação à vida. A vida se transforma num constante desafio de viver de acordo com a verdade e de não trair o Eu. O maior desafio da vida é expressar o âmago do nosso ser e permanecer ligado a ele, quaisquer que sejam as circunstâncias em que nos encontremos.

Essa dor não afeta apenas algumas pessoas – ela existe em toda a humanidade, em graus variáveis. Algumas pessoas estão mais conscientes da dor que sentem que outras.

A Condição Humana: Viver em Dualismo

Todos os dias, expressamos o nosso âmago em certo grau. A intensidade dessa expressão é diretamente proporcional à firmeza e transparência da nossa ligação com a essência do nosso âmago e ao grau em que permitimos que essa essência venha à luz. As áreas da nossa vida que fluem harmoniosamente, sem problemas, e com as quais estamos plenamente satisfeitos, são as que estão diretamente ligadas ao nosso âmago. As energias que fluem livremente, diretamente a partir do âmago, realizam grandes obras e criam grandes homens. As energias que fluem de forma espontânea diretamente a partir do âmago dão origem a pessoas muito saudáveis. Elas são a expressão dos nossos Eus superiores, a parte de nós que nunca perde o seu vínculo com o âmago.

Em geral, nos mostramos muito tímidos em relação a esse aspecto de nós mesmos. Na maior parte do tempo, não demonstramos o quanto nos importamos com as pessoas, o quanto as amamos e o quanto esperamos da vida. Nós escondemos e rotulamos esse nosso aspecto, reduzindo-o a um grau "razoável" de expressão (de acordo com a voz dos nossos pais, introjetada em nós) e nos acostumamos a menos do que poderíamos ter. Esse é o comportamento "apropriado", ou assim pensamos.

Às vezes, quando não estamos alertas, nós nos soltamos, e surge a força criativa! Um súbito gesto de bondade, ou uma expressão de amor ou de amizade que se manifestam antes que possamos pensar nisso, é uma expressão dessa essência do âmago. Cria-se um momento de estreita ligação, e o amor é liberado.

Então, não podendo tolerar a luz e o amor, nós nos tornamos tímidos e nos afastamos. Basta alguns segundos para ficarmos constrangidos e nos "fecharmos" um pouco. Um medo súbito surge aparentemente do nada, e diz: "Oh, talvez eu tenha agido mal." Essa é a voz dos pais falando, substituindo o âmago. Sob ela, está a defesa. Ela na verdade quer dizer: "Se não detiver esse fluxo de energia, provavelmente vai sentir tudo, incluindo a dor que estou escondendo de você." Assim, interrompemos e refreamos o fluxo de nossa força vital. Nós nos conduzimos de volta ao nível "normal" de "segurança", em que não colocaremos em risco a boa ordem da nossa vida.

Essa é a condição humana. Vivemos a dualidade da escolha, não importando quais sejam as circunstâncias de nossa vida. A cada momento, escolhemos entre dizer sim a uma vulnerabilidade natural, rica e sem riscos, que dá origem à nossa plena experiência de vida, ou dizer não a tudo isso. Quando optamos pelo não, nós nos defendemos da experiência de uma vida verdadeiramente equilibrada, e bloqueamos a nossa vitalidade.

A maioria de nós prefere matar um pouco da nossa vitalidade durante a maior parte do tempo. Por quê? Porque, inconscientemente, sabemos que deixar a força vital fluir iria liberar a antiga dor, e temos medo dela. Não sabemos como lidar com isso. Por esse motivo, adotamos uma atitude defensiva e voltamos para as velhas e aparentemente apropriadas definições falsas a respeito de quem realmente somos. As vozes parentais internalizadas e que fazem parte da máscara ficam mais fortes, e continuamos a nos afastar. "Quem você pensa que é? Deus?" "Você realmente acha que pode mudar as coisas?" "Ora, seja realista! As pessoas não mudam. Aceite aquilo que você tem." "Você é ganancioso." "Você não dá valor ao que tem." Ou então: "Se os seus pais tivessem tratado você melhor..." "Se o seu marido não tivesse feito isso..." "Se você tivesse nascido mais bonita." E assim por diante! Existem milhões de maneiras por meio das quais a máscara pode falar para conservá-lo no seu lugar. Em certa medida, ela o impede de sentir a sua dor. A longo prazo, porém, ela gera mais dor e, posteriormente, doença.

A doença resulta do ocultamento e da perda de vínculo de uma parte de nós mesmos com o âmago do nosso ser. Quando perdemos o vínculo com ele, nos esquecemos de quem realmente somos, e vivemos a nossa vida de acordo com esse esquecimento – isto é, de acordo com a nossa máscara, com o nosso Eu inferior e com o nosso sistema de defesa. Curar é lembrar de quem realmente somos, e voltar a nos ligar ao nosso âmago nas áreas de nossa psique em que nos desligamos dele, e viver de acordo com os seus princípios.

No mesmo grau em que refreamos as nossas energias positivas, também refreamos a nossa criatividade e a nossa capacidade de ter uma vida saudável e de nos curarmos a nós mesmos.

Cabe a cada um de nós retomar o contato com o nosso âmago e curar a nós mesmos.

O Propósito Espiritual do Ferimento Original

Qual é a causa ou o propósito do ferimento original? Este é criado pela perda do vínculo do recém-nascido com a sua profunda sabedoria espiritual, que se encontra em seu âmago. Por que, do ponto de vista da evolução da humanidade, isso ocorreria? A resposta está na diferença entre a ligação com o âmago no início da vida e a ligação estabelecida por meio das experiências de vida. A ligação inicial com o âmago é inconsciente. As ligações com o âmago estabelecidas ao longo da vida são conscientes. A ligação dos adultos com o seu âmago, que é criada a partir das experiências de vida, dá origem a uma percepção consciente da sua divindade interior. Os adultos tornam-se conscientes de que são uma centelha da luz divina no universo. Eles são uma divindade num lugar definido. Esse processo evolutivo cria mais percepção consciente em nossa espécie. Estamos descobrindo que somos cocriadores do universo. O propósito da encarnação é a criação da consciência do Eu como um cocriador divino do universo.

Seguir Nossos Anseios nos Leva à Missão da Nossa Vida

Cada um de nós deseja ardentemente ser, compreender e expressar quem realmente somos. Esse anseio é a luz interior que nos orienta ao longo do nosso caminho evolutivo. Considerado no nível pessoal, isso significa que cada um de nós nasceu com a missão de refazer nossa ligação com o âmago do nosso ser. Para isso, precisamos acabar com os bloqueios existentes entre a nossa percepção consciente e o nosso âmago. Isso recebe o nome de nossa missão pessoal na vida. Ao realizá-la, a liberação de nossas energias criativas nos trazem dádivas que vêm do âmago e que, depois de recebidas, são compartilhadas com o mundo. As dádivas que proporcionamos ao mundo têm como consequência o cumprimento da nossa missão no mundo, a qual só se realiza quando liberamos nossas energias criativas a partir do nosso âmago. Assim, só podemos realizar aquilo que queremos fazer no mundo cuidando do nosso processo de transformação pessoal.

Somos Todos Curadores Feridos

Somos todos curadores feridos. Todos relutamos muito em nos tornar vulneráveis, em levantar o véu que nos recobre e mostrar o que temos dentro de nós, sejam coisas positivas ou negativas. Hesitamos em revelar a dor ou o ferimento que cada um de nós, à sua maneira, traz em si. Sentimos vergonha e nos escondemos. Achamos que somos os únicos ou que a nossa dor é mais desprezível que a de qualquer outra pessoa. Isso é muito difícil para nós, a não ser que nos sintamos muito seguros. Essa é a nossa condição humana. Cada um de nós precisará de algum tempo e de muito amor para se mostrar. Devemos dar uns aos outros bastante tempo, espaço e apoio com amor. É por meio desse ferimento que todos estamos aprendendo a amar. Esse ferimento interno que todos temos é o nosso maior mestre. Devemos reconhecer quem realmente somos por dentro. Somos a bela essência do nosso âmago, apesar das camadas de dor e de raiva que nos encobrem. Cada um de nós é único na sua individualidade, e é muito bom que seja assim. Devemos nos tornar curadores feridos, ajudando-nos mutuamente a compartilhar a verdade de nosso ser interior.

Podemos descobrir que estamos num universo benigno, rico, propício à vida e sagrado. Somos carregados nos braços do universo. Somos rodeados por um campo de saúde universal que garante e mantém a vida, e ao qual podemos nos ligar. Podemos ser e, de fato, sempre somos, nutridos por ele. Fazemos parte dele e ele faz parte de nós. O mistério divino da vida está dentro de nós e em toda a nossa volta.

Você é o seu Curador

Ninguém além de você vai curar você mesmo. Você é inteiramente capaz de fazer isso. O processo de curar uma doença pessoal é, na verdade, um ato de fortalecimento pessoal. Essa é uma jornada pessoal, um rito de passagem, criado por você mesmo como um dos maiores instrumentos de aprendizado que você jamais vai encontrar. Sua viagem de cura, obviamente, vai incluir o exame e o uso de todos os melhores recursos que a medicina moderna puder lhe oferecer, bem como os melhores recursos de que a cura holística puder dispor.

Considerando as coisas a partir de uma perspectiva mais abrangente, a doença é causada por um anseio não realizado. Quanto mais profunda a doença, mais profundo o anseio. Essa é uma mensagem que lhe diz que, de alguma forma e em alguma parte, você se esqueceu de quem é e de qual é o seu propósito. Você se esqueceu e se desligou do seu propósito e da energia criativa que advém do seu âmago. A sua doença é o sintoma: a doença representa o seu desejo não realizado. Assim, acima de tudo o mais, use a sua doença para se libertar e poder fazer o que você sempre quis, para ser quem você sempre quis ser, para manifestar e expressar quem você já é a partir de sua realidade mais profunda, mais ampla e mais elevada.

Se você de fato se descobriu doente, prepare-se para mudar e espere que o seu anseio mais profundo venha à luz e seja realizado. Prepare-se para finalmente parar de correr, e volte-se para enfrentar o tigre que existe dentro de você – o que quer que isso signifique – de uma maneira muito pessoal. Creio que a melhor maneira de começar a encontrar o significado de sua doença é perguntar a si:

"Pelo que tenho ansiado e ainda não consegui realizar em minha vida?"

Acho que você vai acabar encontrando uma ligação direta entre esse desejo irrealizado e a sua doença.

É dentro desse quadro fundamental de saúde e de cura que você vai recuperar a sua saúde. Falo aqui não apenas da saúde do seu corpo físico, porque ela é, na verdade, secundária, mas da saúde do espírito, a saúde da alma. É segundo essa estrutura ou metáfora da realidade que todos os problemas relacionados com vida e saúde podem ser resolvidos. Viver no nível físico é viver no amor, desenvolver as nossas qualidades superiores e nos unirmos ao divino. Quaisquer que sejam as circunstâncias da sua vida atual, é disso que trata a sua vida. Qualquer que seja a dor, o problema ou a doença, esse é o mestre. Trata-se de um mestre que ensina a amar, de um professor que o lembra de que você é divino. Esse é o seu processo de *Aflorar à Luz*.

Capítulo 2

AS QUATRO DIMENSÕES DA ENERGIA CRIATIVA

Compreender a natureza da sua energia criativa, o que ela faz e como funciona é algo que ajuda você a liberá-la em favor da saúde, da cura e da criação de algo novo na sua vida. Também é importante compreender a relação entre suas energias criativas e o fluxo e refluxo natural do processo criativo que se desenvolvem dentro de você. Os campos de energia da vida são o veículo do processo criativo. É através dos campos criativos da vida que são criadas as situações, os acontecimentos e as experiências da sua vida, bem como as coisas em geral que fazem parte do seu mundo.

As forças criativas apresentam várias dimensões. A nossa linguagem é demasiado limitada para descrever adequadamente as diferenças entre essas dimensões, as quais são experimentadas pessoalmente à proporção que você passa pelo processo de criação. Na falta de melhor expressão, uso os termos *energia e dimensão* de uma maneira não científica no decorrer dessas explicações. À medida que mais pessoas tomam consciência dessas experiências criativas, estou certo de que criaremos as palavras necessárias para nos comunicarmos melhor a respeito delas.

A partir da minha perspectiva, existem pelo menos quatro dimensões dentro de cada ser humano. Cada um desses níveis pode ser percebido com a PSS e diretamente trabalhado com propósitos curativos por um curador treinado. A Figura 2-1 mostra essas quatro dimensões do ser humano: o nível físico, o nível áurico, o nível hárico e o nível da estrela do âmago.

A primeira dimensão é o *mundo físico* familiar, o qual é mantido intacto pelos mundos subjacentes da energia e da consciência.

Logo abaixo do mundo físico, está a dimensão dos campos de energia universal ou vitais, onde existem a *aura e o campo de energia humano*. Este é o nível da estrutura energética sobre a qual repousa o mundo físico. Todas as coisas que são criadas no mundo físico devem primeiro existir ou ser criadas no mundo da energia vital. Toda forma que existe deve primeiro ser criada nos níveis estruturados dos campos de energia. O corpo físico expressa os níveis de fluido do campo em coisas como sorrisos amáveis, carrancas de desaprovação, a maneira de andar, de se sentar e de ficar de pé.

Abaixo do campo de energia humano, está o *nível hárico*, no qual conservamos as nossas intenções. Estas são de grande importância no processo criativo. Quando temos intenções inconscientes, confusas ou opostas, lutamos contra nós mesmos e perturbamos o processo criativo. Quando aprendemos a harmonizar as nossas intenções, não apenas dentro de nós mesmos mas com o grupo imediato de pessoas com as quais trabalhamos e, depois, harmonizamos as intenções do grupo de que fazemos parte com relação ao grupo maior dentro do qual ele está inserido, e assim por diante, conseguimos exercitar extraordinárias capacidades criativas.

Abaixo do nível hárico, está a dimensão do núcleo central do nosso ser, o que chamo de nível da *estrela do âmago*. Esse é o nível da nossa fonte interior, a divindade localizada que existe dentro de nós. É a partir dessa fonte interior que brota toda a criatividade.

O pleno processo criativo natural requer que as energias e a consciência da estrela do âmago alcancem cada uma dessas quatro dimensões. Mudanças permanentes em qualquer dimensão exigem uma mudança nas suas bases, que estão situadas nas dimensões mais profundas. Do ponto de vista da cura, portanto, se quisermos modificar o nosso corpo ou qualquer parte dele – como um órgão, por exemplo, livrando-o do estado de doença e passando-o para o estado de saúde – precisamos trabalhar com as energias subjacentes, que constituem as bases do nosso corpo. Precisamos trabalhar com cada uma das quatro dimensões. Para realizar esse trabalho, vamos primeiro explorar cada uma das quatro dimensões. Começamos com o nível áurico, o campo de energia humano.

Esse campo de energia vital foi explorado, pesquisado e utilizado com diferentes propósitos ao longo da história. Essa pesquisa começou muito antes de termos aprendido o método científico, e continua até hoje.

A Figura 2-2 relaciona as referências históricas com um campo de energia universal que remonta a 5000 a.C. A Figura 2-3 é uma relação de pessoas que observam o campo de energia humano no século XX, dos nomes que essas pessoas usaram para se referir ao campo de energia vital, das qualidades que atribuíram a esse campo e o modo como o utilizaram.

Os cientistas de hoje chamam de "campos bioenergéticos" os campos de energia mensurável associados aos sistemas biológicos. Por outro lado, os termos *aura e campo de energia humano* são usados pelos curadores para descrever esses campos de energia vital. É importante fazer aqui uma distinção porque os campos bioenergéticos foram medidos em laboratório, ao passo que a aura ou os campos de energia humana são conhecidos por meio das observações pessoais ou clínicas feitas por pessoas dotadas de Percepção Sensorial Sutil. No primeiro caso, as informações obtidas são limitadas pelo desenvolvimento dos instrumentos, ao passo que, no segundo, as informações são limitadas pela clareza e coerência do observador dotado de PSS. Do meu ponto de vista, a medida dos campos bioenergéticos apresenta uma relação direta com as observações feitas por meio da PSS. Existem algumas experiências que relacionam claramente as duas coisas e que também serão analisadas aqui. Primeiramente, porém, veremos a perspectiva científica.

O Mundo Físico e o seu Campo Bioenergético

Os campos de energia associados ao corpo humano foram medidos por aparelhos como o eletroencefalógrafo, o eletrocardiógrafo e o aparelho supercondutor de interferência quântica (um magnetômetro muito sensível). Muitos estudos têm mostrado que uma disfunção ou anormalidade no campo bioenergético abrirá caminho para uma infecção no corpo. Medindo o campo de energia de uma semente, por exemplo, o Dr. Harold Burr, de Yale, descobriu que poderia prever o vigor da planta. Ele descobriu que uma debilidade no campo vital de uma criatura indica futuro aparecimento de doenças.

Outros pesquisadores, como o dr. Robert Becker, um ortopedista de Nova York, mediram os padrões das correntes diretas de eletricidade que fluem sobre o corpo e através dele. O campo bioenergético está diretamente relacionado com o funcionamento do corpo físico. O dr. Becker mostrou que as formas dos padrões e a intensidade dos complexos campos elétricos do corpo se modificam com as alterações fisiológicas ou psicológicas.

O dr. Hiroshi Motoyama, de Tóquio, fundador da Associação Internacional de Religião e de Parapsicologia, mediu eletricamente o estado dos meridianos da acupuntura. Ele usa esses resultados para diagnosticar o desequilíbrio e para planejar tratamentos de acupuntura. O dr. Victor Inyushin, da

O Físico   A Aura

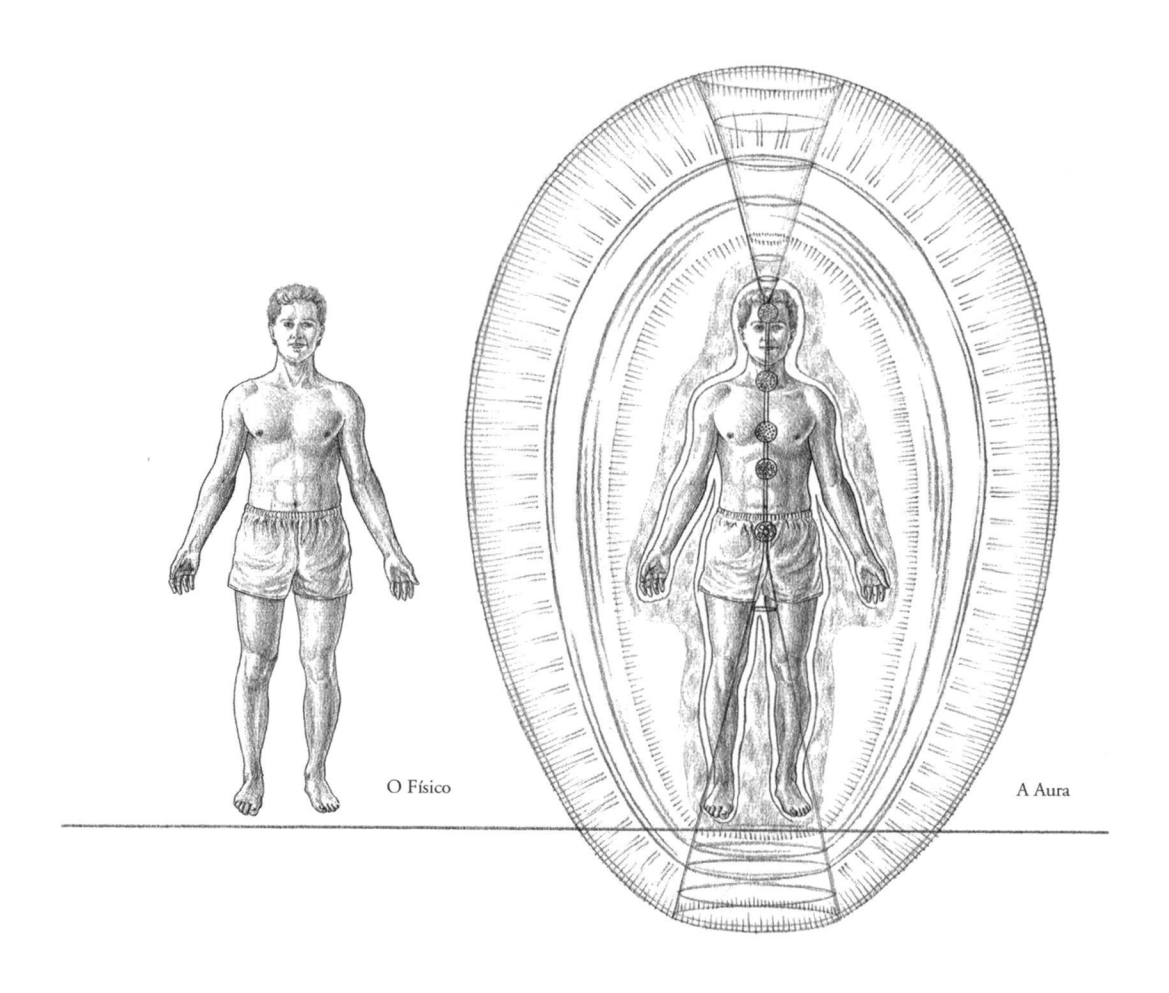

Figura 2-1   As Quatro Dimensões do Ser Humano

Universidade do Cazaquistão, é um dos muitos cientistas que mediram durante muitos anos os campos de energia com aparelhos sensíveis à luz. Ele consegue mostrar o estado dos pontos de acupuntura por meio de fotografias da descarga da coroa. Nesse tipo de fotografia, o corpo do paciente é percorrido por uma corrente de baixa intensidade, de alta frequência e de alta voltagem. A elevada frequência não prejudica o paciente porque a corrente é fraca, e as elevadas frequências percorrem apenas a pele do indivíduo.

    Foram realizadas algumas experiências para mostrar as relações entre o "biocampo" medido e o "campo de energia humano" percebido. As melhores que conheço foram as feitas pela dra. Valerie Hunt, na UCLA, e pelo dr. Andria

O Hara

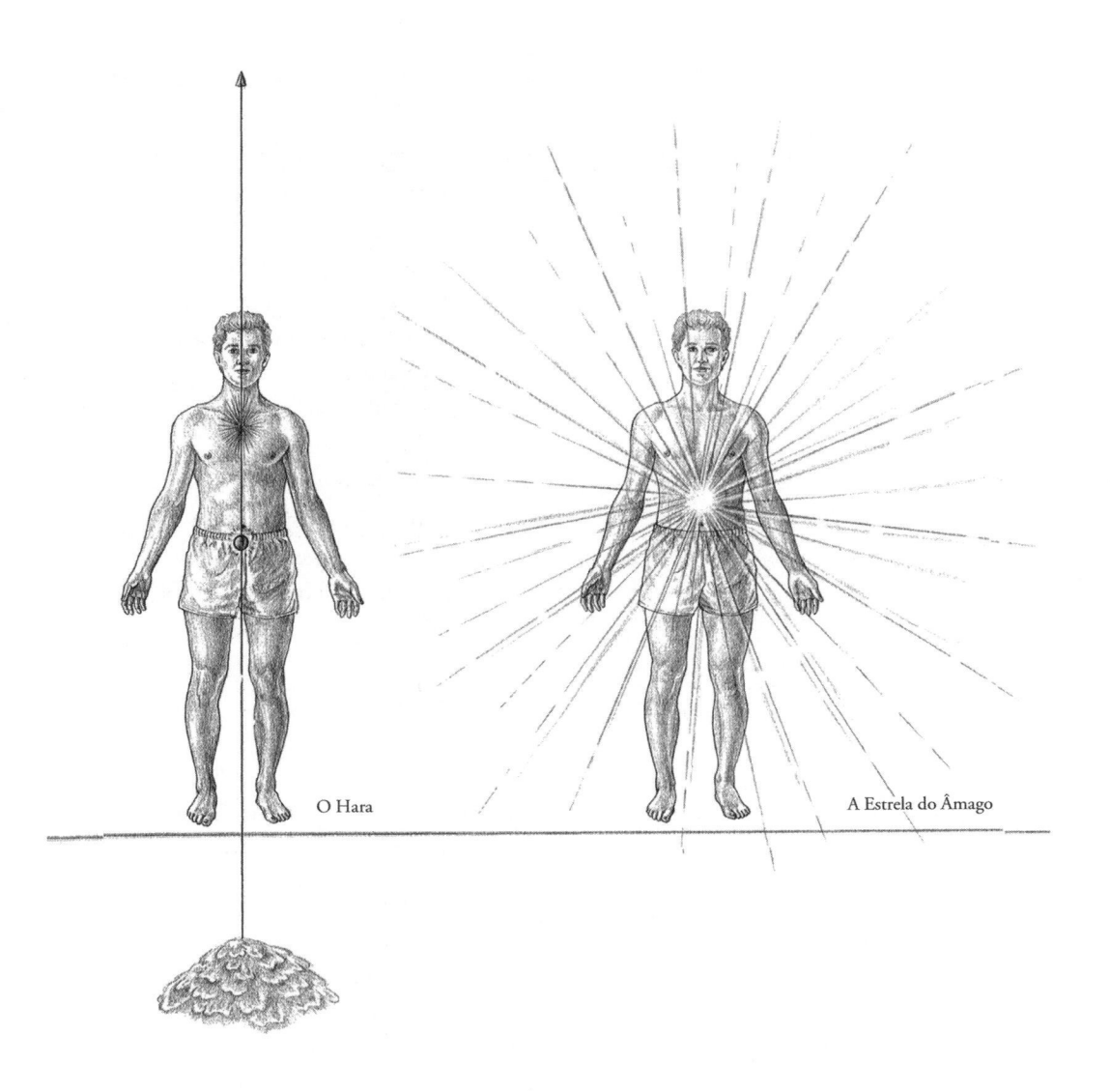

A Estrela do Âmago

Puharich, em seu laboratório particular. Os resultados das experiências da dra. Hunt mostram relações diretas entre a frequência e os padrões de onda de correntes elétricas alternadas medidas na superfície do corpo, e cores específicas percebidas por pessoas que leem a "aura". A dra. Hunt realizou as mesmas medições com doze pessoas que leem a "aura" e que usavam a PSS. Em todos os casos, foram encontrados uma forma de onda e um padrão de frequência específicos para cada cor observada. O dr. Puharich conseguiu medir uma transmissão magnética de 8 Hz (oito ciclos por segundo) irradiada pelas mãos dos curadores. Ele descobriu que os curadores que apresentavam sinais mais fortes causavam um maior efeito de cura.

Figura 2-2 Referências Históricas a um Campo de Energia Universal

Época	Lugar/Pessoa	Nome da Energia	Propriedades Atribuídas a Ela
5000 a.C	Índia	prana	A fonte básica de toda a vida
3000 a.C.	China	ch'i yin e yang	Presente em toda matéria Constituída por 2 forças polares; Equilíbrio de 2 forças polares = saúde
5oo a.C.	Grécia Pitágoras	energia vital	Percebida como um corpo luminoso que geraria a cura
1500	Europa: Paracelso	illiaster	Força vital e matéria vital; cura; trabalho espiritual
1600	Wilhelm von Leibnitz	elementos essenciais	Centros de força contendo sua própria fonte de movimento
1700	Anton Mesmer	fluido magnético	Poderia carregar objetos animados ou inanimados; hipnose; influência a distância
1800	Wilhelm von Reichenbach	força ódica	Comparação com o campo magnético

Figura 2-3 Observadores do Campo de Energia Humano no Século XX

Data	Pessoa	Fato observado	Propriedades Encontradas
1911	Walter Kilner	aura atmosfera humana	Telas coloridas e filtros usados para ver as 3 camadas da aura; correlação entre configuração da aura e doenças
1940	George De La Warr	emanações	Desenvolveu instrumentos radiônicos para detectar a radiação de tecidos vivos; usados para diagnóstico e cura a distância
1930-50	Wilhelm Reich	orgônio	Desenvolveu um tipo de psicoterapia usando a energia do orgônio no corpo humano; estudou a energia na natureza e construiu instrumentos para detectar e acumular o orgônio
1930-60	Harold Burr e F.S.C. Northrup	campo da vida	O campo da vida dirige a organização de um organismo; desenvolvida a ideia de ritmos circadianos
1950s	L.J. Ravitz	campo do pensamento	O campo do pensamento interfere no campo da vida, produzindo sintomas psicossomáticos

Data	Pessoa	Fato observado	Propriedades Encontradas
1970-89	Robert Becker	campo eletromagnético	Medidas diretas dos sistemas de controle de corrente no corpo humano; relacionou resultados com a saúde e com a doença; desenvolveu métodos para apressar o desenvolvimento dos ossos usando a corrente elétrica
1970-80s	John Pierrakos, Richard Dobrin e Barbara Brennan	CEH	Observações clínicas relacionadas com reações emocionais; medidas tomadas em quarto escuro relacionadas com a presença humana
1970s	David Frost, Barbara Brennan e Karen Gestla	CEH	Curvatura de laser por CEH
1970-90	Hiroshi Motoyama	ch'i	Medições elétricas de meridianos acupunturais; usadas para o tratamento e o diagnóstico de doenças
1970-90	Victor Inyushin	bioplasma	CEH tem um bioplasma constituído de íons livres; quinto estado da matéria; equilíbrio entre íons positivos e negativos = saúde
1970-90	Valerie Hunt	biocampo	A frequência e a localização do biocampo em seres humanos são medidas eletronicamente; resultados relacionados com os de pessoas que leem a aura
1960-90	Andria Puharich	campo intensificador da vida	Os campos magnéticos alternados que aumentam a vida são medidos (8 Hz) em mãos de curadores; descobriu-se que as frequências mais elevadas ou mais baixas são prejudiciais à vida
1980-90	Robert Beck	ondas de Schumann	Relacionou pulsações magnéticas de curadores com o campo magnético da Terra, as ondas de Schumann
1980-90	John Zimmerman	ondas cerebrais	Mostrou que os cérebros dos curadores entram em sincronização esquerda/direita em alfa, como fazem os pacientes

O dr. Robert Beck, um físico nuclear, viajou pelo mundo medindo as ondas cerebrais dos curadores. Ele descobriu que todos os curadores apresentavam o mesmo padrão de ondas cerebrais de 7,8-8 Hz quando estavam curando, independentemente das suas práticas ou do quanto essas práticas fossem diferentes entre si. Beck examinou curadores carismáticos cristãos, kahunas havaianos, praticantes da wicca, da santeria, da radiestesia e da radiônica, bem como videntes, pessoas dotadas de percepção extrassensorial e médiuns. Todos apresentaram os mesmos resultados.

Ele, então, perguntou-se em que ritmo eles estavam atuando e por quê. Beck descobriu a resposta nas flutuações do campo magnético da Terra, que variam entre 7,8 e 8 Hz. Essas flutuações são chamadas de ondas de Schumann. Depois de pesquisas posteriores ele descobriu que, durante o processo de cura, as ondas do cérebro do curador estavam em sincronia com as ondas de Schumann em frequência e em fase. Isso significa que as ondas do cérebro do curador pulsam não apenas na mesma frequência, mas também ao mesmo tempo que as ondas de Schumann da Terra. Seria possível presumir que os curadores conseguem retirar energia do campo magnético da Terra para a cura de pacientes. Esse processo é chamado de acoplamento de campo.

O dr. John Zimmerman, fundador e presidente do Bio-Eletro-Magnetics Institute, de Reno, Nevada, estudou amplamente muitos trabalhos sobre acoplamento de campo e os relacionou com as experiências dos curadores. Fica claro que aquilo que os curadores chamam de ligação com a Terra é o ato de estabelecer uma ligação com o campo magnético da Terra, tanto em frequência como em fase. Ele descobriu que, uma vez ligados à Terra, os hemisférios cerebrais direito e esquerdo dos curadores se equilibravam, apresentando um ritmo alfa de 7,8-8 Hz. Depois de se ligarem aos pacientes por meio de um período de cura por intermédio da imposição das mãos, verificou-se que as ondas cerebrais dos pacientes também entraram em alfa e passaram a apresentar sincronia de fase com as ondas dos curadores, além de haver equilíbrio entre os hemisférios direito e esquerdo. O curador, com efeito, ligou o paciente à irradiação do campo magnético da Terra e, dessa maneira, teve acesso a uma enorme fonte de energia de cura.

O Campo de Energia Humano: O Veículo que Transporta a Nossa Energia

Pelo fato de eu ser uma curadora e uma pessoa sensitiva que usa a Percepção Sensorial Sutil, há muitos anos venho observando o campo de energia que existe em torno das pessoas. Depois de ter estudado muitos campos de energia de inúmeras pessoas, de plantas e de animais, cheguei à conclusão de que o campo de energia humano fornece uma estrutura de matriz energética sobre a qual crescem as células. O que quero dizer é que o campo de energia existe antes do corpo físico.

Um fenômeno que confirma essa opinião é o efeito do membro-fantasma. O efeito do membro-fantasma ocorre quando pessoas que tiveram membros amputados continuam a senti-los. As sensações residuais geralmente são explicadas por irritação das terminações nervosas que foram cortadas. Todavia, o membro fantasma ainda é visível, por meio da PSS, no campo áurico do paciente. Como as sensações são transmitidas pelo campo áurico, isso faz sentido para o observador sensitivo.

Num desses casos, um amigo meu, o Dr. John Pierrakos, fundador e diretor do Core Energetics Institute, em Nova York, e autor do livro *Core Energetics**, estava trabalhando com um paciente que sofria o efeito do membro-fantasma. A mulher continuava a ter a sensação de que sua perna amputada estava ligada à parte inferior do seu corpo, de tal forma que, ao sentar-se, seu corpo ficava sobre o membro. O Dr. Pierrakos podia ver o campo áurico do membro dobrado na mesma posição em que a mulher o sentia. Ele trabalhou com o seu campo para corrigir o fluxo de energia da perna, de modo que ela ficasse na posição normal de caminhar. Isso aliviou-lhe os sintomas. Posteriormente ele falou com o cirurgião que amputara a perna. Verificou-se que o cirurgião havia amarrado a perna nessa posição para fazer a cirurgia. Penso que essa cliente estava sentindo o seu campo de energia.

Isso significa que a estrutura energética básica do membro ainda estava lá. Portanto, o campo existe antes do corpo físico. Essa é uma diferença fundamental para muitos pesquisadores. Eles presumem que o campo emana do corpo e não que o corpo é criado pelo campo. Se de fato se comprovar que o campo existe antes do corpo físico, isso significa que, algum dia, poderemos regenerar membros do corpo, como fazem as salamandras.

A fotografia da descarga da coroa nos oferece mais evidências que confirmam a minha hipótese de que o campo áurico antecede o corpo físico. Trata-se do assim chamado efeito da folha-fantasma. Se você cortar fora parte de uma folha logo antes de tirar uma fotografia se valendo desse método, a folha toda (incluindo a parte amputada) aparece na chapa fotográfica na forma de cor e luz. Como é possível ver a imagem da folha toda, conclui-se que a imagem do pedaço amputado foi criada pelo campo de energia, o qual permanece intacto

---

* *A Energética da Essência*, Editora Pensamento, São Paulo, 1993.

mesmo que a parte física esteja faltando. Assim, o campo de energia não poderia surgir a partir do corpo físico; ao contrário, o corpo físico é que surge a partir do campo energético.

Essa conclusão torna o campo de energia muito mais importante para a saúde e para o processo de crescimento do que anteriormente se suspeitava. Como o corpo físico surge a partir do campo energético, um desequilíbrio ou distorção em seu campo poderá acabar provocando doenças no corpo físico que ele rege. Portanto, a cura de distorções no campo energético produzirá cura no corpo físico. A cura é uma questão de se aprender a curar o campo reestruturando-o, equilibrando-o e carregando-o.

Além do mais, conforme demonstrei no livro *Mãos de Luz*, os fenômenos energéticos que ocorrem dentro do campo áurico são mais importantes e sempre precedem um acontecimento físico. Eles o precipitam. Isso significa que qualquer doença irá se manifestar no campo antes de se fazer sentir no corpo físico e, portanto, pode ser curada no campo antes de se manifestar no corpo físico.

O campo áurico é um salto quântico mais profundo no interior de nossa personalidade do que o nosso corpo físico. É nesse nível do nosso ser que se desenvolvem os nossos processos psicológicos. A aura é o veículo de todas as reações psicossomáticas. Do ponto de vista de um curador, todas as doenças são psicossomáticas. Um funcionamento equilibrado do campo áurico é necessário para manter a nossa saúde.

O campo áurico, porém, não é a origem do acontecimento. Ele é o veículo através do qual a consciência criativa do âmago alcança o físico.

Toda técnica de cura que pratico e ensino se baseia num conhecimento da estrutura e da função do campo de energia humano das configurações que se situam abaixo dele, nas dimensões mais profundas. Em *Mãos de Luz*, descrevo de forma completa o campo de energia humano: sua anatomia e fisiologia, e seu lugar no processo da doença e da cura. Também ensinei métodos de cura baseados nele. Vou voltar a descrever rapidamente aqui o campo de energia, e me aprofundar nas áreas que foram abordadas superficialmente no referido livro.

Os Sete Níveis do Campo de Energia Humano

O campo de energia humano é constituído de sete níveis. (Ver Figura 2-4.) Muitas pessoas têm a ideia errônea de que esse campo é como as camadas de uma cebola. Não é. Cada nível penetra no corpo e se estende para fora a partir da pele. Cada nível sucessivo apresenta uma "frequência mais elevada". Cada um deles se estende para fora da pele alguns centímetros a mais do que o nível imediatamente mais profundo, de frequência mais baixa. Os níveis ímpares são campos estruturados de feixes de luz cintilante e estacionária. O primeiro, terceiro, quinto e sétimo níveis desse campo são estruturados com uma forma específica. Os níveis de numeração par – o segundo, o quarto e o sexto – estão repletos de substância e de energia amorfas. O segundo nível assemelha-se a uma substância gasosa, o quarto é fluido e o sexto é como luz difusa existente em torno da chama de uma vela. É o nível não estruturado do campo de energia que foi relacionado ao plasma e que recebeu o nome de bioplasma. Lembre-se: os termos que usamos aqui não são científicos porque esses fenômenos ainda não foram totalmente explicados por meio da experimentação. Na falta de um termo melhor, porém, usaremos a palavra bioplasma. O bioplasma existente em todos os três níveis não estruturados é constituído de várias cores e, indubitavelmente, apresenta densidade e intensidade. Esse bioplasma flui ao longo das linhas dos níveis estruturados. Ele está correlacionado diretamente com as nossas emoções.

A combinação de uma rede de luz estacionária com o bioplasma que flui através dela dá forma ao corpo físico, fornece-lhe energia vital e funciona como um sistema de comunicação e de integração que mantém o corpo funcionando como um organismo individual. Todos esses níveis do campo de energia humano atuam holograficamente para se influenciarem uns aos outros.

Esses níveis, ou corpos de energia, como muitas pessoas os denominam, não podem ser considerados menos reais do que o nosso corpo físico. Se todos os seus corpos de energia forem fortes, carregados e saudáveis, você terá uma vida plena em todas as áreas da experiência humana. Se o seu campo de energia for fraco em algum nível, você encontrará dificuldades para ter experiências associadas a esse nível, e sua experiência de vida será limitada. Quanto mais níveis ou corpos você tiver desenvolvido, mais plenas e abrangentes serão as suas experiências de vida.

Temos a tendência de presumir que toda experiência de vida se dá no nível físico. Não é verdade. Ao contrário, a vida existe em muitos níveis de vibração. Cada nível difere de acordo com a constituição da energia-consciência nesse nível. Isso nos proporciona uma grande variedade de experiências de vida a partir das quais podemos aprender coisas. Os sete níveis do campo áurico correspondem a sete diferentes níveis de experiências de vida. Cada nível difere quanto à faixa de frequência de vibração, de intensidade e de constituição do bioplasma. Cada nível, portanto, reage aos estímulos de acordo com a sua constituição.

Isso me lembra o quanto foi emocionante, em matemática aplicada, derivar equações de movimento fluido em diferentes condições. Foi surpreendente verificar que as mesmas equações funcionavam tanto para água como para o ar em movimento fluido. A diferença era que determinados fatores da equação exercem mais ou menos influência de acordo com o meio. O mesmo era válido para as equações que descrevem o movimento do ar perto da superfície da terra e o movimento do ar em altitudes mais elevadas. Os movimentos do ar próximo ao solo são mais influenciados pela fricção com as árvores e arbustos do que a massa de ar acima dele. Quando nos distanciamos do solo é necessário diminuir o fator de fricção na equação que descreve o movimento do ar. Os resultados mostram uma mudança na direção do fluxo de ar. Essa mudança de direção é chamada de vento transverso. Estou certa de que você já notou que nuvens de um determinado nível geralmente se movem numa direção diferente das nuvens que estão num nível mais elevado. A micrometeorologia descreve movimentos de ar de curta distância em regiões pequenas, os quais são muito diferentes dos macromovimentos de ar através de oceanos, onde o movimento da Terra se faz sentir por meio da força de Coriolis. Não obstante, as mesmas equações funcionam em todos os casos. Partes das equações tornam-se mais importantes em diferentes condições.

Apliquei as mesmas ideias e princípios gerais quando tentei compreender as ações recíprocas dos campos áuricos. A energia-consciência do campo áurico flui de maneira diferente, e é influenciada por diferentes fatores em diferentes níveis do campo. Isto é, a composição da energia-consciência de cada um dos níveis do campo é única, diferente de todos os outros níveis. Cada uma delas reage de forma diferente aos diferentes fatores. Outra maneira de inferir o que está acontecendo é dizer que o bioplasma de cada nível do campo provavelmente tem a sua própria faixa de frequência, de intensidade de carga e de composição. Assim, é natural que ele reaja de forma específica aos estímulos.

Um outro tipo de estudo, usado tanto em astrologia como na observação da Terra, influenciou o modo como passei a ver o campo áurico. Trata-se de uma prática comum na ciência construir instrumentos que filtram comprimentos de ondas indesejáveis e, então, fazer as observações apenas segundo uma estreita faixa de comprimentos de onda. Observações do Sol feitas dessa maneira nos proporcionam fotografias da atmosfera solar em diferentes alturas. É assim que obtemos fotografias de manchas ou erupções solares, as quais se mostram muito diferentes da energia situada mais no interior do Sol ou em sua camada externa, a coroa. Os mesmos princípios podem ser muitos úteis na observação do campo áurico. Modificando-se a PSS do indivíduo para os diferentes níveis de vibrações áuricas, os diversos níveis do campo áurico ficam mais claramente definidos. Quando esses níveis são definidos claramente, é fácil trabalhar diretamente com eles.

A descrição seguinte da configuração dos níveis do campo áurico e das experiências de vida associadas a cada um deles se baseia nas experiências, observações e estudos que fiz ao longo de vinte anos curando pessoas e de treze anos ensinando-as. A Figura 2-4 mostra os sete níveis do campo áurico ou campo de energia humano.

O Primeiro Nível do Campo de Energia Humano

Nesse nível, você passa por todas as sensações físicas, tanto as agradáveis como as desagradáveis. Existem relações diretas entre o fluxo de energia, a pulsação do campo e a configuração do primeiro nível do seu campo com o que você sente no seu corpo físico. Sempre que houver dor no seu corpo, haverá uma relação direta com uma disfunção no primeiro nível do campo áurico.

As experiências realizadas pelo dr. Robert Becker, MD., demonstraram que o uso de um anestésico local para, digamos, causar a perda da sensibilidade no seu dedo, de modo que você não sinta dor ao ter o dedo picado, interrompe o fluxo de partículas subatômicas ao longo dos nervos sensoriais do dedo. Quando o fluxo de energia recomeça, o seu dedo recupera a sensibilidade. Tenho observado o mesmo fenômeno no campo áurico. A perda da sensibilidade está relacionada com uma ausência de fluxo de energia ao longo das linhas do primeiro nível do campo. Quando um curador trabalha para restabelecer o fluxo de energia nesse local, a sensibilidade é recuperada.

O primeiro nível do campo tende a ser delgado, sutil e com uma luz azul--clara, no caso de pessoas calmas e sensíveis. Ele é espesso, áspero e tem cor azul-acinzentada no caso de pessoas fortes e robustas. Quanto mais você se ligar ao seu corpo, cuidar bem dele e exercitá-lo, mais forte e mais desenvolvido será o primeiro nível do campo. Os atletas e dançarinos tendem a ter uma primeira camada altamente desenvolvida. Elas têm mais linhas de energia, são mais espessas, mais elásticas, mais carregadas e têm cor azul brilhante.

Se o seu primeiro nível for forte, você terá um corpo físico muito forte e saudável e gozará de todas as agradáveis sensações físicas associadas a essa condição. Isso inclui o prazer de sentir o seu corpo, as sensações de vitalidade, de atividade física, de contato físico, de sexo e de sono. Inclui também os prazeres do paladar, do olfato, da audição e da visão. Isso significa que você muito provavelmente vai continuar a usar todas as funções do seu primeiro nível e, portanto, vai mantê-lo carregado e saudável. O seu uso vai tender a recarregá-lo.

Se você não cuidar do seu corpo, por outro lado, o seu primeiro nível também vai se tornar fraco e as suas linhas não serão contínuas, porém emaranhadas

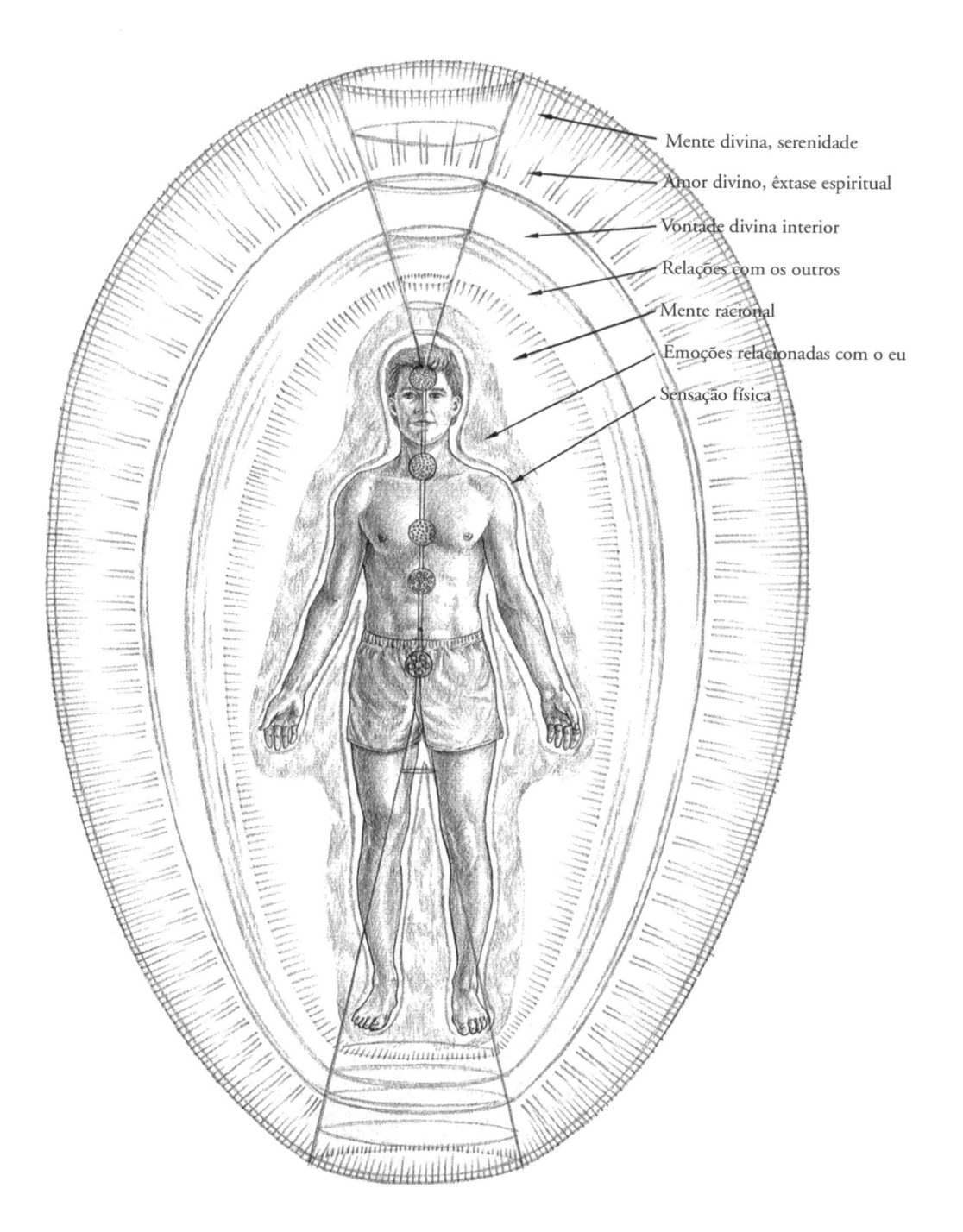

Mente divina, serenidade
Amor divino, êxtase espiritual
Vontade divina interior
Relações com os outros
Mente racional
Emoções relacionadas com o eu
Sensação física

Figura 2-4 Os Sete Níveis do Campo Áurico

e descarregadas. Elas ficam mais finas e esparsas nas partes do seu corpo que exigem mais atenção.

Se o seu primeiro nível for fraco, o seu corpo físico vai lhe parecer fraco e provavelmente não vai se ligar a todas as agradáveis sensações associadas a ele. Você vai tender a mantê-lo fraco por falta de uso. Muito provavelmente, você vai se ligar a algumas das linhas de energia, mas não a todas elas. De fato, algumas não serão de maneira nenhuma sentidas como coisas agradáveis. Em vez disso, você vai experimentá-las como algo que você tem de tolerar. Você talvez deteste, por exemplo, qualquer tipo de atividade física. Você talvez goste de comer, mas não de ser tocado, ou então pode gostar de ouvir música, mas não de ter de comer para continuar vivo.

O Segundo Nível do Campo de Energia Humano

O segundo nível está associado aos sentimentos ou emoções a respeito de si mesmo. Todo movimento de energia está relacionado a um sentimento que você tem em relação a si mesmo. As cores vivas de energia nebulosa estão associadas a sentimentos positivos acerca de si mesmo. Cores mais escuras e sombrias estão associadas a sentimentos negativos a respeito de si mesmo. Todas as cores podem ser encontradas nesse nível. Essas nuvens de energia fluem ao longo de linhas estruturadas do primeiro nível do campo.

Se você permitir que os seus sentimentos a respeito de si mesmo fluam, sejam eles negativos ou positivos, a aura vai se manter equilibrada, e as energias negativas associadas aos seus sentimentos serão liberadas e transformadas. Se você não se permitir ter emoções a respeito de si, interrompe-se o fluxo de energia no segundo nível, o qual corresponde a essas emoções. Assim, o seu segundo nível fica estagnado, acabando por criar nuvens fracas e sombrias de várias cores, relacionadas com os sentimentos que você não exprimiu a respeito de si.

Wilhelm Reich, MD., chamava a bioenergia de orgônio. Ele chamou de "orgônio morto" a energia fraca encontrada nos níveis não estruturados do campo.

As nuvens escuras e estagnadas provocam estagnação em outras partes do seu corpo. Elas obstruem o sistema e perturbam o seu funcionamento normal. Essa estagnação vai também acabar causando estagnação no primeiro e no terceiro níveis do campo, os quais são adjacentes a ela. A maioria de nós não deixa fluir todos os nossos sentimentos a respeito de nós mesmos. Consequentemente, a maioria de nós tem energia estagnada no nosso segundo nível, o que interfere na nossa saúde em graus variados.

Se a segunda camada for forte e carregada, você gostará de seu relacionamento emocional consigo mesmo. Isso significa que você terá muitas emoções a respeito de si, que elas não serão ruins e que você gosta de você e ama a si mesmo. Você gosta de estar consigo mesmo e se sente à vontade nessas condições. Se o seu primeiro e segundo níveis estiverem carregados, você vai amar e se sentir bem consigo mesmo quando estiver gozando todos os prazeres físicos que o seu corpo lhe proporciona.

Se o seu segundo nível estiver fraco e descarregado, ou você não tem muitos sentimentos a respeito de si mesmo, ou não está consciente deles. Se o seu segundo nível estiver carregado porém escuro e estagnado, você não gostará de si mesmo e, talvez, poderá até mesmo odiar a si mesmo. Você está reprimindo os sentimentos negativos a respeito de si mesmo e, assim, poderá estar deprimido por não gostar de si.

O Terceiro Nível do Campo de Energia Humano

O terceiro nível está associado ao nosso mundo mental ou racional. As linhas da estrutura desse nível são muito delicadas, como o véu mais fino e sutil. As linhas de energia desse nível são amarelo-limão, e pulsam numa taxa muito elevada. (Seu brilho, sua plenitude e sua energia fluem das linhas estacionárias de luz que correspondem aos nossos processos mentais e aos estados de espírito.) Quando esse nível é equilibrado e saudável, as mentes racional e intuitiva trabalham juntas em harmonia, e os nossos pensamentos são claros, sentimos equilíbrio e temos uma sensação de adequação. Quando os três primeiros níveis de nosso campo estão sincronizados, aceitamos a nós mesmos e nos sentimos seguros, adaptados, e temos uma sensação de poder pessoal.

Se o seu terceiro nível for forte e carregado, você terá uma mente clara e forte a seu serviço. Você terá uma vida mental mais ativa e sadia e estará interessado em aprender.

Se o seu terceiro nível estiver fraco e descarregado, você terá falta de agilidade ou de lucidez. Você provavelmente não estará muito interessado na vida acadêmica nem em outras atividades intelectuais.

Quando os seus pensamentos são negativos, as pulsações no campo são mais lentas, e as linhas ficam mais escuras e distorcidas. Essas "formas-pensamento negativas" são as formas que correspondem aos nossos processos de pensamento negativos habituais. Eles são difíceis de mudar porque parecem lógicos para a pessoa que os estiver experimentando.

Se o seu primeiro e segundo níveis forem fracos, e se o seu terceiro for forte e energizado, você tenderá a viver mais na mente do que nos seus sentimentos ou no seu corpo. Você estará muito mais interessado em resolver os problemas raciocinando do que considerando os seus sentimentos antes de tomar uma decisão. Isso vai limitar automaticamente a sua experiência de vida.

As formas-pensamento negativas também são pressionadas pelas emoções estagnadas do segundo e do terceiro níveis, adjacentes a elas. Em outras palavras, quando tentamos não sentir emoções negativas a respeito de nós mesmos (segundo nível) ou de uma outra pessoa (quarto nível), interrompemos o fluxo de energia no segundo e no terceiro níveis. O fluxo de energia no terceiro nível, então, é deformado por essa "pressão".

Uma outra maneira de compreender isso é lembrar que o estado natural da energia é o constante movimento. Quando o movimento de energia é detido no segundo e no quarto níveis, para barrar as emoções negativas, parte desse impulso é transferida para o terceiro nível. O impulso que passa para o terceiro nível causa a atividade mental. A atividade é alterada porque não está livre para se deslocar naturalmente, e é pressionada pelas energias que estão logo abaixo e acima dele.

Penso que o hábito de manter formas-pensamento negativas é defendido na nossa cultura. Em nossa sociedade, é mais aceitável ter formas-pensamento negativas a respeito das pessoas e falar mal delas pelas costas do que expressar emoções negativas diante delas. Não temos um modelo apropriado para fazermos isso. Seria muito mais adequado olhar para dentro de nosso ser e encontrar as emoções negativas que temos em relação a nós mesmos. Em geral temos sentimentos negativos em relação às outras pessoas porque a ação recíproca com essa pessoa evoca algum tipo de sentimento negativo em relação a nós.

O Quarto Nível do Campo de Energia Humano

O quarto nível do campo contém todo o universo de nossos relacionamentos. É a partir desse nível que interagimos com outras pessoas, com os animais, com as plantas, com os objetos inanimados, com a Terra, com o Sol, com as estrelas e com o universo como um todo. Esse é o nível da ligação "Eu-Tu". Aqui estão todos os nossos sentimentos a respeito dos outros. A energia do quarto nível parece ser mais espessa do que a do segundo, muito embora este constitua um nível de vibração superior. Em contraste com a energia do segundo, que se assemelha a nuvens coloridas, a energia do quarto nível é mais semelhante a um fluido colorido. Ela também contém todas as cores.

Se o quarto nível estiver pouco energizado, ou se apresentar o que os curadores chamam de energia de baixa vibração, essa energia será experimentada como um fluido escuro, espesso e pesado. Eu o chamo de muco áurico. Ele funciona como o muco que você acumula no corpo quando tem uma gripe. Esse muco áurico exerce um efeito negativo muito forte sobre o seu corpo, causando a dor, o desconforto, uma sensação de peso, a exaustão e, posteriormente, a doença.

A energia do quarto nível pode atravessar uma sala e chegar a uma outra pessoa. Sempre que duas pessoas trabalham juntas, seja de modo fraco ou dissimulado, grandes correntes de bioplasma colorido, semelhante a um fluido, saem do campo de cada pessoa para tocar o campo da outra. A natureza da ação recíproca corresponde à natureza da energia-consciência desses feixes de energia. Por exemplo: se houver muito amor na ação mútua, haverá uma abundância de energia cor-de-rosa que flui em suaves ondas. Se houver inveja, ela será escura, verde-acinzentada, viscosa e grudenta. Se houver paixão, o rosa apresentará uma boa quantidade de laranja, produzindo um efeito estimulante. As ondas serão mais rápidas, com picos mais elevados. Se houver raiva, elas serão mais ásperas, cortantes, pontiagudas, pungentes, penetrantes, tendendo para o vermelho-escuro.

O quarto nível contém todo o amor e a alegria, bem como todo o conflito e a dor do relacionamento. Quanto mais interagimos com alguém, mais conexões energéticas estabelecemos com essa pessoa.

Se você tiver um quarto nível forte, saudável e carregado de energia, você tenderá a ter muitos relacionamentos seguros e positivos com os outros. Seus amigos e sua família serão uma parte muito importante da sua vida. Você poderá gostar de lidar com pessoas, e talvez tenha uma profissão que lhe permita fazer isso. O amor e as coisas do coração vêm em primeiro lugar na sua vida.

Se o seu quarto nível for fraco e pouco energizado, seus relacionamentos com os outros seres humanos poderão ser menos importantes para você. É possível que você seja um solitário. Você talvez não tenha relacionamentos íntimos com as pessoas. Se o fizer, você poderá ter problemas com elas e sentir que os relacionamentos lhe trazem mais problemas do que benefícios. Você poderá se sentir sufocado pelos outros porque muitas pessoas terão um quarto nível mais forte do que o seu e, assim, o seu campo é literalmente subjugado pela energia do quarto nível das outras pessoas.

No campo áurico, nascemos com cordões que nos ligam aos nossos pais e a nós mesmos e que se assemelham muito ao cordão umbilical. Esses cordões se desenvolvem, como acontece com a aura, através dos estágios de desenvolvimento da criança. (Ver *Mãos de Luz*, Capítulo 8). Esses cordões representam os nossos relacionamentos com o pai e com a mãe. Cada um é um modelo de como vamos continuar a criar relacionamento com os homens e mulheres em nossa vida. Cada novo relacionamento desenvolve mais cordões. (Para uma descrição mais detalhada, veja o Capítulo 14, "Os Três Tipos de Interação Entre os Campos Áuricos nos Relacionamentos".)

Os três primeiros níveis da aura representam a experiência física, emocional e mental de nosso mundo no corpo físico. O quarto nível de relacionamento representa a ponte entre os mundos físico e espiritual. Os três níveis mais elevados representam a nossa experiência física, emocional e mental no nosso mundo físico. Eles servem de modelo para os três níveis inferiores. Ou seja: o sétimo nível é o modelo para o terceiro nível, o sexto é o modelo para o segundo e o quinto nível é o modelo para o primeiro. Cada nível superior serve de modelo para o nível inferior correspondente.

O Quinto Nível do Campo de Energia Humano

O quinto nível é o nível da vontade divina. No início, é um pouco complicado, quando começamos a percebê-lo, porque no quinto nível tudo parece estar invertido, como uma cópia heliográfica. Aquilo que você normalmente experimenta como espaço vazio fica em azul-cobalto e o que você normalmente experimenta como objetos sólidos são constituídos por linhas de energia claras ou vagas. Esse é um modelo para o primeiro nível do campo. No quinto nível, há uma fenda ou entalhe no qual se encaixa cada linha de luz azul do primeiro nível. O quinto nível mantém o primeiro no lugar. É como se o espaço estivesse cheio de vida amorfa indiferenciada. Para fazer com que a vida assuma uma forma específica é necessário, primeiro, criar espaço para isso. O quinto nível contém não apenas a forma de seu corpo, mas também a forma de todos os outros tipos de vida. O quinto nível do campo contém o desenvolvimento do padrão evolutivo da vida que se manifesta na forma. A vontade divina é o propósito divino que se manifesta no padrão e na forma.

A experiência pessoal desse nível é extremamente difícil de explicar porque no nosso vocabulário não temos palavra que a designe. Essa vontade divina vai existir dentro de você e à sua volta. Você tem o livre-arbítrio, e tem a opção de estar ou não com a vontade divina. A vontade divina é um molde ou padrão para o grande plano evolutivo da humanidade e do universo. Esse molde é vivo, pulsante, e está constantemente se desdobrando. Ele transmite uma sensação muito forte e quase inexorável de vontade e de objetivo. Experimentá-la é experimentar a ordem perfeita. Trata-se de um mundo de exatidão e de um nível de tons precisos. Esse é um nível de símbolos.

Se você estiver em harmonia com a vontade divina, o seu quinto nível será forte e cheio de energia. Seu padrão irá se adaptar ao padrão universal da vontade divina, um padrão que também pode ser visto nesse nível por meio da PSS. Você vai ter uma sensação de grande poder e de ligação com todas as pessoas que estiverem à sua volta porque você estará no seu devido lugar, com o seu propósito, e em sincronia com todos os lugares e propósitos. Se você voltar os olhos para esse nível, verá que, de fato, está coparticipando da criação desse modelo pulsátil que determina a ordem do mundo. Seu lugar no esquema universal das coisas é determinado e criado por você num nível mais profundo dentro do seu ser, o nível hárico, o qual será examinado pormenorizadamente mais adiante neste capítulo.

Se o seu quinto nível for forte, você é uma daquelas pessoas que compreendem e que mantêm a ordem na sua vida. "Um lugar para cada coisa e cada coisa no seu lugar." Sua casa é arrumada, você é pontual e faz muito bem o seu trabalho, por mais minucioso que ele seja. Sua vontade se manifesta de modo muito adequado. Ela está em harmonia com a vontade divina, quer você tenha ou não ouvido falar nisso. A ordem, para você, é um princípio universal. Você poderá estar ligado ao propósito ou padrão maior de sua vida.

Se, por outro lado, você não estiver em harmonia com a vontade divina, o padrão do campo áurico do seu quinto nível será distorcido. Ele não irá se encaixar no grande padrão universal e você não irá se sentir ligado às coisas à sua volta. Você não irá conhecer o seu propósito nem o seu lugar no esquema geral das coisas. De fato, a própria ideia de que tal coisa possa existir talvez não faça sentido para você. Você terá a impressão de que alguém vai lhe passar uma rasteira e lhe dizer quais são as suas obrigações.

A partir dessa perspectiva, obviamente, você não vai gostar das obrigações que lhe couberem, nem vai sentir-se à vontade nessa condição. Você provavelmente está intimidado pela vontade claramente expressa e pela determinação. É provável que você ou negue a importância da clareza, da ordem e de um lugar no mundo, ou se rebele contra isso. Se você tiver dúvidas a respeito do seu próprio valor, o quinto nível poderá lhe parecer impessoal e pouco voltado à afetividade porque, nesse nível, o seu propósito e não os seus sentimentos é que são mais importantes. Se você tiver sentimentos negativos a respeito de si mesmo ao levar sua percepção consciente para esse nível, você poderá considerar a si mesmo mais uma peça na grande engrenagem da vida. Quando o quinto nível do campo áurico está em desarmonia ou alterado, o resultado são as experiências humanas descritas acima.

Se o seu quinto nível não for forte, a sua vida não será organizada. Você não estará interessado em manter tudo limpo e em boa ordem. De fato, seria muito difícil fazê-lo. A ordem pode parecer um terrível estorvo para a liberdade. Na verdade, você poderá até mesmo adotar uma posição crítica em relação às pessoas que mantêm a vida em ordem e dizer que isso lhes bloqueia a criatividade. Você talvez não tenha um grande relacionamento com a vontade divina ou com o grande propósito da sua vida. Você poderá ter dificuldades para entender sistemas complexos ou o padrão global das coisas.

Se o seu segundo e quarto níveis forem fracos, e o primeiro, terceiro e quinto forem fortes, é bem possível que você subjugue a sua liberdade criativa com uma forma tirânica de ordem. Convém dedicar algum tempo a estimular a sua vida emocional.

Todavia, se você puder se livrar dos seus sentimentos negativos e vencer as suas resistências a um mundo tão perfeito, considerando a possibilidade de também participar da sua criação, você estará dando o primeiro passo para encontrar o seu lugar e o seu objetivo, e tudo poderá mudar na sua vida. Você vai começar a se sentir muito seguro porque faz parte de um grande plano divino. Você pode se sentir como uma centelha de luz dentro de uma grande, viva e pulsante teia de luz. Você, de fato, gera a teia com a sua luz, como fazem as outras pessoas. Se você desenvolver a sua PSS nesse nível, ser-lhe-á possível sentir e ver o plano. Você vai sentir a si mesmo e ao mundo como uma luz brilhante, quase como um espaço vazio contra um fundo azul-cobalto.

A contemplação desse nível e a meditação sobre o grande plano evolutivo podem ser de grande ajuda para harmonizar a sua vida com o seu objetivo e facilitar o seu desenvolvimento. Isso significa aceitar quem você é e não aquilo que parece apropriado de acordo com as normas sociais. Assim, de fato, você não é uma peça na engrenagem da vida; em vez disso, você é uma fonte de criatividade diferente de qualquer outra que existe no universo.

O Sexto Nível do Campo de Energia Humano

O sexto nível do campo assemelha-se a belos feixes de luz irradiando-se em todas as direções, estendendo-se cerca de 75 centímetros para fora do corpo. Ele contém todas as cores do arco-íris, em tons opalescentes. Esse campo não está estruturado, e apresenta uma frequência muito elevada.

Quando o sexto nível é saudável, ele se apresenta brilhante e carregado. Os feixes de energia brotam do corpo como belos e brilhantes fachos de luz. Quanto mais brilhante e carregado for esse nível, mais estaremos conscientes dele em termos de experiência humana. Esse é o nível dos sentimentos no mundo do nosso espírito, o nível do nosso amor divino. Permanecer nesse nível de percepção consciente gera uma grande sensação de paz no corpo, favorecendo a cura. Ele contém o êxtase que existe na nossa espiritualidade e é sentido como amor espiritual, alegria, exultação e contentamento. Alcançamos esse nível de experiência tendo paz de espírito e ouvindo. Nós o alcançamos por meio da meditação, da religião ou por meio de boa música, de cânticos e de devaneios. Estão aqui os grandes sentimentos de expansão a partir dos quais comungamos fraternalmente com todos os seres dos mundos espirituais dos diversos céus, bem como todos os seres humanos, com as plantas e com os animais da Terra. Aqui, cada um de nós é como um halo em torno de uma vela. Somos feixes de luz madrepérola opalescente que brotam de uma luz central.

Se o seu sexto nível for fraco, sem muita energia, você não terá muitas experiências espirituais ou inspiradas. Você talvez nem mesmo saiba do que as pessoas estão falando ao discutirem isso. Quando o sexto nível estiver fraco e doente, torna-se muito difícil para nós sentir alguma coisa nesse nível. Talvez tenhamos vagas sensações ou de que Deus está doente ou de que a espiritualidade de Deus/Céu simplesmente não parece existir. Portanto, os que efetivamente sentem isso parecem estar sofrendo delírios e vivendo no mundo de Poliana que eles próprios construíram.

Quando esse nível não está saudável, ele se apresenta escuro, delgado, pouco energizado, e seus feixes de luz são fracos. Isso geralmente é resultado da falta de religiosidade, o que pode ser causado por muitas coisas, tais como: ser criado num ambiente ausente de espiritualidade, de modo que ela simplesmente não existe; ter sofrido um trauma relacionado com a religião, o qual resulta na rejeição dessa religião e, junto com isso, da espiritualidade; ter passado por um trauma pessoal de outra natureza, que resulta na rejeição de Deus e da religião. No primeiro caso, o sexto nível está simplesmente descarregado, e a pessoa não sabe que precisa de algo que lhe sirva de apoio espiritual. Nos últimos casos, o sexto nível não apenas está insuficientemente carregado como também separado dos outros níveis do campo. Pode-se, de fato, identificar uma falta de continuidade entre os níveis, e perceber que os canais normais de comunicação entre eles estão fechados.

Se o seu sexto nível for muito mais forte do que todos os outros níveis, você talvez use a experiência espiritual para evitar as experiências vitais no nível físico. Você pode ter uma visão infantil da vida, e esperar que ela cuide de você como se você vivesse apenas no nível espiritual. Você pode usar essas experiências para tornar-se uma pessoa especial e provar que é melhor do que os outros porque passou por elas. Isso é apenas uma defesa contra o medo que você tem de viver no nível físico. Essa defesa não funciona por muito tempo, e você logo despertará bruscamente, o que o deixará decepcionado. A desilusão é uma coisa boa; significa acabar com a ilusão. Nesse caso, isso vai trazê-lo de volta para a vida no presente e no nível físico. Você vai aprender que o mundo físico existe no mundo espiritual e não fora dele.

Uma maneira de conhecer o mundo espiritual é carregar de energia o sexto nível do campo. Isso pode ser feito por meio de uma simples meditação, sentando-se tranquilamente de cinco a dez minutos, duas vezes por dia, e concentrando-se num objeto, como por exemplo uma rosa, ou a chama de uma vela ou um belo pôr do sol. Outra maneira é repetir um mantra – um som ou série de sons sem significado aparente.

O Sétimo Nível do Campo de Energia Humano

Quando o sétimo nível de energia do campo de energia humano está saudável, ele é constituído por linhas douradas de energia – belas e muito definidas – que cintilam numa frequência muito elevada. Elas estão entrelaçadas para formar todos os componentes físicos de seu corpo. Elas se estendem cerca de 0,9 a 1,05 metros à volta do corpo. Nessa distância, o sétimo nível forma um ovo dourado que envolve e protege tudo o que se encontra dentro dele. A camada exterior desse ovo é mais densa e forte, como uma casca. Ela controla o fluxo de energia que brota da aura, e é irradiada para o espaço, cuidando para que ele se mantenha em níveis adequados. Isso impede o vazamento de energia fora do campo, bem como a penetração de energias nocivas exteriores. O sétimo nível serve para manter coeso todo o campo de energia. Sempre fico espantada com a grande força que existe nesse nível.

Os fios de luz dourada do sétimo campo também existem em todas as coisas. Esses fios unem todas as coisas, sejam as células de um órgão, um corpo, um grupo de pessoas ou todo o mundo.

O sétimo nível é o nível da mente divina. Quando ele está saudável, voltamos nossa percepção consciente para esse nível, conhecemos a mente divina que existe dentro de nós e penetramos no campo da mente divina universal. Aqui compreendemos e sabemos que fazemos parte do grande padrão da vida. Conhecer essa verdade do universo nos torna muito seguros. Aqui, conhecemos a perfeição que existe dentro de nossas imperfeições.

Nesse nível, podemos ver, por via da PSS, o sistema reticular da verdade entrelaçando-se consigo mesmo por meio do universo. Aqui, com a PSS, acabaremos aprendendo a nos comunicar mentalmente uns com os outros. Num futuro não muito distante, a comunicação por meio das PSS será muito comum. Atualmente, às vezes podemos ter acesso à mente universal para obter informações que não poderiam ser conseguidas através do que normalmente são considerados os nossos sentidos normais.

Se o sétimo corpo estiver forte, carregado e saudável, suas duas principais capacidades serão a de ter ideias criativas e a de compreender claramente conceitos amplos sobre a existência, o mundo e sua natureza. Você vai ter novas ideias e vai saber onde elas se encaixam no grande padrão universal de ideias. Também vai saber como você mesmo se encaixa nesse padrão, e terá uma compreensão clara e segura de Deus. Você poderá tornar-se teólogo, cientista ou inventor. Sua capacidade de ter uma compreensão clara e integrada pode levá-lo a tornar-se professor de assuntos abrangentes e complexos.

Se a sétima camada não estiver bastante desenvolvida, você não terá muitas ideias criativas, nem compreenderá muito bem o padrão mais amplo da vida. Você não saberá como encaixar-se nele, pois não vai sequer saber que tal padrão existe. Você poderá sentir que nada está ligado a nada, e que a natureza do universo é aleatória e caótica.

Se o sétimo nível do nosso campo não for saudável, as linhas douradas serão fracas e sem brilho. Elas não manterão a sua forma e serão mais finas em alguns lugares do que em outros. Elas podem até mesmo ser rompidas em alguns lugares, permitindo que a energia vaze para fora do sistema. Se o sétimo nível estiver doente, não travamos contato com a mente divina, nem conseguimos acesso à verdade característica do campo da mente universal. Nós não entenderemos o conceito de perfeição na nossa imperfeição, e esta será muito difícil de tolerar. De fato, talvez tentemos rejeitá-la, reivindicando ou lutando para atingir uma perfeição que não pode ser alcançada na condição humana. Não teremos acesso ao campo da mente divina universal, e ficaremos com a impressão de que a nossa mente funciona isolada, e que temos muito pouco que ver com a criação.

Se o seu sétimo nível for mais forte do que todo o resto, você poderá ter problemas para tornar exequíveis todas as suas ideias criativas.

A melhor maneira de fortalecer o sétimo nível do campo é buscar continuamente a verdade superior de sua vida e viver de acordo com ela. O melhor tipo de meditação que conheço para ajudar a fortalecer o sétimo nível do campo é repetir o seguinte mantra: "Fique calmo e saiba que eu sou Deus." A repetição desse mantra traz energia para o sétimo nível e, posteriormente, leva a pessoa que medita a ter consciência de que ele é a mente divina de Deus.

É preciso o bom funcionamento de todos os corpos para produzir a manifestação de suas ideias no plano físico. Isso inclui a sua saúde. Se você quiser ter boa saúde física e uma vida plena, é preciso purificar, carregar e equilibrar todos os seus corpos e, portanto, todas as áreas da experiência humana. Consequentemente, qualquer processo de cura deve se concentrar em todos os sete níveis do seu campo, e desenvolver esses níveis.

Os Chakras

Os Chakras são configurações da estrutura do campo de energia com que os curadores trabalham. Chakra é uma palavra do sânscrito que significa "roda". De acordo com minha PSS, os chakras são muito mais parecidos com vórtices ou funis de energia. Eles existem em cada um dos sete níveis do campo, e os chakras de número dois a seis aparecem tanto na frente como na parte de trás do corpo. Classificamos os chakras com o seu número e com uma letra: A para os situados na parte da frente do corpo, e B para os que ficam na parte de trás. (Ver Figura 2-5.)

Os chakras funcionam como órgãos de captação de energia do campo energético da vida universal, o qual envolve a todos nós e também pode ser chamado de campo universal de saúde. A energia absorvida e metabolizada de cada chakra é enviada para as partes do corpo localizadas na principal área de plexo nervoso próxima de cada chakra. Essa energia é muito importante para o funcionamento saudável do campo áurico e do corpo físico. Na tradição oriental, essa energia é chamada de prana ou ch'i. Se um chakra para de funcionar de modo apropriado, a absorção de energia será perturbada. Isso significa que os órgãos do corpo servidos por esse chakra não vão receber o suprimento energético necessário. Se a disfunção do chakra prosseguir, o funcionamento normal dos órgãos e de outras partes do corpo nessa área específica será prejudicado. Essa parte do corpo vai enfraquecer, assim como o seu sistema imunológico, e a doença vai acabar se manifestando nessa parte do corpo.

Existem sete chakras principais. Cada funil tem a sua abertura maior na parte externa do corpo, com cerca de 15 centímetros de diâmetro e a 2,5 centímetros do corpo. A extremidade menor está dentro do nosso corpo, perto da coluna. A corrente de força vertical passa pela linha central do corpo. Este é o grande conduto de energia dentro do qual todos os chakras liberam a energia que captam do campo universal de vida ou saúde que existe à nossa volta. A energia de todos os chakras sobe e desce pela corrente vertical de força. Todas as cores se misturam, como uma corda constituída de belas luzes cintilantes de todas as cores. A corrente de força vertical tem cerca de 2,5 centímetros de

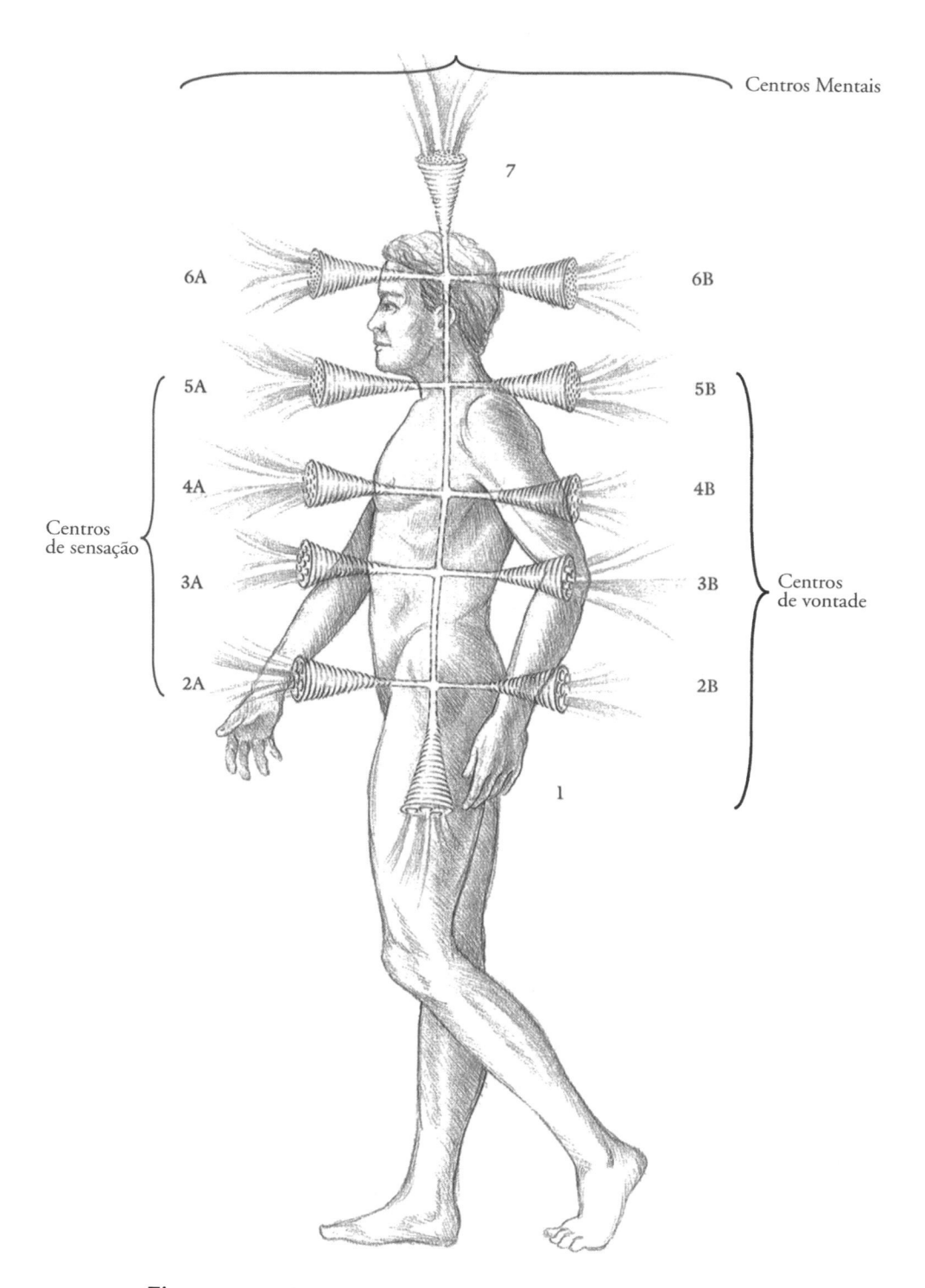

Figura 2-5 Localização dos Sete Chakras principais

largura na maioria das pessoas. Todavia, nos curadores que se alçaram a um estado de consciência muito alterado, para curar, ela pode atingir cerca de 15 centímetros de diâmetro.

Os sete chakras principais estão localizados perto dos principais plexos nervosos do corpo. O primeiro chakra está localizado entre as pernas. Sua fina extremidade se situa na articulação sacrococcígea. Ele está associado às sensações cinestésicas (sensação da posição do corpo), proprioceptores (sensação do movimento do corpo) e táteis; está também relacionado à nossa vontade de viver, e fornece ao corpo vitalidade física. O primeiro chakra fornece energia para a coluna, as suprarrenais e para os rins.

O segundo chakra está localizado logo acima do osso púbico, na parte anterior e posterior do corpo. Sua extremidade menor fica diretamente no centro do sacro, através do qual sentimos as emoções. Ele está relacionado à nossa sensualidade e sexualidade. Ele abastece os nossos órgãos sexuais e o nosso sistema imunológico com muita energia.

O terceiro chakra está localizado na área do plexo solar, na parte anterior e posterior do corpo. Sua extremidade menor fica na junção diafragmática, entre a 12ª vértebra torácica (T-12) e a 1ª vértebra lombar (L-1). Ele fornece energia aos órgãos situados nessa parte do corpo – o estômago, a vesícula biliar, o pâncreas, o baço e o sistema nervoso. Ele está associado à nossa intuição, e se relaciona a quem somos no universo, ao modo como nos ligamos aos outros e como cuidamos de nós mesmos.

O quarto chakra, na área do coração, está relacionado ao amor e à vontade. Através dele, sentimos amor. O lado da frente está relacionado ao amor, e o de trás, à vontade. Para manter esse chakra funcionando bem, devemos desejar e amar equilibradamente. Sua extremidade menor penetra na vértebra T-5. Ele leva energia para o coração, o sistema circulatório, o timo, o nervo vago e para a parte superior das costas.

O quinto chakra está localizado na frente e atrás da garganta. Ele está associado aos sentidos da audição, do paladar e do olfato. Sua extremidade menor penetra na 3ª vértebra cervical (C-3). Ele fornece energia para a tireoide, para os brônquios, para os pulmões e para o tubo digestivo. Ele está relacionado com o ato de dar e receber, e com a expressão da nossa verdade.

O sexto chakra está localizado na testa e na nuca. Sua extremidade menor fica no centro da cabeça. Ele fornece energia para a hipófise, para a parte inferior do cérebro, para o olho esquerdo, para os ouvidos, para o nariz e para o sistema nervoso. Ele está associado ao sentido da visão. A parte anterior do chakra está relacionada à compreensão de conceitos. A parte de trás está relacionada com a realização de nossas ideias de uma forma gradual.

O sétimo chakra está localizado no topo da cabeça. Sua extremidade menor fica na parte central do topo da cabeça. Ele fornece energia para a parte superior do cérebro e para o olho direito, estando também associado à experiência direta do conhecimento. Ele está relacionado com a integração da personalidade com a espiritualidade.

Na maioria das vezes, a parte anterior dos chakras está relacionada com as nossas funções emocionais, a parte posterior às funções de nossa vontade, e os chakras da cabeça relacionados com a função racional. Um funcionamento equilibrado da nossa razão, da nossa vontade e das nossas emoções é necessário para mantermos a saúde. Como a quantidade de energia que flui através de um determinado chakra indica o quanto esse chakra está sendo utilizado, isso também serve para indicar o quanto estão sendo utilizadas a razão, a vontade ou a função emocional associadas a esse chakra. Para criar um equilíbrio entre a razão, a vontade e as emoções na nossa vida precisamos equilibrar, nivelar e sincronizar nossos chakras.

Neste livro, vamos descrever como os curadores trabalham com o campo de energia humano durante as sessões de cura, e como você pode trabalhar com o seu próprio campo para curar-se. Posteriormente, iremos relacionar o processo de cura pessoal a cada um dos sete níveis da experiência de vida pessoal encontrados em cada um dos níveis do campo. A cura de si mesmo pode ser realizada satisfazendo-se as necessidades pessoais que estão associadas a cada tipo de experiência de vida em cada nível. (Para mais informações sobre a aura e seus chakras, ver *Mãos de Luz*, Partes II e III.)

O Nível Hárico: O Nível da Nossa Intenção, do Nosso Propósito

O nível hárico é um salto quântico mais profundo na nossa natureza, e uma dimensão mais profunda do que a aura. O nível hárico é o alicerce sobre o qual se apoia a aura. Eu o chamo de nível hárico porque ele é o nível onde está o hara. Hara é definido pelos japoneses como o centro de poder que se situa no ventre. Enquanto a aura está relacionada com a sua personalidade, o nível hárico está relacionado com as suas intenções. Ele corresponde à missão da sua vida ou à sua meta espiritual mais profunda. Ele é o nível do seu objetivo maior na encarnação e dos seus objetivos num dado momento. É aqui que você abriga e mantém as suas intenções.

O nível hárico é muito mais simples do que o campo áurico, que tem uma estrutura muito complicada. (Ver Figura 2-1.) Ele consiste em três pontos dispostos ao longo de uma linha semelhante a um feixe de laser situado sobre a linha central de nosso corpo. Esse nível tem cerca de um centímetro de largura, e se estende desde um ponto situado cerca de um metro acima da cabeça até o centro da Terra. O primeiro ponto acima da cabeça parece um funil invertido. Sua extremidade larga, voltada para baixo, tem apenas cerca de um centímetro de largura. Ele representa a nossa primeira individuação fora da divindade, o momento em que pela primeira vez nos individualizamos a partir de Deus, para encarnar. Ele também encerra a função da razão e o motivo pelo qual encarnamos. É através desse local que nos ligamos à nossa realidade espiritual superior. Chamo esse local de ponto de individuação ou ponto ID.

Se seguirmos a linha laser, até a parte superior do peito, encontraremos o segundo ponto. Trata-se de uma luz bela e difusa que corresponde às nossas emoções. Aqui, mantemos o nosso anseio espiritual, o sagrado anseio que nos conduz pela vida. Ele traz em si a paixão que sentimos ao realizar grandes coisas em nossa vida. Esse anseio é muito específico, e diz respeito à missão de nossa vida. Queremos cumpri-la. É isso o que desejamos fazer mais do que qualquer outra coisa na vida. É para isso que viemos ao mundo. Esse é o anseio que cada um de nós traz dentro de si, que nos faz sentir por que estamos aqui. Chamo esse ponto de sede do anseio da alma, sede da alma ou SA.

O próximo ponto da linha é o *tan tien*, como é chamado pelos chineses. Ele é o centro a partir do qual todos os praticantes de artes marciais se movimentam quando lutam. É a partir desse centro que os praticantes de artes marciais obtêm energia para quebrar blocos de concreto. Ele parece uma esfera de força ou o centro da existência, com cerca de seis centímetros de diâmetro. Esse centro está localizado cerca de seis centímetros abaixo do umbigo. Ele é envolvido por uma espessa membrana e, por isso, pode se parecer um pouco com uma bola de borracha. Sua cor pode ser dourada. Esse é um centro de vontade, é o seu desejo de viver no corpo físico. Ele dá o tom para se manter o corpo físico num estado de manifestação física.

É com a sua vontade e com esse tom que você criou um corpo físico a partir do corpo da sua mãe, a Terra. É a partir desse centro que os curadores podem também fazer contato com uma grande energia para regenerar o corpo, desde que o curador assente a linha hárica no fundo, no núcleo fundido da Terra. Quando a linha hárica dos curadores penetra fundo na Terra, eles podem gerar uma grande energia. Quando usado para a cura, o tan tien pode adquirir uma cor vermelha viva, esquentar muito. Isso é o que significa estar ligado à

Terra no nível hárico. Quando isso acontece e o tan tien fica vermelho, os curadores sentem intenso calor por todo o corpo.

Quando a sua intenção é bem definida no nível hárico, os seus atos nos níveis áurico e físico lhe proporcionam prazer. Ao longo deste livro, vamos analisar a disfunção no nível hárico (isto é, seu propósito e sua missão na vida) e sua relação com a saúde. Por exemplo: doenças podem ser causadas por objetivos obscuros, confusos ou conflituosos, ou por uma perda de contato entre o indivíduo e a missão da sua vida. Muitas pessoas, especialmente nos países modernos e industrializados do mundo, sentem um grande sofrimento espiritual porque não sabem que têm um propósito na vida. Elas não compreendem por que estão sofrendo, e não sabem que existe cura para esse tipo de dor espiritual. A falta de ligação com o propósito mais profundo de suas vidas manifesta-se no nível hárico, e elas podem ser curadas nesse nível.

O Nível da Estrela do Âmago: O Nível da Sua Essência Divina – A Fonte da Sua Energia Criativa

O nível da estrela do âmago é um salto quântico mais profundo para dentro de quem somos do que o nível hárico, e está relacionado com a nossa essência divina. Usando a PSS, no nível da estrela do âmago, todas as pessoas parecem uma bonita estrela, embora cada uma seja diferente de todas as outras. Cada estrela é a fonte de vida interior. Nesse lugar, somos o centro do universo. Ali está localizada a individualidade divina que existe dentro de cada um de nós. Ele se localiza cerca de três centímetros acima do umbigo, na linha central do corpo. (Ver Figura 2-1) Quando alguém desenvolve a visão no nível da estrela do âmago e observa um grupo de pessoas, cada uma delas parece ser uma linda estrela que emite raios para o infinito, embora permeie todas as outras estrelas.

O nosso âmago é a natureza mais essencial do nosso ser e é único para cada indivíduo. Ele está dentro de nós desde o início dos tempos. Na verdade, ele está além das limitações de tempo, espaço e crença. Trata-se do aspecto individual do divino. É a partir desse lugar, que existe dentro de cada um de nós, que vivemos e temos o nosso ser. Reconhecemo-lo facilmente como aquilo que sempre soubemos que éramos desde que nascemos. Nesse lugar, somos sábios, amorosos e cheios de coragem.

Essa essência interior não mudou realmente com o passar do tempo. Jamais houve experiência negativa que a tivesse maculado. Nossas reações a experiências negativas podem de fato tê-la ocultado, mas nunca realmente a modificaram. Ela é a nossa natureza fundamental, a divindade mais profunda que existe dentro de nós, aquilo que realmente somos. É a partir desse local interior que brota toda a nossa energia criativa. Esta é a eterna fonte interior que existe dentro de cada um de nós e de onde provém toda a nossa criatividade.

O Seu Processo Criativo e a Sua Saúde

O principal objetivo deste livro é ajudá-lo a entender o processo que se origina no âmago do seu ser e o seu significado, especialmente no que diz respeito à saúde e à cura. Esse processo criativo que nasce do nosso âmago sempre começa com dois elementos. O primeiro é a intenção positiva ou intenção divina; o segundo é o prazer positivo.

Tudo o que você já fez na sua vida começou não apenas com boas intenções, mas também com prazer.

Toda atividade criativa que você realizou começou na consciência do seu âmago e subiu através dos níveis mais profundos do seu ser até alcançar o mundo físico. Todas as realizações da sua vida tomam o mesmo curso. Cada ato criativo faz o mesmo percurso em sua viagem para o nível físico: ele se manifesta primeiro como consciência no âmago; depois como intenção, no nível hárico; em seguida como energia vital, no nível da aura, as quais, finalmente, se manifestam no universo físico.

Quando essas energias fluem diretamente a partir do âmago, passando através do nível hárico de nossa missão na vida, do nível áurico de nossa personalidade e através do nosso corpo físico, temos saúde e sentimos alegria. É nesse processo criativo que este livro se baseia. É com a "luz que aflora" do nosso âmago que criamos nossa experiência de vida em todos os níveis do nosso ser.

Quando bloqueamos as energias criativas que brotam a partir da estrela do âmago, acabamos gerando o sofrimento. Cabe a nós revelar o nosso âmago para que a nossa luz e as nossas realizações possam aflorar com alegria, prazer e bem-estar. Dessa maneira, podemos criar um mundo de harmonia, de paz e de comunhão.

Capítulo 3

UMA NOVA VISÃO DA CURA –
A EXPERIÊNCIA HOLOGRÁFICA

Para começarmos a compreender e a viver a experiência holográfica, precisamos antes analisar o modo como compreendemos as coisas atualmente, que não é holístico.

A Metafísica que há por trás dos Nossos Modelos Científicos

Assim como os sistemas de crença das culturas "primitivas", a nossa cultura do mundo científico ocidental também é moldada pelas suposições que dela fazem parte. Muitas dessas suposições permaneceram tácitas e incontestadas até recentemente. Aquilo que consideramos ser a nossa realidade básica depende da metafísica que a fundamenta, na qual apoiamos a nossa ciência. O dr. Willis Harman, no seu livro *Global Mind Change**, observa que três metafísicas básicas – *M-1, M-2, M-3* – foram usadas ao longo da história da evolução humana. Ele as define da seguinte maneira:

M-1. O Monismo Materialista (Matéria Dando Origem à Mente)

Na primeira dessas pressuposições, o componente básico do universo é a matéria energia. Conhecemos a realidade estudando o universo mensurável... O que quer que seja a consciência, ela surge a partir da matéria (isto é, do cérebro) depois que o processo evolutivo progrediu o suficiente. Tudo o que pudemos

---

* *Uma Total Mudança de Mentalidade*, Editora Pensamento, São Paulo, 1993.

aprender sobre a consciência deve, em última análise, ser conciliado com o tipo de conhecimento que obtemos estudando o cérebro físico, porque a consciência, fora do organismo físico e vivo, não é apenas desconhecida, mas inconcebível.

M-2. O Dualismo (Matéria Mais Mente)

Uma metafísica alternativa é a dualista. Existem dois tipos básicos de componentes no universo: a matéria-energia e mente-espírito. A matéria-energia é estudada com instrumentos atuais da ciência; o componente mente-espírito deve ser explorado de outras maneiras mais apropriadas a ele (tais como o exame subjetivo interior). Assim, desenvolvem-se, essencialmente, dois tipos complementares de conhecimentos; existem presumivelmente áreas de sobreposição (tais como o campo dos fenômenos psíquicos).

M-3. O Monismo Transcendental (Mente Dando Origem à Matéria)

Todavia, uma terceira metafísica descobre que o constituinte máximo do universo é a consciência. A mente ou a consciência é primária, e a matéria-energia surge, em certo sentido, a partir da mente. O mundo físico está para a mente maior assim como uma imagem de sonho está para a mente individual. Em última análise, a realidade que está por trás do mundo dos fenômenos é contatada não através dos sentidos físicos, mas sim por meio de uma profunda intuição. A consciência não é o produto final da evolução da matéria; ao contrário, a consciência estava aqui antes!

A maior parte do nosso condicionamento e da nossa herança cultural se baseia no modelo metafísico M-1 (mente surgindo a partir da matéria), que fundamenta uma ciência mecanicista. Nosso futuro já está sendo semeado no modelo M-3 (a matéria surgindo a partir da mente), o que nos conduz à ciência holográfica.

O Nosso Velho Modelo Científico Mecanicista nos Cuidados com a Saúde

A fim de passarmos para um modelo holográfico de assistência à saúde, precisamos primeiro examinar nossas velhas ideias sobre saúde, cura e medicina, e verificar como elas nos limitaram. As nossas velhas ideias derivam do velho modelo científico mecanicista sobre o qual se baseia o nosso condicionamento cultural. Esse velho modelo, baseado na metafísica M-1 (a mente surgindo a partir da matéria), contém o conjunto racional de premissas tácitas desta era científica. O dr. Harman relaciona esses pressupostos:

1. As únicas maneiras concebíveis de adquirir conhecimentos são através dos nossos sentidos físicos e, talvez, através de algum tipo de transmissão de informações por meio dos genes. [Excetuando isso] podemos aprender com a ciência empírica... a exploração do mundo mensurável através de instrumentos que ampliam a capacidade dos nossos sentidos físicos.
2. Todas as propriedades qualitativas... são, em última análise, reduzidas a propriedades quantitativas (as cores, por exemplo, são reduzidas a comprimentos de ondas).
3. Há uma clara demarcação entre o universo objetivo, que pode ser percebido por qualquer pessoa, e a experiência subjetiva, que é percebida apenas pelo indivíduo... O conhecimento científico lida com o primeiro universo; o segundo pode ser importante para o indivíduo, mas o seu estudo não conduz ao mesmo tipo de conhecimento passível de verificação.
4. O conceito de livre-arbítrio é uma tentativa pré-científica de explicar os comportamentos que a análise científica revela serem causados por uma combinação de forças que se exercem sobre o indivíduo a partir de fora, e atuando em conjunto com as pressões e tensões interiores ao organismo.
5. O que conhecemos como consciência ou percepção de nossos pensamentos ou sentimentos é um fenômeno secundário causado a partir de processos físicos e bioquímicos que ocorrem no cérebro.
6. Aquilo que conhecemos como memória são apenas dados armazenados no sistema nervoso central.
7. Por ser a natureza do tempo aquilo que é, não existe obviamente nenhuma maneira por meio da qual possamos obter conhecimentos a respeito de acontecimentos futuros a não ser através da previsão racional, feita com base em causas conhecidas e em regularidades do passado.
8. Como a atividade mental é simplesmente uma questão de variações dinâmicas de estado no organismo físico (cérebro), é completamente impossível para essa atividade mental exercer qualquer efeito diretamente sobre o mundo físico exterior ao organismo.
9. A evolução do universo e do homem processou-se em razão de causas físicas... não existe justificativa para nenhum conceito de propósito universal nessa evolução, ou no desenvolvimento da consciência ou nos esforços de um indivíduo.

10. A consciência individual não sobrevive à morte do organismo; ou, se de algum modo a consciência individual continuar existindo após a morte do corpo físico, não podemos compreendê-la nessa vida nem, de alguma maneira, obter conhecimentos a respeito dela.

Esses são os pressupostos em que nossa sociedade industrializada e o nosso sistema de saúde se baseiam. Em alguns casos, o sistema de saúde funciona de maneira extraordinária. Em outros, isso não acontece. Em algumas áreas de nossa vida, como a capacidade de comprar produtos de consumo, isso funciona para alguns de nós. Para outros, que vivem atolados na pobreza, isso não acontece. Para encontrar soluções mais eficazes para os problemas sociais e para as doenças que afligem o século XXI, precisamos analisar mais profundamente os nossos pressupostos acerca da realidade.

Na nossa cultura, a filosofia é baseada no velho modelo mecanicista da física, o qual, por sua vez, se baseia na metafísica M-1 (a mente surgindo a partir da matéria). Esta afirma que o mundo é constituído de blocos de construção básicos feitos de matéria, tais como elétrons e prótons. Esses minúsculos componentes constituem tudo o que existe. Portanto, se dividirmos o mundo nessas coisas, e as estudarmos, iremos compreendê-lo. Assim, ensinaram-nos a confiar e a viver de acordo com a mente racional. Nosso sistema social, nossas escolas e nossos sistemas de saúde enfatizam a importância de resolver problemas racionalmente, para compreendermos como as coisas funcionam e, então, encontrar as causas dos problemas. Para fazer isso, dividimos todas as coisas em partes separadas e as estudamos.

Nos últimos 40 anos, infelizmente, enfatizamos cada vez mais a divisão racional do nosso mundo em partes separadas e no estudo dessas partes, como se elas fossem isoladas. No entanto, as pesquisas mostram que o isolamento simplesmente não é verdadeiro. Durante mais de 20 anos, nossas experiências em física e química mostraram que todas as coisas estão ligadas. É impossível separar a pessoa que realiza a experiência da experiência em si. É impossível separar a pessoa do todo. Na vida cotidiana, porém, continuamos a pensar que podemos fragmentar as coisas para melhor compreendê-las.

Por que a Velha Maneira não Está Funcionando?

Quando pensamos de uma maneira mecanicista, fazemos afirmações como estas:

"Quando eles vão fazer alguma coisa a respeito disto?"
"Eles estão destruindo o planeta."

"Estaríamos melhor se os executivos (ou os operários) não fossem tão gananciosos."

Essas afirmações nos separam dos outros criando "eles" ficcionais aos quais podemos transferir a responsabilidade por um problema ou por uma situação, em vez de fazer o que estiver ao nosso alcance para modificar a situação. Afinal de contas, participamos da criação de toda situação em que nos encontramos.

Lidamos da mesma maneira com a nossa saúde e com a doença. Separamos nossos órgãos uns dos outros como se eles não estivessem funcionando juntos no mesmo corpo. Separamos a nossa doença de nós mesmos. Separamos a parte do nosso corpo de nossas emoções a respeito delas, como se isso não causasse nenhum efeito. Nós as compartimentalizamos com afirmações deste tipo:

"Peguei a sua gripe."
"Dei mau jeito nas costas."
"Meu estômago voltou a me causar problemas."
"Detesto os meus quadris – são grandes demais para mim."

Chegamos até mesmo a tentar nos livrar dos sintomas em vez de nos concentrarmos nas causas dos problemas. Isso de fato pode ser muito perigoso. Fazemos afirmações deste tipo:

"Doutor, quero que o senhor me livre deste problema no joelho de uma vez por todas."
"Minha cabeça está doendo. Preciso tomar uma aspirina para acabar com a dor."
"Estou me livrando da minha vesícula biliar para que ela pare de me incomodar."

Muitas vezes, consideramos a doença como algo causado basicamente pela invasão de alguma coisa externa, como um micro-organismo ou um tumor que precisa ser removido. A principal maneira de nos livrarmos da doença é tomando uma pílula ou nos submetendo a uma cirurgia. A prescrição do medicamento correto para aliviar a dor, para dar cabo de um vírus baseia-se principalmente em pesquisas e em ideias que se apoiam na premissa de que o mundo é constituído de partes separadas. Esses pontos de vista não se preocupam com as causas das doenças. Embora as maravilhas da medicina moderna sejam espantosas, parece que diminui cada vez mais a nossa capacidade de, como pessoas, nos conservarmos com saúde. Quando o médico finalmente consegue resolver um problema, alguma outra coisa começa a funcionar mal. Às vezes, os efeitos colaterais do tratamento geram uma nova doença. Apesar disso, tendemos a considerar essas doenças como ocorrências isoladas. Dividimos o mundo em tantas partes que ficamos confusos e começamos a achar que o médico é o responsável pela nossa saúde.

Muito sofrimento já foi gerado pelo tipo de pensamento que considera o ser humano como uma coleção de partes separadas, em vez de como um ser integral. Esse pensamento separatista também leva o indivíduo a abdicar da responsabilidade por sua saúde, transferindo-a para o médico. Achamos que um médico pode curar partes do corpo da mesma forma como um mecânico conserta as partes de um carro. Tenho testemunhado muito sofrimento desse tipo. A partir da compartimentalização, vem a confusão. Muitos pacientes que me procuram no meu consultório já passaram por uma longa lista de profissionais na área da saúde, incluindo médicos, terapeutas de todos os tipos, curadores, médiuns, acupunturistas, nutricionistas e herboristas. Os tratamentos aos quais foram submetidos tiveram resultados mínimos, principalmente por causa das análises confusas e contraditórias de sua condição. O paciente simplesmente não sabe o que fazer ou em quem acreditar, porque a compartimentalização leva à contradição.

Em virtude do nosso condicionamento cultural, pedimos um diagnóstico de doença física. Isso equivale a pedir os blocos básicos de construção da matéria que, na realidade, não existem. Nós não o pedimos simplesmente – nós o exigimos! – e conseguimos ser atendidos. Uma apresentação concreta dos "fatos" de um diagnóstico de doença física limita a nossa capacidade de enxergar claramente o quadro maior porque o retiramos do contexto de relação mútua do nosso ser integral, em que a causa da doença inclui muitos níveis de função e de experiência. Aceitamos isso como uma resposta completa e, se tudo correr bem, usamo-la para nos sentirmos seguros. Em consequência, exercemos uma grande pressão sobre os nossos médicos para cuidarem da nossa saúde por meio do diagnóstico e do tratamento. Acreditamos que, se dermos um nome à doença e a conhecermos, poderemos controlá-la de fora e sem ligação com ela. Ou, melhor ainda, que o médico poderá controlá-la.

De fato, esse método funciona muito bem para diversas doenças. Ele elimina os sintomas físicos chamados de doença, mas não trata das causas internas relacionadas com a realidade interior mais profunda. Em longo prazo, a prática de diagnóstico e de tratamento de sintomas físicos provavelmente vai nos afastar mais de nós mesmos e da nossa verdade mais profunda. Considero isso um mau uso do diagnóstico. O problema não é o sistema de diagnóstico. O problema é que nos satisfazemos com o diagnóstico e com o consequente tratamento. Nós não o usamos – como deveríamos fazer – como mais um fragmento de informação do grande quebra-cabeças que leva à autocompreensão e ao conhecimento. A abordagem da doença a partir do ponto de vista de sintomas isolados também confere muito poder ao sistema de diagnóstico e o torna não passível de mudança. Isso leva a um outro uso equivocado, mais grave, do sistema de diagnóstico.

O Modelo Mecanicista Produz Diagnósticos que São Sentenças de Morte

O sofrimento piora e os pacientes ficam ainda mais confusos quando recebem diagnósticos e recomendações de tratamento que incluem ameaças como "Se você não seguir o nosso programa de tratamento, você vai ficar pior ou, até mesmo, morrer." Conquanto os médicos obviamente devam dar as informações de que dispõem a respeito do prognóstico do paciente, caso a doença não seja tratada, eles não deveriam dar a entender que a maneira deles é necessariamente a única que existe. Talvez existam maneiras de tratar a doença que eles não conheçam. Em outras palavras, as limitações das técnicas médicas padronizadas de tratamento deveriam ser expostas, e a porta representada pelas outras possibilidades sempre deveria permanecer aberta, quer o médico conheça ou não esses outros tratamentos. Em vez de classificar um paciente como "terminal", o médico precisa deixar claro que a medicina ocidental é que não consegue tratar o problema eficazmente.

Uma das piores coisas pela qual vi passarem pacientes de câncer recém-diagnosticados foi a atribuição do rótulo de doente terminal. Sim, existem estatísticas a respeito de certos desenvolvimentos em determinadas doenças que mostram as probabilidades dos diferentes cursos que uma doença poderá tomar. Todavia, isso de maneira nenhuma significa que a previsão estatística seja válida para determinado paciente. Infelizmente, porém, considera-se que o paciente que contrariou a previsão estatística teve um erro de diagnóstico, uma "remissão espontânea", uma "doença bem-comportada" ou, até mesmo, que houve um milagre. Isso desacredita o método que foi bem-sucedido em ajudar o paciente a ficar bom.

Quando a medicina ocidental usa o rótulo de diagnóstico terminal para doenças que não consegue tratar, ela cria mais um problema para os pacientes. Ela diz aos pacientes que eles não podem ficar bons. Isso cria uma crença patológica nos pacientes, e eles começam a agir de acordo com isso, agravando, desse modo, a sua doença. Ou seja: eles não apenas têm de lutar contra a doença, mas agora também precisam superar a parte de si que acredita que eles não podem ter sucesso nessa luta. Um diagnóstico de doença induz uma perspectiva patológica na mente do indivíduo, de acordo com as crenças de um sistema médico que talvez não seja capaz de ajudar o paciente porque nele não existe nenhuma cura. De certa maneira, a medicina ocidental, veladamente, diz: "Acredite como nós o fazemos, aceite a nossa metáfora da realidade e se convença de que essa doença (tal como a diagnosticamos) é a verdade e a única realidade (tal como a vemos) e que ela é incurável."

Essa afirmação dissimulada nos leva de volta, mais uma vez, à questão original: os papéis que os nossos modelos de realidade exercem na nossa vida e as nossas pressuposições de que eles são a única realidade. Nós não consideramos o profundo efeito que isso tem.

A Questão dos Modelos ou Metáforas da Realidade

Como diz a matrona da peça de Lily Tomlin, *The Search for Intelligent Life in the Universe*, que fez sucesso na Broadway: "A realidade é uma ilusão coletiva."

Tendemos a dizer que qualquer modelo de realidade que aceitemos é a realidade. Nós, então, temos problemas quando aquilo que existe não se encaixa no modelo. Nós nos culpamos ou declaramos que algo é impossível porque essas coisas não se encaixam no modelo. Tendemos a não ver ou a não dizer que o modelo é limitado.

Todos os modelos são limitados. Precisamos nos lembrar disso. Se o fizermos, então provavelmente não teremos problemas em aceitar determinada metáfora da realidade de uma maneira não tendenciosa — no caso do modelo mecanicista, por exemplo, que a matéria é a realidade básica. No caso de uma doença incurável, porém, essa metáfora da realidade não está mais funcionando para nós. Portanto, é chegado o momento de encontrar uma metáfora mais apropriada, segundo a qual a cura seja provável. Chegou o momento de o paciente encontrar um outro sistema médico em vez de submeter-se a tratamentos penosos e nocivos, que não curam. Esses sistemas não apenas deixam de curar como também tornam muito mais difícil a cura por meio de um sistema diferente, tal como a medicina ayurvédica, a homeopatia, a acupuntura, a macrobiótica ou outros sistemas afins.

Um diagnóstico categórico da doença é uma afirmação a respeito do sistema médico, e não do paciente. Se dado como uma afirmação a respeito da condição do paciente, o diagnóstico o coloca numa posição de clara desvantagem no processo de cura, e deixa pouca possibilidade – se é que deixa alguma – para que o processo criativo de cura se desenvolva no paciente. Ele não deixa nenhuma possibilidade para sistemas de tratamento alternativos. É muito melhor que o médico diga: "Fiz tudo o que pude por você. No momento, não existe nenhum outro tratamento que eu possa lhe oferecer. Se quiser, ficarei ao seu lado e proporcionarei a você todo o conforto que me for possível. Talvez outra pessoa conheça alguma outra maneira de tratar da doença."

Essa é a responsabilidade dos médicos. Eles não podem assumir a responsabilidade pela vida e pela saúde das outras pessoas. Os médicos não podem fazer o papel de Deus. Isso deveria ser um alívio para eles. Sim, os médicos têm a luz de Deus dentro de cada célula do seu corpo. Mas o mesmo acontece com os pacientes deles. Os médicos provavelmente têm mais acesso ao poder de cura do que qualquer paciente, em qualquer momento. Os pacientes, todavia, têm a capacidade de aprender a ter acesso a esse poder, o que também deveria ser um alívio para o médico.

As responsabilidades que colocamos nos ombros dos nossos médicos, e que eles vêm aceitando, não são justas nem realistas. Elas se baseiam no modelo mecanicista. Se esperamos que um médico nos dê uma pílula ou faça uma cirurgia para extirpar algo que não está ao nosso alcance e que nos incomoda, então ele se torna o responsável pela cura. É como se nós não tivéssemos nada a ver com isso.

Rumo ao Modelo Holográfico

Nós, pacientes, precisamos assumir a responsabilidade pela nossa cura. Precisamos pedir aos médicos que nos ajudem a realizá-la. Precisamos estabelecer relacionamentos amigáveis e produtivos entre o paciente, o curador e o médico para aproveitar ao máximo a cura de si mesmo, o poder dos curadores e o grande arsenal de cura que os médicos nos oferecem.

Uma maneira de começarmos a estabelecer relacionamentos amigáveis e produtivos entre o paciente, o curador e o médico é nos voltarmos conscientemente para a nova metafísica M-3 (a matéria surgindo a partir da mente), descrita no início deste capítulo. Precisamos considerar a mente e não a matéria como a realidade básica. E isso muda as coisas: leva-nos ao holismo.

O trabalho apresentado neste livro baseia-se na metafísica M-3: a mente dá origem à matéria; portanto, a mente ou consciência é a realidade básica. Todavia, na nossa cultura, mente e consciência ainda são termos limitados. A ampla expansão da consciência humana vai muito além da mente. Assim, prefiro usar o termo essência para me referir à natureza básica do ser humano. A essência é mais sutil e menos limitada do que aquilo que chamamos de mente. A consciência forma a base da mente. Dessa maneira, é a essência que gera a consciência, a qual gera a mente que, por fim, gera a matéria.

Essa essência é encontrada no nível da estrela do âmago de todas as criaturas vivas. Ela é encontrada em todas as coisas, em toda a parte. Todas as coisas, em última análise, são interpenetradas pela essência, pela consciência e pela mente. A metafísica M-3, então, leva-nos naturalmente para o holismo e para a interação entre todas as coisas, uma experiência muito comum do estado de cura. Ao assumir a metafísica M-3, caminhamos diretamente para a nova ciência da holografia, que apresenta um futuro promissor, dando-nos novas respostas a velhas perguntas a respeito de nós mesmos e dos nossos processos de cura e de criação.

Reorientemo-nos para o holismo. O que é isso? De que forma isso difere daquilo em que atualmente baseamos as nossas pressuposições a respeito da realidade? Como seria viver segundo um modelo holográfico da realidade? Como seria se pensássemos e vivêssemos holograficamente? De que forma a nossa vida mudaria?

Muitos de nós tiveram experiências de totalidade, quer durante a meditação, quer em coisas simples, como um devaneio ao se avistar um pôr do sol. Essas experiências são muito intensas. Na maioria das vezes, queremos saber como fazê-las acontecer com mais frequência. Parece haver uma grande lacuna entre a experiência espontânea da totalidade e a realização do holismo na vida diária. Essa é a lacuna que vamos procurar transpor neste livro, através de um processo gradual. Numa extremidade da nossa ponte, está o mundo físico e os nossos corpos físicos. Na outra extremidade, está a experiência expandida do holismo, em que cada um de nós é tudo o que existe. Assim, a pergunta que se nos apresenta é: como nos tornamos holísticos?

A Experiência do Holograma Universal

Para examinar como seria viver segundo um modelo holográfico, num nível de experiência pessoal, propus a seguinte pergunta a diversos alunos meus no terceiro ano do curso de cura: "Imagine que você é um holograma. De que forma isso amplia os seus limites?" Eis aqui as respostas deles.

> MARJORIE V.: Num holograma, somos ao mesmo tempo observador e criador. Não somos apenas parte de um padrão; somos o padrão. Um

holograma está fora do tempo linear e do espaço tridimensional. Ele é a ligação entre todas as coisas. É a própria ausência de limites e a total entrega a todas as experiências – a verdadeira sensação de união com todas as pessoas, com todas as coisas e com todo o universo. É o presente, o passado e o futuro instantâneos.

IRA G.: Imaginar a mim mesma um holograma amplia os meus limites porque me permite ver que todo o universo pode ser sentido e compreendido por meio de uma célula do meu corpo e de uma experiência na minha vida. Cada parte ou componente se transforma numa porta para a compreensão do universo.

SYLVIA M.: Se eu sou um holograma, então, não tenho limites. Posso viajar pelo tempo e pelo espaço, alcançar a eternidade e voltar. Sou as árvores e os desfavorecidos, e eles são eu mesma. Talvez seja daí que venha aquela velha frase: "Um por todos e todos por um."

CAROL G.: Imaginar-me como um holograma amplia os meus limites porque reconheço a interligação com o todo da criação e também que sou um reflexo do espírito divino. Também percebo que todos os meus pensamentos, palavras e atos são vivenciados através do todo – o que é um pensamento assoberbante! Além do mais, estou sentindo toda a criação como "receptor".

BETTE B.: Se eu fosse um holograma do alcoolismo, por exemplo, eu seria não apenas a mulher de um alcoólatras mas também o marido, a filha e também o alcoólatra. Poderia sentir o álcool entrando no corpo e, ao mesmo tempo, ver e saber como todas as outras pessoas envolvidas sentem, pensam e conhecem, seja mental, emocional, física e espiritualmente. Não haveria lados pelos quais optar porque eu seria todos os lados ao mesmo tempo, e saberia que tudo faz parte de Deus e do universo.

PAM C.: Acredito que sou um holograma, mas é difícil explicar o que isso significa. Essa condição amplia os meus limites porque:

1. Não estou isolada. Sempre estou ligada ao todo. De fato, sou o todo.
2. Posso assumir qualquer forma que desejar num dado momento. Na verdade, estou assumindo todas as formas durante todo o tempo.
3. Sempre estou em sincronicidade com todas as outras coisas que existem.
4. Não estou restrita ao meu corpo. Tenho acesso a todas as informações do universo – passadas, presentes, futuras e de outras dimensões. Posso estar em qualquer parte em qualquer época. De fato, posso estar

em vários lugares ao mesmo tempo. Em suma, isso me torna muito grande e ligada a muitas coisas. Sou o todo, e sou também as partes.

ROSEANNE F.: Se sou um holograma, não sou uma parte do todo e sim o *todo*. Isso amplia os meus limites de todas as maneiras, pois não estou apenas ligada a todas as coisas; sou todas as coisas e, portanto, sou ilimitada no meu potencial para compreender, saber, ver, aprender, ser e fazer (e muito mais, tenho certeza).

Além de "ser um todo" como um holograma, também estou dentro e faço parte de todas as outras coisas; assim, há um equilíbrio entre o meu eu não limitado e todas as outras coisas e pessoas.

JOHN M.: Essa é a metáfora científica para a frase de Cristo: "Eu e o Pai somos um só." Isso me sugere que não sou um "outsider" e que, mesmo como o filho pródigo, conservei a plenitude do universo dentro de mim – ou, mais precisamente, fiz com que essa plenitude fluísse através de mim. Esse pensamento me faz recordar uma sensação de paz que esteve comigo em meus momentos mais assustadores e incertos. É como se, enquanto imagino a imensidão do todo, ele se voltasse para olhar para mim com algo semelhante a uma face humana. Pensar em mim mesmo como um holograma me dá coragem e esperança.

MARGE M.: Desse modo, posso ver a mim mesma como tudo o que existe. Preciso aprender a ter acesso àqueles aspectos de mim mesma que desejo contatar. Sendo eu um holograma, qualquer coisa me é possível, todo conhecimento está ao meu alcance e é apenas uma questão de deixar que as coisas aconteçam.

LAURIE K.: Isso me dá asas com as quais posso ir para qualquer lugar, quando quiser; me dá a responsabilidade criativa de saber quem realmente sou e, assim, modificar o mundo todo. Isso me proporciona um acesso ilimitado a todo conhecimento, a toda compreensão. Ele me liberta das algemas da desarmonia dualística e me impele para o mundo da luz, da unidade e do acontecimento. Estou inseparavelmente ligada a todas as coisas.

SUE B.: Achei difícil fazer isso porque minha mente diz: "Não sou." Em vez disso, achei mais fácil imaginar-me como parte de uma teia interligada. Quando faço isso, não existe nenhum "eu" e "não eu", mas "eu estou". O tempo e o espaço, nesse sentido, não existem, porque "eu estou" em toda a parte ao mesmo tempo.

JASON S.: Imaginar-me como um holograma parece "ampliar os meus limites" na medida em que permito que isso aconteça. Num determinado ponto, isso torna-se um tanto assustador. Quando imagino isso, por exemplo, sinto-me um pouco afastado da minha personalidade e do meu caminho na vida, e vejo tudo isso mais como uma série de padrões interativos. Isso me proporciona uma visão mais ampla de mim mesmo. Por outro lado – no nível microscópico – posso ver cada aspecto da minha vida cotidiana como a plena expressão de quem sou. Posso ver como estou "Jason-ando" pela minha vida, com meus talentos, perspectivas, falta de perspectiva, problemas e forças – todas essas coisas plenamente formadas em todos os aspectos. Como alguém que pode ficar muito apartado e sem vínculos, não aprecio muito a sensação de desligamento quando ela é demasiado forte. Todavia, eu de fato gosto da sensação que tenho ao observar a minha vida dessa maneira, como se tudo estivesse acontecendo ao mesmo tempo.

Como curadora, ao observar os pacientes dessa maneira, sinto a possibilidade de estar em completo contato com o seu passado, o presente e o possível futuro deles. Isso faz o momento de cura transcender o presente.

A experiência holográfica requer percepção aguçada. Ela requer grande sensibilidade tanto no nível pessoal como no nível interpessoal. Pode-se desenvolver essa percepção aguçada de uma maneira gradual, conforme veremos ao longo deste livro.

A experiência holográfica é a experiência do momento de cura. Quando o tempo linear e o espaço tridimensional são transcendidos da maneira acima descrita, a cura ocorre automaticamente. Essa é a verdadeira natureza do universo.

Tenho a certeza de que você está familiarizado com essas experiências. O que ainda não fizemos foi aprender a criá-las quando são necessárias, e a integrá-las à nossa vida normal. Nosso verdadeiro desafio consiste em fazer com que elas ocorram na nossa vida cotidiana de uma maneira prática. Para fazer isso, precisamos compreender melhor o holismo. Assim, examinar mais detidamente a holografia.

As Origens do Holismo e da Holografia

Em 1929, Alfred North Whitehead, um conhecido matemático e filósofo, descreveu a natureza como uma grande e crescente série de acontecimentos ligados entre si. "Esses acontecimentos", disse ele, "não terminam com a percepção.

Dualismos como mente/matéria são falsos. A realidade é abrangente e está interligada." O que Whitehead queria dizer é que todas as coisas estão relacionadas com tudo o mais, incluindo os nossos sentidos. Usamos os nossos sentidos para obter informações a respeito de determinada situação. Os nossos sentidos influenciam a situação que percebemos. No mesmo ano, Karl Lashley publicou os resultados de sua pesquisa sobre o cérebro humano, os quais mostravam que a memória específica não estava localizada em nenhuma parte do cérebro. Ele descobriu que a destruição de uma parte do cérebro não destrói as memórias presentes ali. A memória não poderia estar localizada em células cerebrais específicas. Em vez disso, a memória parece estar distribuída por todo o cérebro, provavelmente como um campo de energia.

Em 1947, Dennis Gabor derivou equações que descreviam uma possível fotografia tridimensional chamada holografia. O primeiro holograma foi construído por Emmette Leith e Juris Upatinicks em 1965, com o uso de laser. Em 1969, o dr. Karl Pribram, um renomado fisiologista cerebral da Universidade de Stanford, propôs que o holograma funcionava muito bem como um modelo dos processos cerebrais. Em 1971, o dr. David Bohm, um conhecido físico que trabalhou com Einstein, sugeriu que a organização do universo provavelmente é holográfica. Pribram ficou entusiasmado ao tomar conhecimento do trabalho de Bohm. Isso vinha confirmar a sua ideia de que o cérebro humano funciona como um holograma, coletando e interpretando informações provenientes de um universo holográfico.

O que é um Holograma?

Assim, o que esses homens e suas pesquisas estão dizendo? Para compreender as suas ideias, vejamos como funciona um holograma. Você, sem dúvida, já viu um holograma. Ele projeta no espaço uma imagem tridimensional que, aparentemente, não surge de lugar nenhum. Ao caminhar em torno dessa imagem, você vê os seus diferentes lados.

São necessários dois passos para se criar uma imagem holográfica tridimensional. A Figura 3-1 mostra o primeiro passo. O feixe de laser é dividido em dois por um aparelho chamado separador de feixe. Uma metade é focalizada através de uma lente sobre um objeto como uma maçã, por exemplo, a qual, então, é refletida sobre uma chapa fotográfica por um espelho. A outra metade é simplesmente refletida por um espelho e focalizada, através de uma lente, sobre a mesma chapa fotográfica. Um relacionamento de fase específico é estabelecido entre as duas metades do feixe de laser. Uma fotografia é tirada.

O resultado é uma fotografia do padrão de interferência que os dois feixes produzem quando se juntam na chapa fotográfica. Esse padrão de interferência tem o aspecto de linhas onduladas indiscerníveis.

O segundo passo, representado na Figura 3-2, consiste simplesmente na remoção da maçã, do separador de feixe, do segundo espelho e da segunda lente. Se você tomar o laser e focalizá-lo sobre a chapa fotográfica através de uma lente, você verá uma imagem tridimensional da maçã suspensa no espaço! O mais surpreendente é que, se você simplesmente cortar a chapa fotográfica pela metade, sem nenhuma outra modificação, você ainda obterá a imagem da maçã suspensa no espaço, embora um pouco embaçada. Se cortar uma outra parte da fotografia, você ainda obterá toda a imagem da maçã no espaço. Isso continua mesmo que formos tomando pedaços cada vez menores da chapa fotográfica. Você ainda obtém a maçã toda, mas ela vai ficando cada vez mais embaçada!

O Modelo Holográfico e as Sete Premissas a Respeito da Natureza da Realidade

Ao entramos na era holográfica, nós nos preparamos para muitas mudanças. Essa era baseia-se nas sete premissas básicas a respeito da natureza da realidade, que decorrem diretamente da pesquisa holográfica e sobre as quais o modelo holográfico é baseado.

Premissa 1: A Consciência é a Realidade Básica

Para chegar à premissa de que a consciência é a realidade básica, vamos seguir a análise do dr. Pribram. Ele diz que a realidade básica é a assinatura energética que o cérebro capta por meio dos nossos sentidos. O nosso cérebro, então, interpreta a assinatura como a forma e a cor da maçã. O dr. Pribram quer dizer que a realidade é como a energia que, no feixe de laser, transporta a informação. Aquilo que vemos como a realidade é muito semelhante à imagem tridimensional da maçã projetada no holograma. A verdadeira realidade deverá ser encontrada na energia que os nossos sentidos captam, e não nos objetos que definimos como reais.

Pribram afirma que o nosso cérebro age como o holograma que projeta a verdadeira realidade dos feixes de energia para formar uma maçã ilusória. O cérebro, usando os nossos cinco sentidos, capta num determinado momento o campo de energia de qualquer coisa à qual voltamos a nossa atenção, e traduz

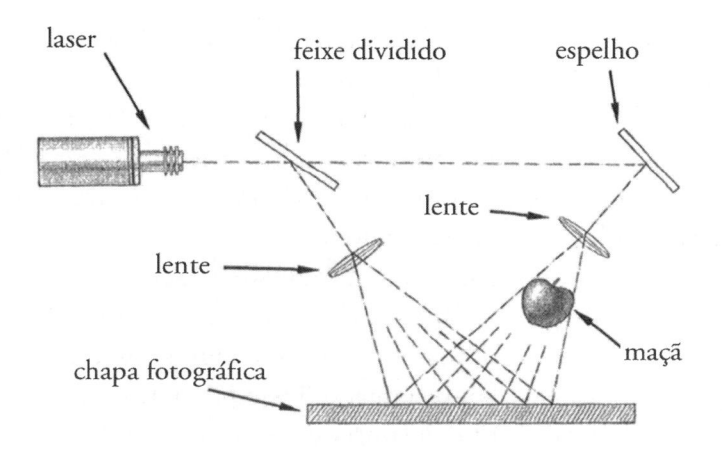

Figura 3-1 Um Holograma Feito com uma Maçã

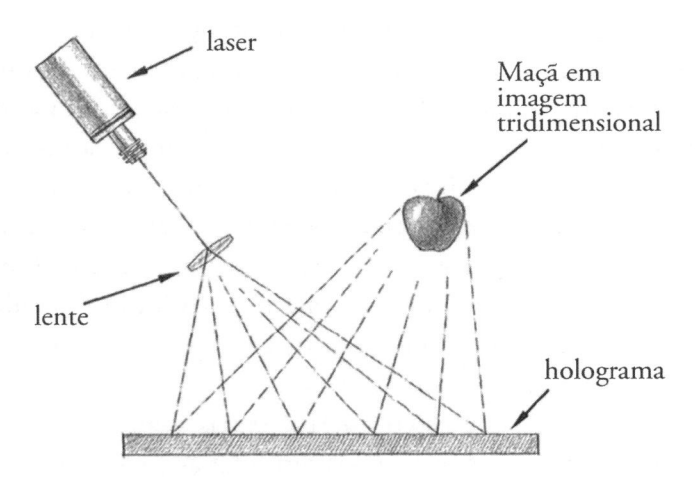

Figura 3-2 O Projeto de um Holograma Feito com uma Maçã

esse campo de energia num objeto. Isso significa que o objeto que percebemos representa a realidade secundária. Ele é apenas uma assinatura da realidade mais profunda (os feixes de energia) a partir da qual vem a projeção do objeto.

Pribram diz que todos os nossos sentidos atuam em conjunto de maneira a criar a ilusão do mundo à nossa volta, de maneira muito semelhante àquela pela qual um conjunto de alto-falantes estereofônicos lhe dá a impressão de que o som vem do centro da sala, ou de que um fone de ouvido faz a música vir do centro de sua cabeça. Até o momento, foram construídos hologramas usando-se apenas o sentido da visão – luz produzida por um feixe de laser. Algum dia, provavelmente, também serão construídos hologramas que farão uso dos sentidos cinestésicos, auditivos, olfativo e gustativo.

As pesquisas do dr. Pribram estão obviamente relacionadas ao nosso modelo do campo de energia humano. No nível da aura, a realidade básica é a energia. Se formos mais fundo, porém, encontraremos a nossa intenção, a qual resulta de nossa consciência, sobre a qual o nosso fluxo de energia se baseia. E mergulhando ainda mais fundo, encontraremos a nossa essência e o nível de estrela do âmago, a base de toda a realidade. Chegaremos à metafísica M-3.

Implicações da Premissa 1 para a nossa saúde e para o sistema de assistência à saúde

1. Provavelmente, a implicação mais profunda para a nossa saúde é que a nossa consciência, expressa como intenção, e a energia do nosso campo áurico, produzido por essa intenção, são os fatores mais importantes para a nossa saúde ou doença. Isso significa que as nossas intenções, tanto conscientes como inconscientes, e o modo como elas são expressas em nossos pensamentos, sentimentos e ações são os fatores mais importantes para o nosso estado de saúde. Qualquer problema físico é apenas uma manifestação física da verdadeira doença que será encontrada no interior da consciência. A consciência molda a afirmação tornada real da doença.
2. Qualquer ciência ou sistema de assistência à saúde baseado no mundo físico se fundamenta em causas secundárias e não primárias.

Premissa 2: Todas as Coisas Estão Ligadas a Todas as Outras

Essa ligação não depende da proximidade espacial nem do tempo. Um acontecimento num determinado local afeta instantaneamente todas as outras coisas, sem que retarde a comunicação (isto é, mais rápido do que a velocidade da luz e deixando para trás a teoria da relatividade de Einstein).

Como não existe retardamento, o que chamamos de causa e efeito ocorre ao mesmo tempo. Portanto, a nossa ideia de causa e efeito, tão útil no nosso mundo material, não serve para essa realidade primária.

Implicações da Premissa 2 para a nossa saúde e para o sistema de assistência à saúde:

1. De acordo com a visão holográfica, é impossível considerar pessoas, acontecimentos, coisas, "não coisas" ou a nós mesmos de forma isolada. A propagação atua não apenas por meio de suas áreas específicas de influência como também afeta profundamente outras áreas da vida aparentemente independentes ou não relacionadas. Nossa experiência cotidiana, nossa ciência, nossa psicologia, nossa política apontam todas para a realidade de que nada existe separadamente. Um acontecimento, seja ele político, psicológico, atômico ou subatômico, nunca pode ser considerado uma ocorrência isolada, afetando apenas o que está à volta. A nossa ciência e a nossa política mostram claramente que o que quer que ocorra agora causa um efeito imediato em toda parte. O desenvolvimento de armas nucleares mostra claramente isso, assim como a atividade dos ambientalistas.
2. Tudo o que fazemos, dizemos, pensamos e acreditamos a respeito da saúde e da doença afeta todas as pessoas imediatamente.
3. Curando a nós mesmos, nós curamos os outros. Ajudando a curar os outros, também ajudamos a curar a nós mesmos.

Premissa 3: Cada Parte Contém o Todo

Se usarmos o modelo do holograma, teremos uma visão da natureza da realidade muito diferente do modo como a nossa cultura ocidental a descreveu no passado. Como toda a imagem tridimensional da maçã ainda é produzida, por menor que seja a parte da chapa fotográfica restante, o holograma demonstra claramente que cada parte (da chapa holográfica) contém o todo (a maçã).

Implicações da Premissa 3 para a nossa saúde e para o sistema de assistência à saúde:

1. Cada parte de nós contém o padrão total de nós mesmos. Isso pode ser expresso no mundo físico em nossos genes. Neles, cada célula contém toda a nossa constituição genética. Chegará o dia em que poderemos fazer um clone de nós mesmos a partir de uma única célula!
2. No nível energético, o padrão de energia do campo áurico de cada célula contém todo o nosso padrão de saúde. Podemos, então, ter acesso a esse padrão de saúde e recuperá-la, caso a tenhamos perdido. Para fazer isso, é preciso que tenha restado pelo menos uma célula sadia!

3. Somos tudo aquilo que existe. Ou, em outras palavras: tudo o que existe está dentro de cada um de nós. Ao explorar a nossa paisagem interior, também exploramos o universo.
4. Curando a nós mesmos, ajudamos a curar a Terra e o universo. (Para mais informações e para uma compreensão mais profunda de como isso funciona, ver "O Que Posso Fazer Pessoalmente em Favor da Paz Mundial?", no Capítulo 13, que é uma orientação recebida de Heyoan, meu guia espiritual.)

Premissa 4: O Tempo Também é Holográfico

Cada aspecto existe em toda a parte, sempre e em todos os tempos. Cada momento é um todo, completo, vivo e coexiste num relacionamento inteligente com todos os outros momentos. Cada momento é autointeligível, e tem acesso a todos os momentos.

Implicações da Premissa 4 para a nossa saúde e para o sistema de assistência à saúde:

1. Agora, também sabemos que um acontecimento do passado pode estar bastante relacionado com a constituição do nosso mundo atual. As coisas que fazemos afetam uma grande variedade de pessoas, talvez muito mais ampla do que atualmente suspeitamos. Nossos atos afetam não apenas as pessoas que estão ao nosso redor, mas também os que estão longe, porque esses efeitos não são limitados pelo espaço nem pelo tempo. Eles são holográficos – isto é, esses efeitos não dependem do tempo nem do espaço. Eles operam fora desses limites porque, na realidade básica, o tempo e o espaço não existem.
2. No nível pessoal, cada um de nós que está vivendo no presente tem acesso a todos os outros momentos. Ou seja: estamos o tempo todo em toda a parte, sempre.
3. Cada um de nós está ligado ao "Eu" que era muito saudável antes da doença e que o será depois da recuperação da saúde. Podemos ter acesso a essa experiência de saúde e trazê-la para o presente a fim de efetuar a cura.
4. Por outro lado, cada um de nós pode continuar ligado às lições que aprendemos com qualquer pessoa, para conservar a sabedoria obtida a partir dessa experiência.
5. Entrando em completa totalidade, podemos imediatamente curar a nós mesmos.

Premissa 5: A Individuação e a Energia São Fundamentais para o Universo

Cada aspecto é individual e diferente de qualquer outro aspecto.

Há uma experiência que prova que a luz é uma partícula e também uma onda de energia. Todavia, uma outra experiência mostra que partículas não agem como coisas. Em vez disso, elas se assemelham mais a "fenômenos individuais de interação", os quais também são basicamente energia. Portanto: todo aspecto do universo ou é uma onda de energia ou uma partícula individual de energia.

Implicações da Premissa 5 para a nossa saúde e para o sistema de assistência à saúde:

1. Cada um de nós é constituído de energia. Substituindo nossos pensamentos e pressuposições de que somos matéria sólida, e adotando a ideia de que somos luz, teremos muito mais facilidade para mudar. O mesmo vale para o nosso corpo, que é feito de luz. O nosso corpo está mudando constantemente. A cada segundo temos um corpo diferente.
2. Cada um de nós é diferente de qualquer outro ser. As coisas que acontecem a cada um de nós e que experimentamos são únicas. Isso não pode ser determinado por uma probabilidade baseada em estatísticas do passado e sem considerar o fator de criação, conforme estabelece a Premissa 7, mais adiante.

Premissa 6: O Todo é Maior do que a Soma das Partes

Se invertermos o processo e juntarmos um por um os pedaços da placa fotográfica, obteremos uma imagem cada vez mais nítida e definida de toda a maçã. São esses alguns dos princípios que decorrem da sexta premissa:

1. Cada aspecto existe dentro de um sistema maior do que ele próprio, que também existe dentro de outro sistema maior do que ele, e assim por diante.
2. Cada aspecto e sistema tem conhecimento de todos os outros sistemas.
3. Ligando e integrando ao todo as suas menores partes, obtemos uma compreensão melhor e mais clara desse todo.

Implicações da Premissa 6 para a nossa saúde e para o sistema de assistência à saúde:

1. No holismo, dizemos que, ao juntar nossas "partes" ou "eus", nós nos ligamos ao nosso Eu maior e integral e obtemos uma imagem mais clara dele.
2. Qualquer grupo de pessoas juntas cria um todo maior que traz em si mais poder, mais amor e mais criatividade do que cada uma dessas pessoas considerada separadamente, ou do que a soma de seus esforços individuais.
3. Qualquer indivíduo dentro de um grupo pode ter acesso ao poder desse grupo. Cada grupo dentro de um grupo maior pode ter acesso ao poder e energia do grupo maior, e assim por diante. Isso pode ser feito tanto em favor da cura como de outros empreendimentos criativos.
4. Cada um de nós, pessoalmente ou em grupos, tem acesso a todo conhecimento de cura e poder que existe, existiu ou existirá no universo.

Premissa 7: A Consciência Cria a Realidade e a sua Própria Experiência da Realidade

A sétima premissa é baseada no modelo do cérebro holográfico de Karl Pribram. Pribram afirma que o cérebro processa dados coerentes com os que está acostumado a processar. Isso significa que você vai experimentar as coisas de acordo com a sua expectativa, a qual se baseia nas suas crenças e no que você herdou.

Como a realidade é criada pela consciência, ela também cria a sua própria experiência de realidade, já que faz parte da realidade.

Implicações da Premissa 7 para a nossa saúde e para o sistema de assistência à saúde:

No trabalho de cura, dizemos: "Não criamos apenas a nossa própria realidade e a nossa própria doença; também criamos a nossa própria experiência dessa realidade, incluindo a nossa experiência de saúde ou doença."

Essa é uma afirmação muito controvertida. Sua interpretação deve ser feita com extremo cuidado porque ela pode facilmente ser mal compreendida ou utilizada de maneira errada. Ter responsabilidade por uma determinada situação é muito diferente de ser o culpado por ela. Essa última condição significaria que ficamos doentes porque somos maus. Por outro lado, se aceitarmos a ideia de que criamos a nossa experiência da realidade, isso nos coloca definitivamente na condição de sermos capazes de descobrir como criamos essa realidade do modo como ela é, de modificar a nossa maneira de ser e de agir de outra forma, mais desejável. Existem duas grandes questões relativas a isso.

A primeira: a partir de que nível do nosso ser está brotando a criação? Da essência divina, do nível consciente da intenção ou do nível da personalidade, da mente e dos sentimentos?

A segunda é saber quem é o "nós" que está realizando a criação. Do ponto de vista holográfico, estamos todos interligados e ligados ao poder criativo supremo do universo, e todos sempre nos influenciamos mutuamente, em toda parte.

As pessoas que constantemente se colocam em situações de tensão obviamente têm muito a ver com a criação de doenças cardíacas no nível do campo de energia da personalidade, que corresponde aos pensamentos e sentimentos. Há nisso um componente muito importante de escolha pessoal e boa parte da energia criativa provém do indivíduo. Essas pessoas, entretanto, também são produto de suas culturas, que gera grande quantidade de pessoas com doenças cardíacas por causa do estresse, de dietas inadequadas e de emoções nocivas condicionadas pela cultura.

Por outro lado, um bebê que nasceu com AIDS certamente não faz, no nível da personalidade, o mesmo tipo de escolha humana individual que foi feita pelos pacientes mencionados acima. A criação da AIDS num recém-nascido só pode ser analisada a partir da perspectiva holográfica de que esse indivíduo surgiu a partir do todo coletivo da sociedade em que nasceu. Aqui, o "nós" que faz a criação somos todos nós. Criamos coletivamente uma situação que dá origem à condição conhecida como AIDS, a qual, então, se manifesta fisicamente em alguns indivíduos. A condição da AIDS se expressa em todos nós de alguma maneira. Ela pode se expressar na nossa negação da sua presença na nossa sociedade ou do nosso relacionamento com ela, no medo que temos dela, nas nossas reações negativas de querermos ficar longe dela, ou até mesmo na nossa negação da possibilidade de que possamos vir a contraí-la. Em nós, a condição da AIDS pode se expressar nos nossos relacionamentos com os que a apresentam na sua forma física. A principal expressão da AIDS – e que todos nós manifestamos – é o desafio de escolher entre o amor e o medo. Sempre que nos defrontamos com a condição chamada de AIDS, que todos criamos, temos de enfrentar o desafio de escolher entre o amor ou o medo.

Agora, naturalmente, pode-se incluir nessa metáfora o mundo espiritual profundo da essência e da intenção, e considerar que antes do nascimento um indivíduo pode ter escolhido nascer com AIDS como uma dádiva para a humanidade. Essa dádiva nos desafia a escolher o amor em vez do medo. Nessa nossa época, certamente temos muito que aprender sobre o amor.

Para mim mesma, todas essas afirmações poderiam ser verdadeiras e úteis numa situação de cura, quando utilizadas apropriadamente. A criação da realidade de um indivíduo precisa ser explorada em todos os níveis para que haja uma cura completa.

Síntese de uma Visão Holística de Assistência à Saúde

A realidade básica do universo é a essência. Isso inclui a nossa essência pessoal individual e a essência combinada de todas as outras coisas, que é chamada de essência universal. Toda criação surge a partir dessa essência: nossa consciência, nossa mente, nossos sentimentos e nossa matéria, incluindo o corpo físico. Nossa saúde depende de integrarmos a nossa verdadeira e única essência na nossa consciência, na nossa mente, nos nossos sentimentos e no corpo físico. Nossa saúde ou a nossa doença é criada por nós através desse processo. Nós somos ela.

A doença é criada por uma alteração na nossa consciência (na nossa intenção) que bloqueia a expressão da nossa essência, impedindo-a de passar por todos os níveis e de chegar ao corpo físico. A doença é uma expressão da nossa tentativa de nos separarmos do nosso ser mais profundo, da nossa essência.

Aquilo que criamos surge holograficamente a partir de nossa individualidade e de nós mesmos coletivamente, nos níveis dos grupos aos quais pertencemos, desde o mais íntimo até numa escala universal. Ou seja: as nossas criações não são apenas o resultado de nossos atos: elas são fortemente influenciadas pelas pessoas com as quais estamos mais estreitamente ligados, e também surgem (holograficamente) a partir delas. Nossas criações são menos afetadas pelas pessoas com as quais estamos menos ligados.

As causas de qualquer doença específica são tão diversificadas que seria impossível relacioná-las aqui. Há casos em que a fonte do grupo é de fato muito forte. Há muitos casos que acontecem atualmente – como o dos bebês que nascem com AIDS – e que têm origem a partir de grupos mais amplos de seres humanos. Isso é sinal de que os tempos estão mudando, e uma prova de que a humanidade está percebendo conscientemente que todas as coisas estão interligadas. A AIDS é uma doença que vai dissolver as fronteiras nacionais e mostrar aos seres humanos que o amor é a resposta.

Nesse processo de saúde ou de doença, não podemos dividir o nosso eu interior, nem nos separarmos uns dos outros. Estamos todos ligados. Tudo o que pensamos, sentimos e fazemos a respeito da saúde e da doença afeta todas as outras pessoas. Ao curar a nós mesmos, curamos os outros. Ao expressar a nossa essência ou a nossa singularidade, fazemos com que todas as pessoas sejam saudáveis, contanto que permitamos que elas expressem a sua essência.

Cada parte de nós contém todo o padrão; cada célula de nosso corpo contém o padrão de todo o corpo e também contém o padrão da humanidade. Podemos ter acesso a esse grande padrão de saúde, feito de poder e de luz, para utilizá-lo na cura. Esse padrão é real e vivo.

Nós somos esse padrão, e ele está no nosso campo áurico. Somos energia, e podemos mudar muito rapidamente. Vivemos num corpo gelatinoso que está constantemente mudando e que é capaz de grandes transformações.

O tempo é holográfico. Nós podemos nos deslocar pelas estruturas do tempo com propósitos curativos e obter informações a respeito do passado ou do futuro provável. Podemos ter acesso à sabedoria de todos os tempos para usá-la na cura. Somos essa sabedoria; ela está dentro de nós e em toda a nossa volta.

Reformulemos agora as afirmações M-1 a respeito da nossa saúde (ver páginas 73-74), expressando-as de acordo com a perspectiva holográfica.

Em vez de dizer "Peguei a sua gripe", poderíamos dizer: "Minha gripe é um sinal de que preciso entrar em equilíbrio. Debilitei o meu sistema imunológico, deixando-o vulnerável a um vírus. Provavelmente, não prestei atenção àquilo de que necessitava. Preciso me cuidar mais. O que preciso fazer para recuperar o equilíbrio? Estamos ligados no sentido de que criamos uma gripe. Você provavelmente também precisa se cuidar mais!"

Em vez de dizer "Dei um mau jeito nas costas", poderíamos dizer: "Minha dor nas costas me diz que estou novamente deixando de cumprir os meus compromissos comigo mesmo. Chegou o momento de definir claramente as minhas intenções e de agir de acordo com elas. A partir dessas intenções mais definidas, surgirá um novo relacionamento com as minhas costas, que vai incluir maneiras de cuidar mais delas e de evitar problemas. Quanto mais eu estiver atento a mim mesmo, mais os outros também farão o mesmo com relação ao seu físico."

Em vez de dizer "Meu estômago voltou a me causar problemas", poderíamos dizer: "Estou sendo duro comigo mesmo mais uma vez, e impondo muita tensão sobre o meu estômago. Preciso relaxar e dar a mim mesmo um pouco de atenção, de carinho e de amor."

Em vez de dizer "Detesto os meus quadris – eles são grandes demais", poderíamos dizer: "Continuo despejando meu ódio nos meus quadris e tornando-os maiores, para que comportem todo esse ódio."

Essa nova maneira de nos relacionarmos com a doença não nos impede de buscar ajuda junto a um profissional. Todavia, ela enfatiza o modo como vimos tratando a doença e a forma pela qual isso precisa ser transformado para podermos nos conservar em estado de saúde. Ela também nos cria novas oportunidades com as quais podemos obter um estado de saúde. Quando interrompemos os velhos hábitos que nos mantêm doentes e modificamos a nossa atitude, automaticamente começamos a encarar o problema a partir de uma nova perspectiva. Não somos mais vítimas isoladas; ao contrário, temos algo a ver com isso, para começar. Assim, com a nossa sensação de liberdade, abriremos para nós mesmos novos caminhos, que antes não estavam à nossa disposição. Ao fazer isso, também ajudamos os outros a abrir novos caminhos para si mesmos e para outras pessoas.

O Desafio da Visão Holística

O desafio com que nos defrontamos, como pacientes e curadores, é o de aceitar as oportunidades dadas pelo modelo holográfico, compreender quais são elas e aprender a utilizá-las. A nossa verdadeira realidade primária é a realidade da consciência e da energia. Qualquer ciência que se concentre na realidade secundária ou material do mundo físico é baseada na ilusão e, portanto, é ilusória. Se é assim, e se existe evidência para apoiar essa teoria, então, o nosso mundo é de fato muito diferente do modo como supomos que seja a partir das definições tridimensionais que impusemos a ele. Estamos tão acostumados às definições que impusemos ao nosso mundo o fato de que vamos precisar de algum tempo para nos sentirmos à vontade encarando-o de maneira diferente.

Primeiro, precisamos modificar a nós mesmos para podermos aceitar a perspectiva holográfica. Isso desafia o nosso senso de identidade, e torna necessária uma grande parcela de autorresponsabilidade. Precisamos ter muita responsabilidade pelo que fazemos, tanto para nós mesmos como em relação aos outros. No âmbito da saúde, isso nos faz muito responsáveis por cuidar da nossa saúde. E, ao mesmo tempo, isso nos proporciona recursos ilimitados para fazermos isso. Nesse estágio de nosso desenvolvimento, não é possível imaginar o grande poder, conhecimento e energia potenciais que estão disponíveis a nós dentro dessa realidade primária.

Re-visualização do Antigo Diagnóstico de uma Pessoa com o Modelo Holográfico

As respostas para aquilo que a ciência médica chama de "remissão espontânea" ou de "um milagre" estão no modelo holográfico. Nesse modelo, uma doença equivale à imagem de uma maçã suspensa no espaço que, na verdade, não está lá. Trata-se de um sinal de alguma outra coisa. A doença indica as energias fundamentais em desequilíbrio que a criaram. Aquilo que a medicina tradicional chama de doença é uma indicação de um verdadeiro desequilíbrio existente em partes mais profundas da psique humana. Ou então, para nos expressarmos a partir da perspectiva de um curador, a doença é a manifestação física de uma perturbação mais profunda.

No modelo holográfico, todas as coisas estão ligadas entre si. Nós, por exemplo, ligamos a incapacidade que o pâncreas tem de funcionar corretamente à nossa incapacidade de assimilar a doce vida em outras áreas da nossa existência. O pâncreas está relacionado não apenas com a digestão do açúcar que ingerimos, mas também com a nossa capacidade de conservar as coisas belas na nossa vida, nos nossos relacionamentos e na afirmação da nossa personalidade. No começo, isso pode parecer absurdo. Quando analisamos o funcionamento do campo de energia humano, porém, tudo fica muito claro. Numa pessoa com um pâncreas saudável, podemos observar relações diretas entre o campo de energia do pâncreas e a capacidade que essa pessoa tem de se ligar aos campos de energia que correspondem à doce vida universal.

Quando pensamos holograficamente, os nossos sintomas são os nossos amigos. O verdadeiro papel funcional do sintoma é nos informar de que alguma coisa dentro de nós está desequilibrada. É como se o sintoma fosse a extremidade de um fio de lã que está saindo debaixo do sofá da vovó. Quando seguimos esse fio, somos levados a todo o novelo de lã que o gatinho deixou lá depois de brincar. Dentro do novelo está a causa da doença.

Especialmente nos casos "incuráveis", os pacientes precisam ser orientados no sentido de se concentrarem, não no diagnóstico, mas na realidade mais profunda e nas suas outras energias de cura. Do ponto de vista holográfico, a predileção natural de toda pessoa é permanecer saudável ou recuperar a saúde da maneira mais natural. Chamo de sistema de equilíbrio a esse processo natural que nos leva à saúde. Todas as pessoas têm um sistema de equilíbrio. A maioria dos sistemas de equilíbrio é bastante estável, mas eles podem ser ignorados ou influenciados. Cabe a cada indivíduo dar ouvidos e reagir ao seu sistema de equilíbrio.

Capítulo 4

O RESPEITO AO SEU SISTEMA DE EQUILÍBRIO

Em você, existe um admirável sistema de controle e de equilíbrio planejado para manter o seu campo áurico, o seu corpo físico e você em perfeitas condições de funcionamento. Chamo a isso de sistema de equilíbrio. Esse sistema de equilíbrio traz em si o seu padrão pessoal de totalidade. Sempre que alguma coisa está desequilibrada nos seus corpos de energia ou no seu corpo físico, ele automaticamente procura restaurar o equilíbrio. A maior parte desse sistema funciona abaixo do nível da sua percepção consciente. A sabedoria que faz parte dessa região do seu ser é provavelmente muito maior do que você imagina. Estamos apenas aprendendo a utilizá-la de forma consciente.

No passado, não pensamos muito nos nossos sistemas de equilíbrio porque isso se opunha frontalmente ao conceito de entropia, decorrente da metafísica M-1. A segunda lei da termodinâmica mostra que os sistemas estão continuamente entrando em colapso, se deteriorando, e que você não pode conseguir de um sistema mais energia do que transmitiu a ele. Se você deixar um pedaço de ferro exposto à chuva, ele vai enferrujar. A madeira apodrece; a vida degenera; ficamos velhos e morremos. A energia sempre se perde fora do sistema. Não se pode fazer um moto-contínuo. Segundo o sistema M-1, acreditamos que todas as coisas se deteriorem.

Se essa lei se aplicasse a todo o universo, isso significaria uma evolução às avessas, o que, conforme podemos ver simplesmente olhando a nossa volta, não é verdade. As formas biológicas estão continuamente evoluindo e se transformando em sistemas altamente desenvolvidos, inteligentes e especializados.

O bioquímico Rupert Sheldrake, Ph.D., autor de *A New Science of Life, The Presence of the Past* e *The Rebirth of Nature**, estudou os sistemas biológicos e desenvolveu o conceito de campos morfogenéticos e a teoria da ressonância mórfica. O seu trabalho mostra que as formas biológicas evoluem constantemente através de um campo vital unificado e inteligente – o campo morfogenético – que está por trás de todo o processo. O campo vital mantém automaticamente a saúde ou procura recuperá-la. Ou seja: ele está em contato com todas as outras formas de vida e se comunica com elas. Aquilo que acontece a uma criatura será comunicado a todas as outras criaturas através de uma ressonância mórfica. O que uma criatura aprende acaba sendo transmitido para todas as outras criaturas.

Seu sistema de equilíbrio é um campo morfogenético baseado no princípio de ordem da vida universal que decorre da metafísica M-3 e do modelo holográfico. A evolução cria continuamente formas de vida mais complexas e muito evoluídas, dotadas de mais inteligência e capacidades. O contínuo desenvolvimento requer mais ordem e equilíbrio dentro de sistemas cada vez mais complexos. Em cada organismo vivo, há uma inclinação ao equilíbrio e à ordem. Em termos de campo de energia, isso significa uma predisposição ao equilíbrio e à coerência no seu campo. Além disso, significa também que o seu campo tende naturalmente para uma sincronicidade com todos os campos de energia vital. A sua natureza básica é estar em sincronia com todas as formas de vida.

No nível físico, seu sistema de equilíbrio funciona automaticamente. Se o seu estômago precisa de mais ácido, ele não se dá o trabalho de lhe comunicar isso – ele simplesmente produz mais ácido. Se você precisa de mais oxigênio, o seu corpo simplesmente respira mais rápido e mais profundamente.

Se, por outro lado, o corpo precisa de alguma coisa que ele não pode dar a si mesmo, o sistema de equilíbrio funciona através dos seus sentidos para lhe comunicar o problema a fim de que você tome as providências necessárias. No primeiro nível do campo, você conhece todas as sensações corporais. Se você estiver com sede, é através do primeiro nível do campo que você tomará conhecimento disso. Como no campo de energia tudo pode ser visto em termos de frequências, quando você está com sede, a representação da frequência da água é pequena no primeiro nível do seu campo áurico. Em outras palavras, a falta da frequência da água no primeiro nível do campo gera a sensação de sede.

Quando o primeiro nível do campo está com pouca energia – digamos, por um excesso de atividade – suas pulsações normais diminuem, e suas linhas

---

* *O Renascimento da Natureza*, Editora Cultrix, São Paulo, 1993.

ficam sem brilho. Você sente essa mudança do seu campo sentindo-se cansado. Dessa maneira, o primeiro nível do seu campo lhe diz constantemente como cuidar do seu corpo. Ele lhe diz quando você precisa de exercício, de sono, de alimento, de roupas mais frescas ou mais quentes, quando você precisa mudar de posição, limpar as narinas, ir ao banheiro e assim por diante. Sentir-se bem, saudável e energizado corresponde a um primeiro nível do campo áurico carregado, equilibrado e coerente.

Quando comecei a me aprofundar nesses processos com os meus pacientes, ficou claro que a orientação dada aos pacientes, no sentido de eles descobrirem quais eram as coisas em que deviam prestar atenção, advinha de todos os aspectos de suas vidas. O sistema de equilíbrio que lhe é peculiar ajuda você a cuidar mais de você mesmo em todos os níveis. Quando você faz, sente ou pensa coisas que não são saudáveis para você, o seu sistema de equilíbrio vai enviar-lhe mensagens para o convencer de tornar o seu comportamento mais saudável para você em todos os aspectos da sua vida, incluindo os seus relacionamentos pessoais, a sua profissão, o seu ambiente e a sua espiritualidade. Essas mensagens advêm de outros níveis do campo áurico e, uma vez mais, se manifestarão na forma de uma simples sensação de desconforto. O tipo de desconforto vai corresponder aos tipos de experiência de vida associados a cada um dos níveis do campo áurico, conforme foi analisado no Capítulo 2. O desconforto ou o sofrimento psicológico serão gerados por um desequilíbrio nos níveis associados ao seu funcionamento psicológico, os níveis dois e três. A dor ou o desconforto num relacionamento será proveniente de um desequilíbrio no nível quatro, ao passo que a dor ou desconforto espiritual serão decorrentes do desequilíbrio nos níveis cinco, seis e sete.

Fique atento para essas diferentes formas de mensagem do seu sistema de equilíbrio. Permaneça sintonizado, e preste atenção ao modo como você se sente nas diversas situações da vida. Como você se sente a respeito do seu equilíbrio psicológico? Como você se sente na presença das pessoas com as quais convive? Você se sente espiritualmente ligado e realizado?

Você pode modificar as situações em que não se sente bem, quaisquer que elas sejam. Elas não são saudáveis. Você talvez precise de mais apoio em algumas áreas, e pode ser que queira dedicar menos tempo a outras áreas. Você talvez prefira se livrar de certas situações, esquecer de tudo e deixar que a sua vida mude. Depois que você se conscientizar dos estágios pelos quais precisa passar para modificar a sua saúde e a sua vida (ver Capítulo 7), bem como as necessidades humanas verdadeiras e naturais que, uma vez satisfeitas (ver Capítulo 8), lhe trarão saúde, o restante deste livro lhe dará informações específicas e detalhadas que poderão ser usadas para equilibrar a sua vida. Isso vai fazer com que você tenha uma vida saudável e feliz.

Como o Desequilíbrio que Cria a Doença Ocorre na Vida Cotidiana

Você pode, todavia, convencer-se de que é mais fácil se acostumar a uma situação doentia do que modificá-la. Muitas pessoas rejeitam muitas coisas na vida, mas não fazem nada para mudá-las porque isso lhes parece demasiado difícil ou impossível. Para algumas, o preço a ser pago no sentido de se arriscar em mudar as coisas é demasiado alto. À pessoa parece ser mais fácil se convencer a aceitar da vida menos do que deseja ou precisa do que pagar um preço que lhe parece muito alto para aproveitar uma oportunidade de mudar. Esse tipo de recusa pode persistir durante anos, até as circunstâncias da vida forçarem uma mudança, geralmente em termos de crise pessoal. Infelizmente, é esse tipo de coisa que causa muitos dos problemas físicos que as pessoas têm.

O modo e o momento em que você reage ao desequilíbrio e, portanto, à manifestação do desconforto do seu sistema de equilíbrio nos níveis áuricos, têm muito a ver com a saúde do seu corpo. Quanto maior a sua capacidade de reagir a essas solicitações, melhor será a forma em que você vai manter o seu corpo, e mais forte ficará o seu sistema imunológico para lutar contra possíveis doenças.

Para conservar a saúde, você precisa manter-se em harmonia com o seu sistema de equilíbrio. Se ficar doente, o que lhe cabe fazer é conscientemente entrar em harmonia com o seu sistema de equilíbrio para restaurar a sua sabedoria e seguir a sua orientação. A maioria das pessoas ignora boa parte desses avisos quando acha que não convém prestar atenção a ela. Vejamos um exemplo simples do que acontece quando um aviso é ignorado.

Se você não der ao seu corpo o sono de que ele precisa, ele vai começar a trabalhar em ritmo forçado. Suas glândulas suprarrenais vão lhe proporcionar energia extra para dar prosseguimento à sua atividade. Se fizer disso um hábito, você vai começar a considerar normal o estado e a hiperexcitação das suprarrenais. Isso significa que você não vai mais ser capaz de reconhecer a mensagem "Estou cansado e preciso de repouso", emitida pelo sistema de equilíbrio do seu corpo. Se você continuar a trabalhar em ritmo forçado, as suas glândulas supra-renais vão se esgotar, e você ficará "estafado". O que acontece numa estafa é que você simplesmente perde a maior parte de sua energia e não consegue recuperá-la com facilidade. Mesmo se tiver uma explosão de energia, ela não vai durar muito, e você precisará descansar. Às vezes, são necessários três meses para a pessoa retomar o ritmo normal de trabalho. Você não apenas esgotou as fontes normais de energia, fornecida pelos processos metabólicos do seu corpo, mas também exauriu a sua reserva, retirada de suas suprarrenais.

Descubra qual a quantidade de repouso de que o seu corpo precisa, e o momento em que você deve tê-lo. Lembre-se de que, embora haja diversas sugestões a respeito da quantidade de sono que se deve ter à noite, cada pessoa é diferente das outras. Quando o seu corpo precisa de sono? Você é um pássaro madrugador ou uma coruja? Você precisa de sete, oito ou nove horas de bom sono a cada noite? Estabeleça o seu próprio horário.

Faça um intervalo durante o período do dia em que você costuma ficar cansado. Além de descansar à noite pelo tempo que precisar, descobri que é de grande ajuda um repouso rápido, de cinco a dez minutos, logo que você começa a se sentir cansado. Essa é uma necessidade para qualquer pessoa que tenha problemas nas costas. A maior parte das recaídas ocorre quando a pessoa está cansada ou com fome. Encontre maneiras novas e criativas de descansar durante curtos períodos, não importa onde você esteja. Por exemplo: você pode fazer uma meditação simples se tiver cinco minutos para se sentar sozinho no seu escritório, ou até mesmo no banheiro. Faça isso sentando-se imóvel, com as costas eretas, os olhos fechados e respirando profundamente enquanto mantém a mente concentrada numa luz no centro da sua cabeça. Isso surte efeitos impressionantes, e ninguém vai sentir a sua falta. Se houver uma porta no seu escritório que você possa fechar por alguns minutos, leve um pequeno tapete ou até mesmo uma toalha de praia para realizar a meditação. Na hora do intervalo, feche a porta da sua sala, ponha a toalha no chão e deite-se nela com as pernas apoiadas sobre o assento da sua cadeira. Esta deve ser suficientemente alta para exercer uma ligeira tração sobre a parte posterior dos joelhos, erguendo levemente as costas. Outras maneiras de descansar é fazer exercícios de alongamento ou fazer pequenas caminhadas. Você vai descobrir que o seu dia transcorre com muito mais harmonia. Se trabalhar por conta própria, você tem mais controle sobre o seu horário do que se tivesse de cumprir horários. Todavia, até mesmo as pessoas que trabalham o dia todo podem aprender a descansar nos intervalos. Se você trabalha como profissional de saúde, ou dá consultas, certifique-se de não marcar um compromisso depois do outro durante longos períodos de tempo. Eu, por exemplo, gosto de tirar um cochilo de trinta a quarenta e cinco minutos depois do almoço, nos dias em que estou dando cursos que integram programas de treinamento prolongados. Isso me revigora completamente, e volto ao trabalho como se um novo dia estivesse começando. A maioria das pessoas não percebe que tem liberdade para programar essas coisas. É mais ou menos como fazer uma meditação ou um exercício: quando você finalmente resolve se dedicar a isso, não terá dificuldades para achar tempo.

Seu sistema de equilíbrio também trabalha com os alimentos. Quando você precisa se alimentar, fica com fome. Você tem um *appestat** no seu sistema. Ele funciona de forma muito semelhante ao termostato de seu forno, que liga e desliga de acordo com a temperatura em que você o ajustou. Se você conseguiu se manter em contato com o seu *appestat* de modo claro, você sentirá fome apenas quando o seu corpo precisar de nutrição. Além disso, cada vez que ficar com fome, você vai desejar o tipo de alimento que lhe dará exatamente aquilo de que o seu corpo precisa. Em vez de "limpar o prato", como se a comida fosse mais importante do que a função que ela deve cumprir, você vai parar de comer quando for o suficiente para o seu corpo.

Eis como o seu *appestat* funciona em termos de campo áurico. Você fica com fome porque está carente de certas frequências em seu campo, as quais podem ser encontradas em determinados alimentos que você está acostumado a comer (presumindo que você tenha uma dieta satisfatória e equilibrada). A falta de tais frequências produz a fome dos alimentos específicos que contêm essas frequências. Quando as frequências são repostas, você já não sente mais fome dos alimentos que correspondem a essa frequência específica, que agora está plenamente carregada no seu campo. Todavia, você talvez ainda sinta fome das frequências que não foram repostas. Portanto, é importante encontrar o tipo de alimento que preencha aquilo de que a sua frequência tenha necessidade.

Por que Ignoramos os Nossos Sistemas de Equilíbrio

Sempre que alguma coisa precisa de atenção extra, e você ignora a advertência feita pelo seu sistema de equilíbrio de que há instabilidade, ele vai fazer isso de maneira mais severa na forma de dor. Se essa advertência não for considerada como algo importante, ela será ainda mais severa. Como? A dor será mais intensa. Isso vai continuar até que você faça alguma coisa a respeito.

Pergunte a si mesmo: Onde está localizada a instabilidade ou a dor no meu corpo? Há quanto tempo tenho conhecimento disso? O que fiz a respeito disso? Se você se fizer essas perguntas, quase que imediatamente você terá consciência da sensação desagradável interior que aprendeu a ignorar, possivelmente durante anos. Todos fazemos isso. Quanto mais tempo você ignorar as advertências e os

---

* Um centro neural, no hipotálamo, que supostamente regula o apetite.

sintomas, mais severas serão as advertências que você vai receber. Os sintomas serão mais visíveis. Nós criamos as doenças até mesmo quando simplesmente nos recusamos a reagir a essas advertências e a cuidar de nós mesmos.

Assim, por que insistimos nessa negação? Existe uma razão principal. É o nosso medo. Por trás da negação está o medo. Temos medo daquilo que teremos de enfrentar se pararmos de negar. Chamo a esse medo de tigre interior.

Todo mundo tem medo. Quais são os seus? É o seu medo que reduz e bloqueia a sua capacidade de reagir às advertências do seu sistema de equilíbrio. Quando você não reage ao seu sistema de equilíbrio, você cria mais sofrimento em sua vida. Você sente medo e a sua negação desse medo, ao bloquear a sua capacidade natural de recuperar o equilíbrio, favorece a criação em sua vida da própria coisa que você teme. Isso é válido para todas as pessoas, para todas as doenças e, até mesmo, para pessoas que não se consideram doentes. (Os médicos afirmaram ser comum a descoberta de doenças em pessoas que se consideram saudáveis.)

Se você aceitar o fato de que a negação do seu medo bloqueia os seus processos naturais de cura e de desenvolvimento, será mais fácil lembrar-se de que os seus sintomas são seus amigos. Eles o mantêm informado a respeito do seu estado de saúde. Como está a sua capacidade de reagir a eles?

A negação pode custar-lhe muito caro. Uma mulher, por exemplo, procurou-me com uma grande carga de negação. Ela estava com excesso de peso, usava uma maquiagem muito carregada, óculos de sol e uma peruca. Eu não seria capaz de dizer como era o seu rosto. Ela contou-me que tinha acabado de pôr fim a um relacionamento, que perdera a casa e não tinha amigos nem dinheiro. Um grande tumor cancerígeno se desenvolvia na mandíbula e na região da garganta. A doença havia sido diagnosticada havia dois anos, e um tratamento fora prescrito. Ela resolvera "curar" a si mesma sem nenhuma ajuda porque havia "curado" o seu gato. Quando ela veio até mim, minha Percepção Sensorial Sutil me revelou que o tumor parecia estar invadindo sua medula espinhal na região do pescoço. Os braços dela formigavam por causa da pressão sobre os nervos. Obviamente, ela precisava de algo que eu não podia lhe dar. A probabilidade de que eu fosse capaz de encolher o tumor a tempo de impedir que a sua medula fosse danificada era muito baixa. Ela havia me procurado tarde demais. Ela precisava de tratamento médico, como cirurgia e quimioterapia, imediatamente. Eu a convenci a procurar outro médico, um que trabalhava com curadores, mas ela não apareceu para a consulta com ele; tampouco voltou a me procurar. Nunca mais a vi. A maioria das pessoas não insiste nesse tipo de negação durante muito tempo. O medo dela era muito grande.

A negação pode adiar durante tanto tempo a solução de um problema que, quando a solução chega, ela é demasiado drástica. Uma amiga minha passou por uma súbita mudança produzida por uma forte negação no quarto nível do campo áurico. Ela estava negando o estado do seu casamento. O marido dissera-lhe para ir almoçar em casa no dia do aniversário dela porque tinha uma surpresa para ela. Quando chegou lá, ele lhe disse que a estava deixando para ficar com outra mulher. De fato, ele passara a manhã levando embora metade dos móveis. Ele partiu e não voltou mais. Ela não fazia ideia de que o seu casamento estava com problemas e, assim, essa foi uma crise muito difícil de suportar. Obviamente, o choque mudou muito a sua vida.

Por que ela persistia na negação? Porque a mulher temia que, se admitisse falar sobre os problemas do casamento, ela não seria capaz de resolvê-los. Ela sentia medo de destruir o seu casamento. Foi isso o que aconteceu, e ela sofreu muito. Ela poderia ter resolvido seus problemas com o ex-marido ou feito a mudança de uma maneira menos chocante se a sua negação não tivesse sido tão radical e se ela tivesse sido capaz de enfrentar o seu tigre interior. Ela se casou novamente, num relacionamento muito mais comunicativo, e está bastante contente com os resultados finais.

Acredite em Si Mesmo – É bem Provável que Você Esteja Certo

É importante acreditar no seu sistema de equilíbrio e, ao mesmo tempo, estar preparado para receber a contribuição dos profissionais na área da saúde e dos amigos nos quais você confia. Se você receber conselhos conflitantes, continue buscando uma resposta que possa solucionar o conflito. Se um médico disser que não há nada de errado, mas se o seu sistema de equilíbrio indicar o contrário, ouça a opinião de outro médico. Acredite e acate as advertências que chegam até você feitas pelo seu sistema de equilíbrio. Você vai se sentir grato por ter feito isso.

O médico de uma amiga minha, por exemplo, disse-lhe que o tumor que estava crescendo na sua boca não era maligno. Ele até chegou a fazer uma biópsia. Todavia, ela continuava tendo sonhos a respeito de fios negros de estopa tendo de ser retirados de sua boca. Ela chegou mesmo a sonhar que lhe estavam extirpando um tumor cancerígeno da boca, e não sabia o que fazer com os dois tipos de informação que estava recebendo. Ela acabou fazendo outra biópsia, que revelou a malignidade do tumor. O câncer, felizmente, não havia formado metástases. Por outro lado, isso somente foi feito oito meses depois da primeira biópsia, e ela precisou se submeter à radioterapia. Já decorreram vários anos desde então, e ela continua bem.

Em meus quinze anos de prática como curadora, descobri que a maioria dos pacientes sabe a causa das suas doenças quando estas se manifestam. Essas pessoas falam sobre isso nos primeiros minutos da consulta inicial. Muitas vezes, elas também sabem o que está fisicamente errado. Elas talvez não saibam o nome técnico do seu problema, mas sabem que alguma coisa está errada. Em geral, elas sabem quais os órgãos do corpo que estão envolvidos. Descobri que o sistema de equilíbrio muito frequentemente dá informações a respeito de uma doença antes que ela piore o suficiente para se manifestar em muitos dos exames que os nossos médicos usam para o diagnóstico. Eis aqui alguns bons exemplos em que as pessoas acreditaram em si mesmas, muito embora não conseguissem obter as respostas imediatamente.

David tentou durante seis anos obter ajuda junto a vários médicos e profissionais na área de saúde para os seus problemas de cansaço e de má digestão. Todos os exames, incluindo exames de sangue, urina e testes de análise de cabelo, indicavam que ele não tinha nenhuma doença. Muitos médicos lhe disseram que o problema estava na sua cabeça e que ele deveria parar de pensar nisso e continuar vivendo. O problema dele aparentemente era o que se chama de subclínico, significando que os exames não eram suficientemente precisos para detectá-lo. Os sintomas de cansaço e a má digestão continuaram. Por fim, ele veio me procurar. Quando chegou, estava certo de que tinha uma infecção no fígado, e achava que era hepatite. Examinando o seu campo de energia, pude ver que ele tinha múltiplas infecções por todo o abdômen. Também consegui descobrir psiquicamente o nome de um medicamento que poderia ajudá-lo. David arranjou uma receita junto a um médico que concordou com as minhas conclusões. Como produto do medicamento e das sessões de cura, a saúde de David foi restaurada.

Uma mulher, que chamarei de Ellen, veio até mim depois de passar por muitos médicos ao longo de um período de seis meses. Uma vez mais, o seu sistema de equilíbrio passou-lhe informações que eram subclínicas. Os médicos não puderam encontrar nada de errado, e lhe disseram que ela era hipocondríaca. Esse diagnóstico, obviamente, não eliminou os sintomas. Ela continuou ficando mais fraca a cada dia. Quando me procurou em busca de cura, pude ver "psiquicamente" que ela estava sendo intoxicada por exalações provindas do assoalho de sua casa, e que ela também era alérgica à poeira dos velhos carpetes que estavam lá havia anos. Também "vi" que ela e os seus filhos precisavam procurar um psicoimunologista para um exame. Eu lhe disse para se livrar dos carpetes e mandar examinar o forno.

Verificou-se que ela havia comprado a casa, mudando-se para lá cerca de seis meses antes. Ela então se lembrou de que durante algum tempo ficara achando que a sua doença tinha alguma coisa a ver com a casa, embora não tivesse certeza disso. Ela voltou para casa depois da cura e providenciou para que o forno fosse examinado. De fato, havia vazamentos de gás em diversos lugares. Ela substituiu o forno, jogou fora os carpetes velhos e, imediatamente, começou a se sentir melhor. Ela está muito bem agora. Depois de examinar os filhos dela, o psicoimunologista disse que, se os vazamentos tivessem continuado por mais algumas semanas, as duas crianças poderiam ter sofrido lesões cerebrais, ficando muito doentes.

A Função Holográfica do Seu Sistema de Equilíbrio

Continuando a investigar os processos do sistema de equilíbrio com os meus pacientes, ficou claro que a orientação proveniente dos diversos aspectos de suas vidas apresentava uma semelhança. Essa orientação operava holograficamente. Seu conteúdo básico era o mesmo. Se uma pessoa tem problemas com o pâncreas, que desempenha um papel importante na digestão de açúcares, muito provavelmente ela vive amargurada em outras áreas da sua vida. Além disso, sinais claros indicando dificuldades estarão sendo dados também por essas áreas. Por exemplo: pessoas com problema para digerir açúcar também serão amarguradas em outras áreas da vida, tais como nos relacionamentos com o cônjuge ou com a família, no trabalho e/ou em seus passatempos. Temos aqui um outro exemplo do funcionamento holográfico do universo.

Examinemos esse fenômeno da perspectiva do campo áurico. A doçura no primeiro nível do campo é experimentada como o gosto físico. No segundo, é experimentada na doce sensação de um bom relacionamento consigo mesmo. No terceiro, é um pensamento doce; no quarto, a doce sensação da intimidade; no quinto, a doce sensação da vontade divina; no sexto, a doçura do êxtase espiritual; no sétimo, a doce sensação da mente universal. E, mais além, existe a energia cósmica da doçura que permeia a tapeçaria do universo.

Uma outra maneira de considerar o conceito da dificuldade engendrada holograficamente por meio da sua vida é observando a relação entre as faixas de frequência dentro do campo áurico. Como os níveis do CEH podem ser vistos como faixas de frequência, cada experiência pessoal está relacionada a essas faixas de frequência de energia. Uma doce experiência pessoal pode ser vista como uma frequência ou faixa de frequência diferente para cada nível do campo. Essas frequências de doçura dos diferentes níveis do campo estão relacionadas umas às outras tal como acontece com os tons harmônicos na música.

Se um campo áurico tiver dificuldade para metabolizar determinada frequência no campo áurico de um dado nível, ele provavelmente também terá certa dificuldade semelhante para metabolizar seus tons harmônicos correspondentes nos outros níveis do campo. A saúde requer que uma pessoa seja capaz de assimilar (isto é, de metabolizar) as "doces sensações" em todos os níveis do campo áurico.

Assim, reformulemos agora as questões básicas do ponto de vista holográfico. Onde está localizada a dor, a instabilidade na sua vida? Há quanto tempo você tem conhecimento da existência dessa dor? E o que você fez a respeito? Quanto mais tempo você a tiver negado ou ignorado, mais séria provavelmente será a situação.

Depois de ter descoberto a origem da instabilidade, verifique todas as outras áreas da sua vida, e descubra de que forma o mesmo fio de instabilidade se encontra lá, permeando toda a sua existência. O verdadeiro problema, conforme você verá, é que ele vai estar em todas as áreas de sua vida, e não apenas naquela em que sua presença é percebida com mais facilidade.

Se você tiver um problema nas costas, em que outras áreas de sua vida você também estará tendo problemas? Imediatamente procuro alguma coisa que o paciente sempre quis fazer e nunca pensou que realmente fosse capaz de realizar. Esse problema específico tem muito a ver com o profundo anseio espiritual que cada um traz dentro de si. Esse anseio dirige a nossa vida a partir de um nível espiritual. Ele geralmente está na orla da consciência. Às vezes, a pessoa passou anos sem pensar nisso. Outras vezes, está simplesmente com medo de tentar, ou evita fazê-lo. Em geral, há vozes interiores que dizem: "Quem você pensa que é?" ou "Você não é bom o bastante", ou "Não há suficiente – para fazer isso".

Um paciente que estava trabalhando para uma grande empresa de aparelhos eletrônicos, na área de vendas, costumava ficar de cama 80% do tempo na época em que veio me procurar. Com a PSS pude ver claramente que ele tinha muitas ideias boas e criativas que não chegava a propor para a sua empresa. Suas costas melhoraram um pouco com o trabalho de cura, mas ele só ficou realmente bom quando começou a dedicar parte do seu tempo aos seus projetos especiais. A empresa está tendo utilidade para eles, agora, e a saúde dele é muito melhor. Ele conseguiu dedicar parte do seu tempo a um trabalho de pesquisa e de *design*. Isso era algo que ele sempre ansiara por fazer.

Se as suas pernas estão fracas, de que maneira você não está conseguindo se manter – de pé e se defender em outras áreas de sua vida? Muitas vezes, as pessoas que têm problemas nas pernas não defendem os seus próprios interesses. Ou, em outros casos, elas não conseguem se sustentar. Às vezes, elas só precisam de atenção, e essa é a única maneira pela qual elas podem pedir isso. Quando a necessidade original ou sua ansiedade é atendida, a cura ocorre rapidamente. Uma mulher estava acamada havia dez anos e tinha toda a família tomando conta dela. Finalmente, ela se cansou daquela situação e ocorreu-lhe a brilhante ideia de contratar um cão para fazer-lhe companhia nas suas caminhadas. Isso deu certo e hoje ela se sente muito mais livre.

Se você tiver problemas para digerir alimentos, que outras coisas na sua vida, que lhe servem de alimento, você tem dificuldade para assimilar? Certa paciente, uma mulher de meia-idade que sofria de problemas digestivos, também tinha dificuldade para aceitar o alimento que chegava até ela vindo dos amigos. Ela tinha medo de que, o que quer que recebesse, pudesse ser prejudicial. Seus hábitos alimentares eram péssimos, e ela simplesmente não se preocupava com ter três refeições por dia. Durante seu processo de cura, ela descobriu uma boa dieta que lhe fortaleceu o corpo. Com o aumento das energias, ela também conseguiu permitir que os outros a ajudassem como jamais acontecera antes. Os amigos a encorajaram a comprar para si coisas que antes ela nunca teria comprado. O marido levou-a para uma viagem de férias, coisa que nunca haviam feito antes. Ela comprou uma casa nova e mobiliou-a pela primeira vez na vida.

Se você tem problemas de tireoide, como está controlando a energia na sua vida? (A tireoide regula o metabolismo de energia no corpo.) Joan, uma executiva sempre ocupada, trabalhou o tempo todo, durante anos, até forçar excessivamente a tireoide. Ela não conseguia controlar o modo como gastava energia na sua vida, esgotando-se no seu trabalho. Quando Joan leu o livro *Você Pode Curar a Sua Vida*, de Louise Hay, ela viu que uma frase relacionada com problemas de tireoide era: "Quando vai ser a minha vez?" Joan disse que isso realmente tinha a ver com ela, que sempre tinha alguma coisa para fazer e nunca achava tempo para si mesma. Joan finalmente pediu demissão do emprego, e agora tem uma vida muito mais tranquila. O fígado está associado ao modo como você vive a sua vida. Conheço um homem que tem um fígado apático, e apatia perante as coisas faz parte da sua vida. Ele nunca saiu realmente para o mundo, nem fez o que queria. Na verdade, passou muito tempo fumando maconha e sonhando em ser cantor.

Se você considerar as coisas a partir da perspectiva de que essas pessoas simplesmente não sabiam como metabolizar diretamente nos seus campos as energias de que necessitavam, suas experiências fazem sentido. Trabalhar com as pessoas dessa maneira ajuda-as a descobrir e a parar de viver as mentiras que estão representando na sua vida, e estimula imensamente a cura.

Obviamente, não se diz simplesmente a alguém: "Ei, as suas pernas estão fracas. Você não está se aguentando em pé." Essa não é uma afirmação que transmita amor. Ao contrário, é importante levar a pessoa ao autoconhecimento. Os curadores não apenas substituem as frequências que estão em falta nos campos, como também ensinam os pacientes a metabolizá-las por si mesmos. Os pacientes precisam aprender que estão traindo a si mesmos quando se negam as coisas pelas quais anseiam na vida. O curador mostra-lhes de que modo o problema físico é muito mais do que um par de pernas fracas ou um fígado apático. O que essas pessoas realmente desejam curar é a insatisfação da alma.

O modelo holográfico funciona bem nesses ensinamentos. A doença é, na verdade, uma coisa muito simples. E o mesmo vale para a descoberta daquilo que a origina. À maioria das pessoas, porém, não se ensina a atentar para esse tipo de "conhecimento". Os curadores são treinados para isso. Eu diria, portanto, que a principal função de qualquer curador é educar o paciente, fazendo com que ele volte a se familiarizar com seus sistemas de equilíbrio, esse lugar profundo dentro de nós que nos lembra de quem somos, do que precisamos e de como podemos curar a nós mesmos.

Segunda Parte

AS TÉCNICAS DE CURA NA NOSSA ÉPOCA

"A verdadeira descoberta não consiste em divisar novas terras, mas em ver com novos olhos."
– Marcel Proust

Introdução

MINHA PERSPECTIVA PESSOAL COMO CURADORA

....

Venho praticando a cura há cerca de quinze anos e atuando como professora de cura há treze. Uma coisa que sei com absoluta certeza é que, para serem eficazes, a cura e o ensino devem ser feitos com amor, humildade, coragem e energia. A cura e o ensino devem ser feitos à luz das profundas verdades espirituais. Sempre que um paciente me procura precisando de cura, estou consciente de que a necessidade mais profunda de qualquer pessoa é encontrar o seu caminho para casa, para o verdadeiro Eu, para a divindade interior. Não importa qual seja a queixa atual. A necessidade mais profunda é sempre a mesma. Ao desobstruírem o caminho que os leva ao seu verdadeiro Eu, os pacientes curam a si mesmos.

Todos os curadores e professores precisam percorrer o mesmo caminho que recomendam a seus pacientes e alunos. Para ser um curador eficaz, é preciso um grande desenvolvimento pessoal, transformação e treinamento nas artes de cura. A humildade e a cautelosa honestidade consigo mesmo são de máxima importância. A parte difícil relacionada ao treinamento para a cura não são as técnicas, mas sim o crescimento pessoal pelo qual a pessoa precisa passar para ficar pronta para aprender as técnicas. Depois que isso acontece, as técnicas são assimiladas com muita naturalidade. Ao longo dos meus anos de ensino, por exemplo, tenho visto iniciantes tentarem aprender técnicas avançadas antes de estarem espiritualmente prontos para penetrar nas profundas experiências espirituais relacionadas com a técnica. O resultado é muita fantasia e, às vezes, certo dano temporário aos campos de energia de seus colegas estudantes. Em outros casos, vi pessoas passarem por um seminário de fim de semana, serem intituladas ou se intitularem curadoras, e começarem a trabalhar como tais. Muitas vezes, essas pessoas realizam tratamentos ineficazes e dão prognósticos imaginários. Algumas até mesmo anunciam curas imaginárias para pacientes muito doentes, que acabam voltando para o hospital.

A arte da cura não é constituída pelas técnicas, mas pelos estados da existência a partir dos quais essas técnicas surgem. Quando comecei a praticar a cura, por exemplo, o que eu conseguia realizar numa sessão de uma hora ou de uma hora e meia era menos do que hoje consigo fazer em alguns minutos, porque agora consigo entrar em estados espirituais muito mais profundos e intensos, que transmitem uma energia de cura milhares de vezes menos penetrante e que é extremamente apropriada com relação às necessidades dos pacientes.

Sempre que um paciente procura um curador em busca de cura, esse paciente deve ter consciência de que a necessidade mais profunda que todos temos é a de encontrar o caminho de volta para casa, para o nosso verdadeiro Eu, para a divindade interior. As necessidades mais profundas de todos os pacientes são sempre as mesmas. Ao desobstruírem o caminho para o seu verdadeiro Eu, os pacientes curam a si mesmos.

Os curadores não fazem milagres. A cura está limitada pelo que o corpo humano pode fazer. Ele pode fazer muito, e há coisas que não pode fazer. Pelo que sei, nenhum ser humano jamais conseguiu regenerar um membro – ainda. Todavia, posso apostar que toda doença classificada como "terminal" foi curada ou "espontaneamente remitida" por pelo menos uma pessoa. "Terminal" é o estado atual da condição humana. Todos vamos morrer. Ou seja: o nosso corpo físico vai morrer. Mas isso não significa que iremos morrer no sentido de "deixar de existir", nem mesmo perder a consciência por muito tempo. A parte mais difícil da morte física talvez seja o medo de penetrar no desconhecido, de deixar para trás as pessoas amadas e, em alguns casos, da dor física associada à morte.

Digo essas coisas com base na experiência adquirida com aquilo que chamo de Percepção Sensorial Sutil. Embora muitas pessoas chamem isso de Percepção extrassensorial, prefiro o termo *Percepção Sensorial Sutil*, querendo dizer o desenvolvimento dos sentidos para além da faixa normal usada pela maioria dos seres humanos. Com bom treinamento e prática, todos os cinco sentidos podem ser expandidos para além das faixas normais. Tal como acontece com qualquer outra capacidade, algumas pessoas são mais talentosas do que outras. Quando você desenvolve os sentidos da visão, da audição, do olfato, do paladar e do tato para além das faixas normais, todo um novo mundo surge para você. E um pouco difícil acostumar-se com isso, mas, se você der a si mesmo tempo suficiente, esse novo mundo poderá ser integrado à sua vida. A sua vida obviamente vai mudar, mas, de uma forma ou de outra, isso sempre acontece.

Quando a Percepção Sensorial Sutil se desenvolve, as pessoas podem enxergar os campos de energia que envolvem e interpenetram todas as coisas, incluindo o corpo humano. Esses campos de energia estão intimamente associados a todas as funções vitais e mudam constantemente de acordo com a função vital, incluindo as funções física, mental e espiritual. O campo de energia humano ou aura é constituído, conforme vimos, por sete níveis de energia. Cada nível tem padrões de energia que estão mudando constantemente, e que pulsam com a força da vida. Cada nível é constituído por vibrações ou pulsações superiores àquelas que ele envolve e interpenetra. Esses padrões mudam com a saúde, com a doença e com o processo que envolve o morrer.

Quando aprendemos coisas a respeito do campo de energia humano e o observamos durante algum tempo, uma nova ideia surge. O campo de energia não é apenas um campo de energia. Ele é a pessoa. De fato, ele, mais do que o corpo físico, é a pessoa. Os níveis do campo de energia humano são na verdade corpos de energia. Eles são você. Você é energia. Você não está no seu corpo físico – o seu corpo físico é que está em você. A partir dessa perspectiva, portanto, quando você morre, acontece uma coisa muito diferente.

Consigo "ver" uma pessoa depois de ela deixar o corpo físico por ocasião da morte. A pessoa que acabou de morrer ainda tem alguns desses corpos de energia. Eles são constituídos pelos quatro níveis superiores de seus corpos de energia, sem o corpo físico que existia dentro deles. Os três níveis inferiores, que conservam o corpo físico em ordem, dissolvem-se no processo da morte. Para mim, a morte é uma transição. Ela é uma grande mudança, um renascimento num outro plano da realidade. A não ser que tenham sofrido uma doença prolongada, as pessoas na maioria das vezes têm um aspecto bastante saudável logo após a morte. Nos hospitais, elas geralmente repousam no outro lado da "cortina" que separa o que normalmente chamamos de vida e morte. Vendo as coisas por esse ângulo, podemos considerar isso como uma cortina que separa quem achamos que somos de quem realmente somos.

Embora essas coisas possam parecer absurdas, preciso repeti-las para continuar fiel à minha realidade. Elas são verdadeiras para mim. Se não forem reais para você, não tente forçar a minha experiência à sua realidade. Você precisa construir a sua realidade a partir da sua experiência. Nessa construção, considere a possibilidade de que a vida seja um mistério maior do que você imagina e de que, o que quer que a morte se revele para você, há a possibilidade de que ela seja uma surpresa realmente maravilhosa.

Um outro aspecto da Percepção Sensorial Sutil é a percepção dos guias espirituais, ou anjos da guarda. Tem-se acesso a esse nível de realidade quando um indivíduo volta sua Percepção Sensorial Sutil para o quarto nível do campo de energia humano, ou para mais além. No início, simplesmente pensei que estivesse tendo uma alucinação ou imaginando coisas. Percebi que eram anjos porque tinham asas. Chamei de guias os que não tinham asas. Em pouco, eles estavam fazendo com que suas mãos atravessassem as minhas enquanto eu trabalhava com as pessoas. Eu podia ver e sentir as suas mãos trabalhando. Depois, eles começaram a me dizer onde colocar as mãos e o que fazer durante a cura.

Eu ainda estava presa à ideia de que aquilo era apenas uma visão. Obviamente, as pessoas continuavam ficando boas quando eu fazia o que diziam para eu fazer. Uma grande mudança aconteceu quando resolvi fazer perguntas aos guias. Eles responderam coisas que eu não sabia ou que não poderia ter sabido. O nosso relacionamento se tornara mais estreito. Eu podia ver, sentir, ouvir, sentir o cheiro, tocar e interagir com eles. Para mim, eles se haviam tornado tão reais quanto qualquer pessoa num corpo físico. Todavia, não posso negar que não foi muito fácil me acostumar com eles. Além do mais, nem todas as pessoas conseguem fazer isso – pelo menos, por enquanto.

Se anjos da guarda e guias espirituais não fazem parte da sua realidade, considere a possibilidade de que eles possam vir a fazer. Você poderá ter uma surpresa agradável quanto ao modo como os acontecimentos na sua vida lhe serão mais propícios quando você admitir a possibilidade de que você pode obter ajuda simplesmente pedindo por ela e aprendendo a reconhecê-la quando ela vier. Você pode fazer isso, mesmo se não puder ver, nem ouvir, nem falar com eles, nem mesmo senti-los. Foi isso o que eu fiz, e funcionou.

Depois de algum tempo, fiquei amiga de um guia particular que me acompanha há vários anos. O nome "dele" é Heyoan. Ele diz que não tem sexo, mas prefiro usar o ele. Passei muitos anos curando na companhia de Heyoan e dos guias de cada paciente, que entram na sala de cura junto com o paciente. Agora, Heyoan e eu damos os cursos de cura. Eu faço a palestra durante algum tempo, e depois entro num estado alterado de consciência e "recebo" Heyoan. Isso significa que Heyoan faz a palestra através de mim. Isso sempre leva toda a classe a um nível de compreensão espiritual muito mais elevado do que haveria de levar se eu falasse à classe sem "receber" Heyoan. Em todos os cursos, vêm à luz mais informações, que vêm se somar às anteriores. Heyoan contribuiu com diversos tipos de meditação para a cura, que você conhecerá ao longo deste livro.

Por outro lado, se os anjos da guarda ou guias não forem uma realidade para você, ou se não puder aceitá-los, talvez você possa chamar o fenômeno da orientação de "obter informações a partir de um alter ego", "leitura da mente" ou "leitura psíquica". Para mim, o importante não é a metáfora da realidade que você usa para descrever esse fenômeno, mas sim a utilidade das informações obtidas por meio dos estados alterados da consciência. Tenho certeza de que, quando esse fenômeno for mais bem estudado, encontraremos melhores metáforas para descrevê-lo.

A partir de uma perspectiva holística, em que todos nós somos constituídos de campos de energia em que vivem os nossos corpos físicos, o que é a cura? Ela é o levantar o véu existente entre o eu da nossa personalidade e o nosso âmago divino interior. É o levantar o véu que há entre quem achamos que somos e quem realmente somos. É o levantar o véu entre a vida e a morte. Se um paciente vem até mim e pergunta: "Vou morrer?" ou "A cura significa que vou ficar melhor fisicamente?", dou a resposta a partir do contexto do âmago divino existente no interior do paciente e da realidade espiritual que descrevi acima. A pessoa fica melhor morrendo ou não, e a morte é muito diferente no contexto acima.

Se um paciente pergunta: "Algum dia vou voltar a ser o mesmo?", a resposta é não; todavia, ela é dada num contexto em que vida é considerada como uma constante mudança pessoal.

Se a pergunta é: "Vou ficar melhor?", a resposta, fazendo parte do contexto acima, é sempre sim. A vida sempre está caminhando rumo à unificação com o todo divino.

A resposta à pergunta "Vou andar de novo?" geralmente é: "Não sei, mas é possível. Nada é impossível."

PERGUNTA: Como posso lidar com essa dor terrível?
BARBARA: Embora a cura geralmente diminua a dor, não vejo motivo para você não tomar analgésicos; eles também são uma dádiva de Deus. Fazer exercícios de relaxamento e de visualização ajuda a diminuir a dor. Rejeitar e julgar a si mesmo aumenta a dor. Não seja duro consigo mesmo. Você não está cometendo nenhum erro. Essa é uma lição de vida. Você não está sendo castigado. Passe vários minutos por dia fazendo os exercícios de respiração, de cores e de amor-próprio, apresentados na Parte IV.
PERGUNTA: Estou apavorado. Ajude-me. Diga-me o que fazer.
HEYOAN, meu guia, diz:

> Deixe que o medo seja seu aliado. O medo tem muita coisa para lhe ensinar. O medo é a experiência de estar desligado de quem você realmente é; é o oposto do amor. O medo pode ser um aliado se você assim o permitir e, simplesmente, disser: "Estou com medo." Ao fazer

isso, você começa a ver continuamente que você não é o próprio medo, mas que, em vez disso, o medo é um sentimento. A afirmação: "Estou com medo" transforma-se em: "Sinto medo." Essa é a reação caso você reprima os sentimentos porque você acredita que eles estão sendo expressos rápido demais. Esses sentimentos baseiam-se em muitas pressuposições sobre o que poderia acontecer. A maior parte do medo não diz respeito ao que está acontecendo, mas ao que poderia acontecer. Se você conseguir permanecer no presente, você não sentirá medo. O medo é uma projeção no futuro, através de uma lente de aumento, de alguma coisa que aconteceu no passado. Assim, quando está com medo, você não está vivendo a realidade. Mas, em vez de negar que você o sente, diga apenas o que você sente num determinado momento. Esse ato simples vai fazer com que você viva o presente, e, portanto, fique fora do alcance do medo.

PERGUNTA: O que vai mudar na minha vida?
BARBARA: Como você está doente, talvez não possa mais se empenhar naquilo que pensava ser o objetivo da sua vida. É preciso mudar a ideia que você tem dentro de si mesmo e concentrar-se nos valores interiores, não nas metas exteriores. Posteriormente, as metas exteriores voltarão a receber atenção. O momento agora é de curar o seu interior. O propósito da sua vida começará a ter um significado pessoal muito mais profundo para você. Mais do que em qualquer outra ocasião, você vai compreender o quanto a vida é preciosa. Você vai ser alvo do amor. Essa é sempre uma lição proporcionada pela doença. Sua vida vai ser afetada mais profundamente do que você agora é capaz de imaginar. Esse é o momento de você começar a se entregar ao processo de cura e de se deixar levar pela sua sabedoria maior, que está ligada ao divino.

Na primeira visita, o paciente em geral procura o curador esperando encontrar alívio para uma dor ou para determinado sintoma, ou para ser curado de uma doença específica e, possivelmente, para se livrar de um tumor. E o paciente sempre recebe muito mais do que isso. O curador não tem por objetivo apenas eliminar a dor na perna ou o tumor, mas também trabalhar com o paciente para descobrir a causa da doença ou dos sintomas. Isso será encontrado num nível mais profundo do paciente.

Como curadora profissional, tenho visto todo o tipo de cura. No início, algumas coisas me surpreenderam. Posteriormente, compreendi que elas faziam parte do processo natural de cura. Quando se tem acesso aos corredores internos que o conduzem ao seu Eu mais profundo, a experiência de vida do paciente muda. O mesmo acontece com o restante de sua vida.

Todos já ouvimos falar de pessoas que, depois de terem ficado doentes, mudaram de profissão. Elas não fazem isso em função da doença – porque não poderiam mais dirigir um caminhão, por exemplo – mas sim porque encontraram um propósito diferente. Elas têm vontade de mudar. A "simples" cura de uma doença pode causar mudanças dramáticas. Os relacionamentos pessoais mudam. Algumas curas dão origem a casamentos; outras causam a dissolução de casamentos que não beneficiam as partes envolvidas. Em outros casos, uma doença será o complemento de toda uma fase na vida, e o paciente vai mudar quase tudo: de profissão, de casa, de religião, de amigos e de cônjuge. Algumas curas põem fim a longas divisões entre membros de uma mesma família. Por meio da experiência da cura, as pessoas adquirem confiança e um respeito muito maiores pelo seu próprio conhecimento interior.

Capítulo 5

COISAS QUE O SEU MÉDICO OU TERAPEUTA NÃO FAZEM, MAS QUE O SEU CURADOR FAZ

Se você estiver pensando em procurar um curador, é importante lembrar-se de que os curadores trabalham num contexto muito diferente daquele em que atuam os médicos. Os dois podem se complementar, se houver comunicação e confiança mútua. Como acredito que no futuro muitos médicos e curadores estarão trabalhando juntos para o benefício de todos, dediquei o capítulo seguinte ao desenvolvimento desse ponto de vista.

Muitos pacientes procuram um curador buscando os mesmos serviços que um médico oferece. A maioria de nós vê a doença de acordo com o sistema médico estabelecido nos Estados Unidos. As pessoas estão a tal ponto acostumadas a procurar um médico para se livrar de uma determinada enfermidade que também esperam que o curador alivie a dor e cure uma doença específica.

A primeira coisa que os curadores devem fazer quando um paciente assim os procura é esclarecer-lhe o que está ou não sendo oferecido a ele. Para deixar isso claro, comecemos com o tipo básico de consulta médica para, depois, compará-lo com o que acontece quando você procura um curador.

1. O médico examina o paciente na sala de exames.
2. O médico solicita exames que o ajudarão a determinar o que há de errado com o paciente.
3. Depois do exame, o médico e o paciente sentam-se numa outra sala, a "sala do médico", onde este senta-se atrás de uma mesa, para discutir sobre o que o médico acha que está errado. O médico faz o que pode pelo paciente até receber os resultados dos exames.

4. O paciente marca um retorno para quando saírem os resultados dos exames.
5. Nesse encontro, o médico faz novos exames, comunica ao paciente o resultado dos exames e dá o diagnóstico. O médico prescreve um método de tratamento baseado no diagnóstico, ou pede mais exames, caso os primeiros não tenham sido conclusivos.
6. O tratamento em geral é algum tipo de medicamento ou de cirurgia para se acabar com o problema.

Quando os pacientes procuram um curador, muitas vezes eles esperam que essas seis etapas sejam seguidas. Eles querem um exame físico, e pedem ao curador que acabe com os seus problemas, da mesma forma como as pílulas e a cirurgia resolvem alguns problemas físicos. Muitas pessoas esperam ter um segundo encontro, no qual o curador dá um diagnóstico e um prognóstico de quanto tempo vai ser preciso para "acabar" com o problema.

A maioria dos curadores não se vale desse esquema de seis etapas ao trabalhar com os pacientes. Em geral, há pouquíssima conversa, nenhum exame, nenhum diagnóstico, nenhuma prescrição de medicamento e, muitas vezes, nenhuma explicação a respeito do que deverá ocorrer antes, durante e depois do processo de cura.

As etapas de uma sessão de cura são muito simples.

1. O curador geralmente começa com uma pequena conversa com o paciente para saber o motivo da consulta. Alguns curadores apenas pedem ao paciente para entrar, tirar os sapatos e se deitar na mesa de cura ou, simplesmente, se sentar numa cadeira.
2. O curador trabalha com o paciente, tocando-o ou não, de acordo com as suas técnicas de curar. O curador talvez dê alguma explicação. Poderá haver alguma conversa durante a sessão de cura.
3. O curador termina, deixa a sala e diz ao paciente para descansar durante alguns minutos antes de se levantar.
4. Há pouca conversa depois disso, e o curador pede ao paciente para voltar no momento apropriado.

Muitos pacientes ficam desapontados com a sua primeira experiência porque não compreendem o que aconteceu. Eles se sentem mais relaxados e, provavelmente, melhor, e querem saber o que aconteceu. Eles podem até mesmo entrar no consultório com uma série de perguntas, todas baseadas no processo da doença (e na metafísica M-1) que é aceito nos Estados Unidos.

Eles podem fazer perguntas como:

"Que doença é esta?"
"Eu tenho um tumor? Que tipo de tumor?"
"O senhor, ou a senhora, pode retirá-lo?"
"Por quantas sessões de cura terei de passar?"
"Quanto isto vai custar?"
"Minhas trompas de Falópio estão bloqueadas, impedindo a minha gravidez? Resolva esse problema, por favor. Os médicos dizem que não têm como fazer isso."

Depois da sessão de cura, as pessoas dizem coisas como:

"Bem, não me sinto muito diferente – apenas mais relaxado."
"O que o senhor, ou a senhora, fez?"
"Agora, diga-me exatamente o que você fez."
"Quanto tempo isso vai durar?"
"O problema foi resolvido? Ele vai voltar?"
"Devo voltar? Quantas vezes mais?"

Ainda que essas sejam perguntas importantes e válidas, que precisam ser feitas, elas originam-se a partir do sistema médico que atualmente existe nos Estados Unidos. Para respondê-las de uma forma significativa para o paciente, o curador precisa levá-lo a uma nova compreensão da saúde e da doença.

Quer os curadores estejam ou não conscientes do contexto científico holográfico e da metafísica M-3, explicados no Capítulo 3, o seu principal objetivo é holístico – ajudar o paciente a ter saúde em todas as áreas de sua vida. Eles fazem isso purificando e equilibrando as energias do paciente, trabalhando para despertar no paciente o desejo de curar-se, e ajudando-o a ligar-se às partes mais profundas do seu ser, da sua força criativa e da consciência do âmago. Eles dirigem as energias criativas para o sistema de energia do paciente. Muitos curadores trabalham de forma completamente intuitiva, deixando suas mãos se moverem livremente. Eles não oferecem nenhuma explicação a respeito do que poderia haver de errado com o paciente ou do que acontece durante a cura. É por essa razão que isso é chamado de cura pela fé.

Outros procuram dar informações que podem não fazer sentido nenhum para o paciente. Alguns trabalham segundo sistemas completos de conhecimento. Esses sistemas podem ser conhecidos por outros curadores, tais como o sistema da acupuntura, ao passo que outros podem ter sido elaborados pelo próprio curador e, portanto, ser conhecidos apenas pelo seu criador. Eles descrevem o que acontece com o paciente e o modo como a cura está acontecendo. A compreensão disso tudo pode ser difícil para o paciente que não esteja familiarizado com o sistema específico que o curador estiver usando.

Para esclarecer os pacientes, primeiramente procuro encontrar um campo de entendimento comum onde possamos nos comunicar. Em seguida, explico da melhor forma que posso o processo de cura que vai ser iniciado. Digo que a cura vai continuar a se realizar dentro deles, e que suas vidas serão muito afetadas por isso.

Lembro-me de uma sessão em que Liz, uma nova paciente que tinha úlcera e que queria evitar uma cirurgia, entrou na minha sala e disse: "Diga-me agora exatamente o que devo fazer." Demorei-me um pouco para responder e pensei: "Eu gostaria de saber se ela faria a mesma pergunta ao cirurgião e que resposta obteria."

Obviamente, seriam necessários anos para explicar-lhe o que eu faço exatamente. Uma paciente como Liz teria de ser completamente reeducada segundo a visão holográfica da realidade e considerar a partir dessa perspectiva as causas das doenças, o sistema de energia humano, as técnicas terapêuticas e as técnicas de cura.

Assim, perguntei a mim mesma: "Qual é a pergunta mais complexa que Liz está fazendo? O que ela realmente queria saber?"

Liz, obviamente, estava tentando assumir a responsabilidade pela sua saúde e pela cura. Ela realmente queria entender o que podia esperar das sessões de cura. Ela queria saber o que eu poderia dar a ela. Sua pergunta era: "Quais são os possíveis resultados das sessões de cura?" Ela não fazia ideia do quanto esse efeito poderia ser amplo. Ela não sabia o quanto tudo dependia dela e da aceitação de uma mudança pessoal na sua vida. Ela não sabia que o campo de energia humano existe e afeta o corpo físico. E, mais importante que tudo, ela não sabia que podia curar a si mesma com a sua intenção de curar (nível hárico) e com a sua força criativa interior (nível da estrela do âmago). O meu desafio consistia em cobrir um vasto universo de conhecimento num período de poucos minutos. Procurei encontrar uma analogia simples, e me lembrei do modo como um rádio funciona. Naturalmente, eu teria tempo para explicações mais detalhadas durante as sessões de cura seguintes.

Assim, perguntei: "Você já ouviu falar no campo de energia humano, ou aura?"

"Não", respondeu Liz.

"Bem, há um campo de energia que envolve e interpenetra o corpo. Ele está estreitamente relacionado à sua saúde. Quando você fica doente, isso acontece porque o funcionamento normal do seu campo foi perturbado. O que eu faço é dar nova harmonia a esse campo, carregá-lo e repará-lo. É um pouco parecido com a acupuntura. Já ouviu falar nisso?"

Liz respondeu: "Sim, já ouvi falar sobre isso, mas não conheço muito a respeito."

"Bem, a acupuntura é uma antiga forma de cura oriental, que trabalha equilibrando o seu campo de energia, o qual fornece bioenergia para os diferentes sistemas do seu corpo. Essa energia é muito poderosa. Na verdade, trazemos mais energia para o nosso corpo por meio desse campo do que por meio da alimentação. Você já notou que nos dias de sol você tem mais energia do que nos dias nublados? Isso acontece porque o sol carrega o ar de energia. Depois, absorvemos essa energia por via dos nossos próprios sistemas energéticos. Nós não pensamos muito nisso em nossa cultura porque nos concentramos basicamente no corpo físico. Todavia, na China, no Japão e na Índia sabe-se que isso é extremamente importante para a nossa saúde. Os sistemas desses países são baseados no conhecimento desses campos de energia."

"De onde vem essa energia?", perguntou Liz.

"A fonte dessa energia está dentro de você e ao seu redor", disse eu. "Ela é como as ondas de rádio, que sempre estão no ar. Você precisa apenas saber como recebê-las para colher os seus benefícios. Ligue o rádio e o sintonize na estação de sua preferência. O seu campo de energia é como um rádio. Estou aqui para repará-lo e para ajudá-la a aprender a sintonizá-lo melhor. Vou ajudá-la a se desenvolver e a equilibrar os seus chakras."

"Meus o quê? Os meus chakras?", perguntou Liz.

"Os chakras da sua aura são os seus receptores de energia", expliquei. "Eles parecem vórtices de energia que, em virtude da sua rotação, absorvem a energia para dentro deles, como um redemoinho. Depois de ser sugada para o seu corpo, a energia flui ao longo das linhas de energia do seu campo, e chega até os seus órgãos.

"Sempre que há uma perturbação no seu campo, os seus órgãos não obtêm a energia de que precisam, e enfraquecem acabando por permitir o aparecimento de infecções ou de outros problemas físicos."

"Isso parece bastante simples", concordou Liz. "Então, você na verdade está me dizendo que eu poderia ter desenvolvido essa úlcera porque as minhas linhas estavam fracas?"

"A coisa toda, obviamente, é um pouco mais complicada, mas a ideia básica é essa. O modo como você reage a situações estafantes pode ser visto no seu campo. Você habitualmente altera o seu campo de uma maneira que puxa a energia saudável para fora da área do estômago, e atrai a energia imprópria e, portanto, doentia, para o estômago. Quando tivermos reequilibrado o seu campo, você poderá sentir como são as energias saudáveis dessa área. Atualmente, aquilo que você experimenta como 'normal' não é saudável."

"O que isso significa?"

"Por enquanto, cuide apenas de ficar atenta ao seu estômago", disse eu.

"A sensação parece ser a mesma de sempre."

"Depois da cura, ela estará diferente", disse eu. "Quando isso acontecer, você compreenderá o que eu quero dizer. É algo que você precisa experimentar. A diferença é sutil, mas, no que concerne à saúde, muito grande. Você acabará aprendendo a manter um equilíbrio apropriado de energias no seu sistema, e poderá conservar um nível elevado de saúde. Assim, quando eu reequilibro o seu campo, o fluxo de energia flui corretamente para os seus sistemas corporais e você recupera a saúde. Você poderá ter acesso aos campos de energia que existem à sua volta.

"Chamo esses campos de energia de campos de saúde universal. Eles estão aí para serem usados por todos. Eles não apenas existem para que você tenha saúde física, mas também para que tenha saúde emocional, mental e espiritual. De agora em diante, quando eu trabalhar os seus campos, também vou atuar sobre os aspectos emocionais, mentais e espirituais relacionados com a sua úlcera. Como você vê, o problema não é apenas físico. Além do mais, o que quer que seja curado no nível da sua personalidade, também vai curar quaisquer outros aspectos de sua vida ligados a isso."

"O que você quer dizer com isso?", perguntou Liz. "A que tipo de ligação você está se referindo?"

"Do ponto de vista do curador", continuei, "todas as coisas estão interligadas. Essa é a visão holística. Isso significa que a sua úlcera, que é resultado do excesso de acidez no estômago, causado pela sua reação ao estresse, não apenas afeta a sua digestão e nutrição, mas também é uma indicação de que você muito provavelmente tem estresse em todas as áreas da sua vida relacionadas com a 'assimilação' da atenção pessoal. Em outras palavras, mesmo quando alguém lhe dá alguma coisa, você tem dificuldade para aceitá-la e deixar que isso a faça sentir-se bem."

"Embora isso me pareça familiar, não consigo ver nenhuma relação com uma úlcera", replicou ela.

"Bem, vamos começar onde estamos agora e deixar que as suas experiências tenham prosseguimento. Cuidaremos das relações à medida que elas forem surgindo. Quando isso acontecer, nós as tornaremos mais claras."

"Quanto tempo vai demorar para eu recuperar a saúde?", perguntou ela.

"O número de sessões vai depender do modo como os seus sistemas reagirem à cura, da quantidade de mudança de que você vai precisar e do tempo ao longo do qual você será capaz de impedir que ocorra essa mudança. A mudança nem sempre é fácil, você sabe, porque, como eu já disse, ela afeta todas as áreas de sua vida. É preciso tempo para coordenar as mudanças. Você deve ter entendido que queremos cuidar da causa mais profunda da úlcera, e não apenas da úlcera. Queremos que você seja capaz de receber e de usufruir seja o que for que lhe ofereçam. Queremos descobrir por que você talvez ache que isso não é correto."

"Acho que é bom receber coisas", disse-me ela. "Mas é verdade – sempre sinto que fico em dívida com a pessoa que presenteou. Não gosto de ficar devendo obrigações às pessoas. Puxa, não imaginava que tudo fosse tão complicado! Isso realmente funciona?"

"No caso de algumas doenças, na verdade é mais útil trabalhar com o campo de energia humano do que com a nossa medicina ortodoxa", disse eu. "Em geral, pego pessoas com doenças em relação às quais o nosso sistema médico não tem muito sucesso. Pessoas com câncer, colite, problemas imunológicos, vírus, enxaqueca e assim por diante."

Liz queria realmente saber como era o processo de cura, e pudemos nos comunicar com clareza. Esse interesse da parte dela ajudou-a enquanto passava pelo processo de cura. Continuando com isso durante várias semanas, sua úlcera desapareceu, e ela recuperou a saúde. Além disso, ela também mudou de profissão, e iniciou um novo relacionamento.

As Habilidades de um Curador

Gradativamente, persuadi Liz a aceitar a visão holística, descrevendo-a em termos simples. Como curadora, abordo a doença a partir de uma perspectiva mais ampla. Estou de acordo com os médicos quanto ao fato de que uma infecção provocada por micro-organismos pode ocorrer e que um medicamento vai eliminá-la. Do meu ponto de vista, porém, o micro-organismo não é a causa. Os curadores sabem que a doença ou o desequilíbrio no sistema energético do paciente permitiu a invasão do micro-organismo, que se transformou numa doença. A invasão dos micro-organismos é também um outro sintoma. Para se poder recuperar a saúde, a causa deve ser atacada a partir de uma perspectiva holística ou holográfica. O curador está mais interessado no equilíbrio subjacente de energias, a intenção e a consciência, que mantém a saúde, ou que, eventualmente, perde a estabilidade e permite o aparecimento de doenças.

Os curadores devem ter a capacidade de trabalhar com todos esses aspectos da constituição humana do paciente. Eles se concentram na cura do corpo físico e procuram curar também os aspectos emocional, mental e espiritual do paciente.

Os recursos e o treinamento de um curador são muito diferentes dos de um médico. Embora os curadores mais habilidosos provavelmente consigam ter acesso a informações a respeito da doença, talvez até mesmo ao nome da doença e de um medicamento apropriado para combatê-la, como num diagnóstico médico, esse não é o seu objetivo principal. Os curadores consideram essa informação como parte da "maçã de Pribram", e não como a realidade primária, mais importante. De fato, os curadores estariam agindo ilegalmente se dessem um diagnóstico. Esse direito foi reservado àquelas almas corajosas e dedicadas que estudaram em faculdades de medicina e que foram aprovadas nos exames dos conselhos estaduais.

Liz não me pediu um diagnóstico; em vez disso, contou-me qual era o seu problema quando me procurou pela primeira vez. Ela preencheu o meu formulário de entrada de paciente, que levanta informações a respeito da história da doença do paciente. Verifiquei a informação que ela havia me dado. Com a PSS, eu podia ver que parte do tecido da parede do estômago estava rompido, e que os tecidos à sua volta estavam sofrendo uma inflamação. Eles pareciam avermelhados. Com a informação obtida por meio da PSS, eu também chegaria à conclusão de que ela apresentava uma úlcera. Como curadora, no entanto, faço tantos diagnósticos quanto você numa situação em que basta olhar e ver que alguém acabou de se cortar ou de quebrar o braço.

Como os Curadores Trabalham com o Campo de Energia Humano

Existem técnicas de cura específicas para cada nível do campo de energia humano. Geralmente, eu me concentro nos níveis inferiores do paciente, começando no nível um. O trabalho de cura inclui sentir, purificar, reparar e carregar o campo. Na maioria das vezes, cada camada tem de ser tratada separadamente para garantir que todos os níveis sejam curados. Uma cura completa deve incluir a cura de todos os níveis do campo ou de todos os corpos de energia, além do corpo físico. Portanto, passo pelos níveis dos campos de energia do paciente que correspondem não apenas à sua natureza física, emocional e mental, mas também à sua natureza espiritual e às suas crenças básicas a respeito da realidade. Tudo precisa ser equilibrado. Para fazer isso, o curador tem acesso ao campo de saúde universal contido no universo holográfico. Se isso não for feito, o paciente pode voltar a desenvolver a mesma doença, ou uma outra.

Em geral, os curadores nascem com a capacidade de aprender a perceber e a trabalhar com o campo de energia. Esse talento não é diferente do talento para a música, para a matemática ou para os negócios. A maioria dos curadores passou por um processo de treinamento, como outros profissionais, para transformar esses talentos numa arte da cura. Esse treinamento ensina o curador a desenvolver a sua Percepção Sensorial Sutil, com a qual ele pode sentir os níveis do campo de energia humano e, eventualmente, os níveis do hara e da estrela do âmago, abaixo da aura. Isso provavelmente também vai incluir algum treinamento para a captação de mensagens espirituais.

Por meio da prática diligente de muitos exercícios planejados para aumentar a sensibilidade dos seus sentidos, os curadores aprendem a usar esses sentidos fora da faixa normal de percepção humana. Muitos curadores podem sentir, ouvir e ver esse campo de energia, bem como intuir outras informações a respeito dele. Além de sentir o campo, o curador deve também aprender a trabalhar como o campo para curar em todos os seus níveis, além de adquirir também conhecimento de anatomia, de fisiologia, de psicologia, de doenças e de ética da cura.

Por meio da Percepção Sensorial Sutil, os curadores discriminam os diversos níveis do campo de energia humano. Visto que cada camada desse campo de energia também penetra no interior do corpo, os curadores também sentem o campo dentro do corpo humano. Curadores bem treinados também desenvolvem a capacidade de sentir o campo de energia de todo o corpo, de uma única célula e, às vezes, até mesmo de partículas menores. Com o uso da PSS, os curadores podem ter acesso a uma grande quantidade de informações a serem utilizadas no processo da cura.

Mais do que qualquer outra coisa, o grande recurso do curador é o amor. Toda cura é feita num contexto de amor. Penso que o amor é o tecido que liga todas as coisas no universo; ele é que mantém o universo unido. O amor pode curar qualquer coisa. Os curadores não apenas atuam a partir de uma postura amorosa; eles ensinam os pacientes a amarem a si mesmos. Ao longo deste livro, ficará cada vez mais claro como é importante o amor. Amar a si mesmo é uma atividade de tempo integral. A maioria de nós tem muito a aprender nessa área.

As curas de Liz progrediram lentamente através dos níveis de sua aura. Seu terceiro chakra, localizado na área do estômago, estava desequilibrado. Eu lhe conferi harmonia, e suas úlceras começaram a sarar. No nível emocional, esse chakra está associado à ligação do indivíduo com as outras pessoas e à capacidade de receber energia delas de uma maneira saudável. Os relacionamentos de Liz tornaram-se mais íntimos e satisfatórios à medida que trabalhávamos para ensiná-la a manter um saudável equilíbrio de energia nessa área do corpo. Num nível mais profundo da psique, esse chakra está relacionado com quem você é no universo e ao seu lugar na Terra e nesta vida. À proporção que esses níveis do campo de Liz foram sendo estabilizados de uma maneira saudável, ela também ficou mais confiante a respeito de quem ela é.

A Mecânica de uma Sessão de Cura

Do ponto de vista físico, a mecânica de uma sessão de cura é bastante simples. Obviamente, ela varia de acordo com cada curador. A mecânica que descrevo aqui é adotada pelos curadores formados pela Escola de Cura Barbara Brennan.

Se você optar por fazer uma sessão de cura com um desses profissionais, você primeiro será solicitado a preencher um formulário, habitualmente relatando a sua história e apresentando os seus problemas. O curador vai entrevistá-lo para fazer com que você se sinta à vontade, e para encontrar um denominador comum a partir do qual vocês possam se comunicar. A principal pergunta será: "Por que você me procurou? O que você veio buscar?"

A partir da sua resposta, o curador não apenas vai descobrir aquilo que você quer como também vai começar a avaliar o seu nível de experiência com o trabalho de cura. Enquanto o escuta e procura um denominador comum para a comunicação, o curador também usa a PSS para examinar o seu campo de energia e descobrir algum desequilíbrio, algum tipo de ruptura, de estagnação e de esgotamento. Enquanto você fala, ele observa as constantes mudanças no seu campo de energia. Ele relaciona essas mudanças com o seu estado psicológico ao mesmo tempo que você descreve os seus problemas. Ele observa o seu corpo físico com a visão normal para descobrir, a partir da estrutura e da linguagem do seu corpo, quais os estados psicológicos por que você passou na sua infância. O curador também examina o seu nível físico com a PSS para verificar a harmonia estrutural interior e o funcionamento dos órgãos. Ele usualmente leva cerca de 10 a 15 minutos para encontrar as principais áreas de problemas no seu corpo e no seu sistema de energia. Às vezes, ele lhe passa essa informação, se tiver certeza disso e se esse conhecimento não interferir no seu processo de cura. Em outras palavras, ele vai falar de modo a não o assustar, a não interromper o seu fluxo de energia nem reduzir a sua capacidade de absorver energia. Toda essa informação integra um modelo holográfico porque cada nível de função afeta todos os outros.

Depois de ter uma visão geral, o curador vai pedir-lhe para tirar os sapatos e as meias e deitar-se na mesa da cura. Não há necessidade de tirar nenhuma outra peça de roupa. Às vezes, algumas joias ou cristais poderão estar interferindo com o seu campo e ele vai pedir-lhe para retirá-los também. O curador simplesmente coloca as mãos sobre os seus pés e transmite energia através do seu corpo. Ele vai subindo lentamente pelo seu corpo, colocando as mãos em pontos fundamentais, e usando várias técnicas de cura, dependendo do que a PSS tiver revelado a respeito da condição do paciente. Obviamente, com a PSS, o curador está sempre observando os efeitos que causa nos seus campos de energia. (Ele também observa cuidadosamente e controla o seu próprio campo – uma parte muito importante do treinamento para a cura.) O curador continua esse exame por meio da PSS para ver como você está recebendo a cura e para obter informações mais detalhadas a respeito das mudanças que ocorrem no seu campo durante a cura. Com o uso da PSS, o curador pode certificar-se de que todas as mudanças necessárias são realizadas, e de que nada está faltando.

À medida que o processo avança, a cura torna-se muito mais intensa. Mais energia flui através do seu sistema, e você provavelmente vai entrar num estado de profundo relaxamento, que muito contribui para o processo da cura. A esta altura, o seu cérebro entra em sincronia com o cérebro do curador. Ambos estão na frequência das ondas alfa (8 Hz), o estado de cura.

Outras informações obtidas por meio da PSS vão incluir sugestões quanto ao regime alimentar, às vitaminas, aos minerais, às ervas e, até mesmo, aos medicamentos que posteriormente poderiam ser prescritos por um médico, se forem adequados. A PSS também revela problemas psicológicos que ajudaram a causar a doença. Ela revela traumas de infância, imagens a respeito de como você pensa que é a realidade e, em última análise, as suas crenças, que são as principais responsáveis pelo fato de a sua doença continuar a se desenvolver. O curador trabalha diretamente com todos esses problemas através do seu campo de energia.

O curador também vai usar a PSS durante a cura para receber orientação dos mestres espirituais, dos guias ou dos anjos da guarda. Essa orientação é recebida de muitas formas diferentes. Os guias poderão dizer ao curador o que fazer em seguida; eles podem lhe dizer em que parte do corpo deve procurar os problemas físicos ou, até mesmo, dar o nome da doença que você tem. Os guias geralmente comunicam ao curador a causa dos problemas a partir de uma perspectiva tanto física como psicológica. Os guias poderão, através do curador, falar diretamente com você. Quando isso ocorre, a conversação que se segue no mais das vezes é muito afetuosa e íntima, levando você a uma compreensão mais profunda a respeito do que está se passando com você, do motivo pelo qual isso está ocorrendo, da perspectiva da causa, e das profundas lições espirituais e lições de vida que fazem parte da experiência. Essas conversas sempre são francas e estimulantes, e não há falsas promessas quando a comunicação é clara. O guia também trabalha diretamente através das mãos do curador para curá-lo. Outras informações recebidas através da PSS são registradas por escrito, ou gravadas para uso posterior.

Em geral, são necessárias várias sessões para se chegar à causa no seu conjunto de crenças. Quando o curador tiver passado por todas as camadas do campo, quando tiver chegado perto da cura, você provavelmente se encontrará num estado de profunda descontração e serenidade.

Muitos curadores o incentivam a permanecer na mesa por dez a trinta minutos para deixar que os campos se estabilizem. Isso lhe permite se beneficiar ao máximo da cura e integrá-lo ao seu sistema de energia. O curador geralmente responde a um mínimo de perguntas nessa ocasião porque, para fazer uma pergunta, você tem de sair do estado das ondas cerebrais de cura alfa e entrar no estado "racional" das ondas cerebrais rápidas ou beta, o que interrompe o processo de cura. Quando faço as minhas sessões de cura, sempre aviso aos pacientes de que é muito importante um período de repouso depois da cura, e digo-lhes que devem fazer todas as perguntas no início do processo, antes que entrem no estado alfa. Posteriormente, o curador vai lhe pedir que volte na ocasião apropriada, e vai garantir a você que o restante das suas perguntas serão respondidas na vez seguinte.

Perguntas e Respostas que São Comuns

Um Paciente Pode Oferecer Resistência à Cura? De que forma?

Muitas vezes, as pessoas oferecem resistência ao processo de cura tentando controlar a situação valendo-se da máxima atividade do cérebro. É fácil fazer isso. Tudo o que o paciente precisa fazer é forçar-se a manter um estado mental muito ativo e recusar-se a relaxar e a deixar que a cura ocorra. Se o paciente obrigar o cérebro a permanecer racional, ele não vai entrar no estado alfa (8 Hz), o estado de cura. Em vez disso, ele vai permanecer no estado normal do cérebro desperto, as ondas beta. (É claro que os pacientes podem fazer isso a qualquer momento, quer o curador esteja ou não presente.) Se continuarem nesse estado, vão interferir com os processos normais da cura no seu corpo. Quando a mente racional diminui a sua atividade, e suas ondas cerebrais entram no estado alfa, os pacientes conseguem entregar-se ao processo natural da cura, intensificado pela ajuda do curador.

Qual o Intervalo entre as Sessões de Cura?

As sessões de cura em geral são feitas uma vez por semana, com duração de uma hora a uma hora e meia, por um período de várias semanas. Algumas vezes, especialmente no caso de problemas nas costas, eu só trabalho com as pessoas se elas vierem duas vezes por semana. Faço isso porque as atividades diárias impõem tamanha tensão sobre as costas que os pacientes inevitavelmente ficam cansados, sofrem uma redução na taxa de açúcar do sangue, fazem uma última tentativa no sentido de melhorarem e, por fim, contraem os músculos das costas novamente, antes que tenha decorrido uma semana. Descobri que a dieta também era muito importante para os problemas nas costas. As pessoas só voltavam a retesar as costas quando trabalhavam demais ou quando ficavam com fome, o que provocava a redução da taxa de açúcar no sangue. Eu sugeria que levassem consigo um pacote de castanhas e frutas secas, para comerem com mais frequência, e que fizessem refeições completas. É espantosa a quantidade de pessoas tensas e subnutridas que a nossa rica sociedade produz!

O intervalo entre sessões para pacientes com câncer submetidos à quimioterapia ou à radioterapia deve ser de pelo menos uma semana e as sessões sempre devem ser feitas logo após o tratamento, mesmo que esse tratamento seja diário. A quimioterapia e a radiação danificam tanto o corpo físico como o campo de energia. Os danos causados pela quimioterapia incluem o tratamento químico propriamente dito e os tecidos que ele mata. O corpo precisa livrar-se de ambas as coisas. A quimioterapia faz com que o bioplasma do campo áurico sofra uma redução de frequência e fique escuro, espesso e viscoso, o que não contribui para a conservação da vida. Seu ritmo se reduz, e ele interfere com o campo áurico, causando grande desconforto ao paciente. A radiação também causa danos ao corpo físico porque ela não apenas mata as células, mas também altera os processos biológicos normais que ocorrem nas inúmeras células que estão ao redor daquelas que foram mortas. Isso gera muitos resíduos que também devem ser eliminados. A radiação queima o campo áurico de forma muito semelhante ao que acontece quando se coloca uma meia de náilon em contato com o fogo. Esse dano precisa ser reparado. A radiação também faz com que o campo áurico se fragmente, como se fosse feito de vidro, produzindo muitos detritos que têm de ser removidos. Quanto mais rapidamente o curador retirar os resíduos produzidos pela quimioterapia ou pela radiação, menores serão os efeitos colaterais.

Quanto Tempo isso Demora?

A duração de uma série de sessões de cura depende da gravidade do problema, do tempo decorrido desde que o paciente começou a apresentar o problema e dos efeitos de longo prazo causados pela cura. Em geral, o paciente percebe os efeitos da cura em cerca de três dias. Então, o sistema de energia vai começar, em certa medida, a reassumir seu padrão habitual de alteração. O tempo e o grau em que o sistema de energia do paciente vai conseguir manter um estado puro e equilibrado diz respeito exclusivamente à pessoa, e depende de tantos fatores que seria impossível enumerar todos eles aqui. É claro que a gravidade do problema, as circunstâncias da vida do paciente, os cuidados que ele tem consigo mesmo, e a sua capacidade de cumprir as atividades ou levar a cabo o regime alimentar requerido, bem como a capacidade do curador, são todos fatores importantes.

A cada sessão de cura, o sistema de energia do paciente recupera um pouco mais do seu padrão de saúde original. Os velhos hábitos nocivos aos poucos são eliminados. A rapidez com que mudanças permanentes podem ocorrer varia muito de indivíduo para indivíduo. Basta dizer que alguns pacientes ficam bons com uma sessão de cura, ao passo que outros requerem vários meses de tratamento. À medida que o processo de cura se desenvolve, torna-se cada vez mais fácil para o curador saber quanto tempo ele vai demorar, porque o curador observa o grau das mudanças e o tempo que elas levaram para ocorrer cada vez que a sessão de cura foi realizada. Às vezes, um curador mais experiente dará a duração aproximada da série de sessões de cura logo na sessão inicial, por meio da orientação recebida de um guia.

O processo de cura pode continuar durante semanas, meses ou anos. Sua duração, em muitos casos, depende da aceitação do paciente quanto a se tornar saudável em determinado grau.

O Principal Objetivo do Curador Espiritual

Muitos pacientes querem continuar com o processo de cura muito tempo depois de o motivo original de suas queixas ter desaparecido porque aquilo que eles definiam como "saúde", antes da situação de cura, simplesmente não é mais aceitável. Isso ocorre porque a cura não apenas educa o paciente, mas também o ajuda a travar um contato muito mais profundo com os seus anseios internos. Nesse caso, o processo de cura transforma-se em desenvolvimento pessoal e em liberação de criatividade. Ele se transforma numa experiência espiritual.

Do ponto de vista holográfico, isso significa que o curador estará trabalhando com a ligação entre a pessoa que faz parte de um sistema, isto é, do sistema maior, o Ser Universal. Nesse nível, um estado insatisfatório de saúde é visto como uma clara falta de união ou de equilíbrio com o todo ou com o divino.

Isso nos leva a perguntar: "Qual é a relação do paciente com Deus, com o cosmo e com o Ser Universal?" "Como ele se esqueceu de quem é e como, a partir desse esquecimento, surgiu um modo de vida que o levou ao desequilíbrio, à vulnerabilidade e à infecção?"

Os curadores trabalham diretamente com o campo de energia do paciente para o deixar em harmonia com a mais elevada realidade espiritual a que o paciente possa chegar.

O principal objetivo do curador é ajudar seus pacientes a se ligarem à maior realidade espiritual possível. Eles fazem isso de maneiras muito práticas, subindo cada degrau da escada que começa no nível da humanidade física básica, passa pelo nível da personalidade, no campo de energia humano, pelo nível hárico da intencionalidade, e chega ao divino que existe dentro de cada ser humano, a essência do âmago.

O curador primeiramente observa a natureza exata dos padrões de energia do paciente que expressam os diferentes aspectos do seu ser. Como eles atuam holograficamente para influenciar uns aos outros e o corpo físico, o curso da pesquisa do curador cobre todos os padrões físicos e energéticos que correspondem à saúde emocional, mental e espiritual do paciente. O curador ajuda o paciente a lidar com a sua intenção no que tange à sua saúde e nos seus objetivos na vida. Uma das principais tarefas com que o curador se defronta é a de ajudar os pacientes a encontrarem a causa de suas doenças. De que modo os pacientes causam essas doenças em si mesmos?

Todas essas áreas de investigação e de cura são necessárias para a restauração plena da saúde, e para prevenir uma recaída da doença ou o aparecimento de uma doença diferente. O curador e o paciente trabalham juntos para explorar essas áreas. Em última análise, o curador e o paciente ficam face a face com a causa principal da doença do paciente.

O curador pergunta: "Quais são as crenças do paciente a respeito das divindades que ajudam a dar força a essa doença?" "Como Deus pode ser visto na forma de uma força negativa que iria castigar em vez de amar?" "Como esse indivíduo atraiu para si o castigo que ele acha que Deus lhe impôs?" "Como esse paciente impôs esse castigo a si mesmo e supôs que Deus está lhe fazendo isso?"

Estamos falando aqui não apenas sobre aquilo que as pessoas criam para si mesmas como castigo, mas sobre o modo como elas se encontram com grandes ciclos de acontecimentos que não parecem estar imediatamente ligados à sua criação como indivíduos. Esses grandes ciclos são efeitos que se manifestam em longo prazo, iniciados no passado (ciclos kármicos), bem como os acontecimentos que ocorrem como resultado da criação coletiva da humanidade. Cada indivíduo tem a opção de deparar com essas experiências, com expectativas de punição por algum terrível feito do passado, ou como uma lição escolhida pelo Eu maior para o aprendizado e crescimento da alma.

O curador ajuda os pacientes a abrirem caminho para as energias criativas mais profundas do seu âmago, a partir da qual eles criam as suas experiências da realidade.

Os Limites Éticos de um Curador

Resta-nos esse problema de ordem bastante prática sobre os limites éticos. Essa questão tem aspectos muito amplos, e a resposta depende do curador que estiver envolvido. Eis algumas delas.

Pessoas Despreparadas que se Intitulam Curadoras

Em primeiro lugar, é muito importante que os curadores tenham consciência do nível da sua capacidade, e sejam francos a respeito disso. Uma das piores coisas que tenho visto acontece com frequência. Pessoas muito doentes procuram um curador ou círculo de cura, e lhes é dito que estão curadas. Os curadores chegam a essa conclusão porque sentiram tanta energia e ficaram tão elevados espiritualmente por causa da sessão de cura que presumem significar isto que o paciente foi curado. Às vezes, essas pessoas chegam até mesmo a receber orientação de guias confirmando que isso aconteceu. Eles estão inteiramente convencidos desse fato, e têm confiança de que a sua orientação é verdadeira.

Esses curadores estão fora da realidade. Eles não estão em contato com os pacientes nem têm consciência da sua condição. Eles se "embriagaram" com a sua própria elevação espiritual e, ao fazê-lo, se desligaram do paciente. Isso é muito sério. Trata-se de uma fuga à maneira do dr. Pangloss para a negação, porque esses curadores não conseguem lidar com a realidade da vida, com o sofrimento e com a morte. Trata-se de um mau uso da espiritualidade e da cura com o propósito de negar o medo que a pessoa sente.

Não há nada de errado com um círculo de cura que traga amor, esperança e apoio para as pessoas que estão isoladas e com medo enquanto estão doentes.

Todavia, é importante um senso de realismo a respeito da quantidade de amor, de esperança e de apoio de que essa pessoa necessita. Trata-se de um processo gradual, que não é resolvido de uma só tacada. Os grupos de apoio e os seminários de Bernie Siegel, M.D., e Louise Hay atestam a grande eficácia desses grupos.

Cobrar ou não Cobrar

Descobri que é muito comum em todo o mundo as pessoas pensarem que não é uma coisa correta os curadores cobrarem pelos seus serviços. Esse preconceito pode ser encontrado na Grã-Bretanha, na Rússia, na Europa, no Sudeste da Ásia e também nos Estados Unidos. Acredito que existem duas maneiras de lidar com isso, maneiras que dependem do treinamento e da experiência do curador.

Se o curador tiver sido educado segundo uma tradição religiosa, como o movimento carismático cristão, por exemplo, as curas são feitas a serviço da igreja e, frequentemente, são aceitas doações. Do meu ponto de vista, isso parece apropriado.

Todavia, se os curadores passaram por um longo e meticuloso treinamento – com uma duração de pelo menos quatro anos, na minha opinião –, então eles têm o direito de cobrar. Esse tipo de treinamento inclui anatomia, fisiologia, psicologia, ética e profissionalização de uma prática, bem como o desenvolvimento da PSS e das técnicas de cura. É através desse tipo de treinamento que os curadores vão desempenhar merecidamente o seu papel como profissionais no sistema de cuidados à saúde. Esses curadores têm o direito de cobrar honorários normais, da mesma forma que os psicólogos, os massagistas, os enfermeiros, os fisioterapeutas e os médicos. Esses honorários deverão estar na mesma faixa de qualquer terapeuta. Uma política de atendimento gratuito por parte dessas pessoas nada mais seria que preconceito. Se esses curadores não cobrassem, teriam que trabalhar o dia todo num emprego para se sustentarem e, depois, empregar na cura as energias que lhes tivessem restado. Isso simplesmente reduziria a um mínimo os serviços de cura, os quais são extremamente necessários.

Não Faça Diagnósticos, por Favor

Os curadores não devem fazer diagnósticos, nem podem prescrever medicamentos. Eles não foram treinados para isso. Um curador, por outro lado, pode receber orientação espiritual quanto a medicamentos que possam ser benéficos. O paciente pode levar essa informação a um médico para ser verificada. (Ver Capítulo 6 para uma análise mais ampla a respeito da cooperação entre o curador e o médico.)

Os Curadores Devem Contar Tudo o que Sabem?

Essa é uma questão que me deixou realmente perturbada quando comecei a clinicar. No início, eu simplesmente dava à pessoa envolvida todas as informações que eu recebia através de meu guia espiritual. Eu imaginava que não cabia a mim discriminar o que deveria ou não ser comunicado ao paciente. Tudo o que eu recebia era transmitido a ele. Não demorou muito para que eu tivesse problemas com isso. Eu assustava as pessoas. Elas não queriam realmente saber, muito embora afirmassem o contrário. Elas não estavam prontas para ouvir as respostas.

Lembro-me de que em 1978 eu estava numa reunião de cura em Washington. Um membro do auditório sabia que eu tinha PSS e que poderia ver as vértebras de seu pescoço. Ele me seguiu durante todo o fim de semana, insistindo para que eu lhe revelasse o estado das vértebras do pescoço. Por fim, sentei-me nos degraus de um grande corredor, no hotel, e fiz um desenho das suas vértebras, fora de alinhamento. Ele ficou muito tranquilo, e foi-se embora levando o desenho. Encontrei-o dois anos depois, numa outra conferência, e ele me disse que, após o incidente, ficara muito perturbado durante vários dias. Ele nunca tinha visto um desenho mostrando o quanto os ossos do seu pescoço estavam fora de alinhamento, e não compreendia o significado disso. Eu não havia lhe dito como cuidar do problema e que esse problema não era sério.

Num outro caso, Cindy M., de Washington, uma de minhas melhores amigas, estava estudando durante algumas semanas em Nova York e resolveu submeter-se a uma sessão de cura. Ela se queixava de estar sentindo um pouco de dor no peito. Durante a sessão, olhei dentro de seu peito com a ajuda da PSS, e vi uma forma cinza-chumbo, semelhante a um triângulo tridimensional. Enquanto via isso, Heyoan, o meu guia, inclinou-se sobre o meu ombro direito e disse: "Ela tem câncer e vai morrer."

Tive uma discussão a sós com Heyoan. Eu estava chocada com o fato de ele ter conhecimento de uma morte iminente e, ainda pior, que ele me contasse sobre isso. É desnecessário dizer que não falei nada a Cindy. Logo após a sessão, fui a uma festa de aniversário. Eu estava tão perturbada que tive de sair mais cedo. Eu não sabia o que fazer. Meu guia estava errado? Era possível ter conhecimento antecipado da morte de alguém? Eu ajudaria a criar essa morte se pensasse nisso durante as sessões de cura de Cindy? O que eu deveria sugerir que ela fizesse? Posteriormente, consultei os curadores experientes que eu conhecia para saber se isso era possível. Eles disseram que era.

Então, fiz a única coisa que podia fazer. Disse a Cindy para deixar a escola, voltar para casa, ficar com seu marido e procurar um médico. Ela veio para mais duas sessões de cura antes de deixar Nova York. Em cada sessão, eu via a mesma forma escura nos seus pulmões, e Heyoan se inclinava sobre o meu ombro direito e dizia: "Ela tem câncer e vai morrer."

Continuei dizendo a ela que fosse para casa, mas não lhe expliquei o motivo da minha sugestão. Ela finalmente fez aquilo que eu lhe pedira. Os exames não acusaram nada, e presumi que a orientação que recebera estava errada. Entretanto, ela continuava a piorar. Quatro meses e três tomografias depois, os médicos do George Washington Hospital encontraram o ponto – do mesmo tamanho, com a mesma forma e no mesmo local. Eles disseram que era um coágulo sanguíneo. Uma vez mais, agradeci a Deus pelo fato de o meu guia estar errado. Todavia, ela não reagiu com o tratamento e piorou. Eles fizeram uma cirurgia exploratória e encontraram um mesotelioma – um câncer pulmonar que os médicos não sabiam curar. Oito meses depois, ela morreu.

Três dias antes de morrer, quando eu estava em Washington ajudando Cindy a se despedir dos seus amigos, ela me chamou para conversar no seu quarto, logo depois de ir ao banheiro. Ela disse: "Só consegui arrancar de você uma meia verdade, não foi?"

Expliquei-lhe por que eu não lhe contara o que eu vira na primeira sessão de cura.

Ela disse: "Obrigada por não me dizer tão cedo. Naquela época, eu não estava preparada. Agora está tudo bem."

Aprendi que, assim como outros profissionais, como curadora posso ter acesso a "informações privilegiadas". Devemos lidar com essas informações profissionalmente, segundo um código de ética que inclua a pessoa e o momento corretos. Eu agora só transmito as "informações privilegiadas" que recebo através do meu guia quando este diz para fazê-lo, e apenas para a pessoa que ele indica.

Quando os Curadores Devem se Considerar Incapacitados

Todos os curadores se deparam com circunstâncias nas quais deveriam considerar a si mesmos incapazes. É muito importante que isso seja compreendido tanto pelo curador como pelo paciente. Isso significa que qualquer curador que você procure pode considerar-se incapacitado. Uma característica dos bons curadores é que eles se certificam de que estão habilitados a tratar de você antes de o aceitarem como paciente. Talvez eles não discutam isso abertamente com você, se não houver nenhum problema. Em geral, porém, no final da primeira sessão, eles vão lhe dizer se há algum problema. As duas principais razões para os curadores se considerarem incapacitados são a existência de um relacionamento prévio com o paciente ou com o cônjuge, ou por não se considerarem qualificados para lidar com o problema.

No primeiro caso, muitas pessoas acham que podem procurar um curador que também seja amigo. Isso é muito bom, desde que ambos saibam que isso vai modificar permanentemente o relacionamento entre eles. Os dois devem decidir o que é mais importante – o relacionamento de cura ou o relacionamento pessoal. Como a cura é um processo muito profundo, se os dois tentarem manter seu relacionamento de amizade tal como era antes, rapidamente vão chegar a um ponto em que a amizade é prejudicada ou o processo de cura comprometido. Nos casos em que o marido e a mulher querem ir ao mesmo curador, e o processo de cura ocorre durante muito tempo, também podem surgir problemas de relacionamento por causa do grau das mudanças pessoais envolvidas no processo de cura. Por esta razão, recomendo que os curadores adotem a mesma linha de procedimento dos terapeutas, que não aceitam ambos os cônjuges para um aconselhamento individual.

Os curadores devem ter a capacidade de saber se estão qualificados para atuar num caso específico. Isso também pode estar relacionado com o nível de expectativa dos pacientes. Se os pacientes esperam resultados miraculosos, o curador deve informá-lo de que a probabilidade de isso acontecer é muito pequena. Apenas 1% dos casos se curam espontaneamente. Alguns curadores talvez não estejam habilitados a lidar com determinadas doenças ou tipos de caso. Eles podem reagir a certas doenças que afetam o seu sistema de energia de modo a torná-los doentes ou a causar-lhes dor. Eles talvez não consigam lidar com alguém cujo caso foi diagnosticado como "terminal" e, se isso acontecer, acompanhar todo o processo de morte dessa pessoa. Eles talvez não consigam trabalhar com os médicos envolvidos. Pode ser também que eles conheçam alguém que seja mais indicado para o trabalho. Se tiverem algum preconceito em relação a algum tratamento que o paciente esteja recebendo, eles precisam lidar honestamente com isso e livrar-se do preconceito. Se não puderem fazê-lo, devem encaminhar o paciente a outra pessoa.

Eu mesma tive de me considerar incapacitada alguns anos atrás, no caso de um homem que estava paralisado da cintura para baixo. Eu podia ver o que havia de errado no campo de energia, mas não consegui causar nenhum efeito sobre ele depois de uma hora e meia de tentativas. Não lhe cobrei pela sessão, e o mandei para casa. Eu disse que lhe telefonaria se encontrasse um meio de ajudá-lo, ou se descobrisse alguém que fosse capaz disso. Vários anos depois, encontrei uma pessoa à qual o encaminhei.

Como Obter Informações Diretas a Respeito dos Resultados Esperados

A melhor forma de obter respostas diretas é fazer perguntas diretas. Pergunte ao curador o que quer que você queira saber – cabe a ele encontrar uma maneira de responder a partir da concepção de cura que adotou. Essa talvez não seja a resposta que você deseja, mas você deve ter a capacidade de ter uma resposta. Pergunte-lhe até mesmo qual a sua porcentagem de sucesso na cura, se quiser obter essa informação. Ele deverá responder honestamente. Quantos pacientes com a mesma doença o curador já tratou? Quais foram os resultados? Os curadores devem explicar claramente aquilo que estão oferecendo. Dessa maneira, você poderá saber que tipo de resultado deverá esperar e, portanto, aquilo pelo que está pagando. Embora a sua cura obviamente dependa de muitas outras coisas, você tem o direito de conhecer as experiências e os resultados do curador, bem como saber há quanto tempo ele clinica e como foi o seu treinamento.

Capítulo 6

A EQUIPE CURADOR-MÉDICO

....

Ao considerar a possibilidade de trabalhar ao mesmo tempo com um curador e com um médico, é importante falar com ambos para saber se estão dispostos a trabalhar juntos. Deixe o curador e o médico saberem como e com quem você está trabalhando. Se eles nunca trabalharam juntos antes, fale com eles para ver se estão dispostos a cooperar um com o outro. Faça-os saber como podem se ajudar mutuamente e, assim, ajudarem a você a recuperar a sua saúde. O médico ou o curador podem estar por demais ocupados, e não ter tempo para falar um com o outro. Na maioria dos casos, não há realmente necessidade de despender muito tempo com essas consultas. Se um deles não estiver disposto a trabalhar com o outro, sugiro que você encontre outra pessoa para fazer o serviço.

Poderá acontecer que, no seu tratamento, haja pontos de vista totalmente opostos. Nesse caso, será necessária uma conversa entre os dois. Nessas ocasiões, a compreensão e a boa vontade são de extrema importância. O seu tratamento de saúde depende disso.

Segundo a minha experiência, é muito raro que existam dois pontos de vista diametralmente opostos entre o curador e o médico, se ambos forem realistas e razoáveis. Todavia, muitas pessoas ainda trazem em si a imagem negativa de que curadores e médicos opõem-se um ao outro. Se as pessoas aprenderem como os dois sistemas se complementam, essa imagem negativa, para benefício de todos, poderá ser posta de lado.

Há cinco maneiras principais por meio das quais a equipe médico-curador pode trabalhar com mais eficácia para reunir um conjunto mais amplo, profundo e útil de informações a respeito do estado do paciente, e do que fazer a respeito disso. Os cinco objetivos principais são:

1. *Conseguir uma clara compreensão do processo patológico que está se desenvolvendo no paciente.* Nos termos do curador, isso é chamado de descrição da doença; para o médico, chama-se diagnóstico. Cada um é feito num contexto diferente. O curador usa a Percepção Sensorial Sutil para descrever a energia do campo e a função ou disfunção do corpo físico. O médico usa procedimentos médicos padronizados para obter um diagnóstico.
2. *Restaurar a saúde do paciente no maior número de níveis possível.* O curador trabalha por meio do processo de imposição direta de mãos para equilibrar e reparar os corpos de energia e o corpo físico. O médico trabalha basicamente para restaurar a saúde do corpo físico.
3. *Conseguir um histórico mais amplo, completo, informativo e significativo da doença.* A equipe curador-médico faz isso combinando informações da história das experiências de vida, que o curador obtém usando a PSS, com os dados médicos convencionais, levantados pelo médico.
4. *Ajudar o paciente a encontrar um significado mais profundo e a causa da doença.* Muitos médicos ajudam os pacientes a lidar tanto com as causas físicas como com as causas emocionais das doenças, ouvindo os seus pacientes e dando-lhes conselhos. Os curadores ajudam os pacientes a lidar com as suas doenças em todos os níveis do seu ser – os três níveis áuricos inferiores, que correspondem à sensação física, emocional e mental; os três níveis espirituais áuricos superiores; o nível hárico da intenção, o nível da estrela do âmago da fonte criativa.
5. *Criar modalidades de tratamento mais eficazes, a fim de reduzir o tempo necessário para a cura: reduzir o desconforto; e reduzir os efeitos colaterais de remédios nocivos.* Através da PSS, o curador vai obter informações a respeito da dieta, das ervas, dos remédios homeopáticos e das outras substâncias ou técnicas que o paciente pode usar. Quando técnicas médicas ou medicamentos específicos são indicados por meio da PSS, eles podem ser submetidos à consideração do médico que cuida do paciente. Durante os meus anos de clínica, recebi regularmente, por meio da PSS, a indicação de medicamentos específicos ou de como modificar as doses ministradas aos pacientes. Os seus médicos, posteriormente, concordaram com a informação e, quando as prescrições foram modificadas, os pacientes se recuperaram.

Quando começamos a desenvolver a equipe curador-médico, boa parte das informações fornecidas pelo curador pode não fazer muito sentido para o médico, por não fazer parte das áreas da sua competência. Com o tempo, trabalhando juntos, serão criados outros tipos de comunicação, e haverá uma melhor compreensão a respeito do corpo físico, dos corpos de energia e do processo de cura. Todas as cinco áreas facilitam muito a cura do paciente, e também ajudam o médico a levantar mais informações acerca do que está se passando com o paciente. Examinemos, com mais detalhes, cada tipo de informação que o curador pode obter.

Objetivo 1:
Como Adquirir uma Clara Compreensão do Processo Patológico

Ao trabalhar com um médico ou com um grupo de profissionais de saúde, o curador vai descrever o processo patológico que estiver ocorrendo no corpo físico ou no corpo energético do paciente. Ele compartilha essa descrição com a equipe de profissionais de saúde para proporcionar-lhes uma melhor compreensão do processo patológico do paciente. Para fazer isso, o curador usa a PSS com o propósito de analisar a condição do paciente. Ele vai começar examinando o campo de energia humano para verificar:

- O padrão energético global do paciente, com seus equilíbrios e desequilíbrios
- O padrão, em maiores detalhes, de cada nível do campo áurico

O curador, então, concentra-se no nível físico para descrever os processos fisiológicos doentios ou desequilibrados que estão ocorrendo no corpo do paciente. Estes, obviamente, são resultado dos desequilíbrios energéticos que ele descreveu. Para isso, ele usa a PSS para sentir o funcionamento dos órgãos e tecidos no nível físico. O curador faz diversos exames, verificando:

- O estado geral do campo de energia humano
- O funcionamento geral de cada órgão
- O funcionamento geral dos sistemas de órgãos
- A ação recíproca entre os sistemas de órgãos
- O funcionamento detalhado de cada órgão
- As condições dos tecidos de cada órgão

Essa descrição da doença irá corresponder, de muitas maneiras, ao diagnóstico do médico. Todos os sentidos podem ser usados no exame feito através da PSS. Discorrerei sobre os três mais frequentemente usados pelos curadores: o visual, o auditivo e o cinestésico (o toque). A linguagem, porém, será diferente, dependendo do sentido usado para se ter acesso à informação. A linguagem muito provavelmente não será o jargão médico.

A Descrição da Doença que o Curador Faz por Meio da PSS Visual

Quando o curador usa a PSS do tipo visual, os órgãos do corpo apresentam determinadas cores que estão relacionadas à saúde, e outras cores que estão relacionadas com doenças e com disfunções. O curador simplesmente olha para os órgãos do corpo para ver se estão fracos ou fortes, se a sua atividade é excessiva ou insatisfatória. Quando ele descobre os órgãos que precisam de mais atenção, ele pode fazer um exame mais detalhado de cada órgão que apresente a disfunção.

Passemos a alguns exemplos de como funciona o sentido da visão. Ao observar o fígado, o curador pode se concentrar primeiramente no fígado todo para avaliar o seu tamanho relativo, e para descobrir se ele está ou não aumentado. O curador também pode observar se o fígado parece estar denso demais para um funcionamento normal. Ele pode mudar o nível das suas resoluções – como você faz quando passa os olhos pelas páginas de um jornal e, depois, fixa-se numa frase – para descobrir se certas partes do fígado estão funcionando abaixo ou acima do nível normal, e isso simplesmente observando o funcionamento do fígado. Se houver áreas do fígado em que os resíduos estejam se acumulando, a cor áurica desses resíduos informa se eles são ácidos ou alcalinos. O curador pode verificar se os resíduos são viscosos demais para poderem ser eliminados pelo fígado. Ele pode fazer isso simplesmente observando a viscosidade do fluido e vendo-o deslocar-se pelo fígado.

Muitas vezes, por exemplo, vi certo acúmulo de fluido verde ou amarelo estagnado em determinadas partes do fígado. Isso significa que as toxinas estão se acumulando no fígado e que há um excesso de bile. Às vezes, a cor amarela é produzida por algum medicamento que a pessoa tomou há pouco tempo, e que o fígado tem dificuldade para processar. A percepção áurica da hepatite é sempre uma faixa ou camada laranja. Às vezes, se o paciente tomou algum medicamento para a hepatite, o fígado apresenta uma área de muco espesso e amarronzado. A quimioterapia para o câncer no seio e para outras espécies de câncer sempre aparece como uma massa gordurosa verde-amarronzada. Tenho visto configurações que permanecem no campo áurico durante dez ou vinte anos se nenhuma cura é ministrada.

O curador pode observar os efeitos de determinados alimentos ou drogas sobre o fígado. Muitas vezes, a ingestão de vinho, combinada com o consumo de queijos pesados e pastosos, como o brie, causa um grande congestionamento no fígado. Isso se parece com muco estagnado, e reduz a pulsação saudável e natural da vida no nível do fígado, reduzindo, assim, a sua capacidade de funcionar apropriadamente.

Para obter mais informações, o curador pode se concentrar mais na sua resolução e se ocupar do nível celular, para poder examinar a condição das células. Muitas vezes, as células ficarão aumentadas ou alongadas. Ou, então, a membrana celular pode não estar funcionando de uma forma quimicamente equilibrada e, por causa disso, tornar possível a penetração de certos líquidos que deveriam ficar fora das células. Em fumantes inveterados, a fumaça geralmente danifica as membranas das células, deixando-as flácidas, de modo que a célula aumenta de volume e se deforma. Os poluentes do cigarro também formam uma camada ácida na superfície externa da membrana celular, a qual, então, tem a sua permeabilidade modificada. Com a elevada resolução microscópica, o curador também pode ver micro-organismos no interior do corpo e descrever o seu aspecto. Todas as informações obtidas por meio da PSS do tipo visual serão descritas em termos de imagens usando termos visuais. Todas estas informações são dadas na linguagem do curador, em termos descritivos simples, como acima, e não em termos técnicos, aos quais um paciente ou médico pode estar acostumado.

A Descrição da Doença que o Curador Faz por Meio da PSS Auditiva

O curador também usa a PSS do tipo auditivo. Há dois tipos principais de informações auditivas – sons (ou tons) e palavras. O corpo, os órgãos e os tecidos produzem sons que podem ser ouvidos com a PSS, mas não com a audição "normal". Esses sons fornecem informações a respeito da saúde do corpo e dos órgãos. Um corpo saudável produz uma bela "sinfonia" de sons que fluem harmonicamente. Sempre que um órgão não está funcionando direito, ele emite um som dissonante. Ao desenvolver o seu vocabulário sonoro, o curador será capaz de descrever em termos de sons a saúde e a doença existentes dentro do corpo físico e dos corpos de energia.

Usando a PSS auditiva, por exemplo, o curador pode muito bem ouvir um som agudo que vem do pâncreas de uma pessoa com diabete. Ele também verá (usando a PSS visual) sobre o pâncreas um vórtice escuro de energia, que produz o som agudo. Esses dois conjuntos de informações farão com que o curador saiba imediatamente que a pessoa tem diabete. (O curador, por sua vez, vai usar os sons ou tons para a cura, conforme veremos mais adiante.)

A outra forma de PSS auditiva é a captação de palavras. Se o curador for proficiente em PSS auditiva, ele poderá ter acesso direto ao nome do organismo, da doença e, até mesmo, do medicamento a ser tomado, incluindo a dose e a duração do tratamento. A maioria dos termos médicos é muito longo e complicada, tornando difícil sua captação por meio da PSS. Consegui fazer isso apenas algumas poucas vezes. A maior parte das informações auditivas que obtenho vem ou sob a forma de instruções simples, ou de longos discursos sobre o significado da existência, ou sobre o modo como funciona o mundo. Alguns exemplos das instruções auditivas aparecerão no texto mais adiante. As meditações curativas apresentadas na Parte IV deste livro constituem bons exemplos de discursos recebidos psiquicamente, e que são muito úteis no processo de cura.

A Descrição da Doença que o Curador Faz Usando a PSS Cinestésica

Cada órgão apresenta uma frequência de pulsação. Certos órgãos pulsam mais rapidamente do que outros. Usando a PSS do tipo cinestésico (sensação de tato), o curador pode sentir o pulso de cada órgão. Primeiramente, o curador sente o sistema corporal como um todo e descobre desequilíbrios gerais dentro dos órgãos. Em seguida, ele sente os sistemas de órgãos e, então, os sistemas cruzados de órgãos. Usando a PSS cinestésica, por exemplo, o curador vai verificar a pulsação do fígado para ver se está acima ou abaixo do normal. O curador, então, vai sentir grandes áreas do corpo para verificar se a pulsação do fígado está sincronizada com as pulsações de outros órgãos do corpo. Se o fígado estiver anormal, o curador descobre de que maneira o seu funcionamento anormal está afetando os órgãos vizinhos ou de outras áreas do corpo.

Uma pergunta típica que surge na descrição da doença feita pelo curador é: como um funcionamento insuficiente do fígado (pulsação anormalmente baixa, indicando hipofuncionamento) afeta o pâncreas? Minha resposta, com base em informações obtidas por meio da PSS cinestésica, é que o hipofuncionamento do fígado força o pâncreas e o obriga a trabalhar mais; isso faz a pulsação do pâncreas aumentar, causando um hiperfuncionamento desse órgão. Em virtude do trabalho excessivo, o pâncreas pode ficar demasiado fraco e tornar-se incapaz de funcionar apropriadamente; sua pulsação também cairá abaixo do normal, causando um hipofuncionamento do pâncreas.

As informações obtidas cinestesicamente a partir de mulheres estéreis que estão tentando ficar grávidas são muito interessantes. Em corpos sadios os ovários pulsam sincronicamente um com o outro, com o timo, situado perto do coração, e com a glândula pituitária, na cabeça. Em muitos casos de infertilidade, as pulsações de um ovário estão desequilibradas em relação ao outro ovário e às pulsações de outros órgãos do corpo. Os ovários têm de ser equilibrados um com o outro, com o timo e com a pituitária para que possam gerar um óvulo maduro e liberá-lo no momento apropriado. Quando eles não estão pulsando sincronicamente, o óvulo será liberado no momento errado do ciclo menstrual. Ele pode ser precoce ou demasiado maduro, ou nem sequer chegar a ser liberado. Para restabelecer o equilíbrio, o curador envia energia que produz uma pulsação sincrônica entre todas as três estruturas endócrinas. Isso é feito por meio de uma série de técnicas de imposição com as mãos. Foi assim que consegui ajudar muitas mulheres que antes eram estéreis. Agora, elas são mães. (Em alguns casos, obviamente, outros órgãos também podem estar envolvidos no problema, de modo que o curador iria senti-los e, depois, também equilibrá-los.)

Um bom exemplo ocorreu vários anos atrás, quando eu estava clinicando em Nova York. Uma cliente, Barbara, queria engravidar. Ela tinha 42 anos de idade.

Barbara passara pela morte clínica, devido a uma hemorragia, depois de dar à luz uma menina, 15 anos antes. Ela me disse que podia se lembrar de ter deixado o seu corpo e visitado o pai, então já falecido, e que ele lhe dissera para voltar à Terra. Ele lhe disse que ela poderia levar para a Terra toda a paz e o amor que sentia ao lado dele. Ela, então, sentiu-se impelida de volta para o seu corpo. Um médico debruçou-se diante dela e disse: "Ela se foi." A outra coisa de que ela se lembra é de uma enfermeira corpulenta inclinando-se sobre ela, massageando-lhe o peito e gritando: "Respire, diabos, respire!"

Depois de uma longa recuperação, criando sua filha sozinha e, posteriormente, casando-se novamente, Barbara queria uma outra criança. Houve muita preocupação com relação a isso. A causa da hemorragia não fora descoberta e, portanto, isso poderia ocorrer novamente. Além disso, Barbara havia tido câncer no colo do útero quatro anos antes de casar-se. Os seus médicos estavam preocupados com a possibilidade de que, por causa da cirurgia, o útero não fosse capaz de reter o feto por nove meses.

Antes de me procurar, ela havia tentado engravidar durante três anos, sem sucesso. Um rápido exame no seu campo de energia revelou uma grande ruptura no segundo chakra. Seus ovários não estavam funcionando apropriadamente, e não estavam sincronizados com o timo nem com a pituitária. Ela ovulava de forma irregular e, quando o fazia, o óvulo era liberado numa fase demasiado tardia do ciclo menstrual. Também vi o colo do seu útero, que estava debilitado, e outra região, dentro do útero, em que havia muito tempo sofrera uma lesão. Esta fora a causa da hemorragia.

Primeiro, limpei e purifiquei o ferimento, reestruturando o primeiro nível do seu campo, para que ele pudesse ser curado. Depois, refiz o campo de energia do colo do útero, para fortalecê-lo. Fiz com que ele se tornasse bastante resistente, para que pudesse reter o feto. Em seguida, reparei todos os danos do segundo chakra, e estabilizei-o. Depois disso, sincronizei os ovários um com o outro, com o timo e com a pituitária. Como cada sistema do corpo começou a funcionar, a energia de Barbara aumentou. Isso foi feito numa sessão, em fevereiro de 1984.

Telefonei para Barbara em 1990, para saber se ela se lembrava do ocorrido. Barbara disse: "Você descobriu um buraco negro de energia na fonte do sangramento, e encontrou também uma disfunção energética no colo do útero. Você descobriu as duas causas da preocupação dos meus médicos. Depois disso, fiquei grávida em março. Foi um milagre.

"Um outro aspecto interessante é que voltei a procurá-la no meu nono mês porque Annie estava na posição invertida. Você a virou... Outra coisa interessante é que você me preparou para uma cesariana. Lembro-me de sentir o seu conflito. Lembro-me de tentar ajudá-la dizendo que estava tudo bem e que você podia contar-me tudo o que estivesse acontecendo. Bem, fiz a cesariana. Depois de 24 horas de trabalho de parto, o colo do meu útero não dilatava, e Annie ficou em dificuldades."

Quando Barbara me procurou para a segunda sessão de cura, em seu nono mês, recebi a orientação de que ela passaria por uma cesariana. Eu não queria dizer-lhe isso de uma maneira que parecesse uma sentença definitiva. Eu queria deixar uma ampla margem para a possibilidade de um parto normal, mas consegui avisá-la que seria boa ideia aceitar as coisas do jeito que viessem, e que o mais importante era ter a criança, e não fazer isso com perfeição. Recordo-me de que, quando estava trabalhando com ela, pareceu-me que tivemos de optar entre fortalecer o colo do útero e ter um parto por cesariana, ou não fortalecê-lo e correr o risco de que ela perdesse o bebê.

Posteriormente, Barbara disse: "Isso nunca teria me preocupado, de modo algum. Nunca tive nenhuma ideia predeterminada a respeito de como o bebê deveria nascer. Creio que a maioria das mulheres religiosas da Nova Era tem muito preconceito com relação aos procedimentos médicos. Elas não conseguem lidar com a aparente contradição contida no fato de submeter-se a esses procedimentos e ser espiritualmente responsáveis pela própria cura. Eu nunca tive nenhum problema com isso. Essa é uma contradição imaginária, e não real.

"Penso que muitas pessoas têm certo preconceito com relação a essas questões. É como se você tivesse de fazer uma escolha entre assumir a responsabilidade pelo seu bem-estar físico e espiritual ou aceitar a tecnologia, o conhecimento e a capacidade dos médicos. De fato, cada vez que faz uma escolha, você está limitando a realidade porque, na verdade, não há nenhuma necessidade de escolher. O tratamento só é completo quando as duas coisas são feitas em conjunto. O que todos estamos tentando fazer é resolver o problema dessa contradição na Terra."

O Uso Conjunto da PSS Visual, Cinestésica e Auditiva para Descrever a Doença

Usando agora ao mesmo tempo a PSS visual, auditiva e cinestésica, "focalizemos" (verbo que diz respeito à visão), "sintonizemo-nos" (verbo que diz respeito à audição) e entremos em "contato" (expressão que diz respeito à cinestesia) com o pâncreas para "ver" (verbo que diz respeito à visão) que informações podemos obter. Nas pessoas com problemas para digerir doces e açúcares, o pâncreas "parecerá" fraco. Em vez de apresentar um marrom aveludado claro e brilhante, o pâncreas apresentará um marrom aveludado muito desbotado. O pâncreas poderá estar inchado por causa da sua incapacidade de funcionar apropriadamente. Usando a PSS, o curador pode "ver" isso. Intensificando a resolução visual, o curador também pode ver pilhas de células âmbar-amareladas em diversas partes do pâncreas. O livro de anatomia nos diz que elas são as ilhotas de Langerhans. Em alguns casos, poderá haver um maior número dessas pilhas de células; ou, então, cada ilhota poderá ter mais células ou ser maior do que o normal; ou, ainda, cada ilhota pode ser constituída por células âmbar-amareladas de tamanho maior do que o normal. O número excessivo de ilhotas de Langerhans representa um esforço do corpo para aumentar a quantidade da secreção produzida nessas células. A PSS ou um livro de fisiologia nos diz que essa secreção é o hormônio insulina. Por via da sensação cinestésica, o curador descobre que a pulsação do pâncreas também está abaixo do nível que o curador sente como normal. O pâncreas está insuficientemente ativo. Assim, a PSS visual, auditiva e cinestésica, utilizadas em conjunto, nos dizem que esse paciente precisa de um trabalho de cura para restabelecer o funcionamento normal do pâncreas.

Quando um pâncreas debilitado começa a pulsar mais lentamente do que a taxa saudável normal, ele em geral começa a afetar a pulsação do rim esquerdo, localizado logo atrás dele. Em pouco tempo, esse rim começa a pulsar num ritmo que corresponde aos pulsos mais lentos do pâncreas. Isso faz o rim descarregar açúcar na urina. O rim tem um aspecto mais escuro do que o normal. O curador pode perceber que o funcionamento tanto do pâncreas como dos rins está reduzido. Até mesmo o tecido conjuntivo que envolve os órgãos, chamado de fáscia, começa a se endurecer, a se contrair e a comprimir os órgãos uns contra os outros. A fáscia é o meio físico que conduz a maior parte do fluxo de energia da primeira camada do campo áurico. Quando ele endurece, sua capacidade de conduzir a energia fica bastante reduzida. Isso, por sua vez, diminui a quantidade de energia que os órgãos envolvidos pela fáscia podem receber dos campos de energia que existem à nossa volta.

Penso que essa diminuição de condutividade ao longo da nossa fáscia tem muito a ver com o processo de envelhecimento. Quando se faz um trabalho para amolecer os tecidos enrijecidos, uma quantidade muito maior de energia flui para o órgão ou músculo envolvido pela fáscia. Esse órgão ou músculo desperta e torna-se novamente saudável. Esse tipo de trabalho, combinado com o uso da energia de cura, é eficaz até mesmo no caso de lesões muito antigas. Ele revigora os tecidos que ficaram sem uso durante muitos anos. Embora seja preciso muito tempo e atenção para curar lesões antigas, um considerável número de pessoas acha que isso vale a pena. As pessoas que fazem um trabalho corporal ou energético que amolece a fáscia permanecem jovens por mais tempo. Muitas pessoas aparentam dez anos a menos do que realmente têm.

Os curadores usam todos as mesmas técnicas de PSS mencionadas acima para descrever os problemas que ocorrem no nível hárico e no nível da estrela do âmago. Essas informações incluem a descrição de qualquer desfiguramento ou disfunção existentes nesses níveis. (Os níveis hárico e da estrela do âmago, bem como os cinco objetivos da cura serão discutidos nos capítulos 16 e 17.)

Objetivo 2:
Trabalho de Cura com as Mãos

Conforme foi descrito anteriormente, o curador atua como um canal de transmissão para as energias de cura existentes no campo de saúde universal ou campo de energia universal, em torno de todos nós. O campo de energia humano não deve ser considerado menos real do que o nosso corpo físico. Existem diversos níveis de corpos e o curador vai trabalhar cada um deles. O primeiro, o terceiro, o quinto e o sétimo níveis do campo áurico são estruturados de tal maneira que contêm todos os órgãos que conhecemos no corpo físico, e também os chakras, órgãos de captação que metabolizam a energia do campo universal e que a distribuem para a área do corpo em que estão localizados. Esses níveis estruturados parecem ser constituídos de feixes imóveis de luz. Eles parecem bolhas ou nuvens de fluido em movimento. O fluido se desloca ao longo das linhas imóveis de luz das camadas estruturadas.

O curador atua sobre os níveis estruturados para reparar, reestruturar e recarregar os corpos de energia. O trabalho do curador nos níveis não estruturados do campo consiste em dinamizar as áreas estagnadas, carregar as áreas enfraquecidas e equilibrar as áreas excessivamente carregadas, harmonizando-as com o restante do campo.

Tudo isso produz um grande efeito no funcionamento do corpo físico. Mesmo se o órgão físico tiver sido retirado, a sua reconstrução nas camadas estruturadas do campo e seu carregamento nas camadas fluidas do campo exercem um poderoso efeito de cura sobre o corpo. Em casos nos quais houve retirada da tireoide, tenho observado constantemente a reestruturação de uma tireoide no nível áurico reduzir a quantidade de medicamentos que o paciente precisa tomar. A cura pelas mãos geralmente reduz a dois terços ou à metade o tempo de recuperação, diminui a quantidade de medicamentos necessários e reduz substancialmente os efeitos colaterais das modalidades de tratamento invasivas.

Uma amiga minha, altamente alérgica a medicamentos, submeteu-se a uma operação dupla de catarata. Ela tomou medicamentos apenas durante a cirurgia. Não tomou nenhum analgésico depois da intervenção, realizou sessões de cura consigo mesma várias vezes por dia, todos os dias, e se recuperou duas vezes mais rápido que o tempo normal de recuperação para pacientes que se submetem à operação em apenas um olho. Problemas simples como torção nos tornozelos, que normalmente obrigam a pessoa a usar muletas por duas semanas, podem ser curados em meia hora ou em 45 minutos, se forem cuidados imediatamente.

Se não for possível aplicar imediatamente a cura pelas mãos, outros métodos de cura desenvolvidos pela medicina osteopática, a Integração Estrutural (Rolfing), a massagem dos tecidos mais profundos, o relaxamento do músculo ou o trabalho com a miofáscia também vão reduzir o tempo de cura a uns poucos dias. Sempre que ocorre uma lesão, o corpo se contrai e se concentra ao largo da lesão. Esses métodos são muito úteis para curar problemas causados pela falta de harmonia, pelas torções, distensões, contusões, fraturas e lesões na coluna vertebral. Mantendo o corpo em determinadas posições de tensão e seguindo as pulsações corporais, pode-se simplesmente seguir o relaxamento das torções que resultaram na lesão.

Recentemente, uma mesa muito pesada cedeu sobre a canela e o pé de uma estudante de cura. Nós imediatamente a socorremos e trabalhamos nela durante cerca de 45 minutos. Ela tinha medo de que sua perna estivesse quebrada. Depois de um cuidadoso exame através da PSS visual, vimos que não havia fratura. Ela estava muito esfolada e contundida. Usamos simultaneamente técnicas de imposição das mãos para reestruturar os campos de energia e uma técnica de relaxamento estrutural. No final dos 45 minutos, não havia nenhum inchaço, a contusão era muito pequena e viam-se apenas umas poucas esfoladuras. Ela descansou algumas horas com gelo sobre a região afetada e, no dia seguinte, estava andando normalmente. Parecia que ela sofrera o ferimento duas semanas antes.

Vi casos em que o diagnóstico de tumor benigno "operável" mudou para "operação desnecessária" depois de poucas sessões de cura por meio da imposição das mãos. Vi pacientes cardíacos melhorarem a ponto de não precisarem mais de operações do coração, pacientes com câncer reduzirem a quantidade de quimioterapia necessária, casos de diabete em estado inicial serem revertidos e colonectomias serem evitadas. Em alguns casos, o câncer desapareceu. Vi muitas vidas serem modificadas e transformadas naquilo que as pessoas queriam que elas fossem.

O curador também atua sobre os níveis hárico e da estrela do âmago. Uma vez determinado o estado dos níveis hárico e da estrela do âmago, ele pode atuar diretamente sobre cada um deles. A aplicação de cura no nível hárico ou da estrela do âmago é um tratamento avançado. É preciso muito treino e prática para fazê-lo (isso será analisado nos Capítulos 16 e 17).

Objetivo 3:
Obter uma História Mais Ampla e Completa da Doença

A terceira área de atuação da equipe curador-médico diz respeito ao levantamento da história da doença. O médico faz isso através dos registros médicos relativos ao paciente e à sua família. O curador obtém informações históricas testemunhando psiquicamente os acontecimentos passados que estão física e psicologicamente relacionados à doença. O curador tem a capacidade de voltar no tempo e de observar a sequência de acontecimentos que ocorreram num determinado órgão, numa parte do corpo ou em todo o sistema corporal no nível do corpo físico ou dos corpos energéticos. O curador faz isso a princípio ligando-se cinestesicamente à parte do corpo e, depois, consultando a memória.

Trata-se de um processo muito semelhante ao que acontece quando você ativa a sua própria memória. Você faz isso automaticamente para si mesmo. Você tem a impressão de que simplesmente volta no tempo e testemunha um acontecimento do passado. Tente fazer isso para uma outra pessoa ligando-se a ela e, então, ativando a memória. Você vai ficar surpreso ao descobrir que pode ter acesso também ao passado dela. Você simplesmente foi levado a acreditar que só poderia ter acesso ao seu próprio passado.

No nível físico, o curador usa da PSS para testemunhar, na ordem inversa, os traumas que ocorreram numa determinada parte do corpo. De acordo com a minha experiência, a maioria das doenças sérias não é nova. Ao contrário, a configuração da doença foi se formando no decorrer de um longo período de tempo e através de diversas formas e sintomas que se conjugaram para dar origem ao estado atual do paciente. Aquilo que você é agora representa a soma total das experiências por que passou na vida.

Um exemplo comum são os problemas quanto aos quadris nas pessoas idosas. A maioria dos problemas nos quadris que ocorre na velhice é provocada pela falta de alinhamento estrutural da coluna ou dos joelhos, que vem desde a juventude. Deficiências na nutrição também podem contribuir para o processo de degeneração, até que a pessoa idosa caia e frature os quadris.

Muitas pessoas notam que a mesma parte do corpo sofre lesões frequentemente. Um vez que um tornozelo é torcido ou distendido numa quadra de tênis, a pessoa voltará a torcer esse mesmo tornozelo debilitado. Essa falta de alinhamento do tornozelo irradia-se pelo sistema estrutural de todo o corpo e afeta todas as suas partes. Uma pancada no joelho, causada pela queda de um triciclo, na infância, pode causar um problema de joelho quando se começar a andar de bicicleta e, posteriormente, a problemas de joelho relacionados à prática de *jogging*, e assim por diante. Cada lesão aumenta o desalinhamento estrutural e produz mais lesões.

Quando um problema grave se manifesta no corpo físico, essa parte do corpo em geral já sofreu repetidos traumas. Um problema num órgão é um sinal de que o problema está oculto bem no interior do corpo. Os efeitos de velhos traumas de infância são aumentados, levados adiante e mantidos através de maus hábitos de vida nos níveis físico, emocional, mental e espiritual. Em virtude dos seus conjuntos de crenças negativas, as pessoas voltam a criar repetidas vezes o mesmo problema. Esse conjunto de crenças negativas são na maioria das vezes inconscientes. Através da PSS, essas experiências negativas recriadas podem ser interpretadas sequencialmente.

Uma paciente chamada Tanya, que teve o cordão umbilical enrolado no pescoço e que nasceu num parto a fórceps, repetiu de diversas formas esses traumas no pescoço e na cabeça. No início da infância, num parque, ela caiu de um canhão, numa exposição de armas de guerra, e aterrissou de cabeça. Depois, ela caiu de árvores, mais de uma vez. Posteriormente, seu irmão golpeou-a acidentalmente na cabeça com um taco de beisebol. Ela estava de pé atrás dele quando o irmão fez um giro para atingir a bola. Cada vez que ela recebia um golpe na cabeça, o seu pescoço também ficava pior. O pai batia nela sempre que a mãe dizia que ela havia sido "má". Ela nunca sabia quando isso ia acontecer porque a punição ocorria muitas horas depois, quando o pai chegava em casa, vindo do trabalho. Às vezes, ele batia nela com um régua enquanto a mantinha de cabeça para baixo, pendurada por um pé. Depois, apanhou diversas vezes do marido violento. Isso continuou durante cerca de dez anos. Nessa época, ela sofreu um acidente com o pescoço num quarto de motel, quando um homem tentou arrancar-lhe a roupa de banho. Dois anos mais tarde, sofreu outra lesão no pescoço e teve uma fratura no crânio, na altura do contorno do couro cabeludo, num acidente de carro. As repetidas lesões na cabeça e no pescoço produziram um desalinhamento estrutural cada vez mais acentuado, que enfraqueceu não apenas as áreas diretamente envolvidas, mas também todo o sistema estrutural. Todo o lado esquerdo de seu corpo estava debilitado. Ela disse que isso era consequência de ter casado com um homem destro – o lado esquerdo do corpo é que levava as pancadas. Por meio da imposição de mãos e do desenrolamento ela conseguiu curar a maior parte de seus problemas.

Como os órgãos funcionam todos juntos, a disfunção crônica de qualquer órgão específico poderá afetar todos os outros. Primeiramente, os outros órgãos podem trabalhar em excesso para compensar a perda de função de um órgão. Depois, mais tarde, esses órgãos também começam a funcionar num ritmo abaixo do normal porque não conseguiram suportar a carga extra. Para o curador, que vê o corpo funcionar a partir de uma perspectiva holográfica, qualquer coisa que ocorra em alguma parte do corpo está sempre relacionada ao restante do organismo.

Observei um caso interessante de antiga deficiência na alimentação num homem que sofreu um trincamento no osso da canela. Voltando no tempo, vi que a causa estava relacionada ao fato de ter bebido muito leite na fase de crescimento rápido da adolescência. O leite não era a melhor fonte de cálcio para o seu corpo. Quando o seu corpo produziu células ósseas, elas ficaram "demasiado duras" e não permitiram que o músculo se inserisse apropriadamente dentro do osso. Assim, aos 40 anos, o osso de sua canela se quebrou quando ele estava praticando *jogging*.

Objetivo 4:
Ajudar os Pacientes a Encontrar um Significado Mais Profundo e as Causas de Sua Doença

---

Por meio da PSS, o curador ajuda o paciente a ter acesso a informações gerais a respeito de seu passado no nível psicológico. Isso inclui informações a respeito de possíveis traumas de infância, da interação com os pais e com o ambiente, da atitude mental do paciente em relação à vida e do seu conjunto de crenças.

Um curador também vai usar a PSS para "ler" informações específicas acerca da história psicológica e que estejam relacionadas com algum problema atual. Para fazer isso, o curador liga-se à parte do corpo que está doente e volta no tempo enquanto se mantém sintonizado com o tempo psicológico e testemunha as experiências passadas que estão diretamente relacionadas com o problema físico da pessoa. Isso também revela muitas coisas sobre a personalidade do paciente, os seus traumas psicológicos de infância e as reações a eles, e essas coisas criam certos padrões de vida pouco saudáveis, que, por sua vez, são em parte responsáveis pela criação de problemas físicos.

Essa informação, quando utilizada com sensibilidade, pode ser de grande ajuda para o processo de cura do paciente. Ela ajuda os pacientes a se livrarem de hábitos pouco saudáveis que provocam desequilíbrios no sistema de energia, podendo acabar desenvolvendo doenças no corpo físico.

A ideia de que alguém possa criar acidentes na sua vida em consequência das suas crenças e de traumas anteriores é, obviamente, interessante e controvertida. Alguns acidentes são claramente intencionais. Tenho a certeza de que todos vocês já viram crianças se ferirem logo depois de serem pegas fazendo alguma coisa que não deveriam ter feito.

O caso de Tanya é um bom exemplo. Como Tanya procurava curar a si mesma usando as mãos e trabalhando os tecidos profundos, ela conseguia encontrar maneiras de continuar se machucando, inclusive o acidente de carro em que ela não estava dirigindo. Tanya tinha a intenção de continuar sendo a "vítima" das outras pessoas, o que, na sua mentalidade infantil, de alguma maneira significava que ela era "boa". É isso o que quero dizer quando falo em "conjunto de crenças negativas". Seu pai a havia castigado por ser "má". No seu raciocínio de criança, o castigo fazia com que ela ficasse "boa" novamente. Ela também se lembrava de que, quando seu irmão a golpeou, ela se sentiu ligada a ele. Além de ficar aterrorizada, ela também sentiu a dor dele e podia sentir que, ao ser atingida, ela na verdade aliviou parte da dor que ele próprio sentia. Essa é a base do martírio. No acidente de carro, o marido – que costumava espancá-la – estava no volante. Você poderia perguntar: Como ela iria se sentir culpada por esse acidente? Embora não se sentisse culpada, Tanya tivera a intenção de se ferir, na noite anterior. Essa era uma maneira de não sofrer tanto na vida. Ela disse que havia estado muito perturbada na noite anterior ao acidente. Seu marido estava tentando jogá-la contra um antigo namorado, e ela não sabia o que fazer. Ela se lembra de ter olhado para a grande janela de vidro do seu quarto, pensando em como seria correr pelo quarto e bater com a cabeça no vidro. Tanya disse que ficara completamente louca.

Finalmente, ela conseguiu desfazer o casamento e criar uma nova vida para si. Mesmo depois de todo o trabalho que fez consigo mesma, somente cerca de um ano depois do divórcio ela começou um relacionamento muito saudável e seguro com o seu atual marido, com quem está casada há sete anos.

Durante a leitura e o desdobramento das informações sobre o passado, o curador também está trabalhando diretamente para eliminar a alteração do campo, relacionada com os acontecimentos e traumas. O trabalho está sendo feito em ambos os níveis ao mesmo tempo. A pessoa está se conscientizando da informação, e as alterações do campo, produzidas por esses acontecimentos, estão sendo eliminadas. Para o paciente, isso tem um efeito muito positivo sobre a cura.

O curador pode, então, entrar em sintonia com os níveis superiores do paciente, os quais revelam padrões de pensamento ou formas-pensamento habituais que às vezes dominam e regem a psique do paciente. Posteriormente, o curador será capaz de ajudar o paciente a encontrar o sistema de crença negativo e patológico que está na origem dos padrões de vida pouco saudáveis que criam a doença.

Quando Tanya se conscientizou de seus esforços inconscientes para continuar sendo vítima e, portanto, uma pessoa "boa", ela começou a modificar sua postura e alcançou o nível hárico da sua intenção. Ela pretendia continuar sendo uma vítima para que pudesse continuar a ser uma pessoa "boa" e, também, para não ter de enfrentar o mundo e tomar conta de si.

Ela entrou em harmonia com intenção positiva de mudar. Ela precisou ligar-se a uma parte mais profunda de si mesma (o seu âmago), parte que já sabia que ela era boa. De uma perspectiva mais ampla, a causa da doença é o esquecimento de quem você realmente é (a falta de ligação com o âmago), e a cura é a lembrança do verdadeiro eu (a ligação com o âmago). Assim, Tanya começou a se lembrar de quem ela era. Ela se ligou à sua bondade básica construindo canais de comunicação com a sua estrela do âmago. Ela não tinha mais que provar que era uma pessoa boa fazendo o papel de vítima.

Objetivo 5:
A Criação de Modalidades de Tratamento Mais Eficazes

O quinto objetivo principal da equipe médico-curador é a criação conjunta de novas modalidades de tratamento. Os resultados dos quatro primeiros objetivos – descrever a nova doença, obter informações a respeito do funcionamento do corpo, modificar a maneira de encarar as causas e o profundo significado da doença e utilizar os poderosos efeitos de cura da imposição das mãos – produzem grandes modificações nas modalidades de tratamento e novas orientações para nos ajudar a conservar a saúde.

São essas algumas das principais mudanças nas modalidades de tratamento:

1. Toda abordagem relacionada com saúde e cura transforma-se num novo paradigma que inclui todos os aspectos da ampla expansão da experiência de vida humana. Nessa visão holística, cada coisa afeta todas as outras, e nenhuma área da vida do paciente pode ser isolada e separada dos problemas de saúde. Considera-se também que os pacientes têm muito a ver com a criação de seus problemas.

2. Compreendendo como os nossos hábitos de vida e o clima psicológico afetam a nossa saúde, modificamos nossa atitude com relação ao modo como devemos manter a saúde. Focalizamos a nossa atenção nessas áreas para conservar a saúde. Desenvolvemos hábitos psicológicos saudáveis e aprendemos a processar automaticamente velhos bloqueios emocionais e conjuntos de crenças que causam problemas físicos.

3. A necessidade de prescrever medicamentos e de fazer cirurgias diminui. Tive vários pacientes para os quais a cirurgia deixou de ser necessária. Quando eles compareceram ao exame pré-cirúrgico, os médicos cancelaram a cirurgia. Tenho ajudado pessoas a diminuir o tamanho dos tumores e tireoides; a remover células anormais do útero, para evitar o câncer ou mesmo uma histerectomia; a evitar a retirada do cólon e as cirurgias do coração.

    Muitos medicamentos que haviam sido prescritos foram reduzidos pelos médicos porque os seus pacientes ficaram bons mais cedo que o esperado. O uso de analgésicos tem sido significativamente reduzido em pacientes com dores crônicas, assim como dores de cabeça, dores lombares e dores no ovário.

4. Curadores e médicos, trabalhando juntos, podem proporcionar informações pessoais mais específicas para cada paciente acerca do medicamento a ser tomado e do momento exato para começar ou para interromper o uso de um determinado medicamento. Os curadores também podem fornecer informações a respeito de quando e de como reduzir o uso do medicamento durante o processo de cura. Do ponto de vista do curador, nenhuma erva, tratamento ou droga é necessariamente ruim ou

indesejável. O importante aqui é que o paciente tenha a liberdade de escolher o método de tratamento mais útil e apropriado para si. Como diz o meu guia, Heyoan: "A substância exata, a quantidade exata, no momento exato, atuam como uma substância alquimicamente transformadora em favor da cura."

O curador consegue perceber os efeitos que uma determinada erva, remédio homeopático ou medicamento estão causando no corpo do paciente. O curador pode observar o paciente tomando remédios homeopáticos para ver o efeito sobre o campo de energia, porque os remédios produzem sobre o campo efeitos tanto imediatos como de longo prazo. Se o remédio homeopático for impróprio, não haverá nenhum efeito. Se o remédio não for bastante eficaz, não vai penetrar no campo nem produzir um efeito apreciável. Um remédio mais forte conseguirá fazer isso. Ele vai alcançar os níveis superiores do campo e talvez não afete imediatamente os níveis inferiores. Essa informação pode ser muito útil para o homeopata não apenas na escolha do remédio, mas também para que ele decida em que parte dos corpos de energia do paciente se deseja que ele produza o máximo efeito.

Descobri que a cura reduz a quantidade de medicamento de que o corpo precisa, mesmo quando uma glândula tiver sido removida. Experimentei isso muitas vezes em várias pessoas e diferentes tipos de medicamento. Esse é um resultado automático do processo de cura por meio da imposição das mãos.

A redução da quantidade de medicamento de que o paciente necessita ao longo do processo de cura é um procedimento gradual. No início, a orientação normalmente é no sentido de que o paciente continue com o medicamento que estiver tomando. Depois de um período de cura, talvez de apenas algumas semanas, a orientação proporá que o medicamento seja reduzido em um quarto. Depois de mais algumas semanas ou meses, será necessário que a pessoa diminua ainda mais o medicamento.

Consideremos o seguinte exemplo. Eu estava trabalhando com uma jovem que tinha vários problemas físicos quase desde o nascimento – muitas doenças, muitas intervenções cirúrgicas. Ela estava em torno dos seus vinte e poucos anos de idade. Embora o seu progresso fosse lento, ela adquiria saúde e energia com regularidade. Depois de aproximadamente seis meses de cura, ela chegou a um ponto em que não progredia em termos de se tornar mais saudável. As sessões de cura não pareciam estar produzindo muito efeito. Pedi orientação específica, usando PSS, para saber por que ela deixara de progredir. Ouvi as seguintes palavras: "Diga a ela para reduzir seu medicamento para tireoide em um terço." Na ocasião, eu não sabia que ela o estava tomando. Um tanto constrangida, perguntei-lhe sobre isso, e ela confirmou que estava tomando o remédio em questão. Nas semanas seguintes, com o consentimento de seu médico, ela diminuiu o uso do medicamento de acordo com a orientação recebida, e começou a recuperar a saúde. Depois de cinco meses, foi necessário diminuir ainda mais. Pouco depois, ela abandonou o tratamento, satisfeita com sua saúde e resolvida a cursar uma universidade.

5. Os curadores podem ajudar na escolha de modalidades de tratamento. Por exemplo: antes de Jennifer chegar ao meu consultório, para nossa primeira sessão de tratamento, recebi a informação de que ela deveria escolher um tipo de quimioterapia que durava três meses e que usava duas drogas, em vez de um outro, que durava dois meses e usava três drogas. Eu não conhecia Jennifer e não sabia por que ela estava vindo receber a minha cura. Quando Jennifer me falou dos seus problemas, ela me disse que, apenas duas semanas antes, o seu oncologista havia lhe pedido que escolhesse entre dois tipos de quimioterapia para tratar o seu câncer. Uma usava três drogas e durava dois meses e a outra usava duas drogas e durava três meses. Ela havia me procurado para que eu ajudasse a tomar a decisão. Desnecessário dizer que eu já tinha a resposta.

6. Trabalhar com um curador pode ajudar a reduzir os efeitos colaterais negativos de muitos tipos de tratamento radical não apenas porque esse tratamento pode ser menos intenso, mas também porque a imposição das mãos reduz os efeitos colaterais negativos que ocorrem durante o tratamento. Ela também reduz ou elimina a deterioração corporal causada a longo prazo pelos tratamentos químicos e radiológicos. A quimioterapia estraga o fígado e enfraquece o sistema imunológico. A imposição das mãos estimula a função hepática. A radioterapia destrói a primeira camada do campo de energia, estilhaçando-a como se fosse de vidro; a imposição das mãos repara o dano.

Muitas vezes as partes do corpo irradiadas começam a apresentar disfunções dez ou vinte anos depois. Uma paciente perdeu a maior parte do movimento dos braços porque os nervos se deterioraram. Ela havia recebido aplicações radiológicas muito fortes na área do plexo braquial (a área da coluna de onde partem os nervos que controlam o braço) como tratamento para a doença de Hodgkin, dez anos antes.

Tratando uma paciente o mais prontamente possível após a aplicação de radioterapia, descobrimos que, com a imposição das mãos, podíamos remover continuamente o campo áurico fragmentado e refazê-lo. Essa paciente sofreu pouquíssimos efeitos negativos em virtude dos tratamentos radiológicos.

Uma outra paciente fora submetida a uma cirurgia na coluna dez anos antes de eu a conhecer. Quando foi trazida para a primeira sessão. de cura, ela ainda estava presa à cama. Ela só conseguia caminhar até o banheiro e voltar. Percebi que um corante vermelho se havia fixado à sua coluna. Aparentemente, ele foi usado para se poder ver a coluna em algum exame hospitalar. Com os tratamentos de cura para remover o corante vermelho, ela ficou muito mais forte e voltou a caminhar.

As curas pós-cirúrgicas reduzem efetivamente a dor e reparam danos que poderiam dar origem a efeitos colaterais retardados. Uma paciente chamada Elizabeth ainda sentia dor em seu ovário direito e na região abdominal um ano após ter sofrido cesariana. Pude ver que as linhas de energia da primeira camada do campo estavam emaranhadas, bloqueando o fluxo normal de energia para essa parte do corpo. Numa sessão de cura, consegui desembaraçar, harmonizar e refazer as linhas de energia da primeira camada do campo. A dor que ela sentia desapareceu de imediato, e, dois anos depois, ainda não haviam voltado. Se as alterações do seu campo tivessem continuado, ela provavelmente teria sofrido infecções nessa área do corpo porque a falta de energia teria debilitado essa região.

No caso de Richard W. (ver a transcrição da sessão de cura no Apêndice A), uma cicatriz vertical no peito, resultado de uma cirurgia do coração, interferia com o fluxo de energia para o coração e o peito. Sua reparação garantiu uma melhor saúde para essa área.

7. Informações a respeito de efeitos negativos de longo prazo de muitas modalidades de tratamento usadas hoje irão modificar a forma de aplicação desses tratamentos.

Quando compreendermos os efeitos negativos em longo prazo que muitos tratamentos drásticos produzem sobre os nossos campos de energia e nossos corpos físicos, eles não serão usados tão prontamente quanto o são hoje. Dei agora há pouco um exemplo de como um corante vermelho continuava na coluna dez anos depois de sua aplicação. Tenho visto outras drogas permanecerem no fígado durante anos após terem sido usadas para o tratamento da hepatite. Muitos medicamentos são usados em doses demasiado fortes para determinadas pessoas, que são mais sensíveis do que outras. Quando podemos obter informações mais específicas acerca da dose mais apropriada para cada indivíduo, o uso dos medicamentos pode ser feito de forma mais eficaz.

Em alguns casos, a quantidade de medicamento necessária pode ser reduzida dramaticamente através dos métodos de cura. Eu, por exemplo, estava trabalhando com outro curador para ajudar uma jovem que iria receber um transplante de fígado. Preparamos o seu campo de energia antes da cirurgia. Depois da operação, ligamos os corpos de energia dela ao seu novo fígado, reconstruindo todas as linhas de energia que haviam sido cortadas para remover o velho fígado. Poderíamos dizer que o novo fígado estava na verdade maior do que o original. Tentamos avisar a equipe médica de que ela precisaria de uma quantidade menor de medicamento para impedir o corpo de rejeitar o novo órgão. Infelizmente, não conseguimos encontrar ninguém que nos ouvisse. Eles finalmente reduziram o medicamento quando ela começou a apresentar efeitos colaterais. Agora ela está bem.

8. Por meio da PSS foram descobertas modalidades de tratamento inteiramente novas, que nunca haviam sido usadas antes. Elas obviamente, terão de ser pesquisadas e testadas. Algumas estão fora das possibilidades das tecnologias atuais. Uma vez, por exemplo, recebi a informação de que uma determinada substância deveria ser ministrada por gotejamento diretamente no braço de uma criança com leucemia. Essa tecnologia não existia. Tenho recebido informações que descrevem máquinas para filtrar o sangue de pacientes com AIDS. Infelizmente, enquanto estou escrevendo este livro, esses equipamentos ainda não existem. Algum dia serão construídos aparelhos que emitirão certas frequências para o corpo com o propósito de acabar com as cicatrizes dos tecidos. Outras frequências do mesmo aparelho vão explodir células cancerosas sem afetar as células normais, por causa de diferenças entre a estrutura da membrana das células normais e das células cancerosas.

Como a configuração da doença sempre aparece no campo áurico antes de se manifestar no corpo físico, vamos desenvolver modalidades de tratamento e equipamentos que curam os corpos de energia antes que eles possam causar uma doença no corpo físico. Isso vai prevenir muitas doenças físicas.

9. Nós também nos tornaremos muito mais conscientes do ambiente físico em que vivemos e do modo como isso afeta os nossos campos de energia e a nossa saúde. Uma das áreas mais interessantes com que me deparei, ao interpretar o funcionamento dos sistemas físicos com a PSS, foram os equilíbrios químicos altamente sensíveis de que o cérebro necessita. Em virtude da poluição a que todos estamos sujeitos, muitos desses equilíbrios sensíveis existentes no interior do cérebro são fortemente afetados. Vários grupos pequenos de diferentes tipos de células, as quais, tenho certeza, são bem conhecidas pelos neurofisiologistas, produzem várias substâncias químicas no cérebro, que regulam não apenas umas às outras mas também todo o funcionamento do corpo. Os poluentes ambientais – tais como os aditivos alimentares, radiações eletromagnéticas de frequência extremamente baixa de campos elétricos produzidos por linhas de transmissão elevadas, e a poluição do ar – perturbam esses equilíbrios químicos. Ao longo do tempo, a lenta acumulação de poluentes internos aumenta esses desequilíbrios e causa muitas doenças no corpo. Esse tipo de informação pode ser obtido por meio da PSS e, esperamos, algum dia será testado em laboratório para a comprovação científica.

A energia vital contida nos alimentos também diminui por causa da poluição. Em virtude do envenenamento químico do solo, as próprias plantas não produzem alimentos com frequências de pulsação suficientemente elevadas para manter sadio o corpo humano. As frequências de pulsação dos alimentos ingeridos devem estar dentro da faixa das pulsações vitais dos órgãos; caso contrário, eles vão reduzir as pulsações dos órgãos e eles acabarão ficando doentes. Descobrimos que muitos norte-americanos tomam vitaminas e minerais porque os alimentos que ingerem carecem de energia vital. Ingerindo alimentos puros e saudáveis, nosso corpo físico pode manter pulsações que estão sincronizadas com as pulsações da própria Terra. Essa é uma das razões pelas quais os alimentos orgânicos são tão importantes.

Lembre-se de que a Terra como um todo tem as suas próprias pulsações vitais. Uma dessas é a pulsação do campo magnético da Terra. Ele pulsa oito vezes por segundo (8 Hz). Como evoluímos fisicamente dentro desse campo magnético, isso é muito bom para nós. Antes de ser contaminado, o nosso solo transmitia as pulsações saudáveis da Terra. Os alimentos naturais que ingeríamos eram saudáveis porque estavam sincronizados com as pulsações da Terra. Nos dias de hoje, quando comemos uma cenoura cultivada em solo poluído e envenenado, ela não entra no nosso corpo com a mesma energia vibratória de uma cenoura saudável, cultivada num solo sincronizado com as vibrações da Terra. Muitas vezes, essa cenoura é venenosa para nós, e agiríamos mais corretamente se não a comêssemos. Precisamos muito de uma indústria de alimentos saudáveis. Esta seria uma tentativa de proporcionar ao nosso corpo alimentos que contribuam para a manutenção da força vital e para restabelecer o equilíbrio entre nós e a força vital da Terra, que produziu o nosso corpo.

À medida que curadores e médicos forem trabalhando juntos, construiremos canais de comunicação. Vamos aprender a combinar as informações obtidas pelo curador, através da PSS, com as informações que os médicos obtêm a partir de anos de treinamento e prática e através de exames físicos feitos com tecnologias avançadas. Tenho certeza de que o curador e o médico formarão uma equipe excepcional. Posteriormente, os médicos poderão também desenvolver a sua PSS e os curadores irão ajudar a desenvolver instrumentos que irão comprovar e identificar a quantidade das informações que eles próprios obtêm. Algum dia haverá instrumentos sensíveis que poderão fazer uma varredura no nível nacional dos sistemas de energia das pessoas para impedir que o desequilíbrio no campo possa passar para o corpo físico e, posteriormente, se manifestar na forma de doenças.

Terceira Parte

A EXPERIÊNCIA PESSOAL DA CURA

"O nascimento e a morte das folhas faz parte do
grande ciclo que rege as estrelas."
— Rabindranath Tagore

Introdução

É TEMPO DE CUIDAR DE SI MESMO

Quando eu estava recebendo pacientes regularmente, tornou-se claro para mim que todos os meus pacientes tinham de melhorar o modo como cuidavam de si mesmos. Isso significava que cada um deles tinha de assumir a responsabilidade de fornecer a si mesmo os cuidados de que necessitava. Eles tinham de redefinir as prioridades de sua vida para colocarem a si mesmos e a sua saúde em primeiro lugar. É preciso muito esforço para fazer isso porque, em geral, as pessoas dão prioridade a outras coisas.

As mulheres com câncer, por exemplo, tendiam a priorizar as necessidades das outras pessoas, como o marido e os filhos. Muitas delas sofriam uma grande pressão de suas famílias para voltar para casa e tomar conta de todos o mais rapidamente possível. O fato de essas pressões serem na maioria das vezes sutis e indiretas fazia com que as pacientes tivessem ainda mais dificuldade para percebê-las e enfrentá-las diretamente. Os membros da família diziam: "Só queríamos que a nossa vida voltasse ao normal."

As pessoas com problemas cardíacos e com esgotamento tinham orientado suas prioridades para o trabalho. Algumas delas tinham de aprender a confiar nos outros e a delegar autoridade. O processo de cura dessas pessoas incluía perguntarem a si mesmas porque precisavam tanto controlar suas vidas. Em geral, elas descobriam que não se sentiam seguras sem o controle. Elas eram movidas pela vontade e não pelo coração.

Para que se mantenha saudável você precisa cuidar de si mesmo holograficamente – isto é, em todas as áreas e em todos os níveis de sua vida. O processo de cura requer uma grande mudança. Não basta procurar um curador para que algum problema seja resolvido e sua vida "volte ao normal". Em vez disso, você precisa passar para um novo território, começar a cuidar de si mesmo de novas maneiras, redefinir suas prioridades de vida e adotar novas maneiras de se relacionar com seu parceiro, com seus filhos e com os amigos. Eles não vão aceitar isso tão facilmente como você gostaria; provavelmente, haverá algumas dificuldades a serem superadas, algumas diferenças de opinião.

Em longo prazo, porém, isso trará benefícios para todos. Cabe a você permanecer fiel à sua verdade.

Você poderia objetar: "Isso parece ridículo. Como posso fazer tudo isso se estou doente? Numa ocasião assim, supõe-se que eu deva descansar." Minha resposta é que esse é o tempo que você concedeu a si mesmo para fazer isso. De fato, você teve tudo o que precisava para se desincumbir disso. Ao examinar a relação das etapas que envolvem o cuidado que você deve ter consigo mesmo e das necessidades que precisam ser atendidas, você terá a capacidade ou de fazê-las por si mesmo ou de arranjar alguém que o ajude nisso. A maneira exata como você vai cuidar de si mesmo obviamente depende do grau de incapacitação que a sua doença acarreta numa determinada fase. Lembre-se apenas de que essa é a sua oportunidade de fazer uma grande mudança. Esse é um momento de reorientação, de analisar a sua vida e o seu significado mais profundo. Você agora tem o tempo de que necessita para fazer isso. O modo como você vai usar esse tempo depende apenas de você. Você poderá simplesmente dormir durante semanas para facilitar uma profunda conexão consigo mesmo.

Dormir dá a si mesmo o tempo que você talvez não conseguiria de nenhuma outra maneira. Você poderá gastar o tempo pedindo ajuda. É possível que antes você nunca tenha dado a si mesmo a oportunidade de fazê-lo. Você certamente vai gastar parte do tempo renovando o seu sistema de valores. As mudanças em seu sistema de valores vão estender-se holograficamente pela sua vida e continuar a fazer mudanças durante os anos seguintes.

Ao começar a fazer essas mudanças, convém dispor de um guia a respeito do que esperar em suas experiências pessoais. Para ajudá-lo a reconhecer o seu caminho, vou discutir aqui o caminho do processo de cura a partir do ponto de vista de duas estruturas diferentes. A primeira é a estrutura dos setes estágios pelos quais você passa no processo de cura. A segunda considera o processo de cura em termos dos sete níveis de cura. Cada nível está relacionado com um nível do campo áurico da experiência humana.

Capítulo 7

OS SETE ESTÁGIOS DA CURA

....

Observando as pessoas no decorrer do processo de cura, notei que este nunca é uma curva ascendente, suave e regular rumo à saúde. Na maioria das vezes, as pessoas sentem uma melhora interior imediata. Então, mais tarde, os pacientes parecem regredir. Nesse ponto, eles frequentemente questionam o tratamento. Muitas vezes, acham que estão pior do que quando começaram. Seus campos de energia indicavam claramente que de fato eles estavam melhor. O desequilíbrio dos seus campos estava muito menor; seus órgãos estavam funcionando melhor. Contudo, apesar de os campos estarem mais equilibrados, eles estavam sofrendo de forma mais intensa os efeitos do desequilíbrio ainda existente. Às vezes, até mesmo a dor piorava. O fato é que eles haviam se tornado menos tolerantes aos desequilíbrios que, antes, lhes pareciam "normais". Em suma, os pacientes estavam gozando de melhor saúde.

Também notei que as pessoas passam por diferentes fases durante o processo de cura. Essas fases são parte do processo normal de transformação humana. A cura requer modificações não apenas físicas, mas também mentais, emocionais e espirituais. Cada pessoa precisa reavaliar o seu relacionamento com as questões envolvidas num processo pessoal de cura, e redefini-las dentro de um novo contexto.

Em primeiro lugar, a pessoa deve admitir que há um problema, e concordar em sentir esse problema. Elas precisam deixar de negar a situação em que se encontram. Notei que, cada vez que uma pessoa começa a "se sentir pior", ela estava deixando para trás a negação e tomando consciência de um outro aspecto do problema. Muitas vezes, os pacientes achavam que ficavam irritados porque estavam se sentindo pior. Na verdade, estavam irritados porque havia mais coisas com as quais eles teriam de lidar.

A esta altura, a maioria dos pacientes procurava uma maneira de tornar isso mais fácil; eles queriam uma saída que exigisse menos esforço. Muitos diziam coisas como: "Já trabalhei nisso o suficiente" ou "Oh, não, de novo não". Por fim, se a pessoa resolvia ir mais fundo, então haveria disposição para passar para a próxima etapa, expressa em afirmações como: "Bem, vamos lá."

A cura, como a terapia, é um processo cíclico que conduz a pessoa por uma espiral de aprendizado. Cada ciclo requer mais autoaceitação e mais mudanças, à medida que a pessoa penetra cada vez mais fundo na autêntica natureza do seu verdadeiro eu. O ponto até onde vamos e a profundidade em que penetramos depende exclusivamente da escolha que fazemos. O modo como cada um de nós faz sua viagem pela espiral, e o tipo de guia que usamos também é determinado pela nossa livre escolha. Assim, o caminho é diferente para cada um de nós.

Todas as doenças exigem que o paciente passe por uma modificação interior para facilitar a cura, e toda mudança exige uma entrega, uma rendição ou a morte de uma parte do paciente – seja de um hábito, de um emprego, de um modo de vida, de um conjunto de crenças ou de um órgão físico. Assim, na condição de paciente/autocurador, você vai passar pelos cinco estágios da morte e do processo de morrer descritos pela dra. Elisabeth Kübler-Ross no seu livro *On Death and Dying*. São eles: a negação, a cólera, a negociação, a depressão e a aceitação. Você também vai passar por mais dois estágios: o renascimento e a criação de uma nova vida. Eles são uma parte natural do processo de cura. É da máxima importância que o curador aceite qualquer estágio em que o paciente se encontre, e não tente arrancá-lo dele. Sim, o curador talvez precise conduzir o paciente para fora de um determinado estágio por causa de algum perigo físico que o paciente possa estar correndo. Todavia, o curador deve apenas conduzi-lo suavemente.

Para ajudar a descrever a experiência pessoal da passagem pelos sete estágios de cura, escolhi dois casos em que, além da imposição das mãos, também foi necessária a realização de cirurgias. Esses casos nos proporcionam uma visão mais ampla de todos os aspectos da cura. Obviamente, alguém que esteja recebendo apenas a imposição das mãos e a cura "natural" também passará pelos mesmos estágios.

Bette B., a primeira paciente, tem cerca de 1,65 de altura, cabelos castanho-escuros encaracolados, com manchas grisalhas, e é dona de uma personalidade encantadora. Ela é enfermeira e é uma dedicada estudiosa da cura. Bette tem 67 anos, é casada e mãe de dois filhos. Mora em Washington, D.C., com o marido Jack, um engenheiro de segurança aposentado. Ela havia sentido dor, fraqueza e formigamento na perna esquerda, o que, em 1954, acabou deixando-a paralisada da cintura para baixo. Por causa disso, ela teve dois discos lombares removidos cirurgicamente. Depois de oito meses de um trabalho de cura pessoal, de hidroterapia, fisioterapia e muita oração, ela conseguiu andar novamente – coisa que os cirurgiões não esperavam. Ela submeteu-se a uma outra cirurgia em 1976, durante a qual foi removido outro disco, junto com o tecido cicatricial e resíduos ósseos. Para recuperar-se, ela ficou internada numa clínica especializada em controle da dor e reabilitação. Em 1986, apareceram novos sintomas de dor, fraqueza e formigamento no braço esquerdo e dor no pescoço. Em 1987, Bette sofreu nova cirurgia, dessa vez no pescoço. Falei com Bette alguns meses depois dessa cirurgia.

Karen A., a segunda paciente, é uma bela morena, alta, com quarenta e poucos anos, casada, dois enteados. Ela própria não tem filhos. Karen é uma experiente terapeuta. Seu marido também é terapeuta e, enquanto escrevo este livro, eles vivem no Colorado.

A doença de Karen ocorreu quando eles viviam na região de Washington, D.C. Seus problemas físicos começaram cedo, por volta da puberdade. Ela sentiu durante anos uma dor crônica na região pélvica. Posteriormente, isso foi diagnosticado como fibrose uterina e endometriose no ovário direito. Houve infecção, a dor piorou e ela resolveu fazer uma histerectomia. A experiência de cura conduziu-a para uma espiral de crescimento interior muito profunda e autorreveladora.

Passaremos pelos estágios um a um, para encontrar e explorar os elementos básicos de cada um.

O Primeiro Estágio da Cura: A Negação

A necessidade de negação existe para todo mundo numa ou noutra ocasião. Todos tentamos ou fingimos estar livres das experiências mais difíceis da vida. Usamos a negação para continuar com esse fingimento porque temos medo. Achamos que não poderemos lidar com alguma coisa ou, simplesmente, não queremos fazê-lo.

Se ficar doente, você provavelmente vai recorrer à negação ou, pelo menos, à negação parcial, não apenas no primeiro estágio da doença, nem no período de comparação que a sucede, mas também no futuro, de tempos em tempos. A negação é uma defesa temporária que lhe dá tempo para se preparar para aceitar aquilo que virá num estágio posterior. Especialmente se necessitar de um tratamento mais radical, você provavelmente será capaz de falar sobre a sua situação apenas durante certo tempo. Depois, você vai precisar falar de coisas mais agradáveis ou, até mesmo, de sonhos. Não há nada de errado nisso; trata-se de algo perfeitamente natural. Existe algo que você receia ainda não estar pronto para enfrentar; com o tempo, você estará. Dê a si mesmo o tempo de que necessita.

Você vai se sentir à vontade para falar com alguns de seus familiares, amigos e com os profissionais da área da saúde a respeito das suas condições físicas. E você não poderá conversar com mais ninguém a respeito disso. E, acredite, você não terá de fazê-lo. Isso tem muito a ver com a sua confiança em cada pessoa. É muito importante que você não infrinja essa norma. Isso também tem muito a ver com o que essas pessoas sentem em relação à doença, aos seus próprios corpos e em relação à doença que você está sofrendo. Você poderá reagir ao que está se passando com eles. (Os profissionais na área de saúde sempre devem examinar suas reações à doença quando estiverem trabalhando com os pacientes. Essas reações sempre irão se refletir no comportamento dos pacientes e poderão ter uma grande influência sobre o paciente, podendo beneficiá-lo ou causar-lhe prejuízos.)

Lembre-se de que a negação é um tipo de comportamento perfeitamente normal. Não critique a si mesmo quando se descobrir incorrendo nesse tipo de comportamento. Todos fazemos isso, não apenas em relação à doença, mas também em todas as áreas de nossa vida. A negação serve para nos impedir de ver aquilo que não nos sentimos preparados para ver ou sentir. Trata-se de um sistema de defesa que nos impede de ficarmos loucos. Se o seu sistema sentir que você pode lidar com o problema, você não terá de continuar apegado à negação. Logo que estiver pronto para lidar com ele você vai livrar-se da negação.

Em longo prazo, a negação pode ser muito custosa. Todavia, você precisa tratá-la com bondade e compaixão. Para livrar-se dela, você vai precisar de amor, tanto de si mesmo como das outras pessoas. Assim, é importante cercar-se de pessoas a quem ama e nas quais confia. Aceite o amor dessas pessoas e, sempre que possível, compartilhe o seu amor com elas.

Bette costumava negar a sua doença ignorando as mensagens provenientes do seu corpo e do seu sistema de equilíbrio:

> Lembro-me de ter sentido dor no ombro e no braço, até a altura do cotovelo, e pensado: "Bem, você está apenas ficando um pouco velha e talvez tenha artrite. Não pense mais nisso; o problema vai desaparecer." Quando eu estava pintando, sentia dificuldade para usar o braço esquerdo.
>
> O problema com o meu braço aparecia e desaparecia. Acho que continuou assim por uns quatro anos. Um ano e meio antes de procurar

um médico para fazer a cirurgia, minha mão e meu braço começaram claramente a perder a força que tinham. Pela primeira vez na vida, tive de pedir ao meu marido para abrir frascos de vidro para mim. Eu negava isso dizendo para mim mesma: "Você tem um pouco de artrite na mão. É só isso. Não fique preocupada por causa disso."

Eu ignorava a fraqueza no meu braço porque esse problema também passava. Ficava realmente apavorada com o fato de não ter forças para carregar os pacotes quando eu ia da mercearia para casa. Mas o pânico não durava muito tempo. Eu mudava os pacotes do braço esquerdo para o braço direito, e conseguia carregá-los.

Entretanto, realmente acredito que parte dessa negação era quase necessária para que a doença chegasse a um ponto em que fosse "operável". Pelo menos, é assim que eu vejo as coisas atualmente. Não acho que o problema seria operável na época. Não acho que ele havia progredido o suficiente. Se eu tivesse sabido antes, teria ficado apavorada. Era mais fácil negar a doença do que correr para o médico porque, como enfermeira, eu sempre dizia que eu mesma devia saber o que havia de errado antes de procurar um médico, em vez de ir sem saber o que estava acontecendo e dizer: "Você é o médico. O que há de errado?" Eu achava que tinha de saber a resposta primeiro.

Como enfermeira, sempre me ensinaram que muitas coisas estavam em sua cabeça. O meu medo, pensava eu, era que, sendo eu uma enfermeira e o médico um "Deus", ele me diria que tudo era psicológico e que não havia nada de errado comigo. Isso seria uma coisa difícil de suportar.

Enquanto escrevo isso, começo a perceber como era importante para mim resolver esse problema sozinha em vez de procurar a ajuda dos médicos. Acho que o propósito de toda essa experiência era fazer com que eu me sentisse impotente e fosse capaz de trabalhar com outras pessoas.

Perguntei a Bette o que ela queria dizer com impotência. Ela me explicou que entendia isso como uma necessidade de aprender a se entregar e a se sentir segura. Isso vai ficar mais claro quando a acompanharmos pelos diversos estágios pelos quais ela passou.

A negação de Karen também assumiu a forma de ignorar mensagens emitidas pelo seu sistema de equilíbrio e que lhe chegavam na forma de dor. Sendo terapeuta por profissão, ela passava um bom tempo "trabalhando" as questões psicológicas envolvidas. Infelizmente, acabou ficando claro que isso também era uma forma de negação. Karen precisava lidar com o seu problema no nível físico.

Ela diz:

> Acho que eu estava me apegando à negação até resolver me submeter à cirurgia. Eu estava numa situação pior do que me permitia acreditar, e ficava dizendo a mim mesma que, se continuasse a trabalhar o problema um pouquinho mais, tudo se resolveria. Eu poderia curá-lo. A maneira de a negação se manifestar foi fazer com que eu continuasse tentando as coisas por meio da terapia.

O medo está por trás da negação de qualquer pessoa. As pessoas têm medo do que terão de enfrentar por causa da doença.

Karen tinha medo de não poder curar a si mesma, da internação hospitalar e de ficar fisicamente inválida durante e após a operação. Ela também tinha medo de morrer durante a cirurgia, muito embora não houvesse realmente motivo para duvidar do sucesso da operação. Ela evitou o tratamento durante muito tempo por causa desse medo.

Os medos de Bette eram semelhantes:

> Eu tinha medo da operação e de ficar dependente dos outros, porque eu não estava me curando naturalmente e tinha de me submeter à cirurgia. Um outro medo era o de que eu pudesse perder a destreza que tinha nas mãos, e não fosse mais capaz de pintar. A pintura havia se tornado para mim uma experiência tão criativa, que me transmitia tanta paz e que era tão maravilhosa que a possibilidade de perdê-la me deixava mais apavorada do que o risco de não poder andar.

Muitas vezes, temos medos que não fazem nenhum sentido, mas que parecem muito fortes e reais. Quer os chamemos de medos irracionais ou de "experiências de vidas passadas", como fazem muitos curadores, eles precisam ser reconhecidos e trabalhados.

Bette recorda-se:

> Eu tinha medo de que, se houvesse algo de errado com o meu pescoço, a minha cabeça seria decepada. Para mim, isso era algo realmente terrificante. Esse sentimento aparentemente não vinha de lugar nenhum, e era muito assustador.

Acho que houve dois ciclos de todos os estágios de negação/cólera/negociação/aceitação. Um foi antes do diagnóstico e outro depois que o médico me disse para procurar um neurocirurgião. De fato, quando o médico me disse que ia me encaminhar para um neurocirurgião, eu disse: "Não, isso não!"

Lembro-me de o meu marido dizer para mim: "Por que você está com tanto medo da cirurgia?" E lembro-me de ter respondido: "Não sei por quê." Eu havia passado por duas outras cirurgias na coluna, mas essa era como se fosse uma parte vital da minha vida. Essa ia ser terrível porque, dentro de mim, eu realmente acreditava que a operação ia pôr fim à minha vida.

Fui adiando-a o mais que pude. Eu estava simplesmente apavorada. Lembro-me da manhã da primeira consulta. Mais uma vez, senti medo de ter a cabeça decepada.

Na manhã em que eu ia me encontrar com o neurocirurgião, lembro de ter me levantado e me queixado amargamente a Jack: "Não quero ir. Vamos esquecer tudo isso. Isso é mais do que eu posso suportar. Por que isso está acontecendo logo comigo?" Eu estava apavorada, e chorei durante 25 minutos antes de ir ao encontro do neurocirurgião.

No processo de cura de Bette, ela conseguiu compartilhar esses medos com o marido e com os amigos. Foi importante para ela relatá-los na presença de outras pessoas, fossem eles reais ou não. Essa partilha lhe permitiu transformar o medo. Ao fazer isso, o seu medo se transformou em revolta e ela entrou no segundo estágio da cura.

O Segundo Estágio da Cura: A Revolta

Ao passar pelo processo de cura, vai chegar um momento em que você não poderá mais se manter no estágio da negação. A essa altura, você provavelmente vai sentir raiva, fúria, inveja e ressentimento. Você poderá dizer: "Por que eu? Por que não Joe Blow, que é alcoólatra e que bateu na mulher?" Como esse tipo de revolta é extravasado em todas as coisas, você provavelmente vai projetá-lo no seu ambiente quase que ao acaso. Amigos, familiares, curadores, médicos – ninguém será de nenhuma valia e todos estarão fazendo as coisas do jeito errado. Ao sentir sua revolta, seus familiares poderão reagir com pesar, com lágrimas, com um sentimento de culpa ou com vergonha e, até mesmo, evitar um futuro contato com você – o que poderá aumentar a sua insatisfação e a sua revolta. Trate de suportar isso; é apenas um estágio.

Sua revolta é fácil de entender porque você teve de interromper suas atividades deixando algumas coisas inacabadas. Ou, então, porque não consegue fazer coisas que outras pessoas fazem ou porque vai ter de gastar o seu dinheiro suado com a cura, em vez de fazer uma viagem ou de tirar férias, como esperava.

Qualquer um que esteja passando por esse processo sentirá um pouco de revolta. Isso será diferente para cada pessoa. Para algumas, será uma grande explosão, como foi para Bette, especialmente se a pessoa nunca se permitiu sentir raiva antes. Quando Bette alcançou o segundo estágio, sua revolta explodiu, e ela simplesmente perdeu as estribeiras:

> Lembro-me de ter ficado com muita raiva. Eu estava com muita raiva de Deus porque pensei: "Deus impôs-me a paralisia de minhas pernas e tudo o mais, e minhas pernas ainda não tinham voltado a ficar inteiramente normais." E pensei: "Você não pode levar os meus braços assim como fez com as minhas pernas, porque os meus braços estão ligados à minha espiritualidade e à minha criatividade."

Por outro lado, para Karen, a revolta era apenas mais uma emoção.

> A revolta era apenas mais um dos vários sentimentos a que eu me entregava. Embora eu possa ter ficado com raiva em determinadas ocasiões, dependendo do grau de insatisfação, não me parece que isso tenha sido uma etapa importante. Acho que em certas ocasiões tive sentimentos diferentes, incluindo a revolta, por não ser curada pelas pessoas que supostamente deveriam me curar, e em relação a alguns dos médicos que procurei. Eu ficava com raiva durante algum tempo e, depois, tentava fazer um acordo com Deus.

Assim, Karen passou do segundo estágio (a revolta) para o terceiro estágio (a negociação).

Esteja preparado para descobrir que você está muito mais interessado em negociar do que pensava! Todo mundo faz isso.

O Terceiro Estágio da Cura: A Negociação

Como a revolta não lhe proporcionou aquilo que você queria, é provável que, de forma inconsciente, você tente entrar num acordo e fazer alguma coisa boa para obter aquilo que quer. A maioria das negociações é feita com Deus, e geralmente mantida em segredo ou quase, assim como dedicar a vida a Deus ou a uma causa especial. Por trás disso, em geral há um sentimento de culpa. Você poderá se sentir culpado por não frequentar mais assiduamente os encontros religiosos de que participava. Você poderá querer ter comido os alimentos "certos", feito os exercícios "certos" e vivido do jeito "certo". É muito importante aqui descobrir e se livrar dessa culpa porque ela apenas leva a mais negociação e, eventualmente, à depressão. Descubra todas as coisas que você sente que deve fazer e imagine-as dissolvendo-se numa luz branca. Ou, então, entregue-as ao seu anjo da guarda ou a Deus. Quando você tiver completado o seu percurso pelos sete estágios, você provavelmente vai descobrir uma mudança que você quer fazer na sua vida, mas ela não será mais decorrente do medo, como foi esta última.

Bette tentou negociar uma solução para a sua doença tentando fazer com que outra pessoa – qualquer um, exceto o seu cirurgião – corrigisse o que havia de errado com ela:

> Eu estava tentando fazer com que o meu marido desse um jeito no meu problema. Era como se eu estivesse querendo que ele me acalmasse e dissesse: "Tudo vai ficar bem." Acho que não percebi realmente que estava negociando, mas sei que disse para mim mesma: "Se você meditar mais, se você tomar mais banhos, se massagear mais a si mesma e se continuar usando a luz branca, isso tudo vai desaparecer e você não vai precisar submeter-se a uma cirurgia." Eu queria esforçar-me para ser uma pessoa mais devotada à meditação e esperava que isso, de alguma maneira, me livrasse da difícil situação em que eu me encontrava.
>
> Eu também oscilava entre a aceitação da cirurgia e a esperança de que, de alguma forma, alguém envolvesse magicamente minha coluna numa luz dourada, e tudo fosse resolvido. Eu queria passar por sessões de cura, mas nunca conseguia arranjar tempo para isso. Lembro-me de Ann [uma estudante de cura que ofereceu curas a Bette] ter dito que iria até a minha casa e de eu ter recorrido a um milhão de motivos pelos quais ela não deveria ir até lá. Eu não confiava nela e em ninguém simplesmente porque não confiava em mim mesma.

Para negociar, Karen foi diretamente a Deus:

> Minha negociação assumiu a forma da minha criança interior, que disse: "Olhe, Deus. Você me faz ficar melhor e eu farei qualquer coisa se você me tirar dessa. Ou, então, se eu viver e escapar dessa [não importa o que seja], firmarei um sério compromisso de dedicar minha vida à cura deste planeta, seja qual for a forma que isso seja exigido de mim." Quanto mais eu negociava mais deprimida eu ficava depois.

O Quarto Estágio da Cura: A Depressão

A depressão designa a sensação que experimentamos quando a nossa energia está muito baixa e perdemos a esperança de ter aquilo que queremos do jeito que queremos. Tentamos fingir que não nos importamos, embora a verdade seja diferente. Estamos tristes, mas não queremos expressar a tristeza. Entramos num estado de melancolia e não queremos agir na companhia dos outros. Depressão significa redução de sentimentos.

Do ponto de vista do campo de energia humano, depressão significa reduzir o seu fluxo de energia através do seu campo da vida. Portanto, quando pensamos em depressão, geralmente pensamos em sentimentos deprimidos.

São três as causas da depressão. Uma é a recusa em reconhecer a negociação acima mencionada. Isso significa tentar se curar evitando ou rejeitando a si mesmo por causa do estado em que as coisas se encontram, em vez de tentar buscar sinceramente uma solução.

A segunda causa é uma perda de sentimentos. Todas as doenças requerem o abandono de um estilo de vida, de uma parte do corpo ou de algum mau hábito. Se você bloquear os seus sentimentos de perda, você vai ficar deprimido. Se você se permitir sentir a perda e lamentá-la, a sua depressão vai desaparecer. Você estará pesaroso, um estado totalmente diverso. O pesar é um fluxo aberto, uma sensação de perda e não uma depressão dos sentimentos. Sempre que perder alguma coisa, você precisa lamentar essa perda. Você poderá passar pelo pesar em diferentes momentos do seu processo de cura. Trate simplesmente de acolher a sensação de perda sempre que ela se manifestar. Isso vai levá-lo ao estágio da aceitação.

Uma terceira causa da depressão engloba os tratamentos radicais, como a quimioterapia, a anestesia e a cirurgia, que desequilibram a química do seu corpo e fazem você entrar em depressão. Quando o seu corpo recuperar o equilíbrio físico, a depressão vai desaparecer. Do ponto de vista do campo de energia humano, os tratamentos radicais e as drogas reduzem ou bloqueiam o fluxo normal do seu campo de energia. Assim, você fica deprimido. Quando as drogas são eliminadas, o fluxo de energia é retomado e a depressão desaparece. A cura pelo toque de mão purifica o campo em cerca da metade do tempo normal e os pacientes se recuperam mais cedo da depressão pós-operatória.

A depressão de Bette assumiu a forma de autorrejeição. Ela passou a ficar cada vez mais ensimesmada e chorou muito:

> Eu senti que eu era uma pessoa ruim. Se tivesse me esforçado mais para conseguir a cura, se tivesse feito a minha parte, se tivesse me dedicado mais a Deus, então eu teria podido me curar. Era como se eu tivesse de me entregar totalmente e curar a minha impotência para permitir que outra pessoa fizesse o trabalho. O que havia de errado comigo? Eu nunca seria uma curadora. Isso me enchia de medo porque, no fundo, eu realmente acreditava, e ainda acredito, que eu devia ser uma curadora. Todavia, passar por toda essa cura era na época algo muito assustador. Eu senti que eu nem sequer era mais uma boa esposa.
>
> É realmente muito ruim quando todas essas coisas negativas vêm à superfície, e você sente que está sendo castigado pelo velho e bondoso Deus, que você conhece há muito tempo, porque não foi uma pessoa suficientemente boa.
>
> Tive de abrir mão de muitas coisas. Eu simplesmente não podia fazer tudo aquilo que queria na casa. Não conseguia me concentrar nos deveres de casa do curso de cura. Tínhamos planejado sair, mas simplesmente não consegui por causa da dor. Qualquer coisa que eu fosse fazer exigia um enorme esforço. Eu tinha de me obrigar a sair da cama de manhã. Embora eu me sentisse desconfortável na cama, o desconforto ficava maior quando me levantava. Eu sinceramente não sabia o que fazer. Eu não confiava em mim mesma. Não confiava em ninguém. Tive de passar por um período de fisioterapia para ver se isso ajudaria, mas, na verdade, a fisioterapia acabou agravando o problema. Assim, tive de lamentar o fato de que isso não poderia ajudar-me e que havia chegado o momento de submeter-me a uma cirurgia. Parte de mim esperava que isso ajudasse e a outra parte de algum modo sabia que isso não iria acontecer.
>
> Há mais uma coisa, Barbara. Nessa época, tive de lamentar a perda da minha capacidade de pintar. Isso foi realmente muito duro

porque, para mim, pintar sempre fora uma espécie de cura. Isso tinha sido uma maneira de superar o problema e de me sentir uma pessoa voltada para as coisas do espírito e criativa. Eu não conseguia fazer isso porque não enxergava, e essa foi uma grande perda, mais uma perda. Fiquei muito deprimida depois da cirurgia e, na ocasião, não consegui fazer uma sessão de cura comigo mesma nenhuma vez; apenas me obriguei a ouvir algumas fitas.

Na depressão de Karen, ela também costumava julgar e rejeitar a si mesma:

> Eu simplesmente fiquei atolada na rejeição a mim mesma. Senti que não estava conseguindo curar a mim mesma. Eu não sabia que o ato de procurar um médico significava uma espécie de rendição. Fiquei totalmente confusa com esse tipo de coisa.
>
> Por fim, acordei uma manhã e senti uma dor muito forte na parte direita do abdômen e simplesmente senti que "não podia mais cuidar disso". Eu não sabia se o problema era físico ou psicológico, nem sabia a que médico deveria recorrer. Não consegui arranjar um horário para consultar o meu ginecologista e, como estava desesperada, telefonei para você. E quando Heyoan falou comigo através de você, ele me lembrou do fato de eu ficar julgando a mim mesma. Eu nem sequer sabia que tinha feito isso. Esse, para mim, foi um momento decisivo. Nesse momento, reformulei minha maneira de encarar a operação. Comecei a me libertar dos julgamentos e a ter as minhas necessidades atendidas. Isso tornou-se fundamental para mim. Depois de falar com você, alguma coisa me estimulou e eu telefonei e consegui muito rapidamente marcar uma consulta. Simplesmente resolvi fazer a cirurgia e, daí em diante, tudo começou a se resolver.

Logo que Karen se livrou de sua autorrejeição e tomou a decisão de fazer a cirurgia, a depressão cedeu e ela entrou no estágio da aceitação.

O Quinto Estágio da Cura: A Aceitação

Quando você tiver tempo e energia suficientes, e se concentrar para avaliar os quatro estágios anteriores, você entrará num estágio em que não vai estar deprimido nem revoltado com a sua situação. Você será capaz de expressar os seus sentimentos anteriores, a sua inveja da saúde dos outros e sua raiva em relação àqueles que não têm de enfrentar a doença. Você terá lamentado as perdas recentes ocasionadas pela sua doença. Você talvez queira ficar sozinho ou se comunicar de forma tranquila e não verbal porque está se preparando para uma mudança. Esse é o momento de você conhecer mais a si mesmo, de se voltar para dentro e de se encontrar novamente consigo mesmo. Você questiona os valores em função dos quais viveu e que ajudaram a criar a sua doença. Você começa a sentir as suas verdadeiras necessidades e a procurar apoio de novas maneiras. Você gravita em direção a novos amigos, e pode se afastar de outros, que talvez não façam parte da próxima etapa da sua vida. Você faz as mudanças necessárias em sua vida para facilitar o seu processo de cura. O processo se acelera. Você sente um grande alívio, muito embora ainda possa restar muita coisa a ser feita para completar a sua cura.

Depois que Karen começou a aceitar tudo isso, as coisas se modificaram completamente. A partir daí, todas as coisas foram consideradas dentro do contexto da satisfação das suas necessidades. Ela aprendeu a pedir aquilo de que necessitava.

> O que me libertou foi falar a verdade a respeito das minhas necessidades. Simplesmente falar das minhas necessidades, sem julgamentos. Quando comecei a fazer isso com mais frequência, elas começaram a ser satisfeitas. Comprove você mesmo!

Para Bette aconteceu o oposto. Em vez de mais controle, sua aceitação significava uma rendição mais profunda, algo que, antes, ela sentia medo de fazer. À medida que o seu processo de cura continuava, a impotência que havia se transformado num símbolo da fraqueza de Bette, no contexto antigo, transformou-se num símbolo de força no novo contexto. É preciso muita fé e força para nos entregarmos. Aquilo que ela pensou ser uma rendição à sua impotência e necessidade era de fato uma entrega ao amor e ao poder superior que existe dentro e em torno dela. Para Bette, a aceitação veio em estágios. O primeiro foi antes da sua cirurgia.

Ela se recorda:

> Eu realmente senti bem fundo, dentro de mim mesma, que precisava me submeter à cirurgia, que precisava passar por essa experiência para aprender a trabalhar com outros profissionais na área da saúde, para trabalhar com qualquer outra pessoa, para falar a verdade. Eu precisava ser mais independente. Precisava deixar de pensar que tinha de fazer tudo sozinha.

A aceitação não vem de forma permanente. Ela vem em pequenas doses, fáceis de serem assimiladas. Ela vem da seguinte forma: "Sim, Bette, você precisa se submeter à cirurgia. Ela é necessária para que você supere o seu problema e você tem de fazê-la." O outro aspecto dizia respeito a ir realmente para o hospital. Eu entrava e saía de quase todos os estágios. Voltei a passar pela negação. Eu estava irritada. Não gostava de ninguém no hospital, exceto de uma enfermeira. Eu tinha a impressão de que todos estavam muito ocupados. Todavia, agradeço a Deus pelo apoio dos meus amigos.

Uma grande parte da renúncia de Bette consistia em pedir e em concordar em aceitar o apoio dos amigos.

O Sexto Estágio da Cura: O Renascimento – Um Momento para a Nova Luz Aflorar

A aceitação e a cura levam ao renascimento, um momento para se encontrar consigo mesma de uma nova maneira. Você vai ficar contente e surpreso com o que vai encontrar aí. Nesse estágio, você precisa ficar sozinho e tranquilo durante muito tempo para se conhecer a si mesmo. Não se esqueça de reservar esse tempo para você. Talvez você deva fazer um retiro silencioso, ou ir pescar por uns dias. Você talvez precise de algumas semanas, ou até mesmo de alguns meses para você.

No decorrer da sua recuperação, você descobre que revelou aspectos de si mesmo que estiveram encobertos por um longo tempo. Talvez qualidades de que você nunca teve consciência. Haverá muita luz aflorando de dentro de você. Observe-a; repare na beleza; sinta o seu perfume; experimente e deleite-se com o seu novo ser. Você descobre novos recursos interiores aos quais, antes, você não conseguia ter acesso. Embora você talvez sempre tenha sentido que eles estavam lá, agora eles começam a fluir até a superfície. Para você, isso pode representar um verdadeiro renascimento.

Você passa a considerar todas as coisas da sua vida, tanto as presentes como as passadas, num novo contexto. Esse é o momento de reescrever a sua história. Isso acontece quando você compreende que pode de fato mudar o seu relacionamento com os acontecimentos passados para curá-los. Isso acontece automaticamente porque você modificou a sua postura com relação à vida. Você modificou o contexto dentro do qual você experimenta a sua vida. Esse é o significado da verdadeira cura.

Para Bette, o renascimento começou com a humildade:

> Quando tornei-me suficientemente humilde para pedir ajuda, foi como se eu me tornasse cada vez menos rebelde e aceitasse a necessidade de trabalhar com o meu marido e com os meus amigos, e de ser dependente deles, além de aceitar o fato de que eu não conseguiria fazer isso sozinha. Senti-me bem por ser alvo do amor e do cuidado das pessoas. Foi uma coisa terna, reconfortante, que me proporcionava paz.
>
> Atribuo a minha cura à extraordinária cirurgia feita pelo médico, à minha capacidade de curar a mim mesma e aos meus amigos da comunidade espiritual, que também me ajudaram.
>
> Agora, não tenho mais tanto medo de ficar impotente e vulnerável. Antes, eu era como um barco sem leme. Assim, eu tinha de ser forte. Senti que precisava ficar isolada. Não confiei no meu ser superior nem na minha capacidade superior para me proporcionar aquilo de que eu precisava. Eu tinha de fazer isso através da minha força de vontade. Agora, é bom saber que posso confiar nas outras pessoas, e que não preciso ficar isolada. Sinto-me mais segura confiando em mim mesma e nos outros.
>
> Descobri que aquilo que pensava ser impotência era de fato a necessidade de me entregar ao poder superior, tanto interior como exterior. Sei que existe um poder universal que está lá para me proporcionar tudo aquilo de que preciso. Sou parte disso e isso faz parte de mim.

Durante o estágio de renascimento, Karen também passou a considerar antigas experiências num contexto novo. No estágio anterior da negociação, ela havia manifestado sua disposição para "dedicar sua vida" ao que quer que a "solicitasse" no sentido de melhorar as condições de vida no planeta. Quando o renascimento ocorreu, porém, ela descobriu que essa "solicitação" para que "dedicasse sua vida" a algo provinha do medo que existia dentro dela. Era como se ela estivesse dizendo: "Deus, o senhor salva a minha vida e, em troca, eu a dedicarei a salvar o planeta."

No renascimento, ela se deparou com o importante compromisso de curar primeiro a si mesma e, depois, o planeta. A coisa funciona da seguinte maneira. A cura começa em casa e, então, espalha-se holograficamente pelo restante da vida do planeta. Ao curar a si mesma, a pessoa cura o planeta. Esses compromissos derivam de seu amor. Karen sentiu que toda a experiência de cura ajudou-a a concentrar-se naquilo que ela queria e precisava fazer a seguir na sua vida:

Em consequência da operação, fiquei de fato mais profundamente comprometida nesse sentido. Saí disso desejando colocar a minha vida a serviço de algo, mas não me pareceu uma forma negativa de negociação. A coisa mais importante para mim é ajudar os curadores a descobrirem as suas singulares modalidades de cura. Parece-me que este é um estágio muito importante, em que analiso quem realmente sou e assumo um nível mais profundo de responsabilidade por mim mesma.

O Sétimo Estágio da Cura: A Criação de uma Nova Vida

Todas as situações vividas por você serão afetadas à medida que você avançar novamente rumo à saúde. Surgem para você muitas possibilidades de mudança ou oportunidades pelas quais havia muito você ansiava, mas que estavam bloqueadas ou, aparentemente, fora de seu alcance. Você vive mais honestamente consigo mesmo e aprende a se aceitar a si mesmo, o que, antes, você era incapaz de fazer. Você descobre dentro de si mais humildade, fé, verdade e amor próprio. Essas modificações interiores conduzem-no automaticamente a mudanças exteriores. Elas surgem a partir da sua força criativa, e se espalham holograficamente na sua vida. Você faz novos amigos. Você muda de profissão ou desenvolve uma nova maneira de encarar o seu trabalho. Você pode até mesmo mudar para uma nova casa. Todas essas mudanças são muito comuns após a cura.

A vida de Bette modificou-se muito. Na época em que eu estava escrevendo este livro haviam se passado dois anos desde a operação. No primeiro ano, ela ficou a maior parte do tempo curando a si mesma e reorientando-se para uma nova atitude em relação à vida. Boa parte do seu medo desapareceu. Durante o processo de cura, ela havia estabelecido uma relação entre o medo de ter a cabeça decepada e uma vida passada na França, em que ela havia sido guilhotinada. Embora isso obviamente não possa ser provado, quando ela começou a aceitar esse acontecimento e se dispôs a experimentar os sentimentos a ele associados, boa parte do seu medo foi dissolvido. Durante o ano de adaptação, a vida pessoal de Bette começou a se enriquecer. Seu relacionamento com o marido ficou mais íntimo. Sua vida sexual ficou mais ativa. Na madura idade de 67 anos, ela diz que sua vida sexual está melhor do que nunca! Seu marido está encantado.

Cerca de dois anos após a operação, em 1990, Bette começou a trabalhar como curadora. No início, havia poucos clientes; depois, devagar, sua clientela aumentou. Telefonei para Bette depois da operação para saber como andava a sua vida desde a nossa conversa anterior. Perguntei-lhe sobre as mudanças que ocorreram depois da operação, e como estava indo a sua clínica.

Ela me respondeu:

> Tive de passar por isso para superar aquele terrível medo de que pudesse estar morrendo. Isso tudo estava relacionado com aquela vida em que tive a cabeça decepada na guilhotina. Agora, superei esse terror. Fiquei mais forte e estou mais apta a lidar com isso. Quando eu estava pronta para ajudar as outras pessoas, elas simplesmente começaram a aparecer em busca de ajuda. Agora, elas estão surgindo de todos os lugares. Tão logo acabo de ajudar uma pessoa, dois de seus amigos aparecem em busca de ajuda.
>
> Minhas pinturas passaram para um segundo plano – não há tempo para isso. Todavia, elas mudaram muito. Meus quadros ficaram muito mais ligados às coisas do espírito. Tudo está numa nova dimensão. É como se, ao purificarem o meu pescoço, tivessem purificado uma outra camada do que envolvia o meu âmago. Estou numa dimensão inteiramente diversa. Minha vida está mudada, tudo está começando a entrar nos eixos. Acho que o mais importante é que estou começando a saber por que estou aqui – para curar a mim mesma e às outras pessoas, para ajudar outras pessoas a ficarem boas. Eu costumava achar que havia inúmeros obstáculos, e agora esses obstáculos desapareceram. Não existem mais limites. Penso que cabe a mim ajudar as outras pessoas a perceberem que não existem limites para o que elas podem fazer.

A vida de Karen também mudou, mas de forma diferente. Ela e o marido resolveram fechar as clínicas de terapia na região de Washington, D.C., e se mudaram para um região montanhosa no Colorado. Eles passaram muito tempo se despedindo de amigos que tinham havia quinze anos, venderam a casa e se mudaram. Eles passam os meses de inverno no Colorado, meditando, lendo ou simplesmente vivendo de uma maneira que nunca puderam fazer na vida agitada que levavam no leste. Depois de um ano vivendo esse sonho, Karen voltou a clinicar no Colorado.

Capítulo 8

OS SETE NÍVEIS DO PROCESSO DE CURA

Se analisarmos as experiências de Bette e de Karen enquanto elas passavam pelos sete estágios da cura, encontraremos dois elementos básicos que foram fundamentais para o desenrolar do processo pelo qual elas passaram. Esses dois elementos básicos são necessários na viagem que você faz ao curar a si mesmo, para que você possa obter o máximo benefício nesse processo.

O primeiro elemento é a reestruturação do processo de cura pessoal, transformando-o numa *lição de vida pessoal*. Muitas vezes, o modo como experimentamos uma doença é influenciado por nossas ideias infantis de que estar "doente" significa que há algo de "errado" conosco. É importante fazer a distinção entre as velhas ideias negativas de doença com as quais fomos criados e as experiências interiores que vivemos durante uma doença. Há muitas coisas a serem aprendidas com uma doença, se a considerarmos basicamente como um processo de aprendizado. Como a experiência de estar doente faz com que tenhamos a tendência de mergulhar nas velhas imagens do passado, é importante continuarmos nos lembrando da nova estrutura em que procuramos viver.

À medida que passamos pelo processo de cura, recuperamos o nosso vínculo original com o nosso Eu mais profundo. Nós juntamos novamente os fragmentos do nosso ser. Trata-se de um processo muito semelhante ao de juntar os pedaços menores de uma placa holográfica para obter uma imagem mais nítida.

À proporção que formos passando por cada nível do processo de cura, ficaremos tentados a voltar para o "velho" sistema, a fazer os velhos julgamentos, a considerar as coisas a partir do velho ponto de vista limitado. Boa parte do processo de cura consiste em continuar optando por caminhar na nova estrutura, por mais alto que sejam os gritos das nossas velhas vozes interiores, nos advertindo de que corremos perigo.

O segundo desses elementos é uma meticulosa honestidade consigo mesmo, especialmente em relação *às suas necessidades pessoais*. É importante admitir que você tem realmente necessidades, saber que não há nada de errado nisso e tomar consciência delas. Isso exige que você procure descobrir quais são essas verdadeiras necessidades. Muitos de nós não estamos conscientes de muitas das nossas necessidades. É fundamental descobrir quais são as nossas necessidades em todos os níveis e satisfazê-las. É preciso ter paciência e analisar a nós mesmos para descobrirmos quais são as nossas verdadeiras necessidades.

A satisfação de nossas necessidades em cada nível do nosso ser é muito importante para o processo de cura porque as nossas necessidades insatisfeitas estão ligadas diretamente ao modo como ficamos doentes. Você se lembra do Capítulo 1, quando dissemos que a causa básica de todas as doenças deriva de esquecermos quem realmente somos e agirmos de acordo com esse esquecimento? O não atendimento de nossas necessidades é uma consequência direta de não vivermos de acordo com quem realmente somos. Parte da passagem pelo processo de cura consiste em reconstituir alguns de nossos passos no sentido de atender necessidades reais que não estão sendo satisfeitas; em reconhecer essas necessidades, por mais doloroso que seja esse processo; e em achar um meio de satisfazê-las agora. Sempre que impedir o nosso processo criativo de se manifestar, haverá sofrimento e necessidades não atendidas. A revelação desses espaços psíquicos interiores leva a energia da vida até eles. A cura diz respeito à satisfação do propósito criativo original que brota do âmago de nosso ser. Isso dissolve o envoltório que existe em torno do nosso âmago e sentimos verdadeiramente quem somos. A satisfação das nossas necessidades do momento nos leva holograficamente à cura de todas as nossas necessidades passadas que não foram atendidas. Ela nos leva à nossa necessidade básica – a expressão criativa de nosso âmago.

Examinemos esse processo de um ponto de vista muito prático e operacional, analisando os níveis do campo de energia humano e as necessidades que correspondem a cada nível. Trabalhando com as pessoas, descobri que cada uma das suas necessidades estava relacionada com um nível específico do campo de energia humano. Conforme afirmei no Capítulo 2, o campo de energia humano está ligado diretamente ao nosso ser e expressa os nossos níveis físico, mental, emocional e espiritual. Cada nível do campo está associado a um nível da experiência humana. (Na Figura 8-1, há um resumo das necessidades de cada nível.)

Lembre-se de que o primeiro nível do campo está associado ao funcionamento do nosso corpo físico e às nossas sensações físicas. Nossa necessidade no primeiro nível é a de usufruir um corpo saudável e todas as maravilhosas sensações físicas associadas a ele. O segundo nível está associado ao nosso relacionamento emocional com nós mesmos. Nossa necessidade, no segundo nível do campo, é a de amarmos e aceitarmos a nós mesmos tal como somos. O terceiro nível está associado à nossa atividade mental e à lucidez. Nossa necessidade no terceiro nível é a de termos uma mente ágil, funcionando perfeitamente e com toda a lucidez. O quarto nível está associado à nossa vida emocional e interpessoal, à nossa ligação com as outras pessoas. Nossa necessidade, no quarto nível do campo, diz respeito a amarmos e a sermos amados pelos outros em muitas formas de relacionamento, tais como amigos, familiares, colegas e namorados.

Figura 8-1 Suas Necessidades em cada Nível do Campo Áurico

Primeiro	**Simples conforto físico, prazer e saúde.** Precisamos ter muitas sensações físicas agradáveis.
Segundo	**Autoaceitação e amor-próprio.** Precisamos nos relacionar com nós mesmos de uma maneira amorosa e positiva.
Terceiro	**Compreender a situação de uma maneira clara, linear e racional.** Precisamos de uma lucidez racional que funcione em harmonia com a nossa mente intuitiva.
Quarto	**Interação amorosa com os amigos e a família.** Precisamos dar e receber amor em muitos tipos de relacionamentos – com o nosso parceiro, com os familiares, com os filhos, com os amigos e colegas.
Quinto	**Estar em harmonia com a vontade divina interior para firmar o compromisso de falar e seguir a verdade.** Precisamos de nossa própria verdade pessoal.
Sexto	**Amor divino e êxtase espiritual.** Precisamos da nossa experiência de espiritualidade e amor incondicional.
Sétimo	**Estar ligados à mente divina e compreendermos o grande padrão universal.** Precisamos sentir a serenidade e a perfeição nas nossas imperfeições.

O quarto nível, associado ao coração humano e ao amor, é considerado a ponte entre o mundo físico, expresso nos três primeiros níveis da função humana, e o nosso mundo espiritual, expresso nos três níveis da função espiritual.

O quinto nível do campo está associado ao poder da palavra no processo criativo. Ele serve como um modelo para todas as formas no nível físico. Esse é o nível em que a expressão da palavra nos leva a criar a forma no mundo físico.

Se você falar a verdade, verdade e lucidez serão criadas na sua vida. Se você não falar honestamente, serão criadas distorções em sua vida. Assim, no quinto nível do campo, temos a necessidade de falar e de viver segundo a verdade.

O sexto nível está associado aos sentimentos religiosos, como o sentimento de êxtase que você pode sentir numa cerimônia religiosa, ou quando ouve uma música que o inspire, ou, talvez, quando contempla o pôr do sol, senta-se no alto de uma montanha, medita ou olha dentro dos olhos da pessoa amada. No sexto nível, temos necessidade do alimento espiritual que dá origem à experiência espiritual.

O sétimo nível do campo está associado à mente divina. Quando você volta a sua percepção consciente para esse nível, e ele está claro, forte e saudável, você passa a conhecer a perfeição divina em tudo o que existe. Você compreende todos os pedaços do quebra-cabeças da sua vida. Você sente a serenidade.

Esse é o nível que abriga as suas crenças, algumas das quais estão de acordo com a lei divina, enquanto outras estão distorcidas. As crenças negativas que você traz em si são a fonte de todos os seus problemas. A partir dessas crenças ou "imagens" negativas, você cria a doença em qualquer nível que ela se manifeste em sua vida – físico, emocional, mental ou espiritual.

No sétimo nível do campo, sentimos a necessidade de conhecer a serenidade. A serenidade decorre da compreensão de um padrão perfeito de vida sobre a Terra. Isso, por sua vez, decorre das crenças positivas que têm como base a verdade.

Usando o processo de Karen como uma estrutura para nos guiar, vamos descobrir que, preenchendo os dois requisitos básicos – passar pelo processo de satisfazer honestamente às nossas necessidades e conservar o ponto de vista de que essa experiência é uma outra lição de vida, ou até mesmo uma aventura –, nossa experiência de cura passa a ser um processo de transformação pessoal e, posteriormente, um processo pessoal e transcendental. O processo de transformação nos traz a dádiva do nosso Eu original, verdadeiro, puro e amoroso.

Depois de termos avançado um pouco no processo de transformação, a energia criativa original liberada nos eleva automaticamente para a experiência transcendental. Quando isso acontece, podemos utilizar na cura tanto o processo de transformação como o processo transcendental. Não apenas curamos o nosso corpo e transformamos a nossa vida, como também ultrapassamos e alcançamos uma experiência espiritual e pessoal superior. Quando transcendemos o nível comum, aprendemos a incorporar os valores espirituais superiores aos aspectos práticos de nossa vida. Nós "espiritualizamos" a matéria. Trazemos o nosso espírito para os aspectos físicos da vida.

Eis aqui como se dá o processo de transformação que ocorre na cura, considerado de uma maneira pessoal e prática com relação ao nosso campo áurico.

Curar a si mesmo nos quatro primeiros níveis do seu ser significa modificar a sua vida cotidiana em cada uma dessas áreas. Isso requer que você passe por um processo de transformação pessoal para modificar o modo como você cuida de si mesmo (o primeiro nível do campo áurico); o modo como você ama a si mesmo (o segundo nível do campo áurico); o modo como você age com lucidez no estado atual de sua vida, para poder empreendê-la melhor (o terceiro nível do seu campo áurico); e o modo como você se relaciona com os outros (o quarto nível do seu campo áurico).

Curar a si mesmo nos três níveis superiores requer o processo pessoal da transcendência. Você precisa transcender esses valores superiores e fazer com que sejam parte da sua vida através de um ato de coragem e de fé. Tanto na vida de Bette como na de Karen, foi a rendição à verdade e a decisão de viver de acordo com ela o que as ajudou a sair do estado de negação. Cada uma delas se livrou da atitude expressa pelas frases: "Resolverei isso do meu jeito; farei isso sozinha." Cada uma delas estava tentando prevenir ou evitar uma determinada experiência de vida de que necessitava. Cada uma delas precisava enfrentar alguma coisa dentro de si mesma que, em virtude do medo, tinham evitado durante um longo tempo. A convocação de seus poderes internos superiores deu-lhes a força necessária para deixarem de tentar resolver sozinhas a situação, e para confiarem nos profundos ciclos de mudança de vida pelos quais todo mundo passa. Tão logo ocorreu essa renúncia, acabou também a separação entre o Eu e o grande "Eu" interior, que está associado à fonte da própria vida. E, assim, a cura começou.

À medida que você se aproxima dos três níveis superiores do campo áurico, o seu processo de transformação vai passando a ser um processo transcendente. Ou seja, você vai lidar com os níveis do seu ser que estão relacionados, não com a natureza material da vida cotidiana, mas com a sua natureza espiritual. No processo transcendente, você começa a reconhecer os aspectos de si mesmo a que nunca prestou muita atenção antes, ou que julgava destituídos de valor. Você vai descobrir todo um mundo novo nessa maneira de se manifestar o seu ser, e vai descobrir que você é muito maior do que pensava. Você vai começar a experimentar o holograma universal. Esse processo é automático, e ocorre em todas as pessoas. Cada desdobramento individual é diferente de qualquer outro. Aproveite o seu.

O segundo guia para o processo de cura se ocupa desse processo na medida em que ele se relaciona com cada uma das suas necessidades, que por sua vez estão relacionadas com um nível específico do seu campo áurico. À medida que passamos por cada nível da experiência humana associado a cada nível da aura, vamos descobrindo quais necessidades são comuns a todos nós nesses níveis do nosso ser.

Sua Saúde e Sua Vida se Transformam

O elemento fundamental no processo de transformação é a definição de um propósito muito claro e positivo. Esse é o primeiro passo para você assumir a responsabilidade pela sua cura. Entre em completa harmonia com a vontade divina para descobrir e afirmar a sua verdade, e para poder segui-la. Certifique-se de que, para isso, você dará a si mesmo o tempo necessário para ficar sozinho e meditar. Faça sua meditação num lugar especial, e observe o início do processo de mudança em sua vida. Medite para encontrar a vontade divina que existe em você, enquanto ela fala de dentro do seu coração. Firme um compromisso com o seu processo de cura. Ao fazer isso, você estará harmonizando os níveis inferiores do seu campo, relacionados a sua vida física, com os níveis espirituais superiores, para que você possa seguir o plano de seu poder superior. Você os ativa de acordo com o princípio "assim no alto como embaixo". Feito isso, você pode começar a trabalhar nos níveis áuricos superiores.

Ao tomar conhecimento das suas necessidades, é extremamente importante não voltar as costas para a medicina apenas porque você está se curando. Em vez disso, escolha a melhor maneira de utilizá-la. Livre-se de qualquer julgamento a respeito de algum caminho de cura específico. As experiências de Karen e de Bette mostram o quanto isso é importante. Ambas precisaram submeter-se a cirurgias. Os seus julgamentos exercem um forte efeito negativo, o qual pode impedir a cura. Carlos Castaneda cita Don Juan quando fala em "escolher um caminho com o coração". A partir dos exemplos de Bette e Karen, tornou-se claro que *o próprio ato de julgar-se a si mesmo impede o coração de fazer isso. O coração pode escolher seguir por qualquer caminho. O coração lhe diz por que caminho seguir, mas, tão logo entra em cena o ato de julgar-se a si mesmo no que diz respeito à sua escolha, o seu coração não lhe diz por que caminho seguir.* Amar a si mesmo, reconhecer as próprias necessidades e satisfazer a todas elas acaba com o hábito de julgar-se a si mesmo e coloca no caminho o coração. Sim, você é um ser humano e tem múltiplos níveis de necessidades. Se você preencher as suas necessidades será menos provável que você se deixe afundar nas suas expectativas negativas a respeito de como uma experiência tal como conhecer sua madrasta ou receber um determinado tipo de tratamento, como uma operação cirúrgica – poderia ser. As suas expectativas negativas também não o farão reagir à experiência de modo a recriar um outro trauma. Assim, você estará realmente curando a sua imagem negativa e o seu sistema de crenças negativo, os quais são a causa original de seu problema.

Karen fez uma descoberta maravilhosa depois que resolveu satisfazer às suas necessidades:

> Comecei a perceber que tinha necessidades em todos os níveis. E, quando decidi submeter-me à cirurgia, tornou-se muito claro que eu tinha de satisfazer a todas elas. Quando resolvi começar a agir a respeito das coisas de que eu necessitava, do nível físico para cima, as minhas necessidades tornaram-se muito claras. Houve coisas específicas que eu tinha de fazer para passar pela cirurgia e tirar o máximo proveito disso.
>
> Creio que se as pessoas soubessem que poderiam ter as suas necessidades atendidas submetendo-se a uma operação, elas não relutariam tanto em aceitar essa ideia. Isso é particularmente válido para aquelas pessoas espiritualizadas que têm algum conhecimento a respeito da cura. Às vezes, é costume dizer: "Que pena, você vai ter que ser operado." Do meu ponto de vista, isso não precisa ser assim. Quanto mais as pessoas perceberem as suas necessidades, maior a sua facilidade para fazer com que todas elas sejam satisfeitas.
>
> As necessidades são muito mais criativas e variadas do que pensamos. A criatividade consiste em satisfazer essas necessidades, mas, se você acreditar que elas podem ser satisfeitas, você poderá ter infinitas necessidades, e será divertido satisfazê-las. Elas não serão problemáticas.

Suas Necessidades no Primeiro Nível do Campo Áurico

As necessidades do primeiro nível não passam de necessidades físicas. É importante manter a ordem no seu ambiente e definir o tempo e o local apropriados para qualquer atividade, de modo que você esteja constantemente se lembrando do seu processo interior de transformação. Para esse local, a sua experiência pessoal de cura é algo mais importante do que as velhas definições exteriores da doença.

Se você precisar se submeter a exames ou consultar um médico, certifique-se de criar a maneira mais apropriada de fazer isso. Apresente-se de uma maneira que esteja em harmonia com a sua força vital interior e que a assegure e conserve. Assuma o controle da situação com tranquilidade. Se não for necessário jejuar, não deixe de se alimentar, para que não haja uma queda no teor de açúcar no sangue. Escolha as roupas de modo que elas expressem quem você é. Se possível, escolha o melhor período do dia para sair. Peça a um amigo que o acompanhe para lhe dar apoio, caso esteja indo tomar conhecimento do resultado dos exames, e eles sejam importantes. Escolha os melhores profissionais na área da saúde, as melhores clínicas e laboratórios. Você tem muitas opções. Faça bom uso delas, pois isso é importante.

Uma necessidade fundamental no primeiro nível hárico é a de se sentir confortável. *Cerque-se de coisas que irão ajudá-lo a perceber a realidade a partir desse novo ponto de vista holográfico; mesmo quando não houver outras pessoas perto de você, ou quando achar que pode deixar isso de lado.* Se você estiver num hospital, leve livros de que você gosta e que o façam se lembrar da sua realidade superior. Se ficar assustado, abra um desses livros e leia alguma coisa sobre o medo. *O Emmanuel's Book*, de Pat Rodegast, é realmente bom para isso. Se gostar de cristais ou de música, tenha-os à mão para que, no caso de perder a identidade com as coisas, você possa ter algo que o lembre de quem você realmente é e do que está realmente acontecendo. Isso vai mantê-lo concentrado no ponto de vista mais profundo. Se você souber quais músicas lhe provocam estados alterados, escute-as. Você finalmente tem tempo para se deitar e ouvi-las. Essas músicas podem transportá-lo para alguns lugares maravilhosos. Se no hospital lhe deram algum psicotrópico, como um tranquilizante ou um sedativo, tire proveito disso e faça uma viagem grátis para um estado de profundo relaxamento.

Quando os amigos de Karen fizeram com que se lembrasse de que tinha uma opção, ela decidiu que queria um quarto particular e o conseguiu. Isso foi muito importante para ela. Karen levou cristais e fitas com música para o seu quarto. Como não estava submetida a uma dieta médica especial, seu marido levou-lhe comida. Ela adorou isso:

> Todos sabem que a comida de hospital é realmente horrível. Acho que eu teria ficado doente de verdade se fosse obrigada a comê-la. Ron simplesmente continuou levando comida de um restaurante de alimentos naturais. Não sei como eu teria feito se me visse forçada a comer a comida do hospital. Assim, essa foi outra importante necessidade física que foi atendida porque eu estava consciente da sua existência e poderia pedir que ela fosse satisfeita.

Depois que o seu tratamento estiver terminado e você tiver alta no hospital, os efeitos dos aspectos mais nocivos do seu tratamento poderão ser amenizados se você ainda estiver frequentando sessões de cura ou passando por um processo terapêutico. Essa é uma boa maneira de purificar o seu campo, eliminando quaisquer resíduos deixados pelos medicamentos ou pelo trauma físico. Esse lixo retarda o seu processo de cura. Muitas pessoas passam pelo processo de amenização do trauma muitos anos após ele ter ocorrido. Nunca é tarde para isso. O importante é deixar que o processo aconteça quando você estiver pronto para ele.

Karen fez isso de imediato, e de uma forma realmente inesperada:

> Depois que saí do hospital, acabei ficando sem acesso ao Demerol. Reduzi cada vez mais o número de pílulas até ficar sem nenhuma. Senti-me muito mal no dia seguinte. Ron estava me ajudando a respirar, e eu entrei numa espécie de estado primordial em que revivi a operação. Quando comecei a respirar e a gritar, veio-me aquela horrível sensação de que eu não queria ver algo e, então, percebi que estava revivendo a operação. Senti-me terrivelmente mal, física e emocionalmente. Meu corpo estava revivendo a operação e fiquei surpresa. Isso pareceu-me importante porque comecei a curar-me com muito mais rapidez, coisa que eu não poderia ter feito se a dor da operação ainda estivesse em minhas células.

Se isso lhe acontecer, não se esqueça de que é melhor ter alguém para lhe dar apoio. Não há problema; você estará bem. Basta aceitar as coisas e passar pelo processo. Isso lhe fará muito bem.

Algumas boas perguntas para serem feitas a si mesmo:

Que tipo de ambiente é mais apropriado para o meu processo de cura? A atmosfera de meu quarto é boa para mim?

Há bastante plantas e luz do sol?

A minha música favorita está tocando?

Tenho fotografias que me façam lembrar de coisas a respeito das quais quero que me lembrem?

Que outros objetos me ajudariam a lembrar dos aspectos positivos de minha vida? (Talvez determinadas peças de joalheria, cristais ou algum outro objeto favorito possa ajudá-lo.)

Tenho coisas que irão ajudar todos os meus sentidos a se lembrarem de quem eu realmente sou?

O que posso ver e tocar?

Que odores fazem com que eu me sinta melhor?

Que alimentos poderiam me ajudar a sentir prazer durante essa fase?

As Suas Necessidades no Segundo Nível do Campo Áurico

As necessidades, no segundo nível, dizem respeito à autoaceitação e ao amor-próprio. Um grande problema nesse nível é a falta de amor por si mesmo, a autorrejeição e, em muitos casos, até mesmo o ódio por si mesmo. Esses são maus hábitos que você terá de enfrentar de forma direta. Quais são as suas necessidades no que diz respeito à autoaceitação e ao amor por si mesmo? Faça uma lista das maneiras através das quais você se rejeita ao longo de um determinado dia. Comece por eliminá-las uma a uma. Faça um esforço consciente para substituir a autorrejeição por um sentimento positivo. Escreva algumas frases expressando sentimentos positivos em relação a si mesmo, e repita-as diversas vezes ao dia. Você pode até mesmo afixá-las em lugares onde possa lê-las, como na cabeceira da cama, na geladeira ou no espelho do banheiro.

Seguem-se algumas boas afirmações:

Amo a mim mesmo.

Amo a mim mesmo com as minhas imperfeições. Sou uma pessoa forte e criativa, com muito amor.

Amo a minha mulher (o meu marido), os meus filhos, a minha família, os animais. Aceito a vida que criei para mim mesmo e posso modificar as coisas que nela não me agradam.

Posso continuar a amar as pessoas de quem discordo veementemente sem trair a mim mesmo, obrigando-me a concordar ou a fazer de conta que concordo com elas.

Sou uma criatura linda, radiante de luz. Estou transbordando de amor.

Lembro-me de quem eu sou.

Esses pequenos lembretes a respeito de quem você é o ajudam a adotar uma atitude muito positiva em relação a si mesmo.

Karen esforçou-se para eliminar suas atitudes negativas, e isso ajudou-a muito:

> Acho que a operação me ajudou a amar o meu corpo. Ela me obrigou a afirmar minha personalidade de uma maneira diferente, o que foi muito benéfico para mim. Tive de amar a mim mesma e aceitar a minha maneira de ser de forma diferente. Tive de me valorizar. Acho que um dos maiores sofrimentos pelo qual as pessoas precisam passar quando se

submetem a uma cirurgia provavelmente é a aceitação da ideia de terem de se afastar de seu corpo e, depois, permitir que essa intervenção seja feita nele. Elas simplesmente tentam não estar lá, tentam ignorar o que estiver acontecendo e esperam pela recuperação do corpo, em vez de ficar com ele de todas as maneiras possíveis: amando o seu corpo, aceitando-o, falando com ele sobre o que vai acontecer.

Algumas boas perguntas para serem feitas a si mesmo:

De quais partes do meu corpo eu não gosto? Por quê?
Como eu rejeito essas partes?
Eu odeio _____ porque ele/ela é _____.
Como essas partes do meu corpo fazem com que eu me lembre da minha autorrejeição?
Odeio o meu/a minha _____ porque ele/ela é _____.
Como eu rejeito a mim mesmo?

As Suas Necessidades no Terceiro Nível do Campo Áurico

As suas necessidades no terceiro nível estão relacionadas à sua mente e à sua necessidade de compreender a situação de forma clara, linear e racional. Isso significa obter todas as informações sobre qualquer processo patológico que esteja ocorrendo no seu corpo, em vez de limitar-se e considerá-la a partir de um único ponto de vista.

A primeira coisa que você precisa fazer para conseguir isso é descobrir e purificar os seus pensamentos negativos a respeito de si mesmo e da sua doença. Eles bloqueiam o seu caminho, impedindo-o de encontrar soluções para a sua cura.

Muitas vezes, fazemos julgamentos negativos a respeito de nós mesmos. Esses julgamentos são diferentes do ato de nos rejeitarmos a nós mesmos porque são conclusões mentais baseadas numa maneira negativa de encararmos a nós mesmos. Os julgamentos negativos perpetuam um laço de realimentação negativo que gera mais sentimentos negativos em relação ao Eu, o qual, então, mostra que os nossos julgamentos negativos eram corretos. Muitos de nós fazemos isso a nós mesmos com uma frequência muito maior do que percebemos. Detenha-se de vez em quando para ouvir a sua voz interior – você ficará surpreso com a amplitude dessas vozes parentais que trazemos dentro de nós. Quando os julgamentos negativos se manifestarem, você pode escolher uma dentre duas principais maneiras de lidar com eles.

A primeira consiste em expressá-los em voz alta para si mesmo ou para um amigo. Você vai descobrir que as coisas que você diz interiormente para si mesmo são exageradas em grau e no tempo: qualquer que seja o problema, você é pior do que qualquer outra pessoa e vai continuar assim para sempre. Eis alguns exemplos:

Você merece estar doente porque você é um _____.
Você está doente porque sempre _____.
Todas as vezes que você tenta fazer alguma coisa, acaba se atrapalhando, seu idiota.
Você nunca será um bom _____, por essa razão, é melhor esquecer isso.
Eu sabia que você não ia conseguir fazer isso. Desista agora e pare de atrapalhar os outros.
Você é uma pessoa desagradável. É melhor calar a boca e parar de aborrecer todo mundo.

Depois que tiver dito essas coisas em voz alta, especialmente para um amigo, você perceberá como elas são ridículas. O seu amigo também conhecerá a verdade a seu respeito e poderá ajudá-lo a ver as coisas tais como elas de fato são. É surpreendente o quanto o ato de julgar a nós mesmos parece ridículo quando fazemos isso em voz alta, para que possamos ouvi-lo.

A segunda maneira de lidar com ele consiste simplesmente em ignorar as suas atitudes negativas e adotar o mais rapidamente possível as atitudes positivas, sem julgar a si mesmo. Se, por exemplo, você disser para si mesmo: "Cara, como você é estúpido", você pode simplesmente substituir por uma afirmação positiva como "Sou inteligente" ou "Compreendo _____". Talvez você se descubra dizendo "Não vou ficar melhor". Você pode substituir essa frase por "Estou ficando melhor a cada dia" ou "Meu corpo é capaz de curar a si mesmo".

Escolha o método que for melhor para você, dependendo da situação em que você estiver no momento ao julgar a si mesmo negativamente.

Parar de julgar a si mesmo acabará com os obstáculos no seu caminho, permitindo-lhe encontrar novas maneiras de tratar a si mesmo, porque você poderá formular mais perguntas. Julgar a si próprio o impede de formular perguntas porque você elaborou as respostas com informações erradas. Depois que tiver eliminado as informações erradas, você poderá encontrar as respostas certas. Isso o conduz até a próxima etapa – procurar a modalidade correta de tratamento.

Descubra quais são as modalidades de tratamento disponíveis, entre as quais você possa fazer a sua escolha. Se você não puder obter essa informação sozinho, faça com que alguém a obtenha para você. Se você for passar por uma operação ou precisar submeter-se a certos tratamentos durante o processo de cura, leia tudo o que puder a respeito desses tratamentos. Descubra o que é que eles fazem e quais são os seus efeitos colaterais.

Karen verificou exatamente o que seria feito na sua cirurgia. Isso foi extremamente útil para ela:

> Eu sabia o suficiente para fazer muitas perguntas, e meus amigos também me ajudaram a saber o que perguntar. A cirurgia foi feita por uma mulher, e ela respondeu a todas as minhas perguntas. Ela me contou tudo o que iria acontecer. Disse que eu seria examinada, que meus pêlos seriam raspados, que eu tomaria um sedativo e que seria levada para a sala de cirurgia. Ela me contou até mesmo como eu iria entrar e sair da anestesia. Isso foi muito importante para mim porque eu tinha um conceito negativo a respeito dos hospitais, achando que seria tratada como um objeto, e me preocupando com o que poderia me acontecer. Eu poderia facilmente ter dado vazão à imagem de estar sendo punida por ter rejeitado o meu lado feminino e que, por isso, o meu útero seria retirado. Como eu estava atendendo a todas as minhas necessidades, isso não aconteceu. Ao contrário, a operação foi realmente simbólica – muito embora eu estivesse perdendo o meu útero – da minha reivindicação dessa parte de mim mesma, da reivindicação da minha feminilidade.
>
> Obviamente, lamentei muito a perda do meu útero. Mas isso não foi uma coisa insuportável, que me pesasse nos ombros ou que me impedisse de continuar vivendo.

Algumas boas perguntas para serem feitas a si mesmo:

Quais são as minhas ideias negativas a respeito do que poderia acontecer?
Como posso descobrir aos poucos o que vai acontecer?
O que posso fazer para modificar isso, se é que existe essa possibilidade?
Que escolhas tenho eu quanto a tratamentos alternativos, se existir algum?
O que preciso deixar para trás e lamentar a perda?
Qual pode ser o significado mais profundo por trás disso tudo?

As Suas Necessidades no Quarto Nível do Campo Áurico

A necessidade do quarto nível é a necessidade de se sentir amado pelos amigos e pelos familiares. O quarto nível do campo áurico muitas vezes é chamado de "ponte" entre os mundos material e espiritual. Você precisa do apoio dos seus amigos. Telefone para eles. Fale com eles sobre as suas necessidades. Procure algum tipo de apoio no sentido de ser bem tratado. Ou, então, peça aos amigos que lhe deem esse apoio. Se estiver longe de casa e puder usar o telefone, faça chamadas telefônicas regulares para amigos íntimos, ou peça às pessoas que telefonem para você.

Se estiver sentindo fraqueza em virtude do seu estado de saúde, você obviamente vai querer limitar essas chamadas. Você talvez queira limitar a duração das visitas dos amigos. Escolha as pessoas que irão apoiar o seu processo de cura. Não tenha medo de estabelecer limites. No momento, é essencial dizer não às pessoas que não contribuem para o seu processo de cura.

Os amigos e os familiares poderão ficar aflitos com a situação, ou discordar do modo como você está lidando com ela. Você deve fazer afirmações de que pode amar a si mesmo e à sua família sem se trair. Você não é responsável pelo mal-estar que eles estão sentindo; não é responsável pelo sofrimento deles. O medo que eles têm com respeito à sua situação ou à sua doença não está fundamentado na realidade. O medo dessas pessoas em geral é inconsciente e só é mencionado de forma indireta, nas entrelinhas. Observe como você se sente depois que alguém lhe telefona ou faz uma visita. Se se sentir melhor, mantenha a comunicação. No caso de se sentir pior, limite essa relação até surgir um momento mais apropriado para lidar com ela. Basta dizer não. (Ver Capítulo 13 para informações sobre o modo de anular as alianças negativas com os amigos.)

Os amigos podem levar-lhe coisas. Se estiver internado num hospital e tiver problemas com a comida, os amigos podem levar-lhe alimentos saudáveis. Eles também podem levar-lhe outras coisas – livros, objetos sagrados, roupas – que irão fazer você se lembrar de quem realmente é. Você precisa ser tocado pelos amigos. Se hesitarem, peça que o façam.

Os amigos de Karen ajudaram-na muito. Ela diz:

> Sinto-me realmente abençoada pelo fato de todas as pessoas que vieram me visitar terem sido, em algum nível, curadoras. Assim, elas realmente sabiam o que dar a mim. No primeiro dia, os amigos se sentaram comigo e meditaram. Pam apareceu e Sheila veio e meditou comigo. Ron estava sempre lá, em todos os níveis. Pam levou-me

remédios homeopáticos. No restante da semana, todas as pessoas que me visitaram eram realmente intuitivas e ninguém olhou para mim como se eu fosse uma pessoa que estivesse numa situação deplorável. Durante a semana, de alguma maneira, todas as pessoas perceberam a situação em que eu me encontrava e me capacitaram a fazer esse momento se transformar numa situação de cura.

Algumas boas perguntas para serem feitas a si mesmo:

Com quem eu me sinto à vontade? Quem eu quero que me ajude? Como?
Com quem eu não me sinto à vontade?
Como posso dizer não a essas pessoas?

Como Usar a Transcendência para Curar os Três Níveis Superiores do Seu Campo Áurico

---

As Suas Necessidades no Quinto Nível do Campo Áurico

A principal necessidade no quinto nível é estar em harmonia com a vontade divina que existe dentro de você, para firmar o compromisso de expressar e seguir a sua verdade. O quinto nível do campo áurico é o modelo por meio do qual todas as formas físicas são criadas. Ele é como o negativo de uma fotografia. Nesse nível, o poder da palavra é muito forte. O poder da palavra nos leva à força criativa. O quinto nível do campo está relacionado com a defesa daquilo que você conhece. É o nível da vontade. Isso significa estar em harmonia com a vontade divina que existe dentro de você, e dispor-se a segui-la. O quinto chakra está relacionado com a expressão da sua verdade e com o dar e receber. A necessidade aqui é afirmar a sua verdade e viver de acordo com ela. Isso também está relacionado com o som ou com o uso do som para criar a forma.

Karen relatou sua experiência no quinto nível:

> As verdades que eu continuava afirmando antes de ir para o hospital eram todas as necessidades que eu tinha. Comecei a expressá-las com mais frequência do que jamais fizera em toda a minha vida. Isso me obrigou a assumir uma postura mais humilde.
>
> Vou lhe dizer quais foram as primeiras coisas que passaram pela minha cabeça. Tenho a impressão de que há uma ligação entre o

bloqueio do meu segundo chakra e o meu útero, o ovário e a minha voz. O canto é um nível da expressão do meu âmago que está se manifestando agora. É como se ele viesse diretamente do meu abdômen. Eu não conseguia fazer isso antes. Tive de passar por todo o processo de cura antes de estar pronta para cantar.

Comece a falar e continue a expressar as suas necessidades e a sua verdade. Esse é o momento de ter acesso à verdade mais profunda que existe dentro de você. Isso talvez esteja inteiramente de acordo com aquilo que as pessoas à sua volta estão dizendo. Afirme a sua realidade de uma forma positiva e amigável, e continue a viver de acordo com ela, mesmo que parentes ou velhos amigos possam discordar disso.

Haverá ocasiões, especialmente se você estiver num hospital, em que não haverá ninguém ao seu lado a não ser os médicos e os outros funcionários do hospital, que talvez não saibam nada a respeito do tipo de realidade em que você vive. Faça uso dos objetos de que você dispõe para se lembrar de quem realmente você é e para ajudá-lo a afirmar a sua verdade de uma forma muito positiva. Não dê oportunidade para que outras pessoas expressem opiniões negativas a respeito da sua realidade. Se insistirem, diga-lhes que vai ouvi-las mais tarde, depois que estiver bem. Não deixe que elas o usem para aliviar a ansiedade ou a culpa que sentem. Você não é responsável pelo mal-estar dessas pessoas. Isso também vai ajudá-lo a não se deixar dominar pelos temores negativos a respeito da sua doença.

Quando for dominado pelo medo ou pelas dúvidas, lance mão de uma dessas quatro maneiras para lidar com isso.

1. Expresse esses sentimentos para as pessoas certas, a fim de transformá-los.
2. Substitua esses sentimentos por uma frase positiva, para poder superá-los.
3. Descubra onde se encontram os focos de tensão no seu corpo, onde o medo se abriga, e deixe esse local repleto da luz rósea do amor incondicional.
4. Ore pedindo ajuda e entregue-se a esse poder. Solte-se, entregue-se a Deus. A ajuda sempre vem depois de 15 a 30 minutos. O medo vai transformar-se num outro sentimento. O que muda não é necessariamente a situação em que você está, mas o seu estado de consciência.

Todas as técnicas expostas acima representam a expressão da sua verdade. Se você sentir medo, a sua verdade nesse momento é que você está assustado.

Se tiver dúvidas, essa é a verdade daquilo que você sente nesse momento. As coisas são mesmo assim, bastante simples. Os sentimentos são apenas sentimentos. Eles vão passar. Ao expressar a sua verdade nesses momentos para as pessoas que estão aptas a lidar com isso, você satisfaz uma outra necessidade no quarto nível. É extremamente importante expressar os seus sentimentos conversando com pessoas que conseguem entendê-lo. Não compartilhe dúvidas numa situação imprópria – isto é, com pessoas que acreditam nas mesmas dúvidas e têm interesse em que você continue com as suas. Se o fizer, haverá uma boa chance de que essas pessoas aumentem suas dúvidas dizendo-lhe que, de fato, suas dúvidas são verdadeiras, que o caminho que elas estão trilhando é melhor, e que seria mais aconselhável para você fazer aquilo que elas estão lhe sugerindo que faça. Para obter o apoio de que necessita, você deve encontrar ouvidos que possam ouvir e olhos que possam ver.

É extremamente importante que você expresse a sua verdade.

Algumas boas perguntas para serem feitas a si mesmo:

O que preciso dizer?
O que preciso dizer aos amigos íntimos que talvez discordem de mim?
A respeito de que coisas me conservei em silêncio durante muitos anos? Por que não me manifestei a respeito das coisas em que acredito?

As Suas Necessidades no Sexto Nível do Campo Áurico

O sexto nível é o nível do amor divino ou do êxtase espiritual. Ao afirmar a verdade e satisfazer suas necessidades, sempre que elas surgirem, você passa automaticamente para o sexto nível. O sexto nível está mais relacionado com a sensação do que com a compreensão. Às vezes, você estará simplesmente em estado de êxtase. Eles vêm e vão.

Eles mudam diariamente porque você está constantemente mudando. A música o ajuda a se elevar para esses maravilhosos estados da existência. Fazem o mesmo efeito fotografias de coisas que o levam a lembrar-se do caráter sagrado da vida que existe dentro de você. Não existem palavras suficientemente boas para expressar a experiência do êxtase espiritual. Todo mundo tem a sua própria descrição pessoal desse fenômeno – todas elas em geral muito distantes da experiência propriamente dita. Foram usadas frases como "vivendo na luz", "flutuando nos braços de Deus" ou "sendo amor". Como você descreveria essa experiência?

É a partir do sexto nível do nosso ser que sentimos o amor incondicional. Karen compartilhou seus profundos sentimentos do sexto nível:

> Para mim, isso significava trilhar o caminho mais profundo que eu poderia encontrar – a minha natureza divina – e deixar-me conduzir ao longo dele. Tive durante muito tempo a sensação de que essa era a missão de minha vida. Isso significa simplesmente amar, aceitar e viver o aspecto feminino de nosso ser e alinhar com ele o aspecto masculino. Antes o aspecto masculino tinha sido dominante e estivera fora de equilíbrio.
>
> Nas últimas semanas, nos despedimos de mais de 80 pessoas de quem realmente gostamos e das quais tivemos de nos separar desde que nos mudamos para o Colorado. Fizemos isso com muito amor. Mesmo com todas as reações dessas pessoas, algumas das quais foram muito intensas, tenho conseguido manter uma atitude franca e generosa. Como você sabe, esse parece ser o nível mais elevado do sentimento.

Algumas boas perguntas para serem feitas a si mesmo:

Qual é a natureza das minhas necessidades espirituais?
Dou a mim mesmo o tempo necessário para que os meus sentimentos espirituais venham à superfície?
Qual é a natureza dos meus sentimentos espirituais? Quando e como eu sinto o amor incondicional?
Em que situações na minha vida eu preciso do amor incondicional?
Quanto tempo estou disposto a gastar diariamente para permitir que o amor incondicional predomine nessa situação por meio da meditação e da visualização?
Que tipo de música me transmite uma sensação de paz?

As Suas Necessidades no Sétimo Nível do Campo Áurico

O sétimo nível é o nível da mente divina, onde você começa a compreender o grande padrão universal. A mente divina o leva até a razão da existência – o propósito da alma na vida, o grande padrão que está tomando forma dentro de você e ao seu redor. Dentro desse nível há um profundo senso do propósito da alma, uma razão para estar aqui, uma razão para a experiência que você está tendo, uma sensação de verdade. Em vez de medo, há uma constante curiosidade a respeito do que está se passando. Quando você penetra nesses níveis de percepção espiritual, toda a experiência é alçada a uma realidade superior ou transcendente. Você vai saber que tudo está correto no mundo de Deus. Na serenidade, não existe nenhuma culpa; tudo está se desenrolando da maneira mais apropriada, tal como tem de ser.

Precisamos conhecer e compreender o padrão divino de todas as coisas para enxergar o padrão perfeito contido na luz dourada de tudo o que existe, e para saber que tudo é perfeito na sua imperfeição. É a partir desse nível que sentimos a serenidade.

Durante o processo de cura, podemos ter acesso à sétima camada e nos tornarmos livres. Karen explica isso da seguinte maneira:

> Disponho de muitas coisas úteis dentro de mim, mesmo quando me esqueço disso. Tenho uma ideia clara do que significa a minha alma, e de estar neste mundo por alguma razão. Independentemente do que esteja acontecendo, sempre haverá alguma coisa a ser aprendida. Para mim, o elemento essencial é saber que existe esperança. Em vez de sentirmos medo, a esperança nos proporciona uma constante curiosidade do que vai acontecer.
>
> Bem, agora estou sentindo uma espécie de serenidade com respeito aos preparativos para deixar os meus pacientes e amigos. Consigo permanecer num nível em que enxergo tudo isso a partir de uma perspectiva mais elevada. Como se eu estivesse ao mesmo tempo trabalhando com os meus pacientes e partindo. Compreendo que existe algo que podemos fazer juntos no tempo que nos resta e que, quer se trate de um paciente ou de alguma outra pessoa, há uma espetacular sinfonia sendo executada. Se eu tomar cada providência no momento certo, tudo estará em harmonia. Não fico perturbada com coisas que, no passado, teriam me deixado agitada ou com medo.

Algumas boas perguntas para serem feitas a si mesmo:

Quais são os padrões mais seguros que existem na minha vida?
Qual é a natureza da esperança mais profunda que me estimula?
Qual é a minha sinfonia na vida?

A Parte IV vai ajudá-lo a criar um projeto de cura muito prático para que cada nível do seu campo inclua todas as suas necessidades pessoais.

Quarta Parte

A CRIAÇÃO DE UM PROJETO DE CURA

"Quando a pessoa não está empenhada há hesitação, possibilidade de recuo e, sempre, ineficácia. No que diz respeito a toda iniciativa (e criação), há uma verdade elementar, cujo desconhecimento desperdiça incontáveis ideias e planos esplêndidos: a de que, no momento em que o indivíduo se empenha definitivamente, a Providência também começa a agir. Todo tipo de coisa acontece em seu benefício, coisas que, de outro modo, nunca teriam ocorrido. Todo um fluxo de acontecimentos brota dessa decisão e ocasiona, em favor do indivíduo, toda sorte de incidentes, de ajuda material e de encontros imprevistos, os quais nenhum homem poderia sonhar que ocorreriam dessa maneira. Aprendi a ter um profundo respeito por uma das máximas de Goethe: "Dê início a tudo o que você puder fazer, ou a tudo o que você julgar que pode fazer. A audácia traz em si o talento, o poder e a magia."

– W. H. Murray, *The Scottish Himalayan Expedition*

Introdução

A CRIAÇÃO DO SEU PROJETO DE CURA PESSOAL

À medida que eu continuava a clinicar e a lecionar, e a adquirir mais experiência com as pessoas, tornou-se óbvio para mim que cada indivíduo precisava ter um projeto pessoal específico baseado nas suas necessidades a fim de melhorar sua qualidade de vida como um todo, e não apenas um procedimento terapêutico geral para a cura de uma doença. É claro que a cura de uma doença física ou psicológica é de grande importância: todavia, uma perspectiva nova e mais ampla é essencial. O projeto de cura tem como objetivo a cura da pessoa e não a cura da doença. Quanto mais o projeto de cura se concentrar nisso, mais profunda torna-se a cura. Parece que não existe limite para a saúde. Depois que um indivíduo dá início a um projeto de cura abrangente, a cura transforma-se num processo de crescimento e aprendizado que se prolonga por toda a vida. O projeto transforma-se numa grande aventura, que leva a pessoa a experiências de vida cada vez mais plenas e profundas.

Ao criar um plano de cura, precisamos ter em mente que as verdades espirituais formulam o cenário e o propósito de nossa vida tanto no plano físico como em nossos níveis áuricos. Se houver um distúrbio em determinado nível de nosso campo, não haverá dúvida de que não estaremos cumprindo o nosso propósito espiritual nesse nível. Não estamos conseguindo aquilo que precisamos criar em nossa vida.

Portanto, quando procuramos curar um determinado nível do campo áurico, precisamos nos perguntar se esse nível está servindo aos seus propósitos. Começamos por formular perguntas como essas: O nosso corpo físico está servindo ao nosso propósito de ajudar-nos a reconhecer a nossa individualidade divina através da ação? O nosso segundo nível está nos proporcionando a experiência de nossos sentimentos individuais e de amor a nós mesmos? O nível três de nosso campo áurico está nos proporcionando a capacidade de concentrar a nossa percepção consciente, de diferenciar e de integrar as nossas percepções, de modo que tenhamos lucidez e certo senso de adequação na condição de indivíduos? Estamos agindo em companhia das outras pessoas, através do quarto nível, e criando vínculos amigáveis que satisfazem as nossas necessidades? Estamos experimentando a nossa ligação com todos os outros seres?

Ao criar projetos de cura para a nossa vida cotidiana, precisamos começar pelas nossas necessidades mais básicas: aquelas que integram os aspectos físicos e espirituais do nosso ser.

Neste capítulo, vou mostrar como elaborar um projeto de cura para cada um dos quatro níveis inferiores do nosso campo áurico, cada um dos quais representa um aspecto diferente da sua vida e das suas necessidades humanas. O primeiro nível do nosso plano de cura vai concentrar-se nos cuidados pessoais do seu corpo físico e do seu modelo, o primeiro nível do seu campo áurico.

Uma das maiores mudanças por que você vai passar nesse processo de cura será a sua sensibilidade aos campos de energia vital que existem ao seu redor e fluem através de você. Analisaremos o seu ambiente em termos da energia que ele lhe proporciona. No Capítulo 9, começaremos por abordar as dimensões desse ambiente e, depois, nos concentraremos nos inúmeros campos de energia que apresentam dimensões menores, nos quais estamos continuamente mergulhados.

CAPÍTULO 9

AS ENERGIAS DA TERRA COMO BASE DA VIDA

....

As regiões da Terra apresentam diferentes combinações de energia. O campo de energia total de qualquer local específico é muito complicado. Ele é constituído por energias das configurações geológicas locais, incluindo as energias das combinações de todas as substâncias orgânicas e inorgânicas que entram na composição da Terra, tais como depósitos minerais; as energias de toda a flora e fauna que existem ou existiram ali; as energias das várias sociedades de seres humanos e de suas atividades nesses lugares, desde tempos imemoriais; e as energias dos seres humanos e de suas atividades realizadas atualmente nesses locais.

Além disso, todo local na Terra também é influenciado pelas energias do sistema solar, bem como pelas energias interestelares e intergalácticas. Essas energias penetram e atravessam diferentes locais da Terra e lá se acumulam de maneira diversa. O campo magnético da Terra desempenha um papel nessa configuração, pois direciona determinadas faixas das energias cósmicas para locais específicos da Terra.

Heyoan diz que no futuro teremos mapas desses campos de energia, e que as pessoas vão escolher os locais de suas casas e cidades através deles, mais ou menos como fazem os geomantes da China. Através de um complicado sistema de divinação, os geomantes escolhem o local de construção e a orientação das casas. Eles também escolhem a localização de importantes cidades sagradas, como a Cidade Proibida. Os geomantes planejam tanto o exterior como o interior das casas, além dos móveis, para controlar o fluxo de energia pelo interior da casa. Boa parte de seus conhecimentos deriva de crenças tradicionais e, também, da compreensão dos fluxos de energia; assim, eles não fazem muito sentido para os ocidentais, a não ser depois de muito estudo. Heyoan diz que no futuro escolheremos até mesmo os locais de nascimento de novas nações de acordo com os mapas dos campos de energia da Terra e de outros planetas. Ele sugere que existem lugares que são muito mais saudáveis do que outros. Obviamente, há para isso orientações gerais que serão explicadas neste capítulo; todavia, ele também nos lembra que existe variação de indivíduo para indivíduo.

Algumas pessoas, por exemplo, se sentem melhor perto do oceano ou de alguma grande massa de água, enquanto outras preferem montanhas ou desertos. Essas preferências estão diretamente relacionadas com as combinações de energia que constituem o campo de energia humano. Cada um de nós é diferente porque as energias que formam o campo áurico variam de uma pessoa para outra; além do mais, cada um de nós está sendo permeado de uma maneira diferente pela essência da estrela do âmago. Em geral, as pessoas sabem qual é o tipo de local a que pertencem, geograficamente, e manifestam isso em afirmações como "Sou uma pessoa que viveu nas montanhas" ou "Gosto de viver perto da água".

Algumas escolhem o local onde vivem de acordo com a atmosfera do local ou com o clima.

O Clima

Nossa preferência por certos tipos de condições atmosféricas está diretamente relacionada com os tipos de energia que constituem o nosso campo áurico. Nossas preferências variam de acordo com aquilo que é compatível com as energias do nosso campo áurico e com o modo como gostamos de fazer as nossas energias fluírem. Alguns de nós preferem uma mudança de estação. Outros preferem o calor constante e a claridade do deserto. Outros, ainda, preferem um clima mais úmido.

Tempestades elétricas, o ozônio que se forma antes das chuvas e a própria chuva carregam o campo áurico e ajudam a purificá-lo. A maior quantidade de íons negativos presente no ar estimula e carrega o campo áurico, fazendo com que a energia flua mais rapidamente através dele. Alguns de nós gostam disso; outros temem o aumento do fluxo através de nossos campos.

A luz solar carrega a atmosfera com prana ou energia orgânica. Para ver essa energia, contemple tranquilamente, sem fixar os olhos num ponto específico. Minúsculos pontos de luz aparecem e se movem em trajetórias curvas. Se observar os movimentos de todos os pontos do campo, você verá que eles pulsam no mesmo ritmo. Esses pontos podem ser brilhantes ou foscos. Quando o tempo está ensolarado, elas são brilhantes e se movem rapidamente. Esse orgônio de alta energia faz você se sentir muito bem. Ele recarrega o seu campo e lhe proporciona muita energia. Quando o tempo está nublado, os pequenos pontos de luz não brilham tanto nem se movem com a mesma rapidez. Depois de prolongados períodos de tempo encoberto, às vezes, temos a impressão de que parte deles é escura ou mesmo preta. Quanto maior a duração do período de tempo encoberto, mais escuro e mais lento fica o orgônio, menos ele carrega de energia o seu campo e mais mal-humorado você fica.

Em regiões montanhosas e ensolaradas, o orgônio é muito leve, brilhante e altamente carregado de energia. O orgônio mais carregado que já vi pessoalmente foi o dos Alpes suíços, durante o inverno. Há muita neve, sol e ar puro. O orgônio de lá não é apenas o mais carregado, mas é também o mais denso que já vi, com mais pontos por metro cúbico. Não admira que as pessoas que vão até lá durante as férias voltem rejuvenescidas.

Parte dos casos de depressão causada por privação de luz durante o inverno em regiões de latitudes elevadas deve-se a uma constante diminuição da carga do orgônio da atmosfera. É por isso que muitas pessoas do norte dos Estados Unidos vão esquiar em montanhas ensolaradas, ou viajam para as praias do sul, em férias de inverno, para voltarem recarregadas. Às vezes, é preciso cerca de uma semana para restaurar a carga.

Obviamente, é importante evitar a exposição excessiva ao sol. Use sempre filtro solar. Comece com um creme que tenha um fator de proteção bastante elevado, e vá reduzindo aos poucos, à medida que você for se acostumando. Depois que estiver recarregado, você na verdade passa a necessitar de apenas uns vinte minutos de luz solar por dia para manter uma boa carga de energia. O tempo máximo durante o qual uma pessoa consegue tomar sol sem sentir efeitos negativos como a exaustão, a insolação, as queimaduras e as doenças de pele varia de acordo com a sensibilidade de cada um. Um excesso de sol que seja suficiente para queimar o seu corpo físico também queima o primeiro nível do campo áurico. Os raios solares penetram em seu campo de energia, fazendo com que ele se parta em pequenos fragmentos, como vidro estilhaçado. Não admira que a exposição frequente à luz solar excessiva cause câncer. Os filtros solares bloqueiam apenas os raios prejudiciais. Eles não impedem o sol de carregar o seu campo áurico.

O mar também carrega a energia do ar. O ar úmido e salgado carrega o campo áurico e ajuda a eliminar as frequências vibratórias demasiado baixas para manter a vida. Caminhar ao longo da praia faz o campo áurico se expandir. Às vezes, o campo tem o seu tamanho duplicado e prolonga-se por sobre a água.

Nas praias do sul, durante o ano todo, e nas praias do norte, durante o verão, os banhistas absorvem uma carga tripla. O sol carrega o campo áurico diretamente, o ar salgado carrega e purifica esse campo, e vinte minutos de natação na água salgada purificam profundamente o velho muco estagnado que porventura tenha se acumulado durante os longos meses de inverno. Alguns dias dessa atividade fazem um grande bem para a saúde do seu campo áurico.

A Natureza: O Mar, as Florestas, os Riachos, os Lagos, os Desertos, as Montanhas e a Vida Selvagem

Para nós, é quase impossível imaginar como era a vida dos indígenas norte-americanos antes que os europeus perturbassem o equilíbrio natural nos Estados Unidos. As pessoas viviam como membros integrados à natureza, um privilégio do qual nos privamos. Tornamo-nos cada vez mais desligados da Terra, e isso pode ser visto em todas as partes do planeta, na forma de doenças e de desastres naturais.

Na ausência de perturbações, a natureza permanece em equilíbrio com as energias integrais da Terra, consideradas numa escala mais ampla. As energias da natureza carregam de energia o nosso campo áurico e fazem com que ele fique em equilíbrio com o ambiente que o rodeia. As coisas que comemos serão nutritivas para nós porque os nossos campos de energia estarão equilibrados para a sua assimilação. Passar várias horas por semana num ambiente bem preservado ajuda-o a restabelecer o equilíbrio entre o seu campo áurico e as energias da Terra. Isso é necessário para a plena saúde.

Lagos tranquilos nos transmitem grande sensação de paz, aliviando as tensões ou as pulsações irregulares no nosso campo, causadas pela tensão da vida moderna. As pulsações áuricas da água corrente ampliam o campo áurico, fazendo com que ele pulse mais rápido e de uma forma uniforme e saudável. A energia áurica nas proximidades de uma queda d'água é enorme. Galhos de árvores quebrados próximos a essa fonte de energia vivem durante muito mais tempo do que viveriam sem essa energia.

As árvores de uma floresta de pinheiros pulsam numa frequência muito semelhante à do campo áurico humano. Sentar-se numa dessas florestas ou, simplesmente, apoiar-se numa dessas árvores no fundo do seu quintal vai recarregar o seu campo quando você precisar disso. Faça isso durante o tempo que quiser. Você pode até mesmo entrar em contato com a consciência da árvore enquanto faz isso.

As montanhas ajudam-nos a sentir o poder do reino mineral da Terra e a entrarmos em contato com esse poder, para que possamos alcançar as partes mais elevadas de nossa consciência. O ar puro do deserto luminoso convida-nos a expandir o nosso campo até grandes distâncias, e a nos sentirmos maiores e, para alguns, ainda mais capazes do que eram antes.

Passando algum tempo com os animais selvagens, na natureza, absorvemos a energia deles, o que imediatamente nos proporciona uma compreensão intuitiva (e não mental) da nossa capacidade de nos sincronizarmos com o mundo natural à nossa volta. A capacidade de nos sincronizarmos com a energia natural e, portanto, planetária, nos dá acesso à grande sabedoria, e nos ensina a confiar em nossa natureza humana fundamental.

A energia da natureza nos proporciona uma maior compreensão da vida em todas as suas formas. Cada espécie encerra uma grande sabedoria, diferente da sabedoria das outras espécies. Podemos aprender muito com os animais, não apenas com o seu comportamento, mas também a partir da integridade com que eles vivem. Os curadores comumente usam instrumentos de cura criados com base nos corpos de animais encontrados nas florestas ou mortos por atropelamento nas estradas. Cada um desses corpos é considerado uma dádiva do "Grande Espírito". Todos são tratados com respeito. Os objetos são confeccionados em cerimônias para conservarem a sabedoria das espécies a partir das quais eles vieram. Esses objetos são usados no processo de cura para proporcionar uma ligação holográfica direta com a sabedoria das espécies.

Nossos jardins e quintais propiciam a nossa ligação com a Terra de maneiras que, talvez, sejam a compensação da nossa herança selvagem perdida. Temos aqui um terreno comum aos seres humanos e à natureza, uma combinação da vontade da natureza com a vontade humana. Todos os tipos de planta deixam os nossos sentidos repletos do esplendor que a natureza leva ao nosso quintal, à nossa estufa ou à sala de estar. As plantas nos fornecem diferentes variedades e frequências de energia nos campos energéticos que existem à nossa volta e que alimentam o nosso campo. As plantas domésticas são especialmente úteis para manter uma casa repleta de energia pura e saudável. Quanto mais contato tivermos com essas plantas, maior o intercâmbio de energia entre nós e as plantas.

Hortas orgânicas ajudam-nos a manter uma ligação com as energias da Terra, e nos fornecem alimentos energeticamente balanceados. Quanto mais trabalhamos com a Terra, mais ficamos ligados e somos nutridos por suas energias. E, obviamente, também obtemos outros benefícios com os alimentos naturais que produzimos.

Densidade Populacional

Nos últimos anos da década de 70 e no começo dos anos 80, tive o privilégio de ir à Holanda uma vez por ano para ajudar a dirigir grupos intensivos de transformação. Nas sessões particulares que fiz durante esse período, notei uma coisa muito curiosa. Os pacientes (geralmente holandeses ou de outros países da Europa) aproximavam suas cadeiras da minha quando sentávamos frente a frente para trabalhar. Inconscientemente, eu empurrava a minha cadeira um pouquinho para trás. Durante a sessão, os pacientes chegavam um pouquinho mais para a frente e eu, de novo, empurrava a minha cadeira um pouquinho para trás. No final da sessão, a minha cadeira geralmente estava encostada na parede. Isso nunca havia acontecido comigo nos Estados Unidos, e eu me sentia muito incomodada com esse problema.

Embaraçada com a situação, tratei de iniciar as sessões com as cadeiras mais distantes uma da outra, para ter mais espaço. No final de cada sessão, porém, eu inevitavelmente estava encostada na parede. Nessas condições, descobri que é muito difícil pensar ou me separar dos meus pacientes. Comecei a achar que havia alguma coisa errada comigo. Talvez eu estivesse simplesmente sendo pouco amistosa com essas pessoas. Tentei me forçar a me acostumar com esses novos limites, mas não consegui. Comecei a andar pela sala para conseguir mais espaço, mas isso funcionou apenas durante alguns minutos; os pacientes me seguiam para ficar mais perto de mim.

Por fim, percebi que o problema estava na minha aura, que era cerca de 30 a 60 centímetros maior do que a deles. Eles estavam tentando fazer um contato "normal" comigo, da mesma maneira que fariam com outros europeus. Começando a observar a ação recíproca entre os campos, percebi que essas pessoas (especialmente os holandeses, que tinham sido empurrados contra o mar) haviam adaptado suas dimensões áuricas no sentido de conviverem uns com os outros em espaços menores do que aqueles com os quais eu estava acostumada.

Vários anos depois, notei uma grande diferença entre a aura dos norte-americanos da Costa Leste e a dos americanos da Costa Oeste. Em geral, as pessoas da região de Nova York tinham uma aura menor do que a das pessoas que vivem no sul da Califórnia. Presumo que uma pessoa que viva em espaços maiores, com menos pessoas, terá um campo áurico maior do que alguém que viva em locais menores, com mais pessoas. As auras de pessoas que vivem em países densamente habitados são menores que as das pessoas que vivem em países com populações mais esparsas.

Além disso, há uma diferença nos limites que as pessoas criam umas em relação às outras nos seus campos áuricos. As pessoas da área de Nova York que frequentam os meus cursos de treinamento tendem a ter limites mais definidos, para mantê-las afastadas umas das outras. É quase como se as suas auras se repelissem no sétimo nível, como duas bolas de borracha ricocheteando uma contra a outra. No sul da Califórnia, pude observar que as pessoas que frequentavam os meus cursos de treinamento gostavam de deixar os seus campos áuricos simplesmente se difundirem uns através dos outros, sem interferências. Elas parecem deixar os níveis de quatro a sete se interpenetrarem no mesmo espaço, embora não cheguem realmente a tocar um no outro. Assim, as pessoas da Califórnia, muito embora tenham campos áuricos maiores, vão querer sentar-se mais perto umas das outras do que seria confortável para os nova-iorquinos, por exemplo. Os nova-iorquinos poderão considerar a comunicação um tanto afetada e petulante. O californiano, ao mesmo tempo, talvez sinta que os habitantes da Costa Leste são ríspidos e circunspectos.

Obviamente, existem outros fatores importantes para o aparecimento dessas diferenças. O principal é que gostamos de agir em companhia das pessoas interpenetrando os níveis de nossos campos da maneira que consideramos mais confortável. Cada um de nós desenvolve mais alguns níveis do campo áurico em detrimento de outros, dependendo de nossa família e do tipo de sociedade em que fomos criados. Diferentes sociedades concentram-se em valores específicos. Esse valores concentram o desenvolvimento em diferentes aspectos da experiência humana. Se, por exemplo, a verdade for considerada o valor mais elevado, então, o terceiro nível do campo áurico será alvo de muita atenção. Se o amor for considerado o valor mais elevado, é mais provável que nessa sociedade o quarto nível do campo se desenvolva mais.

É claro que o desenvolvimento depende do modo como cada sociedade expressa os seus valores. Se os seus valores espirituais do amor divino ou da vontade divina forem considerados os mais importantes, como acontece em algumas sociedades religiosas, então o campo áurico das pessoas dessa sociedade vai refletir o elevado desenvolvimento desse valor. O quinto ou o sexto níveis do campo serão os mais desenvolvidos. Durante a comunicação, portanto, as pessoas dessa sociedade tenderiam a misturar os seus campos áuricos nesses níveis.

Os europeus tendem a ser muito sofisticados, com o primeiro, o segundo e o terceiro níveis bastante desenvolvidos, e eles provavelmente se combinam no terceiro nível. Os nova-iorquinos gostam do segundo, do terceiro e do quarto níveis, mas não gostam de combiná-los, e preferem fazer com que os seus campos se confundam de modo a gerar tensão. As tensões servem para deixar que as pessoas percebam as diferenças. Os californianos apreciam o segundo e o quarto níveis e gostam de combinar energias difusas sem que elas se adaptem plenamente. Talvez esses californianos estejam procurando a estabilidade sem nenhuma tensão. Todas essas conclusões são baseadas na observação de pessoas que frequentaram os meus cursos de treinamento. Talvez elas representem apenas uma pequena parcela das populações acima mencionadas.

Cidades

As cidades grandes são locais que apresentam muita energia, com uma grande variedade de tipos de energia. Heyoan diz que as grandes cidades e civilizações se formam nos locais da Terra onde se acumulam energias vitais provenientes do espaço sideral. Essas energias são a fonte do conhecimento. Ele diz que nós, inconscientemente, somos atraídos para essas áreas. Nesses locais, cada um de nós é inspirado a criar tendo como resultado a ascensão de uma civilização que põe em prática o conhecimento contido nas energias acumuladas do lugar. Os berços do estudo da matemática e da linguagem tiveram como centro esses vórtices de energia. As pessoas que são atraídas para esses locais transformam-se em condutos através dos quais essas formas de conhecimento são trazidas para o nosso mundo.

Heyoan prossegue dizendo:

> Assim, conforme você poderia imaginar, os grandes centros de aprendizado que agora existem na Terra localizam-se nesses vórtices de energia e de conhecimento. Uma das razões pelas quais os núcleos de civilização se deslocam pela superfície da Terra é que cada um deles está tendo acesso a um conhecimento específico [contido nos campos de energia] que se destaca num determinado período na história. Esse é um dos fatores menos conhecidos e mais importantes para o progresso das civilizações. O mundo tende a se concentrar na civilização proeminente e, dessa maneira, não interfere com o local que será a fonte da próxima civilização que está vindo à luz.

À medida que as cidades favorecem a criatividade, as invenções e o conhecimento, elas produzem muito lixo tanto no nível físico como nos níveis áuricos. Nas cidades, aprendemos a viver uns com os outros num ambiente altamente energético. Essa elevada energia tende a abalar os blocos negativos que precisam ser purificados. Infelizmente, um dos principais resultados desse processo é que as cidades grandes não apenas acumulam grandes quantidades de energia de conhecimento superior como também enormes quantidades de energias negativas ou energias ORM.

ORM, um termo cunhado por Wilhelm Reich, significa energia do orgônio morto [em inglês, *dead orgone energy*]. A energia vibra bem abaixo da frequência necessária para a vida, e pode ser prejudicial para a saúde e para o bem-estar das pessoas. Quando densamente acumulada, a ORM pode ser perigosa, até mesmo letal. Ela faz com que as doenças se manifestem nas partes mais fracas do corpo e do campo de energia. Em muitas cidades, essas energias ORM permeiam todas as coisas e penetram profundamente na Terra. Elas afetam todos os que vivem nesses locais, e muitas dessas pessoas precisam se afastar desses lugares regularmente para conservar a saúde. Eu, por exemplo, mantive uma clínica e dei cursos na cidade de Nova York durante quinze anos. Para entrar em contato com as energias benéficas da Terra e utilizá-las para a cura era preciso atravessar cerca de 35 metros de energia negativa que tinha o aspecto de uma substância pegajosa cinza-escura. Essa substância existe em todo o solo e em todas as rochas de Nova York. Há, obviamente, locais onde ela não é tão escura nem tão espessa. De modo geral, porém, ela está presente em todas as atividades dessa grande cidade. Por baixo dessa substância pegajosa e escura estão as energias normais e puras da Terra, que não foram afetadas pela energia poluída. A massa e a profundidade do ORM parece aumentar a cada ano. O filme *Ghostbusters II* ["Os caça-fantasmas II"] não estava muito longe da verdade!

Também notei que a poluição ambiental no ar de Nova York aumenta terrivelmente a cada ano. À medida que o tempo passava, eu podia notar os efeitos negativos cada vez maiores sobre os pacientes que moravam lá. Todos os anos, eu assistia ao sistema imunológico das pessoas sendo vencido pela grande poluição ambiental. O principal efeito que observei foi sobre o cérebro. De acordo com as minhas observações sobre a aura, os diversos tipos de células cerebrais produzem em quantidade mínima diversas substâncias necessárias para que o cérebro e o corpo se mantenham com saúde. Essas substâncias parecem ativar o controle do funcionamento dos sistemas de órgãos do corpo. Nos anos em que cliniquei em Nova York, observei um crescente e constante desequilíbrio na secreção dessas substâncias. Parecia-me que alterações muito pequenas na quantidade e no momento da produção dessas substâncias causavam grandes perturbações no funcionamento normal dos processos corporais. Muito embora eu pudesse reequilibrar as tumultuadas energias vitais do cérebro, o paciente voltava a apresentar um campo de energia vital poluído pelo ambiente que, então, perturbava novamente o funcionamento do seu cérebro. Todas as pessoas pareciam ignorar completamente o que estava se passando.

Nessa época, comecei a observar o estado geral das pessoas idosas que viviam em Nova York. Anos de exposição a um ambiente poluído tinham um preço a ser pago. Essas pessoas estavam muito menos energizadas, e os seus campos mais desequilibrados do que os das pessoas idosas que viviam nas áreas rurais. Percebi que quanto maior o tempo durante o qual essas pessoas ficavam expostas ao ORM, menos sensíveis elas se tornavam. É mais ou menos como colocar uma rã na água e aquecê-la lentamente. Ela não percebe que a água está ficando mais quente, e acaba morrendo. Por outro lado, ela pularia para fora caso você a colocasse de imediato dentro da água quente.

A Escolha de um Local para Viver

Todos nós desejaríamos viver em determinado lugar, "se pudéssemos". Muitas pessoas gostariam de viver onde foram criadas porque se recordam com saudade dos lugares onde passaram a infância. Elas anseiam pelas sensações, pelas paisagens, pelos sons, pela textura e pela fragrância da flora e da fauna do lugar onde cresceram porque eram mais sensíveis ao ambiente natural durante a infância. A lembrança dessas experiências geralmente reproduzem a ligação entre a mente e o corpo que tivemos na infância e que perdemos ao longo do processo de amadurecimento. Essa ligação restabelece um campo áurico saudável, equilibrado e relaxado, que realiza a cura.

Por outro lado, outras pessoas, que talvez tenham tido uma infância mais difícil e conturbada, preferem se fixar num clima ou ambiente totalmente diferente daquele em que foram criadas. Elas encontram novos horizontes mais favoráveis à cura do que os antigos.

Nossas preferências quanto ao local em que vivemos estão diretamente relacionadas com a configuração "normal" do nosso campo de energia vital. Sentimo-nos à vontade com determinado conjunto de diferentes tipos de energia do nosso ambiente – o mar, as florestas ou as montanhas. E, de acordo com isso, escolhemos os locais onde preferimos viver. Também estamos acostumados a ter determinada gama de energias e de forças percorrendo o nosso corpo. O que é normal para uma pessoa pode apresentar uma frequência excessivamente baixa ou elevada para satisfazer uma outra pessoa. Estamos acostumados a um grau específico de "aceitação" e a determinada maneira de estabelecer os nossos limites.

Também escolhemos os locais onde moramos para que eles nos ajudem a nos sentirmos normais. "Normal", como você se lembra, é na verdade um determinado desequilíbrio habitual que temos no nosso campo. Tendemos a gostar de ambientes que favoreçam a conservação do nosso *status quo*. Em geral, não gostamos de muitas mudanças na nossa vida. Não gostamos de alguém nem de alguma coisa que altere os nossos níveis normais de energia. Durante a maior parte do tempo, escolhemos o ambiente em que vivemos em conformidade com esse princípio. Se fizermos essa escolha de forma consciente, isso contribuirá para que tenhamos uma vida holística. Se precisarmos realmente nos mudar para um novo ambiente a fim de fazer o tipo de mudança que gostaríamos de fazer na nossa vida, mas estivermos procrastinando, talvez seja uma boa ideia considerar a possibilidade de nos mudarmos para uma região inteiramente nova. Isso certamente funcionou para Karen, a mulher que, como você se lembra, mudou-se para uma outra parte do país depois de se submeter a uma cirurgia.

A Antiga Arte do Feng Shui

Feng shui é a antiga arte chinesa de projetar e criar um ambiente harmonioso. O Feng shui baseia-se na crença de que os padrões de energia são gerados e influenciados por todas as coisas que fazemos, construímos ou criamos. Essa arte nos ensina que o nosso destino e a nossa vida estão ligados ao campo de energia universal e ao campo de energia humano. O Feng shui usa a localização dos edifícios e dos objetos como meios de controlar as energias do nosso ambiente e de as harmonizar com as nossas energias pessoais. O lugar onde está situada a porta da frente da sua casa e o local a que leva, por exemplo, são muito importantes. Se ela dá para uma parede, esta irá bloquear o fluxo natural de energias terrestres que, de uma outra maneira, penetraria na sua casa. Defrontar-se sempre com uma parede ao se aproximar da sua casa bloqueia o fluxo natural de energia que o liga à sua casa, ao se aproximar dela. Isso vai interferir no seu relacionamento com a casa e poderá fazer com que você se sinta fraco, derrotado e estagnado na vida por precisar lutar para entrar no local onde se sente bem. Isso, então, poderá tornar ainda mais difícil a sua vida.

Segundo a arte do Feng shui, é importante conhecer as influências energéticas sobre a paisagem, o lugar e o fluxo da água em relação à sua casa, às estrelas, às cores, ao tempo, aos animais, às formas, aos projetos etc. O Feng shui usa muitos tipos diferentes de coisas para ajudar a estabelecer um fluxo controlado de energia nos lugares onde passamos mais tempo. Por exemplo: essa arte usa espelhos para refletir a energia – a colocação de um espelho na parede defronte a sua porta da frente reflete as energias negativas que porventura estejam chegando. Ela usa o som a fim de modificar a energia ou de direcionar as energias positivas para a sua casa, contribuindo para a saúde, o bem-estar e a prosperidade.

O Feng shui pode ajudá-lo a escolher o local para a construção da sua casa ou do seu escritório. Ele lhe diz onde posicioná-los em relação à paisagem, à estrada e aos vizinhos. Ensina onde construir a entrada para o automóvel na sua residência.

Diversos livros sobre Feng shui são citados na bibliografia. Para o homem ocidental, muitas regras e princípios do Feng shui não fazem nenhum sentido. Isso em parte acontece por causa das diferenças culturais quanto ao modo de ver o mundo e, em parte, porque se trata de um tradição muito antiga. No que diz respeito aos princípios que relatei neste livro, coisas que são apenas superstição podem estar mescladas com aquilo que realmente funciona. Todavia, se você estiver interessado em particularidades sobre o modo como você é afetado pelo ambiente da sua casa ou do escritório, leia um livro sobre Feng shui, e comprove isso por si mesmo.

Sugiro que você use todas as informações apresentadas neste capítulo para analisar o local onde você mora. Os Estados Unidos oferecem uma grande variedade de opções quanto aos tipos de lugares onde morar, sendo também possível mudar-se para o local da sua escolha e nele encontrar outro tipo de vida, se você quiser isso. Se preferir morar numa cidade para receber parte das elevadas energias ali disponíveis, viaje regularmente para o campo. Além disso, purifique constantemente o seu campo de energia com as técnicas descritas na sessão que trata dos cuidados requeridos pelo seu campo de energia, no Capítulo 10.

Algumas boas perguntas para serem feitas a si mesmo acerca do lugar onde você mora:

Que tipo de paisagem escolhi?

Se não puder morar em meio ao tipo de paisagem que gostaria, o que posso fazer para passar algum tempo nesse tipo de ambiente, de vez em quando?

Que regiões do país me oferecem as fronteiras ideais com a densidade populacional que mais convém?

Onde vive o tipo de pessoa com quem gosto de conviver?

Sempre quis me mudar para determinada região e jamais consegui?

Que necessidade imagino que esse tipo de mudança iria satisfazer?

Posso satisfazer essa necessidade no lugar onde moro atualmente?

Existe alguma outra coisa da qual eu realmente precise?

Ao continuar onde estou agora, evito alguma coisa que tenho medo de enfrentar?

Se for esse o caso, descubra o que você está evitando para que possa optar conscientemente por continuar onde está ou se mudar para o lugar onde deseja morar.

A Energia dos Espaços e dos Objetos que Estão à Volta do Seu Campo Áurico e que o Abastecem

Os Espaços Vitais

A energia do espaço em que vivemos exerce uma grande influência sobre o nosso campo áurico. Todos os espaços têm energia. A energia de um espaço depende da sua forma, das suas cores, da matéria de que é feito e da energia das pessoas que criaram esse espaço. Os espaços acumulam a energia das pessoas que usam o espaço, a energia daquilo que elas fazem nesse espaço e a energia com a qual fazem isso. Todas essas energias se acumulam na sala, quer sejam saudáveis ou doentias. Quanto mais um espaço é usado com a mesma energia, pelas mesmas pessoas e para um determinado propósito, mais esse espaço fica carregado com a energia desse objetivo.

Estou certa de que tenho notado diferenças de energia entre um ponto de ônibus, uma estação ferroviária e uma catedral ou um templo. Se você vive em Nova York, por exemplo, compare a energia de lugares como o porto e a estação Grand Central com a energia das catedrais de São Patrício, de São João e do Templo Emmanuel. A energia das estações transmite agressividade, ideia de caos, de irregularidade e, em geral, está repleta de nuvens escuras de poluição. Não é agradável permanecer nesses lugares durante muito tempo. Esses lugares chegam a ser até mesmo perigosos, não apenas por causa da criminalidade, mas também por causa da grande quantidade de energias negativas que podem ser absorvidas pelo seu campo áurico. As energias das catedrais e do templo, por outro lado, são puras e vibram em frequências elevadas. A natureza espiritual superior da energia desses espaços afeta de forma positiva qualquer um que entre nesses lugares.

As energias acumuladas durante os cultos religiosos também trazem em si a energia das crenças das pessoas que ali realizam a sua adoração. As pessoas que têm crenças semelhantes irão se sentir fortalecidas nesses espaços porque estarão num campo energético de crenças semelhantes às suas. As mesmas energias, entretanto, poderão ser percebidas como algo temível e sufocante por pessoas que não têm as mesmas crenças.

Os espaços usados para meditação silenciosa ou para a simples comunhão com Deus, como os locais de reunião dos Quakers, possuem uma energia maravilhosa, pura, limpa e de vibração elevada. O local de meditação mais puro que já vi é o santuário de uma comunidade espiritual escocesa chamada Findhorn. Esse santuário é famoso por promover a identidade do homem com a natureza. A comunidade vai até lá para meditar silenciosamente diversas vezes por dia. Ao longo dos anos, acumulou-se ali uma energia extraordinária, pura, limpa e em sincronia com as energias da natureza.

A temperatura e o controle da umidade num espaço também afetam a nossa energia. Os sistemas de aquecimento de ar reduzem a umidade de determinado local àquela característica do ar do deserto. É difícil tornar mais úmido o ar de uma maneira saudável.

Esse ar seco deixa o campo áurico um tanto frágil e vulnerável a energias estranhas. O aquecimento por meio de um sistema de água quente circulando no rodapé é melhor porque não deixa o ar tão seco. Os fornos a gás às vezes apresentam vazamento e causam muitos problemas até que o vazamento seja detectado. Se você tiver um fogão ou forno a gás, faça vistorias periódicas ou instale um detector de gás.

O alumínio tem uma frequência vibratória inferior à necessária para permitir a vida humana. Eu não teria utensílios de alumínio na minha cozinha. Paredes revestidas de alumínio em casas ou trailers reduzem a frequência das energias vitais do ambiente. A madeira é bastante compatível com as vibrações da energia vital e cria um ambiente saudável para nele se viver. O concreto não exerce nenhum efeito sobre o campo áurico. Alguns edifícios grandes têm estruturas de ferro que interferem com a expansão normal do campo áurico. Se os cômodos de um apartamento forem grandes e o teto elevado, o ferro provavelmente não irá afetar o campo de maneira significativa. Janelas grandes deixam entrar muita luz, o que carrega o ar e cria um ambiente mais saudável.

Os Objetos com os quais Você Vive

Os objetos também conduzem energia. Eles contêm a energia dos materiais de que são feitos, a energia que foi colocada neles pela pessoa que os criou (consciente ou inconscientemente), e a energia de todas as pessoas que os possuíram. Se o objetos são antiguidades, eles trazem em si a energia de todos os lugares onde ficaram guardados. Os objetos que você coloca numa sala trazem todas essas energias e as acrescentam à sinfonia energética da sala.

A colocação de cristais em lugares específicos de uma casa, para conservar a energia, é muito útil e funciona de maneira bem apropriada. Uma amiga minha tem diversos cristais grandes em cada cômodo, dispostos cerimonialmente para esse propósito. Todas as vezes que a visitei, a energia de sua casa me pareceu maravilhosa.

Os curadores colocam cristais naturais nas suas salas de cura a fim de transmitir mais energia curativa para o ambiente, de manter a sala livre do ORM, de as conservar ligadas às energias da Terra e de embelezar o ambiente. Os curadores limpam esses cristais diariamente colocando-os para tomar sol mergulhando-os durante vinte minutos numa solução de quatro colheres de sal marinho para um litro de água.

Os cristais apresentam vibrações diferentes, e alguns deles vibram de forma também diferente, mesmo se forem constituídos pelos mesmos minerais. É importante testar cada cristal para certificar-se de que ele cumprirá a função para a qual você o escolheu. Um teste simples consiste em colocar o cristal onde você gostaria que ele ficasse e deixá-lo ali durante alguns dias. Se a energia desse cristal continuar a ser agradável, deixe-o nesse local enquanto você estiver se sentindo bem. Caso contrário, coloque-o em outro lugar e deixe-o lá novamente durante mais alguns dias. Se este não for o lugar ideal, repita o procedimento. Você poderá acabar colocando-o fora da casa. O importante é aquilo que lhe agrada. Você vive com isso.

Obras de arte causam um extraordinário efeito sobre o campo áurico. Embora esse efeito varie muito de acordo com cada indivíduo, podemos fazer algumas generalizações a respeito dele. Algumas obras, como a *Noite Estrelada Sobre o Ródano*, de Van Gogh, tornam o campo propício a uma profunda contemplação pessoal a respeito da jornada da vida, da sua agonia e do seu êxtase. Belas paisagens impressionistas, como os *Nenúfares*, de Monet, trazem em si o sexto nível do nosso campo de energia e produzem uma sensação de serenidade. Rembrandt nos faz ansiar pela luz e acentua a luz interior da estrela do âmago. A excelência em qualquer obra de arte nos inspira a fazer o possível para tornar o nosso campo mais coerente. Uma moldura apropriada é a que vibra com a mesma frequência do quadro. O próprio quadro apresenta certa integridade visual. Uma moldura imprópria mascara o potencial visual que está na intenção do pintor. Uma moldura apropriada é aquela que se equipara à intensidade do quadro não emoldurado e, idealmente, soma-se à sua essência. Thomas Cole, o famoso pintor norte-americano do século XIX, afirmou: "A moldura é a alma de um quadro." Pendure o seu quadro de modo a criar um clima apropriado, de acordo com o que você quer fazer no espaço em que ele estiver colocado.

Os Sons no Seu Ambiente

Os sons têm sido usados há séculos pelos curadores e pelos praticantes de medicina popular de todas as culturas e tradições. A antiga tradição de entoar cânticos, que se tornou novamente popular nos Estados Unidos a partir da década de 60, modifica o campo áurico e nos leva a estados alterados de consciência. Muitos curadores contemporâneos usam modificações para alterar o campo áurico dos seus pacientes e melhorar a sua saúde.

Tenho constatado que o som causa um efeito direto e muito intenso sobre o campo áurico. Ao longo dos meus 15 anos de atividade como curadora na cidade de Nova York, usei os sons para muitos propósitos diferentes. Usando a minha voz, eu atuava diretamente sobre o corpo físico e sobre o campo áurico dos meus pacientes. Eu gravava esses sons para cada cliente, de modo que eles pudessem ouvir uma ou duas vezes por dia os sons específicos para seu corpo e para o seu campo. Os pacientes apenas ouviam a fita enquanto meditavam ou ficavam deitados confortavelmente numa cama. Quando os clientes melhoravam, eu atualizava a fita com um novo conjunto de sons. Desse modo, o paciente podia melhorar muito mais rápido, por meio da técnica do curar-se a si mesmo na sua casa. Eu usava tons e combinações de tons com propósitos diferentes, tais como: liberar concentrações de energia, recarregar áreas do corpo, purificar linhas específicas de energia do campo áurico, estimular o crescimento de tecidos, controlar hemorragias, pôr em movimentos fluidos, eliminar parasitas e ovos dos parasitas e dos micróbios com suas frequências ressonantes, promover a circulação de energia nos chakras e recarregá-los.

Quando aplicamos o som correto sobre um chakra deformado, este assume a forma que deveria ter. Venho fazendo isso regularmente por via da PSS nas minhas atividades como curadora. Os efeitos são muito visíveis. Como a minha visão é bastante precisa, consigo descobrir os sons apropriados simplesmente observando as reações dos chakras aos diversos sons emitidos. Quando uso o tom correto, o chakra se equilibra e a energia passa a circular corretamente. Depois de assumir a forma e retornar a circulação correta no primeiro nível, leva apenas alguns segundos para ele também adquirir a cor apropriada no segundo nível do campo. É espantosa a rapidez com que tudo acontece. Continuando a emitir o tom em direção ao chakra por alguns minutos, ele acaba se estabilizando.

Os tons que uso são uma combinação de muitas frequências com sons harmônicos. Não fizemos uma análise das frequências desses tons porque isso exigia equipamentos sofisticados, de que não dispúnhamos na época. Gravei esses tons inúmeras vezes e para pessoas diferentes. Eles em geral são os mesmos. As notas que descobri dessa maneira, para cada chakra, acham-se relacionadas na Figura 9-1.

Outra coisa interessante a respeito desse tipo de combinação de sons é o seu efeito imediato sobre a capacidade que tem o paciente de imaginar determinada cor. A maioria das pessoas consegue fazer isso com rapidez. Todavia, se um dos chakras do paciente não estiver funcionando bem, ele não será capaz de conceber a cor associada a ele. Por exemplo: se o terceiro chakra não estiver funcionando bem, se todos os outros estiverem em ordem, o paciente vai conseguir imaginar todas as cores associadas aos outros chakras, com exceção do amarelo, que está associado ao terceiro chakra. Ao usar uma combinação de sons no terceiro chakra, ele voltará a ficar em boas condições. Logo que o chakra "se harmonizar e passar a apresentar uma circulação de energia apropriada", a pessoa será capaz de imaginar a cor.

Figura 9-1 Tons dos Chakras

Chakra	Cor (Nível 2)	Nota
7	Branco	Sol
6	Anil	Ré
5	Azul	Lá
4	Verde	Sol
3	Amarelo	Fá
2	Laranja	Ré
1	Vermelho	Sol (embaixo do "DÓ" médio)

Os sons afetam não apenas o primeiro nível do campo áurico, que molda os chakras, mas também o segundo nível do campo áurico, onde os chakras têm as cores do arco-íris – vermelho, laranja, amarelo, verde, azul, anil e branco. Tenho atuado sobre todos os níveis do campo, usando técnicas de combinação de sons. O número de níveis afetados de imediato depende do número de sons harmônicos que o curador consegue produzir simultaneamente. No meu caso, notei que, ao tentar produzir os sons harmônicos necessários para influenciar os níveis superiores do campo de determinado chakra, eu começava a perder as frequências inferiores e causava menos efeitos sobre os níveis inferiores do campo. Para remediar esse problema, eu simplesmente desdobro o processo em duas etapas. Faço os níveis superiores dos campos de cada chakra com um conjunto de tons mais elevado, depois de ter trabalhado todos os chakras.

Fitas com os dois tipos de tons estão disponíveis na Barbara Brennan School of Healing. Na primeira, os tons dos chakras são produzidos verbalmente, conforme descrevi acima. Na segunda, os tons dos chakras são produzidos mecanicamente.

Um novo campo de pesquisas cada vez mais amplo mostra que o som está diretamente relacionado com a criação de formas na natureza. Esse campo é chamado de cimática. Em seu livro, *Cymatics*, o falecido dr. Hans Jening, de

Basileia, Suíça, demonstrou por meio de experiências que o som está diretamente relacionado com as formas. Quando ele colocava grãos de areia fina ou pó de licopódio sobre uma placa de metal e, depois, emitia através da placa um som de frequência constante e contínua, os grãos de areia fina ou o pó formavam padrões específicos. Modificando o som, ele obtinha um padrão diferente. Repetindo o primeiro som, ele voltava a obter o padrão original. Enquanto continuava com o mesmo som, determinado padrão se mantinha; logo que o som era interrompido, o padrão começava a se desfazer e os grãos se redistribuíam lentamente de acordo com a gravidade.

O dr. Guy Manners, médico osteopata que tem a sua clínica em Bretforton, Worcestershire, na Inglaterra, deu prosseguimento a essa pesquisa, ao lado de Jening, para tentar criar formas tridimensionais a partir dos sons. Para tanto, eles começaram a usar mais de uma frequência ao mesmo tempo. A combinação de duas, de três ou de quatro frequências não criou uma imagem tridimensional. Todavia, ao experimentarem uma combinação simultânea de cinco frequências, as pequenas partículas da placa de metal assumiram uma forma tridimensional.

O dr. Manners passou vinte anos pesquisando esse fenômeno e descobriu as combinações de tons mais apropriadas para cada órgão. Ele, então, construiu um aparelho chamado Instrumento Cimático para produzir esses sons com propósitos terapêuticos. Atualmente, eles estão sendo utilizados em todas as partes do mundo. Visitei o dr. Manners na Bretforton Hall Clinic e observei esses aparelhos em funcionamento. Eles causavam um poderoso efeito sobre o campo áurico, fazendo com que ele se reestruturasse e assumisse uma forma correta e saudável. Esse efeito, por sua vez, deveria reduzir o tempo necessário para a cura.

Por enquanto, você pode perceber que, qualquer que seja o som à nossa volta, ele afeta diretamente o nosso campo áurico, seja por meio da música, do barulho do tráfego, dos ruídos de uma fábrica ou dos sons puros da natureza. Estamos apenas começando a compreender os efeitos mais amplos do som sobre a nossa saúde e o nosso bem-estar. Muito embora ainda não tenhamos uma compreensão completa do problema, é importante reconhecer esse efeito extremamente poderoso para regular corretamente o nosso ambiente sonoro.

Se você morar numa cidade grande, tome todas as precauções que puder para controlar a poluição sonora que chega até você. Embora você talvez consiga dormir com o barulho da cidade, isso ainda estará afetando o seu campo. Sugiro que, se possível, você instale janelas com três camadas de vidro e cortinas grossas, que abafem o som. Tente controlar da melhor maneira possível o nível de ruídos no seu ambiente de trabalho. Se tiver uma sala privativa, transforme-a num ambiente à prova de som, para impedir a entrada de ruídos das outras dependências do escritório ou do exterior. Se trabalhar num ambiente amplo, com muito barulho, faça com que a área imediatamente ao seu redor seja à prova de som. E, se possível, proteja os seus ouvidos.

A música desempenha um papel muito importante na saúde e na cura. Muitos curadores usam a música para ajudar a abrandar o campo áurico ou para levá-lo a frequências vibratórias mais elevadas, a fim de ajudar o paciente a entrar num estado de cura. A grande variedade de músicas nos proporciona uma grande variedade de efeitos. Algumas músicas transmitem muita paz; outras recarregam o campo. Algumas músicas acentuam diretamente os estados alterados de percepção, ao passo que outras despertam a mente racional. Atualmente, há muitas músicas da Nova Era que, quando tocadas, recarregam e desobstruem sequencialmente os chakras. Algumas são excelentes para a meditação. Nos treinamentos feitos na Barbara Brennan School of Healing, usamos música o tempo todo para levar os estudantes a diferentes estados de consciência, com propósitos curativos. A música de percussão, por exemplo, é muito boa para desobstruir o primeiro e o segundo chakras, e para que a pessoa se ligue às energias da Terra. O rock desobstrui a nossa sexualidade, e faz com que o corpo e o campo áurico se movimentem num ritmo vivo, que aumenta o fluxo de energia através do corpo. As canções de amor desobstruem o quarto chakra e nos ajudam a nos ligarmos uns aos outros. Os diversos tipos de música para meditação, feitas com sintetizadores, são excelentes para aumentar nossa espiritualidade. Qualquer instrumento pode levar-nos através de todos os níveis da experiência humana, se o músico souber como utilizá-lo. Na Barbara Brennan School of Healing, usamos regularmente música de harpa para que ela nos faça experimentar a essência do âmago.

Uma dieta regular de música nos ajuda a conservar a saúde. O tipo de música que você escolher estará diretamente relacionado com os tipos de energia que compõem o seu campo de energia e ao tipo de aprendizado pessoal que você estiver fazendo num determinado momento. Você precisa ter liberdade para escolher o tipo de música de que gosta e para usá-la da maneira que quiser. Todo um mundo de alimento para o espírito está disponível para você. Não se prive disso. Se você se descobrir tendo preconceitos acerca de um determinado tipo de música, talvez você a deva escutar durante algum tempo e verificar o efeito que ela produz sobre o seu campo. Você poderá estar fugindo de alguma coisa, ou então, poderá estar encerrando a fase de desenvolvimento pessoal que esse tipo de música representa.

Se o seu parceiro gosta de alguma música que você detesta, confine a música a um determinado cômodo, para que você possa ter a opção de escutá-la ou não. Talvez vocês precisem de dois ambientes para ouvir música, de modo que cada um possa ouvir o que prefere. Talvez um de vocês goste do silêncio. Descubra em que período do dia você prefere ouvir música, e entre em acordo com as pessoas da casa para que, na medida do possível, todos tenham as suas necessidades satisfeitas. Se precisar, coloque um número maior de portas nos cômodos da sua casa. Ou, então, peça ao seu parceiro que use fones de ouvido.

Se houver adolescentes que ouvem música muito alto, tente limitar essa música ao quarto deles, usando materiais à prova de som, ou peça-lhes que também usem fones de ouvido. É melhor protestar contra essa música/barulho do que tentar mudá-los. Eles talvez precisem da música na sua transição para a idade adulta.

No processo do desenvolvimento humano, quando entramos na puberdade, energias que nunca sentimos antes, pelo menos na nossa existência, começam a tomar vulto nos nossos campos áuricos. Novas energias intelectuais e espirituais de frequências mais elevadas começam a fluir por todo o campo. Existem novas energias tanto no chakra do coração como nos chakras sexuais. A integração dessas novas energias no nosso campo é uma verdadeira luta. Não apenas estamos nos afastando dos nossos pais como também estamos aprendendo a nos ligar a outras pessoas de maneiras que nunca fizemos antes. Nós descobrimos que somos um tanto vulneráveis a esse desenvolvimento da aura numa época em que estamos trocando a condição da criança que deseja ser cuidada pelos pais, pela de alguém que rejeita os pais e que começa um namorico com uma pessoa que mal conhecemos. Na adolescência, usamos o rock para que ele nos ajude a fazer a transição. Ele nos ajudou a nos separarmos dos nossos pais construindo uma barreira de sons entre nós e eles. O rock atiça as energias do campo áurico, que estão sendo liberadas e desenvolvidas durante a puberdade. Ele aumenta a nossa vontade de viver (o primeiro chakra) e a nossa sexualidade (o segundo chakra). Ele nos ajuda a iniciar a nossa libertação da dependência dos nossos pais e a nos ligarmos aos nossos amigos e colegas (o terceiro chakra). E, obviamente, a música romântica desobstrui o chakra do coração. Ela nos liga, por meio do amor, às pessoas que estão passando pelas mesmas experiências. Ela nos liberta da dominação dos nossos pais ao mesmo tempo que faz com que a nossa dependência passe a ser de um grupo de amigos. Para satisfazer inúmeras necessidades que temos como adultos, precisamos cultivar as capacidades essenciais da união e cooperação com os nossos amigos. Se essas capacidades não foram desenvolvidas antes da puberdade, recebemos agora um impulso final antes que a vida de adulto o faça. Por mais que nós, como pais, nos sintamos agora incomodados com o barulho, houve época em que esse também foi o símbolo do nosso movimento rumo ao mundo exterior.

Energize o Seu Espaço com as Cores

Tudo o que acabamos de dizer sobre os sons também pode ser dito sobre as cores. Ambos são criados por meio de ondas vibratórias e, assim, ambos têm uma estrutura ondulatória e uma frequência de vibração. O som e a luz colorida são muito diferentes. O som é uma onda de compressão longitudinal que se desloca através de uma substância material, como o ar ou a parede de uma casa. Longitudinal, nesse caso, significa que ela viaja ao longo do mesmo caminho que o movimento da sua onda. O som que ouvimos não existe no espaço sideral nem no vácuo. Ele precisa de uma substância material para ser transmitido. A luz colorida, por outro lado, é uma onda eletromagnética que vibra perpendicularmente ao caminho de seu movimento. Ela pode viajar através do espaço sideral ou do vácuo. Ambos, em última análise, são manifestações das frequências superiores que existem além do mundo físico. Ambos são manifestações do divino.

A cor é essencial para a saúde. Precisamos de todas as cores nos nossos campos áuricos. Se estivermos receptivos, seremos atraídos pelas cores de que precisamos. A Figura 9-2 relaciona diferentes cores e o efeito geral que elas têm sobre você. As cores vermelhas, por exemplo, estimulam as nossas emoções, ao passo que o azul modera e acalma as nossas emoções. Esse quadro pode ser usado quando você estiver escolhendo cores para decorar a sua casa, o seu escritório ou a sala de cura. Uma vez definido com clareza o propósito de cada ambiente, você poderá escolher uma cor compatível com esse propósito.

Cada doença está associada à disfunção de certos chakras, e os chakras que apresentam disfunção precisam ser abastecidos com a cor que estiver faltando. As cores podem ser usadas para o tratamento de diferentes doenças. Por exemplo: uma pessoa que tenha uma tireoide hipoativa precisa da cor azul. Se a tireoide estiver hiperativa, a pessoa terá um excesso de azul e provavelmente precisará do verde, que é uma cor que promove o equilíbrio geral do campo. Pacientes com esclerose múltipla precisam do vermelho e do laranja porque o primeiro e o segundo chakras são os mais afetados. Todos os pacientes que sofrem de câncer precisam do dourado, pois todo tipo de câncer causa uma ruptura no sétimo nível da aura, que é dourado. Os pacientes cancerosos também precisam da cor correspondente ao chakra em cuja área a doença esteja localizada. Pacientes com câncer no fígado ou no pâncreas, por exemplo, precisam do amarelo e da cor de pêssego – as cores do terceiro chakra, no segundo e no quarto níveis do campo, respectivamente. Já ouvi dizer que pintar de azul o quarto de crianças hiperativas ajuda a acalmá-las. Alguns hospitais de doentes mentais pintam suas paredes de azul para deixar os pacientes mais calmos. Tenho o palpite de que algum dia os hospitais serão pintados em cores que irão ajudar os pacientes a permanecerem num estado mental favorável à cura. O verde e o rosa vão ajudar o paciente a recarregar e a equilibrar o chakra do coração no segundo e no quarto níveis do campo áurico. O chakra do coração é fundamental para todo processo de cura porque toda energia de cura deve passar pelo centro do chakra do coração para chegar ao corpo do receptor. Poderíamos também construir grandes painéis de vidros coloridos – tendo por trás uma lâmpada incandescente – que poderiam ser deslocados de um quarto para outro conforme a necessidade. Cada painel poderia ser feito com as cores de cada chakra, de modo que o campo áurico pudesse simplesmente absorver a cor. Os tons dos chakras poderiam ser alterados de modo que cada chakra que apresentasse alguma disfunção pudesse assumir sua forma cônica saudável, que lhe permitiria harmonizar-se e faria com que a sua energia circulasse no sentido horário para receber a cor.

Figura 9-2   O Efeito Geral das Cores

Vermelho	Aumenta a sua ligação com a Terra e fortalece os impulsos vitais básicos, como a vontade de viver no mundo físico. Recarrega a energia e protege. Bom para todos os órgãos da área do primeiro chakra.
Castanho--avermelhado	Alia a paixão à vontade.
Rosado	Proporciona um grande sentimento de amor ativo pelas outras pessoas. Ajuda você a amar. Muito contribui para a cura de problemas cardíacos e pulmonares.
Cor-de-rosa	Proporciona um sentimento de amor brando e complacente para com os outros.
Pêssego	Deixa o espírito repleto de uma luz suave, de complacência e de expansão.
Laranja	Recarrega a sua energia sexual e fortalece o seu sistema imunológico. Bom para todos os órgãos da região do segundo chakra. Aumenta a sua ambição.
Amarelo	Proporciona mais lucidez e certo senso de adequação. Bom para todos os órgãos da região do terceiro chakra. Torna a mente mais lúcida.
Verde	Propicia o equilíbrio e certa sensação de adequação: com essa cor, eu estou bem, você está bem, o mundo está bem. Bom para todos os órgãos ligados ao quarto chakra, como o coração e os pulmões.
Azul	Transmite paz, verdade e ordem. Ajuda a falar a verdade, aumenta a sensibilidade, fortalece o mestre interior. Bom para todos os órgãos da área do quinto chakra, como a tireoide. Usado para cauterizar na cirurgia espiritual.

Azul-escuro	Desperta um seguro senso de objetividade.
Anil	Desobstrui a percepção espiritual, gera uma sensação de êxtase. Ajuda você a se ligar aos profundos mistérios da vida espiritual. Bom para qualquer órgão próximo ao sexto chakra.
Púrpura	Ajuda você a se integrar e a se deslocar rumo à espiritualidade; desperta o senso de lealdade. Ajuda a aumentar o senso de liderança e respeito.
Cor de Alfazema	Faz com que a pessoa adote uma atitude despreocupada com relação à vida. Elimina os micro-organismos invasores, proporcionando uma sensação de leveza.
Branco	Ajuda você a se ligar à sua pureza e a expandir o seu campo. Promove expansão espiritual e a ligação com os outros no nível espiritual; faz com que a energia flua para fora. Reduz a dor. Bom para o cérebro.
Dourado	Fortalece a mente superior, proporciona a compreensão de um padrão perfeito e promove um senso de grande objetividade. Ajuda você a se ligar a Deus e à energia espiritual que existe em você. Fortalece qualquer parte do corpo.
Prata	Extremamente eficaz contra os micro-organismos; usada logo depois da cor de alfazema para remover os resíduos. Ajuda você a se mover mais rapidamente e a se comunicar melhor. Usado para cauterizar feridas na cirurgia espiritual.
Platina	Limpa o organismo e elimina os micro-organismos estranhos. É mais forte ainda do que a luz prata.
Marrom	Acentua a ligação com a Terra.
Preto	Ajuda você a se recolher dentro de si mesmo e a permanecer concentrado. Transmite a mais perfeita paz. Bem utilizada, essa cor vai ajudá-lo a penetrar profundamente em suas forças criativas interiores. Leva você para o vazio, a fonte da vida não manifesta que aguarda o momento da sua manifestação. Leva você para a Graça. Bom para ajudá-lo a lidar com a morte. Bom para curar os ossos.

Obviamente, há exceções à relação de cores apresentada na Figura 9-2. Você poderia associar qualquer cor a uma experiência pessoal dolorosa. Nesse caso, a dor estaria associada à experiência e causaria um efeito diferente sobre você. Gostamos de certas cores e detestamos outras. O nosso relacionamento com as cores é também uma expressão do que estiver acontecendo em nossos campos de energia. Se os nossos primeiro e segundo chakras, vermelho e laranja, estiverem insuficientemente carregados, significando isso que reprimimos a nossa energia física (a vontade de viver) e a nossa sensualidade, talvez queiramos mantê-los assim. Nesse caso, talvez precisemos do vermelho no nosso campo para manter a saúde física e emocional. Ao mesmo tempo, porém, talvez evitemos aumentar nossa exposição a essas cores por causa das nossas experiências pessoais com relação a elas. Vamos rejeitar roupas vermelhas ou laranja por causa da nossa experiência pessoal com essas cores. Quando essas energias aumentam de intensidade no nosso campo, elas também trazem à tona quaisquer problemas emocionais que possamos ter com relação aos aspectos da nossa vida aos quais elas estejam associadas.

O Convívio com Aromas que Fazem Sentido

Raramente percebemos as coisas de uma forma neutra. Muitas imagens e sons nos fazem felizes, tristes ou irritados. Certos aromas podem fazer com que algumas pessoas fiquem positivamente extasiadas. Há também certa ligação bilateral entre esses aspectos emocionais da percepção, por um lado, e pensamentos e recordações por outro: aromas apropriados podem evocar imagens de refeições e vinhos consumidos no passado, e o odor de diversos incensos pode nos fazer voltar a uma experiência espiritual que tivemos numa cerimônia em que eles foram usados. A fragrância de um perfume pode nos trazer recordações agradáveis de alguém que amávamos e que usava esse perfume. Os odores naturais do corpo podem nos trazer as recordações eróticas de uma relação sexual. Quando entramos nesses estados emocionais positivos, o nosso campo áurico assume a configuração desse estado positivo e ocorre a cura. Esse é o poder da cura por meio dos aromas.

    O sentido do olfato foi um dos primeiros sentidos a se desenvolver na nossa evolução. O sentido do olfato é registrado pelo sistema olfativo, que penetra na região do mesencéfalo, perto do sistema límbico. Em consequência, o sistema olfativo sempre esteve relacionado com o sistema límbico. O sistema límbico está diretamente ligado às nossas reações emocionais – aquilo que poderíamos chamar de nossos instintos animais. Essas atividades instintivas – a alimentação, as defesas e o comportamento sexual – são fundamentais para a preservação dos indivíduos e das espécies em todo o reino animal.

    Os cães, por exemplo, usam o cheiro produzido pelo medo para ajudá-los a sobreviver. Você conhece o cheiro produzido pelo medo? Alguns seres humanos têm esse cheiro. Quando um cachorro fareja o medo, ele reage de diversas maneiras, dependendo de quem esteja com medo. Se o cheiro vier de um outro indivíduo da sua matilha, ele ficará alerta e cauteloso, procurando a fonte de perigo. Se o cheiro vier de um inimigo no qual ele concentra suas atenções, o cão vai tirar proveito do medo do seu adversário e, provavelmente, atacará. Você reage ao cheiro produzido pelo medo? Como?

Os aromas que nos envolvem exercem grande influência sobre a nossa vida. Aposto que você reconhece o cheiro da pessoa que você ama, e sabe que esse cheiro influencia imediatamente o seu estado de espírito. O incenso é queimado nos santuários para ajudar a assembleia a entrar num estado mental sagrado. Os homens e as mulheres usam perfumes para atrair e para excitar a pessoa que querem conquistar. As flores atraem os pássaros e as abelhas com a sua fragrância. Se você quiser criar determinada atmosfera em sua casa, use também perfumes, além da luz e de outros efeitos. Quais são os aromas de que você gosta? Que tipo de estado de espírito eles despertam? Você escolhe os aromas de acordo com o efeito que pretende provocar. Se não usa, experimente fazê-lo – você ficará surpreso com o poder do sentido do olfato.

Como os aromas atuam de forma direta e afetam muito rapidamente as reações fisiológicas, quando usados corrretamente, eles podem ajudar-nos a criar reações de cura muito rápidas. A aromaterapia vem sendo utilizada há séculos com propósitos de cura. Ela foi desenvolvida pelos antigos egípcios e usada amplamente na Índia e na China. Os feiticeiros dos índios norte-americanos a utilizam desde tempos imemoriais. Ela está se popularizando atualmente nos Estados Unidos. Você pode comprar óleos aromáticos e essências de plantas aromáticas para praticamente qualquer objetivo que puder imaginar. Há substâncias aromáticas para entorpecê-lo ou reanimá-lo; para relaxar os músculos ou energizá-lo; para animá-lo ou acalmá-lo. Há substâncias aromáticas que o levam a diferentes estados mentais. Há diferentes substâncias aromáticas que têm a propriedade de energizar e de equilibrar cada chakra. Se forem utilizadas corretamente, todas funcionarão.

Há séculos, sabemos que a aplicação de óleo sobre a pele facilita a entrada das energias de cura. Segundo a minha PSS, no entanto, acontecem outras coisas além disso – e mais do que as reações do sistema límbico, mencionadas acima. Parece-me que algumas das substâncias aromáticas utilizadas na cura são na verdade essências áuricas que vão diretamente para o campo áurico, proporcionando a ele a energia de que necessita, tal como fazem os remédios homeopáticos. Os músculos se relaxam com o simples toque de um "nutriente tranquilizante" colocado sobre eles. Obviamente, não houve tempo para que o óleo fosse absorvido pela pele ou pelos músculos. Eu consigo ver as energias coloridas das substâncias aromáticas penetrarem no campo. De fato, começa a formar-se um corredor para a penetração do fluxo de energia no momento em que estendemos a mão para o frasco que contém a essência.

Assim, sugiro que você explore essa área por si mesmo: não apenas com propósitos de cura, mas também para criar ambientes apropriados na sua casa, no seu escritório ou na sala de cura. Certifique-se de usar fragrâncias naturais, que sejam extraídas de substâncias naturais. Não use substâncias sintéticas – elas não funcionam.

A Criação de um Espaço Apropriado para a Energia

Há diversas coisas que você pode fazer para manter a pureza da energia do ambiente em que você vive. Certifique-se de obter muita luz solar. Ela vai recarregar a energia vital do ambiente e impedir a acumulação da energia do orgônio morto. Se a energia vibratória inferior começar a se acumular no ambiente, você pode eliminá-la queimando salva, ou então pode queimar uma mistura de álcool de cereais e um quarto de sais de Epsom. Recomendo que mantenha muitas plantas no ambiente, para que haja constantemente uma troca de energia entre as plantas e as pessoas. Abra as janelas sempre que possível para permitir a entrada de ar fresco.

A limpeza e a ordem do ambiente também vão contribuir para manter a energia pura. A ordem é muito importante para conservar uma boa energia positiva no ambiente. Encontre um lugar para cada coisa, de modo que seja fácil manter a ordem. A desordem cria bloqueios psíquicos no seu sistema, e absorve a sua energia. A desordem é uma expressão do caos interior. Ela o faz lembrar dos problemas interiores não resolvidos. Se você tende a guardar coisas que não vai usar ou das quais não gosta realmente, seria aconselhável verificar por que isso acontece, já que isso certamente estará afetando muitos outros aspectos da sua vida. A ordem é um princípio divino. A ordem funciona para manter um espaço no qual possamos cumprir a missão da nossa vida. A ordem cria um espaço seguro no qual a força criativa que existe dentro de nós pode se manifestar.

Uma paciente que me procurou por causa de uma dor nos quadris não conseguia se livrar de um monte de coisas velhas, muitas das quais tinham sido deixadas por sua mãe, já falecida. Fiz o máximo para curá-la, mas recebia continuamente a orientação de que ela precisava se livrar de todas aquelas velharias para curar os quadris. A dor nos quadris estava relacionada com a sua incapacidade de se livrar dos velhos problemas que tivera com a mãe. Ela carregava uma culpa imaginária com relação a isso. Quando ela finalmente se livrou desse sentimento e jogou fora as coisas inúteis, seus quadris começaram a melhorar. Foi uma coisa espantosa. Cada vez que ela dava fim a uma caixa com velharias, seus quadris melhoravam um pouco mais.

Muitos materiais de construção usados em casa são tóxicos. Lâmpadas fluorescentes atacam o nosso campo áurico, fazendo com que ele perca a unidade. Elas produzem energia do orgônio morto, que pode nos deixar doentes. Desligue-as, ponha um pedaço de fita isolante sobre o interruptor e arranje algumas lâmpadas incandescentes ou luminárias de mesa. Estamos constantemente acrescentando poluentes ao ar com os nossos fornos e fogões a gás. Sempre que um apartamento é dedetizado, as pessoas inalam um pouco do veneno. Não é bom respirar nem mesmo as substâncias químicas utilizadas para desinfetar locais públicos, como sanitários de ônibus. Mesmo quando as toxinas no ar são fáceis de detectar, nunca sabemos como o nosso corpo vai reagir ao inspirá-las. Nós fechamos os olhos para isso, como se o problema não nos dissesse respeito.

Em nossas cidades, não há apenas muita poluição do ar, mas também uma imensa variedade de energia eletromagnética permeando o espaço vital de todas as pessoas. Trata-se de algo muito difícil de se detectar. O livro do dr. Robert Becker, *The Body Electric*, narra os seus estudos sobre os efeitos dessas radiações sobre o corpo. O dr. Becker começa mostrando que há uma alta incidência de leucemia e de outras formas de câncer em pessoas cujas casas se situam nas proximidades de linhas de alta tensão.

Estamos despertando para o fato de que temos muito a fazer para impedir o acúmulo de lixo e o aumento da poluição do planeta. O melhor lugar para começar é em casa. Recicle tudo o que puder. Isso, na verdade, não é tão difícil, e esse tipo de atividade está se ampliando a cada ano. De fato, existe agora um grande mercado de trabalho na indústria da reciclagem.

Eis aqui algumas coisas que você pode fazer a respeito da poluição no espaço que você ocupa:

- More longe de fios de alta-tensão.
- Use um bom sistema de umidificação na sua casa, algo que faça a água se evaporar para umedecer o ar. Não use umidificadores ultrassônicos, que espalham minúsculas partículas que transmitem doenças.
- Providencie um gerador de íons negativos.
- Filtre o ar com um filtro de ar doméstico.
- Filtre sua água com um bom filtro de três estágios. Use-o para toda a casa. Atualmente, eles podem ser encontrados na maioria das lojas de utilidades domésticas.
- Para prevenir a falta de luz durante o inverno, acrescente lâmpadas de espectro total, preferencialmente as de halogênio. Ou, então, instale uma caixa de luz especial de 2500 lux. Use isso durante uma hora por dia.

- Retire ou desligue as lâmpadas fluorescentes.
- Se tiver utensílios a gás, providencie um detector de vazamento de gás.

A Criação de um Espaço para a Cura

É muito importante cuidar de suas necessidades ambientais imediatas durante uma doença. Lembre-se: você está numa sala de cura e não numa sala de doença. Quanto mais você se cercar de coisas que o lembrem de quem você realmente é, mais agradável será o seu período de doença. Certifique-se de que o seu quarto esteja cheio de vida, de prazer e de alegria. Satisfaça todas as suas necessidades físicas, não apenas quanto ao ambiente físico, mas também em termos de iluminação do quarto, de música, de alimentos e de objetos preferidos. Eis aqui uma lista de coisas que você precisa ter no seu quarto enquanto passa pelo processo de cura:

- alguma coisa que expresse todos os seus aspectos mais íntimos
- muita luz, se ela não lhe ferir os olhos
- desenhos feitos com vidros coloridos pendurados nas janelas
- cristais pendurados nas janelas, do tipo que forma arco-íris a partir da luz do sol
- os seus quadros favoritos colocados nas paredes
- plantas e flores
- roupas da sua cor preferida
- seus objetos preferidos
- sua música preferida, em local fácil de ser alcançado
- coisas que você gosta de comer e que não sejam proibidas no seu regime alimentar
- coisas macias para segurar ou tocar, se estiver sozinho
- fragrâncias que sejam do seu agrado
- fotografias de amigos
- ar puro

Certifique-se de que o ambiente em que você vive expresse quem você realmente é. A constituição energética do espaço em que você vive é muito importante para a sua saúde e o seu bem-estar. Ao escolher os seus móveis e o lugar onde vai viver, lembre-se de que todas essas coisas contribuem para a sua constituição energética. O tamanho e a forma são importantes para o seu campo áurico. Não gosto de tetos baixos porque posso sentir o meu campo áurico atravessando-os. Eles me fazem sentir sufocada. Também gosto de cômodos grandes, pela mesma razão. Use todas as informações das seções anteriores para ajudá-lo a responder às seguintes perguntas sobre o espaço em que você vive.

Eis algumas boas perguntas para serem feitas a respeito do ambiente em que você vive:

Você o acha confortável e aconchegante?
Você gosta da sua iluminação?
As cores são apropriadas para você?
Você precisa de plantas?
Seu espaço expressa todos os aspectos de si mesmo? O que você precisa acrescentar para incluir todos esses aspectos?
De que forma seu ambiente expressa a sua saúde?
De que forma ele expressa a sua doença?
O que os seus armários revelam sobre a sua psique interior?
Eles indicam claramente quem você é, ou estão representando a parte do seu ser que precisa de atenção, de cuidados e de amor?
Eles estão arrumados do jeito que você gosta, ou existe algo que o incomoda há anos, mas que você não consertou e não trocou?
Há coisas de que você não precisa ou não quer, mas das quais não se livra?
Que outros aspectos da sua vida isso afeta?
Quais são os medos que estão por trás disso?
De que forma o ambiente em que você vive influencia os seus relacionamentos?
A energia do espaço expressa quem você de fato é?

As mesmas perguntas são válidas para o ambiente em que você trabalha, quer você seja ou não o dono do seu próprio negócio.

Eis algumas boas perguntas para serem feitas a respeito do seu local de trabalho:

Como é a energia de seu local de trabalho?
Como você vê a sua escrivaninha/instrumentos/equipamentos?
Como você vê o seu ambiente de trabalho?
Ele está em ordem?
De que forma ele expressa quem você é?
Você o julga adequado?
De que mais você precisa para ajudá-lo no seu trabalho?
A energia do seu local de trabalho expressa quem você é?

Capítulo 10

O SEU CORPO FÍSICO COMO HABITAT ESPIRITUAL

Considerados a partir de uma perspectiva espiritual, nossos corpos são veículos com os quais cumprimos uma tarefa. Quando realizamos a adaptação psicológica necessária para encarar nossos corpos como veículos com os quais realizamos uma tarefa na realidade física, cuidar de nossos corpos de uma nova maneira torna-se uma coisa muito importante. Queremos não apenas torná-los saudáveis, mas também mantê-los puros e limpos, para que possamos viver no maior equilíbrio possível com a natureza e com a Percepção Sensorial Sutil mais elevada que pudermos ter. Aquilo que no passado consideramos ser saúde pode não nos parecer mais algo tão saudável. Por exemplo: comer carnes pesadas, doces e tomar estimulantes – café, por exemplo – embotam os nossos sentidos. As roupas que usamos aumentam ou reduzem o fluxo de energia através do nosso corpo. A higiene torna-se muito importante para manter despoluídos os nossos campos de energia. Ao dispensar cuidados a essas áreas, não apenas a sua saúde melhora, mas também a sensibilidade ao seu campo de energia e aos campos de energia à sua volta.

Higiene Pessoal para o Corpo Físico

Não se esqueça de que a pele é o maior órgão de excreção do seu corpo; assim, é importante mantê-la em perfeito estado. Use sempre sabonetes naturais e atóxicos, ou cremes de limpeza cujo pH seja apropriado para a sua pele. A pele possui uma camada ácida natural que ajuda a prevenir as infecções. Se você usar sabonetes excessivamente alcalinos, a camada protetora será removida, e o seu corpo ficará vulnerável a micro-organismos patogênicos. Todos nós vamos perdendo naturalmente a camada superior da pele à medida que as células velhas morrem e são substituídas por novas. Um banho de chuveiro ajuda a remover essas células velhas. Se você usa cremes ou loções hidratantes, verifique se são naturais e se o seu pH está equilibrado. O mesmo vale para a sua maquiagem. Não use xampus nem condicionadores que deixem resíduos densos nos cabelos. Certifique-se de que eles também sejam naturais e atóxicos.

Não se esqueça de escovar os dentes duas vezes por dia e passar o fio dental uma vez por dia. Use uma pasta de dentes natural ou uma mistura de uma parte de sal e oito partes de bicarbonato de sódio.

Troque de escova de dentes a cada duas semanas, ou esterilize a que você tem. Há também no mercado aparelhos para a remoção da placa dentária. Compre aquele que o seu dentista lhe recomendar. Eles funcionam muito bem comigo.

Se você estiver demasiado doente para fazer essas coisas, ou se nunca tiver usado produtos naturais, peça que alguém o ajude.

Como Cuidar do Seu Campo de Energia

Tal como o seu corpo físico, o seu campo de energia também precisa de cuidados. Como você sabe, a energia escura e estagnada acumula-se no campo áurico quando ele não está funcionando corretamente. Isso acontece quando você se apega a sentimentos negativos, quando está submetido a grande tensão, quando está exaurido e, às vezes, quando se expõe às energias negativas de outras pessoas. Massas nebulosas escuras se acumulam no segundo nível do campo e um pesado muco grudento acumula-se no quarto nível. Você vai saber quando tiver acumulado nuvens escuras ou muco no seu campo porque poderá senti-los de diferentes maneiras. Você poderá sentir dor na região onde eles se acumularam, tal como dor muscular moderada ou dor de cabeça. Você poderá se sentir lerdo, cansado, irritadiço ou nauseado. Você poderá até mesmo sentir que pesa mais do que o normal ou que está intoxicado ou com substâncias impuras no corpo. Você poderá se sentir como se tivesse pego uma gripe ou um resfriado. Todas essas coisas são sinais de que você deve purificar o seu campo o mais rapidamente possível para não ficar doente. Eis aqui diversas maneiras de eliminar as nuvens escuras ou o muco do seu campo.

Banhos

Uma das melhores maneiras que conheço para purificar o campo áurico é tomar um banho com sal marinho e bicarbonato de sódio. Você pode usar meio quilo de cada um desses sais, dissolvidos numa banheira com água. Como essa é uma solução forte, ela tende a esgotar a sua energia. Todavia, se você captou muita energia negativa ou acumulou grande quantidade de energia vibratória inferior, por causa de uma doença, talvez seja uma boa ideia experimentá-la bem concentrada. Certifique-se de que a temperatura da água não esteja demasiado quente. Com o sal e o bicarbonato você não conseguirá tomar um banho tão quente como de costume. Se tiver uma queda de pressão, prossiga com muito cuidado porque já houve casos de pessoas desmaiarem na banheira, e você não vai querer se arriscar a passar pelo mesmo. Se ficar tonto, saia da banheira e despeje nela um pouco de água fria. Fique de molho na banheira por vinte minutos. Depois, tome sol durante um período de dez a vinte minutos para recarregar o seu campo. Use um protetor solar. Você ficará surpreso com a sensação de limpeza e de transparência que terá depois desse banho.

Existem atualmente no mercado outros tipos de banho para purificar o seu campo. Verifique os tipos disponíveis numa loja de produtos naturais da sua cidade e experimente alguns deles. Existem banhos para revigorá-lo, fazê-lo dormir e para ajudá-lo a remover o excesso de ácido lático de seus músculos depois de exercícios físicos vigorosos.

Sempre é bom tomar banho ouvindo música e à luz de velas. Se tomar esses cuidados, você poderá entrar num profundo estado de cura e aproveitar o banho para fazer algumas visualizações.

Defumação

Você também pode purificar o seu campo fazendo defumações. Use salva, cedro ou qualquer combinação dessas plantas, que podem ser obtidas na loja de produtos naturais da sua cidade. Deixe a fumaça da vareta espalhar-se por todo o seu campo áurico. Ela vai retirar o ORM do seu campo. Não se esqueça de fazer isso ao ar livre ou com a porta e a janela abertas. Alguns tipos de incenso também ajudam a purificar o campo. Experimente os seus preferidos.

Cristais

Segure um cristal de quartzo puro e transparente nas mãos, descubra a energia vibratória inferior do seu campo e direcione-a para o interior do cristal. Faça isso com a sua intenção. Isso só vai funcionar se você conseguir manter a sua mente sem pensar em nada mais enquanto faz o que acabamos de descrever. No minuto em que a sua mente e a sua intenção se voltam para alguma outra coisa, a purificação é interrompida e a energia negativa volta para o seu campo.

Se você tiver experiência com a meditação e conseguir encontrar a energia vibratória inferior, então você provavelmente vai conseguir fazer isso. Limpe o cristal depois que tiver terminado.

Há diversas maneiras de purificar cristais. A mais fácil consiste simplesmente em deixá-los no sol por mais ou menos um dia. Se você mora perto do mar, poderá enterrá-lo na areia, sob a água salgada, durante uma tarde ou um dia. Tenha cuidado – você poderá perdê-lo dessa maneira. Você pode deixá-lo mergulhado de um dia para o outro numa solução formada por um quarto de colher de chá de sal marinho dissolvido em meio litro de água. Descobri que todos os métodos acima descritos funcionam muito bem. Ouvi dizer que algumas pessoas simplesmente os deixam de um dia para o outro em sal marinho seco. Certa vez, observei Marcel Vogel purificá-los com um fluxo de energia emitido pelo seu terceiro olho, e friccionando-os com a mão bem energizada. Isso, entretanto, requer prática.

Escovação da Aura

Outra boa maneira de cuidar do seu campo áurico é simplesmente fazendo a escovação da aura. É mais ou menos como escovar os cabelos, só que, no caso, você vai escovar a aura. Faça isso com um parceiro ou com uma parceira. A outra pessoa fica de pé, as pernas abertas na medida da largura do ombro, os braços ao lado do corpo e os olhos fechados. Você começa na parte da frente do corpo. Com os dedos abertos, estende o braço o mais alto que puder acima da cabeça da outra pessoa. Você deve imaginar os seus dedos se alongando e ficando 15 centímetros mais compridos do que realmente são. Comece agora a usar os dedos alongados de ambas as mãos como se fossem uma escova. Faça amplos movimentos contínuos, começando acima da cabeça e indo até o chão. Ao atingir o chão, faça com que a parte de baixo do campo assuma a forma de um sino. Observe que os seus dedos, que se alongaram imaginariamente, tocam no corpo físico da pessoa. Faça um único movimento descendente, sem parar. Não interrompa o movimento. Se o fizer, pare no alto da cabeça, para impedir que a energia se acumule. Em seguida, dê um passo em torno do corpo e repita o processo de modo que o próximo movimento comece logo ao lado do último. Continue a rodar em torno do corpo até alcançar o lugar onde começou. Tenha a certeza de não esquecer nenhuma área. Agora é a sua vez de ser alisado pela escova da aura. Isso causa uma extraordinária sensação de paz e reforça a sua ligação com a Terra. Faça bom proveito.

Roupas e Adereços

Você já olhou para o seu guarda-roupa e não encontrou nada para vestir, embora ele estivesse cheio de roupas? Você talvez esteja precisando de uma cor que não se encontra ali. O seu campo de energia reage às cores que você usa. Em geral, você vai querer usar as cores de que precisa ou com as quais se sente em harmonia naquele momento. Se necessitar de mais energia física, por exemplo, você talvez precise usar vermelho nesse dia. A raiva, porém, faz a energia de seu campo ficar vermelho-escura. Se você estiver sentindo raiva e não quiser ficar irritado no trabalho, é melhor não usar vermelho para ir trabalhar. Essa cor poderia ajudá-lo a carregar a sua raiva. Por outro lado, o vermelho vai ajudá-lo a carregar o seu campo, repelindo as energias negativas.

A sua disposição de ânimo será afetada por qualquer cor que seja usada por você ou pelas pessoas à sua volta. Em geral as cores relacionadas na Figura 9-2 (veja página 225) também são eficazes nas roupas.

Se estiver doente e não tiver muitas opções de cores de pijamas, você talvez queira que alguém tire algumas de suas roupas favoritas do guarda-roupa, para que possa vê-las e absorver as suas cores. Você também poderia tentar arranjar pijamas de diferentes cores ou, então, verificar qual é a cor de que você precisa, de acordo com a tabela, e pedir a um amigo que compre um metro de tecido de algodão dessa cor. Pendure o tecido na sua cama. Luzes coloridas ou um grande holofote verde também são muito úteis. Flores também são excelentes para acrescentar cores e animar o seu ambiente.

Uma curadora amiga minha me contou que uma de suas pacientes ficou melhor depois que começou a usar meias vermelhas para energizar as pernas. A cliente estava convencida de que as meias tinham muito a ver com isso.

Use fibras naturais. Elas exercem um poderoso efeito positivo sobre o seu campo, ampliando-o e promovendo o seu fortalecimento. Algodão, seda e lã são as melhores.

Tecidos mistos também são adequados. Certifique-se de que haja mais fibras naturais do que sintéticas. É melhor evitar tecidos de derivados de petróleo, especialmente se você achar que pode ser sensível a eles. São exemplos desse tipo de tecido os acrílicos, os poliésteres e o náilon. Esses tecidos sintéticos interferem com o fluxo natural do campo de energia humano. Meias de nylon interferem de forma significativa com o fluxo ascendente e descendente de energia pelas pernas e, em minha opinião, estão relacionadas a muitas das doenças das mulheres modernas. Recomendo que você as use apenas quando tiver realmente de fazê-lo. Se puder, compre meias de seda.

Se você usar joias ou cristais, certifique-se de que eles estejam dentro da faixa de vibrações saudáveis do seu campo. Para fazer o teste segure-os firmemente e sinta o efeito que eles produzem sobre a sua mão. A energia deles lhe parece leve ou pesada? Dura ou macia? Ela perfura o seu campo ou tem um efeito suave e tranquilizante sobre a sua parte exterior? Eles o recarregam com os tipos de energia de que você precisa ou retiram energia do seu corpo pelo fato de suas vibrações serem demasiado lentas para você? Para descobrir em que parte do corpo você se sente mais à vontade usando essas joias ou cristais, coloque-os em diferentes regiões ao mesmo tempo que vai sentindo as energias. Você se sente bem ao usá-los? Talvez você tenha necessidade de uma determinada cor no seu campo áurico. Pergunte a si mesmo com que propósito você está usando esse cristal. Repita esse procedimento com os seus cristais, joias e adereços.

Talvez você esteja doente por usar objetos que pertenceram a outras pessoas cujas energias não são compatíveis com as suas. Para prevenir isso, caso tenha ganhado ou herdado uma joia, deixe-a mergulhada durante uma semana em água gelada. Use quatro colheres de sopa de sal marinho para um litro de água. Se possível, deixe exposta ao sol a solução com o objeto.

A Energia Vital dos Alimentos que Você Come

Todos os alimentos que você come estão cheios de energia vital. Os alimentos contêm diferentes combinações de energia. Isso significa que, ao comer os alimentos, você absorve as energias neles contidas. Se o seu campo áurico necessitar dessa energia, ela vai ajudar o seu corpo e contribuir para a sua saúde. Se a energia dos alimentos que você come não atender às necessidades do seu campo, ela vai interferir com a sua saúde.

Necessitamos ainda de muita pesquisa para esclarecer o modo como a energia vital dos alimentos nos afeta. Os dois principais pesquisadores que estudaram a energia vital dos alimentos são o famoso Michio Kushi, que desenvolveu a macrobiótica, e a dra. Hazel Parcelles, uma médica naturopata de Albuquerque, Novo México, a qual comparou a energia vital de alimentos cultivados organicamente com a energia vital de alimentos cultivados com o auxílio de pesticidas.

A macrobiótica divide os alimentos, quanto à sua energia, em dois grupos básicos: os que contêm energia yin (feminina) e os que contêm a energia yang (masculina). Todos os alimentos podem ser dispostos numa linha que descreve o grau de energia yin ou yang, tendo no centro um ponto neutro. Segundo a macrobiótica, precisamos combinar os tipos de alimentos de acordo com a energia que eles contêm. Essas combinações variam de acordo com a pessoa, a estação do ano e o lugar em que vivemos. Atualmente, a macrobiótica é muito popular nos Estados Unidos. Conheço muitas pessoas que se deram bem com ela. Outras pessoas não tiveram uma experiência tão positiva porque os seus corpos não puderam se adaptar a ela. Para essas últimas, a macrobiótica representou uma mudança demasiado drástica nos hábitos alimentares que tiveram durante toda a vida ou, então, simplesmente não era aquilo que os seus corpos estavam necessitando na ocasião.

A dra. Hazel Parcelles é uma curadora experimentada, que tinha 103 anos de idade quando este livro foi escrito e que ainda estava praticando a sua arte. Ela foi pioneira no campo da mensuração das energias vitais dos alimentos para determinar se eles tinham taxas de energia "favoráveis à vida". (Taxas de energia significam frequências de pulsações.) Ela criou um método para medir as frequências energéticas dos alimentos utilizando um pêndulo. Se algum alimento apresentasse valores abaixo da taxa favorável à vida, ela recomendava que ele não fosse comido. Caso contrário, ele iria simplesmente retirar energia do sistema.

Segundo Parcelles, há duas coisas importantes que reduzem as frequências da energia vital dos alimentos. A primeira é a poluição, proveniente de coisas como pesticidas e chuva ácida. Para que um alimento seja saudável, ele precisa manter uma taxa de pulsação áurica que seja pelo menos tão elevada quanto a taxa de pulsação do campo de energia humano. Alimentos frescos e cultivados naturalmente sempre têm energias mais elevadas do que os que estão poluídos por pesticidas. Os alimentos cultivados organicamente contêm os padrões vibratórios das energias vitais de que precisamos para a nossa saúde. Os alimentos orgânicos são saudáveis, não apenas porque conservam o padrão energético normal do produto, mas também porque apresentam uma intensidade e uma taxa de vibração suficientemente elevadas para garantir a vida. Eles também contêm mais nutrientes naturais, como vitaminas e minerais.

Os drs. Patrick e Gael Crystal Flanagan, de Flagstaff, Arizona, observaram durante muitos anos os efeitos dos nutrientes sobre o sangue através de um potente microscópio de campo escuro. Eles descobriram que frutas e vegetais crus e cultivados organicamente afetam rapidamente o sangue de uma forma positiva. Frutas e vegetais crus fornecem micronutrientes e enzimas ativas que são poderosos catalisadores do sangue. O fluido existente no interior das células das frutas e vegetais orgânicos possui um elevado potencial zeta (carga negativa). O potencial zeta é a força que mantém o caráter individual dos bilhões de células que nutrem o organismo humano. Ele é que mantém nossas células sanguíneas circulando. Se o potencial zeta estiver baixo, as toxinas não podem ser eliminadas, os nutrientes não podem ser transportados até as células e todo o sistema entra em colapso.

Os Flanagan descobriram que venenos e poluentes tendem a destruir o potencial zeta dos alimentos que comemos, dificultando sua utilização para atender às necessidades nutricionais do corpo. Gorduras saturadas, gorduras de origem animal encontradas no leite e nos laticínios, nas batatas fritas, nos alimentos industrializados e nas carnes, tendem a tornar o sangue grosso e viscoso. Isso interfere com a mobilidade e com a capacidade que o sangue tem de transportar nutrientes para as células, e também impede o corpo de eliminar toxinas.

Certos íons carregados positivamente, como os íons de alumínio, são extremamente destrutivos para o equilíbrio do sistema biológico coloidal. É por isso que não devemos usar panelas e utensílios de alumínio na cozinha. Devemos evitar cuidadosamente produtos que contenham alumínio, como antiácidos, fermentos em pó e desodorantes.

Os pesticidas não apenas reduzem as frequências de vibrações dos alimentos a um nível inferior ao necessário para manter a vida, mas também desfiguram o padrão dos seus campos energéticos e, portanto, modificam a sua natureza. Quanto mais pesticidas usarmos nos alimentos, mais os campos energéticos desses alimentos serão alterados e debilitados. A dra. Parcelles sugere maneiras de acabar com os efeitos energéticos negativos das substâncias tóxicas deixadas em alimentos como vegetais, frutas e ovos. Embora a fórmula possa parecer absurda, dada a sua simplicidade, ela restaura o padrão original e a intensidade do campo energético vital dos produtos. Ela funciona para vegetais, frutas, cereais integrais e ovos crus, mas não é aplicável a nenhum alimento cujo campo de energia não esteja mais intacto, tais como carnes, aves, alimentos industrializados, cereais moídos ou laticínios.

Basta encher a pia com água fria. Acrescente um pouco de água sanitária. Deve ser apenas água sanitária, sem nenhuma essência ou aditivo. Ponha de molho nessa água, por vinte minutos, todos os vegetais, frutas e ovos que trouxer para casa. Decorridos os vinte minutos, enxágue tudo em água fria, e pronto. Basta guardar os alimentos na geladeira, como de costume.

A dra. Parcelles afirma que a segunda maneira pela qual os alimentos perdem sua energia é por meio da decomposição. À medida que vão envelhecendo, os alimentos perdem as suas frequências originais e passam a vibrar em frequências menores que as da vida. Se comer esses alimentos, eles simplesmente vão reduzir a taxa de vibração do seu campo, e ele terá de compensar a redução da frequência retirando energia de outra fonte, tais como os órgãos digestivos.

Outra possibilidade é a de que esses alimentos velhos sejam eliminados como um desperdício de energia. Portanto, é melhor não comê-los. Certifique-se de estar comendo alimentos frescos. Cozinhar excessivamente os alimentos também reduz suas energias vitais. Assim, é melhor comer vegetais cozidos rapidamente ao vapor do que os demoradamente cozidos em água.

Há outras coisas que afetam a energia dos alimentos. Quando os animais são mortos sentindo terror, suas auras assumem a configuração energética desse sentimento. A aura do sentimento de terror, que é cinza-clara, com pontos bem definidos, acaba sendo absorvida pelas pessoas que comem esses alimentos. Elas, então, precisam eliminar dos seus campos a energia do terror. Pelo que penso, esta é uma das razões pelas quais os rabinos realizam uma cerimônia antes de matar o gado para a preparação da carne kosher.

Para manter a energia da carne pura e sincronizada com as energias da Terra, os índios norte-americanos usavam apenas a carne que necessitavam para comer. Eles o faziam com reverência e gratidão. Eles pediam permissão, numa cerimônia, para se alimentarem dos animais prestes a serem caçados ou abatidos. Fazendo isso, estavam mantendo holograficamente o quarto nível de ligação com os animais, que consideravam iguais a si mesmos. Na cerimônia, há o reconhecimento de que, um dia, a pessoa também será consumida para alimentar outras formas de vida e, assim, manter o mesmo ciclo da vida se alimentando da vida para continuar viva. Essa era uma maneira de permanecer dentro do modelo divino da vontade de Deus.

Vitaminas e minerais sintéticos não possuem o campo normal de energia das vitaminas e minerais de que o seu campo de energia necessita. Dessa maneira, a ingestão de vitaminas sintéticas e minerais não irá necessariamente satisfazer as carências de seu campo de energia.

Os remédios não são feitos com o campo de energia da mente. Muitos deles causam fortes efeitos negativos no campo, tais como a redução ou modificação dos níveis normais de vibração necessários para manter a saúde. Os remédios homeopáticos, por outro lado, são remédios energéticos e atuam sobre o corpo físico diretamente a partir do campo. Quanto maior a potência, mais elevado o nível áurico sobre o qual eles atuam.

Seus Hábitos Alimentares e a Aura

Não se esqueça de comer quando tiver fome. Quando não recebe todos os tipos de energia de que precisa, ou quando não há disponibilidade de alimentos, o campo de energia fica muito depauperado. Quanto mais tempo durar a fome, mais depauperado fica o campo. O campo vai ficar depauperado nas áreas onde estiverem faltando determinadas energias específicas e nas áreas onde já estiver fraco. Uma das coisas mais difíceis no tratamento de dores nas costas é impedir as recaídas. Elas sempre ocorrem quando o paciente está com fome. Pedi a pacientes com problemas na coluna que levassem para o trabalho saquinhos com castanhas e passas. Todas as vezes que se atrasassem para uma refeição eles poderiam comer para manter o nível de açúcar no sangue. Depois disso, eles não voltaram a ter problemas na coluna. O nível de açúcar no sangue aparentemente estava afetando a força dos seus músculos e, também, a sua percepção física do que era ou não conveniente fazer.

Comer em excesso, por outro lado, pode fazer as vibrações do campo se reduzirem, levando a pessoa a entrar em depressão. A aura das pessoas que comem demais mostra-se escura e viscosa. Está cheia de toxinas.

Quando você não ingere líquidos quando sente sede, o seu campo de energia começa a se contrair. Após um longo período de sede, ele começa a ficar quebradiço. Se a sede continuar e houver desidratação, o seu campo áurico começará a rachar.

Preste atenção aos alimentos que você come e não se esqueça de torná-los desejáveis também para os olhos. Coma sem pressa. Mastigue bem os alimentos. É extremamente importante evitar situações estafantes enquanto come. A tensão afeta imediatamente o terceiro chakra, fechando-o ou comprimindo-o, e é o terceiro chakra que leva as energias vitais até os seus órgãos digestivos. Não se esqueça de que os alimentos vão nutrir as suas células e se tornar parte de você.

Antes de comer, faça um pouco de meditação, colocando as mãos sobre os alimentos para transmitir-lhes energia e sincronizar-se com eles. Visualize-os nutrindo você. Agradeça pelos alimentos que está ingerindo. Então, ao comer, siga o alimento por todo o sistema digestivo, até a penetração nas células. Isso o ajudará a apreciá-lo.

Diretrizes Gerais Quanto aos Alimentos que São Bons para Comer

Todas as pessoas precisam de uma dieta especialmente adequada às suas necessidades. Essa dieta varia de acordo com as estações e com a idade do indivíduo. Se você estiver tendo problemas digestivos, tal como a formação de gases intestinais, procure um médico para verificar se é alérgico a algum alimento e quais órgãos digestivos não estão funcionando adequadamente. Fadiga, vertigem, incapacidade de raciocinar com clareza e até mesmo o desalinhamento da coluna podem estar relacionados com as alergias alimentares. Sentir o estômago inchado após as refeições é muito comum nas pessoas de meia-idade nos Estados Unidos e, frequentemente, o problema está relacionado com a incapacidade que o corpo tem de digerir carboidratos e polissacarídeos. Muitas doenças, como a doença de Crohn, a colite ulcerativa, a diverticulite, a doença celíaca, a fibrose cística e a diarreia crônica têm sido curadas ou aliviadas por meio de dietas pobres em carboidratos ou contendo apenas carboidratos específicos.

Se você tiver boa saúde, sua dieta provavelmente está funcionando para você. Hesito em recomendar qualquer dieta específica porque as necessidades variam muito de pessoa para pessoa. Todavia, eis algumas boas orientações gerais a respeito do que é saudável comer.

Coma Apenas Alimentos Orgânicos

O campo de energia desses alimentos é mais forte, e eles apresentam uma frequência de vibração suficientemente elevada para manter e estimular a vida. Se não puder obtê-los, use os métodos de purificação da dra. Parcelles para restaurar os padrões energéticos originais. Escolha alimentos não industrializados. Se comprar alimentos já embalados, não se esqueça de ler os rótulos para verificar o que pode ter sido acrescentado a eles durante o processamento. Beba apenas água mineral acondicionada em recipientes de vidro ou, então, providencie um bom sistema de filtração de água.

O que Comer

Sua dieta deve consistir principalmente em cereais integrais, saladas e vegetais frescos da época, cultivados organicamente. Isso significa usar mais raízes e tubérculos no inverno para sincronizar seu organismo com as energias hibernais da Terra. Você também pode comer peixe fresco, carnes magras (como peito de frango ou peru), e algumas outras carnes, como a carne de cordeiro, dependendo das necessidades do seu corpo. Não se esqueça de usar em suas saladas óleos poli-insaturados extraídos a frio. Alguns estudos demonstram que determinados tipos de óleo, como o óleo de fígado de bacalhau e o óleo de linhaça, reduzem os níveis de colesterol no sangue. Eles também são ricos em vitamina A. Você certamente vai querer incluí-los em sua dieta.

Sempre que possível, asse ou cozinhe seus alimentos no vapor. Ou, então, coma-os crus.

Prefira cereais frescos e integrais em vez de pão ou massas. Grãos integrais conservam a energia vital durante muito mais tempo do que a farinha. É bom combinar cereais, milho e leguminosas para obter proteínas completas. O feijão precisa ser bem cozido em fogo lento para que fique fácil de digerir. Muitas pessoas têm dificuldade para digerir a soja. Se você ficar com gases depois de comer soja, isso significa que ela não está sendo bem digerida. Retire-a da sua dieta até ficar mais forte. Experimente o tofu. Ele já se encontra parcialmente digerido para você.

Compre apenas castanhas frescas e guarde-as na geladeira. Quando se tornam rançosas, elas ficam difíceis de digerir, e é melhor não comê-las. Lembre-se: visto que as castanhas são ricas em óleo, é melhor ter a certeza de que pode comê-las. Mesmo assim, não coma muitas de uma só vez.

O que Não Comer

Exclua todos os alimentos que contenham conservantes ou outros aditivos químicos, pois a frequência da vibração deles não contribui para a conservação da vida. Não coma grande quantidade de alimentos que contenham gordura, colesterol, açúcar, sal e leite. O mesmo vale para alimentos ácidos, como o tomate, e para estimulantes, como o café e o chocolate. Os laticínios e, às vezes, o trigo, tendem a produzir muco no sistema digestivo. Sugiro que você exclua esses alimentos da sua dieta ou coma-os apenas em pequena quantidade. Atualmente, há no mercado muitos laticínios com pouca gordura e teores reduzidos de lactose. Você talvez queira experimentá-los. Muitas pessoas não se dão bem com alimentos como berinjela e pimentas verdes.

Não coma peixes do fundo, como linguado ou solha, nem espécies que acumularam poluentes. A cada ano, peixes de diferentes regiões do mundo acumulam poluentes de diversas maneiras. Para se manter informado quanto ao que é suficientemente puro para ser comido, converse com pessoas que trabalhem nas lojas de produtos naturais da sua cidade ou consulte o FDA.*

Leia os Rótulos

No caso dos alimentos que já vêm embalados, você precisa ler os rótulos para descobrir o que está comprando. Faça isso especialmente nas lojas de produtos naturais, no caso de guloseimas cujos rótulos dizem que são à base de proteínas. A maioria delas, na verdade, não é à base de proteínas. Eles de fato são uma maneira de nos negarmos a reconhecer a ingestão de açúcar na Nova Era. A maioria deles não passa de lixo alimentar da Nova Era.

---

* Food and Drug Administration.

Atente para a Distribuição das Suas Fontes de Calorias

Arranje um dos inúmeros livretos disponíveis no mercado que mostram a quantidade de calorias, de colesterol e dos vários tipos de gordura nos diferentes alimentos. Use-o como fonte de orientação para a escolha dos alimentos que você vai comer. Há também alguns bons livros contendo dietas que equilibram as proporções específicas de proteínas, de frutas, de vegetais, de carboidratos e de gorduras. Eles fornecem até mesmo cardápios e receitas. Leia os rótulos dos alimentos que você comprar para saber quais são os teores de proteínas, de carboidratos, de gordura e de colesterol. Se o rótulo não lhe informar aquilo que precisa saber, você talvez não queira mais comprar o produto. Muitos rótulos são enganosos exatamente para incentivar a venda.

Combinações de Alimentos

O seu corpo tem mais facilidade para digerir alimentos combinados de determinadas maneiras. Alimentos de difícil digestão irão permanecer no sistema e despejar toxinas no seu corpo. O muco do aparelho digestivo é constituído por longos filamentos de proteínas não digeridas. Se você seguir orientações simples para a combinação de alimentos, de acordo com o processo digestivo, o seu corpo terá mais facilidade para digeri-los. Cereais e vegetais formam uma boa combinação. De modo geral, podemos dizer que o amido e os vegetais combinam bem. O mesmo acontece com a carne e os vegetais, ou com as castanhas e os vegetais. Azeite e folhas verdes ou azeite e frutas ácidas ou subácidas são bem digeridos. Todavia, azeite e frutas doces, como bananas ou tâmaras, não formam uma boa dupla. Lembre-se: a digestão de óleos e azeite é lenta. Combinações difíceis de digerir são proteínas e amido (carne com batatas, por exemplo), azeite e amido, ou frutas e amido. Coma melão puro e espere duas horas antes de comer qualquer outra coisa. Qualquer fruta é uma excelente escolha para uma refeição leve. Frutas e suco de frutas devem ser comidos preferencialmente sem acompanhamento. Se você for tomar suco pela manhã, beba-o logo que acordar. Espere de meia a uma hora e, então, tome o seu café da manhã.

As Águas da Vida

A água é muito importante para a saúde. É a água que transporta todos os nutrientes até as células, inclusive o oxigênio. Sem água, não podemos sequer respirar. Mais de 90% do cérebro humano é constituído de água, e o mesmo acontece com pelo menos 70% do nosso corpo. Até mesmo os ossos contêm mais de 60% de água. Como o nosso corpo é constituído em sua maior parte por água, o tipo de água que bebemos exerce profunda influência sobre o nosso bem-estar. Existem diversos lugares na Terra que têm uma "água especial" e onde as pessoas vivem 100 anos ou mais. Os Flanagan descobriram que essa água especial está cheia de aglomerados minerais naturais, em forma de coloides, mantidos em suspensão por uma carga elétrica ou potencial zeta. Essa carga altera a tensão superficial da água, aumentando sua eficiência como solvente e agente umectante. É a capacidade de dissolução da água que permite que ela realize suas funções no sistema vivo. Determinados minerais existentes nessas águas especiais alteram de fato a estrutura da água, fazendo com que ela se assemelhe aos líquidos encontrados no interior das células de frutas e vegetais vivos.

Os sais de alumínio são usados para precipitar ou coagular os coloides orgânicos em muitos sistemas municipais de tratamento de água. Íons livres de alumínio às vezes são encontrados na água de torneira das cidades. Esses íons de alumínio neutralizam o potencial zeta da água e fazem com que ela se torne imprópria para o consumo porque, ao ser ingerida, ela vai reduzir a capacidade que o nosso sangue tem de transportar nutrientes para as células e eliminar as toxinas. Portanto, é importante beber água mineral ou água que tenha sido destilada ou purificada por um sistema de osmose reversa.

Vitaminas e Minerais

Tome apenas vitaminas e minerais naturais. Eles contêm a energia natural da terra. Muitas pessoas apresentam fortes reações negativas a algumas das vitaminas que tomam porque são sensíveis às substâncias aglutinantes com que as vitaminas são feitas. Se tiver uma boa alimentação, você talvez não precise de suplementos. Esteja sempre atento às mudanças que a tensão causa no seu corpo. Há ocasiões em que você precisa de mais vitaminas e minerais, e ocasiões em que não existe essa necessidade. Se você come alimentos cultivados em solo fraco, talvez precise de vitaminas para compensar as deficiências da sua dieta. Se você estiver trabalhando na área da assistência à saúde e tiver muito contato com pessoas doentes, você vai precisar suplementar a sua dieta com vitaminas e minerais. Certifique-se de usar um bom produto polivitamínico/mineral, e não se esqueça de tomar doses extras de cálcio, de potássio, de magnésio e de vitamina C. Tome cálcio líquido, para que ele seja digerido no estômago e não no intestino. Nunca tome vitamina C sem tomar vitamina A e E. Uma vez mais, as quantidades dependem do seu corpo. As algas encontradas hoje no mercado são uma boa fonte de vitaminas e de minerais.

Os Flanagan descobriram que todos os vegetais crus naturais contêm um teor de magnésio pelo menos duas vezes maior que o de cálcio. Além disso, eles contêm pelo menos cinco vezes mais potássio do que sódio. O equilíbrio sódio/potássio controla a mobilidade do sangue por via do equilíbrio de cargas elétricas, ao passo que o equilíbrio magnésio/cálcio afeta a produção de hormônios que controlam a mobilidade desses íons para dentro e para fora dos ossos e tecidos moles. Esses hormônios podem afetar diretamente o equilíbrio do sangue. Os Flanagan afirmam que o excesso de magnésio ajuda a remover o cálcio dos tecidos moles e a levá-lo para os ossos, que é o seu lugar. Quando existe mais cálcio do que magnésio, são liberados hormônios que retiram cálcio dos ossos e que o levam para os tecidos moles, onde o excesso de íons de cálcio destrói as células. Observei durante anos isso acontecer com os meus pacientes. Fiquei tão contente ao ver esse fenômeno confirmado cientificamente que resolvi mencioná-lo.

É importante absorver nutrientes ao longo do tempo, para que eles se tornem eficazes. Portanto, não tome todas as suas vitaminas de uma vez; você deve dividir o consumo diário em várias doses para manter níveis sanguíneos saudáveis ao longo de todo o dia.

Como Organizar uma Dieta Especial

Se você tem uma doença séria, uma parte importante do seu projeto de cura deve incluir o planejamento de uma dieta. A escolha da dieta apropriada para você depende de quais são os seus problemas e das modalidades de tratamento que você escolheu. Alguns médicos e curadores não foram plenamente treinados na cura por meio da dieta. Se esse for o seu caso, procure alguém especializado em dietas para trabalhar com a sua equipe de cura. Certifique-se de que eles tenham algum conhecimento não apenas sobre os nutrientes físicos dos alimentos mas também sobre as energias e o equilíbrio dos alimentos. Procure a colaboração do seu médico, do seu curador e de outros profissionais na área da saúde. Alguns deles poderão mudar a sua dieta de semana em semana ou de mês em mês, dependendo do seu progresso. Os alimentos que você ingere devem não apenas nutri-lo de maneiras específicas, conforme a sua condição, mas também ser facilmente digeríveis. Muito provavelmente, será importante você controlar não só a ingestão de proteínas, de gorduras e de carboidratos, mas também de sal, de açúcar e de estimulantes. Você talvez tenha de comer apenas alimentos cozidos, para tornar mais fácil a sua digestão. Qualquer que seja a sua dieta, não se esqueça de que você ainda deve conservar a capacidade de encontrar maneiras de escolher as coisas de que gosta de comer.

Atualmente, a macrobiótica é bem conhecida. Como eu disse anteriormente, descobri ser ela muito útil para boa parte das pessoas que a seguem. Outras pessoas, por outro lado, não se beneficiam dela. Alguns dos princípios básicos do equilíbrio dos alimentos na macrobiótica são muito importantes. Tenho visto dietas macrobióticas fazerem um esplêndido trabalho de purificação do campo de energia. E se você estiver recebendo algum tratamento radioativo, considere a possibilidade de adotar uma dieta macrobiótica. De acordo com Michio e Aveline Kushi, a macrobiótica é muito eficaz para curar problemas causados pela radiação. Em seu livro, *Macrobiotics Diet*, Michio Kushi afirma:

> Por ocasião do bombardeio atômico de Nagasaki, em 1945, o dr. Tatsuichiro Akizuki, M.D., era diretor do Departamento de Medicina Interna do hospital São Francisco, em Nagasaki. A maioria dos pacientes do hospital, localizado a 1,6 quilômetros do centro da explosão, sobreviveram aos efeitos iniciais da bomba, mas logo depois morreram por causa da radiação que haviam absorvido. O dr. Akizuki alimentava seu pessoal e seus pacientes com uma dieta macrobiótica rigorosa de arroz integral, sopa de misô e tamari temperada com molho de soja, wakame e outros vegetais marinhos, além de sal marinho; o consumo de doces e de açúcares era proibido. Em consequência, ele salvou todos os seus pacientes e funcionários enquanto muitos outros sobreviventes da cidade pereceram por causa da radiointoxicação.

Outras dietas que favorecem a cura, como a dieta de Pritikin e a dieta da dra. Ann Wigmore, têm ajudado pessoas doentes. Já vi muitas pessoas se beneficiarem muito com uma dieta altamente proteica planejada para elas por bioquímicos. A dieta *Fit for Life* (Apto para a Vida), que inclui muita fruta pela manhã, ajudou muitas pessoas a perderem peso e a se sentirem mais leves, mais saudáveis e mais energizadas. Outras, no entanto, que tinham candidíase (infecção por fungos), pioraram por causa do elevado teor de frutose da dieta. Consulte a bibliografia se quiser livros a respeito de dietas. Seja receptivo a novas ideias, mas preste atenção ao modo como a dieta está funcionando para você.

Enemas e lavagens intestinais permitem a eliminação rápida das toxinas do corpo, mas também removem os fluidos digestivos naturais, que precisarão ser substituídos. Se forem usados em excesso, você ficará debilitado. Não faça lavagens intestinais por iniciativa própria. Se fizer essas lavagens de cólon, você vai precisar da ajuda de um profissional na área da saúde para supervisionar todo o processo. É melhor que a parte do equipamento inserida no seu intestino nunca tenha sido usada antes. Se não for esse o caso, compre essa parte exclusivamente para o seu uso. Já vi muitos pacientes se beneficiarem de lavagens intestinais e outros que se debilitaram por se submeterem com excessiva frequência a essa prática. Se você for alérgico a café, não tome um enema de café. Em vez disso, use água pura. O café poderia fazer o seu corpo ter convulsões. Por outro lado, se você não for alérgico a café poderá sentir-se muito purificado e ter uma sensação de euforia.

Depois que você conhecer os aspectos específicos da sua dieta, poderá utilizar as Diretrizes Gerais Quanto aos Alimentos que São Bons para Comer, apresentadas acima para escolher os alimentos que irão constituir a sua dieta.

Exercícios Energéticos para Todos os Seus Corpos

Estudos mostram que, fazendo exercícios físicos, você não apenas reduz o ritmo do seu envelhecimento, mas também pode revertê-lo. Recentemente, a revista *Time* publicou a fotografia de uma avó de 80 anos que começou a praticar caratê e tornou-se faixa preta em mais ou menos dois anos.

A American Heart Association recomenda pelo menos uns bons vinte minutos de exercício aeróbico, no mínimo três vezes por semana. Você pode se exercitar cinco vezes por semana, se quiser. Aeróbico, no caso, significa qualquer atividade que movimenta grandes grupos de músculos de modo a manter continuamente, durante pelo menos quinze minutos, uma frequência cardíaca de 60% a 65% da frequência máxima. Sua frequência cardíaca é a capacidade absoluta de bombeamento do seu coração. Obviamente, você não vai querer se exercitar nessa faixa, pois isso iria impor um esforço excessivo ao seu coração – podendo mesmo resultar em morte. Você pode determinar a sua frequência cardíaca máxima subtraindo a sua idade de 220. Os exercícios podem incluir dança, caminhadas, andar de bicicleta, nadar, remar, pular corda e esquiar. Os exercícios aeróbicos mantêm o seu sistema circulatório em boas condições e geralmente não promovem ganho de massa muscular nem o ajudam a perder muito peso. Você começa a perder peso somente depois de pelo menos vinte minutos de exercícios. Assim, você precisa se exercitar por mais tempo. Para ganhar músculos, você precisa fazer outros tipos de exercício. Descubra como numa academia de ginástica da sua cidade.

A melhor maneira de perder peso é fazer exercícios e comer corretamente, conforme foi descrito na sessão que trata dos alimentos. Estudos têm demonstrado que, para perder peso, é muito melhor fazer exercícios e comer do que restringir severamente a alimentação.

O yoga, quando praticado com um bom instrutor, é muito bom para o corpo e para todos os níveis do campo áurico. Ele ajuda a estabelecer uma forte ligação entre a mente e o corpo e traz grandes quantidades de energia harmoniosa para o seu sistema. Algumas posturas foram planejadas para equilibrar e carregar os meridianos de acupuntura. Você vai precisar suplementá-las com exercícios aeróbicos, para o seu coração.

A prática regular de natação, a dança e os exercícios aeróbicos são muito bons para carregar o primeiro nível do campo, desde que todas as partes do corpo recebam atenção. Aparelhos de ginástica vão aumentar a força dos seus músculos no primeiro nível do campo e, em certa medida, fortalecer também os órgãos, ainda que não tão bem como exercícios mais rápidos, de movimento.

O tai chi e o chi gong proporcionam equilíbrio, energia e força aos três primeiros níveis do seu campo áurico – os corpos de energia associados ao mundo material. Se realizados corretamente, de acordo com as necessidades individuais, eles podem fortalecer todas as partes do corpo e promover a saúde. O tai chi e o chi gong são excelentes para aumentar a energia, fortalecer a ligação entre a mente e o corpo e melhorar a sua ligação com a Terra. Creio que essas artes marciais moderadas são os melhores exercícios mentais-corporais que existem, desde que os instrutores tenham sido bem treinados. Tai chi e chi gong podem fortalecer outros níveis, dependendo do modo como a relação de identidade entre a mente e o corpo for abordada. Eles podem fortalecer os níveis superiores se forem praticados juntamente com a meditação. Todos esses exercícios são feitos com técnicas específicas de respiração para carregar e equilibrar o campo áurico.

Exercício: Troca de Energia

O seguinte exercício de troca de energia traz grandes benefícios para o quarto nível do campo. Esses exercícios são feitos com dois parceiros. Ponha para tocar alguma música de que você goste, e fique frente à frente com o seu parceiro. Comece levantando as mãos, ao mesmo tempo que o seu parceiro levanta as dele; depois, aproximem as palmas, sem se tocarem. Em seguida, desloquem-se ao som da música, mantendo as palmas das mãos sincronizadas umas com as outras. Observe como tudo fica fácil depois de um pouco de prática. Quando isso acontecer, experimentem fechar os olhos. Continuem se movendo ao som da música. Vocês ficarão surpresos ao descobrir como é fácil sincronizar suas energias. Depois que as energias estiverem sincronizadas, abram os olhos.

Agora, concentre-se um pouco em si mesmo. De que forma você está fazendo isso? O que você está fazendo com o seu campo de energia para tornar isso possível? Procure determinados sentimentos no seu campo, para que você saiba como recriar novamente esse estado de comunhão. Faça esse exercício com um outro parceiro. O que é diferente? O que é igual? Continue a fazê-lo durante o tempo que quiser. Experimente o mesmo exercício sem música. Você gosta dessa maneira? Depois que tiver se acostumado a esse estado de comunhão, você poderá utilizá-lo em outras situações. Se alguém lhe pedir ajuda, experimente fazê-lo. Se estiver a discutir com alguém, experimente-o também.

Respiração e Exercícios

Controlando a respiração, podemos regular e dirigir o fluxo de energia através do nosso corpo e do nosso campo áurico. Qualquer exercício apropriado inclui o controle da respiração.

Os curadores respiram fundo para aumentar sua energia e sua capacidade de curar.

Muitas pessoas de nossa cultura não respiram fundo e usam apenas a respiração da parte superior do peito. Isso mantém o campo de energia mais fraco do que poderia ser. Embora a respiração profunda pelo diafragma seja automática nas crianças, começamos a deixar de respirar com o abdômen à medida que vamos bloqueando nossas emoções. Segurar o fôlego ou prender a respiração é a melhor maneira de sufocar nossos sentimentos e de nos anestesiarmos. Os pulmões estão associados à liberdade. Se seguramos a respiração ou deixamos o peito prostrar-se, sentimos tristeza. A respiração curta da nossa cultura está relacionada com os nossos sentimentos de estarmos aprisionados num mundo que não podemos controlar e no qual nos sentimos inseguros e insatisfeitos. Respirar de forma plena e profunda, com o diafragma, ajuda-nos a sentir que temos de recuperar a nossa liberdade e de trabalhar para libertar o nosso espírito do medo em que todos estamos mergulhados nesta era nuclear.

Eis um exercício respiratório simples: fique de pé com os joelhos dobrados e com as pernas afastadas uma da outra numa distância equivalente à largura dos ombros, de modo que os joelhos se encontrem verticalmente acima dos pés; ou, se preferir, sente-se ereto numa cadeira, apoiando apenas a parte inferior das costas. Relaxe. Mantenha a narina esquerda fechada com o dedo indicador direito. Respire fundo através da narina direita. Segure o fôlego e feche a narina direita com o polegar da mão direita. Agora, expire pela narina esquerda. Depois, inspire pela narina esquerda. Segure o fôlego. Feche a narina esquerda com o dedo indicador direito. Solte a narina direita e expire. Repita esse exercício respiratório ao mesmo tempo que puxa o diafragma para baixo, para que a parte inferior do seu abdômen projete para fora o seu peito. Encha o peito de ar. Agora, se quiser, você pode acrescentar um mantra simples a cada ciclo respiratório – liberdade, força e saúde. Quando estiver acostumado à sensação de respirar fundo, você poderá fazê-lo em qualquer ocasião por ambas as narinas. Esperemos que isso se transforme num hábito sadio.

Nas artes marciais, a força e o poder estão sempre na direção do fluxo de energia. Uma grande explosão de energia dirigida contra um oponente é sempre acompanhada de uma grande expiração forçada e de um grande grito.

As artes marciais, em que duas pessoas agem mutuamente sobre os campos de energia um do outro, vão carregar e fortalecer o quarto nível do campo áurico, o nível do relacionamento. Todavia, a dança é o melhor exercício físico que conheço para fortalecer o quarto nível do campo áurico. A dança é sempre feita dentro de um relacionamento – se não com uma outra pessoa, com a própria música!

O quinto, o sexto e o sétimo níveis do campo são os corpos de energia associados ao mundo espiritual. Esses níveis do campo são carregados, equilibrados e fortalecidos com exercícios especiais, como o yoga kundalini e o yoga kriya, que combinam posições do yoga com a "respiração de fogo". É melhor aprendê-los com um bom instrutor.

A respiração de fogo é um arfar que usa o diafragma como bomba. Ela transmite uma carga de energia muito intensa para a aura, com grande rapidez. A pessoa por fim respira fundo, segura o fôlego e, então, expira lentamente. Fazendo isso em diferentes posições do yoga, a pessoa primeiramente recarrega o seu campo e, em seguida, direciona a energia exatamente para o lugar onde ela é necessária.

Todos nós precisamos de exercícios, mesmo quando estamos doentes. Uma paciente minha, que havia anos passava a maior parte do tempo na cama, por causa de um problema na coluna, só podia percorrer uma curta distância, com uma muleta ou com a ajuda de alguém. Ela se cansou dessa situação e contratou uma pessoa para caminhar com ela. No início, percorriam uma distância muito curta, mas agora ela já é capaz de dar várias voltas no quarteirão. Isso melhorou tanto a sua saúde que ela não precisa mais da cadeira de rodas.

Qualquer que seja o seu problema, não se esqueça de fazer algum tipo de exercício que esteja ao seu alcance. Isso é muito importante. Se você estiver demasiado doente para fazer muito exercício, faça só um pouquinho. No seu livro, *The Healing Journey,* o dr. O. Carl Simonton descreve diversos exercícios de movimento feitos na cama. Recomendo-os enfaticamente. Escolha o seu tipo de exercício: se possível, arranje alguém que entenda do assunto e faça com que ele planeje alguns exercícios específicos para a sua condição. Existem formas de tai chi e de chi gong planejadas especificamente para favorecer a cura.

Elas foram criadas para desobstruir cada meridiano da acupuntura. Se possível, providencie para que um bom instrutor de tai chi vá até sua casa para trabalhar especificamente com você. Uma curta caminhada lhe fará muito bem. Se não estiver frio, saia para tomar sol e respire ar puro. À medida que for se recuperando, você vai conseguir dar caminhadas cada vez mais longas. Você vai acabar conseguindo fazer uma caminhada de 30 ou 60 minutos de duração.

O Sono e o Descanso

Quando você está cansado, o seu campo áurico se encolhe e fica embotado. Suas cores ficam desbotadas. Os raios de luz do sexto nível, normalmente bonitos e brilhantes, espalham-se em todas as direções, ficam recurvos e enfraquecidos. Quanto mais tempo você ficar sem descanso, mais dilapidado ficará o seu campo. Quanto mais cedo você descansar, quando estiver cansado, mais rapidamente a aura vai recuperar sua plenitude, seu brilho e forma normais.

Algumas pessoas precisam de nove a dez horas de descanso diário; algumas precisam de oito horas e outras se satisfazem com menos. Em geral, precisamos de menos horas de descanso à medida que vamos envelhecendo. Algumas pessoas precisam descansar com um sono contínuo e profundo, outras precisam dormir várias vezes por dia durante menos tempo. Algumas pessoas são corujas que passam a noite acordados; outras acordam cedo e já estão prontas para o dia.

A quantidade de descanso e o horário em que se deve fazê-lo variam muito de pessoa para pessoa. É uma boa ideia dar ouvidos ao que o seu corpo está pedindo e tentar satisfazê-lo. Vi-me às voltas com esse problema durante aproximadamente quinze anos em que cliniquei. Descobri que eu ficava extremamente cansada entre 13h30 e 14h45. Eu tinha muita dificuldade para realizar as sessões de cura nesse horário. Percebi que isso simplesmente não estava funcionando para mim e mudei a minha programação. Como sou uma pessoa madrugadora, começava cedo. Realizava quatro sessões de cura entre as 8h e as 13h. Depois, almoçava das 13h às 13h30, dormia das 13h30 às 14h45, e realizava sessões de cura das 15h às 17h ou às 18h. Eu demorava apenas alguns minutos para pegar no sono às 13h30. Todas as vezes, eu me via entrando numa luz branca. Como se fosse um relógio, eu acordava às 14h45 e me sentia preparada para um novo dia! Era como ter dois dias em um e isso realmente funcionava para mim.

Não há regras para o modo como você deve dormir – basta descansar quando estiver cansado, respeitando os ritmos do seu corpo. Procure descobrir o que é que dá certo com você e experimente isso durante algum tempo. Você ficará surpreso com a quantidade adicional de energia que terá. Não mantenha uma rígida programação de descanso por um longo tempo, porque ela vai mudar. Acompanhe o seu fluxo, que mantém a sua aura brilhante e carregada.

Como Usar o Seu Tempo

O modo como você gasta o tempo ao longo de um dia ou de uma semana é muito importante para o seu bem-estar físico, emocional, mental e espiritual. Lembre-se: cada nível do seu campo áurico corresponde a aspectos específicos da sua vida. A única maneira de manter o seu campo saudável e carregado é dar tempo e atenção a cada aspecto. Você provavelmente não vai conseguir dedicar um tempo igual a todos os aspectos de sua vida. Todavia, não se esqueça de dedicar pelo menos algumas horas por semana a todos os aspectos. Você deverá reservar na sua programação de atividades algum tempo para si mesmo, para o seu parceiro, para a sua família e para os amigos, para o trabalho, para a vida social e para a descontração. Se você tende a se dedicar mais a algumas dessas atividades em detrimento das outras, arranje algum tempo para as atividades preteridas. Se você é do tipo viciado em trabalho, não se esqueça de reservar na sua programação algum tempo para ficar sozinho ou para desfrutar a companhia da pessoa amada. Reserve um período adequado de tempo para desenvolver cada aspecto da sua vida a fim de poder melhorar todos os aspectos do seu campo áurico. Examinemos novamente esses campos. Para manter o seu corpo físico e o primeiro nível em boas condições, dispense algum tempo a atividades físicas e a exercícios, e se alimente bem. Manter o seu segundo nível saudável significa amar a si mesmo.

Passe algum tempo cuidando bem de si mesmo e fazendo o que sentir vontade de fazer. Você precisa de tempo para si mesmo – pelo menos uma hora por dia ou um dia por semana dedicado a você e ao que você tiver vontade de fazer. Isso significa que nesse dia você estará cuidando de si mesmo e não de outra pessoa. Ouça música ou se divirta com os seus jogos eletrônicos preferidos. Fique sozinho ou em companhia das pessoas de quem você gosta, conforme preferir. Faça coisas às quais você nunca se concedeu tempo.

Para manter saudável o seu terceiro nível, dedique algum tempo a atividades intelectuais. Leia livros, faça palavras cruzadas, procure ter novas ideias. O seu quarto nível pode se conservar saudável por meio de um bom relacionamento íntimo e de uma amizade estável. Os três níveis superiores do seu campo podem ser mantidos saudáveis por via das práticas espirituais apropriadas para você, tais como meditação, orações, trabalhando com a vontade divina e com a contemplação profunda.

Mesmo estando doente, você poderá realizar atividades em todos os sete aspectos da vida. Obviamente, elas serão diferentes das que você talvez considere normais. De fato, é provável que você tenha mais tempo para dedicar aos aspectos espirituais da sua vida. Isso muito contribui para a sua cura. Nas doenças, algumas das maiores mudanças na sua programação para o uso do tempo ocorrerão no seu trabalho e nos seus relacionamentos. O tempo que você usava no trabalho ou cuidando da família agora é usado para cuidar de si mesmo. No início, isso poderá lhe parecer muito estranho, se você não estiver acostumado com esse tipo de situação. Isso poderá lhe parecer especialmente difícil se você tiver passado boa parte da vida trabalhando, e se o seu trabalho for uma das principais maneiras através das quais você se sente bem com relação a si mesmo.

Você talvez tenha usado o trabalho para definir quem você é e, de repente, não tem mais essa parte da sua vida de uma maneira efetiva. No início, isso pode causar espanto. Não se esqueça de dar tempo nem de criar condições para esses sentimentos ameaçadores se manifestarem. Medite sobre isso e discuta o problema com os seus amigos. Diga-lhes exatamente de que modo você se sentiu ameaçado, e eles saberão como ajudá-lo. Lembre-se de que, por mais importante que seja o seu trabalho, ele não é mais importante do que você. À medida que for aprendendo a se libertar dessa autodefinição por causa da sua doença, você vai descobrir aspectos mais profundos de si mesmo que estavam relegados a um segundo plano na sua vida atarefada e com os quais há muitos anos você talvez não tenha contato. Sua tarefa mais importante é cuidar de si mesmo. Experimente fazer isso durante algum tempo – você talvez descubra que gosta disso! Qualquer que seja a sua capacidade na sua profissão, ela poderá vir a calhar também agora, pois você poderá se valer daquilo que aprendeu e aplicar isso ao seu novo projeto – curar a si mesmo. Se você foi um administrador, por exemplo, poderá usar a sua capacidade administrativa para organizar a sua equipe e o seu projeto de cura. Por outro lado, talvez seja bom simplesmente esquecer de tudo e deixar essa tarefa de organização a cargo de outra pessoa.

Você vai descobrir que o seu ritmo de vida se modifica durante uma doença. Quando você está com saúde, o seu ritmo de vida irá fluir de maneiras que você considera naturais. Por exemplo: você provavelmente acorda num determinado horário, na maioria dos seus dias, e fica com sono um outro horário – no meio do dia, digamos. Pode ser que você vá para a cama cedo ou, ao contrário, que seja um notívago. Você provavelmente fica com fome em determinados horários do dia e ingere certa quantidade de alimentos que considera saudáveis e naturais. Você provavelmente prefere fazer exercícios em determinadas horas do dia de preferência a outras.

Não fique assustado quando tudo isso mudar. Não tente se obrigar a continuar seguindo o antigo ritmo ou a voltar para ele. Isso não é saudável. Você está passando para novos ritmos de saúde. O seu apetite vai mudar e o seu sono também. Você poderá até mesmo dormir naquele horário em que tinha vontade de fazê-lo, mas era obrigado a se levantar para trabalhar. Você poderá ter mais energia num horário em que as outras pessoas estarão dormindo, ou vice-versa. O ritmo saudável para você agora é aquele que o seu corpo escolher. Agora, é o momento de simplesmente acompanhar os novos ritmos saudáveis do seu corpo. Eles acabarão se encaixando naquilo que você considera um comportamento normal. Tudo o que você precisa fazer é uma pequena adaptação. Seus ritmos poderão até mesmo nunca mais reverter àquilo que você considerava normal e saudável antes de adoecer. Não há problema nisso. Você provavelmente gostará mais dos novos ritmos.

Algumas boas perguntas para serem feitas a si mesmo a respeito dos cuidados com o seu corpo físico e com o seu corpo áurico:

Preciso melhorar alguns dos meus hábitos pessoais de higiene?
Qual é o melhor tipo de exercício para mim atualmente?
Qual é a melhor dieta para mim atualmente?
Que tipo de roupas e de joias são mais adequados para mim agora?
Que cores devo usar agora, considerando o meu estado de espírito e a minha saúde?
A minha dieta é apropriada para mim?
Costumo levar em conta as condições das energias vitais dos alimentos que como?
Minha programação quanto ao aproveitamento do tempo de que disponho é a mais adequada para mim?

Capítulo 11

A CURA POR MEIO DO AMOR E A NEGAÇÃO DO PERFECCIONISMO

....

Você é o seu principal curador. Um dos mais eficazes caminhos para curar a si mesmo consiste em estabelecer um relacionamento emocional positivo consigo mesmo. A maioria de nós precisa trabalhar muito essa área. Nós simplesmente não nos aceitamos do jeito que somos. O sentimento de culpa é apenas uma rejeição ao estado em que nos encontramos no momento, indicando que não estamos dispostos a nos aceitar assim como somos agora. Ou seja: se nos sentimos culpados por causa de alguma coisa que fizemos ou deixamos de fazer, então isso significa que nós ou estamos adiando a realização de alguma coisa para reparar o nosso erro ou que fizemos a opção de punir a nós mesmos porque os nossos atos não expressam a nossa integridade. É mais fácil nos sentirmos culpados por alguma coisa do que fazer o que precisa ser feito para conservar a nossa integridade. Temos medo do que temos de fazer. Nossa culpa encobre esse medo, mas nos leva à autorrejeição. Preferimos a autorrejeição ao medo.

O problema mais comum quanto à saúde é o ódio contra nós mesmos. Compreendo que isso possa parecer um tanto absurdo, especialmente para alguém que não tenha sentido ódio por si mesmo e que nada esteja rejeitando. Quando passamos a conhecer mais profundamente uma pessoa, porém, descobrimos dentro dela um núcleo de ódio contra si mesmo que vai até o âmago.

Em vez de chamarmos a isso de ódio contra nós mesmos, usamos o termo baixa autoestima. No interior de cada pessoa, há uma constante luta por autoestima que encobre o nosso ódio por nós mesmos. A luta pela autoestima raramente é interrompida. Todo mundo tenta ser especial de alguma maneira para provar o seu valor. Isso talvez não seja feito de alguma forma consciente, mas se manifesta no comportamento, seja no caso das pessoas excessivamente ambiciosas ou, ao contrário, daqueles que não se esforçam nenhum pouco para conseguir o que querem. Existem os que se esforçam demais e os que não se incomodam com coisa nenhuma. Estamos num círculo vicioso. Tentamos provar que temos valor de acordo com um conjunto de padrões que estabelecemos para nós mesmos na infância, ou nos recusamos terminantemente a fazer isso. Todavia, quando alcançamos as metas estabelecidas de acordo com esses padrões, nós simplesmente as desconsideramos e passamos a perseguir metas diferentes.

O valor que atribuímos a nós mesmos depende daquilo que esperamos para nós. Exigimos para nós mesmos uma perfeição impossível. Em seguida, julgamos e rejeitamos a nós mesmos quando não alcançamos essa perfeição. Exigimos de nós mesmos uma lista infinita de realizações. Ao alcançarmos cada uma delas, nós a ignoramos e menosprezamos. Nós imediatamente nos concentramos no próximo obstáculo a ser superado. Não damos a nós mesmos o tempo necessário para que o sucesso que conquistamos penetre no nosso espírito ou para nos congratularmos pelo que conseguimos por meio do nosso esforço. Não concedemos a nós mesmos os benefícios que conquistamos ou que proporcionamos aos outros. Peça aos curadores para comparar o número de vezes que curaram a si mesmos com o número de curas que realizaram em outras pessoas. Pergunte aos músicos se eles conseguem ouvir e apreciar a música que fazem sem adotar uma atitude crítica com relação a ela.

Não é de admirar que as pessoas nem ao menos tentem realizar alguma coisa. Elas não veem nenhum sentido nesse jogo e, assim, se recusam a jogar. Nesse processo, infelizmente, elas matam a própria criatividade, a própria disposição, a energia vital que têm e, às vezes, o próprio corpo.

A Causa do Ódio Contra Si Mesmo no Nível Psicológico

No nível psicológico, a causa do ódio contra nós próprios é a traição que fazemos a nós mesmos que começa na infância. Desde pequenos, ficamos descontentes conosco quando não conseguimos fazer alguma coisa que achávamos que devíamos ter a capacidade de fazer, seja isso algo que tivemos a iniciativa de começar a fazer ou que nos foi solicitada pelos nossos pais, pelos professores ou por alguma pessoa com certa autoridade. Não se esqueça de que nessa época éramos crianças pequenas. Não tínhamos muita ideia do que era ou não possível.

O que sabemos é que, como todas as crianças, nascemos com um amor incondicional por todas as pessoas à nossa volta. Queríamos que todas as pessoas em torno de nós fossem felizes e amorosas. Esperávamos amor incondicional por parte das pessoas com quem convivíamos. Infelizmente, as coisas raramente funcionam dessa maneira. Em vez disso, eis aqui o que acontece.

Quando vemos outras pessoas – quase todas maiores do que nós – expressando os seus sentimentos negativos, ficamos assustados. Muitos adultos nos oprimem quando estão irritados ou quando expressamos os nossos sentimentos negativos. Isso acontece mesmo se você tiver uma razão realmente boa para os sentimentos negativos, que estarão realmente expressando a nossa reação a uma situação ruim. Na condição de crianças pequenas, essa dominação parece representar uma ameaça para a nossa vida; assim, reprimimos uma reação justificada a uma situação na vida.

Além de sermos reprimidos por causa de nossas reações negativas justificadas, não temos nenhuma maneira de lidar com o fato de que as pessoas da nossa família nem sempre são amorosas umas com as outras, e de que elas, às vezes, manifestam medo e ódio. Dessa maneira, fazemos a coisa lógica – para uma criança. Tentamos eliminar o sofrimento e fazer com que as coisas melhorem. Ao fazer isso, negamos os nossos sentimentos e traímos a nós mesmos.

Obviamente, cuidar de todas essas pessoas dessa maneira é uma tarefa impossível. Todavia, isso não nos detém. Quanto mais tentamos atenuar as coisas e negar os sentimentos negativos que existem em nós e nos outros, menos verdadeiros estaremos sendo com relação a nós mesmos e ao nosso impulso original de amor incondicional. Quanto mais nos esforçamos para fazer tudo certo, mais indefesos nos sentiremos e – traindo quem realmente somos – mais nos comportaremos como impostores. No fundo, estamos tentando obter o amor que esperávamos conseguir. Quanto mais tentamos obtê-lo e não o conseguimos, mais nos convencemos de que não somos dignos de ser amados e menor se torna a nossa capacidade de amar a nós mesmos. (Ver o desenvolvimento da máscara do eu, descrito no Capítulo 1.)

Há uma outra parte do ciclo vicioso que torna as coisas ainda piores. Na condição de crianças pequenas, quando somos bem-sucedidos e ganhamos elogios ou, então, somos ajudados a ter ainda mais sucesso, sentimos interiormente que alguma coisa está errada porque ainda não recebemos o amor que desejávamos obter. Em vez disso, recebemos elogios. Elogios e amor não são a mesma coisa. Por isso, tentamos ainda com mais afinco. Cada vez que isso acontece, passamos pelo mesmo círculo vicioso, temos sucesso, recebemos mais elogios e toda essa sequência nos demonstra ainda mais claramente que deve haver algo de errado conosco.

Além disso, quando realmente conseguimos "ser bons" e recebemos uma recompensa, ainda que na forma de amor e reconhecimento, é a criança impostora –

e não a verdadeira criança dentro de nós – que obtém o amor. A verdadeira criança interior está encoberta pelo impostor. Como o impostor obtém as recompensas, isso prova ainda mais claramente que a verdadeira criança interior não é digna de ser amada.

Todas as vezes que, como crianças, conseguimos ser bons, em alguma parte da nossa mente recebemos a mensagem de que o nosso "verdadeiro Eu" não é digno de ser amado. É de amor que precisamos, e amor é o que não conseguimos obter. Passando por esse processo, nunca aprendemos a amar a nós mesmos. Em vez disso, esquecemo-nos de quem realmente somos. Nossa verdadeira necessidade de sermos reconhecidos e amados pelo que a "verdadeira criança interior" é – e não pelo que o impostor faz – nunca é satisfeita. Esse doloroso ciclo continua pela vida adulta.

A Causa do Ódio Contra Si Mesmo no Nível Espiritual

A outra causa do ódio contra nós mesmos é, na verdade, a mesma do nível psicológico, embora possa também ser encontrada no nível da sua vida espiritual. Se você está lendo este livro, provavelmente tem consciência de algum tipo de caminho espiritual. Trilhar esse caminho às vezes torna ainda mais difícil a autoaceitação porque boa parte do esforço da sua vida pode ter sido voltado para a compreensão e para o aperfeiçoamento de si mesmo. Portanto, é provável que agora você tenha muito mais consciência das suas imperfeições e do modo como você cria experiências negativas na sua vida do que tinha antes de começar a trilhar ativamente o caminho espiritual. Uma vez mais, é difícil encontrar imperfeições interiores e aceitar a si mesmo.

Há um outro aspecto do trabalho espiritual que dificulta a aceitação das imperfeições da vida física. Quando fazemos um trabalho espiritual, estamos constantemente nos deslocando de um nível da consciência para outro. Nos níveis superiores, esse trabalho é cheio de luz e satisfação. Contudo, quando descemos para o nível físico e tentamos integrar aquilo que experimentamos, às vezes fica ainda mais difícil para nós aceitarmos as imperfeições da nossa condição humana. É extremamente difícil viver numa realidade física finita e, ao mesmo tempo, saber que a nossa realidade maior é infinita. É muito difícil sentir o nosso medo e, num nível superior, saber que não há necessidade de ter esse medo; sentir a confusão na nossa mente e, num nível ainda mais elevado do nosso ser, saber que somos claridade e luz.

Os próprios ensinamentos espirituais também podem fazer com que, para nós, seja difícil nos aceitarmos e amarmos a nós mesmos. Às vezes, eles parecem paradoxais. Não é fácil a nossa situação quando nos dizem que temos de nos libertar da prisão da nossa condição humana e, ao mesmo tempo, que devemos confiar nessa condição. Não é fácil ouvir as pessoas nos dizerem que o mundo material é uma expressão do divino e, não obstante, ver nele o caos, a cólera e o ódio. Não é fácil ouvir as pessoas nos dizerem que, para nos tornarmos mais espirituais, devemos espiritualizar a matéria, e que a única maneira de fazer isso é aceitar o mundo material assim como ele é. Não é nada fácil aceitar a natureza básica da dualidade do nosso mundo físico e, ainda assim, tentar superar essa dualidade e entrar num estado de união com ela.

Podemos fazer isso por meio do amor por nós mesmos, da aceitação do universo, tal como ele é, e de nossas vidas, tais como são, sabendo que sempre há uma orientação, uma proteção e uma razão superior para tudo o que acontece. E quando esse amplo aspecto da aceitação for incorporado à sua mente consciente – à sua consciência viva – você vai achar o seu progresso realmente muito rápido.

O processo de cura pode parecer mais difícil quando visto de uma perspectiva espiritual porque ele não parece ser racional. Os nossos guias nos dizem que somos seres espirituais de luz e, que, mesmo assim, nos sentimos presos a um corpo que pode sentir muitas dores e estar doente. As pessoas nos dizem que devemos aceitar amorosamente essas dores e essa doença tais como são; que devemos aceitar amorosamente o fato de que nós as criamos e que, de forma ainda mais amorosa, devemos aceitar o modo como a criamos. Isso significa deixar de negar que elas existem, e que há uma boa razão para isso; significa amar e aceitar a nós mesmos, que as criamos; e aceitar todos os nossos pensamentos e atos que as criaram. Quando agimos assim, aceitamos a criação da doença.

Muito embora no início as coisas possam assumir esse aspecto, observe que: *Aceitação não significa rendição à doença ou ao processo patológico. Ela significa amar e aceitar profundamente a nossa vida e a nós mesmos, independentemente de tudo o mais, e confiar nessas coisas.* Isso significa, na verdade, conhecer realmente o seu Eu mais profundo, entrar em comunhão com ele, identificar-se com ele e descobrir o seu caráter divino. Ao fazê-lo, descobrimos que um corpo saudável é uma expressão desse Eu mais profundo. Descobrimos que, onde quer que a doença se localize no nosso corpo, esse é o lugar onde não permitimos que o Eu divino mais profundo se expresse. Esse é o lugar onde ficamos confusos entre o verdadeiro Eu e o impostor, acabando por deixar que este último reine. É nesse lugar que permitimos a existência do círculo vicioso do ódio contra nós mesmos.

Como Quebrar o Círculo Vicioso do Ódio Contra Nós Mesmos

A única maneira de você romper o círculo vicioso que alimenta o ódio contra si mesmo é identificar o impostor que existe dentro de você e parar de tentar mudar o seu comportamento para agradar aos outros. Comece por observar a si mesmo, para descobrir o quanto você se tornou um impostor; descubra de que forma você manipula, trai e rejeita a si mesmo de acordo com aquilo que você acha que os outros querem de você e, portanto, de que modo você perde a conexão com o seu verdadeiro Eu. Aposto que isso é semelhante ao que você tem feito desde a infância.

Para descobrir o seu círculo vicioso de ódio contra si mesmo, responda às seguintes perguntas:

De que forma eu traio a mim mesmo e faço aquilo que presumo que as autoridades querem?
O que eu rejeito em mim mesmo para fazer essa traição?
Que tipo de ódio acumulo contra mim mesmo por agir assim?
Eu rejeito a mim mesmo antes que alguém o faça?
Em que situações hostilizo e rejeito mais intensamente a mim mesmo (ao perder uma competição, por exemplo)?
O que faço a mim mesmo quando perco?

Faça uma relação. Num lado da página, escreva todas as coisas que você considera erradas em si mesmo. No outro, escreva o modo como você se sente em relação a si mesmo por causa disso. Por meio dessa análise de si mesmo você pode tomar consciência dos julgamentos que faz sobre si mesmo e dos sentimentos negativos que alimenta sobre isso. Esse tipo de coisa já é uma parte importante do seu esforço. Depois que esses aspectos forem esclarecidos, você terá a chave para ir mais fundo, até a raiz do problema. O próximo passo é deixar que sentimentos venham à tona. Vou usar o campo áurico para mostrar como e por que isso funciona.

Como as Emoções Negativas em Relação a Si Mesmo Afetam o Segundo Nível do Campo Áurico

Nosso relacionamento emocional com nós mesmos é encontrado no segundo nível do campo áurico. O segundo nível do campo áurico contém os nossos sentimentos positivos e negativos em relação a nós mesmos, os quais nos causam muitos problemas. A energia e a consciência associadas aos sentimentos negativos no segundo nível apresentam uma natureza contrária à vida. Para tornar as coisas piores, não permitimos que nossas emoções negativas fluam e, assim, mantemos estagnada essa energia-consciência. Isso reduz a frequência da vibração a uma faixa inferior à necessária para manter a saúde e a vida, provocando a estagnação no segundo nível. Desse modo, a estagnação afeta o primeiro nível do campo, bloqueando o fluxo de energia vital para o corpo físico.

Mantemos essas emoções estagnadas, transferindo parte da sua energia-consciência para o nível mental, para ser dissipada. Nesse nível, então, a energia-consciência é expressa na forma de um julgamento que a pessoa faz sobre si mesma. Esse julgamento, então, reprime ainda mais os sentimentos.

Permita-me o leitor abordar esse assunto tratando-o simplesmente em termos de transferências de energia-consciência. Transferimos as energias negativas que normalmente seriam expressas na forma de emoções negativas até o terceiro nível do campo, onde elas se transformariam em julgamentos negativos sobre si mesmo, julgamentos que, por sua vez, reprimiriam ainda mais as emoções do segundo nível. Esse ciclo de retroalimentação comprime o segundo nível do campo, reduzindo sua frequência a uma faixa abaixo da que é saudável para a vida. Isso, por sua vez, faz com que a pessoa tenha uma depressão emocional.

O campo áurico dessa pessoa aparenta ser muito estreito no segundo nível. As nuvens de energia que deveriam estar fluindo ao longo das linhas definidas pelo primeiro nível são sujas e escuras. Algumas das pessoas que têm o segundo nível brilhante podem não compreender a situação e, até mesmo, se sentir pouco confortáveis na presença de alguém assim. Outras sentir-se-ão estimuladas a ajudar essas pessoas a saírem dessa situação.

É relativamente fácil purificar o segundo nível do campo. Tecnicamente, trata-se de transferir a energia-consciência novamente para o segundo nível e fazê-la movimentar-se, recarregando esse campo. O movimento de energia vai trazer à tona experiências emocionais que irão levar a pessoa a penetrar mais fundo dentro de si mesma, indo até a raiz do problema e, finalmente, à essência do Eu e ao âmago. O curador pode fazer isso trabalhando o segundo nível para purificá-lo e para encorajar o paciente a expressar seus sentimentos.

Você pode fazer isso por si mesmo, depois de conhecer o processo. Primeiramente, você se torna consciente dos julgamentos que faz de si mesmo e compreende que eles encobrem a dor. Essa compreensão, porém, não é suficiente. Você precisa se sentir desapontado. Deixe a sua energia-consciência voltar para o segundo nível para poder sentir. Você precisa sentir isso para fazer o fluxo de energia voltar ao segundo nível do campo, que está estagnado. O fluxo de energia, em seguida, elimina a estagnação e recarrega o campo de uma maneira saudável.

Reavalie os julgamentos que se originam do terceiro campo, tais como "Não presto porque..." ou "Eu deveria ter feito..." e transforme-os em sentimentos característicos do segundo nível, tais como "Estou magoado" ou mesmo "Odeio a mim mesmo". Deixe que os sentimentos fluam, quaisquer que eles sejam. Isso realmente funciona. As nuvens estagnadas do segundo nível do campo áurico começam imediatamente a se dissipar, e tem início a purificação. Por meio da purificação e do movimento, o segundo nível é recarregado. Em pouco, o "Odeio a mim mesmo" transforma-se em "Estou magoado", que, por sua vez, se transforma em "Amo a mim mesmo", "Lamento ter tratado a mim mesmo dessa maneira", e assim por diante. A expressão das emoções faz o campo voltar ao seu estado, natural das cores fluidas e brilhantes da energia-consciência do amor-próprio.

Certo empresário, que chamarei de Jeffrey, só conseguiu romper o ciclo vicioso do seu perfeccionismo quando começou a expressar os próprios sofrimentos. Jeffrey tinha sido pressionado desde pequeno pela família no sentido de se tornar uma pessoa conhecida na sua área e bem-sucedida financeiramente. Já adulto, ele sentiu que nunca poderia fazer o suficiente. Por maiores que fossem as suas realizações, ele jamais conseguia ficar satisfeito consigo mesmo. Cada sucesso lhe trazia menos prazer. Ele se sentia vazio.

O campo áurico de Jeffrey mostrava uma grande imobilidade no terceiro nível, bem como certa estagnação no segundo. Seu terceiro nível estava reprimindo o segundo. Ele não estava consciente dos seus sentimentos e raramente os expressava. O vazio o levou à minha mesa de cura. Enquanto ele afundava no vazio, seu segundo nível começou a se recarregar e a se ativar. Ele passou do amarelo-âmbar para o vermelho vivo à proporção que expressava pela primeira vez os julgamentos que fazia sobre si mesmo e, depois, o ódio que sentia por si mesmo. Interpretando o seu campo e atuando sobre ele, enquanto ele se expressava, orientei-o para que continuasse no rumo certo. Em pouco tempo, o ódio que sentia contra si mesmo se transformou em sofrimento.

A esta altura, pela primeira vez, ele começou a sentir o sofrimento da criança interior que tinha sido pressionada a ser perfeita. Às vezes, começava a fazer julgamentos sobre si mesmo a fim de diminuir a dor. Quando isso acontecia, o fluxo de energia no segundo nível do campo áurico era interrompido, e dava lugar à atividade do terceiro nível, principalmente na parte posterior do seu corpo, onde a atividade do chakra é uma expressão da vontade – isto é, a vontade de fazer a dor diminuir. Descrevi-lhe como era isso, e o ajudei a dirigir a consciência e o fluxo de energia de volta para a parte da frente do corpo e para o segundo nível do campo áurico. Ao fazer isso, um fluxo automático natural de energia-consciência iria subir pela frente do corpo e expressar novamente os sentimentos. Quando aprendeu a redirecionar o fluxo de energia através do seu corpo, tornou-se mais fácil para ele dar vazão aos seus sentimentos.

À medida que esse fluxo e refluxo de expressão continuavam, os sentimentos de autorrejeição do presente deram lugar à dor da autorrejeição do passado. Jeffrey percebeu que estivera carregando isso desde a infância. Ele havia tentado com muito afinco ser aquilo que os seus pais queriam, e ainda estava tentando conseguir isso, ainda que talvez não o desejasse realmente. Ele se sentia um impostor, fazendo qualquer coisa para obter o amor dos pais. Ele assimilara a mensagem de que aquilo que se supunha que ele devesse fazer era "bom" e, de uma maneira ou de outra, ainda estava fazendo isso nas suas atividades empresariais.

Assim, ele chegou ao centro do seu círculo vicioso. Ele o descobriu na conclusão a que chegou a criança pequena de que precisava se esforçar para ser perfeita no sentido de conseguir o amor dos pais. Subitamente, ele passou a considerar toda a sua vida a partir de uma nova perspectiva. No início, isso foi muito desanimador. Parecia-lhe que tudo o que havia feito para ter sucesso se devera a um motivo equivocado – a necessidade de comprar o amor.

Uma vez mais, ele tentou fugir dessa dor recorrendo a julgamentos acerca de si mesmo. Quando o encorajei a enfrentar essa dor, ele mergulhou fundo na realidade de sua criança interior. A necessidade que essa criança tinha de receber amor era sem dúvida real. Ele amava de todo o coração essa criança interior; sentia e reconhecia a essência dessa criança e a essência do seu âmago. Ele finalmente voltara para casa.

A vida de Jeffrey havia mudado. Daí em diante, ele conseguiu ver a si mesmo e a todos os outros seres humanos de uma maneira diferente; nunca mais conseguiu evitar os impróprios sentimentos como havia feito antes, e nunca mais conseguiria julgar a si mesmo da forma como fazia. Quando se surpreendia lutando para alcançar a perfeição, parava e perguntava à sua criança interior sobre que é que ela queria. Ele concordava em perder grandes oportunidades de fazer um negócio e, em vez de trabalhar demais, optava por simplesmente viver a vida.

O fluxo de energia através do segundo nível de Jeffrey continuava a se acumular ao longo do tempo. Continuando a passar pelas sessões de cura, seu segundo nível assumiu um estado normal de cores brilhantes que fluíam harmoniosamente. Seu terceiro nível também ficou mais brilhante, mais flexível e mais equilibrado a partir da parte posterior do seu corpo. Seu primeiro nível ficou mais forte e mais carregado. Consequentemente, seu corpo físico se sentia mais forte e mais energizado. Essas modificações se refletiram no quarto nível do seu campo, e seus relacionamentos com os outros passaram a ter um significado mais profundo.

É por meio desse processo de expressão emocional que aprendemos o quanto maltratamos a nossa criança interior julgando a nós mesmos. Nós não permitimos que ela expresse livremente suas emoções a respeito de si mesma, coisa de que ela precisa para viver dentro de nós de uma maneira saudável. E, quando fazemos isso com nós mesmos, também o fazemos com os outros. Quando paramos de fazer isso a nós mesmos, também paramos de fazê-lo aos outros. Quando aceitamos nossas limitações, as necessidades da nossa criança interior e as suas imperfeições, nós as aceitamos nos outros.

Quando começamos a nos aceitar do modo como somos, e passamos a conhecer a criança interior, uma outra percepção acontece: compreendemos que partimos do pressuposto de que a criança interior deveria crescer. Embora haja partes da criança interior que devem crescer, em princípio isso não deveria acontecer. Em vez disso, ela precisa viver plenamente dentro de nós. Nossa criança interior deixa a nossa personalidade repleta de um sentimento de admiração e de alegria de viver. Ela simplesmente nos dá um prazer que não pode ser proporcionado pelas atividades do adulto. A criança interior detém a chave para a compreensão do "nosso verdadeiro Eu", pois ela faz parte dele. Ela é uma porta que se abre para a essência do nosso âmago. Se você passar mais tempo com a sua criança interior, você vai descobrir quem é o seu verdadeiro Eu. Ele é constituído de muitas partes de todas as experiências de vida que você teve.

Como Conhecer a Sua Criança Interior

Uma boa maneira de conhecer a sua criança interior é brincar. Descobriu-se que brincar é também uma excelente maneira de descobrir quais são as suas necessidades, especialmente as que você deixou para trás na infância. Brincar irá trazê-las automaticamente à tona. Depois que forem ativadas, algumas delas vão amadurecer e se transformar em verdadeiras necessidades adultas. Brincar é também uma extraordinária maneira de expressar sentimentos positivos a respeito de si mesmo. Isso recarrega o segundo nível do campo áurico e o faz fluir.

Para fazer isso, sugiro que você encontre algum tempo todos os dias – cerca de uma hora, mais ou menos – para simplesmente fazer o que tiver vontade de fazer e não fazer nada que não queira. Programe esse tempo como se fosse um compromisso ligado aos seus negócios. Satisfaça os seus desejos, por mais infantil que seja a parte de você que esteja querendo realizá-los. Por exemplo: use qualquer roupa, calçado ou joia que tenha vontade de usar, por mais estranhos que sejam. Coma o que quiser comer, vá onde quiser ir, escute a música que lhe agradar. Se não gostar do que estiver fazendo, pare imediatamente, mas apenas porque você não está se divertindo, e não porque alguma voz lhe diz que você não está fazendo a coisa certa. Descubra com que rapidez você consegue modificar o que estiver fazendo, de acordo com aquilo que quiser fazer no momento. Solte-se, e sinta o prazer de estar vivo. Lembre-se de que isso é o que você fez quando criança. Você ficará surpreso com os resultados.

Depois que se acostumar a ter um horário regular de lazer, você vai notar que existe uma ligação entre as necessidades da criança interior e as dos adultos. As brincadeiras das crianças sempre expressaram os profundos anseios teleológicos dos seres humanos. Quando a psique amadurece, esses anseios são expressos de maneiras adultas. Atividades que se iniciam no domínio da criança podem amadurecer e se transformar em atividades de adultos, ou então permanecer como são. Não tente alterá-las. Não imponha exigências a si mesmo durante seu horário de lazer.

Quando minha filha era pequena, costumávamos brincar juntas regularmente. Uma das coisas que eu mais gostava de fazer era colocar Celia para dormir, à noite. Eu fazia o papel de um pato travesso, usando um fantoche. O Pato nunca queria realmente que Celia dormisse, e entrava debaixo dos cobertores junto com ela, ficava em silêncio durante alguns minutos e, de repente, jogava os cobertores para o alto! Ou então o Pato perguntava constantemente a ela se já estava dormindo. Era muito divertido!

Também pintávamos juntas com razoável frequência. Celia sempre pintava luas e estrelas. Certa vez eu não sabia o que pintar e, por isso, pintei uma aura. Depois, pintei outra. Dentro em pouco, tinha um monte delas. Anos mais tarde, um pintor profissional as refez para o livro *Mãos de Luz*. (São elas as Figuras 11-1 e 11-2 desse livro.)

As brincadeiras ativam e liberam a fantasia das crianças. A fantasia de uma mente madura se transforma em visualização criativa.

Quando publiquei *Mãos de Luz*, Dorian, um dos meus alunos de cum no Colorado, deu-me um lindo urso branco que veio a ser chamado de Urso Buda. Todos concordaram quanto ao fato de que, se eu ia começar a ensinar, certamente precisava de um urso. Eles estavam certos. Desde então, o Urso Buda tem sido muito útil para a minha criança interior. No início, ele até mesmo viajava comigo.

Em mensagens transmitidas recentemente, Heyoan vem sugerindo que, depois de termos permitido a existência do nosso Eu infantil, devemos também permitir que a nossa criança amadureça e se integre ao nosso ser como um todo.

Exercitando o Amor-próprio

Também é bom aguçar o sentimento de amor-próprio. Eis aqui alguns exercícios excelentes para aprender a amar a si mesmo. Se você tiver dificuldades para despertar sentimentos amorosos com o primeiro exercício, o próximo talvez o ajude. Experimente todos, e escolha aqueles de que gostar. Dedique parte do seu tempo todos os dias amando intensamente a si mesmo. Você pode fazer isso reservando quinze minutos todas as manhãs ou todas as tardes. Outra opção é reservar um minuto por hora a cada hora!

Esses exercícios podem não ser tão fáceis de fazer como parecem. Em geral, logo que começamos a nos concentrar em nós mesmos, também começamos a nos analisar, a relembrar coisas, a impor obrigações, a fazer julgamentos e a demonstrar todo tipo de comportamento interior desagradável com relação a nós mesmos. Isso não é amar a si mesmo. Se você descobrir que está sendo negativo, comece a deixar de ser negativo e volte a adotar uma atitude positiva. Amar a si mesmo não é um ato de egoísmo. Em vez disso, pense em si mesmo como uma xícara que pode ser enchida. Quando essa xícara transbordar, o amor se espalhará por todas as pessoas à sua volta. Você precisa amar a si mesmo para poder dar amor aos outros. Lembre-se de que todas as coisas negativas que você faz a si mesmo você faz aos outros, talvez inconscientemente; e que todas as coisas boas que faz a si mesmo você também faz aos outros.

Enchendo o corpo e o Eu com amor:

Você talvez prefira começar apenas com uma parte do seu corpo, pois assim é mais fácil. Escolha a parte do seu corpo que precisa de ajuda, ou a parte que você rejeita, de que não gosta ou da qual se envergonha. Concentre-se nessa parte do seu corpo e dirija o amor para o interior dela. Encha-a de energia; fale com ela docemente. Se estiver com dor em alguma parte do corpo, dê a essa região uma dose extra de amor. Em vez de tentar fugir dela (o que todos nós fazemos quando estamos sofrendo), penetre nessa parte do corpo com a sua consciência. Ocupe essa parte do seu corpo com percepção consciente e amorosa bondade.

Agora, faça o mesmo com todo o seu Eu. Concentre-se simplesmente em si mesmo e direcione o amor para si, como você faz com aqueles a quem ama. Se gostar de usar cores, use primeiro o verde, depois o rosa, o dourado e o branco. Encha todo o seu corpo com essas cores.

Desperte os sentimentos amorosos com alguma coisa que seja fácil de amar:

Concentre-se na coisa ou na pessoa – tal como uma rosa, um animal ou uma criança – que você teria mais facilidade para amar. Entre num estado de amor por meio dela e transmita-lhe o seu amor. Se se tratar de uma rosa, por exemplo, olhe para ela e aprecie-lhe a beleza. Sinta-lhe a textura. Aprecie-lhe a fragrância. Sinta a sua ligação com ela. Sinta o quanto você gosta dela e desfrute o prazer que ela lhe proporciona.

Depois que tiver despertado forte sentimentos de amor em si mesmo, dedique esses sentimentos de amor à imagem que você faz de você mesmo. Faça consigo próprio o que você fez com a rosa. Olhe diretamente para o seu corpo. Não use um espelho. Aprecie o seu corpo. Olhe para a parte favorita do seu corpo e, depois, para cada uma das outras partes. Toque-a. Sinta-lhe a textura. Sinta-se dentro dela. Acaricie-a delicadamente. Sinta o cheiro das diferentes partes do corpo. Sinta quanto prazer o seu corpo lhe tem proporcionado. Ame o seu corpo. Fale tranquilamente com ele. Pratique isso diariamente até que se torne fácil. Isso vai acontecer.

O exercício seguinte é um pouco mais difícil, porém muito eficaz. Faça-o em etapas, e você vai se tornar um mestre na arte de amar a si mesmo. Comece com períodos curtos, e amplie o tempo até chegar aos dez minutos.

Como amar a pessoa refletida no espelho:

Sente-se diante do espelho, olhe para os seus olhos e ame a si mesmo. Enquanto estiver fazendo isso, não faça julgamentos nem magoe a si mesmo. Como você talvez saiba, a maioria das pessoas olha no espelho e imediatamente vê todas as coisas que elas acreditam estar erradas e formam juízos a respeito disso. Se você se descobrir fazendo isso, transforme imediatamente o julgamento por si mesmo num pensamento e num ato de amor para si mesmo. Uma vez mais, fale docemente consigo mesmo. Olhe bem dentro dos seus olhos e veja a vitalidade, os anseios, o amor e os conflitos vitais que se manifestam ali. Observe como os seus olhos são bonitos. Observe os aspectos positivos dos seus cabelos e a sua expressão facial. Veja de que forma eles expressam a sua alma.

Procure a sua criança interior. Veja a sua alegria, a sua admiração e o seu amor. Agora, olhe para todos os outros aspectos dessa pessoa. Veja o que ela gosta de fazer. Veja de que forma esses passatempos favoritos ajudaram a moldar essa pessoa e a fazer com que ela se transformasse naquilo que você é hoje. Observe os conhecimentos dos quais você está cuidando. Qual é a missão dessa pessoa na Terra? Quais são os anseios mais profundos que ela expressa ao espelho? De que forma você pode ajudar essa pessoa a satisfazer os seus anseios? Ame essa pessoa e tudo o que você é.

Depois de ter feito isso, você estará pronto para o quarto exercício.

Como amar a pessoa e o corpo refletidos no espelho:

Fique nu diante de um espelho grande. Ame e aceite todas as partes do seu Eu e do seu corpo. Concentre-se em cada parte do seu corpo, conforme fez antes. Introduza nela a sua percepção consciente; ou, então, imagine um minúsculo Eu exatamente igual a si mesmo, entre nessa parte do corpo e simplesmente fique lá. Acaricie a parte do seu corpo para onde está olhando e na qual está se concentrando. Ame-a. Ame a pessoa que está nessa parte do corpo. Quando os julgamentos negativos que faz a seu respeito surgirem, recuse-os em voz alta e sinta a sua reação emocional a eles. Isso é o que você causa a si mesmo todas as vezes que faz um desses julgamentos. Agora, substitua o julgamento negativo por uma afirmação positiva a respeito da área do seu corpo. Depois, deixe-a simplesmente repleta de bondade e amor. Cubra todo o Seu corpo dessa maneira. Primeiro, deixe que as coisas negativas se manifestem claramente para que você possa ficar consciente delas e dos sentimentos que elas criam. Depois, substitua-as pelas positivas.

Lembre-se: concentre-se primeiro na parte do corpo e, depois, na pessoa que está nessa parte do corpo. Ao fazer isso, verifique de que forma você tem tratado cada parte de seu corpo e a si mesmo em relação a ela. Você tem sido gentil e compreensivo? Ou, pelo contrário, tem tratado o seu corpo e a si mesmo como um tirano, exigindo perfeição, desempenho e desconsiderando as mensagens que ele tem enviado a você? Você vai descobrir que existem partes do seu corpo e de si mesmo que você rejeita continuamente, provavelmente muitas vezes por dia. Cure esse processo negativo que existe em você se tornando consciente dele e oferecendo uma dose extra de amor para essas partes do seu corpo e de si mesmo. Substitua por afirmações positivas todas as afirmações negativas que você descobrir a respeito do seu corpo e de si mesmo.

Como amar as partes doentes ou deformadas do seu corpo:

Depois de ter passado por todas as partes do seu corpo, volte a dirigir sua atenção para as partes que estão doentes ou deformadas. Dê-lhes mais atenção e amor, aceitando-as tal como são e enchendo-as com o amor incondicional e com a sua essência do âmago. Aproxime-se dessa parte do corpo. A chave para fazer isso e para amar a parte do seu corpo que você talvez acredite ter traído consiste em descobrir a que propósito essa parte da sua vida tem servido. Eu lhe garanto que essa parte do corpo está lhe ensinando uma lição ou tem assumido alguma forma ou responsabilidade que você não foi capaz de assumir. Ela o tem ajudado a sobreviver, e o ajudou a tolerar algumas experiências de vida que, sem ela, você não poderia tolerar. Por exemplo: os tumores às vezes trazem em si uma energia ou consciência que tem a capacidade de preencher um vazio na vida de uma pessoa. Eles preenchem os espaços de uma pessoa quando ela se sente vazia. Pernas fracas ajudam as pessoas a se sentar quando não conseguem se manter de pé sozinhas. Defeitos na coluna e no pescoço ajudam as pessoas a controlar a raiva porque reduzem a quantidade de energia vermelha que pode subir pela coluna num ataque de cólera. Quando esses tipos de problema obrigam as pessoas a ficar de cama durante algumas semanas, isso acontece porque elas precisam de paz, de silêncio e de sossego.

Depois que tiver aceitado de volta para si essa parte alienada do seu corpo, e a tiver integrado a si mesmo, você também poderá aplicar sobre ela uma poderosa visualização. Diga a essa parte que ela ficará melhor. Seja específico. Se houver um tumor, e se ele tiver servido ao propósito de preencher o seu vazio, diga ao tumor que você não precisa mais que ele preencha os seus espaços vazios. Diga-lhe que ele pode se dissolver e integrar-se ao restante do seu corpo. Diga ao restante do seu corpo que ele deve aceitar essa integração. Ou, se tiver um osso fraturado que está demorando para sarar, visualize-o soldando-se e crescendo normalmente, uma coisa que você pode fazer de forma muito natural. Se tiver um desvio de coluna crônico, visualize os músculos se relaxando e se fortalecendo de modo a manter os ossos no lugar e a eliminar o medo ou os sentimentos negativos associados ao problema físico.

Uma pessoa, a quem chamarei de Bob, rejeitava continuamente o seu pescoço. Ele tinha um pescoço um tanto avantajado e um queixo duplo. Essa rejeição prosseguiu durante anos. Ele teve diversas lesões no pescoço e também desenvolveu uma hipotireoidia. Seu pescoço estava sempre saindo fora do alinhamento, causando-lhe muita dor e, algumas vezes, até mesmo confusão mental. Bob começou a trabalhar com o espelho e, depois, trabalhou consigo mesmo enquanto ficava sentado na cama antes de dormir.

Quando Bob começou a curar o seu pescoço, ele se concentrou no sentido de amar todas as partes do pescoço, incluindo o queixo duplo. Todas as noites, ao ir para a cama, punha os dedos no pescoço, no local que apresentava debilidade e dor, e falava brandamente com ele. Bob deixava a energia dos dedos fluir para o pescoço. Ao eliminar os bloqueios de energia no pescoço, ele descobriu ali muitas vozes que expressavam medo e queixa. No segundo nível do campo, estavam todas as coisas que ele não se permitia dizer aos outros. Ao ser ativado o seu bloqueio, ele continuamente repetia as coisas que não podia dizer aos outros a respeito de si mesmo. Assim, ele tentou encontrar uma maneira aceitável de dizer aquilo que precisava dizer, sem evocar o seu medo, que também era mantido no mesmo lugar, no seu pescoço. Isso não funcionou, e simplesmente fez com que o bloqueio no pescoço aumentasse.

A partir da perspectiva do campo áurico, ele estava constantemente absorvendo a energia do quarto nível, o nível da ação recíproca que envolve o "Eu e Você", presente nas coisas que ele queria dizer aos outros, e transmitindo-a para baixo, para o segundo nível, e dizendo essas coisas a si mesmo. Ele estava, portanto, obstruindo o segundo nível.

Durante o processo de cura, Bob teve de irradiar a energia de volta para o quarto nível e liberá-la, gritando aquilo que ele não se havia permitido dizer. Desse modo, libertou as vozes presas na garganta. Isso, obviamente, também causou nele o medo – que ele pode liberar simplesmente sentindo-o. Alguns dos medos vinham desde a tenra infância, quando ele não tinha autorização para "responder" a seus pais.

Por trás de tudo isso, havia certa incapacidade para pedir as coisas que atenderiam às suas necessidades. O chakra da garganta está relacionado com a expressão da verdade. No caso de Bob, tratava-se de falar a verdade a respeito das suas necessidades. Ele percebeu que, na infância, a única maneira de fazer com que suas necessidades fossem atendidas era pedir e continuar pedindo. Então, depois de uma longa espera, algumas delas seriam atendidas. Bob percebeu que o aumento de sua tireoide estava relacionado com o preenchimento do vazio da fome no seu pescoço, que havia se formado devido à longa demora para ser alimentado. À medida que seu processo de cura continuava, ao longo dos meses, ele conseguiu falar a verdade a respeito das próprias necessidades, os bloqueios de energia de sua garganta foram removidos e seu pescoço ficou mais forte.

Foi então que ele descobriu um interessante aspecto no qual nunca havia pensado. Em diversas ocasiões, ele se viu em determinadas situações em que, subitamente, ficava extremamente furioso com alguém. Quando a raiva começava a subir pela coluna, ele conseguia se conter apertando os músculos do pescoço com tanta força que dava a impressão de querer arrancá-lo. Foi nessa ocasião que ele percebeu que a desproporção do seu pescoço o ajudava a controlar sua raiva. Isso o ajudou a deixar de magoar as pessoas. Em outras palavras, ele preferiu ferir a si mesmo a ferir as pessoas de quem estava com raiva. Quando percebeu de que forma o seu pescoço desproporcionado havia-lhe sido útil, ele começou a valorizá-lo mais. Ele também descobriu maneiras mais eficazes de controlar a raiva observando o modo como ele a criava ou como se metia em situações que a provocavam, por não pedir para que suas necessidades fossem atendidas e não cuidar de si mesmo. Se tivesse levado a sério suas necessidades em cada um desses casos, ele não teria se metido nas situações específicas que o fizeram ficar irritado. Sua cólera sempre surgia em situações nas quais os outros não estavam respeitando as suas necessidades. Quando começou a respeitar as próprias necessidades, essas situações simplesmente não surgiam ou, então, não havia nenhuma raiva para ser extravasada.

Todas as noites, Bob tocava o seu corpo e pedia aos seus bloqueios que desaparecessem, pedia à tireoide que voltasse ao tamanho normal e ao pescoço que ficasse mais forte. Os músculos do pescoço ficaram mais fortes. Dentro de pouco tempo ele se tornou capaz de fazer movimentos com o pescoço que não conseguia fazer havia anos. O problema com o pescoço foi resolvido. Bob tomou Synthroid por vários meses, e sua função tireoidiana se normalizou. Há muitos anos que ele não tem problemas com o pescoço.

Ao fazer os exercícios em frente ao espelho, eles vão evocar-lhe muitos sentimentos.

Deixe que esses sentimentos fluam. Eis algumas coisas que poderão ajudá-lo a fazer isso.

Permita que os seus Sentimentos Fluam

Não hesitar em sentir os próprios sentimentos é talvez uma das coisas mais difíceis que você tem de fazer para curar a si mesmo, caso você nunca tenha praticado isso. Lembre-se: a energia-consciência do segundo nível é experimentada na forma de sentimentos a respeito de si mesmo. Se você quiser que o segundo nível do campo fique equilibrado, torne-se puro, energizado e saudável, você precisa permitir que os sentimentos a respeito de si mesmo fluam. Durante uma doença, seus sentimentos vão oscilar da tristeza para a felicidade, da serenidade para a raiva, da raiva para o medo e para um profundo terror, da fraqueza para a culpa, para a revolta, para a autopiedade, para a inveja, para o amor e assim por diante. Todos esses sentimentos estão relacionados com a energia do segundo nível do campo áurico, e quanto mais você puder fazê-los fluir para fora de você, mais limpo esse campo ficará. Parte do processo de cura consiste em simplesmente deixá-los fluir depois de terem ficado bloqueados durante tanto tempo. Isso funcionou para Jeffrey e Bob, e vai funcionar para você.

Tenho trabalhado com muita gente e nunca encontrei nenhuma pessoa em que isso não funcionasse. Todos nós temos uma tendência para evitar as emoções desagradáveis que trazemos no nosso interior. Muitos de nós simplesmente não percebemos de que modo o bloqueio dos sentimentos bloqueia as nossas forças criativas e, ativamente, aumenta a possibilidade de que ocorra aquilo que tememos. Por outro lado, enfrentar os sentimentos e superá-los nos libera para realizar o que queremos na vida.

Agora é a oportunidade de expressá-los. Aceite-os tais como são. Eles são apenas sentimentos que devem ser expressos e, com isso, irão purificá-lo. Não tenha medo de expressar sentimentos negativos. As pessoas que estão doentes e que estudaram visualização criativa às vezes acham que não deveriam ter sentimentos negativos por medo de que os sentimentos ou pensamentos se transformem numa visualização negativa e agravem a sua doença. Por causa desse medo, elas às vezes entram em novos níveis de relutância em aceitar a negatividade. Elas poderão concluir que podem permitir a expressão de apenas uma determinada parcela dessa negatividade. Depois que ela tiver sido expressa, elas voltam a recusar permissão para a expressão do que restar dela.

Não encontrei malefícios ocasionados pela expressão de pensamentos negativos quando isso é feito de acordo com certas regras. A primeira é que a expressão dos sentimentos negativos não deve ser habitual. Logo que se tornar habitual, ela deixa de ser catártica. A outra regra é que ela deve ser feita com a intenção positiva e consciente de curar. Se você permitir que todos os pensamentos negativos se manifestem na consciência e que os sentimentos negativos fluam com a intenção positiva de curar a si mesmo, então você não ficará atolado numa negatividade que iria lhe fazer mal. O importante é que haja uma intenção clara. Expresse os sentimentos negativos com a intenção de liberá-los, deixe-os ir e supere-os. Isso vai ajudá-lo a curar-se. Se você se recusar a expressar os seus sentimentos negativos, eles ainda estarão atuando em seu interior e fazendo-o ficar doente. Eles não vão desaparecer se você simplesmente resolver iludir-se com esperanças infundadas.

A melhor maneira de substituir o crescimento negativo pelo positivo consiste em combinar a expressão dos sentimentos negativos – para liberá-los – com a visualização positiva. Elimine primeiro os pensamentos negativos do seu campo e, então, preencha o espaço que ficou vazio usando as cores vivas e positivas da visualização.

Aquilo que desejamos é geralmente o oposto do medo que evitamos. Em outras palavras, há uma relação inversa entre o que tememos e aquilo que desejamos criar. O belo poema apresentado a seguir expressa isso claramente. Ele foi recebido mediunicamente por Eva Broch Pierrakos (Pathwork Guide Lecture 190).

No Sentimento

No sentimento de fraqueza
está a sua força.

No sentimento de dor
está o seu prazer e a sua alegria.

No sentimento de medo
está a sua segurança.

No sentimento de solidão
está a sua capacidade de ter satisfação,
amor e companhia.

No sentimento de ódio
está a sua capacidade de amar.

No sentimento de desespero
está a sua esperança verdadeira e justificada.

Na aceitação das privações da sua infância
está a sua realização atual.

Meditações que Curam

Para ajudá-lo no processo de cura, apresento aqui algumas meditações que devem ser feitas quando se busca a cura do segundo nível do campo áurico. Elas são simples, fáceis de fazer e muito eficazes para purificar, equilibrar e recarregar o seu campo.

Meditação com Respiração Colorida

Como o segundo nível do campo áurico contém todas as cores, uma maneira simples de recarregar o segundo nível é fazer a respiração colorida. Você pode usar a cor que quiser. Sugiro que você experimente as seguintes: vermelho, laranja, amarelo, verde, azul, anil, púrpura, lavanda e rosa. Você talvez queira acrescentar o branco, o prateado, o dourado e o preto. Arranje uma amostra de cada cor que você queira usar – como um pedaço de tecido, de papel, de plástico ou de vidro. Você pode até mesmo usar as cores do arco-íris que o sol cria ao atravessar o vidro na sua janela.

Não se esqueça de seguir cuidadosamente as instruções. Não se limite a simplesmente pensar na cor, pois, nesse caso, você vai criar o amarelo. Ao pensar, você ativa o terceiro nível do seu campo e atrai energia. O amarelo é a cor que você cria quando pensa. Para manter a energia fluindo para o segundo nível do campo, você precisa sentir a cor, transformar se nela. Você precisa ser a cor. Para tornar-se uma cor você precisa entrar no estado de sensação dessa cor.

1. Segure a cor na sua mão, sinta-a e olhe para ela.
2. Inspire a cor junto com o ar. Encha todo o seu corpo com essa cor.
3. Torne-se essa cor.
4. Agora, expire a cor.
5. Inspire a cor novamente. Desta vez, encha todo o seu campo áurico com a cor. Imagine-se sendo a cor.
6. Sinta como é ser a cor.
7. Agora, expire a cor.
8. Repita isso diversas vezes.
9. Agora, inspire a próxima cor. Encha novamente o seu corpo e o seu campo com essa cor.
10. Repita isso diversas vezes com cada cor antes de passar para a próxima.

Ao fazer isso, você vai notar que as cores produzem diferentes efeitos sobre o seu estado de espírito. Cada cor está associada a um princípio ou a uma qualidade. Se você precisar desse atributo na sua vida, meditar sobre essa cor e incorporá-la mentalmente vai ajudá-lo a fazer isso. A Figura 11-1 apresenta uma relação de cores e chakras e as partes do corpo que são alimentadas por elas.

Figura 11-1 As Cores dos Chakras no Segundo Nível do Campo Áurico e as Regiões do Corpo que Elas Alimentam

CHAKRA 1	vermelho	parte inferior do corpo, suprarrenais, cóccix
CHAKRA 2	laranja	parte inferior da região pélvica, órgãos sexuais, sistema imunológico
CHAKRA 3	amarelo	região do plexo solar, estômago, baço, fígado, pâncreas, rins
CHAKRA 4	verde	região do coração, sistema circulatório
CHAKRA 5	azul	garganta, pulmões, ouvido
CHAKRA 6	anil	olhos, cabeça, cérebro inferior
CHAKRA 7	branco	cérebro superior, olhos

Meditações Coloridas para os Chakras

No Capítulo 2, apresentei uma descrição geral do campo áurico e dos seus chakras. Lembre-se de que os chakras atuam como metabolizadores de energia para as áreas do corpo nas quais eles estão localizados. Se alguma região do seu corpo estiver fraca e desenergizada, seria bom usar a cor adequada ou fazer um pouco de meditação com respiração colorida. (Ver Figura 9-2 para descobrir qual é a cor de que você precisa. Para fazer a meditação colorida para os chakras, use o desenho da Figura 2-5 para localizar cada chakra.)

Comece com o primeiro chakra. Concentre sua atenção na área do corpo onde esse chakra está localizado. Imagine a cor do chakra nessa parte do seu corpo, tanto na frente como atrás. Imagine essa cor com a forma de um disco com 15 centímetros de diâmetro. Se você conseguir visualizar em três dimensões, transforme o disco num funil estendendo a sua extremidade para o interior do seu corpo até que a ponta do funil encoste na sua coluna. Imagine o disco ou funil dentro do seu corpo girando no sentido horário.* Ao inspirar, absorva a cor do disco ou funil no seu corpo. Quando estiver expirando o ar, a cor continua a penetrar no seu corpo. Imagine-a fluindo para os órgãos específicos dessa parte

---

* Para determinar o sentido horário, imagine-se fora do seu corpo e olhando para um relógio no local de cada chakra. Isso vale para os chakras anteriores e posteriores. O sentido horário também pode ser determinado contraindo-se os dedos da mão direita e, em seguida, apontando o polegar dessa mão para o chakra. Os dedos crispados apontam o sentido da rotação do chakra. Use a mão direita tanto para os chakras anteriores como para os chakras posteriores.

do corpo, apresentadas na Figura 11-1. Passe para o próximo chakra. Repita isso diversas vezes para cada chakra.

Certifique-se de ter percorrido todos os chakras, começando pelo primeiro e subindo pelo corpo, em sequência. À medida que for subindo pelo corpo, dedique um pouco mais de tempo às áreas de seu corpo que não estiverem bem.

Meditação para a Própria Pessoa Curar uma Doença Específica

Dois livros excelentes relacionam meditações específicas para determinadas doenças. O primeiro é *Healing Visualizations*, do dr. Gerald Epstein. Esse livro está organizado de tal forma que você pode procurar o seu problema específico e seguir a visualização. O livro lhe informa até mesmo sobre a frequência com que você deve fazer isso. Outro livro recomendado é *You Can Heal Your Life*, de Louise Hay. Ele oferece mantras simples para serem repetidos para cada problema que você possa ter. Esses mantras estão relacionados com o sistema de crença que você provavelmente tem e que está associado à sua doença. Para problemas de tireoide, por exemplo, a afirmação negativa feita por uma pessoa é "Quando é a minha vez?" A visualização positiva para mudar esse problema é "Tenho todo o tempo do mundo para mim".

Introdução à Descoberta do Curador Interno

A fantasia ou mito é um instrumento muito eficaz que nos eleva acima da realidade comum e nos transporta a um mundo de símbolos que pode nos ajudar a vivenciar os limites mais amplos da jornada da vida. Precisamos dessa ajuda quando nos defrontamos com uma doença séria ou com mudanças súbitas e profundas na estrutura familiar. Nesses mitos, podemos nos associar ao poder dos Deuses, nos elevar acima da vida comum e realizar atos heroicos. Eis aqui uma história simbólica que irá ajudá-lo a ter acesso a um enorme potencial de cura e que poderá até mesmo ajudá-lo a responder a perguntas que não podem ser respondidas em termos da realidade cotidiana.

No nosso trabalho neste capítulo travamos conhecimento com a criança interior que tem sido ferida e brutalizada. Brincamos com essa criança e permitimos que ela se expressasse. Agora é o momento de curar diretamente essa criança. As feridas e doenças do corpo físico são as das crianças. Quando começamos a penetrar fundo nessas feridas, podemos nos ver numa situação muito difícil até encontrarmos o curador interior. Ao lado da nossa criança interior está o curador interno, que é plenamente capaz de lidar com o que quer que tenhamos de enfrentar na vida. O curador interno conhece a nossa história desde o início, conhece a nossa tarefa nessa encarnação e lida com todos os nossos problemas a partir de uma perspectiva mais ampla e mais sábia. Eis aqui uma visualização para encontrar o curador que existe dentro de você. Trata-se de um mito ou fantasia que irá contribuir para a sua cura pessoal.

A DESCOBERTA DO CURADOR INTERNO
Canalizado por Heyoan

Uma vez, muito antes que o tempo fosse conhecido tal como é hoje, houve uma centelha de luz no coração de Deus. Essa centelha divina se transformou em milhões de estrelas. Cada estrela recebeu um nome escrito na palavra de Deus. Uma dessas estrelas é você. Como estrela, você cresceu, se desenvolveu e cantou através do céu para as outras estrelas.

Nessa época, antes de nascer como ser humano, você conheceu a luz, o amor e a sabedoria. Não tendo ainda nascido, você obviamente não possuía nenhum corpo e, assim, tinha total liberdade de movimento. Você tinha total consciência da essência do seu ser e muita liberdade para se deslocar à vontade pelo universo. Você se deslocava para a direção em que se concentrasse. Com o seu propósito, você começava a criar coisas. Ao ter um desejo, você automaticamente o criava.

Você criou as pedras e a terra; as árvores e as flores; as estrelas e os planetas; até mesmo as nuvens e ventos. Sua essência se transportava com facilidade, mudando de uma forma para outra. Você experimentou ser uma nuvem, uma lua, um sol, um peixe ou um gato, e continuou a deslocar-se para qualquer lugar que lhe agradasse. Enquanto mudava de uma forma para outra, criando mais formas, você lentamente se identificou com a forma, e nasceu a sombra. E ficou tão entusiasmado com a criação que a sua memória se apagou, e você se esqueceu de quem era. Você estava tão ocupado criando que nem sequer notou quando começou a pensar que era forma.

A sombra ficou mais escura, e a dor nasceu a partir do esquecimento da verdadeira essência do Eu. A verdadeira essência do Eu é o criador, que está além da forma. Você se esqueceu de quem realmente é e se dividiu em dois: a parte que esqueceu e a parte que se lembra.

Dentro de todo ser humano e em toda célula do seu corpo há uma centelha do divino. Dentro dessa verdadeira essência de quem você é está o curador interno que tem todo o poder criativo do universo. O curador que existe dentro de você recebeu um nome de acordo com a palavra de Deus. Isso é o que você realmente é.

Agora, volte a sua consciência para a essência interior, para o seu poder e para a sua luz, de todo singulares. Você é a manifestação da palavra de Deus. Volte a sua consciência para a essência total do seu ser – que é o seu curador interno. Você sentiu isso durante toda a vida. Os fios dourados desse poder têm sido incorporados à tapeçaria da sua vida desde o seu nascimento. Você conheceu o seu significado quando era uma criança pequena, assim como o conhece agora. Sinta a essência e o poder fluindo através de você. Ele é a sua singularidade, sua beleza e seu amor. Ele é a doçura que você conheceu na vida como criança.

O seu poder está na doçura do seu ser. É nos doces anseios que você se protegeu dos outros. Você é como uma flor se abrindo ao sol. Sinta o poder e a natureza de sua divindade, que são diferentes de quaisquer outros. Agora, ligue isso ao seu corpo. Essa parte de você ainda está livre. Essa parte de você ainda pode se mover livremente através do espaço, do tempo e de outras realidades. Sinta-se agora nessa liberdade.

Enquanto se desloca através do tempo e do espaço, para diferentes realidades, você ouve um grito a distância. Esse grito aumenta de volume e torna-se mais audível. E você diz: "O que poderá ser?" Você ouve o anseio no pedido de ajuda. Então, você avista a fonte do grito e vê no céu um lindo e cintilante planeta azul e branco. Você é atraído para perto desse planeta pelos pedidos de ajuda. Ao chegar mais perto, você diz: "O que posso fazer para ajudá-lo? Como posso atender a esse apelo? Como posso ajudar a curar o sofrimento que existe na Terra?"

Foi então que você teve uma grande ideia. Você resolveu criar uma forma física aspirando-a da Terra e, junto com ela, veio o sofrimento. Você pretendia usar a forma física para curar a dor.

Você assumiu a forma de um minúsculo corpo físico. Depois de cerca de nove meses, você nasceu como um ser humano. Quanto mais tempo você permaneceu ligado a esse corpo, mais indistinta tornou-se a lembrança da sua essência original.

Quando criança – ou, talvez, até mesmo antes disso – você começou a se torturar com a dor. Ao sentir a dor, você se esquecia completamente da sua origem. Quando a dor passava, você se lembrava. A dor que você escolheu para curar cresceu dentro do seu corpo.

Analise a sua infância. Encontre a dor mais profunda que você tem carregado ao longo de todos esses anos. Junto a essa dor, você vai encontrar o seu anseio mais profundo. O que é que você quer ser? O que é que você queria ser quando criança e que de vez em quando pensa que nunca poderá ser? Você queria viajar entre as estrelas? Você queria curar todas as pessoas da Terra? Você queria ser pintor ou criar lindas músicas? Você queria fazer com que todo mundo se sentisse seguro? O que você queria mais do que qualquer coisa? Se você pudesse ser ou ter qualquer coisa que desejasse na Terra, ter realizado qualquer fantasia, qual seria ela? De que forma o fato desse desejo não ter sido realizado se relaciona com a sua dor mais profunda?

Faça um retrospecto da sua vida. Enquanto você passava por todos os momentos da sua vida, trazendo em si essa dor, havia um só encadeamento contínuo: um ciclo repetido na espiral da vida, onde essa dor mais profunda da infância tem-se repetido vezes sem conta nas inúmeras experiências que você teve. Se analisar todas essas experiências, você encontrará um elemento comum a todas. Quando descobrir qual é esse elemento comum, não hesite em começar a sentir essa dor. Que parte do seu corpo ela afetou? Quando você sente isso no seu corpo, em que área fica localizada a tensão?

Examine agora todas as partes do seu corpo em que essa dor afetou sua constituição psíquica, espiritual, mental, psicológica e física. Esse fio condutor estende-se holograficamente por todas as partes do seu ser e, ao passar pelo seu corpo, atinge determinados lugares em que acaba sendo sentido como dor física. Encontre esses locais no seu corpo. Se você for sensível ao campo áurico, então, encontre-os nele.

Ao se deparar com essa dor em qualquer nível no qual ela tenha se manifestado mais profundamente – talvez num medo, num problema de relacionamento, num distúrbio físico ou, quem sabe, na sua profissão – faça a si mesmo esta pergunta: "O que isso tem a ver com o meu anseio mais profundo? De que forma esse problema específico está associado aos meus anseios mais profundos a respeito de quem eu desejo ser, do que quero fazer com minha vida e onde quero morar?"

A primeira coisa que você tem a fazer é curar essa dor que existe dentro do seu corpo, pois é através da dor no seu corpo e na sua vida que você vai desenvolver as capacidades pessoais de que precisa para satisfazer seus anseios, quaisquer que sejam eles.

Descubra essa dor no seu corpo e, onde quer que ela esteja – no seu coração, na barriga ou na garganta – ponha as mãos sobre ela. Essa é a dor que você tem carregado por toda a sua vida, o terrível conjunto de crenças que encerra o mais profundo esquecimento, a sua dor maior e mais profunda. Ponha as mãos sobre ela agora e sinta a consciência que está lá e que acredita na separação. Ela é a sombra. Ela acredita que está isolada de todas as outras coisas, irremediavelmente isolada e separada. Encontre essa dor que tem estado lá desde os seus primeiros dias e deixe a sombra começar a se dissolver.

Penetre na sombra. Acompanhe a si mesmo até as masmorras que existem dentro do Eu que precisa de cura. Não se recuse a passar pela experiência de sentir essa dor real a partir de uma perspectiva humana. Essa não é uma dor nova. Ela tem estado ali desde suas mais remotas lembranças e não é o tipo de dor que desaparece facilmente, pois é profunda e está arraigada.

Então, quando estiver pronto, desloque sua percepção consciente para o curador que existe dentro de você. Aí está a sua sabedoria. Aí está o seu anseio e a sua luz, com os quais você veio aqui para curar a dor que está no seu corpo.

Volte a sua atenção para a dor e sinta-a. Em seguida, volte para o anseio e sinta-o. Continue a passar de um para outro até encontrar a associação entre os dois, até conseguir responder às perguntas: "O que essa dor significa para mim? O que ela está tentando me dizer? Qual é a mensagem que ela me traz?"

Enquanto estiver sentindo essa dor com suas mãos, a partir de uma perspectiva humana, pergunte à essência do curador o que você precisa fazer. Qual é a causa mais profunda dessa dor? Peça ajuda para curá-la. Peça ao curador interno que o ajude a curar aquilo que até agora você foi incapaz de curar por si mesmo. Pergunte com sinceridade e confiança e a pergunta será respondida. Faça a pergunta da forma mais específica que puder. Qual é a causa? Qual é o sistema de crenças? O que você precisa fazer na sua vida cotidiana?

Deixe que a essência do curador interno atue através das suas mãos para curar o seu corpo. Seja um instrumento para a cura do Eu. Deixe a luz fluir através de você.

Depois que tiver recebido o máximo de informações que puder, procure entrar em contato com a realidade espiritual mais elevada que você conhece: o seu Eu superior ou os seus guias. Procure alcançar sua realidade espiritual superior e, a partir dela, resgatar as suas lembranças a respeito de quem você é. Você vai descobrir que a dor que existe dentro de você é justamente a dor para cuja cura você foi atraído até a Terra antes de ter nascido, quando você era aquele maravilhoso ser espiritual. Essa é a sua verdadeira identidade.

Portanto, procure alcançar essa parte do Eu que encarnou para curar a própria dor que você traz dentro de si e que tem carregado consigo desde o nascimento. Essa é justamente a dor que você veio curar. Você optou por se encarregar dessa dor e, ao fazê-lo, optou por encarnar justamente com as melhores combinações de energia, de sabedoria e de amor para curar esse sofrimento específico.

Você veio curar isso e está plenamente equipado para fazê-lo. E aquele maravilhoso ser espiritual que você foi antes do seu nascimento, quando você ouviu os apelos e anseios da Terra, é o seu curador interno. Você é a pessoa que, mais do que qualquer outra, sabe como curar essa dor. Esse é o seu curador interno. Seja o curador que existe dentro de você e cure esse elemento comum de sofrimento que você tem carregado por toda a sua vida. Toque o seu corpo nos lugares onde sente dor.

Enquanto estiver fazendo isso, faça a sua consciência oscilar entre o curador interno e a pessoa que estiver sentindo a dor. Ao continuar a oscilar para um lado e para o outro, você começa a entender a relação entre o curador que existe dentro de você e a dor que ele veio curar. Você arrancou à Terra essa dor com o propósito de transformá-la. Dê a si mesmo tempo suficiente para completar esse processo. Você está integrando a dor interior, o anseio que você carrega no seu coração e o curador interno que pode curar você.

Deixe o curador que existe dentro de você atrair essa dor e devolver a você a sua integridade. Siga de um lado para o outro, oscilando entre o ser humano com uma profunda dor e o curador dotado de uma energia universal. Aproxime-os cada vez mais enquanto continua a ir de um lado para o outro, até que eles se integrem. Continue o processo até que eles estejam completamente integrados. Quando tiver certeza de que a integração se completou, eu gostaria que você ficasse em silêncio durante pelo menos uma hora. Permaneça em silêncio, sente-se e faça meditação ou, simplesmente, levante-se e vá fazer uma caminhada.

À medida que o tempo for passando, você fará todas essas coisas com mais facilidade. Depois de praticar o amor-próprio e de deixar os sentimentos fluírem, é uma boa ideia ver de que forma isso está mudando a sua vida. Você pode fazer uma rápida avaliação do modo como vem tratando a si mesmo e respondendo às questões apresentadas abaixo. Em seguida, comece a absorver energias nessas circunstâncias na sua vida. Se por ora você estiver fisicamente incapacitado de fazê-lo, arranje alguém que o ajude a planejar um modo de fazer isso depois de recuperar a saúde.

Para avaliar o modo como você cuida de si mesmo, responda às seguintes perguntas:

Em que circunstâncias você está absorvendo energia de amor, e em que momentos percebe coisas que estão faltando?
De que forma e quando, na sua vida, você deixou de dar a si mesmo o amor do qual você não apenas precisa, mas que também merece?
De que modo você se mostrou negligente com a própria saúde?
Você tem se recusado a conceder a si mesmo alguma coisa que poderia ter ou fazer, mas que parece estar sempre adiando?
O que é que você realmente quer da vida, mas que ainda não conseguiu realizar?
Existe alguma capacidade que você sempre quis desenvolver?
Como posso desenvolver essa capacidade agora ou, se não, depois que me restabelecer?

Capítulo 12

A CURA POR MEIO DA AUTOCONSCIÊNCIA

A energia associada aos nossos processos mentais é encontrada no terceiro nível do campo áurico. Lembre-se: no processo criativo por meio dos quais criamos a nossa vida, a energia criativa do âmago passa através do nível hárico e desce por todos os níveis do campo áurico até chegar ao nível físico. Em cada nível, ela é impregnada com o aspecto da vida humana existente nesse nível. No terceiro nível do campo áurico, a energia criativa do nosso âmago é impregnada com a mente individual. Por fim, com a nossa mente individual, tomamos consciência de nós mesmos.

Heyoan diz que a principal função da nossa mente é voltar-se para a percepção consciente. Quando nos voltamos para a nossa percepção consciente, podemos usar nossas percepções para diferenciar e integrar todas as informações que chegam até nós. Temos a nosso serviço a lucidez e a compreensão a respeito de nós mesmos e de qualquer situação em que nos encontremos. Dessa forma, conseguimos agir de maneira apropriada com relação a nós mesmos e à situação. Discernimentos, integração, lucidez e uma existência apropriada são essenciais para o processo criativo. Quando essas condições não estão presentes, nossa criação se transforma em algo diferente daquilo que pretendíamos, ou fica de alguma forma incompleta e, portanto, não nos agrada, é embaraçosa ou dolorosa.

No terceiro nível do campo áurico, a cura significa o aumento da nossa percepção consciente acerca do modo como criamos o prazer e a alegria ou o sofrimento e a doença na nossa vida. Nesse nível, precisamos da compreensão racional a respeito de nós mesmos e do nosso corpo. Quando estamos realmente com nós mesmos, passamos a perceber que impomos limitações irreais sobre nós mesmos e vemos quais são as nossas verdadeiras capacidades. Nós não criamos expectativas irreais a respeito de nós mesmos a partir de nossas fantasias e, assim, não criamos desapontamentos.

Para estar realmente com nós mesmos, é preciso que o terceiro nível do campo áurico esteja sadio. Quando isso acontece, ele se mostra brilhante, bem estruturado, transparente e com uma cor amarelo-limão. Ele é flexível e, não obstante, resistente. Quando temos um terceiro nível saudável, o pensamento se transforma num processo cheio de vida. Nós integramos as informações que fluem a partir dos níveis do campo situados acima e abaixo do campo, e o fazemos de uma maneira que não domina os processos racionais. Em outras palavras, um pensamento equilibrado nos proporciona entradas a partir das nossas sensações físicas e dos sentimentos a respeito de nós mesmos que nos chegam a partir dos níveis inferiores do campo áurico. Isso permite que a entrada dos relacionamentos do quarto nível do campo nos ajude a compreender a nós mesmos e, por meio da ligação com os outros, deixar o nosso pensamento repleto de amor.

Quando a energia flui livremente a partir dos níveis superiores (espirituais) e penetra no terceiro nível da mente divina (amor e vontade), ela infunde ao nosso pensamento princípios criativos, inspiração e um modelo mais amplo de objetivos. Ela torna o nosso pensamento holístico. Quando isso acontece, podemos compreender e seguir os mensageiros do nosso sistema de equilíbrio para reverter qualquer processo de doença e criar prazer e alegria.

Ao compreender os seus medos e os julgamentos que você faz a seu respeito, você conseguirá impedir que eles interfiram com a escolha da equipe que vai cuidar da sua saúde. Se você recear a possibilidade de que possa ter câncer, você talvez relute em se submeter a um exame. Ou então, por outro lado, você poderá se apressar em fazer logo esse exame e não conceder a si mesmo o tempo necessário para escolher cuidadosamente a equipe que irá tratá-lo. Você poderá acabar optando pela solução mais conveniente e pelo local mais próximo, e não pelo melhor. Se você fizer julgamentos a respeito, digamos, da sua obesidade, você poderá se sentir por demais embaraçado para procurar ajuda ou poderá até mesmo se recusar a admitir que precisa de ajuda. Comer em excesso não significa que você é ruim. Trata-se de uma defesa emocional. A medicina comprova que a obesidade tem muitas causas além do excesso de alimentação.

Todavia, até que ponto você é racional? Um dos maiores problemas que todos temos é a nossa propensão para fazer racionalizações. Nós nos convencemos de que estamos agindo racionalmente. Na verdade, porém, estamos usando a nossa razão para imaginar desculpas para comportamentos patológicos que não estão de acordo com o nosso sistema de equilíbrio. O que está acontecendo aqui, do ponto de vista áurico, é que as nossas emoções ou desejos estão influenciando excessivamente a nossa razão por causa de medos inconscientes.

Qualquer desequilíbrio no terceiro nível, ou no processo de integração de todas as informações dos outros níveis do nosso ser – que é feito no terceiro nível – gera a irracionalidade.

Quando o terceiro nível do campo é rígido e inflexível, ele assume uma coloração que varia do amarelo-limão à cor de âmbar. Ele não permite que haja um fluxo saudável de informações a partir dos outros níveis do campo e, por isso, fica isolado. O resultado desse excesso de rigidez é uma mentalidade tacanha e estreita, uma mentalidade que não está ligada aos aspectos mais amplos da vida. Ele cria fluxos de energia que correspondem a definições compartimentadas da vida. Esse tipo de pensamento transforma a mente no principal elemento que experimenta a vida e, na verdade, torna-se demasiado irracional no seu excesso de racionalidade. Esse tipo de mente divide e classifica todas as coisas, tornando-as mais complicadas, e também vê a si mesmo como o senhor da situação.

Por outro lado, o terceiro nível pode assumir uma coloração amarela muito clara e ficar demasiado fraco, demasiado flexível e excessivamente influenciado pelos outros níveis, especialmente pelas emoções. Quando isso acontece, você fica com dificuldade para fazer a distinção entre os sentimentos exagerados do momento e a realidade de longo prazo. Isso resulta no tipo de fantasia em que os próprios indivíduos imaginam que eles mesmos e que a sua vida são muito piores ou muito melhores do que acontece na realidade naquele momento. Eles misturam o presente com um futuro possível que talvez possam criar por meio da visualização, do auto-aperfeiçoamento e de muito trabalho no decorrer de um longo período de tempo.

Obviamente, há muitas configurações diferentes dependendo da pessoa, e nelas o terceiro nível está sendo excessivamente influenciado por determinados níveis do campo áurico e insuficientemente influenciados por outros. É importante para nós descobrir como e por que nos tornamos irracionais. É importante para nós descobrir por que racionalizamos, quais são as nossas racionalizações, quais são os seus efeitos e o que está por trás das nossas racionalizações.

As Explicações do "Pequeno Macaco Bêbado" por Não Ter Obtido Sucesso

Há alguns anos, assisti a um curso rápido sobre planejamento organizacional. O conferencista disse que nas atividades empresariais ou você consegue os resultados que deseja ou encontra "explicações por não ter obtido sucesso".

Existem na realidade apenas duas categorias. Nossas explicações por não termos obtido sucesso são uma forma astuciosa de recusa que usamos em todos os aspectos da nossa vida. Elas nos proporcionam desculpas, racionalizações, justificações, ou histórias para explicar por que não obtivemos o resultado que desejávamos. O que elas nunca nos dão são os resultados que queríamos obter. A nossa mente é muito boa para arranjar motivos para não fazermos as coisas e, de alguma maneira, nos convencer de que as nossas explicações a respeito dos motivos pelos quais não conseguimos aquilo que queríamos são quase tão boas quanto os próprios resultados que desejávamos!

Essas desculpas e justificativas para o fracasso servem para nos manter num estado de negação. Por meio delas, evitamos alguma coisa em nós mesmos, algo de que temos medo. Caso contrário, não teríamos necessidade de encontrar essas justificativas. Simplesmente diríamos que não tínhamos intenção de alcançar determinado objetivo, qualquer que seja ele.

Os místicos orientais chamam de "pequeno macaco bêbado" a parte de nós que elabora explicações para o nosso fracasso em conseguir as coisas que desejamos. Todos nós damos ouvidos ao macaco bêbado em nossa mente quando precisamos de uma explicação por não termos conseguido fazer determinada coisa, especialmente quando resolvemos seguir uma dieta ou um programa regular de exercícios físicos, ou quando nos dedicamos a alguma atividade diferente, como estudar determinado tema. Qualquer que seja o nosso compromisso, nossa criança interior carente ainda "quer o que quer na hora em que quer". É nesse momento que, inconscientemente, invocamos o pequeno macaco bêbado para que ele nos forneça algumas boas racionalizações para explicar o nosso insucesso em conseguir o que queríamos.

O macaco bêbado ficará feliz em nos apresentar todas as razões pelas quais comer um único pedaço de chocolate "realmente" não importa. Nós vamos dizer que ainda estamos fazendo dieta. Não admitimos o fato de que, na verdade, não estamos realmente de dieta. Ou, então, saímos da dieta para fazer uma boquinha e, depois, voltamos a ela. Na verdade, embora acreditemos ter feito dieta durante vários dias, nós de fato a seguimos durante apenas algumas horas! Os fumantes pegam regularmente um outro cigarro e afirmam que pararam de fumar. Tenho visto pessoas afirmarem: "Parei de fumar. Meu limite agora é um maço por dia." O macaco bêbado está a serviço da nossa negação. Ele terá prazer em dizer que a perda de um dia de exercício não tem importância.

Naturalmente, depois de interrompida a programação, muitos de nós continuamos a perder ainda mais dias de exercício. O macaco bêbado toma muito cuidado para não mencionar isso. De fato, se nos esquecemos completamente disso durante alguns meses, ele não vai se dar ao trabalho de nos incomodar. Quando nos lembramos ou somos lembrados por uma outra pessoa, ele entra prontamente em ação e nos fornece uma relação infinita de motivos pelos quais deixamos de fazer ou de conseguir o que queríamos. Veja alguns exemplos dessas razões mais comuns:

"Não tenho tempo."
"Estou muito ocupado."
"Não sei como fazer isso."
"Vou parar se você parar."
"Bem, você não parou e por isso eu não vou parar."
"Ele/ela me impediu/obrigou a fazer isso."
"Sou fraco demais."
"Não me importo."
"Sou demasiado estúpido."
"Não sou bom o bastante."
"Eu não sabia."
"Eu na verdade não sabia que existia um regulamento, um limite de velocidade ou um toque de recolher."

Em geral, escolhemos algumas explicações que nos agradam mais e as usamos para todas as coisas.

Nossas razões para deixar de fazer as coisas atuam holograficamente em todos os aspectos da nossa vida. Quando usamos em alguma circunstância uma dessas razões para não agir, ela automaticamente se aplica a todas as outras circunstâncias. Isso se transforma num hábito. Na área dos cuidados com nós mesmos, por exemplo, talvez não "tenhamos tempo" para fazer os nossos exercícios nem para cozinhar e, assim, "temos" de comer alguma comida de lanchonete. Em outras áreas de nossa vida, talvez não tenhamos tempo de responder cartas, telefonar para as pessoas, acertar as contas de nosso talão de cheques, concluir um projeto profissional e assim por diante.

Nossa recusa em admitir a necessidade de cuidar de nossa saúde – na forma de razões para não fazer as coisas – também se manifesta através de uma variedade de afirmações. Digamos, por exemplo, que não nos sentimos bem durante algum tempo e não fizemos nada a respeito. Nossas razões para não fazer nada podem ser mais ou menos essas:

"Afinal de contas, não há nada de errado comigo."
"Se eu ignorar isso, o problema vai acabar passando."

"O médico vai me curar."
"Vou curar a mim mesmo."

Mas, então, nunca realmente assumimos o compromisso de realizar um programa regular no sentido de curarmos a nós mesmos porque não há tempo.

A evitação ou a negação nos mantêm distantes do nosso medo. Elas nos ajudam a adiar o ajuste com o nosso tigre interior. Infelizmente, elas também nos mantêm desligados do nosso sistema de equilíbrio e, portanto, provavelmente vai nos fazer ficar doentes. Precisamos enfrentar os nossos medos para restabelecer a ligação com o nosso sistema de equilíbrio. Precisamos nos voltar e enfrentar o nosso tigre interior.

Exercício para Descobrir o Medo que o Impede de Seguir o Seu Sistema de Equilíbrio

Depois de passar algum tempo aprendendo a reconhecer esse pequeno macaco bêbado na sua cabeça, dê a si mesmo permissão para descobrir o medo que ele ajuda você a negar. Isso vai ajudá-lo a aprender a fazer a distinção entre ele e as mensagens que provêm do seu sistema de equilíbrio. Lembre-se: a negação é o primeiro estágio da cura. Precisamos escapar da negação para passar para o próximo estágio do processo de cura. Eis aqui uma boa maneira de fazê-lo.

No Capítulo 10, examinamos detalhadamente as áreas dos cuidados físicos diários e fizemos uma lista de perguntas a serem feitas a si mesmo a respeito dos cuidados com o seu campo físico e com o seu campo áurico. Examine essa lista novamente, e observe as áreas com as quais você teve mais problemas. Agora, faça uma tabela com cinco colunas, como mostra a Figura 12-1. Escreva na primeira coluna as mensagens advindas do seu sistema de equilíbrio ou das áreas relativas aos cuidados com o seu próprio físico, áreas com relação às quais você tem tido dificuldades. Depois, pergunte a si mesmo por que você não é capaz de cuidar de si mesmo dessa maneira. A segunda coluna é para o resultado desejado que você alcançaria se tivesse cuidado de si mesmo da forma que foi descrita no Capítulo 10. Se você tivesse escovado os seus dentes regularmente, por exemplo, você teria dentes e gengivas mais sadios. Na terceira coluna, anote as justificativas do macaco bêbado correspondentes a cada uma das dificuldades que você relacionou. Por exemplo: talvez você não tenha escovado os dentes à noite porque estava cansado demais. De manhã, você provavelmente não teve tempo.

A quarta coluna apresenta a verdade holográfica. Se puder examinar outras áreas da sua vida, você vai notar que habitualmente usa a sua desculpa favorita para todas as outras coisas. Dessa maneira, ela torna-se holográfica.

Figura 12-1 Tabela para Encontrar o Medo que Está por Trás das Desculpas que Você Usa para Deixar de Fazer o que Deseja

Mensagem do Sistema Equilibrador	Resultado Desejado	Razões para Não Agir	Outras Áreas Afetadas	O Medo Evitado
___	___	___	___	___
___	___	___	___	___
___	___	___	___	___
___	___	___	___	___
___	___	___	___	___
___	___	___	___	___

Exemplos na Área dos Cuidados com a Saúde:

Roger: dor na parte inferior das costas	ficar livre da dor; descansar	"Estou muito ocupado para procurar ajuda."	incapacidade de concluir tarefas em todas as áreas	medo do fracasso e do sucesso; medo de ser criticado
Emily: caroços e dor nos seios; hora de fazer um *check-up*	ausência de caroços; ausência de dor	"Isso não aconteceria comigo. Não confio em médicos."	sensação geral de mal-estar; sente-se desonesto em todas as áreas; sente uma vaga sensação de culpa	medo do câncer e dos seus tratamentos; medo da morte

Mensagem do Sistema Equilibrador	Resultado Desejado	Razões para Não Agir	Outras Áreas Afetadas	O Medo Evitado
Exemplos em Outras Áreas da sua Vida:				
Pat: falta de tempo para o lazer	diversão, prazer	"Estou muito ocupada."	relacionamentos íntimos	medo de ser condenado ao ostracismo social
George: criatividade bloqueada para a pintura	lindos quadros; reconhecimento pelo seu trabalho	"Não sou bom o bastante. Sou muito preguiçoso."	desaprova todas as coisas que faz, considerando-as malfeitas ou coisas que, mesmo que benfeitas, não são realmente importantes	medo de sentir o Eu; medo de críticas; medo do Eu mais profundo que iria se manifestar no processo

Eu compreendo que você pode não ter tido tempo para se dedicar a determinadas atividades porque precisava cuidar dos seus filhos ou trabalhar. Isso, porém, é uma questão de você equilibrar a sua vida de acordo com o que você quer. Obviamente, todos tivemos de fazer opções para ter atendidas todas as nossas necessidades. Entretanto, eu aposto que você usa o mesmo "não tenho tempo" com as suas crianças ou em seu trabalho para evitar certas atividades. Talvez os cuidados que você dispensa aos seus filhos sejam uma boa desculpa para não cuidar de si mesmo. Ou, quem sabe, pode ser que você use o seu trabalho como uma desculpa para não dar a si mesmo o prazer de que você necessita em outras áreas. Nesse caso, essa é apenas mais uma justificativa ou um pretexto que você está usando para evitar alguma coisa dentro de si mesmo.

Assim, para preencher a quarta coluna você deve analisar a sua vida. Em que outras áreas você usa essa desculpa? Observe a si mesmo enquanto, ao longo do dia, você usa as suas desculpas e justificativas para evitar enfrentar ou fazer alguma coisa em várias áreas da sua vida – por exemplo, com o seu parceiro ou com os seus filhos. Há mais alguma coisa que você deixa de fazer por estar cansado ou sem tempo? Brincar com os seus filhos? Fazer amor? Observe como você usa as mesmas desculpas em diferentes áreas de sua vida. Relacione na coluna quatro todas as outras áreas de sua vida em que você usa a sua desculpa favorita.

Quando estiver observando o modo como usa a sua desculpa em outras áreas da sua vida, pergunte a si mesmo: "De que tenho medo?" Deixe que essa pergunta penetre na sua mente e sente-se por alguns momentos entregue aos seus sentimentos. Continue se aprofundando nos seus sentimentos até sentir medo. O que você tem medo de enfrentar? Ponha esse medo na quinta coluna. Examine todas as áreas da sua vida que são afetadas por esse medo. O medo que você se recusa a enfrentar afeta de alguma maneira todas as outras áreas da sua vida. Você vai descobrir que a influência dele é mais forte nas áreas em que você se sente insatisfeito ou que lhe causam problemas. Estude a relação entre essas áreas e o seu medo. Mergulhe nos seus sentimentos a respeito disso.

Para ver como isso funciona, observe os exemplos apresentados na Figura 12-1.

Roger, um operário de construção civil, sentia dores crônicas nas costas por causa de uma antiga lesão da qual não tivera tempo para cuidar. Sempre que as suas costas doíam ele as ignorava, esperando que a dor desaparecesse. Ele sabia que bastava ficar deitado durante algum tempo para a dor desaparecer. Sua desculpa para não fazer o que tinha de ser feito era simplesmente a da falta de tempo. Tinha de trabalhar. Ele era o arrimo da família e se orgulhava disso.

Ele continuou a ignorar as mensagens de dor que vinham das costas. A dor nas costas ficou pior. Um dia, por fim, ele tentou levantar uma mala mais pesada. No dia seguinte, não conseguiu se mover e teve de ficar de cama por duas semanas. Seu corpo havia lhe dado duas semanas para simplesmente se sentar e sentir a si mesmo. Ao fazê-lo, ele entrou em contato com sentimentos que ele nunca desconfiou que existissem. Ele teve muito medo de ser abandonado pela família, caso não se levantasse e trabalhasse. Teve medo de ser criticado por ser preguiçoso e ficar na cama. Embora Roger soubesse que o medo era de fato irracional, já que não podia mover-se, mesmo assim ele o sentia. Foi então que percebeu que os seus pais sempre haviam criticado seu irmão mais velho por ser preguiçoso. Ele se lembrou de que, quando criança, havia tomado a decisão de nunca ser como o irmão. Ao contrário, ele seria durão e daria conta do recado! Assim, para enfrentar esse medo infantil ele tinha de parar de ser durão.

As duas semanas que Roger passou na cama o fizeram admitir que ele não precisava mais ser durão. A primeira coisa que ele fez foi admitir que as suas costas precisavam de cuidados. Ele concedeu a si mesmo o tempo necessário para descobrir como curá-las. Ele descobriu alguns exercícios básicos para as costas e começou a praticá-los regularmente. Roger procurou um curador. Durante muitos meses, ele foi extremamente cuidadoso ao levantar qualquer coisa. Depois de fazer alguma atividade física, ele sempre ficava deitado e esfregava as costas com gelo durante dez minutos. Comia apenas quando tinha fome, porque sabia que um baixo teor de açúcar no sangue aumenta a probabilidade de ocorrência de uma lesão. Essa cura afetou uma outra área da vida de Roger: seu relacionamento com o irmão. Ele então pôde se livrar dos seus juízos a respeito da suposta preguiça do irmão e isso permitiu que o relacionamento entre eles melhorasse.

O caso seguinte é o de uma mulher que chamarei de Emily, uma fisioterapeuta com muitos pacientes particulares. Emily tinha caroços no seio, mas evitava fazer uma mamografia porque "eu nunca teria câncer porque estou no caminho espiritual". Ela disse que não confiava nos médicos. Obviamente, Emily tinha medo da possibilidade de estar com câncer no seio. Em consequência dessa recusa em fazer o exame, Emily alimentava um constante sentimento de medo e de mal-estar. Ela também tinha um vago sentimento de desonestidade e de culpa, visto ser uma profissional da saúde. Ela dizia não confiar em médicos porque havia projetado sobre eles a culpa pela sua desonestidade.

Quando finalmente fez o exame, verificou-se que ela não tinha câncer. Seus sentimentos de medo, de mal-estar, de desonestidade e de culpa desapareceram. Em consequência, ela passou a ter muito mais energia e a se sentir melhor com relação a si mesma, especialmente no trabalho. Emily, então, conseguiu perceber em que aspectos da sua vida ela fora desonesta consigo mesma. Ela parou de se sobrecarregar de trabalho com respeito aos pacientes que tinha, coisa que lhe havia proporcionado a desculpa de que, por estar trabalhando para ajudar as pessoas e trilhar um caminho espiritual, nunca iria ter câncer. Ela na verdade estivera usando o excesso de trabalho como desculpa para não cuidar de si mesma, e descobriu que os cistos de seus seios simbolizavam o fato de ela não estar nutrindo a sua criança interior. Quando começou a cuidar de si mesma, ela aderiu a uma dieta de baixo teor de gordura e, depois disso, os cistos de seus seios começaram a diminuir de tamanho. (Note que os seios nutrem a criança. Quando ela passou a nutrir sua criança interior, a doença de seus seios desapareceu.)

Assim, considerados a partir de uma perspectiva mais ampla, os caroços nos seios de Emily eram uma consequência da sua relutância ou incapacidade de tomar conta de si mesma. Isso acontece com o excesso de trabalho, que ela usava como uma desculpa para não cuidar de si mesma. O resultado disso – medo, culpa e sensação de mal-estar – era apenas parte do preço que ela pagava no nível emocional. A outra parte era o fato de estar numa profissão que não era adequada a ela. A recusa em alimentar a sua criança interior a impedia de se conhecer mais profundamente. Quando começou a conceder mais tempo à sua criança interior, Emily mudou de profissão. Ela continua a trabalhar na área da assistência à saúde, mas passou a aceitar menor número de pacientes particulares e conseguiu ajudar um maior número de pessoas dando aulas.

Exercício para Eliminar a Negação que Está por Trás das Nossas Razões para Não Fazer as Coisas

Você pode usar novamente a Figura 12-1 para fazer o mesmo exercício para qualquer área de sua vida na qual você esteja enfrentando dificuldades – seja na sua profissão, nos relacionamentos ou nas atividades de lazer. Anote na primeira coluna a área em que você estiver tendo problemas. Na segunda, descreva aquilo que você quer. Dê as suas razões para não fazer aquilo que precisa ser feito e, depois, descubra quais são as outras áreas afetadas e o medo evitado. Depois que você tiver descoberto, enfrentado e eliminado o seu medo (sentindo-o), você não precisará mais da sua negação.

Uma mulher chamada Pat não tinha tempo para se divertir. Sua desculpa para não fazer o que precisava ser feito era a falta de tempo. Outras áreas também eram afetadas – tinha poucos amigos e se sentia solitária. Por trás disso estavam os seus medos: ela sentia medo de relacionamentos íntimos e de ser isolada do convívio social. Quando pequena, ela não tinha permissão para brincar com as outras crianças da vizinhança. Pat se sentia socialmente isolada porque nunca fizera amizade com elas. O mesmo acontecia agora. Uma vez descoberto o medo que estava por trás da sua negação, ela pôde enfrentar esse medo procurando conhecer novas pessoas de forma regular e intencional. No início, isso era muito assustador e, no processo de aprendizado, ela provavelmente se sentiu isolada e rejeitada diversas vezes. Todavia, a prática faz a perfeição. Uma área inteiramente nova de sua vida vai abrir-se. Ela vai encontrar o tipo de pessoa que aprecia e o tipo de interesse que gosta de compartilhar com os outros. Vai aprender muitas coisas com os outros. Vai começar a encontrar grande prazer nos relacionamentos e vai arranjar muito tempo para eles. No final, ela provavelmente vai se relacionar intimamente com alguém.

Num outro exemplo, George quer pintar, mas impede a si mesmo de fazê-lo com a desculpa de que não é bom o bastante ou, simplesmente, de que é por demais preguiçoso. Muitas outras áreas de sua vida também são afetadas. Ele acha que nada é tão importante quanto a pintura. Assim, qualquer outra coisa que realize não é realmente satisfatória porque carece de valor, ainda que benfeita. George se considera preguiçoso em outras áreas profissionais. Por trás de tudo isso está o seu medo do fracasso e da crítica e, mais importante, o seu medo do seu Eu mais profundo, que irá se manifestar durante o ato criativo da pintura.

Para se ter sucesso nesse ato criativo é preciso estabelecer um livre fluxo de energia. A única maneira de alcançar esse fluxo é permitir que todas as coisas se manifestem, incluindo toda a consciência negativa que estiver contida na energia bloqueada do campo áurico. É por isso que muitos artistas e escritores são considerados excêntricos ou exibem comportamentos inaceitáveis. Eles não usam a máscara do comportamento socialmente aceitável. Não se pode fazer isso e ser criativo ao mesmo tempo. No filme *Amadeus*, o compositor Salieri ficou consternado com o comportamento ultrajante de Mozart e não conseguia conciliá-lo com a beleza da música que Mozart criava. Salieri não compreendia que o comportamento ultrajante de Mozart era uma maneira de manter a sua força criativa fluindo. Essa era a maneira de Mozart expressar o seu lado negativo.

Por meio de terapias de expressão, atualmente dispomos de maneiras melhores de obter fluxos livres de energia, embora muitos artistas do passado não o tenham feito. Na terapia, a expressão da consciência negativa leva apenas alguns minutos e não precisa ser representada. Nas terapias de expressão, as pessoas podem simplesmente gritar num travesseiro, esmurrar uma almofada ou rachar lenha enquanto gritam todas as coisas horríveis que gostariam de fazer.

Muitas vezes, as criações livres e espontâneas das pessoas criativas são tidas como ultrajantes pela sociedade, ou consideradas um comportamento perigoso. Embora na maioria das vezes esses comportamentos não sejam de maneira nenhuma prejudiciais, eles infringem as regras sociais que controlam as pessoas e que as mantêm sob o seu domínio. A quebra das regras causa medo às pessoas porque inicia o processo de transformação e a dissolução da máscara, que leva à revelação de uma profunda dor natural. Muitas pessoas não compreendem, porém, que a cura da dor revelada as conduz à sua luz e poder pessoais. A dor precisa ser revelada para que possa ser curada. Esse é o mesmo princípio do lancetamento de um abscesso para que a infecção possa ser curada. Infelizmente, a maioria das pessoas não sabe disso e, assim, considera perigosos os comportamentos que deitam fora a máscara.

George está passando pelo processo de entrar em contato com a sua negação e de expressar o medo e a raiva que estão por trás dela. George vai conseguir pintar depois que começar a expressar o seu medo e a sua raiva. Ao deixar fluir a força criativa que está dentro dele, não apenas a sua arte vai se desenvolver como também cada fase desse processo vai gerar mais medo e raiva. À medida que ele for eliminando o medo e a raiva do seu sistema, isso vai liberar uma maior quantidade de força negativa, de modo que ele possa pintar mais.

George pode até mesmo ter medo do sucesso. Por causa disso, quanto mais ele pinta, mais coisas ele terá de purificar para manter a energia criativa fluindo. Ele pode até mesmo ter medo do que fará com o poder caso se torne muito bem-sucedido. Maior poder no mundo significa maior poder fluindo através do campo de energia. Quanto mais forte a energia ou poder que fluir através do campo, maior será a liberação das energias negativas que se acham profunda e firmemente estagnadas dentro dele. A única maneira de lidar direito com o poder consiste em continuar purificando a energia-consciência que é liberada a partir dos níveis mais profundos do campo (e do subconsciente) à medida que prossegue cada vez mais forte o fluxo de poder.

Esse ciclo vai continuar enquanto George prosseguir purificando o seu campo. Sua criatividade nunca terá fim. Naturalmente, com o tempo, o processo de purificação da negatividade vai se tornar mais fácil e mais rápido e assumirá novas formas porque as coisas deixam de ser catárticas assim que se tornam habituais. Se parte da sua raiva for dirigida contra a mãe, sua expressão acabará tornando-se habitual. Quando isso acontece, ele poderá muito bem usá-la como uma defesa contra aquilo que está por trás dessa raiva. Quando isso acontecer, terá chegado o momento de modificar sua expressão e de penetrar em novas áreas da sua mente que, para ele, talvez sejam ainda mais assustadoras e desconhecidas.

Se George contar com a colaboração de um curador durante esse processo, esse curador ajudará a purificar o seu campo áurico mediante técnicas de cura que não estão ao alcance de muitos terapeutas ou massagistas. O curador elimina bloqueios que não se manifestaram no trabalho de expressão, recarregando áreas que precisam ser energizadas e reconstruindo panes do campo que estejam distorcidas. O curador também o ensina a detectar distorções e bloqueios produzidos no seu campo pela negação e pela atitude defensiva, e a fazer o seu campo voltar a funcionar normalmente e a desempenhar suas funções de purificação. Assim, o processo pelo qual George vai passar será muito mais rápido.

Cada vez que passar por um novo ciclo de pintura, George vai liberar a criatividade em outras áreas da sua vida, tais como no seu trabalho e nos relacionamentos. Vai achar mais interessante o trabalho numa galeria, ficará feliz e surpreso ao descobrir que a sua capacidade de conservar níveis mais profundos de intimidade também está aumentando. Boa parte da sua negação – e o velho medo e a raiva que existiam entre ele e o restante do mundo – desapareceu.

Se você nunca tiver feito um trabalho de liberação de energia negativa, sugiro-lhe que tente fazer isso com um curador ou psicoterapeuta corporal. Essa configuração é muito eficaz para ajudá-lo a ultrapassar essa etapa do trabalho de purificação. Depois que você conhecer a técnica da liberação dos sentimentos negativos e, portanto, a energia-consciência negativa contida no seu campo, você será capaz de fazer isso sozinho quando houver necessidade, sem a ajuda de um terapeuta. Certifique-se de que as janelas estejam fechadas. Isso não vai prejudicar ninguém e ajudará a manter os fluidos em movimento. Se o processo for bem administrado, a energia liberada vai se transformar muito rapidamente em grandes quantidades de amor.

Exercício para Entender mais os Seus Julgamentos e os Efeitos Deles

Vamos agora entender mais as áreas em que você não ama a si mesmo e em que faz julgamentos sobre si mesmo. Dessa vez, faremos uma tabela com seis colunas, conforme é mostrado na Figura 12-2. Faça uma lista de todos os julgamentos que faz sobre si mesmo e que se manifestaram quando você, diante do espelho, estava fazendo os seus exercícios de amor a si mesmo, descritos no Capítulo 11. Coloque-os na primeira coluna. Na segunda coluna, faça uma lista de tudo o que você faria ou seria se esses autojulgamentos não fossem verdadeiros. Agora, imagine-se fazendo essas coisas. Isso o fará sentir-se bem. Faça uma lista de todas as sensações boas e coloque-a na coluna três.

Continue com o exercício e penetre ainda mais fundo nos seus sentimentos. Se o fizer, suas sensações agradáveis vão diminuir de intensidade e você acabará sentindo medo. Embora no início isso talvez não faça nenhum sentido para você, é preciso continuar nessa linha. Em pouco tempo, você entenderá por quê. Dentro de si, você vai encontrar as vozes dos seus pais introjetadas, vozes de outras pessoas com autoridade que você confiou na infância ou a voz da sua criança interior fazendo-lhe advertências negativas. Essas vozes refletem as suas conclusões negativas a respeito da realidade, que são chamadas de imagens ou crenças negativas. Elas o advertem para as terríveis consequências que poderão suceder se você continuar a sentir o prazer de realizar os seus anseios.

Lembre-se de que essas vozes provêm da sua máscara do Eu, e de que seu propósito original era fazer você se sentir seguro e em condições adequadas – isto é, seguro de acordo com a maneira como a sua criança interpretava o que os seus pais e outros lhe diziam que o manteriam seguro. Isso talvez não tenha nada a ver com a realidade.

Se você ainda não sente o medo, permaneça com ele. Essas vozes vão acabar assustando você porque o estão lembrando constantemente do quanto a vida é perigosa. Elas lhe dizem o que você tem de fazer para se sentir seguro. A dificuldade é que você nunca consegue fazer tudo o que eles lhe dizem para fazer. Portanto, você nunca está seguro! Quando você descobrir o medo, coloque-o na quinta coluna.

Figura 12-2 Tabela para Entender Mais os seus Julgamentos e os seus Efeitos

Julgamento Sobre Si Mesmo	O Que Você Iria Fazer	Sensações Agradáveis	Voz dos Pais	O Medo Evitado	Outras Áreas Afetadas
___	___	___	___	___	___
___	___	___	___	___	___
___	___	___	___	___	___
___	___	___	___	___	___
___	___	___	___	___	___
___	___	___	___	___	___

Exemplos:

Julgamento Sobre Si Mesmo	O Que Você Iria Fazer	Sensações Agradáveis	Voz dos Pais	O Medo Evitado	Outras Áreas Afetadas
Roberta: sou muito gorda	ter mais liberdade no meu corpo; ser mais sociável; ser menos defensiva; sentir-me atraente; conhecimento mais profundo da vida	sentir-me bonita; sentir-me poderosa; sentir-me bem com relação a mim mesma; desejo de fazer amor	"Quem você pensa que é?" «Você está sendo arrogante.» "Os outros vão saber disso."	medo da atenção; medo da energia; medo da sexualidade	repressão dos sentimentos ligados ao sexo e à criatividade em todos os setores
Terry: nunca terei um homem/ mulher	casar, ter filhos, um lar	sentir-me pleno/a, feliz, poderoso/a	"Ele/ela vai me trair e levar tudo."	medo da intimidade, medo de compartilhar, medo de trair	falta de relacionamentos íntimos com homem/ mulher em outras áreas da vida

Conforme discutimos no Capítulo 1, as vozes dos pais introjetadas em você o mantêm seguro de diferentes maneiras. Elas o impedem de sentir o seu ferimento. Infelizmente, elas também o impedem de ter acesso às suas energias criativas! Se você der ouvidos e seguir as suas vozes negativas introjetadas, a sua energia criativa vai continuar aprisionada na sua máscara do Eu. Se não der ouvidos a essas advertências, você vai libertar energias interiores que há muito tempo não sente, talvez desde a infância. Você talvez se torne parecido com os artistas que mencionamos acima. Você poderá revelar o seu ferimento e ter de lidar com a sua raiva e a sua dor mais profundas. Mas você vai libertar a sua vida!

Além disso, os seus atos talvez não contribuam para as máscaras das outras pessoas. Você poderá assustá-las ou deixá-las irritadas. Não estou dizendo que você deva transformar os seus sentimentos negativos em ações, nem descarregá-los sobre alguém. Estou falando, isso sim, em afirmar a sua independência. Talvez você deva parar de reprimir os seus atos por causa do que as outras pessoas pensam. Você poderá deixar o emprego, se ele não for o mais adequado para você, ou até mesmo pôr fim ao seu casamento, se ele não estiver lhe fazendo bem.

A Figura 12-2 também mostra alguns exemplos dos efeitos negativos dos julgamentos que faz a respeito de si mesmo e o que se ganha quando nos livramos deles. O julgamento que Roberta impunha a ela mesma era: "Estou muito gorda." Esse julgamento fazia com que se sentisse pior com relação a si mesma e, assim, ela comia mais ainda. Quando tentou seguir uma dieta, uma outra voz se manifestou: "Você não pode me obrigar." Ela havia descoberto a sua rebelião interior. Ao trabalhar isso no decorrer de suas sessões de cura, ela descobriu que, quando era jovem, os pais haviam tentado obrigá-la a fazer regime. Verificou-se que, do ponto de vista dela, eles tentaram obrigá-la a fazer muitas coisas. Comer era uma maneira de afirmar a própria liberdade. O problema é que, ao crescer, Roberta havia perdido a capacidade de distinguir entre o que ela queria fazer e o que os pais queriam que ela fizesse.

Depois de passar algum tempo conhecendo sua criança interior, Roberta começou a se tornar capaz de distinguir entre o que ela fazia por si mesma e o que fazia por rebeldia. Ela chegou à conclusão de que queria realmente perder peso porque acreditava que iria se sentir livre no seu corpo, mais extrovertida e menos fechada.

Roberta iniciou um regime para emagrecer. Ao perder peso, ela começou a sentir que era bonita, poderosa e atraente. Foi então que ocorreu a crise no processo da cura. As vozes dos pais introjetadas – vozes da máscara de seu Eu – emitiram mais julgamentos. "Quem você pensa que é?" "Você é arrogante", e, "Os outros vão saber que você quer sexo." Ela ficou com medo e, no seu medo, voltou a comer como antes. As vozes se acalmaram enquanto ela voltava a ganhar peso. Ela trabalhou com vistas ao aumento de peso nas sessões de terapia, e reconheceu o que sentia. Ela voltou a fazer regime e continuou a enfrentar o medo nas outras sessões. Por trás desse medo, havia medos mais profundos: o medo da atenção, o medo da sua energia e do que ela iria fazer com isso; e medo da sua sexualidade. (Esses medos estão relacionados na coluna cinco.) Seus medos mais profundos afetavam outras áreas da vida em que ela reprimia os próprios sentimentos, a sexualidade e a força criativa. Ao enfrentá-los, ela conseguiu aceitar a sua sensibilidade no contato com as outras pessoas, e já não sentia mais tanto medo de ser o centro das atenções. Ela encontrou mais prazer na sua sexualidade e perdeu bastante peso. O efeito provavelmente mais impressionante foi o desabrochar da sua criatividade. Ela tornou-se uma pintora prolífica.

O segundo exemplo, Terry, apresenta um caso comum para homens e mulheres e, por isso, está registrado como se fosse dirigido a ambos. Essas pessoas são solteiras há, muito tempo ou passaram por divórcios. O primeiro julgamento que as pessoas fazem sobre si mesmas é o de que elas nunca vão ter um companheiro ou companheira. Elas temem que a pessoa certa nunca apareça, que uma coisa assim simplesmente nunca vai acontecer na sua vida e que não existe nada que possam fazer a respeito. Elas anseiam por uma vida plena, com filhos e com um lar. Elas imaginam que isso vai lhes proporcionar um sentimento de satisfação, de felicidade e de poder. Por maior que seja o número de pessoas que conheçam, a pessoa certa nunca aparece. Logo que começam a ficar íntimas, todas as vozes dos pais introjetadas advertem para a possibilidade da traição e da perda. É nesse momento que esses homens e mulheres encontram algo de errado na pessoa que conheceram, e concluem que essa pessoa simplesmente não deveria ser o seu futuro companheiro. Se essas pessoas fizerem terapia, vão descobrir um medo profundamente entranhado da intimidade. Os julgamentos que fazem sobre si mesmas de que nunca terão um companheiro na vida são na verdade a negação do seu profundo medo de um relacionamento íntimo. Até enfrentarem esse medo, essas pessoas nunca vão se aproximar de ninguém o suficiente para ter intimidade.

Exercício para Encontrar a Verdade que Está por Trás dos Julgamentos que a Pessoa Faz Sobre Si Mesma

Agora você pode compreender que você usa os julgamentos acerca de si mesma para evitar o medo. Muito engenhoso, não? É ainda mais engenhoso do que você pensava! Seus julgamentos são na verdade desculpas para não agir. Agora, usando a Figura 12-2, dê o seguinte nome à primeira e à quarta colunas: "Razões para Não Agir", e ponha na segunda coluna o título de "Resultados Desejados". Da próxima vez que você julgar a si mesmo, tome consciência de que isso não passa de uma nova roupagem das "razões para não agir".

Se você julgar a si mesmo no que diz respeito à ideia de buscar um médico ou curador para obter ajuda, esse julgamento provavelmente será uma razão para deixar de seguir em frente e de fazer com que o problema seja resolvido. Eis algumas justificativas comuns para não agir que se manifestam na forma de julgamentos sobre si mesmo:

"Sou apenas um hipocondríaco."
"O problema é que sou muito sensível à dor."
"Sou um covarde."
"Não vou incomodar de novo o médico com as minhas queixas sem importância."

Eles encobrem o medo de enfrentar a verdade a respeito da sua situação para que você possa fazer alguma coisa a respeito disso.

Com a ajuda desses exercícios, você será capaz de impedir os efeitos negativos dos seus medos sobre os seus processos racionais e de levá-los à luz. Depois que tiver superado a negação, depois que tiver procurado um médico ou um curador e recebido um diagnóstico ou descrição da doença, você vai precisar passar novamente pelo processo. Lembre-se: esse processo será ainda mais difícil depois que alguém lhe disser que há algo errado, não importa a linguagem que for usada. Se você estiver se sentindo mal, se estiver desorientado ou se não tiver muita energia, ele será ainda mais difícil. Faça com que uma pessoa chegada o ajude.

Não se esqueça de usar as tabelas das Figuras 12-1 e 12-2 para ajudá-lo a escolher a equipe de profissionais de saúde. As tabelas vão ajudá-lo a tornar mais valiosas as informações práticas. Depois que tiver as informações de que precisa, você conseguirá identificar as suas razões para não agir, saberá o que fazer, e vai imaginar a maneira adequada de administrar a sua doença.

Como Obter uma Compreensão Racional da Sua Doença e do Seu Caminho de Cura

No Capítulo 8, analisamos a importância de saber o que está acontecendo no seu corpo e no seu campo áurico, bem como conhecer as diferentes modalidades de tratamento disponíveis. É bom fazer isso antes de ficar doente. Todavia, se você já estiver doente ao ler isso, agora é o momento de compreender a mecânica da sua doença e o processo de cura que você vai escolher para superá-la. Todas essas coisas vão ajudá-lo a se concentrar e a se dedicar ao seu processo de cura.

Por exemplo: se você machucar as costas, e se souber que precisará ficar de cama duas semanas, então, você será capaz de se submeter a essa programação. Você terá uma capacidade muito maior de usar o seu tempo para penetrar profundamente dentro de si mesmo a fim de se curar do problema mais profundo que está por trás da dor nas costas. Por outro lado, nos dias em que as suas costas parecem estar melhor, você conclui que elas estão curadas, e interrompe o repouso. Esta é uma boa maneira de voltar a causar-lhes danos.

Obviamente, é importante saber que o processo de cura de cada pessoa segue o seu próprio ritmo. O seu médico ou curador pode apenas dar-lhe orientações gerais para ajudá-lo a compreender o que você talvez tenha de enfrentar. Você vai passar por sua própria experiência, no seu próprio ritmo. Nenhuma das informações que você obtiver a respeito de como será seu processo de cura e de qual será a sua duração é garantida. Em vez disso, trata-se apenas de uma descrição do modo como as coisas costumam acontecer. É muito importante não estabelecer expectativas muito rígidas a respeito de como será a sua experiência. Isso poderá fazê-lo ficar decepcionado se as coisas não se passarem dessa maneira. A ideia é dar-lhe uma visão geral do seu processo de cura, para que você possa adaptar sua vida de acordo com ele.

Os Profissionais da Área da Saúde aos quais Você Pode Recorrer

Lembre-se: é sempre melhor saber como levantar informações a respeito da doença e dos diferentes métodos de tratá-la antes de ficar doente. Se você não quiser perder tempo com isso, faça ao menos alguns contatos com pessoas que você conhece e que têm acesso a essas informações, apenas para o caso de vir a precisar disso algum dia. Sugiro que você arranje um clínico geral e que faça todos os anos um *check-up*, no qual o médico também seja avaliado. Descubra quais são os hospitais que prestam serviços na região em que você mora. Faça uma pequena pesquisa sobre outros métodos de tratamento – como acupuntura, homeopatia, massagem dos tecidos profundos, psicoterapia corporal e naturopatia – e descubra o que eles fazem e se estão disponíveis em sua comunidade. Verifique todas as possibilidades de acesso aos profissionais de saúde. É mais ou menos como fazer um seguro ou aprender os primeiros socorros.

O Apêndice B relaciona possibilidades e o modo de localizá-las na sua área. Ele também explica o que cada um desses profissionais pode fazer por você.

Se ficar doente, recomendo-lhe que, além de procurar o seu médico, obtenha aconselhamento sobre a alimentação e faça algum tipo de trabalho corporal, como a cura pela imposição das mãos e algum trabalho terapêutico para lidar com aspectos psicológicos da sua doença. Portanto, é bom ter em sua equipe de cura pelo menos quatro profissionais dispostos a trabalhar juntos.

As doenças são descritas de diferentes maneiras, dependendo da disciplina utilizada. Para ajudá-lo a ter uma compreensão mais ampla do processo de doença que está ocorrendo em você, sugiro-lhe que leia algo a respeito disso no âmbito de pelo menos quatro disciplinas diferentes. A Bibliografia apresenta sugestões de leitura em disciplinas que descrevem a doença a partir de diferentes pontos de vista.

Agora que você sabe a quem perguntar, onde encontrar essas pessoas e de que forma elas encaram o processo da doença, você já pode organizar o funcionamento do seu projeto de cura junto com a sua equipe de profissionais da saúde. Eis aqui uma relação das cinco principais áreas em que você pode obter ajuda profissional. Compreendo que você talvez não possa recorrer a todas as áreas, mas recomendo-lhe que recorra ao maior número de áreas possível.

As cinco principais áreas de ajuda profissional no seu projeto de cura:

1. Obtenha um diagnóstico do seu médico, com prognóstico e tratamento recomendado.
2. Obtenha uma descrição do seu corpo e do seu corpo áurico, feita pelo curador, com prognóstico e tratamento recomendado.
3. Obtenha uma análise nutricional e um programa dietético.
4. Obtenha um diagnóstico do seu problema feito por um outro profissional de saúde – um massagista estrutural ou um acupunturista.
5. Procure um terapeuta para lidar com os aspectos psicológicos de sua doença.

Você talvez tenha de passar por entrevistas com muitos candidatos antes de fazer sua escolha. Isso poderá ser um problema porque a maioria dos profissionais de saúde não têm tempo para se dedicar a essas conversas. E você poderá estar doente demais para fazê-lo. Você ou alguém que o estiver ajudando muito provavelmente terá de convocar a sua equipe. Não tenha medo de fazer isso. Lembre-se:

você os está contratando para servi-lo, e isso exige que você adquira o máximo possível de informações a respeito dos serviços que eles oferecem. Mais uma vez, é melhor colher essas informações sobre o seu sistema regular de assistência à saúde antes de ficar doente. Se você não fez isso antes, trate agora de fazer o melhor que puder. Não tenha medo de pedir ajuda. Os seus amigos poderão lhe ser muito úteis nessa área. Eles talvez tenham tido muitas experiências com médico sem nunca tê-las mencionado a você; assim simplesmente pergunte. É claro que isso talvez nem sempre funcione, pois todas as pessoas são diferentes e os seus amigos poderão gostar de um tipo de médico diferente daquele que você prefere.

Relacionei abaixo algumas perguntas que os pacientes não costumam fazer. Todavia, nós nos sentiríamos à vontade para formular essas perguntas se estivéssemos contratando alguém para fazer algum outro tipo de trabalho para nós. Como a cura é um ramo relativamente novo nos Estados Unidos, as pessoas me fazem regularmente essas perguntas. A formulação dessas perguntas ajuda a estabelecer uma comunicação mais eficaz entre mim e o paciente, e contribui para esclarecer o que eu posso fazer por ele. Conheci alguns médicos e profissionais de saúde que estão dispostos a responder a perguntas como essas. E se os pacientes continuarem perguntando, mais curadores irão se dispor a responder a essas perguntas. Ao fazer essas perguntas, você não está insultando ninguém. Em vez disso, está demonstrando o seu interesse em obter a melhor assistência possível, e esse desejo deve ser respeitado.

Algumas perguntas oportunas para avaliar a experiência do seu profissional de saúde na área da sua especialidade:

Que treinamento eles tiveram?
Quais são as suas habilidades?
O que eles lhe oferecem?
Quais são as melhores e mais recentes maneiras de tratar aquilo que você tem?
Há quanto tempo eles estão trabalhando como curadores ou profissionais da saúde?
Quantos pacientes já tiveram com a mesma doença que você?
Que resultados foram obtidos com essas pessoas?
Que resultados eles esperam obter com você?
Que tipo de informações eles podem lhe dar?

A medicina atualmente é um campo tão complexo que você muito provavelmente vai querer alguém que tenha passado algum tempo trabalhando na área da medicina em que você precisa de cuidados. A experiência e o conhecimento dos últimos avanços e dos novos tratamentos são realmente importantes em muitas doenças. Lembre-se: as estatísticas em geral representam uma média nacional e podem não ser totalmente verdadeiras para a pessoa ou o hospital que você está pensando em procurar. Fazer perguntas específicas – como o número de pacientes com a sua doença que foram atendidos por um profissional de saúde, e os resultados obtidos – proporciona-lhe informações fundamentais sobre a experiência dele na área da assistência à saúde que é mais importante para você. Alguns profissionais da saúde acreditam em dar um mínimo de informações. Alguns a sonegam até sentirem que o paciente está pronto para ouvi-la, e alguns dizem tudo de uma maneira um tanto rude. Observe de que modo esses profissionais falam com você. Certifique-se de que você gosta do jeito deles antes de se envolver de forma mais profunda e de receber informações sérias de uma maneira incompatível com a sua sensibilidade.

Todos os profissionais de saúde têm uma rede de apoio. Descubra mais sobre isso fazendo as seguintes perguntas:

Algumas boas coisas para descobrir a respeito do sistema de apoio de que o seu profissional de saúde dispõe:

A que outras instalações e recursos ele tem acesso?
Qual é a comunidade que o apoia?
Para que hospital você vai, se isso for necessário? Qual é a reputação desse hospital?
Que recursos esse hospital tem?
Esse é o hospital apropriado para a sua doença? (Os hospitais se especializam em certas doenças, especialmente nas doenças raras e difíceis de curar.)
Há quanto tempo eles vêm tratando pacientes com a sua doença? Eles estão familiarizados com o seu caso?
Na equipe do hospital, existe alguém que compreende o seu ponto de vista e que vai apoiá-lo na sua jornada de cura?
Você precisa fazer exames num laboratório especial? Onde ele está localizado?

Há muitos tipos de quimioterapia. O melhor tipo para você talvez não seja oferecido no hospital do seu município. É melhor fazer um esforço e viajar em busca de um tratamento melhor. Se você estiver precisando de um transplante de coração, a escolha do local adequado é muito importante. Desde a realização do primeiro transplante cardíaco bem-sucedido, muitos hospitais aviaram instalações para oferecer esse serviço. Todavia, os índices que apresentam, no que concerne ao êxito que tiveram, variam dramaticamente. Não se esqueça de verificar as estatísticas a respeito da taxa de sobrevivência e do número de pacientes tratados nesse hospital específico, e não a média nacional. Embora eu compreenda que isso talvez seja difícil de fazer quando você já estiver doente, o fato é que, em longo prazo, isso lhe será de grande ajuda. Peça que alguém o ajude. Se não puder explicar-lhes isso, mostre-lhes este livro.

Depois que a sua equipe estiver montada e você compreender um pouco mais a respeito do modo como eles encaram esse processo patológico, a partir da perspectiva da disciplina de cada um deles, o próximo passo é montar o seu plano de cura. Você vai precisar das seguintes informações para escolher uma modalidade de tratamento.

Perguntas oportunas a serem feitas a respeito das modalidades de tratamento:

Quais são as etapas da modalidade de tratamento?
Qual é a eficácia do tratamento?
Dentre as instalações que dispõem de recursos para a realização desse tratamento, qual é a mais próxima da sua casa?
Quais são os efeitos colaterais?
Em que medida a cura pela imposição das mãos vai reduzir esses riscos?
Qual é a custo desses programas?
Em que medida eles são cobertos pelo seu seguro de saúde? (Obtenha essa informação junto à sua companhia de seguros.)
O que você terá de fazer para completar esses programas?
O que você vai sentir?
Quanto tempo isso vai demorar?
Quanto tempo você vai ficar de convalescença após o programa de tratamento?
Em que medida a aplicação de curas pode resolver todos esses problemas?
Que tipo de ajuda você vai precisar em sua casa? Durante quanto tempo?
Quanto tempo você vai precisar ficar de cama?
De que modo você pode ajudar o seu corpo a eliminar – através de dietas purificadoras, de ervas, de remédios homeopáticos, de vitaminas e da cura pela imposição das mãos – as drogas que você vai usar?

Depois que você obtiver essas informações não lhe será difícil escolher o seu projeto de tratamento. Lembre-se: o sucesso do projeto de tratamento depende muito de você se manter fiel a ele e fazer a sua parte.

Elaboração do Seu Projeto de Cura ao Lado da Sua Equipe de Profissionais da Saúde

Depois de escolher a sua equipe, faça o projeto mais detalhado que puder, incluindo tudo o que será preciso fazer quando estiver passando pelas diversas etapas do processo de cura. Esse projeto deve incluir dietas; suplementos alimentares, como vitaminas e minerais; exercício; meditação; medicamentos ou ervas; e tratamentos específicos. Esse nível de tratamento será apoiado por seu processo pessoal de transformação. Lembre-se: você passará pelos estágios do processo de cura descritos no Capítulo 7.

Se tiver encontrado um curador e um médico que irão trabalhar juntos, releia o Capítulo 6, na parte que trata da equipe curador-médico. Estimule o curador e o médico a encontrarem uma linguagem comum para discutir o seu caso, de modo que eles possam trabalhar juntos para criar o projeto de cura mais eficaz possível para o seu caso.

Visualizações para a Pessoa Curar a Si Mesma

Uma boa parte do que você fará – além de passar pelo tratamento – serão as visualizações de cura semelhantes àquelas apresentadas ao longo deste livro. Elas atuam sobre todos os níveis do seu ser e o ajudam a purificar o seu campo, a trabalhar áreas específicas do seu corpo, que estão doentes, e a desobstruir os seus processos criativos. Outras fontes de visualizações de cura são sugeridas na Bibliografia.

Vale a pena observar que o processo de visualização – o qual exige que você continue a imaginar como você realmente quer que as coisas sejam boas e o quanto irá senti-las assim – vai evocar reações negativas, conforme foi descrito nas Figuras 12-1 e 12-2. Quando essas vozes negativas se manifestarem, é bom deixá-las falar. Não reprima as vozes negativas de volta para o terreno da negação. Você se esforçou muito para lhes dar condições de se manifestarem. Deixe-as se manifestar, mas não as deixe predominar. Ao ouvi-las, você vai reconhecê-las pelo que elas são, o que lhes retira o poder. Obviamente, elas podem sair-se melhor em alguns dias do que em outros. Não tenha medo disso. Em longo prazo, elas vão perder. Sua intenção de curar a si mesmo vai ajudá-lo a melhorar e a continuar buscando o seu verdadeiro Eu, que vai curá-lo. Nos dias em que tiver a impressão de que as vozes negativas estão predominando, simplesmente entregue-se e não faça nada além de rezar. Relaxe. Descanse. Você vai ter paz. O dia seguinte será melhor.

Depois que tiver reconhecido as vozes negativas pelo que elas são, substitua-as por vozes positivas. Ao visualizar de novo as imagens a respeito do quanto você quer que a sua vida seja boa – momento em que as vozes e os sentimentos negativos se manifestarem – você poderá criar o que quiser. Fazendo isso e permanecendo firme, você vai acabar superando e eliminando todas as vozes negativas e os medos que estão por trás delas, substituindo-as por imagens positivas e pela energia criativa. Basicamente, você deve encarar a visualização como um meio de dirigir a energia criativa que é liberada por meio do processo de purificação da negação e dos sentimentos negativos. Você está criando um outro comportamento habitual, só que dessa vez positivo. Uma coisa interessante a respeito da mente humana é que, se alguma coisa for repetida com suficiente frequência, a mente age como se ela fosse verdadeira. É como se, antes, você tivesse começado a acreditar nas vozes negativas habituais. Agora, tudo o que você precisa fazer é substituí-las por vozes positivas. Isso realmente funciona! Portanto, o processo de visualização é uma outra maneira – e muito positiva – de enfrentar os seus medos e dar vazão aos seus sentimentos.

Quinta Parte

A CURA E OS RELACIONAMENTOS

"Quando olho para trás, geralmente lamento as coisas que não fiz, não as coisas que não deveria ter feito."
— Malcolm Forbes

Introdução

A IMPORTÂNCIA DOS RELACIONAMENTOS PARA A SUA SAÚDE

À medida que eu continuava a trabalhar e a dar cursos sobre saúde e sobre o campo de energia humano, tornei-me cada vez mais consciente do quanto os nossos relacionamentos são importantes para a nossa saúde. De fato, os nossos relacionamentos são fundamentais para a saúde. Todas as coisas são relativas e estão ligadas umas às outras. Nada está isolado e nada pode ser feito isoladamente. Nem mesmo os nossos pensamentos são isolados. Tudo o que sentimos, pensamos e fazemos está relacionado com as outras pessoas, com o planeta e com o universo. Conforme foi demonstrado cientificamente, todo acontecimento sempre está relacionado com todos os outros. Estamos holograficamente ligados a todas as outras coisas e acontecimentos por meio dos relacionamentos. Portanto, nossa saúde e bem-estar sempre estão relacionados com todas as outras coisas.

Quando comecei a examinar a nossa relação com a cura, descobri que as causas de todas as doenças que temos sempre estão ligadas aos nossos relacionamentos. A cura de nós mesmos, no que diz respeito aos nossos relacionamentos, tornou-se o tema central do meu trabalho. Dediquei os próximos três capítulos a mostrar de que forma nossos relacionamentos afetam a nossa saúde, e como resolver os problemas no contexto dos nossos relacionamentos e do campo de energia humano modifica a nossa vida e o nosso corpo físico de maneiras encantadoras e satisfatórias.

Capítulo 13

COMO CRIAR RELACIONAMENTOS SAUDÁVEIS

Quando passamos a compreender mais a nossa autoconsciência, podemos começar a usar esse autoconhecimento nos relacionamentos que criamos. Descobrimos que usamos nos nossos relacionamentos as mesmas desculpas para não agir que usamos para nós mesmos. Analisamos a maneira de purificar as nossas razões para não fazer as coisas, de modo a conseguir os resultados que desejamos. Agora, podemos aprender a fazer as mesmas coisas em termos de relacionamentos. Uma maneira simples de fazer isso é o uso do conceito de contrato.

Os Contratos Tácitos que Criamos nos Nossos Relacionamentos

Todos os nossos relacionamentos com as outras pessoas podem ser considerados em termos de contratos. Os contratos criam limites que definem e mantêm padrões aceitáveis de comportamento no âmbito das interações humanas. O contrato de um relacionamento é constituído por acordos tácitos – em geral, inconscientes – entre as pessoas a respeito do modo como elas vão agir umas em relação às outras, incluindo as coisas que elas poderão ou não dizer ou fazer. Os contratos podem ser firmados entre duas pessoas ou entre grupos de pessoas, sendo nesse último caso expressos na forma de normas sociais.

Vamos nos concentrar aqui principalmente nos contratos entre duas pessoas. Todavia, tudo o que será dito também pode ser aplicado a contratos entre um indivíduo e um grupo e a contratos entre grupos, por maiores que sejam. Isso também pode ser aplicado ao seu relacionamento individual e ao relacionamento da humanidade com o planeta, o qual será abordado no final deste capítulo.

Os relacionamentos saudáveis e positivos são interdependentes e correspondem a contratos claramente estabelecidos de honestidade, de apoio e de cuidados entre amigos. Neles há muitas oportunidades para a liberdade, a criatividade e a expressão do eu, bem como uma atenção e certo interesse saudáveis um pelo outro. Esses contratos positivos promovem o crescimento de cada uma das pessoas neles envolvidas. Por outro lado, relacionamentos codependentes são criados por meio de contratos negativos e pouco saudáveis que limitam, aprisionam, usam, controlam e, até mesmo, intimidam as pessoas neles envolvidas. Eles bloqueiam a criatividade, a expressão e a liberdade pessoais, e interferem com o desenvolvimento individual das partes.

Todos podemos criar contratos positivos e negativos. Na maior parte do tempo, esses contratos são inconscientes e funcionam automaticamente. As áreas de nossa vida que fluem de forma plena e harmoniosa são as áreas em que criamos contratos positivos com os outros, com base em crenças mutuamente positivas. Por exemplo: a experiência de atacar uma tarefa junto com outros de uma maneira harmoniosa, que leva o trabalho a ser concluído, baseia-se num contrato positivo que afirma que o pensamento claro, a disposição para trabalhar e a cooperação entre os indivíduos é a melhor maneira de realizar uma tarefa. Esse contrato é baseado numa crença positiva e na crença de que o mundo é um lugar que recompensa essa reciprocidade positiva.

Nas áreas nas quais temos problemas, criamos contratos negativos com os outros. Como vivemos segundo uma visão limitada da realidade, adotamos certas atitudes, posturas e maneiras de viver que ajudam a consolidar essa visão limitada. Ao fazer isso, formamos contratos psicológicos negativos para nos assegurarmos de que os outros irão se comportar de determinadas maneiras em relação a nós, as quais irão refletir a nossa visão limitada da realidade. O principal motivo desses contratos é a evitação de certos sentimentos e de experiências que não queremos ter. Com os nossos contratos negativos, congelamos nossas energias vitais e, assim, também congelamos boa parte da energia criativa que existe dentro de nós.

Por trás de um contrato negativo está não apenas o nosso medo da experiência como também as nossas crenças negativas a respeito de como é o mundo. Em geral, essa crença é inconsciente e tem origem num trauma de infância. Por exemplo: uma criança cujo pai a punia com severidade ou dela abusava sexualmente poderá crescer acreditando que os homens são cruéis. Suas experiências precoces com o homem que conheceu em sua vida – seu pai – ensinaram-lhe isso. Depois de adulta, ela talvez venha a evitar os homens ou a ter problemas de relacionamento com eles por causa de suas expectativas negativas. Ela vai estabelecer contratos negativos que mantêm os homens a distância, ou irá relacionar-se com homens cruéis. Esses relacionamentos vão comprovar a sua crença de que os homens são cruéis.

Os contratos, uma vez estabelecidos, começam a vigorar e continuam assim. Cada vez que um contrato negativo é cumprido, ele serve para reforçar a atitude negativa – em relação à vida e à realidade – que é apoiada por ele. Essas crenças negativas tornam-se mais fortes e limitam cada vez mais a nossa vida à medida que formos passando por mais experiências negativas. A configuração áurica que corresponde a elas torna-se cada vez mais distorcida. Uma outra maneira de dizer isso é que um contrato negativo fortalece uma crença ou forma-pensamento negativa.

A energia ou consciência negativa relacionada com uma crença negativa manifesta-se no campo de energia na forma de estagnação e de distorções no sétimo nível. Essas distorções são lentamente transferidas para os outros níveis áuricos. No quarto nível, o nível das relações, essas distorções se manifestam como bloqueios no campo de uma única pessoa, ou como ações recíprocas negativas entre os campos áuricos da pessoa. Assim, uma distorção no sétimo nível do campo, revelando um sistema de crenças negativo, é transferida para o nível quatro, onde se manifesta na forma de um contrato negativo nas interações do quarto nível do campo. Quanto mais um contrato negativo é transformado em realidade, no nível dos relacionamentos, maior a distorção do quarto nível do campo. As distorções continuam a ser transferidas para os níveis inferiores do campo até alcançarem o corpo físico. Por fim, elas se manifestam na forma de desconforto e doença no corpo físico.

Como tanto os contratos positivos como os negativos funcionam holograficamente, costumamos fazer o mesmo tipo de contrato com muitas pessoas. Qualquer processo de cura requer a descoberta e a dissolução de todos esses contratos negativos. Quando essas formas ou padrões negativos do campo áurico são purificados, através da cura por toque de mãos ou por um processo de desenvolvimento pessoal, a perspectiva psicológica de atitudes negativas diante da vida, as crenças negativas ou as ações e os padrões de comportamento que eles exibem se dissolvem e são substituídos por equivalentes positivos.

Análise dos Contratos Negativos

Primeiro, vamos examinar de que modo os contratos negativos surgem, examinar seu formato e descobrir como dissolvê-los. Depois, vamos aprender como criar contratos positivos com pessoas íntimas, com amigos e profissionais de saúde.

Um contrato negativo típico começa na infância, entre os pais e a criança, especialmente se a família estiver enfrentando situações difíceis. Considere o caso de Gary, um garoto cuja mãe precisa trabalhar e, quando chega em casa, está exausta e preocupada com os problemas financeiros. Ela não será capaz de dar ao filho aquilo que ele necessita. Gary fará todo tipo de coisa para chamar a sua atenção. Ele, inconscientemente, confunde essa atenção com amor. Quando descobre uma maneira que funciona, ele vai usá-la de novo e, provavelmente, vai continuar a usá-la enquanto ela estiver funcionando. Isso, obviamente, é o inverso do modo como as coisas deveriam ser. Gary conclui de forma inconsciente que, se não cuidar da Mamãe, não vai obter o seu amor. Assim, ele aprende que o amor tem um preço. Essa dinâmica, depois de diversas repetições, torna-se habitual e continua pela idade adulta, quando assume a forma de preocupações anormais e exageradas. Quando se envolve num relacionamento com uma mulher, ele sempre acaba cuidando dela de uma forma exagerada e anormal, seja ela sua esposa, colega de trabalho ou sua funcionária. No fundo, ele acredita que isso é necessário para obter amor. Obviamente, essa razão é inconsciente. Ele apenas sabe que sempre que se envolver num relacionamento assumirá demasiada responsabilidade e será sugado até a medula. Ele, então, começa a evitar relacionamentos porque eles simplesmente não valem o esforço. Isso leva-o a um ciclo vicioso de carência afetiva, de desespero, de ressentimento e, depois, de retraimento. Às vezes ele irá até mesmo procurar isolar-se de si próprio.

A tabela da Figura 13-1 ajuda a explicar as etapas do contrato negativo que Gary normalmente estabelece. Lembre-se de que, nesse contrato negativo, cuidados significam cuidados excessivos. São cuidados dedicados a um adulto quando ele não precisa disso ou como se ele fosse uma criança. A primeira coluna é intitulada "Se Faço/Não Faço". Isso se refere a ações que Gary inconscientemente acredita que precisa fazer para conseguir aquilo de que necessita. Nesse caso, ele acredita que precisa cuidar da mãe, ou de qualquer outra mulher com quem esteja envolvido. Os cuidados incluem todas as coisas, como se a mãe ou a outra mulher fossem criança. Ele assume a responsabilidade pela vida dela, como se ela não pudesse fazê-lo. Portanto, na coluna um, escrevemos: *Se eu realmente cuidar de Mamãe.*

A segunda coluna, intitulada "Ele/Ela Vai/Não Vai", é para os resultados que Gary acredita que irá obter se seguir sua crença inconsciente. Nesse caso, ele acredita que vai conquistar o amor da Mamãe ou de uma outra mulher. Escrevemos: *Ela vai me amar.*

A terceira coluna, intitulada "Crença Inconsciente", é para a crença inconsciente de Gary a respeito daquilo que precisa fazer para conseguir o que ele quer: *Tenho de cuidar de Mamãe para fazer com que ela me ame.*

O "Preço Imediato", na coluna quatro, é preço de curto prazo que Gary paga pelo fato de a sua crença não estar correta. Ele não só tem de cuidar de Mamãe ou de outra mulher na vida como também fracassa em conquistar o seu amor dessa maneira: *Cuido de Mamãe, mas não conquisto o amor dela.*

A coluna cinco, intitulada "Crença Negativa Apoiada", refere-se à crença negativa inconsciente supostamente comprovada pela experiência. Para Gary, é: *Os relacionamentos sugam a energia e não satisfazem realmente as minhas necessidades.*

A coluna seis, intitulada "Outras Áreas Afetadas da Vida", corresponde ao efeito holográfico da crença negativa inconsciente em outros aspectos da vida: *Pago para receber amor de várias outras maneiras, como, por exemplo, dando dinheiro, presentes e o meu tempo.*

A última coluna, intitulada "Preço Verdadeiro", dá os resultados dessa crença inconsciente nos níveis pessoal e psicológico. Ela apresenta os efeitos em longo prazo na vida de Gary. Em primeiro lugar, todos os seus presentes não compram o amor que ele queria. Ele poderá receber atenção e elogios, mas não amor. Isso causa desapontamento, desilusão e muito ressentimento nos seus relacionamentos. Ele conclui: *Estou cansado de carregar desse fardo. Evito relacionamentos. O preço é alto demais.*

Atualmente, Gary está muito infeliz. Ele oscila entre o ressentimento por se sentir explorado e a infelicidade do isolamento. Ele pode se ver aprisionado durante anos num círculo vicioso de cuidados exagerados e de isolamento.

Para sair desse círculo vicioso, Gary precisa assumir o risco de desafiar sua crença negativa e enfrentar as consequências dos seus medos. Ele precisa reverter o comportamento ditado pela sua crença inconsciente. Se continuar com esses cuidados exagerados durante um tempo suficientemente longo, Gary poderá ficar doido o bastante para deixar de ser esse sujeito bonzinho e parar de dedicar cuidados excessivos às mulheres da sua vida – seja ela a mãe, a mulher, uma colega de trabalho, uma funcionária, irmã ou amiga. Muito provavelmente, existe aqui o envolvimento de mais de uma mulher. Ele desenvolveu esse tipo de relacionamento com a maioria das mulheres que conhece. Ele poderá simplesmente começar com uma. Se for bem-sucedido, porém, conseguirá transformar sua crença negativa e as ações resultantes em todas as áreas da sua vida afetadas por isso. Ele ficará surpreso com os resultados.

Vamos agora usar a Figura 13-2 para dissolver os velhos contratos negativos de Gary e criar um relacionamento saudável com a mãe e com outras mulheres da sua vida. A primeira coluna, intitulada "Se eu Fizer/Se não Fizer", é para a ação inversa, que Gary não irá adotar. Nesse caso: *Se eu não cuidar de Mamãe*.

A segunda coluna, intitulada "Ele/Ela Vai/Não Vai" é para o resultado temido quando a ação é contrária. No caso, o medo de Gary é: *Ela não vai me amar*.

No início, a mãe de Gary poderá se queixar. Ela poderá ficar mais carente e reivindicar o antigo *status quo*. Gary poderá ter medo de que ela o deixe ou fique doente. Ele poderá também sentir-se mal com relação a si mesmo durante algum tempo. Geralmente, isso não acontece, porque o tipo de cuidado exagerado que ele vinha lhe dispensando não era realmente o que ela precisava. É claro que, quando alguém está doente, a linha divisória entre preocupações saudáveis e doentias é diferente, e pode ser mais difícil de encontrar. (Vamos cuidar disso na próxima sessão, "A Criação de Relacionamentos Saudáveis com a família e com os Amigos.") Em longo prazo, tudo vai funcionar. Gary irá descobrir que a sua mãe ainda o ama, mesmo que ele não esteja mais lhe dispensando cuidados da maneira pouco saudável de antes. A terceira coluna, o "Resultado Verdadeiro" do rompimento de um contrato negativo mostra como o resultado foi feliz! Nesse caso: *Mamãe ainda me ama. Eu não preciso comprar o seu amor!*

No início, Gary talvez não acredite que isso seja verdade e poderá testá-la durante algum tempo. Ele oscilará entre as preocupações saudáveis e as não saudáveis. Quando Gary descobrir a diferença entre as duas coisas, um novo mundo surgirá para ele. Ele vai compreender que a mãe ainda o ama ao mesmo tempo que estará passando pelo processo de pôr a própria vida em ordem. Como ela ainda o ama muito, embora ele não esteja mais cuidando dela de uma maneira exagerada, sua vida conhece agora o apoio proporcionado por uma nova crença positiva. Isso está colocado na quarta coluna, com o título "Crença Positiva Apoiada". Ele compreende que: *Sou digno de ser amado: o amor não tem preço*.

Gary compreende que não é realmente possível fazer alguém amá-lo, não importa o que você faça. O amor flui naturalmente a partir das pessoas que podem amar. Ele é uma dádiva da vida. Agora começa a libertação. Ele se transforma numa bola de neve e se expande para todas as outras áreas da sua vida. Ele também é digno de ser amado nessas áreas, e o amor não pode e não precisa ser comprado. Isso é mostrado na coluna cinco, "Outras Áreas Afetadas da Vida." Gary pensa: *Não preciso mais comprar o amor em circunstância nehuma*.

Gary parou de comprar amor em outras circunstâncias da sua vida porque sabe que o merece. Ele não terá mais de se isolar. Ele agora está livre para se relacionar com as outras pessoas porque elas não serão mais um fardo para ele. Gary será capaz de fazer com que suas necessidades sejam atendidas nos relacionamentos. Em vez do ciclo de cuidados exagerados, do ressentimento e isolamento da mãe, ele agora se sente livre para dar amor. Há um magnífico fluxo de amor entre ele e as mulheres da sua vida. A coluna seis, "Resultados Positivos para Mim", mostra os resultados para Gary, agora aliviado do seu fardo: *Dou e recebo mais amor e crio relacionamentos satisfatórios.*

Essa transformação produz efeitos imediatos, notáveis e positivos sobre todas as mulheres da vida de Gary. Ele deixou de cuidar delas de maneira exagerada e pouco saudável, e isso o deixa livre para amá-las. Assim, ele as desafia a assumir a responsabilidade pelas próprias vidas e a cuidarem de si mesmas. Quanto às mulheres, em vez de receberem cuidados, como um sucedâneo para o amor, elas agora recebem o legítimo amor. As mulheres da sua vida agora têm a opção de também rescindir a sua parte do contrato e, assim, permanecerem no relacionamento ou acabar com ele. A coluna sete relaciona "Resultados Positivos para os Outros". Nesse caso, a mãe muito provavelmente vai encontrar o verdadeiro amor dentro de si mesma. *Mamãe é autossuficiente. Ela obtém amor em vez de serviços.* O mesmo acontece com todas as outras mulheres da sua vida. Uau! Que grande negócio! Ele é bom para todas as partes! Obviamente, isso funciona para uma garota cujo pai cuide dela e, ao mesmo tempo, seja o seu provedor.

A Criação de Relacionamentos Saudáveis com a Família e com os Amigos

Você vai precisar modificar as suas interações no âmbito dos muitos relacionamentos íntimos que você tem. Assim, durante o seu processo de cura, você vai se ver mudando de amizades, algumas talvez de forma mais drástica do que outras. Se você aprender a identificar o teor desses contratos, o processo de dissolução e de elaboração de novos contratos será mais suave. Quanto mais você estiver consciente desse processo, menor a probabilidade de voltar a firmar contratos negativos.

Você notou que, para ficar com certas pessoas, você precisa desempenhar determinado papel ou se comportar de determinada maneira? Esse é o primeiro sinal de um contrato negativo. Por outro lado, existem pessoas com as quais você pode ser inteiramente autêntico. Você não precisa esconder nada nem convencê-las de nada. Não obstante, você sabe que elas vão ser francas e lhe dizer tudo o que pensam a respeito de uma dada situação, mesmo se você não gostar disso. Esse é um sinal de um contrato positivo.

Figura 13-1 O Contrato Negativo de Gary

NOME DA PESSOA: Mamãe

Se eu Fizer/ Se não Fizer	Ele/Ela Vai/Não Vai	Crença Inconsciente	Preço Imediato	Crença Negativa Apoiada	Outras Áreas Afetadas da Vida	Preço Verdadeiro
Se eu realmente cuidar de Mamãe...	Ela vai me amar.	Tenho de cuidar de Mamãe para fazer com que ela me ame.	Cuido de Mamãe, mas não conquisto o amor dela.	Os relacionamentos surgam energia e não satisfazem realmente as minhas necessidades.	Pago para receber amor de várias outras maneiras, como, por exemplo, dando dinheiro, presentes e o meu tempo.	Estou cansado de carregar esse fardo. Evito relacionamentos. O preço é alto demais.

Figura 13-2 Resultados positivos da rescisão do contrato negativo de Gary

NOME DA PESSOA: Mamãe

Se eu Fizer/ Se não Fizer	Ele/Ela Vai/Não Vai	Resultado verdadeiro	Crença Positiva Apoiada	Outras Áreas Afetadas da Vida	Resultados Positivos para Mim	Resultados Positivos para os Outros
Se eu não cuidar de Mamãe...	Ela não vai me amar.	Mamãe ainda me ama. Não preciso comprar o seu amor.	Sou digno de ser amado; o amor não tem preço.	Não preciso mais comprar o amor em circunstância nenhuma.	Dou e recebo mais amor e crio relacionamentos satisfatórios.	Mamãe é autossuficiente. Ela obtém amor em vez de serviços.

Figura 13-3 Tabela para esclarecer o seu contrato negativo

NOME DA PESSOA: _____

Se eu Fizer/ Se não Fizer	Ele/Ela Vai/Não Vai	Crença Inconsciente	Preço Imediato	Crença Negativa Apoiada	Outras Áreas Afetadas da Vida	Preço Verdadeiro

Figura 13-4 Resultados positivos da dissolução do contrato negativo

NOME DA PESSOA: _____

Se eu Fizer/ Se não Fizer	Ele/Ela Vai/Não Vai	Crença Inconsciente	Preço Imediato	Crença Negativa Apoiada	Outras Áreas Afetadas da Vida	Preço Verdadeiro

Exercício para Identificar o Seu Contrato Negativo

Para verificar os seus relacionamentos, monte uma tabela usando a Figura 13-3, como a que usamos na Figura 13-1. Essa tabela pode mostrar o seu contrato negativo. Você pode usá-la para observar quaisquer relacionamentos em que você esteja envolvido, seja ele um relacionamento de longo prazo ou um relacionamento novo. Sugiro que você comece com um relacionamento particularmente difícil, com o qual você esteja tendo problemas. Escolha o tipo de relacionamento com o qual você não se sente bem e observe-se agindo de maneiras de que não gosta. Embora você talvez não esteja consciente desses atos enquanto estiver na presença da pessoa, depois que ela vai embora você fica com uma sensação desagradável. Embora você talvez não saiba o que está errado, você com certeza sabe que alguma coisa está errada. Veja de que maneira o seu comportamento na presença dessa pessoa é diferente daquilo que você faz na presença de pessoas com as quais se sente à vontade. O que você fez de diferente? Esse comportamento corresponde ao que você inconscientemente acha que tem de fazer para conseguir aquilo que deseja dessa pessoa. Anote a sua atitude falsa na primeira coluna, intitulada "Se eu Fizer/Se não Fizer".

Para saber por que faz essas coisas você precisa descobrir qual é a emoção que está por trás disso. Em geral, é o medo. O que você teme que a pessoa faça ou deixe de fazer se você não agir de acordo com a sua crença negativa? Para descobrir esse medo, imagine-se numa situação típica junto à pessoa com a qual você está tendo problemas. Agora imagine-se realizando a ação oposta àquela que você acha que deveria realizar. Na imaginação, observe o que a outra pessoa faz reagindo à sua ação. Relacione na coluna dois o que quer que você imagine que ela iria fazer: "Ele/Ela Vai/Não Vai."

Agora, você compreende que, se parar com os seus atos falsos, você ficará com medo de que a outra pessoa faça o que quer que esteja relacionado na coluna dois. Portanto, os seus atos desleais têm por objetivo controlar o comportamento da outra pessoa. Elas mostram o que você acredita que tem de fazer para levar a outra pessoa a fazer o que você quer. A coluna três é para a sua "Crença Inconsciente". Ela reflete o resultado imediato que vocês terão se ambos mantiverem de pé o contrato negativo. Escreva nela: *Se eu fizer/não fizer (o seu ato desleal), então ele/ela vai/não vai (o comportamento que você imagina que ele/ela vai ter com relação a você).*

Suponha, por exemplo, que se trate de alguém que você tenha medo de desafiar, de contradizer; alguém com quem você não gosta de discordar. Você poderia escrever: *Se eu não desafiar (nome), ele/ela vai me apoiar.* Ou: *Se eu desafiar (nome), ele/ela não vai me apoiar.* Ou: *Ele/ela vai me atacar, talvez publicamente.*

Num outro exemplo, você está doente e tem vergonha ou medo de pedir ao seu companheiro que o ajude a atender às suas necessidades. Você é quem tem cuidado dos outros, e agora os papéis se inverteram. Seu companheiro quer que você volte logo ao normal. Todavia, você tem necessidades reais: *Se eu não pedir (aquilo que você necessita), ele/ela será amável comigo.* Ou: *Se eu pedir (aquilo que você necessita), ele/ela vai ficar irritado/a.*

A próxima coluna é para o preço que você paga por esse resultado. Qual é o efeito que os atos desleais exercem sobre você, pelo fato de não estar sendo quem você naturalmente é? De que forma você deixou de se expressar? De que forma você deixou de ser quem realmente é? Relacione aquilo que você descobrir na coluna quatro: "Preço Imediato".

No primeiro exemplo, temos: *Se eu não desafiar (nome da pessoa), não afirmo a minha verdade nem ajo do modo que acredito ser o certo. Não apresso quem eu sou. Não crio em mim mesmo o poder que deriva da vivência da minha verdade. Se eu não desafiar (nome da pessoa), não serei desafiado e não darei a mim mesmo a oportunidade de descobrir o que precisa ser mudado dentro de mim.* No segundo exemplo, temos: *Se eu não pedir que as minhas necessidades sejam atendidas quando estiver doente, poderei ficar mais doente.*

Por causa dessas faltas você começará a ver e a se sentir de uma maneira falsa. Você começa a acreditar que é menos do que realmente é. Seus atos mentirosos limitam a sua expressão e você acredita que o seu eu limitado é o seu eu verdadeiro. O que você pensa a respeito de si mesmo quando faz isso? De que modo isso prejudicou a sua criatividade, as suas experiências de vida, o cumprimento da missão da sua vida?

Se você se identificar com o primeiro exemplo apresentado acima, você poderá se considerar um covarde. Sendo um covarde, você não expressa a sua criatividade porque tem medo que alguém possa desafiá-lo por causa disso e prejudicá-lo ou atacá-lo publicamente. Deixando de expressar a sua criatividade, você não realiza o sonho da sua vida. Caso se identifique com o segundo exemplo apresentado acima, você poderá ficar descontente consigo mesmo por ter ficado doente. Você poderá se sentir um fardo para todo mundo. Você começa a acreditar que o mundo está ordenado de tal forma que apoia o seu eu falsamente limitado. Qual é a crença negativa que diz que o mundo é um lugar onde é bom ter as limitações descritas acima? Na coluna cinco, relacione a força-pensamento ou "Crença Negativa Apoiada", à qual você fornece energia cada vez que executa essa ação falsa.

No primeiro exemplo, a crença negativa básica apoiada seria algo mais ou menos assim: *Expressar a minha verdade e a minha criatividade é perigoso e gera ataques públicos.* No segundo exemplo, a crença negativa básica apoiada é algo mais ou menos assim: *Quando eu precisar de alguma coisa ou ficar doente, as pessoas ficarão irritadas. Nunca poderei ficar doente. É perigoso precisar de alguma coisa.*

Suas crenças negativas prejudicam-no holograficamente em todas as áreas da sua vida. Relacione na coluna seis as "Outras Áreas Afetadas da Vida".

Se você se identificar com o primeiro exemplo, poderá evitar desafios em muitas áreas da sua vida, de muitas outras maneiras. Você poderá evitar o autodesafio e bloquear a sua criatividade sempre que ela for desafiada. Se você se identificar com o segundo exemplo, provavelmente não pedirá que as suas necessidades sejam atendidas em muitas ou em todas as áreas da sua vida.

O preço que você paga não é apenas o preço imediato, de curto prazo, mostrado na coluna quatro. O verdadeiro preço é que o seu contrato negativo ou crença negativa o limita em todas as áreas da vida e impede que ela se desenvolva. Relacione o "Verdadeiro Preço" na coluna sete.

Se você se identificar com o primeiro exemplo, o verdadeiro preço poderá ser uma vida destituída de desafios e, portanto, estagnada, monótona e insatisfatória. Se se identificar com o segundo exemplo, o verdadeiro preço poderá ser uma vida de privações e de necessidades insatisfeitas. Você talvez nem chegue a saber quais são as suas verdadeiras necessidades. Você talvez não compreenda as necessidades dos outros.

Exercícios para Dissolver Contratos Negativos

Por outro lado, rompendo o contrato negativo você provavelmente não vai gostar das reações dos seus amigos ou do resultado imediato que você vai obter. Em longo prazo, porém, isso realmente vale a pena. Faça uma outra tabela, usando a Figura 13-4, para apresentar os resultados do rompimento do seu contrato negativo. (Ela será como a de Gary, na Figura 13-2.)

A primeira coluna é "Se eu Fizer/Se não Fizer". Preencha-a. A segunda coluna é "Ele/Ela Vai/Não Vai", o preço que temermos pagar. Esse é o preço que você acredita que teria de pagar e cujo pagamento procura evitar. Preencha-a.

No nosso primeiro exemplo, temos: *Se eu desafiar (nome), ele/ela não vai me apoiar, ou vai me atacar, talvez publicamente.* No nosso segundo exemplo temos: *Se eu pedir (aquilo que você necessita), ele/ela vai ficar irritado/a.*

Agora é a hora de pagar. Você não quer que quaisquer débitos sejam transferidos para a sua nova maneira de ser. Quando a fatura for cobrada, você ficará surpreso com o preço. Tente executar a sua ação verdadeira, em vez da sua ação falsa, só para ver o que acontece. Sua ação verdadeira poderá ser o oposto da sua ação falsa, mas não necessariamente. Você poderá descobrir algo ainda melhor! A coluna três, intitulada "Resultados Verdadeiros", refere-se ao verdadeiro resultado ocorrido. Preencha-a.

No nosso primeiro exemplo, a sua ação verdadeira pode ser o oposto da sua ação falsa: você desafia a pessoa de quem tem medo de discordar. Você afirma a sua opinião sobre algo que pode ser exatamente o oposto da opinião dela. Você não precisa fazer isso de uma forma hostil. Afirme simplesmente a sua opinião, sem a carga de energia negativa. A pessoa poderá fazer muitas coisas diferentes. Ele/ela poderá desafiá-lo também e vocês poderão ter uma acalorada discussão em que ambos aprendem muito ouvindo um ao outro e explicando o que, de diversas maneiras, ambos estão tentando comunicar. Você vai descobrir que a situação não é tão ruim como a sua criança interior acreditava que fosse. Se a pessoa o atacar publicamente, então você também a desafia. Se você continuar a afirmar a sua verdade e a manter uma postura tolerante, você vai aprender muitas coisas e descobrir o seu poder. Sua criatividade será liberada através do desafio que você colocará diante de si mesmo ao fazer isso. Você vai aprender por meio da interação. Portanto, o "Verdadeiro Resultado" é: *Posso desafiar (nome da pessoa) e continuar seguro, e ainda aprendo alguma coisa!*

No primeiro exemplo, o preço temido não é apenas o desafio por parte da pessoa que tínhamos medo de desafiar. Você também vai enfrentar a possibilidade de ser atacado publicamente. Você será desafiado a distinguir entre a verdadeira realidade e a projeção da realidade que provém do seu conjunto de crenças negativas.

Se tentar o nosso segundo exemplo e pedir que as suas necessidades sejam atendidas, quando estiver doente, você ficará surpreso pelo fato de a pessoa a quem você pediu algo reagir de uma maneira diferente daquela que você esperava. Ela poderá se mostrar muito atenciosa com você. Ela talvez precise ser lembrada daquilo que você precisa. Ela poderá começar imediatamente a pensar em outras necessidades suas que também precisam ser atendidas. Ela poderá ficar ressentida se você ficar doente durante muito tempo. Se você continuar falando, porém, ambos encontrarão soluções. Você vai começar a compreender e a conhecer as suas necessidades de diferentes maneiras. Vai descobrir que elas são necessidades humanas razoáveis. Portanto, o "Verdadeiro Resultado" para o nosso segundo exemplo é: *Quando eu peço, as minhas necessidades são atendidas.*

A coluna quatro é para a "Crença Positiva Apoiada" pelas suas novas ações. Preencha-a. Para ter uma ideia de qual poderia ser ela, observe dois outros exemplos. Para o nosso primeiro exemplo, a crença positiva apoiada é: *O mundo é um lugar para a verdade. A verdade é segura, gera poder e libera a criatividade.* Para o nosso segundo exemplo, a crença positiva apoiada poderia ser expressa da seguinte forma: *Minhas necessidades são necessidades naturais humanas. Posso descobrir quais são elas, pedir ajuda e fazer com que sejam atendidas. O mundo é um lugar onde as necessidades são naturais e podem ser preenchidas.*

Na coluna cinco, relacione as "Outras Áreas Afetadas da sua Vida" pela crença positiva que você vem apoiando por meio dos seus atos e que desafiam o seu medo. Você vai descobrir que todas as partes do seu corpo são afetadas. No nosso primeiro exemplo, se você começar a desafiar alguém a quem nunca desafiou antes, provavelmente você vai começar a desafiar todas as situações da sua vida e as pessoas de maneiras que você nunca fez antes. Você vai se impor o desafio de viver segundo o que julga ser a sua verdade e de ser mais criativo em todos os aspectos da sua vida. No segundo exemplo, você vai começar a pedir não apenas o que você precisa, mas também o que você quer. Você vai conseguir fazer a distinção entre as duas coisas e, muito provavelmente, fará isso em todas as áreas da sua vida.

Os "Resultados Positivos para Mim" (na coluna seis) serão grandes. Se você se referir ao primeiro exemplo, você vai aceitar mais desafios e adquirir mais autoconfiança, mais liberdade e mais criatividade. Você vai melhorar muito a sua autoestima. No segundo exemplo, você vai descobrir mais energia e satisfação na sua vida à medida que for aprendendo mais coisas a respeito de suas verdadeiras necessidades e da maneira de satisfazê-las. Você também vai descobrir o que é que você quer e conseguirá sair em busca disso.

Na última coluna, relacione os "Resultados Positivos para os Outros". De que modo os outros se beneficiaram da sua mudança de comportamento? Relacione os benefícios para os outros na última coluna. No nosso primeiro exemplo, a primeira pessoa a se beneficiar da mudança do seu comportamento, além de você, talvez seja a pessoa a quem você desafiou. Esse desafio vai ajudá-la a crescer, se ela assim o quiser, porque com isso poderá aprender muitas coisas a respeito de si mesma. Seus familiares irão se beneficiar com o seu maior poder e criatividade porque você não apenas vai desafiá-los a se desenvolverem, mas também lhes dará o exemplo. Obviamente, é provável que você os desafie também em seus padrões habituais!

No nosso segundo exemplo, a pessoa a quem você pediu que o ajudasse a atender as suas necessidades receberá imediatamente a oportunidade de expressar o seu amor e a sua generosidade. Ela poderá ser desafiada a descobrir o quanto ela é capaz de dar e de amar e poderá encontrar dentro de si mesma um profundo amor. Ela também vai aprender a se comunicar melhor, por meio dos cuidados dispensados a alguém doente. Se ela já não o tiver feito, vai aprender a reconhecer e a satisfazer as suas próprias necessidades. Ele/ela também vai aprender a pedir aquilo que desejar, porque você é um modelo para ela aprender a satisfazer as suas necessidades.

Os Benefícios do Rompimento de Contratos Negativos

Quanto mais contratos negativos você romper dessa maneira, mais liberdade, criatividade e poder você terá – e mais seguro vai se sentir. Depois que você tiver se libertado e adotado uma nova maneira de ser, o seu sistema de crenças positivo será ativado. Isso vai se difundir holograficamente por toda a sua vida. Você talvez fique muito surpreso com os efeitos positivos do rompimento de seus contratos negativos, não apenas sobre si mesmo, mas também sobre a pessoa com a qual você vinha mantendo esses contratos. O rompimento desses contratos libera uma grande quantidade de energia criativa que você agora poderá usar em outras áreas de sua vida. Ele vai aumentar enormemente o seu processo de cura pessoal. Ele também vai liberar a energia criativa na vida de seu amigo.

Alguns amigos talvez insistam na manutenção do contrato antigo. Como você não vai mantê-lo, essa amizade poderá se dissolver junto com o contrato. O seu velho amigo talvez encontre uma outra pessoa disposta a aceitar os termos do contrato antigo. Não se preocupe com isso. Os seus velhos amigos irão enfrentar essas mudanças em suas vidas quando estiverem prontos. Não há julgamentos a respeito disso – todo mundo deve ter liberdade para se modificar e se desenvolver no seu próprio ritmo. Isso também pode acontecer num relacionamento íntimo. Embora seja muito mais difícil perder um relacionamento íntimo, isso de fato acontece quando as pessoas se modificam rapidamente.

Nesses casos, quando o desgosto pela perda dessa velha amizade ou relacionamento íntimo surgir dentro de você, pode ser útil se lembrar de que o amor e o aprendizado sempre são criados em todos os tipos de relacionamentos. Das amizades e relacionamentos íntimos, o que sempre permanece é o amor. Somente a parte negativa é que se dissolve. A dor e a distorção desaparecem com o tempo e o aprendizado. O amor que foi criado sempre permanece e nunca se reduz. Quando o seu velho amigo passar pelas necessárias mudanças na vida, vocês talvez se encontrem novamente e descubram que a amizade voltou a ser estimulada. O amor subsiste.

Se você estiver doente e passando pelo processo de cura, você vai transformar muitos de seus contratos negativos antigos com amigos e com o seu companheiro ou companheira. Você vai descobrir que as pessoas que concordarem com as modificações no contrato mútuo firmado entre vocês também vão crescer com você ao longo das etapas do processo de cura. Ao passar por cada um dos sete níveis e transformá-los (conforme analisamos no capítulo 8), você leva as pessoas próximas a terem uma visão mais elevada de todo o processo. Quando você passar por mudanças profundas na sua vida, o mesmo acontecerá às pessoas que o rodeiam. A vida delas também vai mudar.

A Criação de Relacionamentos de Cura com os Profissionais de Saúde

É muito importante criar contratos positivos com os seus profissionais na área da saúde. Esses contratos positivos têm o propósito de esclarecer as suas necessidades, encontrar as pessoas certas e qualificadas para ajudá-lo a satisfazer essas necessidades, de criar um ambiente confiável e seguro no qual você possa fazer a parte que lhe cabe e se entregar ao processo de cura, à sabedoria e à ajuda por parte dos profissionais de cura que você escolheu. Quanto mais cuidadosamente isso for feito, tanto melhor, porque num determinado momento, durante o processo, *você será solicitado a confiar, a se soltar e a viver com fé e esperança*. Certifique-se de ter atraído as pessoas certas para trabalhar com você e de criar o local e a situação apropriados para fazê-lo.

Quando estiver pensando em estabelecer um relacionamento com um profissional da saúde, sugiro que antes você faça o que foi descrito na sessão anterior, que tratou dos seus relacionamentos pessoais. Isso vai lhe proporcionar informações a respeito da estrutura de qualquer contrato negativo que você possa estabelecer, de forma automática e inconsciente, com o seu profissional de saúde. Depois que isso acontecer você vai descobrir que é ainda mais fácil fazer o que se acha descrito a seguir. Utilizando informações apresentadas neste capítulo e no Capítulo 12, usemos algumas importantes perguntas como orientação para estabelecer relacionamentos positivos de cura com o seu curador, com o seu médico e com quaisquer outros profissionais da saúde cujos serviços você talvez esteja querendo contratar. O objetivo é criar a melhor equipe cliente-curador-médico possível. Você também poderá usar essas orientações se quiser recorrer aos serviços de um nutricionista, de um terapeuta ou de qualquer outro profissional da saúde.

Se estiver demasiado doente para fazer isso sozinho, peça que alguém o ajude. Se, por outro lado, estiver cuidando de alguém – como um membro da família – que esteja muito doente para fazer isso por si mesmo, tente fazê-lo com base nas informações de que dispõe a respeito dessa pessoa. Você estará lhe prestando uma grande ajuda.

Use a tabela da Figura 12-1, conforme fez no Capítulo 12, para responder a essas perguntas.

Aspectos a serem esclarecidos acerca de si mesmo para se certificar de que você está seguro a respeito de qual é o seu conjunto de crenças e do que precisa:

Qual é o resultado que eu desejo?
Qual é a minha razão para não fazer – por que não consegui esse resultado antes?
Qual é o medo que tenho evitado e que terei de enfrentar?
Qual o conjunto de crenças negativas em que esse medo está baseado?

Sua parte em qualquer contrato negativo com outra pessoa sempre se baseará no seu conjunto de crenças negativas. Você vai descobrir que o conjunto de crenças negativas que você relacionou é aquele com que você está familiarizado. Você o usa em muitas áreas da sua vida e provavelmente já se insurgiu contra ele ao fazer os exercícios deste capítulo que exploram os contratos negativos nos relacionamentos. Você provavelmente se identificou com os dois exemplos apresentados. Eles são muito apropriados para o relacionamento de cura. O primeiro exemplo diz que é perigoso desafiar alguém que discorde de você. Ele se baseia na crença negativa de que o universo não é um lugar que apoia a verdade ou o processo de descoberta da verdade ou, de forma mais pessoal, ele diz: *Expressar a minha verdade e a minha criatividade é perigoso*.

Se essa crença negativa estiver operando dentro de você no momento em que estiver agindo com um profissional de saúde, você vai ter dificuldade para defender aquilo em que acredita. Se não gostar da atitude ou da postura que os seus profissionais da saúde assumirem com relação a você e ao seu processo de cura, você provavelmente não vai desafiá-los. Você irá abster-se de expressar as suas dúvidas a respeito do projeto de cura que ele lhe apresentar. Você provavelmente irá abster-se de expressar as suas ideias criativas a respeito da sua própria cura. Infelizmente, porém, essas preocupações, dúvidas e ideias criativas talvez sejam a chave para o seu processo de cura.

Se quiser passar pelo seu processo de cura com a atitude de quem está disposto a aumentar a consciência de si mesmo e a descobrir a sua verdade a cada etapa do processo, então, você precisa obter ajuda de alguém que esteja disposto a trabalhar dessa maneira. Não pode ser alguém que simplesmente lhe diga como as coisas devem ser feitas. Você terá de encontrar alguém que irá colocar o projeto de cura na mesa e conversar abertamente com você a respeito disso. Você precisa saber quais são as suas opções e quais as consequências que podem resultar dessas escolhas, e isso da melhor forma que o profissional de saúde puder lhe explicar. São inúmeros os profissionais de saúde que estão dispostos a fazer isso nesse exato momento, com franqueza e generosidade.

Se estiver seguro de que o seu conjunto de crenças diz que o universo apoia a verdade, a busca da verdade e a expressão da criatividade na solução de problemas, será muito mais fácil saber se um plano é ou não apropriado para você e desafiar aquele que não for o mais adequado. Quanto mais você se concentrar nessa realidade, antes de precisar tomar uma decisão, mais lúcido você estará para tomar a decisão, quando chegar a hora.

No segundo exemplo acima, com o qual você pode ter se identificado, a crença negativa básica apoiada é algo mais ou menos assim: *Quando eu precisar de ajuda ou adoecer, as pessoas vão ficar irritadas. Nunca devo ficar doente. Ter necessidades é perigoso.*

Obviamente, isso vai interferir muito com o seu processo de cura e com o relacionamento que você tem com os seus profissionais da saúde. Eles estarão por demais ocupados para tentar imaginar quais são as suas necessidades. Nem poderiam, mesmo que tivesse tempo. Cabe a você começar a compreender que você tem necessidades adultas reais e que, se estiver doente, as suas necessidades serão maiores do que se estiver sadio. É perfeitamente razoável buscar ajuda para satisfazê-las. Se você souber que tem uma tendência para não pedir que as suas necessidades sejam atendidas, você precisa se concentrar na crença positiva de que vivemos num mundo no qual todas as pessoas têm necessidades naturais e no qual as necessidades podem ser atendidas. Portanto, você pode pedir que os seus profissionais da saúde preencham essas necessidades. Mesmo se você se sentir embaraçado, é melhor pedir. Mesmo que eles não possam satisfazê-las, ou sintam que não é apropriado fazê-lo, ainda assim você estará no caminho certo. Você poderá continuar pedindo até encontrar a pessoa certa para satisfazê-las.

Pedir o que você precisa e desafiar os tratamentos radicais contra doenças graves é algo muito difícil de fazer. Isso requer lucidez a respeito do que você realmente deseja. Por exemplo: ninguém quer quimioterapia, ninguém quer radiação. Mas a sua resistência a esses tratamentos advém do compromisso de pedir o que você precisa e defender a sua verdade para curar a si mesmo da maneira que você julgar correta? Ou será apenas uma maneira de evitar um tratamento muito desagradável e, assim, continuar apegado a uma negação? Essas são perguntas que muitas pessoas enfrentam. Elas não são fáceis de responder. Nessa ocasião, o conhecimento do sistema de crenças em que você tende a basear as suas ações virá bem a calhar.

Se você tiver certa tendência para nunca fazer desafios, provavelmente deva começar a fazer isso. Se, por outro lado, você for o tipo de pessoa que desafia todas as pessoas em todas as coisas, você provavelmente possui um conjunto de crenças negativas que diz que as pessoas não são dignas de confiança. Nesse caso, essas ações provavelmente prejudicariam a sua cura. A grande questão é: você está sendo motivado pelo amor ou pelo medo? Se não for amor, tente novamente.

Há muitas variações naquilo que chamo de jogos que a pessoa joga com os seus profissionais da saúde. Muitos pacientes querem que os seus médicos ou curadores sejam sobre-humanos, que não tenham falhas e que assumam plena responsabilidade pela sua saúde. Por exemplo, um conjunto de crenças negativas que confirma a prática de não se pedir o que é necessário para atender às nossas necessidades tem o seu inverso, em que se supõe que o médico seja onisciente e cuide de tudo para nós. Há em todas as pessoas uma parte que quer voltar ao útero, onde todas as necessidades são automaticamente atendidas sem que seja necessário sequer pedir. Mas esse não é o mundo real. Todas as pessoas são limitadas. Todos nós somos humanos.

Você tem que estar consciente de que o conhecimento dos profissionais da saúde é necessariamente limitado. O conhecimento da medicina é limitado. Embora esteja muito avançada cientificamente, ela sabe muito menos do que há para saber. Além do mais, ela foi e ainda está sendo formulada por pessoas que estão simplesmente tentando aprender o máximo que podem dentro de determinada estrutura de conhecimento. O mesmo acontece com a cura. A cura é um caminho de conhecimento que apresenta certa afinidade com o caminho de conhecimento da medicina, e há muitos caminhos de cura. Nem a medicina nem a cura podem assumir responsabilidades maiores que as da pessoa que nasceu com o corpo que estiver sendo tratado. Você sempre foi e sempre será responsável pelo seu corpo.

Na condição de professora de cura, passo por isso com muita frequência no contato com as pessoas que vêm estudar comigo. Como tenho a capacidade de interpretar o campo áurico e de enxergar dentro do corpo, alguns alunos acham que isso significa que eu observo automaticamente tudo o que diz respeito à saúde deles quando estão frequentando os meus cursos. Várias pessoas ficaram aborrecidas comigo porque não as avisei antecipadamente de alguma coisa que iria aparecer no seu *check-up* anual com o médico. Depois que essas pessoas superam o choque inicial, elas descobrem que na verdade estavam evitando saber coisas a respeito do funcionamento do próprio corpo. Essa evitação em geral baseia-se no nosso medo da condição humana em que vivemos como seres físicos.

Em longo prazo, porém, quanto mais mantemos a nossa consciência natural concentrada no corpo, maior a nossa capacidade de seguir as mensagens do nosso sistema de equilíbrio e de conservá-lo saudável no dia a dia. Isso muito contribui para aumentar a nossa sensação de poder. Com o nosso sistema de equilíbrio, nós – na medida do possível – permanecemos atentos para o que estiver se passando no nosso habitat físico. Portanto, a pessoa (nós mesmos) que puder fazer o máximo a respeito disso é quem dá o primeiro alerta. Nós sempre estamos dentro do corpo!

Agir assim faz uma grande diferença. Eu, por exemplo, mencionei um caso num capítulo anterior a respeito da cura de dores nas costas. Descobri que era necessário que o paciente carregasse pequenos pacotes com alimentos saudáveis para manter um bom nível de açúcar no sangue, para não voltar a machucar as costas. Isso funcionou muito bem para ele, que tinha muito mais consciência do que estava se passando com o seu corpo de minuto a minuto. Estando presente e atendendo às suas próprias necessidades, ao longo do tempo ele conseguiu curar as costas. Uma paciente com a qual eu estava trabalhando nessa época se recusou a fazer isso porque não queria manter um elevado nível de consciência do corpo. Ela não queria comer as coisas apropriadas no momento em que precisaria fazer isso para manter os níveis de açúcar no sangue, a fim de prevenir a lesão. Ela continuava causando danos às costas. Antes de poder lidar com o problema de uma maneira prática, ela precisaria resolver questões mais profundas relacionadas com a responsabilidade por si mesma.

Depois que tiver realizado as atividades deste capítulo para descobrir os tipos de contratos negativos que estabeleceu com as pessoas, você poderá verificar de que forma poderá estabelecer os mesmos tipos de contratos negativos com os profissionais da saúde que o atendem. Considere os exemplos apresentados aqui e, depois, faça a si mesmo essas quatro perguntas:

> Que contratos negativos estabeleci no passado e que, inconscientemente, posso vir a usar no contato com os meus profissionais de saúde?
> Qual é o conjunto de crenças positivas a partir do qual irei agora permitir que se originem os meus atos? (Você vai querer que ele seja apoiado por quem quer que você escolha para trabalhar ao seu lado.)
> O que realmente preciso que meu curador, médico ou profissional da saúde façam para me ajudar a chegar ao resultado desejado?

Qual é o mantra simples que expressa essa crença positiva e que pode ser utilizado em qualquer momento? (Você poderia usar, por exemplo, um mantra simples de uma palavra, como saúde, criatividade, paz, verdade, pedido, desafio, abundância e amor. Você poderá usar esse mantra no momento que quiser, ao longo do dia. Se gosta de ser preciso, apenas pense nele algumas vezes a cada hora, ou quando acordar, pela manhã, e antes de ir para a cama. Você poderia usar isso numa meditação formal, durante a qual você se sentaria em silêncio, a coluna ereta e na posição correta. Ou, então, simplesmente deite-se na cama e se concentre em uma ou duas palavras que signifiquem muito para você.)

Agora que sabe o que precisa, você pode usar isso quanto aos vários profissionais da saúde que você escolheu no Capítulo 12. Crie um contrato imaginário com cada um deles. Seja claro quanto ao que você espera de cada um. Esse processo vai continuar enquanto você obtiver mais informações. Você certamente vai precisar estabelecer com o seu curador um contrato diferente daquele que você vai ter com o seu médico. Releia os Capítulos 5 e 6 antes de criar os contratos. Tomando essas providências antes de ficar doente, as coisas serão mais fáceis para você quando precisar de ajuda para lutar contra uma doença. Se você precisar de ajuda para esclarecer o processo, não hesite em pedi-la a alguém que entenda o que você estiver fazendo.

Como a maior parte dos profissionais da saúde não marca entrevistas preliminares, você provavelmente não poderá apresentar suas ideias antes da sua primeira consulta com um médico ou da primeira sessão com um curador. Não se esqueça de fazer isso no início da consulta ou da sessão. Depois da sessão de cura já será muito tarde. Você estará num estado alterado e, muito provavelmente, não será recomendável falar muito.

Aspectos a serem esclarecidos com o profissional da saúde para se certificar de que você pode criar um contrato positivo com ele:

Ele está disposto a lhe dar o tipo de informação que você quer, com todos os detalhes necessários para atender às suas necessidades? (Não se esqueça de fazer com que ele descreva as opções de planos de tratamento de que você dispõe.)

A pessoa está sendo clara e sincera a respeito do que ela pode dar a você e de quais são as suas limitações?

Com base em que conjunto de crenças ela está operando? Ele é semelhante àquele que você quer apoiar? (Essa pergunta pode ser muito difícil de responder. Se for esse o caso, deixe-a de lado por enquanto – você vai acabar encontrando a resposta.)

Vocês dois estão de acordo quanto ao resultado desejado?

O que a pessoa quer de você? Quais são as suas responsabilidades na realidade do processo de cura?

Depois que tiver montado a sua equipe de cura, não se esqueça de fazer com que alguém elabore uma programação das inúmeras coisas que terão de ser feitas e da ajuda que você vai precisar para fazê-las – como comparecer às consultas ou arranjar alguém para fazer as compras, de modo que você possa manter a sua dieta. Faça com que seus amigos o ajudem a manter o seu espaço de cura. Não se esqueça de reservar algum tempo para ficar sozinho, de modo que você possa conhecer-se melhor.

Como Criar um Relacionamento de Cura com a Terra

Há uma relação holográfica entre a sua cura pessoal e a cura da Terra. Muitos de nós estão preocupados com o grande sofrimento que atualmente aflige a Terra. Queremos saber de que modo especificamente ajudamos a criar esse sofrimento e de que modo podemos ajudar a curá-lo. Conforme eu disse no início deste capítulo, tudo o que foi dito a respeito dos relacionamentos individuais pode ser aplicado ao nosso relacionamento com a Terra. Nossos contratos negativos geralmente se revelam no modo como tratamos o nosso planeta. No nível pessoal, quaisquer contratos negativos que estejam em vigor nos seus relacionamentos pessoais também estão em vigor holograficamente nas suas relações com a Terra.

É no quarto nível do nosso campo que nos ligamos à Terra e criamos com ela relacionamentos semelhantes aos que criamos uns com os outros. A partir da perspectiva áurica, a Terra é um ser vivo senciente, e nós fazemos parte do seu corpo. Essa ideia faz sentido na metafísica M-3. Como toda matéria é criada a partir da mente ou da consciência, então, a consciência criou o corpo físico da Terra. A Terra física, então, assim como os nossos corpos, surgiu a partir da consciência que a criou. Assim como a nossa consciência está ligada ao nosso corpo através do campo áurico, a Terra também tem uma consciência que se liga a ela através do campo áurico da Terra. Parte da aura da Terra é conhecida por meio dos nossos estudos da magnetosfera e dos cinturões de Van Allen, que são parte do campo magnético da Terra. Muitos de vocês já contemplaram as magníficas cores das Auroras Boreais, que têm um aspecto muito semelhante à aura humana.

Como os nossos corpos fazem parte da Terra, estamos holograficamente ligados ao planeta. Nascemos a partir dela e ela é a nossa Mãe. Os índios norte-americanos respeitam essa ligação e mantêm certa reverência respeitosa pela nossa dependência em relação à Terra.

Muitas pessoas que pertencem à nossa cultura atualmente gostam de esquecer a nossa dependência em relação à Terra e a nossa ligação com todos os seres que nela vivem. Agimos como se a possuíssemos; de fato, acreditamos até mesmo que somos donos de um pedaço dela. Acho que Crocodilo Dundee deixou as coisas claras quando, no filme, disse: "É como se duas pulgas estivessem discutindo para saber quem é a dona do cachorro em que vivem." Boa parte do tratamento errado que dispensamos à Terra decorre do nosso sofrimento pessoal, que nossas crenças negativas vivem recriando. Coletivamente, continuamos sofrendo e, coletivamente, maltratamos a Terra.

Como aprendemos com a teoria holográfica que todas as coisas que fazemos afetam tudo o que existe, isso significa que, de alguma maneira, ainda que modesta, somos responsáveis pelo que hoje está acontecendo com a Terra. Além do mais, o sistema menor que se acha inserido dentro do sistema maior está diretamente ligado a esse último e exerce influência imediata sobre ele. Para a maioria de nós essa é uma ideia difícil de entender. Já temos muito o que fazer na nossa vida sem nos preocuparmos com os problemas planetários. Muitas pessoas voltam as costas para os imensos problemas que a humanidade enfrenta atualmente.

Para lidar com esse problema, alguém certa vez perguntou a Heyoan: "O que posso fazer pela paz mundial?" A resposta que recebi de Heyoan não só explicou de que forma podemos ajudar a criar o problema, mas também nos deu uma luz para que pudéssemos fazer a nossa parte sem nos sentirmos tão intimidados, a ponto de voltarmos as costas para a problema.

Heyoan disse basicamente que, assim como você acolhe crenças negativas, que criam o sofrimento na sua vida, você também ajuda a manter esse sistema de crenças negativas na consciência coletiva da humanidade, a partir de onde brota o sofrimento humano.

Eis aqui a resposta recebida e o processo gradual para você encontrar a área apropriada a fim de dar a sua contribuição para a paz mundial.

O QUE POSSO FAZER PESSOALMENTE EM FAVOR DA PAZ MUNDIAL?
Mensagem Canalizada por Heyoan

Essa é uma pergunta maravilhosa e espero que mais pessoas a façam a si mesmas. É cada vez mais importante que um maior número de pessoas comece a assumir as responsabilidades que cabem a um cidadão do mundo. O primeiro passo para isso é considerar a si mesmo de uma perspectiva mais ampla, e deixar que suas decisões e seus atos se originem desse conhecimento mais completo.

Do nosso ponto de vista, como vocês são coletivamente criadores da Terra e de tudo o que nela existe, vocês a fizeram tal como é. Vocês criaram todas as suas experiências de vida e, quando existe sofrimento, ele está ali apenas porque vocês o fizeram assim. Isso não significa que vocês sejam ruins. Significa simplesmente que vocês não aprenderam uma lição cujo aprendizado era um dos objetivos da sua vinda até aqui e que, dessa maneira, vocês criaram uma situação que não apenas resulta desse desconhecimento, mas que lhes proporciona precisamente os instrumentos de que vocês necessitam e lhes indica a direção em que devem olhar para assimilar esse aprendizado.

Adote a nossa perspectiva e aplique-a à situação mundial. Primeiro, faça a si mesmo as perguntas que você faria a respeito de quaisquer questões pessoais. O que essa situação mundial significa para mim pessoalmente? Qual é a mensagem que o mundo como um todo (sendo um reflexo do Eu) está tentando me transmitir a respeito do que preciso aprender? Qual é a natureza do sofrimento que você ajudou a criar? O que precisa ser feito com relação a isso e o que posso fazer pessoalmente? De que modo contribuí pessoalmente para essa situação em geral?

Agora, você poderia dizer: "Eu não fiz isso." Você poderia até mesmo culpar outras pessoas – "Foram os políticos" – ou poderia escolher alguma outra nação ou grupo étnico para culpar. Mas é você que participou das eleições ou se absteve de votar. É você que, dentro de si, tem alimentado preconceitos contra as pessoas cujos pontos de vista são diferentes dos seus. Você faz isso com pessoas totalmente estranhas e também com aquelas que conhece. De forma automática e, muitas vezes, inconsciente, você acaba estendendo a si mesmo essas generalizações e pressuposições que faz a respeito dos outros. Isso causa-lhe um grande sofrimento pessoal. Quando estiver falando negativamente a respeito de alguém, procure imaginar qual o efeito que isso exerce sobre você quando diz essas coisas a respeito de si mesmo.

Os anseios da alma humana não se limitam às fronteiras nacionais, às línguas ou aos credos. Com essas distinções, porém, a alma encontra uma sala de aula (ou playground) apropriada, onde possa aprender. É precisamente essa variedade que torna a Terra uma excelente escolha para a encarnação. As nações foram criadas para trazer diversidade e excitação para a nossa vida. Nunca se pretendeu que fossem campos de batalha. De fato, alguém poderia viver muitas vidas na Terra, sem muitos ambientes, e nunca ficar entediado.

Então, o que aconteceu? As coisas que o trouxeram à Terra, para seu aprendizado, são precisamente as coisas que causam os problemas. Basicamente, sua crença numa realidade separada o faz retornar à Terra. Essa crença também causa-lhe medo. Assim, você tem de vir para cá a fim de eliminar o medo, mas através do medo que precisa ser dissolvido é que você gera mais medo. Portanto, pergunte a si mesmo: "Do que precisamente tenho medo, tanto na minha vida pessoal como numa escala mundial?" Observe que, de fato, ambos são o mesmo medo. Você sabe que esses medos são exatamente os mesmos sentimentos que a maioria dos seres humanos tem, e com base nos quais a maioria dos seres humanos age? Esses medos comuns, portanto, constituem a origem do conflito mundial.

Todos vocês têm medo da perda, da doença, da morte e da falta de liberdade. Todos vocês temem que alguém lhes roube alguma coisa de valor, depois de trazerem-na para a sua vida. Eu lhe digo, porém, que a única pessoa que pode fazer isso é você.

Na mesma medida em que você tolher a sua liberdade pessoal, por causa do medo, você também vai tentar tolher a liberdade das outras pessoas. Na medida em que você cria a doença no seu corpo, nessa exata medida você permitirá que os outros a mantenham nos seus corpos e fiquem de lado, sem lhe oferecer nenhuma ajuda. Na medida em que você gera o empobrecimento do alimento físico, emocional, mental e espiritual na sua vida, nessa mesma medida você pode tolerar o empobrecimento nos outros e até mesmo ansiar por companhia. Da mesma forma como vocês fizeram isso a si mesmos, também o fizeram aos outros.

Assim, o primeiro passo para criar um mundo de paz é dado em casa. Crie harmonia em casa, no escritório e na comunidade e, depois, transmita-a além das fronteiras nacionais. Você deixaria o seu filho ficar com fome? Então, por que deixar que o vizinho do lado, o africano ou o indiano passem fome? Onde quer que você trace uma linha, esse é o local onde você estará limitando a si mesmo: sua autodefinição, seu amor e seu poder.

Recomendo que cada um de vocês dedique dez por cento do seu tempo e energia a um projeto particular com o propósito de fomentar a paz mundial. Isso pode ser feito na área da educação, das atividades políticas, da comunicação ou, simplesmente, através de contribuições em dinheiro para uma causa com a qual você esteja profundamente ligado. Faça isso apenas a partir da perspectiva de que você ajudou a criar a situação que hoje existe e, portanto, pretende curá-la como curador que é e a partir do poder de que dispõe como coparticipante da criação. Assim, em vez de trabalhar movido pelo medo ou pela culpa, você vai trabalhar do ponto de vista de um criador que coloca o seu trabalho em ordem. Nunca, nunca aborde a paz mundial do ponto de vista de que você é quase impotente para fazer alguma coisa a respeito disso. Isso simplesmente não é e nunca será verdade. Você coparticipa da criação de tudo o que experimenta, incluindo a situação mundial. Se você não gostar do que criou, aprenda as lições que você precisa aprender com as suas criações imperfeitas e as recrie de uma outra maneira, mais apropriada.

Se você tem medo da pobreza, então, os seus atos que surgem a partir do medo – tentar impedir a sua pobreza pessoal – vão ajudar a criar a pobreza numa escala mundial. O seu medo ajuda a manter a crença geral na pobreza. Essa crença geral na pobreza causa uma reação defensiva em que todas as pessoas procuram obter mais coisas e conservá-las para si. Essa ganância leva a uma luta por vantagens econômicas que, por sua vez, causa o empobrecimento dos recursos mundiais. A solução para o mundo será a mesma para o indivíduo.

A ganância é baseada no medo de não ter o suficiente. O que se apresenta sob o aspecto de ganância é na verdade o resultado do medo da pobreza. Isso, por sua vez, cria a pobreza, que leva à destruição dos recursos da Terra, colocando em risco a sua própria existência. Em última análise, portanto, o seu medo da pobreza encobre o seu medo existencial e, no final das contas, sua ganância se apoia no frágil alicerce do seu mais profundo medo existencial.

Agora, o que se pode dizer a respeito dessa ganância? Ganância é um termo que você talvez nunca queira aplicar a si mesmo. Vamos atenuá-lo um pouco: se você olhar para dentro de si, vai encontrar muitos "desejos". Faça uma lista dos seus "desejos". Você vai descobrir que muitos deles foram criados para fazer você se sentir seguro, coisa que eles nunca poderão fazer. Agora, pergunte a si mesmo: "Qual desses desejos eu quero atender a partir da minha consciência superior, com base no seu conjunto de crenças positivas? Qual deles eu quero atender para me sentir seguro, com base em meu sistema de crenças negativas?" Divida a lista dessa maneira. Agora, concentre-se na lista positiva e pergunte a si mesmo: "De que forma cada um dos meus desejos serve ao mundo e a mim mesmo?" Quando isso tiver sido feito, detenha-se em cada item criado para aplacar o seu medo, e pergunte: "Que medo estou tentando aplacar e de que forma? Se eu agir de acordo com os meus desejos, de que forma os meus atos vão afetar o mundo? Como você sabe, com base no que já leu neste livro, ao seguir esse curso de ação você estará afirmando esse medo no mundo. Observe que, ao fazê-lo, você poderá descobrir que parte dos itens está na lista errada.

Esse exercício poderá lhe proporcionar uma melhor compreensão do quanto você é responsável por criar não apenas a sua experiência de vida mas também a situação do mundo. Você tem uma grande responsabilidade! Você exerce, de fato, uma grande influência!

Portanto, queridos, estejam conscientes do efeito direto que o seu conjunto de crenças exerce sobre os seus relacionamentos pessoais e sobre a situação do mundo. Em virtude desse poderoso efeito direto, você pode modificar as duas coisas descobrindo o seu conjunto de crenças negativas e alterando-o a fim de projetar amor, cuidados e confiança no mundo. Fique em paz e com amor.

Lição de Casa de Heyoan

1. Relacione todos os seus medos no nível pessoal. Relacione os seus medos no nível mundial. Observe a semelhança.
2. Relacione os seus desejos. Divida a lista entre os desejos que decorrem da necessidade de aplacar o medo que nasce das crenças negativas (desejos negativos) e os relacionados com as crenças positivas (desejos positivos).
3. Descubra qual é o medo a partir do qual surgem os seus desejos negativos. Descubra a consciência mais elevada a partir da qual surgem os seus desejos positivos.
4. O que você criou no nível pessoal a partir de cada um desses desejos positivos e negativos? Quais as semelhanças entre a situação mundial e a sua situação pessoal? Isso é o que você ajudou a criar no mundo, seja algo positivo ou negativo.
5. Em que área (de acordo com as suas criações negativas, resultantes do medo) você quer dar os seus dez por cento de contribuição em favor da paz mundial?

**Os Resultados da Eliminação dos Seus Desejos
Destinados a Aplacar o Medo**

Considere a pessoa que é comilona porque teme a morte pela fome. Ela pode comer demais e, até mesmo, armazenar alimentos. Uma pessoa assim ajuda a manter o medo da morte pela fome no inconsciente coletivo da espécie humana. Ao lidar com o seu problema, essa pessoa poderá preferir dar a sua contribuição ajudando a alimentar os que estão passando fome.

Um amigo meu, a quem chamarei de Mark, fez justamente isso. Ele estava com excesso de peso na época em que o conheci. Embora eu não soubesse nada a respeito do seu passado, percebi que ele estava muito preocupado com o seu peso e com os problemas de saúde que isso lhe causava. Ele estava particularmente preocupado com o esforço extra que a obesidade impunha ao seu coração. Mark havia lidado com esse problema no passado, passando por vários tipos de dieta, perdendo alguns quilos e, depois, recuperando imediatamente o peso. Ele precisava penetrar nas questões mais profundas relacionadas com o seu peso antes de poder derrotar o problema. Mark procurou um curador para obter ajuda a fim de parar de comer em excesso e, posteriormente, compartilhou seu processo de cura comigo e me deu permissão para escrever sobre ele.

Mark descobriu que o primeiro nível do medo, dentro dele, era simplesmente o medo da fome. Ele não podia tolerar a sensação interior de fome. Isso era uma surpresa para ele, que não fazia nenhuma ideia da origem desse medo, que certamente não era uma realidade na sua vida. Ele procurou a origem do seu medo da fome e descobriu que os seus pais haviam tido terríveis problemas financeiros na época do seu nascimento, durante a Grande Depressão dos anos 30. Assim, ele descobriu a fonte do seu medo da fome. Sua herança familiar continha o medo da fome, embora isso nunca tivesse acontecido. Quando pequeno, ele havia aprendido que essa coisa desconhecida chamada fome era algo terrível e devia ser temida. Sua mente infantil não conseguia fazer distinção entre fantasia e realidade. Sua solução infantil consistiu em, simplesmente, nunca ficar com fome. Isso funcionou, mas ele ganhou peso.

No decorrer do seu processo de cura, Mark começou a praticar a tolerância, do medo da fome, tendo refeições saudáveis e deixando de lado o lambiscar quase constante ao longo do dia. Assim, melhorando a dieta, ele imediatamente aumentou o seu nível de energia e de autoconsciência. Nesse processo, ao contrário das dietas anteriores, seus motivos eram mais profundos do que a simples perda de peso. O processo havia se transformado numa exploração do seu mundo interior.

Às vezes, o medo ficava forte demais, e ele fazia uma refeição leve. Dessa maneira, ele lidou diplomaticamente com o problema. Continuando a explorar essa experiência da sensação de fome, ele descobriu que poderia começar a distinguir entre a sensação de fome e a sensação de vazio interior. Então descobriu que chegava até mesmo a gostar da sensação de vazio interior porque isso lhe dava bastante espaço. Ele estava em paz. Tratava-se simplesmente de uma vida destituída de forma. De vez em quando, alguma coisa nova surgia a partir de sua vida interior sem forma e, muitas vezes, ele experimentava um verdadeiro êxtase espiritual.

Então, outras coisas começaram a surgir de dentro desse vazio interior. Um dia, quando estava meditando no silêncio interior, ele sentiu, com uma intensidade cada vez maior, o medo de morrer de fome. Então, esse medo irrompeu com toda a força. Rapidamente, ele se viu em meio à experiência de morrer de fome. Estava num outro século, num outro corpo e em outra vida. Ele saiu dessa meditação com um sentimento de medo. Posteriormente, numa sessão de cura com o seu curador, ele contou o que havia acontecido. Juntos, durante a sessão de cura, eles voltaram no tempo até a experiência de vida passada que havia surgido na sua consciência. O curador atuou no sentido de eliminar do campo áurico os sinais deixados por essa experiência. Mark se viu vivendo numa época de muita fome. De acordo com essa experiência, ele na verdade havia ajudado a causar essa fome pelo mau uso do poder. Ele e muitos outros acabaram perdendo a família e a vida por causa da fome.

Nesse caso, obviamente, não era possível provar que isso realmente havia acontecido a ele. Entretanto, existem alguns estudos muito bem feitos que confirmam a sua experiência. Um desses estudos, por exemplo, foi feito por Ian Stevenson, da Universidade de Virginia, que está verificando as informações relativas às vidas passadas de crianças muito jovens. Como quer que seja, o nosso interesse principal aqui é no efeito terapêutico da eliminação dessa experiência do campo áurico de Mark. Primeiro, ele perdeu o medo da fome e da morte pela fome. Depois, fez uma grande mudança na sua vida.

Conforme Mark disse:

> Quando o meu campo de energia ficou purificado, compreendi finalmente que o meu medo estava relacionado com alguma coisa que já havia acontecido, e não com algo que iria acontecer. Eu, então, sentia um desejo irresistível de impedir que isso voltasse a acontecer. Eu via os erros que havia cometido da última vez e queria tentar novamente.
>
> Comecei a comer como uma maneira agradável de alimentar o meu corpo, de modo que eu pudesse ter liberdade para ser quem sou e fazer o que vim aqui para fazer – o que significa lidar com a verdadeira fome que está ocorrendo na Terra nesta nossa época.

Mark não acredita mais no medo da fome. Ele ensina meditação no vazio interior como um caminho para fazer com que a pessoa descubra a si mesma. Ele acha que a experiência do vazio interior é uma parte maravilhosa e necessária da vida humana, que leva a uma maior compreensão e a uma relação mútua, entre todas as coisas. Mark perdeu 25 quilos e está trabalhando para uma organização que combate a fome no mundo.

Capítulo 14

OS TRÊS TIPOS DE INTERAÇÃO ENTRE OS CAMPOS ÁURICOS NOS RELACIONAMENTOS

Um dos mais interessantes privilégios que a PSS (Percepção Sensorial Sutil) nos proporciona é o dom de observar a interação entre os campos áuricos das pessoas quando elas estão se relacionando umas com as outras. No quarto nível do campo áurico, tudo o que fazemos uns com os outros acontece na forma de uma manifestação viva, móvel e constantemente mutável de luz colorida semelhante a um fluido, o bioplasma. A interação do bioplasma revela muitas coisas a respeito dos relacionamentos – coisas que eu por certo nunca havia suspeitado antes de observar detalhadamente essas interações. As manifestações bioplasmáticas revelam que estamos ligados uns aos outros de muitas maneiras além daquelas abordadas pelas nossas teorias psicológicas e sociológicas. Elas demonstram uma interdependência entre todas as criaturas vivas que vai muito além daquilo que anteriormente compreendíamos.

Por mais que pensemos que somos independentes e que fazemos as coisas sozinhos, nunca realmente podemos dispensar a ajuda dos outros. Essa é uma lição que muitos seres humanos estão agora reaprendendo. Nas comunidades tribais do nosso passado, sabíamos o quanto dependíamos uns dos outros. No início do século XX, porém, o mundo nos deu uma falsa sensação de liberdade. Atualmente, com os satélites e a moderna tecnologia de comunicação, temos uma visão mais ampla do que significa ser interdependentes. Vemos que as nossas ações individuais se combinam para formar uma poderosa força que está modificando a superfície do planeta. Vemos que aquilo que é feito num país pode afetar imediatamente todos os outros países. Vemos isso no sistema financeiro mundial, nas bolsas de valores, nos nossos armamentos e na poluição da Terra. As preocupações internacionais que o norte-americano médio agora tem, estimuladas por algo tão simples como o ato de assistir aos noticiários noturnos, indicam que a conexão holográfica do planeta está começando a ser sentida.

Todas as coisas que pensamos, dizemos e fazemos afetam holograficamente todas as outras pessoas através dos campos de energia. A maioria de nós não tem consciência da profundidade dessa afirmação, embora muitos de nós estejamos começando a compreender isso. Muitas pessoas sentem isso de uma forma primitiva. Temos uma sensação de que algo de terrível está acontecendo, e vamos para a frente da televisão para verificar o que é. Isso foi o que muitos de nós fizemos no dia 17 de outubro de 1989, quando os televisores mostraram que o nosso pressentimento estava correto: São Francisco acabara de sofrer o segundo pior terremoto da sua história. Essa sensação interior de que alguma coisa está errada é comum em muitas pessoas quando uma grande calamidade acontece em alguma parte da Terra. Em outros casos, temos uma sensação de leveza e de liberdade que nos diz que alguma coisa maravilhosa está acontecendo. Quando o muro de Berlim veio abaixo, por exemplo, todos sentimos nossa conexão com os berlinenses em sua luta pela liberdade.

Sentimos essa conexão não só por causa do que vimos na televisão, mas porque estávamos energeticamente interligados, através do quarto nível do campo áurico, a todas as pessoas do mundo. Estamos em ressonância com as pessoas que conservam ternamente a liberdade dentro do seu coração. Desenvolver a nossa percepção consciente no quarto nível significa literalmente sentir os outros. Isso significa sentir a sua presença e a sua realidade mais profunda – seus sentimentos, esperanças, alegrias, temores e anseios – como se esta fosse a nossa realidade. No quarto nível, os limites pessoais são muito diferentes daqueles do nível físico. Vamos examinar o significado disso.

No quarto nível do campo, a energia-consciência assume a forma do que ela acredita ser. Aquilo que ela acredita ser depende da frequência da sua vibração e do seu nível de energia. No quarto nível, quando as nossas frequências são semelhantes, sentimo-nos como se fôssemos a mesma pessoa porque sabemos exatamente o que os outros estão sentindo. "Isso sou eu ou você?", perguntamos.

No quarto nível, porém, quando as nossas energias são diferentes, sentimos que não somos a mesma pessoa. Isto é, não somos os outros, porque temos os nossos próprios sentimentos, diferentes dos sentimentos deles. No quarto nível, oscilamos entre a fusão ou unicidade com as outras pessoas, e a separação, num esforço para nos tornarmos individualizados.

No processo de vida do quarto nível, nós nos juntamos e nos fundimos em comunhão. Essa comunhão, em seguida, permite que nos separemos e que afirmemos a nossa individualidade. É apenas por meio do processo de individuação que podemos conhecer a nossa divindade interior. Quanto mais conhecemos a nossa divindade interior, maior a nossa capacidade de nos unirmos em comunhão. Através desse processo circular de crescente autoconsciência o amor é criado.

Esse processo pode ser muito confuso quando tentamos aclarar o quarto nível da realidade no mundo físico, onde as fronteiras estão claramente definidas pela nossa pele. O que acontece, simplesmente, é que a realidade no mundo físico é muito diferente daquela que existe no quarto nível do campo. No Capítulo 2, comecei a descrever essa diferença a partir de uma perspectiva científica. Agora, eu o farei a partir de uma perspectiva espiritual. Para compreender por que o processo da vida no quarto nível é tão diferente daquele do nível físico, analisemos o processo que está por trás da criação que estava ocorrendo.

Eis como o quarto nível foi criado: a força criativa do âmago do nosso ser desce através dos níveis superiores do campo áurico e, a caminho do nível físico, passa pelo quarto nível. Ao fazer isso, ela se divide em duas e torna-se relativa. Nesse momento ocorre uma cisão dualista. É no quarto nível do nosso campo áurico que, pela primeira vez, nos tornamos dualistas. O quarto nível do campo áurico é a ponte entre os mundos físicos e espirituais. Experimentamos essa ponte mediante os relacionamentos com os outros. Sem essa ponte de relacionamentos, o físico e o espiritual pareceriam estar divididos e separados.

No quinto, sexto e sétimo níveis, que correspondem à nossa espiritualidade, não conhecemos a dualidade. As principais funções da dualidade são o estudo da diferenciação e a definição de fronteiras. À medida que a criação desce através dos níveis inferiores ao quarto nível e, depois, penetram no mundo físico, as fronteiras tornam-se mais claramente definidas. Quanto mais baixo o nível, mais claramente fica definida a dualidade. Assim, é no quarto nível que essa dualidade começa pela primeira vez a se manifestar na forma de uma oscilação entre o sentimento de que você é o mesmo que uma outra pessoa e, depois, o sentimento de que é diferente delas.

Logo abaixo do quarto nível está o nível da mente. Aqui, por meio da lucidez, refletimos a respeito de quem somos: "Penso, logo existo. Penso diferente de você. Logo, eu sou eu e você é você." No segundo nível do campo, a dualidade se expressa mais uma vez de forma diferente. "Tenho sensações emocionais a respeito de mim mesmo; portanto, existo. A sensação que tenho em relação a mim mesmo é diferente daquela que tenho em relação a você; logo, somos diferentes. Não somos a mesma pessoa." No primeiro nível do campo, a dualidade é esclarecida dessa maneira: "Sinto a mim mesmo através das sensações. Sinto o meu corpo físico. Sinto o seu corpo físico. Eles são diferentes e, portanto, sou diferente de você." No nível físico, nossa pele define a nossa forma. Olhamos no espelho e dizemos: "Sim, esse sou eu!"

Todavia, poderíamos nos perguntar o que há de tão importante a respeito da diferenciação e da individuação se, no final das contas, todos somos uma coisa só. No dualismo, aprendemos a individuar a nossa percepção consciente através do relacionamento "Eu-Você". *É apenas descendo ao dualismo que podemos despertar a nossa percepção consciente para a individualidade.* Por via do dualismo, criamos um espelho para dar uma boa olhada em nós mesmos. Sem o dualismo, seria impossível a percepção da individualidade. Nunca é demais enfatizar a importância desse fato.

Stylianos Atteshlis, que vive em Chipre, é um curador de fama mundial, conhecido como Daskalos no livro *The Magus of Strovolus,** de Kyriacos Markides. Em seus ensinamentos teológicos, Atteshlis explica o dualismo em termos da descendência do homem a partir dos anjos. Ele diz que a consciência desperta só pode existir passando-se pela experiência humana da dualidade e do livre-arbítrio. Ele diz que éramos todos arcanjos que passamos da "ideia do homem" para a dualidade com o propósito de despertar para a nossa divindade interior e adquirir uma compreensão da evolução da consciência. Ele afirma que os arcanjos e anjos não são individualizados como nós; eles não têm consciência de si mesmos como indivíduos. O livre-arbítrio é automaticamente vontade divina; não existe livre-arbítrio. Em outras palavras, a ideia de escolha não existe dentro de um ser não individual. Os seres humanos, por outro lado – que passam pelos ciclos de nascimento e morte neste planeta e, depois, seguem para mundos superiores –, são seres de grande poder espiritual que também são individualizados.

A individuação é um processo que começa com a encarnação, passa pelo quarto nível da dualidade e, então, vai ainda mais fundo até chegar à dualidade no mundo físico. Trata-se de um processo de criação de longuíssimo prazo, que continua através dos séculos no plano físico. Depois, ele passa para frequências mais elevadas da experiência da vida que, ao que parece, continuam indefinidamente.

Assim, embora muitos de nós nos queixemos da dualidade e das dificuldades dos relacionamentos humanos, o relacionamento está no âmago do crescimento e do desenvolvimento espiritual. O quarto nível é uma ponte entre nossa espiritualidade e nossa natureza física. É uma ponte entre o céu e a Terra, uma ponte feita de relacionamentos. É por meio dos relacionamentos que nos tornamos inteiros. No passado, algumas pessoas podem ter considerado ser algo muito

---

* *O Mago de Strovolos*, Editora Pensamento, São Paulo, 1990.

espiritual sentar-se e meditar numa montanha qualquer. Todavia, isso não é mais verdadeiro. Depois que sentamos no alto de uma montanha para conhecer Deus, precisamos levar o nosso conhecimento até a humanidade para que ele cumpra a sua função. Ainda conseguimos ser amorosos, honestos e sinceros? Isso é muito mais difícil de fazer nos relacionamentos do que numa montanha.

Muitos de nós ficamos perdidos na ponte do quarto nível porque não sabemos como criar relacionamentos que preencham as nossas necessidades, tanto para dar como para receber. Através dos relacionamentos o nosso aprendizado é posto à prova. Fazendo os nossos relacionamentos funcionarem melhor, para preencher as nossas necessidades e as necessidades dos outros, nós construímos a ponte entre o nosso Eu pessoal (níveis um a três do campo áurico) e o nosso Eu unitivo (níveis cinco a sete do campo áurico), passando pelo Eu interpessoal (nível quatro do campo áurico). No quarto nível aprendemos a conhecer melhor a nós mesmos, uns aos outros e, eventualmente, até Deus, através do reconhecimento do Deus que existe dentro de cada um de nós.

Todas as relações de energia das nossas interações com as pessoas (indivíduos ou grupos de qualquer tamanho), animais, plantas, minerais e com o planeta são encontradas dentro do quarto nível de nosso campo. Esse é o nível em que criamos e expressamos amor por todos os seres sencientes. O quarto nível do nosso campo é uma ponte de amor. Sempre que duas pessoas atuam juntas, boa parte da atividade do campo ocorre no quarto nível do campo áurico.

Quando a visão da PSS se abre no quarto nível, todo um mundo de ligações mútuas se apresenta a você. Existem três tipos principais de ações recíprocas no quarto nível de nossos campos. O primeiro tipo é a interação através da indução harmônica das frequências de um campo no campo de uma outra pessoa. O segundo tipo, mais evidente, são as correntes de energia colorida de natureza fluida, o bioplasma, que flui entre os campos. E o terceiro tipo são os cordões de luz por meio dos quais nos ligamos aos chakras uns dos outros.

Cada tipo de ação recíproca áurica pode ser positivo ou negativo. As interações positivas servem para recarregar e nutrir os nossos campos. Quanto maior o seu número, mais plena, realizada e feliz torna-se a nossa vida. Por outro lado, as interações negativas podem causar dano ao campo áurico e provocar doenças.

A Comunhão Através da Indução Harmônica de Pulsações do Campo Áurico

Uma das principais maneiras por meio das quais nos comunicamos através do sistema do campo áurico se dá mediante as influências mútuas que exercemos sobre as frequências de pulsações dos campos áuricos. Isso funciona da mesma forma que um diapasão. O campo áurico que for mais forte em geral influencia o outro. É por isso que pessoas fazem longas viagens para se aproximarem dos campos de seus gurus. O guru geralmente é alguém que passou boa parte da vida meditando e aumentando a frequência, o tamanho e o poder do seu campo. Sempre que os discípulos se aproximam do âmbito do campo do guru, as vibrações dos seus campos áuricos sobem de nível e eles se sentem maravilhosamente bem. Obviamente, isso também libera os processos pessoais dos indivíduos porque o aumento da força que passa pelo campo libera os bloqueios de energia, os quais, então, precisam ser solucionados.

A indução harmônica é um importante fator no relacionamento. Se o seu campo for poderoso, com mais energia que o do seu parceiro, e a sua frequência de pulsação mais rápida, o seu campo vai gerar uma frequência de pulsação mais rápida no campo do seu parceiro. Se o seu campo apresentar uma frequência mais lenta, porém ainda for mais forte – mais energizado – que o de seu parceiro, ele vai reduzir as pulsações do campo deste último. As pessoas gostam de manter os seus campos dentro de uma determinada faixa de pulsação. Os casais geralmente se combinam quase que na mesma frequência. Ou, então, as pessoas podem escolher seus companheiros ou companheiras fora de sua faixa para ajudá-las a aumentar ou a reduzir as suas frequências.

É difícil promover a comunicação quando há uma grande diferença nas frequências de pulsação. A intimidade exige o acoplamento dos campos. Em outras palavras, a capacidade de pulsar na mesma faixa de frequência ou de sincronizar os campos usando a indução harmônica é necessária para a comunhão.

Quando as pessoas não estão dentro da mesma faixa de frequência ou não conseguem se sincronizar harmonicamente, a comunicação fica extremamente difícil. As pessoas simplesmente não se compreendem. É como se estivessem falando com uma porta. Suas pulsações não exercem influência sobre as delas. Ou, então, você tem a impressão de que as suas palavras desaparecem numa nuvem. Suas pulsações são absorvidas pelo campo das pessoas sem causar nenhum efeito ou, então, são desviadas para o espaço. As suas pulsações simplesmente são desviadas sem produzir nenhum efeito. Ou, ainda, elas simplesmente passam por cima da cabeça das pessoas – as suas pulsações possuem uma frequência demasiado elevada e o campo dessas pessoas não é capaz de pulsar tão rápido. Para que haja troca de informações, é preciso que um campo seja capaz de exercer influência sobre o outro. Obviamente, muitas vezes é possível impedir propositalmente que o seu campo seja afetado pelos outros. A pessoa pode transformar-se intencionalmente num espelho, num muro, numa nuvem ou, simplesmente, numa forma demasiado densa – tudo isso para impedir a comunicação. Todos fazemos isso de vez em quando para manter os outros a distância.

Quando duas pessoas entram em comunhão, os campos se influenciam um ao outro de uma maneira harmoniosa. As pulsações de um campo provocam mudanças no outro, o qual, então, elabora e cria inicialmente novas formas. Esse processo continua, dando origem a um arco de realimentação positiva, criando novas cores e frequências nos dois campos e proporcionando muito prazer a ambos os envolvidos. As duas pessoas aprendem muito com essas comunicações.

Nós imediatamente nos sentimos constrangidos num relacionamento quando percebemos a chegada até os nossos campos, através da indução harmônica, de vibrações das quais não gostamos. Há ocasiões em que os campos áuricos de duas pessoas chocam-se um com o outro, criando uma interferência aguda e estridente, muito semelhante à retroalimentação que acontece quando um microfone chega acidentalmente muito perto de um alto-falante. Essas interações entre os campos de energia são extremamente desagradáveis e temos muita dificuldade para lidar com elas. Elas são registradas conscientemente como repulsão, antipatia, medo, ou até mesmo ódio. Nós simplesmente não gostamos das pessoas. Isso prossegue até que alguém mude. Quando o fazem, o mesmo acontece com os seus campos áuricos.

O Relacionamento Através de Correntes Bioplasmáticas

Sempre que duas pessoas interagem há um grande fluxo de bioplasma entre elas. Quando as pessoas gostam umas das outras, uma grande quantidade de energia é trocada entre elas. A energia-consciência dessas correntes bioplasmáticas corresponde ao tipo de comunhão que estiver ocorrendo entre as pessoas envolvidas. As cores e formas das correntes bioplasmáticas descrevem a natureza da interação. Na comunicação satisfatória e agradável, as correntes fluem harmoniosamente, com cores suaves e luminosas que dançam numa troca de energia. Quando uma corrente do campo de uma pessoa se projeta e toca o campo de uma outra pessoa, ela enche o campo desta última com sentimentos, cores e energia. Num relacionamento normal, uma grande quantidade de diferentes espécies de correntes de energia-consciência são trocadas entre as pessoas envolvidas. As correntes podem ter qualquer forma e qualquer das cores do arco-íris. O efeito geral das cores segue as mesmas orientações contidas na Figura 9-2.

Quanto mais vívidas e claras elas forem, mais positiva, mais poderosa e mais clara será a energia-consciência. Esses são os tipos de comunicação em que cada pessoa dá muitas coisas à outra e ambas ficam satisfeitas, com suas necessidades atendidas.

O chakra do coração, no quarto nível do campo, é cor-de-rosa. Se houver um grande sentimento de amor na interação, grande quantidade de doce energia rósea flui em ondas suaves. Quando duas pessoas se apaixonam, o chakra do coração do quarto nível torna-se muito ativo, dirigindo mais energia rósea para o seu campo áurico. (Ver a Figura 14-1, nas ilustrações coloridas.) Em pouco, as suas auras estarão transbordando de energia rósea. Os casais apaixonados criam uma bela nuvem rósea de energia em torno deles. Qualquer um que esteja perto ou dentro dessa nuvem sente-se maravilhosamente bem. Todos nós gostamos das pessoas que se amam. Quando estamos perto delas, o nosso chakra cardíaco, no quarto nível, começa a se abrir mais e a captar maior quantidade de luz rósea. E os nossos campos áuricos também começam a produzir uma nuvem rósea. Se houver paixão, o rosa terá um tom alaranjado, que exerce um efeito estimulante. As ondas serão mais rápidas e terão picos mais elevados.

Uma das coisas mais divertidas de se observar, provavelmente, é quando as pessoas estão fingindo não agir de modo recíproco. Embora elas talvez não estejam olhando uma para a outra nem reconhecendo notadamente a presença uma da outra, grandes correntes de bioplasma colorido fluem entre elas. O campo de cada pessoa reage com uma brilhante cintilação. Isso pode acontecer quando duas pessoas se conhecem e se sentem muito atraídas uma pela outra. E isso pode acontecer quando as pessoas estão profundamente envolvidas, às vezes secretamente, e estão fingindo que não se conhecem. Conquanto elas possam ou não reconhecer declaradamente a interação, o observador dotado de PSS está a par do segredo!

Quando as pessoas não gostam uma da outra, elas em geral tentam não trocar energia. Às vezes, isso não funciona, e o atrito entre elas se acentua. Então, como numa descarga de alta-voltagem que subitamente é liberada através de uma centelha de eletricidade, elas se atacam mutuamente. Às vezes, o fenômeno é tão intenso que realmente se parece com um raio. Na comunicação desarmoniosa, as correntes de energia relacional são pontiagudas, denteadas e escuras, penetrando no campo da outra pessoa como lanças ou flechas. A raiva, por exemplo, é pontiaguda, penetrante, agressiva e vermelho-escura. A inveja é escura, verde-acinzentada, viscosa e grudenta. Se uma pessoa estiver tentando dissimuladamente obter alguma coisa de outra, as correntes serão densas, viscosas e em forma de tentáculos. Elas vão tentar alcançar o campo de outra pessoa para sugar energia, como uma ventosa. Ou, então, elas poderão ser frágeis e penetrantes, enganchando-se no campo da outra pessoa e se prendendo a ele de uma forma desesperada. Lembre-se: todas essas formas são possíveis porque no quarto nível a energia-consciência assume a forma daquilo que ela própria acredita ser.

As interações negativas são na verdade sentidas como lanças, flechas ou punhais que dilaceram o campo. Elas se parecem com tentáculos pegajosos que sugam, roubam ou drenam energia. Elas parecem ganchos parasíticos que arrastam o campo de energia para baixo. Elas são percebidas assim porque é exatamente isso o que elas são.

Correntes Bioplasmáticas na Família e em Outros Relacionamentos Íntimos Durante as Doenças

Algumas interações comuns ocorrem por meio das correntes bioplasmáticas quando as pessoas estão doentes. As pessoas doentes têm um duplo problema no que diz respeito às necessidades de energia. Elas precisam de energia extra para combater a sua doença e, no entanto, têm dificuldade para mobilizar por seus próprios meios até mesmo a quantidade normal de energia, já que os seus chakras muito provavelmente não estão funcionando corretamente. Antes de mais nada, foi assim que elas ficaram doentes: os seus campos são mais fracos. Lembre-se de que a energia flui da voltagem mais elevada para a voltagem mais baixa. Quando uma pessoa está doente e a outra não, a pessoa sadia geralmente transfere grande quantidade de bioplasma sadio para a pessoa doente. Elas fazem isso automaticamente.

Além disso, quando a pessoa doente precisa de algo, ela envia automaticamente uma corrente bioplasmática de súplica para o campo áurico da pessoa sadia. Essas correntes sugam a energia necessária. Isso acontece quer a pessoa peça ou não por isso diretamente. Esse processo é normal, natural e inconsciente. Ele faz parte do "toma-lá-dá-cá" da vida familiar. A troca de energia na vida familiar é muito boa porque isso lhe dá forças para lutar contra a doença. Todos os membros da família, inclusive as crianças e animais domésticos, transferem dessa maneira energia vital para a pessoa doente. Esse é um dos benefícios da ligação holográfica que cada um de nós tem numa situação relacionada com a família. As pessoas tendem a se recuperar mais rapidamente em situações energeticamente favoráveis.

Durante o processo de cura, a pessoa doente primeiro vai precisar receber a energia dos outros para, depois, aprender a ser autossuficiente e, por fim, ajudar a fornecer novamente energia para a estrutura familiar. Existem muitas variações no modo como isso funciona. Vou citar os dois extremos do espectro.

A pessoa doente pode ter estado sugando energia durante anos antes que a doença começasse a se manifestar fisicamente. Num momento apropriado da convalescença, ela vai precisar aprender a metabolizar por si mesma toda a energia de que necessita. Isso será uma parte natural do processo de cura, pois os seus chakras serão reparados e poderão funcionar normalmente para supri-la de toda a energia vital de que ela necessitar.

No caso oposto, uma pessoa que tenha fornecido grande quantidade de energia para os outros familiares pode estar precisando receber muita energia para si mesma. No início, isso pode ser muito difícil para ela e para os outros membros da família, pois os papéis estarão trocados. Ela talvez seja incapaz de receber energia e poderá ter necessidade de praticar isso. É aqui que os seus familiares podem ajudá-la a aprender a ser alvo de cuidados e de carinho. Às vezes, eles terão de ser um pouco agressivos com relação a isso. Num caso desses, por causa do hábito, os familiares poderão continuar tentando absorver a energia dela quando, na verdade, ela é quem mais precisa dessa energia. Se isto estiver acontecendo em sua família seja muito cuidadoso e proteja essa pessoa. A continuação do processo de retirada de energia dessa pessoa poderá comprometer-lhe a saúde.

Se a doença se prolongar durante muito tempo, os membros da família provavelmente vão começar a sentir o esgotamento psíquico da doença diretamente nos seus campos. Eles estarão metabolizando energia não apenas para si mesmos, mas também para as pessoas amadas. Eles muito provavelmente não vão saber o que está acontecendo, mas ficarão cansados e rabugentos e, às vezes, não terão vontade de cuidar do doente. É fundamental que cada membro da família ou companheiro de alguém doente dê algumas escapadelas de vez em quando para recompor as energias. Caso contrário, vai haver ressentimento e culpa por causa do ressentimento, o que poderá causar depressão, irritação e, até mesmo, esgotamento e doença.

Todos os membros da família precisam encontrar maneiras de obter energia para si mesmos. Isso pode muito bem ser feito por meio da meditação, dos passatempos prazerosos, da prática de esportes, das atividades criativas pessoais, das amizades saudáveis e de outros tipos de diversão. Permanecer em casa 24 horas por dia, sentado ao lado da pessoa amada que está doente, é a pior coisa que alguém pode fazer, tanto para si mesmo como para a pessoa doente. Mais cedo ou mais tarde, ambos estarão doentes. As pessoas saudáveis precisam interagir com outras pessoas saudáveis para o intercâmbio criativo de energia. As pessoas que são bastante criativas gostam de passar algum tempo com amigos também criativos porque, juntos, geram e trocam grande quantidade de energia criativa de alta frequência. A troca, então, libera a força criativa que existe dentro de cada pessoa.

Correntes Bioplasmáticas no Trabalho com o Público

O ato de ensinar ou de se apresentar publicamente consiste em alimentar a energia-consciência dos estudantes de uma maneira que os ajude a passar para um novo nível de compreensão. Grandes correntes de bioplasma fluem entre um professor ou artista e sua classe ou auditório. Um professor de cura precisa ter a capacidade de controlar a energia de um salão, de modo que a energia--consciência coletiva dos estudantes possa ser elevada e iluminada através de uma experiência de compreensão superior. Os professores devem ter a capacidade de deter a posse da energia do que estão ensinando no momento em que isso estiver sendo ensinado.

Por exemplo: preciso manter a minha energia do quarto nível do campo áurico quando estou fazendo um exercício de cura no quarto nível porque, caso contrário, os estudantes não conseguirão aprendê-lo. Se eu tentar ensinar a cura no quarto nível do campo ao mesmo tempo que mantenho a minha energia no terceiro nível do campo áurico (o nível da mente racional), os estudantes irão duplicá-la. Eles vão tentar fazer a cura no terceiro nível e não conseguirão se manter no quarto nível. O velho mito de quem sabe faz e quem não sabe ensina simplesmente não é verdadeiro. O professor precisa não apenas saber como fazer, mas também deve ser capaz de fazê-lo ao mesmo tempo que transmite isso aos outros. Trata-se de algo ainda mais difícil.

Os mesmos tipos de correntes bioplasmáticas de súplica ocorrem em todas as formas de relacionamentos quando a pessoa quer alguma coisa de outra. Se o pedido vier acompanhado de necessidade, as correntes associadas a ele irão sugar energia. Se houver uma simples solicitação e, depois, certo desinteresse, as correntes não irão sugar energia. Se estamos falando para uma classe, por exemplo, e um aluno decide falar pessoalmente com o professor e mostra-se determinado a fazê-lo mesmo se o professor estiver muito ocupado, ele vai projetar uma corrente de energia para tentar se apoderar do campo do professor. Às vezes, os estudantes fazem isso mesmo antes de entrar na sala de aula. Ou então eles o fazem a partir do fundo da sala e, depois, atravessam ao longo do caminho da corrente áurica. Embora o professor talvez esteja envolvido numa conversa com uma outra pessoa, ele provavelmente perceberá a intenção do aluno no momento em que este enganchar-se em seu campo.

Qualquer um que tenha se apresentado em público já sentiu as correntes de energia advindas do auditório ou dos seus fãs. Nesses casos, muitas pessoas tentam fazer a ligação com todas as correntes de uma só vez e a influência psíquica torna-se difícil de administrar. Quanto maior o número de pessoas que fizerem isso, mais forte a influência. Como o quarto nível do campo é independente do espaço, essas ligações podem ocorrer, e de fato ocorrem, a partir de todas as regiões da Terra. É uma grande responsabilidade tentar ser amável em todas essas ligações, que também são projeções, solicitações e pedidos de algum tipo. E isso requer prática. Quando uma figura pública está cansada, ela tem dificuldade para reagir sempre de uma maneira amorosa e positiva. Essa é uma das razões pelas quais qualquer pessoa exposta aos olhos do público sente uma extrema necessidade de preservar a sua privacidade. Elas simplesmente precisam ficar sozinhas, sentir a si mesmas e recarregar suas energias.

Correntes Bioplasmáticas e Esgotamento

Tudo o que foi dito a respeito das correntes bioplasmáticas no trabalho com o público também vale para atividades de caráter particular, nas profissões relacionadas com a cura e com a prestação de ajuda. Cabe ao profissional manter um campo áurico de vitalidade saudável e equilíbrio ao mesmo tempo que correntes bioplasmáticas de súplica – com baixa energia e baixa frequência – sugam-lhe constantemente a energia. Isso faz com que as atividades relacionadas com a cura e com a prestação de ajuda sejam muito penosas. Os profissionais não podem negligenciar os cuidados consigo mesmo. Eles precisam elaborar uma programação diária para revitalizar o seu campo e a si mesmos; caso contrário, ficarão esgotados. É por isso que o esgotamento é tão comum entre esses profissionais. A maioria deles não percebe que precisa de mais cuidados do que as pessoas que trabalham em outras profissões.

Correntes Bioplasmáticas e Objetos

As correntes bioplasmáticas também ocorrem quando nos ligamos a objetos inanimados. Lembre-se: qualquer ato nosso é precedido pelos pensamentos e pelos sentimentos que podem ser vistos no campo áurico antes de ser realizada a ação. Em outras palavras, fazemos as coisas energeticamente antes de fazê-las fisicamente. Se a ação envolver um relacionamento, ele será primeiramente expresso nas correntes áuricas do quarto nível. No momento em que decidimos fazer uma chamada telefônica, projetamos uma corrente de energia-consciência no telefone. Depois, procuramos o telefone. Esse fenômeno continua ao longo de todo o dia. Cada vez que nos ligamos dessa maneira a um objeto, parte da nossa energia-consciência bioplasmática é deixada nesse objeto. Quanto mais trabalhamos com um objeto, maior quantidade de nossa energia ele absorve e mais nos sentimos ligados a ele.

O tipo de energia-consciência que colocamos num objeto através de nossas correntes bioplasmáticas depende do modo como nos sentimos em relação ao objeto. Se gostamos dele nós o enchemos com amor. Se não gostamos, nós o enchemos com a energia do tipo de aversão que temos pelo objeto. Se estamos de mau-humor quando pegamos no telefone, parte desse mau-humor fica no telefone. À medida que continuamos a deixar um objeto repleto da nossa energia, ele passa a conter uma quantidade cada vez maior da energia com a qual o enchemos. O objeto, então, vai liberar esse tipo de energia para qualquer pessoa que entre em contato com ele.

Os curadores usam esse princípio quando energizam um objeto – como um pedaço de pano ou cristal – com a energia de cura e o enviam ao paciente. O pano ou cristal leva a energia de cura do curador ao paciente, o qual, então, absorve a energia dele. Além disso, o curador pode continuar energizando o objeto a distância. Ele pode continuar a ser uma fonte de cura para o paciente.

Os talismãs funcionam basicamente de acordo com esse princípio. Os xamãs ou os magos são ensinados a energizar objetos aprendendo maneiras muito claras e eficientes de concentração para transferir a sua energia-consciência para o objeto. Os objetos podem ser carregados de energia-consciência de qualquer tipo. Essa energia-consciência é constituída de sentimentos e de pensamentos. Como essa energia-consciência não é pensamento puro, não uso o termo popular forma-pensamento para designá-la. Em vez disso, eu a chamo de forma-pensamento psiconoética – psico referindo-se aos sentimentos, e noético referindo-se à mente ou ao pensamento. Cada forma-pensamento psiconoética assume a forma que corresponde aos sentimentos e aos pensamentos que a constituem.

Os rituais foram e ainda são usados tradicionalmente para isso. Os rituais estabelecem uma forma, prática ou procedimento que é repetido a intervalos regulares. Os rituais incluem não apenas ações fixas, mas também palavras faladas e coisas específicas em que concentrar a mente enquanto as ações são repetidas. No ritual, é importante gerar sentimentos específicos voluntariamente para preencher a forma-pensamento com o poder dos sentimentos. Em outras palavras, um ritual é uma maneira de recriar determinado tipo de corrente bioplasmática de energia-consciência ou forma-pensamento psiconoética, onde e quando se quiser, com um propósito específico. O ritual é um ato consciente de criação. Cada vez que uma pessoa repete um ritual, ela acrescenta mais energia-consciência à forma-pensamento psiconoética original que foi criada quando da realização do ritual pela primeira vez. Como os rituais são repetidos através de gerações, eles são uma forma de ligação com as formas-pensamento que vêm sendo criadas no decorrer de longos períodos de tempo. Cada vez que realizam um ritual, as pessoas têm acesso, holograficamente, ao poder da forma-pensamento psiconoética correspondente. E, por sua vez, elas também reforçam o poder dos objetos com as formas-pensamento que estão criando no ritual.

A visualização criativa funciona de acordo com o mesmo princípio. Concentrando-se naquilo que você quer criar, você a cria inicialmente no mundo psiconoético. Mais cedo ou mais tarde, ela acaba descendo a níveis inferiores e se manifestando no plano físico. Estamos fazendo isso continuamente em todos os momentos de nossa vida, embora geralmente não tenhamos consciência disso. Quanto mais nos tornamos conscientes desse processo, mais coisas poderemos optar conscientemente por criar.

Os Cordões que nos Ligam

Um outro tipo de mútua ação áurica num relacionamento ocorre mediante os cordões de luz áurica que nos ligam uns aos outros por meio dos nossos chakras. Essas ligações ocorrem entre todos os chakras correspondentes. Isto é, as pessoas se ligam umas às outras por via dos cordões que vão do primeiro chakra de um ao primeiro chakra do outro, do segundo chakra ao segundo chakra, do terceiro ao terceiro, e assim por diante.

Trabalhando como curadora, os primeiros cordões que observei foram os que fazem a ligação entre os dois terceiros chakras. Parece que, na nossa cultura, os cordões entre os terceiros chakras são os mais danificados ao longo da nossa vida. Quase todas as pessoas com as quais trabalhei sofreram danos nos cordões do seu terceiro chakra. Portanto, elas chamaram minha atenção mais cedo. No início, não entendi o significado dos cordões, já que nunca ouvira falar neles antes. Eu simplesmente sabia que, num grande número de pacientes com quem havia trabalhado, eu acabava tendo de retirar cordões implantados no terceiro chakra. Em outros casos, os cordões se emaranhavam no espaço. Lentamente, percebi que esses cordões se ligavam às pessoas com as quais o paciente estava se relacionando.

Por intermédio dos meus guias, recebi orientação para desembaraçar os cordões, repará-los e, em muitos casos, fortalecer a ligação entre as duas pessoas.

Também recebi orientação no sentido de penetrar através dos chakras dos pacientes e chegar até a estrela do âmago, para descobrir alguns dos cordões. Heyoan disse:

> **Você está indo fundo para descobrir os cordões relativos a "quem essa pessoa é no universo" [que é a função psicológica da parte anterior do terceiro chakra], penetrando no âmago de seu ser e, assim, eliminando uma dependência repleta de embaraços.**

Com o passar do tempo, comecei a receber informações dos pacientes a respeito dos profundos efeitos que a mudança dos cordões produzia sobre os seus relacionamentos. O paciente não era o único que deveria mudar; o mesmo deveria ser feito pela outra pessoa envolvida. Foi então que comecei a perceber o poder dos cordões nos relacionamentos e a possibilidade de se modificar dramaticamente os relacionamentos e a vida das pessoas trabalhando-se diretamente os seus campos áuricos. Ao longo do tempo, observei cordões fazendo a ligação entre todos os chakras, e atuei sobre eles.

Como os cordões estão ligados no quarto nível do campo e em níveis superiores, que existem antes e além do espaço físico tridimensional, muitas ligações entre os cordões ocorrem de fato antes do início da vida na dimensão física. Elas continuam a existir mesmo depois da morte da pessoa envolvida. Os cordões permanecem ligados a pessoas falecidas, às quais deixaram seus corpos e estão no mundo astral ou espiritual. Uma vez completadas, essas ligações entre os cordões nunca desaparecem, nunca se desfazem. Elas estão além do mundo físico. Na morte física, o campo áurico do quarto nível e dos níveis superiores não chegam a passar por uma grande mudança. Eles simplesmente perdem o vínculo com o corpo físico. Portanto, não é de surpreender que as ligações formadas pelos cordões permaneçam após a morte física.

Heyoan diz que existem cinco tipos principais de cordões:

- Os cordões da alma, que a alma atual carrega desde sua ligação original com Deus e sua mônada dentro dos mundos espirituais.
- Os cordões de vidas passadas obtidos das experiências na Terra ou em outros lugares.
- Os cordões genéticos, que são adquiridos por meio da ligação com os pais biológicos.
- Os cordões relacionais originais que se desenvolvem por via dos relacionamentos com os pais.
- Os cordões relacionais que se desenvolvem mediante os relacionamentos com outros seres humanos.

Os cordões da alma sempre nos ligam a Deus e a nossa terra natal. Por meio desses cordões, nós nos ligamos ao nosso anjo da guarda ou ao nosso guia pessoal.

As ligações com as vidas passadas ajudam-nos a lembrar das ligações que tivemos com as pessoas antes dessa vida. Muitas vezes, somos apresentados a uma pessoa e temos a sensação de que já a conhecíamos de algum lugar. Sentimo-nos ligados a ela de diversas maneiras que, embora no início possam ser difíceis de descrever, dão a impressão de serem muito reais. Descobrimos que gostamos das mesmas coisas ou que temos os mesmos anseios. Depois de algum tempo, descobrimos que estamos trabalhando juntos para satisfazer esses anseios. Talvez tenhamos pequenos vislumbres de possíveis experiências conjuntas em vidas passadas ou, então, uma viva recordação de vida passada poderá vir à superfície.

Cabe aqui uma advertência a respeito do fenômeno das vidas passadas. As recordações de vidas passadas podem ser muito complicadas. Logo que você se vir usando uma vida passada como uma desculpa para comportamentos negativos, é melhor tomar cuidado porque você provavelmente está no caminho errado. Se você culpar alguém pelos seus sentimentos negativos com relação a essa pessoa; se no passado você se colocar numa posição mais favorável do que a atual com relação a alguém (se, por exemplo, você era o patrão na época e agora não é, ou se era o professor, na época, e o seu atual professor era o aluno); ou se outorgar a si mesmo licença para comportamentos antissociais, como sexo extraconjugal, você estará interpretando e utilizando equivocadamente a ligação com a vida passada e acumulando mais karma. Se você estiver tendo um problema agora, em geral isso significa que você também o enfrentou no passado. Mas eles geralmente não são agora tão difíceis quanto foram no passado porque você aprendeu algumas coisas nas vidas seguintes.

Os cordões das experiências de vidas passadas incluem não apenas as vidas passadas na Terra, mas também as vidas passadas em outros lugares. Não encarnamos apenas como seres humanos, na Terra, pois também tivemos experiências de vida em outras formas e em outros lugares do universo. Alguns de nós sentem essa ligação agora, quando estamos começando a permitir que essa possibilidade penetre na nossa consciência. Muitas pessoas olham para as estrelas e as reconhecem como sua terra natal.

Os Cordões Genéticos

Os cordões genéticos formam uma forte ligação entre os chakras do coração da mãe e da criança *já antes da concepção*! Já vi o campo de um futuro bebê flutuando do lado de fora do campo áurico da futura mãe. O esforço para fazer a ligação do primeiro cordão cabe à pessoa que estiver encarnando. Se a mãe tiver medo da gravidez, ela poderá não permitir a abertura de um local situado no fundo do chakra do coração para que a ligação com a futura criança possa ser feita. Ela não vai conseguir ficar grávida enquanto não fizer isso, e essa pode ser uma causa de esterilidade em mulheres. Ela poderá meditar e rezar para enfrentar o medo. O seu medo vai se manifestar para que ela possa lidar com ele e, assim, abrir essa parte profunda do seu coração. Essa abertura do chakra do coração vai estimular o timo. Então, presumindo que os outros hormônios – especialmente dos ovários e da hipófise – estejam equilibrados nele, a mulher estará pronta para a concepção.

Com uma observação mais prolongada e de mais determinação, notei que também havia cordões que faziam a ligação entre o chakra do coração da mãe e o seu óvulo e o chakra do coração do pai e o seu esperma. Quando o óvulo e o espermatozoide se encontram, ocorre a ligação entre o cordão de cada um dos pais e a criança resultante da concepção. Dessa maneira, os pais também são ligados um ao outro através da criança.

Depois de realizadas as ligações iniciais dos cordões genéticos, através do chakra do coração da mãe, são também feitas ligações dos cordões genéticos com todos os outros chakras. Assim, você está ligado aos seus pais através de todos os seus outros chakras. Eles, por sua vez, estão ligados aos filhos através de todos os seus chakras. Assim, você está ligado a todos os seus irmãos. Essa ligação continua com os avós, os tios, as tias e os primos. Ela continua em todas as relações diretas de parentesco, por meio da grande árvore genética da vida que remonta a épocas imemoriais. Ela cria uma grande rede de cordões de luz que liga toda vida humana aos primeiros seres humanos da Terra. Essa grande rede de vida existe fora do espaço tridimensional e é independente dele. Assim, você está intimamente ligado a todas as pessoas que já viveram na Terra. De fato, dessa mesma maneira – e se a teoria da evolução for correta –, você está ligado a todas as formas de vida que já evoluíram e viveram na Terra. É por meio desses cordões originais que carregamos a nossa herança genética no nível áurico.

Também observei que, quando ocorrem defeitos congênitos e propensão herdada para diferentes doenças e miasmas, eles estão relacionados com problemas com as ligações dos cordões genéticos. Por exemplo: problemas com as ligações dos cordões genéticos no quarto chakra podem ter como resultado o nascimento de bebê com um orifício entre as duas câmaras cardíacas.

Os Cordões Relacionais

Os cordões relacionais entre os pais e os filhos se desenvolvem entre todos os chakras. Eles permanecem ligados quer a criança permaneça ou não com os pais biológicos. Se a criança for adotada, novos cordões se desenvolvem entre ela e seus novos pais. Os cordões genéticos e os primeiros cordões relacionais que se desenvolvem no útero, durante o processo de nascimento e pouco depois, ainda permanecem. E, por meio deles, os pais biológicos continuam a influenciar a criança enquanto ela se desenvolve.

Os cordões relacionais representam diferentes aspectos de um relacionamento, de acordo com a função psicológica dos chakras:

- Os cordões do primeiro chakra, que também penetram fundo na Terra, representam a estabilidade do desejo de viver no corpo físico, relacionando-se à Terra e a uma outra pessoa.
- Os cordões do segundo chakra representam a fruição da fecundidade da vida nos relacionamentos sensuais e sexuais.
- Os cordões do terceiro chakra representam a lucidez e a adequação dos cuidados consigo mesmo e com as pessoas com as quais você se relaciona.
- Os cordões do quarto chakra representam o amor e o mistério do equilíbrio entre o amor e o desejo num relacionamento.
- Os cordões do quinto chakra representam uma segura confiança no propósito superior do relacionamento. Eles também representam o dar e o receber em verdadeira comunhão, por meio dos sons, das palavras, da música e dos símbolos.
- Os cordões do sexto chakra representam o êxtase de compreender os conceitos superiores contidos no intercâmbio e na interação das idéias, ao mesmo tempo que se sente o amor incondicional com a pessoa com a qual esse intercâmbio estiver ocorrendo. Eles representam o prazer de reconhecer a pessoa amada como um lindo ser de amor e de luz, e a capacidade de amar a partir de uma perspectiva espiritual, conforme fizeram muitas figuras religiosas, como Cristo e Buda.
- Os cordões do sétimo chakra, que também se ligam aos domínios superiores, representam o poder de estar na mente divina de Deus nos relacionamentos com Deus, com o universo ou com outro ser humano. Eles representam a capacidade de compreender o padrão perfeito de um relacionamento. Eles também representam a capacidade de integrar, nos relacionamentos, os mundos físico e espiritual.

O estado desses cordões representa a natureza do relacionamento que temos com cada um dos nossos pais. À medida que a criança amadurece passando pelos estágios do crescimento, o mesmo acontece com os cordões. Os cordões vão adquirindo mais força e resistência a cada novo aprendizado a respeito do relacionamento. A natureza dos cordões reflete a natureza dos relacionamentos que a criança cria. Os cordões refletem o grau de saúde e de firmeza de um relacionamento. Os padrões que as crianças desenvolvem são repetidos ao longo da vida e determinam o modo como o indivíduo será capaz de se relacionar com as outras pessoas. Uma criança usa o modelo de cada um de seus relacionamentos originais com a mãe para criar relacionamentos com as outras mulheres, e faz o mesmo com o modelo de cada um de seus relacionamentos com o pai para criar relacionamentos com outros homens. Essa é uma das razões pelas quais tendemos a recriar, com os nossos parceiros íntimos, o tipo de relacionamento que tivemos com os nossos pais.

Os cordões do lado esquerdo de todos os chakras sempre se ligam a uma pessoa do sexo feminino. Os cordões do lado direito de todos os chakras sempre se ligam a uma pessoa do sexo masculino. Assim, verificando de que lado dos chakras do indivíduo o problema está localizado – se no papel de pai, mãe, filho ou colega –, um curador pode imediatamente dizer se o problema se originou do relacionamento do paciente com a mãe ou o pai para, depois, ser reproduzido num outro ser humano do mesmo sexo.

Cada vez que temos algum tipo de relacionamento com uma outra pessoa, criamos novos cordões. Esses cordões mudam e se desenvolvem à medida que o relacionamento também muda e se desenvolve. Os cordões só podem fazer a ligação entre os chakras se ambas as pessoas permitirem que isso aconteça. A interdependência saudável e a complexa dependência patológica sempre são objeto de concordância mútua. Quanto mais fortes e exuberantes os relacionamentos, mais fortes e exuberantes os cordões. Quanto maior o número de interações num relacionamento, mais cordões haverá nesse relacionamento. Quanto mais relacionamentos criamos, maior será também o número de cordões.

O estado dos cordões representa a natureza dos relacionamentos que temos e o modo como estamos ligados. Alguns deles são saudáveis, outros, nem tanto. Nos relacionamentos interdependentes saudáveis, esses cordões são cheios de vida, brilhantes, vibrantes e flexíveis. Eles servem para manter a intimidade, a confiança e a compreensão ao mesmo tempo que deixam uma boa margem de manobra para liberdade e flexibilidade no relacionamento.

Nos relacionamentos patológicos e de dependência, por outro lado, os cordões são escuros, doentios, estagnados, pesados, rígidos, opacos e quebradiços.

Esses cordões servem para manter o relacionamento dependente e inflexível, e para excluir a individualidade pela força do número. Quanto mais nos ligamos a uma pessoa através de cordões doentios, maior a probabilidade de ocorrência da ação recíproca habitual, em vez da espontaneidade.

Nos relacionamentos doentios, fazemos mau uso dos cordões aos quais estamos ligados. Se usamos os cordões para retardar o progresso do relacionamento, para impedi-lo de mudar, e para manter a interação enfadonha e aborrecida, eles se tornam espessos, densos, pesados e opacos. O relacionamento provavelmente fica atolado na raiva e em ressentimento depressivo. Se uma pessoa estiver tentando dissimuladamente obter alguma coisa de outra – como receber cuidados dessa pessoa, por exemplo – mas não admitir isso, ela vai projetar uma longa e pegajosa corrente de energia, em forma de tentáculo, a qual chegará até o terceiro chakra da outra pessoa para sugar energia. Esses cordões também podem aderir ou enganchar-se numa outra pessoa num esforço para controlá-la. Se tornarmos os cordões frágeis, rígidos e inflexíveis, o mesmo acontecerá com os relacionamentos. Os cordões também podem ficar esgotados, enfraquecidos e frívolos, como os relacionamentos aos quais eles correspondem.

À medida que um relacionamento vai se tornando mais sadio, os cordões vão ficando mais brilhantes, mais carregados de energia, mais flexíveis e resistentes. Eles são muito bonitos e coloridos nos relacionamentos saudáveis.

Cada chakra forma cordões que representam um determinado aspecto do relacionamento, conforme foi demonstrado acima. Cada vez que temos uma experiência de vida com alguém, novos cordões se formam. Se você interagir com alguém em todos os aspectos representados pelos sete chakras, irão se desenvolver cordões que farão a ligação entre todos os sete chakras. Em relacionamentos íntimos de longa duração, formamos muitos cordões que nos ligam através de todos os nossos chakras. É assim que estabelecemos relacionamentos íntimos muito profundos e permanecemos psicologicamente ligados às pessoas, independentemente do lugar onde elas estejam e do tempo decorrido desde a última vez que as vimos. As mães, por exemplo, sabem como os seus filhos estão, independentemente do lugar onde estejam e do tempo que se passou desde a separação.

Os Traumas da Vida e os Cordões Relacionais

Uma das mais penosas experiências da vida é perder alguém que se ama por meio do abandono, do divórcio ou da morte. Os cordões geralmente são muito danificados por essas experiências. Já vi pessoas que, depois desses traumas, ficaram com todos os chakras da parte da frente do corpo dilacerados, com os cordões flutuando no espaço. A experiência pessoal de um trauma desse tipo é descrita pela pessoa como uma sensação de estar arrasada, como se a melhor metade de si estivesse faltando. Muitas pessoas ficam desorientadas e não sabem o que fazer consigo mesmas.

Num divórcio complicado, a pessoa que quer sair geralmente tenta romper o maior número possível de cordões de ligação, deixando a outra pessoa um tanto desorientada e criando muita dor e destruição no seu próprio campo áurico. Quando isso é feito, ambas as pessoas sofrem e ficam com a sensação de estarem afastadas de muitos aspectos da vida por causa do grau de envolvimento com o parceiro. Os cordões danificados representam não apenas o velho relacionamento, mas também as atividades que o casal fazia em conjunto. Muitas pessoas que se separaram de maneira forçada têm uma tendência para se envolverem num outro relacionamento a fim de tentar curar a dor causada por suas ações drásticas. Infelizmente, porém, como os cordões relacionais não foram curados, elas tendem a criar o mesmo tipo de relacionamento negativo com o mesmo tipo de homem ou mulher de seus relacionamentos anteriores. Quando muitos cordões são danificados, no processo de separação forçada, tenho visto casos em que são necessários pelo menos cinco, às vezes sete anos, para dar novo sentido à vida dos membros de casais que ficaram juntos durante muito tempo e depois se divorciaram. Isso depende da intensidade dos dados e da capacidade de recuperação da pessoa. Obviamente, um curador que possa ver e atuar sobre os cordões pode fazer isso muito mais rápido.

O que as pessoas não entendem a respeito desse fenômeno é que, em qualquer separação, certos cordões devem ser dissolvidos ao passo que outros devem ser conservados. Quando um parceiro vai embora, o que acontece com a parte que ficou depende do modo como ela se prepara para a separação e se liberta da dependência do antigo relacionamento. Os cordões doentios resistem à mudança e tentam manter o *status quo*, ao passo que os cordões saudáveis simplesmente permitem a transição. Os cordões saudáveis permanecem ligados, não importa o que aconteça. Depois que duas pessoas se encontram no amor, este permanece, e o mesmo se dá com os cordões que representam o amor.

Os Problemas com os Cordões Relacionais

Problemas com os Cordões do Primeiro Chakra

Os cordões do primeiro chakra (que também penetram fundo na Terra) representam a estabilidade da vontade de viver no mundo físico, relacionando-se com a Terra e com uma outra pessoa.

De acordo com as minhas observações, as principais causas do fraco desenvolvimento dos cordões do primeiro chakra são:

- a relutância da criança em encarnar
- um trauma de nascimento que compromete a capacidade do recém-nascido de ligar-se aos cordões da Terra por ocasião do nascimento
- sofrimento físico na infância, que retardou o desenvolvimento das relações da criança com a Terra e impediu a penetração normal dos cordões no interior da Terra
- maus-tratos físicos na infância, fazendo a criança sentir a vida ameaçada e que a levam a se preparar para partir, desfazendo as ligações dos cordões com a Terra
- os filhos não querem competir com os pais, mas imitá-los
- algumas lesões acidentais que causaram danos ao cóccix, o que, por sua vez, danificou o interior do primeiro chakra e dos cordões

Os danos aos cordões do primeiro chakra causam problemas na vontade que o paciente tem de viver e atuar no mundo físico. Eles causam problema na ligação do paciente com a Terra e comprometem a sua capacidade de se ligar às outras pessoas nos aspectos da vida voltados para as atividades físicas – tais como os esportes, o exercício e a fruição da natureza e da Terra de maneira geral. O principal resultado desse dano é uma falta de ligação com a Terra, uma incapacidade de absorver as energias densas da Terra. Isso, por sua vez, produz um enfraquecimento do campo de energia como um todo, o qual não consegue suportar um corpo físico robusto. Em consequência, o corpo físico enfraquece.

A falta de ligação com a Terra resulta num grande medo da vida no mundo físico em si, tal como o medo de estar num corpo físico porque ele, ao que parece, está separado do mundo físico obviamente hostil que o rodeia. A pessoa se sente como um prisioneiro numa terrível prisão – o corpo físico – de assustadora e penosa tortura. Nesse estado, as pessoas se sentem como se estivessem sendo punidas por alguma coisa terrível que tivessem feito, e perdem tempo tentado descobrir o que seria isso. Elas imaginam que, se pudessem fazer isso da maneira correta, ficariam livres dos seus sofrimentos. Elas nunca se sentem seguras.

Elas talvez descubram que a meditação – o deslocamento do máximo possível de energia-consciência a partir do topo de suas cabeças – cria um abrigo seguro, se pudessem fazer isso o tempo todo. Infelizmente, essa meditação é a pior coisa que elas poderiam fazer para si mesmas, porque isso serve apenas para enfraquecer seus cordões de ligação com a Terra. E, em longo prazo, a meditação os torna menos capazes de lidar com o mundo físico.

Doenças comuns produzidas por danos nos cordões do primeiro chakra: De fato, a debilidade dos cordões do primeiro chakra enfraquecem de tal forma o campo de energia e o mundo físico que, em última análise, toda doença está direta ou indiretamente relacionada com isso. No início, a debilidade pode se manifestar na forma de falta de energia física. Em seguida, poderia se manifestar nas suprarrenais e, mais tarde, transformar-se em câncer, em AIDS ou numa doença autoimune, como a artrite reumatoide. Em geral, o modo como a doença se manifesta posteriormente tem muito a ver com o estado dos outros chakras e cordões.

Exemplos de cura e seus efeitos: Provavelmente, o tipo de cura mais comum que fiz nos cordões do primeiro chakra foi o realizado em pessoas que tinham fraturado o cóccix ou sofrido um trauma de infância que causou o rompimento de suas ligações com a Terra. Durante as sessões de cura, eu reestruturava regularmente o primeiro chakra e, depois, estabelecia novos cordões de ligação com a Terra. O resultado dessas curas foi a reativação do sistema imunológico, o fortalecimento do corpo físico e o aumento da energia física disponível ao paciente. Lembro-me de um caso específico de uma mulher que fora atacada pelo vírus de Epstein-Barr e não conseguia se recuperar. Seu primeiro, segundo e terceiro chakras não estavam funcionando bem e sua curadora continuava trabalhando o terceiro chakra. Embora isso a ajudasse um pouco, as recaídas eram frequentes. Ela só ficou boa quando fiz os reparos necessários no segundo e, principalmente, no seu primeiro chakra e, depois, religuei os seus cordões com a Terra.

Problemas com os Cordões do Segundo Chakra

Os cordões do segundo chakra representam a fruição da fecundidade da vida no relacionamento sensual e sexual. Quanto mais claro o nosso relacionamento com a nossa sensualidade e sexualidade, mais saudáveis os cordões que vamos criar. Quanto melhor o entrosamento sexual entre duas pessoas, mais saudáveis, mais fortes e mais bonitos serão os cordões. Qualquer distúrbio nos cordões será experimentado como um distúrbio nessas áreas de nossas vidas. Ou, se tivermos problemas com a nossa sensualidade ou sexualidade, os cordões que desenvolvemos entre o nosso segundo chakra e a pessoa com quem temos um relacionamento sexual vão manifestar os nossos problemas.

Cada vez que temos contato sexual com uma outra pessoa, criamos mais cordões e permanecemos ligados a ela pelo resto da vida. Às vezes, isso causa confusão nas pessoas que tiveram muitos parceiros sexuais, especialmente se os relacionamentos não foram sadios. Esses cordões podem ser purificados e limpos para reter os aspectos positivos das ligações e curar os aspectos negativos. Eles nunca serão completamente eliminados.

Pelo que tenho observado, as principais causas do fraco desenvolvimento ou de ocorrência de danos nos cordões do segundo chakra são:

- dificuldades de vidas passadas com relação à sensualidade e à sexualidade, que já nascem com a criança
- degradação ou descaso generalizado da sensualidade ou sexualidade no ambiente da criança
- rejeição direta da expressão sensual ou sexual da criança pelos pais ou por outros adultos
- abuso sexual sofrido pela criança
- estupro por uma pessoa do mesmo sexo ou do sexo oposto
- procedimentos médicos estranhos numa criança pequena
- maus-tratos por parte de um parceiro sexual

Doenças comuns geradas devido aos danos aos cordões do segundo chakra: Pelo que tenho observado, são estes os problemas produzidos por danos no segundo chakra:

- sexualidade reduzida, em consequência de abusos sexuais
- perversão sexual (gerada por todos os tipos de abuso sexual)
- incapacidade de chegar ao orgasmo
- incapacidade de conceber
- impotência com uma determinada pessoa
- câncer na próstata
- infecção vaginal
- câncer vaginal
- infecção no ovário
- doença inflamatória pélvica
- em alguns casos a homossexualidade que pode ser resultante de repetidos estupros por parte de uma pessoa do mesmo sexo

Isso não significa que a homossexualidade seja uma doença. Segundo Heyoan:

> Cada indivíduo encarna para cumprir a missão na vida que mais se adapta aos seus parâmetros físicos, incluindo o corpo. Muitos indivíduos poderão escolher um corpo feminino ou masculino destituído da tradicional atração sexual pelo sexo oposto simplesmente porque esse não é o tipo de experiência de vida necessária para ele nessa existência. No mundo espiritual, não há julgamento quanto ao modo como o indivíduo deva expressar a sua sexualidade. Em vez disso, a meta é expressar a própria sexualidade com amor, verdade, sabedoria e coragem.
>
> Podemos considerar dois tipos de sexualidade: uma que é resultado da livre escolha, para criar circunstâncias para a experiência de vida, e uma que se originou de um trauma produzido pelo karma das ações passadas. (Deixe-me lembrá-lo de que karma não significa punição; em vez disso, ele é o efeito gerado de uma ação passada. Todos os nossos atos são causas que criam efeitos que, mais cedo ou mais tarde, voltam para nós. Às vezes, decorrem várias existências antes que esse efeito se manifeste.) De certa maneira, os dois tipos de homossexualidade são a mesma coisa, pois ambos criam as circunstâncias necessárias para o cumprimento da missão de vida. Embora, no segundo caso, o trauma necessite de um trabalho de cura, isso não significa que a cura conduziria necessariamente à heterossexualidade. A meta, na verdade, é a totalidade do indivíduo.

É preciso deixar claro que os cordões danificados não são as únicas causas gerais desses problemas no campo áurico. Só estou citando exemplos de casos que observei ao trabalhar com pessoas cujos problemas eram causados principalmente por cordões danificados.

Exemplos de curas e seus efeitos: Em muitos casos, esforcei-me para recarregar os canais de energia que fazem a ligação entre o sistema endócrino no nível áurico, para ajudar mulheres a serem férteis. Às vezes, cordões doentios ou encravados de relacionamentos passados impedem a formação de ligações saudáveis nos relacionamentos sexuais atuais. Nesses casos, preciso limpar e purificar os velhos cordões para que os novos possam ser ligados da maneira apropriada. Depois que as ligações com os relacionamentos sexuais atuais são reparadas, a gravidez já pode ocorrer. Diversas vezes, obtive êxito nos casos em que os dois membros do casal cooperaram.

Por outro lado, se uma das partes não coopera e a cura é necessária em ambos, a ligação dos cordões não funciona. Uma mulher, por exemplo, buscou a cura para se tornar capaz de engravidar. As configurações do seu campo relacionadas com os equilíbrios endócrinos estavam muito distorcidas e desconexas. Trabalhei com ela três vezes e todos eles foram endireitados. Ela estava pronta.

Na última sessão, seu marido veio apanhá-la. Ele ficou na sala de cura durante alguns minutos e pude ver que os cordões entre os segundos chakras de ambos não estavam ligados. Comecei a tentar ligar os cordões, mas, ao fazê-lo, vi que havia um trabalho muito mais profundo a ser feito no campo do marido, especialmente em torno da região dos órgãos genitais. Havia danos bem no fundo do primeiro e do segundo chakras. Pude ver que o seu esperma era muito fraco e não conseguiria penetrar o óvulo adequadamente. Infelizmente, o marido estava muito cético e se mostrava um tanto hostil com relação ao trabalho, além de não querer se envolver. Como ele não quis a cura, não houve nada que eu pudesse fazer. Eu sabia que, quando fossem fazer um exame, ele comprovaria uma baixa contagem de espermatozoides.

Posteriormente, por intermédio de um amigo, fiquei sabendo que eles haviam tentado fazer inseminação artificial, que também não funcionou por causa dos problemas áuricos e físicos do marido. A lembrança desse caso sempre me faz ficar um pouco triste. Talvez eu não devesse ter ficado quieta. Talvez o obstáculo do ceticismo pudesse ter sido transposto. Entretanto, eu queria respeitar sua opinião e a opção que fizera.

Problemas com os Cordões do Terceiro Chakra

Os cordões do terceiro chakra representam a clareza e a adequação dos cuidados consigo mesmo e com os outros num relacionamento. Cuidar de uma criança significa atender a todas as suas necessidades – banhá-la, vesti-la, alimentá-la, ler histórias para ela na cama e pô-la para dormir. Existem pais que amam profundamente seus filhos, mas não sabem como cuidar deles desse jeito. Ou vice-versa: existem pais cujos vínculos amorosos são fracos, mas que sabem cuidar dos filhos.

Os cordões podem ser gravemente danificados durante os traumas ocorridos nos relacionamentos. Na maioria das vezes, esse trauma resulta da falta de contato e de carinho ou do excesso de controle por parte dos pais. Qualquer que seja o caso, a reação da criança consiste em romper os cordões entre o seu terceiro chakra e o terceiro chakra da pessoa envolvida. Se o trauma foi produzido pela falta de carinho, as extremidades dos cordões rompidos, que partem do terceiro chakra da criança, geralmente acabam soltos no espaço. É como se a criança estivesse tentando encontrar uma outra pessoa à qual pudesse ligar os seus cordões. Quando o trauma é criado por um excesso de controle, os cordões geralmente ficam enterrados no terceiro chakra da criança. Tenho o palpite de que essa seja uma medida protetora para impedir que as outras pessoas a controlem dessa maneira. Esse mesmo trauma muito provavelmente vai ocorrer em outros relacionamentos depois que a criança crescer.

Ao longo do tempo, esses cordões geralmente se emaranham e ficam enterrados no terceiro chakra, causando disfunções. Em longo prazo, o processo é mais ou menos assim:

1. Sendo excessivamente dominador, o pai cria entre ele e a criança cordões que exercem um rígido controle.
2. A criança tenta se afastar e rompe os cordões.
3. A criança fica confusa com relação a si mesmo, e os seus cordões se embaraçam no terceiro chakra.
4. Depois disso, a criança não consegue se ligar firmemente aos outros porque os cordões estão muito doentes para isso.

As pessoas que vivem esse processo passam pela vida sem se ligar aos pais e têm dificuldade para se ligar a outras pessoas. Elas nunca sentem que os seus pais as reconhecem pelo que realmente são. Elas provavelmente se ofendem com seus pais e não conseguem reconhecê-los como seres humanos que também estão passando pela vida.

Com a cura por meio da imposição das mãos esses cordões podem ser esticados, desembaraçados, limpos e religados de uma forma saudável pelo curador. Para um curador treinado, isso é na verdade uma coisa muito fácil de se fazer. Os cordões permanecerão saudáveis se os pacientes estiverem prontos para criar relacionamentos saudáveis. Por outro lado, esses cordões poderiam ser danificados novamente por meio de um relacionamento negativo. Todavia, é menos provável que isso aconteça porque os cordões saudáveis lhes proporcionam a experiência de um relacionamento saudável, algo que eles talvez nunca tenham tido nesta existência.

Doenças comuns resultantes de danos nos cordões no terceiro chakra: As doenças mais comuns produzidas por danos nos cordões do terceiro chakra acometem a área dos órgãos do terceiro chakra. Cordões rompidos ou enterrados profundamente no lado esquerdo do terceiro chakra – que se originariam de dificuldades no relacionamento com a mãe – causam problemas com hipoglicemia, diabete, câncer no pâncreas, indigestão e úlceras.

Cordões rompidos ou enterrados no fundo do lado direito do terceiro chakra – que nasceram de dificuldades de relacionamento com o pai – resultam em problemas como disfunções hepáticas, hepatites e câncer no fígado.

Exemplos de curas e seus efeitos: Numa demonstração realizada durante um seminário, trabalhei com uma estudante chamada Carey – uma jovem alta, magra e atraente, nascida na região de Boston. Como ao longo do ano Carey se mantivesse sempre muito quieta na sala de aula, resolvi trabalhar com ela para ajudá-la a se expor um pouco mais. Pude ver que Carey tinha cordões profundamente enterrados no seu terceiro chakra. Uma extremidade dos cordões estava ligada à ponta interior do seu terceiro chakra e a outra extremidade, que normalmente estaria ligada à mãe, estava enterrada no seu terceiro chakra. No trabalho que fiz com ela, purifiquei os cordões enterrados que iam do lado esquerdo do seu terceiro chakra até o lado esquerdo do terceiro chakra da sua mãe. Quando puxei o feixe de extremidades emaranhadas de cordões para fora do seu terceiro chakra, ela suspirou profundamente e estirou o corpo em reação ao que sentiu por ocasião da abertura desse novo espaço no seu corpo.

Em seguida, purifiquei os cordões. Feito isso, liguei algumas das extremidades soltas – que representavam codependência – e as introduzi bem fundo no terceiro chakra de Carey, levando-as até o nível hárico e fixando-as bem fundo na estrela do âmago. Como esses cordões representam cuidados, isso significa que os seus cuidados consigo mesma e com os outros virão agora do âmago de seu ser.

Em seguida, religuei os cordões restantes ao lado esquerdo do terceiro chakra da mãe de Carey. Como a mãe não estava fisicamente presente por ocasião dessa cura, isso foi feito com o mesmo tipo de ligação que usamos na cura a distância. A nova ligação proporcionou a Carey uma sensação muito diferente de ligação com a mãe.

O resultado desse tipo de cura tem sido espantoso. Acontece mais ou menos o mesmo na maioria das pessoas com quem trabalhei. O relacionamento muda de uma maneira muito drástica. Em geral, as pessoas deixam a sessão de cura com uma estrutura mental que, finalmente, lhe permite agir de forma diferente com relação a seus pais. Os pacientes ficam surpresos ao descobrir, não apenas como estão diferentes, mas também com a diferença que descobrem nos seus pais.

Não foi apenas o relacionamento de Carey com a mãe que mudou, mas também a maneira pela qual sua mãe se relaciona com ela. Na vez seguinte que Carey encontrou a mãe, esta lhe deu as boas-vindas e a tratou de uma forma como Carey sempre quis que ela fizesse. Depois de anos sentindo-se malquista, Carey sentiu que sua mãe finalmente a via como ela de fato era e não do modo como a mãe queria que ela fosse. Desde então, o relacionamento entre elas faz progressos e se desenvolveu.

As confusões que ocorrem nos relacionamentos às vezes são causadas por ligações distorcidas entre os cordões. O que a aura mostra e o que os pacientes acreditam ser a causa dos seus problemas muitas vezes são coisas opostas. Um paciente poderá ter passado a vida pensando que o problema era com seu pai quando, na verdade, o problema sempre esteve relacionado com a sua mãe. Muitas mulheres parecem ter problemas com homens. Parece que elas simplesmente não conseguem obter o que necessitam num relacionamento com um homem. Quando observo os seus campos áuricos, porém, os cordões desfeitos e emaranhados do terceiro chakra estão do lado esquerdo, indicando que o problema tem origem no relacionamento com a mãe.

Por exemplo: Joyce, uma das minhas pacientes, descobriu muito cedo que não iria obter da mãe aquilo de que necessitava. Esta foi uma experiência extremamente assustadora e dolorosa porque, do ponto de vista da criança, a mãe era a provedora e a pessoa que protegia a vida. Em outras palavras, para a criança, isso parecia uma ameaça à vida. Para não sentir essa ameaça, Joyce desfez a ligação que a unia à mãe por meio dos cordões do terceiro chakra. Ela redirecionou para o pai as necessidades que tinha com relação à mãe. Da perspectiva do campo áurico, isso fez com que todas as suas necessidades se concentrassem nos cordões que a ligavam ao terceiro chakra do pai. Joyce obteve o carinho do pai. Este fez o melhor que pôde, mas simplesmente não conseguiria ser a mãe.

Posteriormente, os mesmos relacionamentos foram recriados. Joyce, agora uma mulher adulta, tentava receber cuidados maternais do seu homem. Isso nunca funcionava realmente. Assim, ela presumiu que havia alguma coisa de errado nos seus relacionamentos com os homens – o que obviamente era verdade, conforme foi constatado nas sessões de cura. Agindo de maneira muito lógica, ela escolheu um terapeuta do sexo masculino para aprender a ter suas necessidades atendidas pelos homens da sua vida. Ela não tem muitos problemas com as mulheres nessa etapa do jogo porque, de qualquer forma, não espera muita coisa delas. Ela não as procura para nada, nem mesmo para obter cura ou terapia.

Se essa situação continuar, Joyce nunca terá uma melhora realmente significativa, muito embora possa dar essa impressão exteriormente. Ela continuará na posição transferencial de ser uma boa garota e se tornar uma garota ainda melhor. Ela está admirada com seu terapeuta do sexo masculino, elogia-o constantemente e fará qualquer coisa por ele. Lamentavelmente, ele às vezes, de forma inconsciente, aprecia tanto isso que não consegue enxergar de uma perspectiva mais ampla o que está se passando.

Um curador mais preparado saberia que, para o problema poder ser resolvido, uma paciente precisa trabalhar os seus relacionamentos com as mulheres junto com uma terapeuta ou com uma curadora treinada para lidar com problemas psicológicos. Ela precisa abrir-se ao medo existencial que conseguiu dominar quando rompeu sua ligação com a mãe. No decorrer desse processo, ela vai começar a entender que tem muito a ganhar no contato com as mulheres e que várias das necessidades que ela tem procurado satisfazer com os homens só podem ser realmente atendidas por outras mulheres. É isso o que vai curar o seu relacionamento com os homens. Um curador pode desembaraçar, reparar e religar de forma adequada os laços desfeitos que deveriam ligar um paciente à sua mãe. Isso vai modificar drasticamente o relacionamento, de modo que ele possa se desenvolver a partir do ponto onde há muito foi congelado.

Fiz uma demonstração de cura numa estudante a quem chamarei de Grace, o que também deixou patente o poderoso efeito da liberação dos cordões relacionais. No caso de Grace, trabalhei nos laços do primeiro chakra e, depois, nos cordões do terceiro chakra; seis meses depois, havia chegado o momento de trabalhar nos cordões do chakra do coração. Esse exemplo mostra o desenvolvimento progressivo do processo de cura.

Grace tem compleição delicada, é loira e de temperamento calmo e meigo. Trabalha como contadora e gerente financeira de uma firma de arquitetura. As curas duravam cerca de 45 minutos.

Primeiro, trabalhei no primeiro chakra, abrindo-o e prendendo os seus cordões bem fundo na Terra. Em seguida, reestruturei o corpo etérico da perna direita, o qual, conforme pude ver com a minha PSS, precisavam de cuidados. (Grace comentou depois que essa era a sua perna fraca.) Depois disso, purifiquei o meridiano da bexiga, que saía de sua perna esquerda, e purifiquei e reestruturei o segundo chakra.

Em seguida, passei a maior parte do tempo trabalhando o terceiro chakra de Grace. Os cordões estavam muito danificados. Eu os desenrolei e os limpei. Alguns estavam tão retraídos que tinham se enrolado em torno da corrente central e vertical de energia. Os guias retiraram os velhos cordões e instalaram outros no lugar, novinhos em folha. Eu nunca tinha visto isso antes. Apenas vira os guias limpando e reparando os cordões. Os guias colocaram no terceiro chakra uma prótese que se parecia com uma peteca de badminton. Segundo eles, a peteca iria se dissolver em três meses.

Seis meses depois, conversei com Grace pelo telefone a respeito dos resultados das sessões de cura que eu havia feito com ela. Eis o que ela disse:

> Meu relacionamento com os meus pais mudou depois que eu trabalhei os cordões. Depois da cura, o meu primeiro chakra estava muito aberto. Senti-me mais ligada à Terra do que nunca. Quando voltei para casa, minha mãe me abraçou e me olhou com mais amor do que jamais havia feito antes. Antes, ela nunca havia expressado esse amor. Mamãe quis ficar comigo durante todo aquele fim de semana. Ela estava trabalhando no jardim e eu simplesmente me sentei ao seu lado enquanto ela me fazia perguntas a respeito da cura. Mamãe estava mais receptiva com relação a mim e a quem realmente eu sou.
>
> Senti o mesmo com relação a meu pai. Senti um amor sincero emanando dele. Ele não era do tipo que se expressava abertamente tanto quanto poderia – e isso também mudou. Continuei sentindo isso ao longo de todo o verão porque não estava assumindo uma postura demasiado defensiva.
>
> Eu não os provocava e eles não me provocavam. Foi então que percebi que boa parte da intimidade que existia entre nós era representada pelos padrões de provocações mútuas. Com os novos cordões nos ligando, esses padrões pareciam ter desaparecido por completo durante todo o verão.
>
> Os chakras continuaram estáveis durante cinco meses. Agora, em dezembro, o chakra começou a vacilar novamente. Tenho trabalhado muito tempo sentada, sujeitando-me a uma grande tensão. Não estou fazendo exercícios.

Grace também disse que seu relacionamento com os pais tinha se tornado menos "dinâmico" desde que seu terceiro chakra havia começado a vacilar novamente. Não era mais como havia sido antes das curas; a expressão externa do amor era bem menor.

Assim, pelo telefone, analisei Grace novamente. Embora o primeiro chakra estivesse se tornando menos aberto do que estava depois da cura, ele estava muito mais forte do que antes. O terceiro chakra estava vacilando um pouco, mas isso foi causado por um tampão vermelho-escuro de energia estagnada no seu centro. Descrevi diversas maneiras através das quais ela poderia curar isso.

Também percebi que seu relacionamento com os pais estava ficando mais profundo e que era importante para Grace trabalhar a fim de purificar, reparar e firmar ligações mais fortes entre ela e os pais por meio dos cordões dos chakras do coração. Ela fez isso e, uma vez mais, seu relacionamento com os pais passou para um nível mais profundo de intimidade.

Problemas com os Cordões do Quarto Chakra

Os cordões do quarto chakra representam o amor e o mistério do equilíbrio entre o amor e a vontade num relacionamento. Nós nos referimos a esses cordões entre os chakras do coração quando falamos em "cordas do coração". A maioria das pessoas com as quais trabalhei tem algum tipo de problema nas cordas do coração ou nos cordões do quarto chakra. Os cordões do quarto chakra são danificados durante relacionamentos amorosos doentios. As configurações doentias surgem na infância e se repetem à medida que a pessoa cresce. Qualquer que seja o problema, ele se amplia cada vez que o trauma é repetido.

Doenças comuns resultantes de danos nos cordões do quarto chakra: Conforme tenho observado nos meus pacientes e alunos, a maior parte dos danos causados aos cordões do chakra do coração é consequência de o indivíduo ter sofrido desapontamentos num relacionamento amoroso. Entre as doenças assim produzidas estão as dores no coração, as palpitações, a fibrilação atrial e os danos ao tecido cardíaco que, posteriormente, resultam num ataque do coração.

Exemplos de curas e seus efeitos: No verão de 1991, perguntei a uma pessoa que estava frequentando um seminário introdutório se eu poderia trabalhar com ela para demonstrar uma técnica avançada de cura, e obtive sua aprovação. No início do seminário, eu havia observado que os cordões que faziam a ligação entre o seu chakra do coração e o chakra do pai, já falecido, estavam muito danificados. A maioria deles estava embaraçada no fundo do chakra do coração e alguns estavam soltos no espaço. Também vi várias formas de energia-consciência psiconoéticas deixadas no chakra do coração por experiências de vidas passadas. Em consequência disso, o seu chakra cardíaco, em vez de girar num movimento harmonioso, no sentido horário, estava titubeando.

Perguntei-lhe como gostaria de ser chamado nesse estudo de caso e ela escolheu o nome de Ester, porque se identificava com a Ester da Bíblia. Ester, que vive no meio oeste dos Estados Unidos, é advogada e escritora freelancer.

Em 1976, quando estava na faculdade de Direito, Ester recebeu do médico um diagnóstico de válvula mitral defeituosa. O médico lhe disse que se tratava de um defeito de pequena importância e que, se isso não prejudicasse suas atividades cotidianas, ela não deveria começar a tomar medicamentos. Então, dois anos depois, Ester deu início a um vigoroso programa de exercícios. Durante um desses programas, os problemas começaram.

Ester explica:

> Meu coração disparou e eu não conseguia diminuir as palpitações. Isso durou mais de trinta minutos. Foi nessa ocasião que a disfunção foi diagnosticada como fibrilação atrial. Fui a um cardiologista e ele disse: "Não, você não tem válvula mitral defeituosa; você tem fibrilação atrial." Disse também que eu tinha um tipo incomum da doença, no sentido de que havia um componente ligado à posição do corpo. O problema poderia ser desencadeado simplesmente me deitando sobre o meu lado esquerdo. Eu tinha dois sintomas: em um, o coração batia num ritmo acelerado. No outro, às vezes, o coração começava a falhar. Assim, o médico receitou Lanoxin, porque a taquicardia pode causar embolia que, por sua vez, pode causar uma apoplexia. Para prevenir o risco de apoplexia, portanto, essa era a coisa mais segura a fazer.

A maior parte do tempo que passei com Ester foi dedicado a tratar o seu chakra do coração. Primeiro eu removi a energia estagnada que havia nele. Depois, soltei os cordões danificados e os puxei para fora a fim de desembaraçá-los, purificá-los, limpá-los, recarregá-los, fortalecê-los e, em seguida, ligá-los novamente de modo correto ao chakra do coração do pai. Feito isso, configurações de vidas passadas começaram a se desdobrar no quarto nível do campo, que também estavam presentes no chakra do coração. Extraí do lado esquerdo do coração de Ester um longo objeto pontiagudo, semelhante a uma lança. Analisando-a com a PSS, pareceu-me que Ester fora traída e morta num conflito ocorrido numa vida passada. Havia também dois escudos densos e muito pesados sobre o seu coração, que haviam sido colocados ali durante uma cerimônia religiosa pagã em homenagem à Deusa. Ser sacerdotisa, nessa época, significava dedicar a vida à Deusa e se comprometer a renunciar a qualquer relacionamento com homens. Os escudos continham inscrições em algum tipo de escrita antiga. Escudos como esses eram colocados sobre o coração, numa cerimônia, para ajudar a impedir que a sacerdotisa se apaixonasse por um homem. Depois que consegui remover os escudos, também consegui retirar uma armadura aparentemente medieval.

Objetos de vidas passadas, como esses, permanecem no campo áurico na forma de energia-consciência psiconoética não resolvida, e influenciam a vida atual. A lança poderia despertar em Ester a tendência a esperar ser traída nas questões do coração; os escudos tenderiam a interferir na sua capacidade de se relacionar com homens. A armadura medieval indicava uma forte ligação com Joana D'Arc e com seu martírio.

Depois que esses objetos foram retirados surgiu uma luz intensa no peito de Ester. Nunca antes eu vira alguém irradiar uma luz tão bonita e brilhante. Depois da cura, Ester perguntou se poderia parar de tomar o remédio. Eu respondi que não, por diversas razões. Antes de tudo, porque eu não tinha autoridade para dizer que parasse. O médico é que teria de decidir isso. E eu não tinha a intenção de fazer o acompanhamento da cura, pois não estou trabalhando como curadora. O fato é que Ester parou de tomar o remédio por conta própria.

Cinco meses depois da cura, falei com Ester para saber o que ela havia sentido durante a cura e para me inteirar do que havia acontecido desde então.

ESTER: Minha lembrança mais vívida é a de me sentir mais leve depois que você retirou os escudos. Embora eu nunca tivesse sentido o peso daquilo antes, lembro-me de ter me sentido mais leve quando eles estavam sendo retirados... A ligação com Joana D'Arc fez muito sentido para mim porque tenho a tendência para me martirizar, para me sacrificar em favor de causas. Todos os meus amigos lhe diriam que me comprometo intensamente com as pessoas no sentido de me manter muito dinâmica em favor de diversas causas. Às vezes, tenho que me conter e voltar atrás por causa do meu excessivo envolvimento. Sou em parte dependente com relação a isso. Simplesmente, eu me atiro ao trabalho, às vezes prejudicando o meu estado de energia. Atuo no movimento pacifista. Também sou advogada e estava trabalhando em causas que envolviam direitos civis. Na maioria dos casos, atuei em favor de pessoas oprimidas, vítimas de injustiças sociais. Representei muitas mulheres que acreditavam ter sido vítimas de assédio sexual no trabalho e pessoas que se sentiam discriminadas no mercado de trabalho por causa de raça e sexo... Anita Hill era muito parecida com várias das minhas pacientes... Sou feminista...

A cura resolveu 90% do meu problema cardíaco! Embora não tenha mais a fibrilação atrial, de vez em quando o coração falha. Quando isso acontece, aprendi a colocar a palma da mão direita sobre o chakra do coração e a girá-la no sentido horário. Isso regula o campo de energia. Você viu o chakra do coração vacilar; o que eu faço é imaginar esse chakra titubeando e, então, consigo transmitir-lhe paz e fazer com que volte ao seu padrão regular de rotação no sentido horário. Isso não é muito frequente, mas, de vez em quando, acontece. Contudo, essa é a única coisa que faço pelo coração.

Reduzi a ingestão de Lanoxin ao longo dos últimos dez dias ou duas semanas. Acho que estava tomando de uma a uma pílula e meia. Comecei a tomar uma pílula e, depois, meia por dia. Depois, passei a tomar meia pílula a cada dois dias. No prazo de duas semanas, eu estava completamente livre do medicamento.

Acho que a coisa mais importante para mim foi que, por diversos meses depois de o problema ter sido diagnosticado, e mesmo tomando Lanoxin, eu não conseguia me virar na cama sobre o lado esquerdo sem fazer o coração disparar. Depois dessa cura, eu já conseguia me virar sobre o meu lado esquerdo. No início, era como se o coração não soubesse o que fazer. Depois, ele se acalmava e voltava a ser ele mesmo, um coração normal. E assim ele é hoje. Consigo me virar de lado, e há um período de três a quatro segundos, um período muito curto, durante o qual o meu coração parece estar se lembrando daquilo que costumava fazer. Mas depois ele não faz isso mais. Não sei como descrever o que acontece: é uma sensação muito estranha.

BARBARA: Isso quer dizer que, no período em que mudou de posição, você estava próxima do seu coração. É como se você voltasse a percepção consciente para o coração. Parece que, automaticamente, você estava criando um novo padrão.

ESTER: Sim, é isso. Eu estou lá, estou próxima dele. Estou tranquilizando-o de alguma maneira para que ele não se enfureça e se volte novamente contra mim. E isso funciona.

Entretanto, a coisa mais emocionante para mim foi acordar uma manhã e perceber que tinha dormido sobre o meu lado esquerdo; obviamente, eu havia me virado durante o sono, no meio da noite, e o meu coração não disparou como costumava fazer quando isso acontecia. Ele iria me acordar imediatamente e me botar louca até eu mudar de posição. Agora, porém, eu obviamente conseguia me virar durante o sono e dormir sobre o meu lado esquerdo sem que houvesse nenhuma consequência, e acordar na manhã seguinte como uma outra pessoa.

BARBARA: Ótimo!

ESTER: Isso foi realmente emocionante. Mas eu fiquei frustrada porque sinto que deveria estar completamente curada disso depois daquela cura maravilhosa. Eu queria que o problema tivesse desaparecido por completo. Passei por um período de frustração porque 90% do problema havia desaparecido... Porque quando isso aconteceu na mesa de cura, como um grande milagre, realmente me senti como se você fosse o xamã. Você foi a pessoa que fez isso e que tirou todas aquelas coisas de dentro de mim e as jogou fora. Eu me senti muito mais leve. Lembro-me do dia seguinte, quando explorei o meu peito com um pêndulo e constatei que ele ocupava toda a largura do meu peito. Ele estava imenso e foi uma sensação maravilhosa saber que estava tão aberto... Mas então apareceu algo quase como um padrão-fantasma, que de vez em quando iria se manifestar. Meu marido me disse que sou muito dura comigo mesma – provavelmente o meu complexo de mártir mais uma vez.

Mas agora aprendi realmente a partir disso muitas coisas a respeito do relacionamento entre quem eu sou, emocionalmente, e o que o meu corpo é. E que o campo de energia é um verdadeiro instrumento de comunicação para mim. Finalmente, percebi que tudo isso havia sido para mim um verdadeiro aprendizado. Antes de tudo, assumindo a responsabilidade pela minha própria cura e ensinando-me que sou responsável por mim todos os dias. Sou responsável pelo meu campo de energia e há dias em que não cuido do meu campo de energia da forma como deveria. Eu me permito ficar excessivamente estressada ou fatigada e é nessas ocasiões que começo a sentir o padrão-fantasma. Meu coração está tentando me dizer novamente: "Ei, você está sendo um mártir. Você está se comprometendo demais com isso. Seu envolvimento está sendo demasiado intenso. Você está se envolvendo demais. Vá mais devagar."

E me lembro de você dizendo alguma coisa a respeito disso no seminário a respeito do que o nosso corpo nos diz, do que os nossos processos de doença nos dizem, e é como se eu ainda precisasse um pouco disso para servir como meu termostato, como um sinal de advertência, eu acho. Isso faz sentido?

BARBARA: Isso parece ótimo. Sim, isso é verdade e esse é provavelmente o motivo de você ter conservado o padrão-fantasma, porque você ainda precisa dessa proteção para si mesma.

ESTER: Sim.

BARBARA: E algum dia isso também poderá desaparecer porque você poderá chegar a um ponto em que vai parar automaticamente quando o seu corpo, de uma forma mais sutil, lhe disser para fazê-lo. Isso poderá ser feito fazendo-a simplesmente sentir que chegou o momento de parar.

ESTER: Agora ainda tenho necessidade de um sistema de advertência para me dizer quando estou dispersando minhas energias. Agora, sei que é o momento de parar, de me concentrar de novo, de estabilizar o meu campo de energia e trabalhar com o chakra do coração. E o fato é que, agora, tenho os instrumentos para fazer isso.

Estou me esforçando para conseguir prever a dissipação das minhas energias. Se puder prever isso antes que aconteça, então acho que não precisarei disso. Acho que tudo terá desaparecido totalmente.

BARBARA: Bom para você. Você observou alguma mudança no relacionamento com o seu pai?

ESTER: Bem, sim, e isso é interessante. A cura veio durante uma jornada que iniciei em abril, na qual eu havia reunido, pela primeira vez, um grupo de terapia de codependência trabalhando sobre os problemas associados a relações familiares no início da minha infância. O trabalho mais importante que fiz foi realizado depois que voltei da cura. Eu estava confrontando meu pai em algumas coisas. Eu nunca havia tido um bom relacionamento com minha mãe e, durante muitos anos, nossas relações foram conturbadas. Fiz todo esse trabalho com a minha mãe. Todavia, sempre deixei o meu pai sozinho. Eu tinha medo dele até conseguir lidar com esse problema, coisa que fiz depois da cura. Antes disso, eu nunca tivera a coragem de seguir em frente e ficar aborrecida com ele. Descobri que parte das coisas de que vinha acusando minha mãe eram, na verdade, responsabilidade do meu pai. E, assim, voltei a colocar sobre os ombros dele a parte que lhe cabia, e consegui ver a minha mãe sob uma luz muito favorável. Percebi o quanto ela lutara durante os anos em que esteve casada com um alcoólatra mulherengo e egoísta, que fazia as coisas à sua própria maneira. E, assim, consegui jogar sobre ele a responsabilidade por parte dos meus problemas, enfrentá-lo e, creio eu, chegar muito mais perto de perdoá-lo. Sim, o relacionamento com meu pai por certo mudou!

Problemas com os Cordões do Quinto Chakra

Os cordões do quinto chakra representam a segura confiança na vontade superior do relacionamento. Eles também representam o dar e o receber numa verdadeira comunicação por meio dos sons, das palavras, da música e dos símbolos.

O modo como a comunicação e a vontade superior vão interagir é muito interessante. Quando o chakra da garganta está aberto e funcionando bem, falamos a nossa verdade no momento. Essa verdade entra automaticamente em sincronia com a vontade superior. No início, era a palavra e a palavra era Deus. A palavra foi tomada manifesta. Aquilo que falamos se manifesta no mundo físico. Quando os nossos cordões relacionais estão saudáveis, as verdades que falamos uns aos outros geram uma manifestação positiva do relacionamento, a qual também está em sincronia com a vontade superior desse relacionamento. Depois disso, nós nos tornamos capazes de cumprir o nosso propósito na relação.

Quando os nossos cordões do quinto chakra não estão funcionando, nós não sabemos como falar a verdade da vontade superior do nosso relacionamento. Nós vivemos momentos difíceis completando o propósito de nosso relacionamento, e este se torna doloroso.

Todos os relacionamentos são formados com o propósito de aprendizado. A vontade superior de cada relacionamento está sempre relacionada ao que quer que possa ser aprendido com esse relacionamento. Alguns relacionamentos podem ser formados apenas para completar o karma. O karma é constituído por lições simples que ainda não foram aprendidas e que levamos de uma existência para outra. Ele é constituído por experiências que não foram completadas. No passado, o indivíduo recebeu a incumbência de completar uma lição e, quando a lição é aprendida, ele a leva para uma outra existência. Nós criamos um plano de vida e, dentro desse plano, estão os tipos de relacionamentos significativos que iremos ter para aprender as nossas lições. Escolhemos os nossos pais e a nossa família. A questão é: também escolhemos os nossos futuros companheiros? Existem companheiros da alma?

Heyoan diz:

> **Na grande sabedoria do universo, existem muitas pessoas que desejam completar um determinado aprendizado, a sabedoria e o karma. Eles são compatíveis com as suas necessidades e estão disponíveis para encontrá-lo. O universo não é tão ineficiente a ponto de lhe proporcionar apenas uma única possibilidade. De qualquer maneira, a pessoa que você vai encontrar é alguém que você vai reconhecer como o seu companheiro para essa fase específica da sua vida. Do nosso ponto de vista, todo indivíduo do planeta é de certa forma o seu companheiro de alma e, de fato, também aqueles que, no momento, talvez não estejam encarnados. Todavia, se você veio até esta existência específica com um grande propósito, uma grande**

tarefa, então, a tendência para ter um companheiro específico será mais elevada se esse indivíduo tiver uma missão na vida que se combine perfeitamente com a sua. Nesse sentido, vocês são de fato companheiros de alma. Assim, você vai reconhecer um companheiro de alma da perspectiva do ser perfeito em termos de vibrações energéticas, de troca de energia, de união, de ideais superiores e também em termos de quem você é e para onde está indo num determinado momento e ao longo de um determinado período de tempo. Quando a lição é aprendida, o karma é completado e o relacionamento poderá deixar de ser ativo. O relacionamento nunca vai terminar, pois a conexão permanece para sempre. Ou, então, vocês vão iniciar um aprendizado juntos e assim permanecerão durante toda a vida, se assim quiserem. Cabe a vocês decidirem isso, porque da nossa perspectiva não há separação.

Uma outra maneira de considerar isso é em termos do número de vezes em que vocês já estiveram juntos antes. Se vocês já estiveram juntos no passado, você vai reconhecer o outro como sendo você mesmo. Quanto maior o número de vezes em que vocês estiveram juntos, mais você vai reconhecer o outro como você mesmo. Talvez haja um determinado momento em que o número de vezes que vocês estiveram juntos o faça acreditar que outro indivíduo é na verdade a sua alma gêmea. Quanto mais vezes vocês tiverem se ligado e continuado unidos, mais semelhantes vocês irão se tornar em experiência, sabedoria e no nível da integração da consciência e da individualidade.

Os relacionamentos continuam além do mundo físico. Eles também continuam entre uma pessoa que esteja no plano físico e outra que já tenha se libertado da dimensão física. Esse relacionamento assemelha-se muito àquele que havia na dimensão física. O mesmo acontece com o relacionamento entre a pessoa e Deus. Como você vê, o relacionamento romântico humano é uma das maneiras mais precisas de conhecer o divino, já que a pessoa experimenta a divindade na individualidade do outro. Esse é um prólogo do quanto o relacionamento com Deus será bom. O relacionamento romântico é o primeiro passo das muitas fusões pelas quais você vai passar antes de se unir a Deus num relacionamento. Você nunca perde o erotismo, a beleza e a admiração de reconhecer o outro.

Os cordões do quinto chakra podem ser danificados nas interações agressivas relacionadas com a verdade e a vontade superior num relacionamento. Eles podem provir de experiências de vidas passadas em que o indivíduo foi traído ou traiu outros. Eles podem ser danificados na infância por meio de ações recíprocas agressivas relacionadas à verdade, como, por exemplo, quando um pai ou outra autoridade se recusa a acreditar nas crianças quando elas estão dizendo a verdade. Eles podem ser danificados por pais que não assumem a responsabilidade pelo seu papel. Um dos papéis dos pais, por exemplo, é proteger os filhos contra o mal. Mas se o pai não proteger a criança e, até mesmo, descarregar a sua frustração sobre ela, maltratando-a fisicamente, ele estará traindo a vontade superior de seu relacionamento. A criança não vai confiar nos relacionamentos com outras pessoas do sexo masculino que representam para ela a autoridade.

Doenças comuns resultantes de danos nos cordões do quinto chakra: As doenças que tenho visto com mais frequência incluem tireoide hipoativa, bócio, pescoço apresentando desproporção e doenças pulmonares.

Exemplos de cura e seus efeitos: Uma mulher que chamarei de Lorie, com cinquenta e poucos anos de idade, procurou-me depois de ter passado por muitos anos de terapia, período durante o qual tinha resolvido muitos dos problemas da sua vida. Seu problema atual era uma tireoide hipoativa. Ela ainda tinha um problema central: não confiava nos relacionamentos. Apresentarei uma história mais longa e pormenorizada desse caso porque ele dá uma boa ideia do modo como, passo a passo, a pessoa pode resolver muitos dos problemas com os cordões dos chakras que se desenvolveram durante a infância. Embora algumas partes da história de Lorie sejam mais drásticas do que aquilo que você poderia considerar normal, os problemas que afetam os cordões dos seus chakras não eram muito piores do que o chamado estado normal das pessoas que estão tendo problemas. Em outras palavras, a maioria das pessoas tem dificuldades com os cordões de ligação de muitos dos seus chakras. E é comum haver necessidade de longos períodos de tempo para curá-los, se a pessoa não souber que eles existem e, assim, não atuar diretamente sobre eles. Embora durante a maior parte da sua vida Lorie não tivesse consciência dos seus cordões relacionais, vou contar a história dela em termos desses cordões.

Lorie cresceu dentro da cultura conservadora de uma fazenda do meio-oeste dos Estados Unidos. Era uma garota quieta, tinha poucos amigos, estudava muito e ia extremamente bem na escola. Ela não se sentia muito ligada à mãe, que tinha uma preferência por seu irmão mais velho e pela irmã mais nova. Ela se ligou ao pai, a quem adorava e por quem faria qualquer coisa – até mesmo tornar-se para o seu pai o filho que seu irmão se recusava a ser. Ela não brincava muito com bonecas, gostava de construir coisas e ajudava o pai em muitas atividades. Ela sentia muito ciúme da irmã menor, que recebia toda a adoração, enquanto Lorie tinha de trabalhar longas horas ajudando os pais.

Essas experiências de infância produziram distorções nos cordões de ligação com os pais, em diversos chakras.

Os cordões do primeiro chakra penetraram fundo na Terra, porquanto ela e os seus familiares tinham trabalhado muito na terra da fazenda.

Os cordões do segundo chakra estavam danificados do lado esquerdo – aqueles que fazem a ligação com a mãe – porque ela não conseguia ligar-se à mãe em termos de prazer sensual e sexual, os quais sua mãe rejeitou na sua própria vida. Lorie também teve uma rígida formação sexual por causa da cultura em que foi criada. O sexo era uma obrigação que precisava ser cumprida.

Os cordões do terceiro chakra – responsáveis pelos cuidados dispensados aos outros – tiveram um bom desenvolvimento na ligação entre ela e o pai, mas foram rompidos na ligação com a mãe. O pai dava-lhe atenção e cuidava dela, mas com a mãe os papéis se invertiam. Lorie é que dispensava os cuidados. Por causa disso, Lorie tentava satisfazer suas necessidades de carinho com o pai.

Os cordões do quarto chakra de Lorie ficaram um tanto presos no lado esquerdo do coração porque ela também havia se desligado do coração da mãe. Lorie se sentia culpada por competir com a mãe pelo pai.

Ao longo do tempo, os cordões do quinto chakra ficaram emaranhados em ambos os lados porque ela estava por demais confusa a respeito da própria identidade e das suas verdadeiras necessidades. Em sua família, ela não dispunha de modelos para pedir e fazer com que suas necessidades fossem atendidas. Ninguém realmente sabia como fazer isso. A maioria das necessidades pessoais era ignorada por força das dificuldades econômicas.

Os cordões do sexto chakra se desenvolveram bem. Havia muita liberdade na estrutura de ideias da família. Na verdade, havia pouquíssima conversa na família a respeito do que quer que fosse, mas os pais tinham grande respeito pelo conhecimento. Os cordões das ideias criativas eram fortes e saudáveis, embora não fossem muito numerosos.

Os cordões do sétimo chakra de Lorie também estavam bem. Ela se ligou à mãe na sua espiritualidade. Sua mãe tinha "fé de uma semente de mostarda". Ela também aprendeu os benefícios de ficar em silêncio pescando com o pai. Esse era, na verdade, o seu método de meditar e sentir Deus. Lorie emulou a fé de sua mãe e o uso prático que o seu pai fazia da meditação. Assim, ela conseguiu fazer ligações muito fortes por meio do seu sétimo chakra.

Como resultado das reações de Lorie à própria infância e ao modo como ela desenvolveu os seus cordões relacionais, ela obviamente resolveu se concentrar nos aspectos da sua vida em que os cordões eram mais saudáveis. Ela lentamente começou a se afastar da vida familiar e se concentrou na escola, onde conseguiu destaque. Essa era a atividade principal que lhe restara para, como jovem adolescente, encontrar reconhecimento e respeito. Isso funcionou para ela. Lorie saiu-se muito bem na escola e foi para a universidade. Tudo estava bem até que ela começou a se relacionar com homens. Na verdade, ela ficava bem enquanto pudesse apenas ajudá-los com os deveres de casa. Contudo, ela não conseguia assumir o papel de alguém que tomava conta das pessoas ou de amante porque não percebera na mãe nenhum modelo direto sobre como fazer isso.

Lorie passou por dois casamentos e em nenhum deles conseguiu ter as suas necessidades atendidas, acreditar que o relacionamento era adequado para ela nem sentir que ele lhe dava apoio para enfrentar a vida. Durante anos, ela teve dificuldades para comunicar as suas necessidades nos relacionamentos com o primeiro e com o segundo marido.

Primeiro, ela se casou com um homem muito mais velho do que ela. Lorie era muito jovem e, de certo modo, queria alguém que tomasse conta dela. Conforme ela disse às suas amigas, na época: "Ele está me oferecendo a vida numa bandeja de ouro." Lorie não conhecia bem o homem, mas se casou devido ao medo de ficar só. Ela passou a semana seguinte ao casamento sentada, olhando pela janela do quarto no apartamento em que morava, sentindo-se completamente sufocada. Depois de vários meses descobrindo que tinha pouquíssima coisa em comum com o marido, que passava horas mexendo no seu aparelho de radioamador, ela começou a se concentrar na sua carreira como forma de fazer com que alguma coisa na sua vida valesse a pena. No decorrer dos cinco anos seguintes, ela construiu uma carreira e adquiriu independência financeira. Embora o marido fosse bom para ela, o casamento nunca chegou realmente a fazer progressos. Sua vida sexual quase não existia. Não havia muitos amigos nem passatempos, e não teve filhos. Lorie não os queria. Ela não tinha a menor ideia de como cuidar deles e não queria fazer isso. Depois de cinco anos, teve um caso com um colega de trabalho, que ela usou para escapar ao tédio e à insatisfação do casamento.

Durante o seu primeiro casamento, Lorie conseguiu desenvolver e fortalecer os cordões do seu sexto chakra, os quais conquistaram a sua independência financeira. Como seu marido era muito amoroso, ela também conseguiu começar a trabalhar sua sexualidade. Assim, esses cordões começaram a se soltar e a sarar, especialmente os que tinham representado o sexo como um dever a ser cumprido. Muito embora o sexo talvez não fosse tão interessante, pelo menos ele não era mais um dever.

Lorie teve tantos sentimentos de culpa por causa do caso de amor que tentou fazer com que ele tivesse prosseguimento, e passou a viver com o amante. Os problemas apareceram imediatamente no relacionamento. Embora não tivesse consciência disso, Lorie nessa época estava desesperada para fazer com que suas necessidades em termos de relacionamento fossem atendidas. Ela não sabia quais eram as suas necessidades nem conseguia comunicá-las de uma maneira eficiente. Em vez disso, Lorie estava mais uma vez com alguém muito diferente dela. Começou a exigir atenção, cuidados e sexo. O novo marido, filho de pais alcoólatras, reagiu começando a maltratá-la. Quanto maiores as exigências, mais assustado o marido ficava e maiores os abusos que praticava contra ela. A cada ano, os abusos aumentavam, e Lorie ficava mais angustiada. Ela não tinha ideia do que fazer. Ela nem sequer sabia que estava criando essa situação na qual parecia ser a vítima. Lorie era bem-sucedida na sua carreira, mas se sentia infeliz em casa.

Nessa situação em que era vítima de abusos, ela criou cordões muito alterados. O segundo, o terceiro, o quarto e o quinto chakras pioraram. Sua agonia finalmente a obrigou a procurar ajuda. Começou a fazer terapia e fez grandes progressos na resolução de diversos problemas. Lorie descobriu como impedir os abusos criando limites bem definidos que eram respeitados. No processo de criação de limites, ela usou a sua ligação com a espiritualidade do sétimo chakra, que seu marido também tinha, para ajudá-la a manter-se no rumo. Com essa nova segurança, ela encontrou muito mais amor para o seu marido e curou muitos dos cordões do chakra do coração. Ao fazê-lo, conservou a lucidez dos cordões do sexto chakra. Mas ainda não era capaz de curar os cordões do segundo, do terceiro e do quinto chakras. Havia grande incompatibilidade sexual entre ela e o marido, que tinha medo da paixão sexual e a evitava. A única maneira que Lorie conhecia para obter sexo era pedindo. Isso assustava ainda mais o marido. Dentro em pouco, a vida sexual deixou de existir.

Ela não conseguia aprender a cuidar de si mesma, e seu marido não podia satisfazer suas exigências. Assim, ele estava constantemente rejeitando-a ou evitando-a. O lado esquerdo do terceiro chakra de Lorie começou a esfacelar e a se romper, causando debilidade no pâncreas e, depois, em todo o sistema digestivo. Ela se tornou sensível aos alimentos, e tinha de fazer dietas especiais para prevenir a exaustão e o inchaço. Seu quinto chakra ficou pior. Ela brigava constantemente com o marido, o qual, embora continuasse ameaçando-a de maus-tratos físicos, transformou isso em maus-tratos verbais, crueldade e tirania.

Durante essa época da sua vida, Lorie também fez muita terapia pessoal e de casais, além de trabalho corporal. Ela continuou a ligar-se profundamente à Terra. Por meio desse esforço, fortaleceu o primeiro, o quarto, o sexto e o sétimo chakras.

Depois de muitas tentativas e de uma verdadeira busca espiritual, ela finalmente resolveu terminar com o casamento e trabalhar apenas em si mesma. Assim, por ocasião do final do segundo casamento, muitos dos cordões do primeiro, quarto, sexto e sétimo chakras estavam funcionando bem. Todavia, os cordões do segundo, terceiro e quinto chakras estavam piores.

Durante o tempo que passou sozinha, Lorie trabalhou o segundo, o terceiro e o quinto chakras. Criou para si mesma condições para descobrir quais eram as suas necessidades, para ter certeza de que essas necessidades poderiam ser atendidas e para esperar que o fossem sem nada exigir. Isso começou a fortalecer o seu quinto chakra, onde ela havia tido mais problemas desde o início da infância. Ela também começou a cuidar mais de si mesma, e isso fortaleceu-lhe o terceiro chakra. Lorie começou a explorar sua sexualidade com uma sensação de liberdade como jamais tivera antes, e descobriu que tudo estava funcionando muito bem nesta área. Agora, os laços do segundo chakra também começaram a sarar.

Depois de dois anos, ela se casou com seu terceiro marido. Suas ligações cardíacas e sexuais foram sentidas imediatamente. Como ela havia trabalhado amplamente os seus chakras, dessa vez ela conseguiu se associar a alguém mais compatível. Lorie se casou com um homem que tinha pouquíssimas dificuldades na esfera sexual e que era um provedor. Seu segundo chakra agora estava saudável. Seu marido passou anos analisando com ela todo o sofrimento sexual remanescente dos dois relacionamentos anteriores. Ele cuidou dela de uma forma que ela nem sequer imaginara que pudesse existir. Isso era natural para ele, que fora criado numa família que fazia isso. Lorie começou a imitá-lo. Estabeleceu fortes ligações com sua família original, especialmente com a mãe. E os cordões que a ligava ao terceiro chakra da mãe começaram a sarar. Quando ela purificou e fortaleceu os cordões que a ligavam ao terceiro chakra de sua mãe, ela também reavaliou seu relacionamento com o pai. Começou a estabelecer ligações saudáveis, através dos cordões do terceiro chakra, com as pessoas com as quais estava se relacionando.

Quando Lorie me procurou, a maior parte dos seus problemas tinham sido resolvidos. Entretanto, ela ainda tinha muitos problemas com o pescoço, a mandíbula e a tireoide. Ela ainda não confiava no relacionamento. Ela ainda achava impossível confiar no marido o suficiente para aceitar alguma dependência com relação a ele. Sua solução para os problemas consistiam em se arranjar sozinha e nunca confiar realmente numa outra pessoa, nunca se entregar realmente à vontade superior de um relacionamento e se deixar levar por ele.

Quando seu relacionamento tornou-se mais profundo, ela se viu impelida a fazer isso cada vez mais. Sua reação, mais uma vez, foi a de se concentrar na sua profissão e trabalhar em excesso. Assim, após anos de excesso de trabalho, a tireoide, que fica situada diretamente no quinto chakra – onde os seus cordões haviam ficado embaraçados desde o início da infância – começou a se fazer notar. Essa desconfiança com o relacionamento agora também estava interferindo na sua vida. Lorie tinha dificuldade para delegar as tarefas a seus empregados. Muitas vezes, ela própria se encarregava delas. Quando veio me procurar, ela havia trabalhado uma média de sessenta a oitenta horas por semana por cerca de vinte anos. Era uma mulher extremamente bem-sucedida e ainda tinha muita energia, mas estava se esgotando. A questão era saber se ela conseguiria entregar-se às exigências incontornáveis do relacionamento que havia criado e aprender a vê-lo como uma obra ainda em curso, criada por ela e pelo marido.

Quando trabalhei seu quinto chakra e purifiquei-lhe os cordões, Lorie começou a diminuir um pouco o seu ritmo de trabalho. Começou a sair do trabalho às cinco ou às seis da tarde todos os dias e simplesmente assistir à tevê com o seu marido. Começou a se envolver mais com a vida doméstica, com a pintura e com outros prazeres que a satisfaziam. Passava mais tempo com o marido, chegando mesmo a fazer-lhe companhia nas suas viagens de negócios. E ele a acompanhava nas viagens dela. À medida que ia se curando, ela percebeu que tivera tendência para difamar pessoas ou empregados que não atendiam às suas necessidades. Lorie percebeu que sentia dificuldade para transmitir as ordens aos empregados sem raiva nem culpa porque presumia que eles não iriam fazer o que ela queria que fizessem. Tudo isso estava relacionado com o seu quinto chakra e com a sua descrença na vontade superior de qualquer relacionamento em que estivesse envolvida.

À proporção que o seu quinto chakra ia se modificando, com as diversas sessões de cura, sua tireoide diminuiu e passou a funcionar normalmente. Lorie se concentrou na sua capacidade de comunicação com pessoas que sabiam lidar com empregados, para que eles se sentissem bem com relação ao trabalho e fizessem o que tinha de ser feito. Ela os usava como modelos para aprender a comunicar suas necessidades, e exercitava sua capacidade de comunicação com os amigos. Tentou novas maneiras de verbalizar o que queria dizer. Lorie percebeu que teria de repassar todos os relacionamentos que já tivera, identificar a vontade superior que existira em cada um deles e descobrir o que ela havia aprendido com cada um desses relacionamentos para que, então, pudesse sentir-se segura. Durante um ano, dedicou a isso o tempo que reservava para a meditação. No momento em que escrevo este livro, Lorie está se dedicando a esse processo e fazendo grandes progressos. Tudo na sua vida está se reorganizando, e ela agora confia muito mais em todos os seus relacionamentos.

Problemas com os Cordões do Sexto Chakra

Os cordões do sexto chakra representam o êxtase de se enxergar conceitos superiores na troca e na interação de ideias ao mesmo tempo que se sente o amor incondicional com a pessoa com a qual essa troca está sendo feita. Eles representam o prazer de reconhecer a pessoa amada como um lindo ser de luz e de amor, bem como a capacidade de amar a partir de uma perspectiva espiritual, conforme fizeram muitas de nossas figuras religiosas, como Cristo e Buda.

Os cordões do sexto chakra podem ter sido danificados em experiências de vidas passadas nas quais as pessoas tenham sido forçadas a praticar religiões nas quais não acreditavam.

Doenças comuns resultantes de danos nos cordões do sexto chakra: Danos causados nos cordões do sexto chakra podem causar dores de cabeça, confusão, desorientação, distúrbios cerebrais – como esquizofrenia – e problemas quanto ao aprendizado.

Exemplos de curas e seus efeitos: Em fevereiro de 1992, num seminário introdutório, tive o privilégio de trabalhar com os cordões do sexto chakra. Chamarei a paciente de Aida. Durante o intervalo de uma palestra que eu fazia, Aida veio falar comigo e me perguntou a respeito da dislexia da filha e da sua dislexia. Verifiquei o sexto chakra de Aida e os seus cordões. O sexto chakra certamente estava danificado do lado direito. Os cordões que normalmente iriam fazer a ligação entre o centro do sexto chakra e o corpo caloso não estavam ligando coisa nenhuma. Voltei no tempo e vi que parte do dano ocorrera quando ela era muito jovem, e que a outra parte havia ocorrido anos antes de Aida ficar grávida da filha, quando teve uma febre de cerca de 40,5 C°. Suas amígdalas haviam sido extraídas na época. Os cordões que deveriam ligar o seu sexto chakra ao sexto chakra do seu pai estavam danificados. Pude ver que o pai tentara introjetar nela as suas ideias negativas a respeito da vida, através dos cordões do sexto chakra, e que, por isso, ela os havia rompido. Perguntei-lhe se gostaria de participar de uma demonstração, e ela concordou.

Primeiro, trabalhei para ajudar Aida a ligar-se à Terra, com o propósito de fortalecer o seu primeiro e segundo chakras. Depois, atuei sobre o terceiro chakra, que não estava funcionando corretamente. Purifiquei os vórtices obstruídos de cada um desses chakras. Em seguida, limpei a corrente vertical de energia desde a medula espinal até a cabeça. Removi de sua cabeça e de seus ombros um véu escuro, mais ou menos parecido com uma nuvem, que estava lá havia um longo tempo. Depois que o véu foi retirado, ela começou a sentir-se muito mais leve, mais livre e aliviada.

Em virtude das dificuldades econômicas que enfrentam, o pai de Aida tinha diante da vida uma atitude pessimista, que ele transmitiu à filha. Quando criança, porém, Aida sabia que era muito importante chegar ao âmago de qualquer problema antes de buscar a sua solução. Era isso o que faltava nos conceitos recebidos do pai. Heyoan disse que, quando criança, Aida havia desfeito a ligação entre o sexto chakra e o corpo caloso porque tinha medo de ser influenciada pelo pessimismo do pai com relação à vida. Com seu raciocínio de criança, ela se precaveu no sentido de não se fiar em informações vindas de quem quer que fosse, com medo de que pudesse tornar-se pessimista. Para fazer isso, teve de interromper a ligação entre os seus cordões do sexto chakra e o corpo caloso e, assim, criou a sua dislexia.

Enquanto eu descrevia a Aida o que tinha acontecido, eu desembaracei a sua corrente vertical de energia.

Então, Heyoan explicou a ela:

> **Qualquer um tem opção para criar a dislexia a fim de conservar o conhecimento de que é muito importante chegar ao cerne dos problemas antes de fazer uma avaliação intelectual a respeito de uma dada situação. Dada a estrutura do sistema educacional dos Estados Unidos, teria sido muito difícil ouvir primeiro o coração. Assim, você resolveu abrir mão, ao menos temporariamente, da capacidade de assimilar informações a partir de uma perspectiva que poderia deixá-la desanimada. Você viu a necessidade que há na Terra e, ao descer para a encarnação, resolveu ofertar a dádiva de ensinar as pessoas a ouvir primeiro o coração, antes da mente racional. Agora que essa dádiva está clara, temos de trabalhar sobre esses cordões.**

Enquanto eu trabalhava os cordões do sexto e do sétimo chakras, Heyoan continuou:

Todos os cordões que partem da porção posterior dos chakras estão associados a relacionamentos passados que não estão influenciando ativamente esta encarnação; por outro lado, os que saem da parte anterior estão influenciando ativamente esta encarnação.

Fiz a ligação entre os cordões da extremidade interior do sexto chakra e o corpo caloso. Em seguida, desembaracei e limpei os cordões da parte anterior do sexto chakra, e perguntei a Aida se ela estaria disposta a ligar-se profundamente uma vez mais a seu pai. Ela concordou. Quando estabeleci uma união telepática com o pai de Aida, pude ver que ele tinha sido infeliz por causa dos problemas de sua vida e que um grande número de desejos insatisfeitos o deixara triste. Ele disse (telepaticamente) que agora estava melhor. Trabalhei (a longa distância) o seu terceiro olho para ajudá-lo a aliviar parte de suas ideias negativas, e liguei sua cabeça ao seu coração. Nesse momento, parte dos cordões da região anterior dos chakras de Aida foram para trás.

Heyoan explicou:

Alguns desses problemas estão agora atrás de você.

À medida que os cordões foram refazendo a ligação entre os sextos chakras de Aida e do seu pai, um novo relacionamento começou a formar-se. Depois disso, trabalhei os cordões que ligavam o chakra do coração de Aida a seu pai. Pude ver que ela havia ficado zangada com ele no início da vida e que não permitiria a sua entrada no seu coração. Aida disse: "Eu fingia que meu pai estava morto."

Heyoan disse:

Ao longo do tempo, você vai compreender por que é tão importante aceitar o amor do seu pai tal como ele é. Da maneira como ele o expressou e o expressa agora. Você precisa aceitar a maneira como cada indivíduo expressa a sua essência. No passado, você disse: "O seu amor não é do jeito que deveria ser e, por isso, não vou aceitá-lo." Existe aqui uma profunda lição a ser aprendida: como aceitar a essência de cada indivíduo. É isso que a bloqueia nos seus relacionamentos com os homens e com um companheiro. Eles nunca conseguem estar à altura daquilo que você imagina que eles deveriam ser.

A esta altura, Aida impediu que os cordões entrassem no seu coração e, por isso, eu disse: "Você consegue deixar o seu pai caminhar em direção a você? Ele quer entrar dentro do seu coração exatamente como ele é, com toda a sua fragilidade humana. Isso é bom, deixe-o caminhar para dentro de você. A sua criança está dizendo: 'Isso vai doer, vai doer. Isso porque ele esteve ausente durante muito tempo.'"

Quando os cordões se ligaram profundamente ao coração de Aida, sua respiração ficou mais profunda.

"Isso parece ótimo, não?", disse eu.

"A emoção é muito grande!", exclamou Aida. Heyoan continuou a falar enquanto eu trabalhava:

> **Faça essa ligação bem profunda, na sede da alma. Ligue-a com a missão da sua vida, pois ela está diretamente relacionada a isso: aceitar a realidade de um outro indivíduo, descobrir a verdade que existe nela e encontrar as pontes para fazer a comunhão entre ambos. Isso só pode ser feito com o coração, permitindo que o outro penetre no seu coração. Essa é a maneira pela qual você pode pensar por si mesmo e, também, permitir que o outro pense por si. Dessa maneira, as verdades individuais podem coexistir lado a lado com diferenças aparentes ou, até mesmo, com discordâncias quanto à perspectiva de dualidade e, ao mesmo tempo, consideradas a partir da verdade espiritual superior, elas não seriam diferentes.**

Completei a conexão com a sede da alma de Aida no nível hárico e, então, passei para o nível da estrela do âmago, a fim de expandir a essência do seu âmago pela sala, num ângulo de 360 graus. Eu disse: "Sinta quem você é e como você é diferente de qualquer outra pessoa da Terra. Sinta a luz penetrando em todo o seu corpo. Ela está vindo do centro do seu corpo, da sua estrela do âmago."

A luz de Aida brilhou acima do auditório. Ela se sentiu radiantemente viva e isso era visível para todos.

Quando encerramos, Heyoan acrescentou:

> **Esse padrão específico é transmitido através das gerações. Trata-se apenas de um tipo de dislexia. Existem três tipos. Vou falar sobre todos eles no futuro.**

Gosto de fazer o acompanhamento das curas em intervalos de alguns meses e durante o período mais prolongado possível, para me inteirar dos seus efeitos em longo prazo. Passaram-se cinco meses desde a cura de Aida, mas, como este livro precisa ser publicado, não posso esperar mais tempo para fazer uma avaliação dos resultados. Eis o que ela me disse acerca dos efeitos da cura no seu relacionamento com o pai e com relação à sua dislexia.

AIDA: Bem, isso afetou enormemente o meu relacionamento com meu pai. Ele com certeza está muito mais carinhoso e está me dando muito mais apoio. É como se eu tivesse perdoado muitos dos problemas do passado e me sentisse bem mais ligada a ele. Vivi de fato uma experiência maravilhosa em consequência da cura.

BARBARA: Ele a tratou de forma diferente?

AIDA: Sim. No passado, sempre senti que ele não dava atenção a mim; que não estaria disponível se eu precisasse dele. E agora, sempre que preciso de algo, por menos importante que seja, ele está lá para me ajudar. Ele me dá muito apoio. No passado, eu repetia as coisas durante semanas, meses ou anos, e ele nunca me ouvia. Agora, digo apenas uma palavra e, em questão de horas, a coisa está feita e eu fico pensando: "Meu Deus! Isso é que é mudança!" Assim, estou me sentindo amada de uma maneira como nunca me senti antes, porque meu pai simplesmente não estava disponível. A comunicação entre mim e ele também melhorou. Meu pai agora consegue conversar comigo a respeito da sua infância. Ele sofreu muitos abusos quando criança. Era espancado frequentemente pelo pai e pela mãe, a qual, por sua vez, também era vítima de maus-tratos. E ela era alcoólatra. Assim, ao compreender o passado dele, tive mais capacidade para aceitar e perdoar o medo como ele tratava a mim, a meus irmãos e à minha irmã. Da parte dele, havia muitos maus-tratos, brutalidade e fúria incontrolável.

BARBARA: Isso é ótimo!

AIDA: Agora, o problema da dislexia. Há uma parte de mim que se sente realmente organizada, mas estou notando o aparecimento de um pouco mais de desorganização. É quase como se isso estivesse fluindo mais intensamente para a superfície. Estou ficando mais consciente disso. Estou mais consciente das dificuldades que tenho enfrentado. Eu me vejo distorcendo o significado das coisas, tropeçando em novas palavras que nunca vi e com as quais não estou familiarizada. Antes, eu ficava frustrada e irritada comigo mesma, e agora estou um pouco mais generosa e tolerante com os meus erros.

BARBARA: O aperfeiçoamento, então, é que você agora está consciente quando faz isso. Quando fazia o mesmo, antes, você tinha consciência disso?

AIDA: Não, não tinha.

BARBARA: Bem, isso é interessante porque geralmente o primeiro passo para mudar alguma coisa é ter consciência das ocasiões em que está fazendo aquilo que deseja mudar.

AIDA: Bem, sim. Tenho sentido muitas coisas que parecem estar caminhando para uma transformação. Tive uma visão de mim mesma como um velho galho. Eu podia ver os meus braços e as minhas pernas como um galho velho e seco. Isso foi uma visão, porque eu não estava dormindo. Então, pude ver, ou sentir que a luz estava dentro de mim para rejuvenescer, reavivar ou voltar a desenvolver esses galhos. E depois a visão seguinte foi, novamente, o meu rosto, mas eu estava com um corpo vibrante e cheio de energia. Só há pouco tempo descobri o significado disso. É quase como se a minha vida estivesse se organizando de modo que eu não seja mais o centro da vida dos meus filhos. Minhas filhas estão indo para a universidade e vão fazer um curso de verão, em julho. Meu outro filho está na universidade e eu estou pensando em voltar a estudar. Estou me sentindo atraída por uma nova área... Talvez eu tenha a capacidade de realizar muitas curas. Há uma grande disposição dentro de mim, e estou querendo fazer isso, mas há uma parte de mim que tem medo e quer entregar-se. Quero estar disposta a cumprir a minha missão divina. Estou matriculada num curso sobre distúrbios de comunicação. Posso receber alguma orientação? Isso está de acordo com o meu propósito de vida?

BARBARA: Oh, sim.

Heyoan diz:

É claro que os distúrbios de comunicação estão dentro da linha daquilo de que estamos falando.

Problemas com os Cordões do Sétimo Chakra

Os cordões do sétimo chakra, que também fazem a ligação com os domínios superiores, representam o poder de estar dentro da mente divina de Deus e em contato com Deus, com o universo e com outro ser humano. Eles representam a capacidade de compreender o padrão perfeito de um relacionamento. Eles também representam a capacidade de integrar os mundos físico e espiritual num relacionamento.

Doenças comuns resultantes de danos nos cordões do sétimo chakra: Danos nos cordões do sétimo chakra podem causar depressão, impedir o desenvolvimento físico normal, por meio do processo de amadurecimento, e causar dores de cabeça e doenças mentais, como a esquizofrenia.

Exemplos de cura e seus efeitos: Os cordões do sétimo chakra ligam-se aos relacionamentos que existem na vida da alma, entre as encarnações em forma humana. Eles se ligam à nossa herança espiritual. Às vezes, essa herança está ligada ao nosso relacionamento com Deus ou com os seres espirituais que são aceitos pelas religiões organizadas do mundo, tais como Cristo, Buda, os anjos da guarda e os guias espirituais. Às vezes, eles se ligam a seres de realidades que podem parecer estranhas aos que foram criados no hemisfério ocidental.

Os cordões do sétimo chakra tendem a sofrer danos antes do nascimento, durante a concepção e no útero. Eles sempre estão relacionados a dificuldades com o processo de encarnação e para trazer para o corpo a consciência da alma que está chegando. Os danos aos cordões do sétimo chakra fazem com que fiquemos presos dentro de nossos corpos, sem nenhuma ligação espiritual ou, então, que fiquemos presos no mundo espiritual, sem conseguir descer plenamente para o mundo físico.

As crianças excepcionais portadoras de doenças mentais, por exemplo, não foram capazes de descer completamente para os seus corpos e parecem ter muito medo de fazê-lo. Como não tive o privilégio de trabalhar com crianças excepcionais, não sei se o corpo foi danificado primeiro, impedindo que elas entrassem dentro dele, ou se o corpo ficou assim porque elas não estavam dispostas a descer para ele. Parece-me que qualquer dessas hipóteses é possível. A causa provavelmente varia de caso para caso e, provavelmente, com a missão de vida. As crianças excepcionais são grandes mestres e, às vezes, apresentam-se como voluntárias para encarnar dessa maneira para ajudar a família em que nasceram. Sei de um caso em que um curador conseguiu fazer uma criança excepcional ter um desenvolvimento normal depois de anos com sessões diárias de cura por meio das mãos.

Para aqueles dentre nós que se consideram normais, existe geralmente uma razão principal pela qual não descemos completamente para os nossos corpos e, portanto, temos problemas com os cordões do sétimo chakra. Usamos a união espiritual para escapar da encarnação e para evitar a necessidade de lidar com a vida na condição de seres humanos e de habitantes da Terra, nesta nossa época. Para fazer isso, simplesmente ficamos voltando a nossa consciência para fora do topo da nossa cabeça ou "saindo pelo topo da nossa cabeça". Isso é simplesmente uma manobra defensiva motivada pelo medo.

Essa manobra defensiva é conhecida pelos estudiosos da cura. Quando os cordões são trabalhados e o medo combatido, esses estudantes conseguem compreender que, em razão de agora serem humanos, sua espiritualidade pode ser compreendida apenas a partir da perspectiva da existência dentro de um corpo humano. Eles mudam suas vidas e começam a espiritualizar a matéria em vez de escapar dela.

Um problema interessante nos cordões do sétimo chakra é comum nas pessoas que acreditam terem vindo de um outro sistema estelar. Essas pessoas sentem que não são realmente seres humanos e que foram forçadas a vir até aqui por uma cultura avançada, em geral fora do sistema solar. Elas sentem falta da sua "verdadeira casa", e enfrentam dificuldades para entrar e permanecer no corpo físico. A PSS revela que os cordões do sétimo chakra dessas pessoas se relacionam com esses outros sistemas estelares e se ligam a seres altamente evoluídos, pertencentes a culturas avançadas dos planetas desses sistemas estelares. Esses pacientes geralmente chamam a si mesmo de filhos das estrelas e afirmam que jamais encarnaram antes como seres humanos. Nesses casos, a cura assume uma feição diferente. O problema em geral é que essas pessoas, ao negar sua ligação com a Terra, também negam sua ligação com o outro lugar. Elas romperam os cordões que as ligam aos outros sistemas e, mesmo assim, procuram deixar seus corpos para voltar para "casa" através dos cordões rompidos. (Isso não vai funcionar.) O resultado é que elas descobrem ser muito difícil ligarem-se a alguma coisa de maneira estável.

Dessa maneira, elas também resistem à reencarnação. Descobri que a melhor forma de ajudar essas pessoas a descerem para os seus corpos e ligarem-se à Terra é reparar esses cordões rompidos e fortalecer a ligação com o outro sistema estelar. Para fazer isso, elas devem ligar-se à parte delas que se apresentou como voluntária para vir até aqui, movidas pelo amor e pela força. Depois disso, elas obtêm apoio através desses cordões. Uma vez estabelecida uma conexão plena, essas pessoas descem para os seus corpos e afirmam a sua condição humana, admitindo até mesmo a forte probabilidade que já tenham encarnado antes como seres humanos. Religando os seus cordões estelares, elas estabelecem com as estrelas uma forte conexão, através da qual podem ser adestradas.

Embora isso possa parecer totalmente absurdo para alguns leitores, relembro o meu lema: "Não pergunte se é verdadeiro. Pergunte apenas se tem utilidade." Isso funciona! Em geral, parte das mensagens espirituais que acompanham essas curas tem por objetivo ensinar os pacientes a se perceberem como seres que se originaram holograficamente de todo o universo, e não apenas de um planeta ou de um sistema estelar específico. Como estamos todos holograficamente ligados a todas as coisas, podemos teoricamente nos lembrar de todas as vidas que vivemos, neste planeta e também nos outros, como se fôssemos nós que as tivéssemos vivido.

Trabalhei os cordões do sétimo chakra em diversas ocasiões. O trabalho de cura é o mesmo em todos os cordões. Eles são purificados, desembaraçados, limpos e religados da maneira adequada.

Em um caso, na minha classe, a estudante tinha cordões de ligação com seres planetários de um determinado sistema estelar através de todos os chakras. Na cura, comecei pelo sétimo chakra e desci pelo corpo para reparar e ligar todos os cordões que ela havia cortado. Ela passou a se sentir muito melhor depois disso e ficou muito ligada a seu corpo de um modo como eu jamais vira. No momento em que escrevo este livro, ela está bem integrada ao seu corpo, continua a surpreender-se com o quanto está gostando dele, sente-se muito mais segura no seu corpo e está se saindo muito bem.

Numa outra ocasião, trabalhei os cordões danificados do sétimo chakra para curar um paciente deprimido. Antes da série de curas, o paciente se sentia ligado aos outros seres humanos, mas considerava a vida uma viagem finita e mais ou menos sem sentido rumo ao nada. Ele não sentia nenhuma ligação com Deus. Em consequência, ficava deprimido. Depois de passar várias sessões reparando esses cordões, o paciente começou a ter certo senso de união com tudo o que existe, incluindo o divino. Sua depressão desapareceu, e ele começou a gozar a vida num nível mais profundo de significado. Começou a fazer escolhas a respeito do modo como queria passar o tempo e, ao longo de um certo período, sua vida mudou muito. Mudou de atitude com relação ao trabalho. Ele antes trabalhava como contador e, agora, resolveu tornar-se terapeuta profissional, especializando-se em ajudar as pessoas a compreender os aspectos mais amplos da vida, a fim de ajudá-las a descobrir aquilo que pretendiam fazer dela.

Ao concluir este capítulo e ao observar as informações que foram compiladas, fico surpresa com a importância que todos os nossos relacionamentos passados e presentes têm para a nossa saúde e cura, bem como para o nosso desenvolvimento pessoal. Visto que agora está na moda dizer que cada um de nós cria a sua própria realidade, tem havido em muitos grupos uma tendência para o isolacionismo, ao lidar com esse assunto. Parece que algumas pessoas trabalham "o modo como crio a minha realidade" isoladas de todas as outras. Falando holisticamente, porém, a nossa realidade está de fato profundamente ligada com a de outras pessoas, por meio das nossas interações e conexões áuricas, da história dos nossos relacionamentos passados e dos nossos cordões genéticos. Somos produtos de milhares de anos de desenvolvimento evolutivo do corpo físico e das ligações áuricas. Não há dúvida de que os nossos cordões áuricos também se desenvolveram ao longo do tempo evolutivo, pois sempre estamos desenvolvendo a nossa capacidade de nos relacionarmos.

Embora saibamos que somos nós que criamos a nossa realidade, quem é o "nós" ou o "eu" que cria essa realidade? Provavelmente, o melhor contexto prático para trabalhar com o conceito de criação da própria realidade, no trabalho de autotransformação e de cura, é o de que *aquilo que nos faz ficar doentes não são os nossos relacionamentos em si, mas sim as nossas reações energéticas e psicológicas a esses relacionamentos*. Nenhuma dessas interações poderia ocorrer sem que houvesse concordância entre as pessoas envolvidas, ainda que elas geralmente fossem automáticas e inconscientes.

Nossas interações negativas com os relacionamentos resultam em ciclos de cura nos quais refletimos mais profundamente a respeito de nós mesmos e, assim, passamos por um processo de individuação que, conforme afirmei no início deste capítulo, é o principal propósito da experiência de vida no quarto nível do campo.

Assim, considerado de um ponto de vista mais amplo, o autodesenvolvimento ou individuação por meio do processo de encarnação está ocorrendo. As doenças resultantes de nossas reações negativas ao relacionamento nos ajudam a estabelecer a distinção entre o que somos e o que não somos. Os relacionamentos bem-sucedidos nos ensinam quem somos, mesmo se estiverem repletos de dificuldade e nos levarem a ficar doentes. Se não estivermos crescendo com o aprendizado de coisas novas a respeito de nós mesmos, num relacionamento, então esse relacionamento não é bem-sucedido.

Isso não significa que as pessoas devem continuar mantendo relacionamentos dolorosos. Nesses casos, parte do aprendizado geralmente consiste em descobrir que merecemos e que podemos criar uma situação muito melhor na nossa vida.

Quanto mais coisas soubermos a nosso respeito e mais curarmos a nossa codependência, mais coisas poderemos aprender a respeito de nós mesmos num relacionamento feliz, tranquilo e harmonioso. Quanto mais individuados nos tornarmos, maior será a interdependência a que chegaremos.

Capítulo 15

OBSERVAÇÕES ACERCA DA INTERAÇÃO DOS CAMPOS ÁURICOS NOS RELACIONAMENTOS

O amor é criado quando nos juntamos, fundimo-nos em comunhão e, então, nos separamos novamente. Os efeitos são imediatamente positivos, e sentimos mais alegria em nossa vida. Quando nos reunimos e entramos em choque, criamos lições de vida ou ciclos de cura que são experimentados negativamente. No final, porém, depois que as lições são aprendidas ou a cura levada a cabo, os resultados voltam a ser positivos. Tudo isso se manifesta na interação dos campos áuricos.

Usamos todas as três principais maneiras de influenciar os campos uns dos outros, que foram analisadas no Capítulo 14. Algumas dessas maneiras são positivas; outras, negativas. Nas interações positivas, somos beneficiados. Estabelecemos ligações positivas com as pessoas por meio dos cordões dos chakras e trocamos energia positiva uns com os outros por via dos nossos fluxos bioplasmáticos. Elevamos as vibrações e trazemos lucidez e alegria uns aos outros por meio da indução harmônica. Aceitamos uns aos outros tal como somos e não tentamos manipular as outras pessoas para os nossos próprios objetivos. Nessas interações positivas, também não permitimos que as outras pessoas nos maltratem. Permanecemos centrados em nós mesmos e nos comunicamos bem.

Interações Áuricas Negativas nos Relacionamentos

Também temos maneiras negativas habituais de interagir e de manipular uns aos outros por meio dos nossos campos. Geralmente, fazemos isso por medo ou ignorância. Na maioria das vezes, não temos consciência de estarmos fazendo isso. Tentamos fazer os campos das outras pessoas pulsarem como os nossos, mediante a indução harmônica, porque não nos sentimos à vontade com as suas vibrações. Atraímos e repelimos mutuamente os nossos campos com as correntes bioplasmáticas de energia que fluem entre eles, ou interrompemos completamente o fluxo bioenergético. Usamos os cordões existentes entre nós para obter o que desejamos e tentamos agarrar ou laçar uns aos outros com esses cordões. Toda essa interação áurica em geral é inconsciente e invisível para a maioria das pessoas, mas qualquer um pode aprender a tornar-se consciente dela e senti-la por meio do desenvolvimento da Percepção Sensorial Sutil.

Há, na verdade, apenas quatro tipos de fluxo de energia que usamos nessas interações: impelimos, atraímos, detemos ou permitimos que a energia flua. Se uma pessoa atrai energia, a outra poderá recuar ou interromper completamente o fluxo de energia. Se uma pessoa impele a energia, a outra poderá repeli-la ou fincar pé e parar.

Um relacionamento íntimo típico poderá ser assim: ela quer o amor que ele tem para dar e estende o braço e tenta puxar esse amor para fora dele. Ele quer ficar sozinho durante mais algum tempo e, assim, emite um poderoso fluxo de energia rumo a ela, para obrigá-la a se afastar. Ou, então, ele simplesmente se fecha no seu campo e não reage, de maneira que nada do que ela faz surte efeito.

Pense no modo como você interage com os outros. Por exemplo, quando alguém impele a energia para você, você a impele de volta? Você atrai essa energia para dentro de si? Você a detém ou permite que a energia flua para dentro de você enquanto ela está sendo impelida na sua direção? A maioria de nós interrompe o fluxo de energia ou recua.

Todos criamos algumas maneiras padronizadas de interagir com os outros por meio dos nossos campos de energia. As interações energéticas padronizadas correspondem aos acordos e contratos mútuos que todos fazemos uns com os outros, conforme foi descrito no Capítulo 13. Fazemos isso de forma habitual e inconsciente. Às vezes, isso funciona, às vezes não. O modo como algumas pessoas usam os seus campos para interagir conosco nos faz bem, e o modo como outras usam esses mesmos campos não nos faz bem. Todas as nossas interações habituais são na verdade sistemas de defesa dos campos de energia, as quais usamos para nos defender de um mundo que imaginamos perigoso. Às vezes, conseguimos "lidar" com o sistema de defesa de alguém e, outras vezes, nos sentimos muito intolerantes com relação a ele.

Quando não aprendemos a lidar de uma maneira positiva com as ações energéticas negativas de alguém, um círculo de retroalimentação pode ser iniciado. Cada pessoa poderá ir aumentando as distorções defensivas até que a imaginação e a projeção estejam exercendo um completo domínio. Nesses casos, podem ocorrer interações prejudiciais muito dolorosas. Isso acontece no nível pessoal, entre duas pessoas; acontece entre grupos de pessoas; e acontece entre as nações, muitas vezes resultando em guerras. Se pudermos aprender a prevenir isso no nível pessoal, vamos acabar aprendendo a prevenir sua ocorrência no nível nacional.

Interações ríspidas extremamente negativas podem causar estragos no campo áurico e fazer com que, depois disso, as pessoas tenham de se dar ao trabalho de reparar esses danos. Alguns dos reparos são feitos quase que automaticamente, da mesma maneira como o corpo regenera a si mesmo. Alguns ferimentos áuricos e cicatrizes psíquicas podem permanecer no campo áurico durante toda uma existência ou, até mesmo, podem ser transmitidos para existências futuras, dependendo de sua profundidade. Os ferimentos permanecem no campo durante tanto tempo porque as pessoas em geral evitam experimentar diretamente os seus ferimentos, reprimindo-os para as partes mais profundas de seu campo e, depois, enterrando-os com um bloqueio de energia. Ferimentos profundos, como esses, são causados por uma interação extremamente dura ou a partir de interações negativas repetidas habitualmente. Todos esses ferimentos podem ser curados com a cura por meio da imposição das mãos e por meio de um processo pessoal.

De acordo com o que tenho observado nos campos áuricos ao longo dos últimos vinte anos, todos os ferimentos profundos são criados por meio de interações relacionais negativas que ocorreram nesta existência ou numa existência passada e que estão sendo transportadas para o futuro, para a próxima existência. Ou, ainda, elas são criadas por meio de algum tipo de trauma físico, como um desastre natural ou um ferimento causado por acidente. Além disso, tenho conseguido relacionar a maior parte dos ferimentos acidentais ocorridos nos meus pacientes com uma reação retardada a uma interação ríspida com uma outra pessoa. As interações boas são fundamentais para a nossa saúde; as negativas criam doenças ou ferimentos.

Num seminário feito recentemente, por exemplo, eu estava fazendo uma demonstração de cura numa jovem da Alemanha. Notei que o seu joelho esquerdo tinha sido ferido alguns anos antes. Com a minha visão interior, pude ver que um dos ligamentos que se entrecruzam sob a rótula estava estirado e um pouco torcido, tornando-a mais fraca. Enquanto trabalhava o ligamento, voltei no tempo para ver de que modo ocorrera a lesão. Com a PSS, vi a jovem andando de bicicleta. Ela colidiu com um objeto mais ou menos baixo e voou de cabeça por sobre o lado direito do guidão. Todavia, a razão pela qual ela não vira o objeto é que estava preocupada com uma discussão que havia tido com um jovem pouco tempo antes. No dia seguinte, após a cura, ela confirmou os dados que eu havia levantado por meio da PSS.

Como todas as doenças estão associadas à uma experiência relacional negativa, é fundamental para nós que aprendamos a interagir uns com os outros de maneiras saudáveis que promovam a cura. Neste capítulo, vou analisar com mais detalhes algumas formas típicas de sistemas de defesa energéticos e as maneiras negativas típicas por meio das quais reagimos e que, eventualmente, podem causar problemas nos nossos campos de energia e na nossa saúde. Depois disso, vou mostrar maneiras positivas de reagir aos mesmos sistemas de defesa energéticos, as quais geram a saúde para todas as pessoas.

Um Estrutura para Resolver as Interações Energéticas Negativas

Vou usar as cinco estruturas básicas de caráter padronizadas – que foram usadas no estudo da bioenergética – como um esquema básico para organizar o material e descrever os padrões típicos de defesa energética que todos usamos com maior ou menor frequência. Você vai descobrir que parte dos padrões de defesa energética são muito semelhantes a você e que outros não se parecem tanto. Você provavelmente vai identificar-se em certo grau com cada um deles.

Estrutura de caráter é um termo que muitos psicoterapeutas corporais usam para descrever certos padrões físicos e psicológicos nas pessoas. Embora herdemos nossa constituição física geneticamente, o modo como o nosso corpo físico se desenvolve depende das circunstâncias da nossa infância. As pessoas que tiveram experiências infantis e relações envolvendo pais e filhos semelhantes também têm corpos semelhantes. As pessoas cujos corpos são semelhantes têm dinâmicas psicológicas básicas similares. Essas dinâmicas dependem não apenas dos tipos de relações entre os pais e a criança, mas também da idade em que as crianças, pela primeira vez, experimentaram a vida de forma tão traumática que começaram a bloquear os seus sentimentos. Para fazer isso, as crianças bloqueiam o fluxo de energia através dos seus campos áuricos e começam a desenvolver um sistema de defesa que vai tornar-se habitual durante o resto de suas vidas. Um trauma sofrido no útero será energeticamente bloqueado de uma forma muito diferente de um trauma vivido na fase oral, no estágio de aprendizado do uso do sanitário, ou na fase de latência. Isso é natural porque os indivíduos e seus campos são muito diferentes nos diversos estágios da vida.

Figura 15-1 Aspectos Defensivos das Estruturas de Caráter

	Esquizoide	Oral	Psicopático	Masoquista	Rígido
Questão principal	Terror existencial	Carinho	Traição	Invasão e roubo	Autenticidade; negação do verdadeiro Eu
Medo	Viver num corpo humano, como um indivíduo	Não ter o suficiente de alguma coisa	Soltar-se e confiar	Ser controlado; perda de si mesmo	Imperfeição
Sensação	Agressão direta	Falta de carinho; abandono	Foi usado e traído	Vulnerável; humilhado	Negação da realidade psicológica e espiritual
Ação defensiva	Abandona o corpo	Suga a vida	Controla os outros	Exige e resiste ao mesmo tempo	Atua da maneira apropriada, em vez de agir com autenticidade
Resultados da ação defensiva	Corpo mais fraco	Incapacidade para metabolizar a sua própria energia	Agressão e traição contra si mesmo	Dependência; incapacidade de metabolizar a própria energia	Incapacidade para conhecer a si mesmo; o mundo é falso
Relacionamento com a essência do âmago	Pode experimentar a essência unitiva; tem medo da essência individuada	Sente que a essência individuada não é suficiente	Tem medo de que a essência individuada seja ruim ou má	Essência individuada não se diferencia das outras	Não experimenta a essência individuada – ela não existe
Necessidade humana	Individuar-se; entregar-se à condição humana	Nutrir a si mesmo; saber que o Eu é suficiente	Confiar nos outros; cometer enganos e ainda sentir-se seguro	Ser livre para sentir e expressar a si mesmo	Inserir-se na vida; sentir o verdadeiro Eu

	Esquizoide	Oral	Psicopático	Masoquista	Rígido
Necessidade espiritual	Experimentar a essência individuada	Experimentar a essência individuada como uma fonte interior infinita	Reconhecer e respeitar a essência do âmago e a vontade superior dos outros	Reconhecer a essência do âmago do Eu como sendo o próprio Eu e afirmar o Deus que existe dentro de si	Experimentar no Eu a essência unitiva e individual
Distorção temporal	Experimenta o tempo universal; é incapaz de sentir o tempo linear ou de viver no presente, no mundo físico	Nunca tem tempo suficiente	Lança-se para o futuro	Sente que o desdobramento temporal se deteve	Sente o austero e mecânico movimento do tempo para a frente

Do meu ponto de vista, as circunstâncias e experiências da nossa infância são determinadas pelas experiências em outros planos da realidade e pelos sistemas de crenças que nos foram transmitidos pelas experiências de vidas passadas. Os acontecimentos da vida são efeitos de causas que entraram em ação muito tempo antes do nosso nascimento. Algumas pessoas chamam a isso de "karma" e chamam de "karma ruim" a punição por aquilo que fizemos. Mas o karma não é punição. Ele é a lei da causa e efeito em funcionamento. Ele é simplesmente as circunstâncias de vida ou acontecimentos com que nos deparamos em consequência dos nossos atos no passado.

O modo como esses acontecimentos nos afetam depende inteiramente da forma como os experimentamos por meio de nossas imagens e sistemas de crenças. Carregamos de uma vida para outra a tendência para certas imagens e conjuntos de crenças até que, com a experiência, nos tornemos capazes de purificá-las e curá-las. Cada vez que esses acontecimentos voltam a nos afetar, temos uma oportunidade de aprender a curá-los. Se carregamos imagens e conjuntos de crenças negativas a respeito de um determinado conjunto de circunstâncias, elas serão para nós terrivelmente dolorosas. Poderíamos até mesmo interpretá-las como uma punição por alguma coisa que achamos que fizemos. Como não conseguimos nos lembrar de ter feito nada de particularmente ruim nesta existência, talvez isso tenha ocorrido num passado muito distante.

Se não tivermos nenhuma crença negativa a respeito de algo, a sua ocorrência não nos levará a julgarmos a nós mesmos nem ao sofrimento debilitante. Obviamente, há sofrimento, mas ele não é debilitante.

Heyoan diz que estamos na Terra por escolha própria. Não precisamos estar aqui. Ele diz que, no momento que quisermos, poderemos partir. Não há julgamentos a esse respeito.

A única razão pela qual experimentamos um determinado acontecimento como punição é que o nosso conjunto de crenças o classifica como tal. Por exemplo: já ouvi muitas pessoas que não se permitem dizer que, no passado, fizeram mau uso do poder e que, por isso, lhes foi retirado e agora elas estão sendo punidas por meio da privação de qualquer poder. Seria perfeitamente possível que elas tenham feito mau uso do poder no passado e que certos acontecimentos tenham ocorrido em suas vidas em consequência da má utilização do poder no passado. Mas esses acontecimentos são justamente o que as pessoas precisam para aprender a fazer bom uso do poder. O universo é demasiado eficiente e equilibrado para usar a punição. Em vez disso, ele nos traz as lições exatas que precisamos aprender para satisfazer as nossas necessidades.

Assim, a estrutura de caráter é o padrão da distorção do campo de energia e do desequilíbrio na nossa forma física, resultante de nossas imagens e conjuntos de crenças negativas – que muito provavelmente surgiram num passado distante, há várias existências. Em outras palavras, a estrutura do caráter é o efeito das nossas crenças e imagens sobre a nossa psique, sobre o nosso campo áurico e sobre o nosso corpo físico. Os nossos pais não fizeram isso a nós. As circunstâncias e os relacionamentos de nossa infância servem para trazer à superfície e cristalizar as imagens e crenças negativas que trouxemos dentro de nós para serem curadas. É por isso que, antes de tudo, escolhemos essas circunstâncias e esses pais.

As cinco principais estruturas de caráter usadas na bioenergética são a esquizoide, a oral, a deslocada ou psicopática, a masoquista e a rígida. Esses termos não têm o mesmo significado que os termos freudianos padronizados. Eles evoluíram a partir de termos empregados pelo Dr. Alexander Lowen, que estudou com Wilhelm Reich, discípulo de Freud. Depois de estudar a psicologia freudiana, esses inovadores começaram a estudar a relação entre a psicologia freudiana, o corpo físico e a sua bioenergia. Assim, novos termos nasceram. No meu livro *Mãos de Luz*, foi analisada a estrutura do campo áurico de cada uma das cinco principais estruturas de caráter, bem como o desenvolvimento do campo áurico nos diferentes estágios de crescimento. Irei me concentrar aqui nas novas maneiras de considerar cada estrutura de caráter e no sistema de defesa energético usado por cada estrutura.

Qual é exatamente o significado das estruturas de caráter? Muitas vezes, as pessoas que as estudam começam a definir a si mesmas de acordo com a caracterologia. Alguém poderia dizer: "Sou um esquizoide" ou "Sou uma pessoa rígida". As pessoas chegam até mesmo a se orgulharem dessas definições pessoais. Assim, a primeira coisa que preciso dizer é que a estrutura de caráter não o ajuda a definir quem você é. Em vez disso, ela assemelha-se mais a um mapa rodoviário que indica o que você não é. Muitas vezes, ela é na verdade aquilo que você teme ser. A estrutura de caráter lhe mostra de que forma você bloqueia a expressão da essência de quem você é. Ela lhe mostra de que forma você não está sendo quem é. Cada estrutura de caráter tem um padrão de defesa que distorce quem você é e, então, expressa aquilo que você é de uma forma distorcida.

Essa expressão é imediata. Isso acontece tão rápido no nível energético que não podemos deter esse processo simplesmente por meio de uma decisão da nossa mente. Quando estamos sob um certo grau de tensão, vamos reagir de acordo com o nosso sistema de defesa habitual. Lembre-se de que a defesa de nossas estruturas de caráter foi criada quando éramos muito jovens. Elas nos tem sido muito úteis para nos defendermos em situações nas quais talvez não soubéssemos nos defender de outra maneira, quando éramos muito jovens, e nos tem servido bem. Ela ainda protege a vulnerável criança interior contra o mundo hostil que criamos para nós mesmos com as nossas imagens e sistemas de crenças negativos. Todavia, ela também ajuda a criar o mundo hostil porque age como se os nossos conjuntos de crenças a respeito da realidade fossem verdadeiros, levando-nos para as experiências de vida negativas em que acreditamos.

Uma defesa de estrutura de caráter é o resultado da sensação de insegurança. Ela é o resultado de algum tipo de medo. Cada defesa de caráter tem uma questão básica relacionada com um medo específico. A defesa energética é uma reação a esse medo específico. As fraquezas do campo áurico e do corpo físico são um resultado direto da distorção habitual pela defesa energética. Com as nossas ações defensivas, cada caráter cria uma maneira de viver que, por sua vez, gera experiências de vida que comprovam que o medo estava correto. O modo de viver das pessoas que apresentam essas defesas de caráter também gera um relacionamento negativo com o tempo. Cada defesa de caráter distorce o relacionamento até a essência do âmago. Cada defesa de caráter tem uma necessidade física e humana específica, bem como uma necessidade espiritual. Ambas precisam ser preenchidas para ajudar a curá-lo.

Os diferentes aspectos defensivos de cada estrutura de caráter estão relacionados na Figura 15-1. Vamos examinar cada aspecto à medida que formos discutindo cada tipo de defesa de caráter. Vamos verificar como se pode fazer com que cada pessoa se sinta segura numa interação que, por sua vez, irá gerar uma sensação de segurança mais permanente e propiciará a cura das distorções de defesa habituais que causam tantos problemas físicos e psicológicos na vida. Lembre-se: o propósito de uma reação de cura positiva a uma defesa é ajudar ambas as partes a voltarem para a realidade e para a comunhão o mais rapidamente possível. As pessoas que apresentam defesas de estrutura de caráter vão exigir que você concorde com os seus pontos de vista distorcidos acerca do mundo. Se você o fizer, isso vai apenas fortalecer a defesa dessas pessoas. É importante não deixar que alguém se aproveite de você usando suas defesas porque isso também ajuda a fortalecer as defesas pessoais e contribui para que elas permaneçam apegadas à ilusão de uma visão distorcida do mundo.

Você vai encontrar todos esses padrões típicos de defesa áurica acontecendo à sua volta, dentro de si mesmo e nos seus relacionamentos mais íntimos. Você provavelmente usa defesas, de acordo com as situações. Você vai descobrir que você e os seus amigos usam uma combinação de defesas. Você pode fazer uma estimativa do quanto usa cada defesa por meio de uma escala de percentagem. Por exemplo: você poderá ser trinta por cento esquizoide, dez por cento oral, cinco por cento psicopática, quinze por cento masoquista e quarenta por cento rígida. Isso significa que esse é o grau com que você está carregando dentro de si os principais problemas de cada caráter.

Você também vai passar por diferentes estágios de vida nos quais você vai se descobrir lidando com os principais problemas de uma determinada estrutura de caráter. É nessas ocasiões que você vai usar essa defesa com mais frequência. Então, depois de algum tempo, você vai estar lidando com um problema relacionado com uma outra estrutura de caráter. Isso é perfeitamente normal. Geralmente, o tipo de defesa de caráter que usamos permanece mais ou menos o mesmo ao longo da vida, mas o usamos com muito menos frequência, com muito menos intensidade, e ela atenua-se tanto que conseguimos expressar mais plenamente quem realmente somos. É importante ter em mente que essas defesas são usadas tanto por homens como por mulheres.

O Sistema de Defesa do Caráter Esquizoide

O Principal Problema de Defesa Esquizoide

O principal problema dos que usam a defesa esquizoide é o terror existencial. As pessoas que apresentam o caráter esquizoide provavelmente tiveram muitas vidas marcadas pelos sofrimentos e pelos traumas físicos e geralmente passaram pela experiência de morrer sob tortura em razão de terem determinadas crenças espirituais. Para lidar com a tortura, essas pessoas encontraram maneiras de escapar do corpo. Em virtude desse passado, elas agora acreditam que viver no mundo físico é uma experiência perigosa e aterradora e não estão muito interessadas em associar-se à Terra. Elas não irão desejar ter muitos contatos com os outros seres humanos e vão esperar hostilidade direta da parte deles. E é assim que, às vezes, elas sentem que as pessoas são, independentemente do que elas na realidade sejam. Elas já estão programadas para interpretar dessa maneira o comportamento dos outros. Por exemplo: se uma mãe fica irritada com alguma coisa que não tem nada a ver com os seus filhos e lhe acontece olhar para eles no berço, eles irão sentir a raiva da mãe como uma perigosa fúria assassina voltada diretamente contra eles, e sentir-se-ão atacados. Numa situação real, ela talvez estivesse irritada com o carpinteiro por causa de uma conta excessivamente alta.

Por outro lado, os pais que essas pessoas escolheram irão de alguma maneira refletir suas crenças de que os seres humanos são perigosos. Alguns pais ficam furiosos com os filhos e alguns cometem abusos contra eles. Aquilo que determina a defesa de caráter esquizoide, em última análise, é o modo como a criança experimenta a realidade e não necessariamente os fatos de uma situação, embora eles sejam em geral muito semelhantes.

Em qualquer caso, as pessoas com uma defesa de caráter sentem medo dos outros e têm dificuldade para ligar-se a eles. Os cordões de ligação com o terceiro e o quarto chakra dos seus pais nunca se formaram de uma maneira saudável e, assim, elas não dispõem de nenhum modelo para se ligarem às outras pessoas. Elas têm medo de encarnar completamente; isto é, elas têm medo de voltar a consciência e a energia firmemente para o corpo físico.

A Ação Defensiva que o Caráter Esquizoide Usa Contra o Medo

A ação defensiva que os portadores do caráter esquizoide usam contra o medo é a desocupação do corpo físico. Eles descobriram uma maneira de cortar e, depois, desviar a energia-consciência para que uma grande parte dela possa escapar pelo topo da cabeça. Ela geralmente sai por um lado do topo da cabeça ou pela nuca. Como elas fazem isso repetidamente desde a tenra infância, às vezes, começando antes do nascimento, são criadas torções habituais no corpo de energia, o qual torna-se assimétrico e nunca desenvolve um limite externo forte para a aura. O revestimento do sétimo nível é muito fraco.

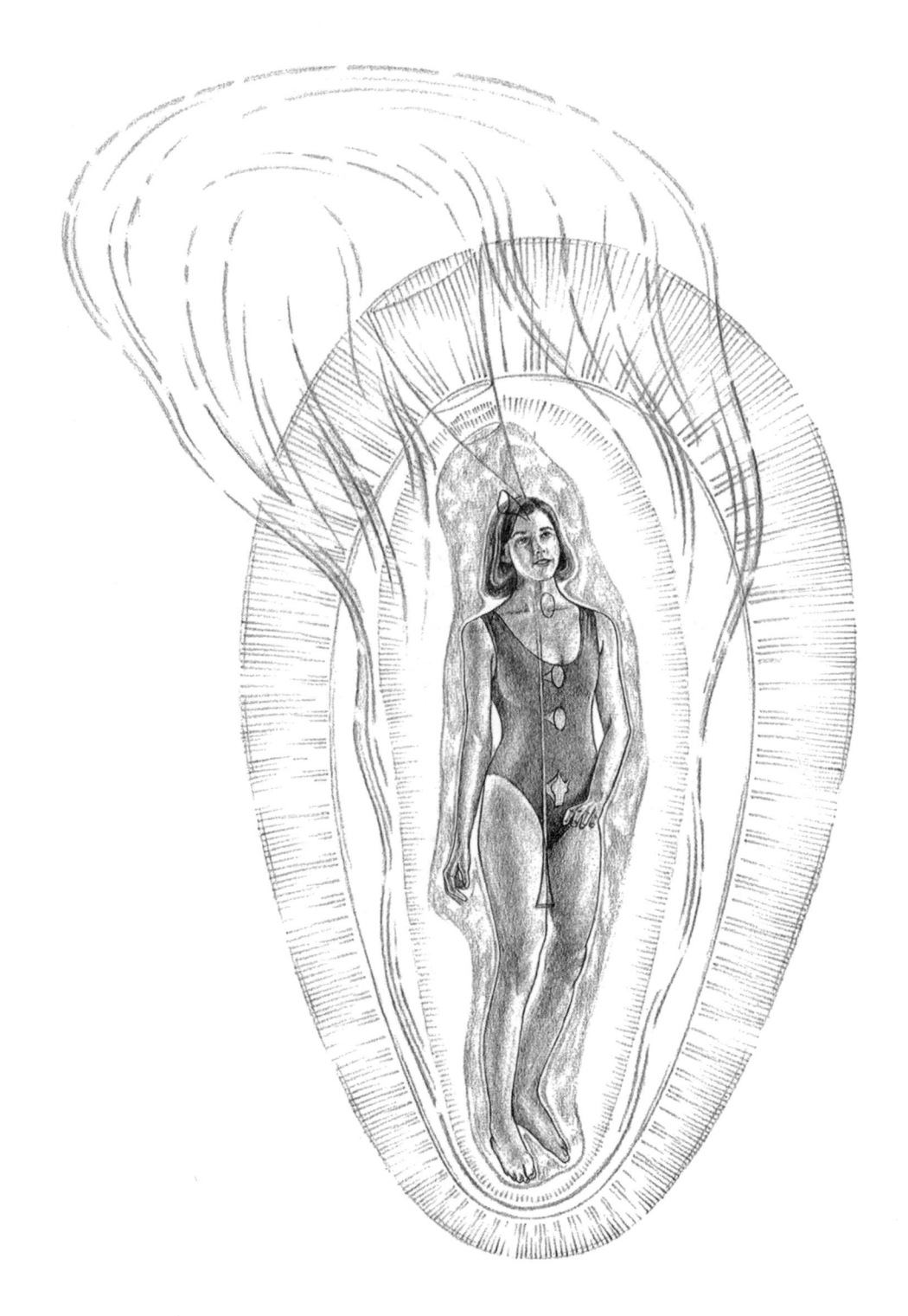

Figura 15-2 A defesa áurica do caráter esquizoide

Os Efeitos Negativos da Ação Defensiva Esquizoide

Em consequência dessas ações defensivas, o mundo físico parece ainda mais inseguro para as pessoas que apresentam o caráter esquizoide. Essas pessoas têm fronteiras muito vulneráveis, que serão invadidas com muita facilidade pelos outros. Seus corpos físicos acompanham as distorções do campo de energia e, assim, elas provavelmente vão ter na coluna algum tipo de deformação que irá enfraquecê-las. Os níveis inferiores dos campos áuricos provavelmente não serão fortes nem desenvolvidos, tendo como resultado um corpo muito fraco e sensível. Assim, em longo prazo, suas ações defensivas na verdade tornam as coisas piores. Elas ajudam a criar experiências de vida que lhes provam que a vida no corpo físico é perigosa, porque elas são demasiado sensíveis e vulneráveis. Dessa maneira, elas entram num círculo vicioso.

Para evitar a encarnação no mundo físico, do qual temos medo, as pessoas que usam a defesa esquizoide passam o maior tempo possível nos domínios espirituais superiores, num estado difuso de unidade em que não experimentam a própria individualidade. Conforme dissemos anteriormente, a vida no mundo físico serve como um espelho no qual nos refletimos para que possamos aprender a reconhecer a divindade individuada dentro de nós. Dessa maneira, as pessoas que usam a defesa esquizoide evitam o processo de individuação da encarnação, por meio do qual poderiam reconhecer o seu âmago. Portanto, elas sabem que tudo o que existe são elas próprias, mas não conhecem o Deus individuado interior. Como passaram muito tempo nos domínios superiores, elas irão se relacionar com o tempo tal como ele existe nesses domínios superiores. Lá, o tempo é percebido na sua totalidade de uma só vez. Assim, os indivíduos que apresentam o caráter esquizoide não vivenciam o tempo no momento presente e, tampouco, como algo linear. Em vez disso, vivem em todos os tempos. Essa experiência é mais fácil para eles. A Figura 15-2 mostra a defesa energética esquizoide de retirada.

Como Saber se as Pessoas Estão Usando a Defesa Esquizoide

É fácil saber quando a pessoa está usando ativamente a defesa esquizoide da retirada porque os seus olhos estarão vazios. Ela não estará no seu corpo. Você também poderá sentir o medo em volta delas ou certa torção na sua postura física.

As Necessidades Espirituais e Humanas das Pessoas que Apresentam a Defesa Esquizoide

Essas pessoas precisam sentir-se seguras no mundo físico da Terra. Elas também precisam aprender a se ligar às pessoas nos relacionamentos humanos. Precisam aprender a viver no momento presente, com um passado e um futuro. No nível espiritual, elas precisam saber que existe um Deus interior e que esse Deus interior é a singular essência divina de cada pessoa.

Qual é a Sua Reação Negativa à Defesa Esquizoide?

Vejamos quais poderiam ser as suas reações negativas quando as pessoas se defendem dessa maneira.

O que você faz quando está interagindo com um caráter esquizoide que se ausenta diante de você? Você fica com raiva porque a pessoa não está prestando atenção a você e projeta mais energia? Se o fizer, ela vai ficar com mais medo de você e se afastará ainda mais. Da próxima vez, será ainda mais difícil chegar a ela. A Figura 15-3 mostra o que poderia acontecer no seu campo quando você fica irritado e impele a energia, e o que o caráter esquizoide faz em reação à sua raiva.

Você reage se sentindo abandonado e se agarra à pessoa? Você começa a puxá-la? Se o fizer, ela vai se afastar ainda mais. O que você fará, então? Puxar ainda mais forte? A Figura 15-4 mostra o que acontece quando você agarra e puxa, e o que o caráter esquizoide faz em reação a isso.

Você interrompe o processo e detém o seu fluxo de energia? Ao interromper o processo, você mergulha fundo para dentro de si mesmo? Assim, o caráter esquizoide foge para fora e você foge para dentro. Vocês sentem falta um do outro quando isso acontece? Ou será que permanece ali enquanto o processo está interrompido e, simplesmente, espera, talvez exigindo impacientemente que a outra pessoa se apresse e volte? Ela não voltará. Veja os resultados disso na Figura 15-5.

Você simplesmente deixa que as coisas aconteçam, nega-se a reconhecê-las, continua a conduzir a conversação como se estivesse sendo ouvido e perde o seu tempo? Você conseguiu realizar o seu intento? Eu duvido. Veja a Figura 15-6.

Ou será que você também se afasta, não ficando ninguém para fazer comunicação? Nesse caso, temos aqui espaço suficiente para uma pequena cidade!

Muitas vezes, as pessoas que apresentam o caráter esquizoide vão usar de arrogância e fazer você saber que são mais psíquicas, evoluídas ou espirituais do

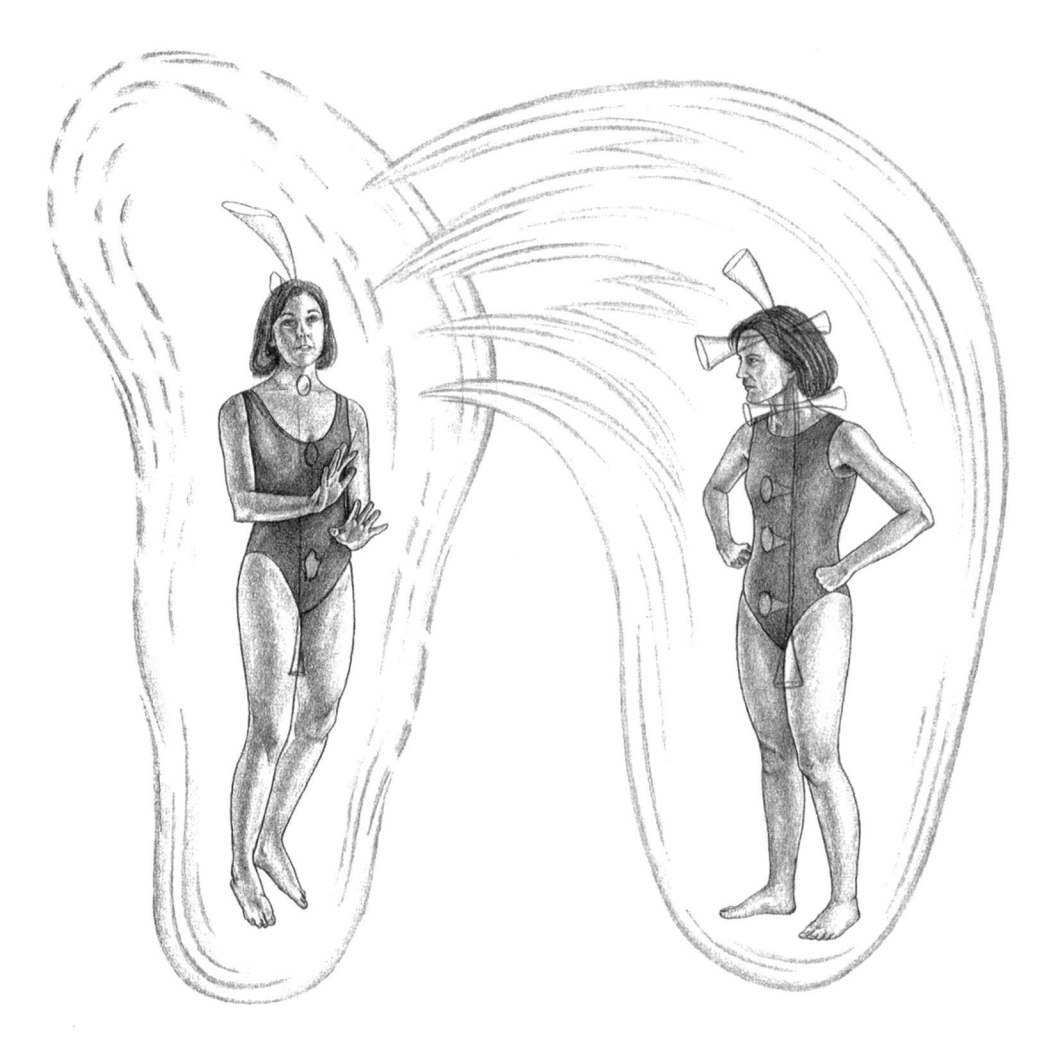

Figura 15-3   A defesa esquizoide e uma reação de repulsão

que você, com o propósito de intimidá-lo e mantê-lo a distância. Como você reagiria a isso? Você concorda que "espiritual" e "psíquico" significam "mais evoluído", e que eles são melhores do que você, razão pela qual você se retrai, fugindo ao contato? Ou isso o faz ficar com raiva e, assim, você fica mais forte? Ou será que você se mantém impassível e não se deixa enganar pela falsa aparência? Se conseguir passar por isso, você ainda vai precisar modificar o seu campo de energia. Se quiser ajudar o caráter esquizoide a sentir-se seguro e a baixar a guarda, ligue-se à Terra e comece a se comunicar de modo que você possa realizar o que quer que vocês estejam fazendo juntos.

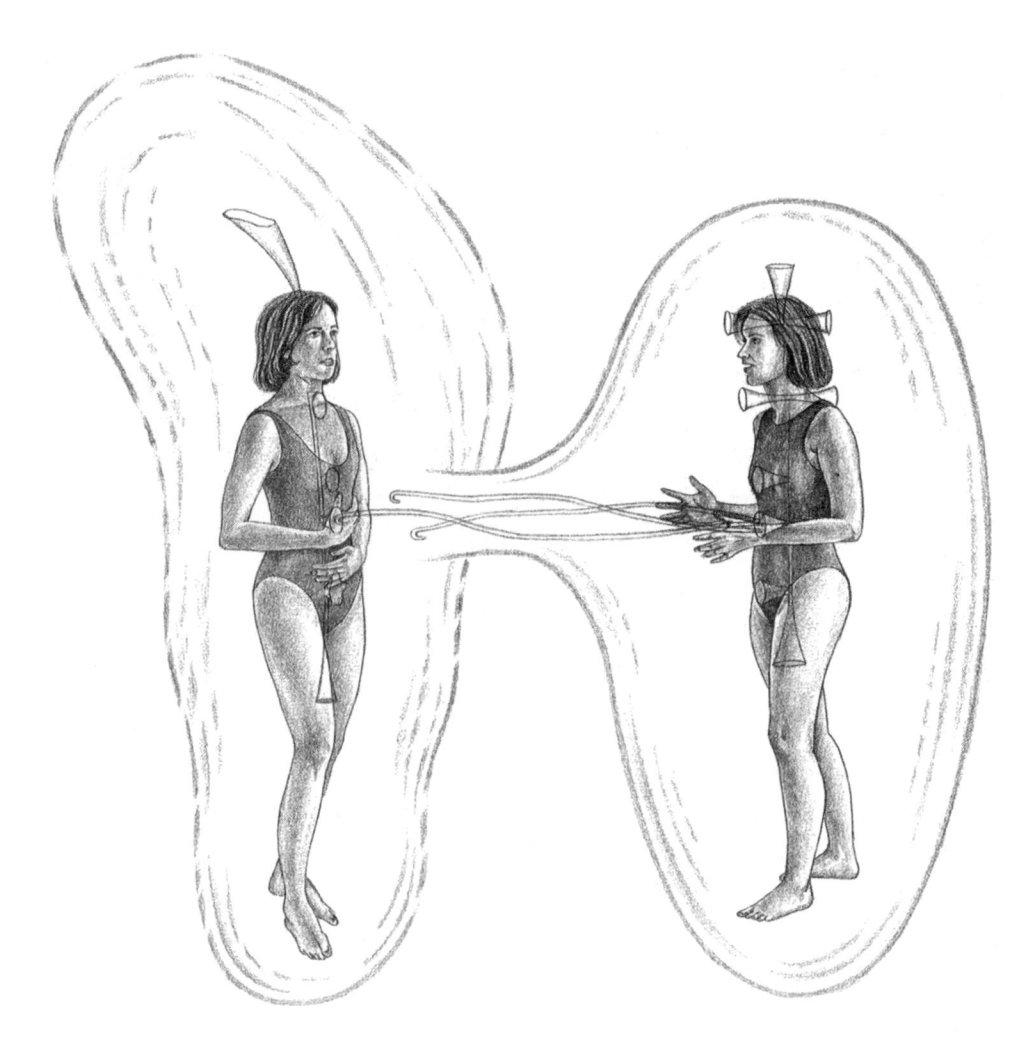

Figura 15-4 A defesa esquizoide e uma reação de puxar

Como Você Poderia Reagir de uma Maneira Positiva e Saudável à Defesa Esquizoide?

A Figura 15-8 (nas ilustrações coloridas) mostra como você poderia regular o seu campo de energia para interagir com as pessoas que apresentam a defesa esquizoide, de modo a fazer com que elas se sintam seguras. Essa é uma reação que foi projetada para livrá-los do medo e desfazer as suas defesas, levando-o de volta para a realidade e a comunhão o mais rapidamente possível. Vamos usar diferentes variações dos três principais tipos de interações entre os campos (indução harmônica, correntes bioenergéticas e cordões) e entre os quatro tipos de fluxo de energia (impelir, puxar, parar e permitir) para criar um espaço seguro para o nosso amigo que apresenta a defesa esquizoide.

A regra número um consiste em não ultrapassar as fronteiras vulneráveis com quaisquer correntes bioplasmáticas. Pense no sétimo nível do seu campo áurico pessoal como uma casca de ovo quebrada. Isso significa que, se você enviar alguma corrente bioplasmática, ela passará direto e a pessoa se afastará num piscar de olhos. A segunda coisa a lembrar é que os caracteres esquizoides movimentam a energia-consciência nas elevadas frequências dos níveis superiores do campo. Para alcançá-las, portanto, você precisa aumentar suas vibrações até que atinjam uma frequência mais elevada e deixar que eles a sintam por meio da indução harmônica.

Faça isso concentrando a sua atenção na realidade espiritual mais elevada que você conhece. Volte a sua consciência para a experiência mais plena da sua espiritualidade superior, imaginando-a, vendo-a, sentindo-a, cheirando-a e saboreando-a. Se você puder fazer isso e, ao mesmo tempo, deixar de produzir qualquer corrente bioplasmática, a outra pessoa vai começar a sentir-se segura. Para deixar de projetar qualquer corrente bioplasmática, mantenha sua mente projetada esfericamente em todas as direções ao mesmo tempo. Sinta a forma oval de seu campo. Sinta suas pulsações. Sinta as bordas de suas fronteiras e mantenha-as sob controle. Não concentre sua mente em nada. Não desvie sua mente para nada.

Você talvez não possa encarar diretamente a pessoa nem olhá-la nos olhos, porque isso seria interpretado como um gesto ameaçador. Não há problema. Depois que você estiver em sincronia com a pessoa e a tiver contatado por meio da indução harmônica, você poderá reduzir gradativamente a frequência de vibração do seu campo. Continue usando a indução harmônica para influenciar os outros e para fazê-los reduzir as suas próprias vibrações. Para fazer isso, relaxe-se totalmente e mantenha-se muito calmo. Isso fará a pessoa sentir-se calma. Imagine-se caminhando ao longo de um belo gramado verdejante, através das árvores. Isso vai reduzir a sua frequência, ajustando-a num nível equilibrado com a frequência da Terra.

A próxima interação requer um controle muito mais avançado do seu campo de energia e, portanto, você não deve se aborrecer caso não consiga fazer isso. Eu a incluo para aqueles leitores que têm um avançado nível de controle áurico e talvez achem isso útil. Depois que tiver transmitido uma sensação de segurança, peça permissão para tocar. Se ela for concedida, peça à pessoa para ficar de pé e dobrar os joelhos. Em seguida, cuidadosamente, ponha a sua mão direita sobre a parte de trás do segundo chakra. Certifique-se de que, ao fazer isso, sua mão esteja transmitindo uma vibração calma e não haja projeção de correntes bioenergéticas. Depois, com muito cuidado, deixe uma corrente bioplasmática fluir de sua mão. Com a sua intenção, dirija-a para baixo e para o centro do corpo da pessoa, em direção à Terra. Essa corrente vai ligar a pessoa à Terra. Depois que isso tiver sido feito, deixe que os cordões estabeleçam a ligação entre o chakra cardíaco e o terceiro chakra de vocês dois. Os cordões terão de sair do centro dos seus chakras e penetrar bem fundo na pessoa porque ela não sabe como ligar-se a esses cordões.

Os Resultados de uma Reação de Cura Positiva

Se conseguir realizar parte daquilo que foi explicado acima, você terá ajudado a pessoa a encontrar um relacionamento mais seguro. É importante lembrar-se de que alguém com uma defesa esquizoide muito provavelmente jamais terá sentido segurança nas interações humanas ou a conexão que somos capazes de sentir quando os nossos cordões estão ligados de uma maneira saudável ao chakra do coração e ao terceiro chakra.

Para as pessoas que apresentam o caráter esquizoide, é fundamental aprender a ligar-se nos relacionamentos porque é apenas por meio dos relacionamentos que eles podem preencher suas mais profundas necessidades espirituais de experimentar a sua própria individualidade como algo divino. Elas experimentam Deus no estado unitivo, mas não no estado individuado. Elas precisam encontrar o Deus individuado interior, e só podem aprender isso por meio da comunicação com outros seres humanos. Se você mantiver um lugar seguro para elas fazerem isso em seu campo áurico, você estará lhes prestando uma grande ajuda!

Assim, da próxima vez que a pessoa amada sorrir para você, não haverá problema se você reagir da maneira habitual. Essa provavelmente será uma reação demasiado rápida para que você possa impedi-la. Logo que se der conta disso, porém, lembre-se de que a causa é o medo – tanto o resplandecer do seu amigo como a sua reação defensiva. Curve os joelhos, ligue-se à Terra, respire fundo e comece a ajudar, como na Figura 15-8 (das ilustrações coloridas). O seu amigo voltará e ambos poderão comunicar-se novamente! No início, isso pode ser muito difícil, porque você provavelmente vai assumir automaticamente a sua defesa de caráter. Quanto mais você praticar, porém, mais fácil isso vai se tornar e, em vez de desperdiçar o seu precioso tempo e a sua energia na defesa, você passará por uma experiência muito mais plena de vida e de comunhão.

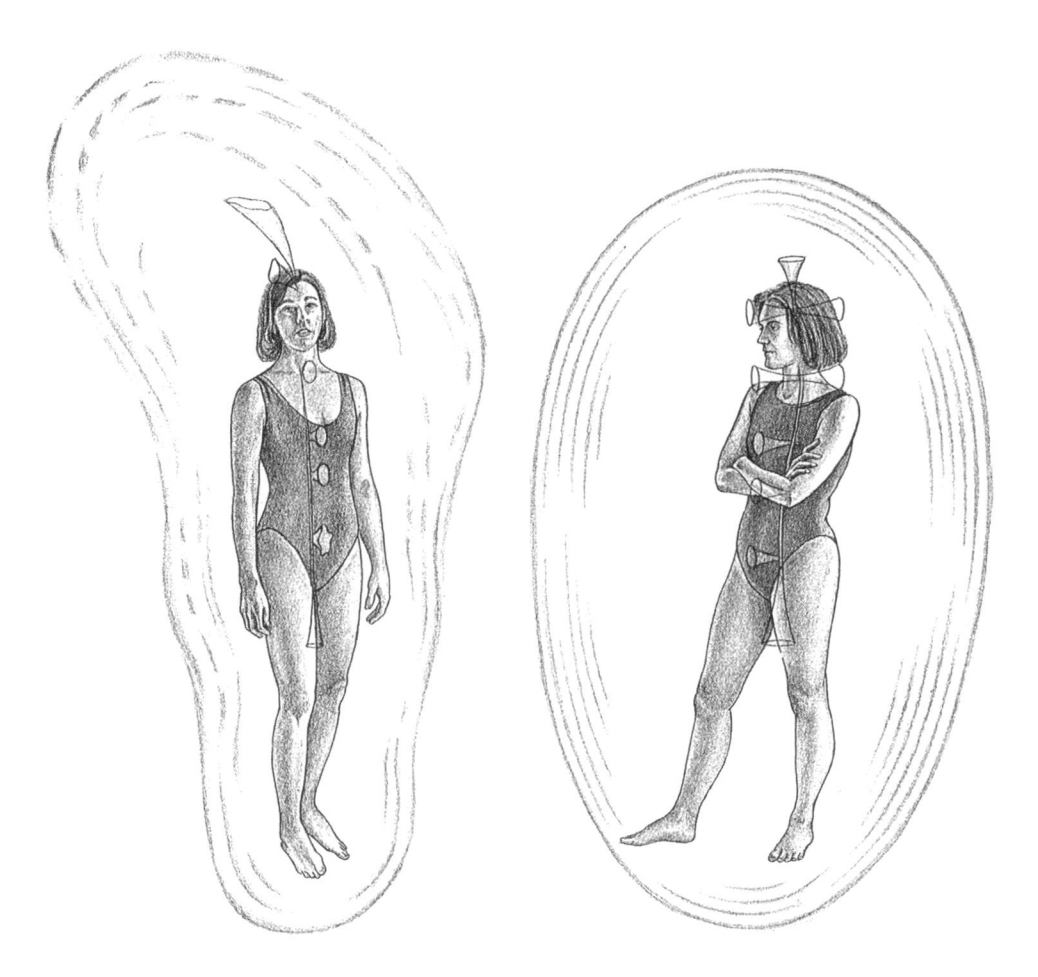

Figura 15-5 A defesa esquizoide e uma reação de interrupção

Como Sair da Defesa Esquizoide

Se você se vir na estratosfera, a primeiro coisa a fazer é observar que você está lá. Depois, compreenda que você está lá porque tem medo. Para deixar de ter medo, você precisa modificar o que estiver fazendo. Primeiro, dobre os joelhos e respire fundo. Não se esqueça de manter os olhos abertos. Mantenha os joelhos dobrados e se concentre no topo de sua cabeça. Volte a sua consciência para o topo de sua cabeça e, então, faça-a descer pelo rosto, pelo pescoço, pela

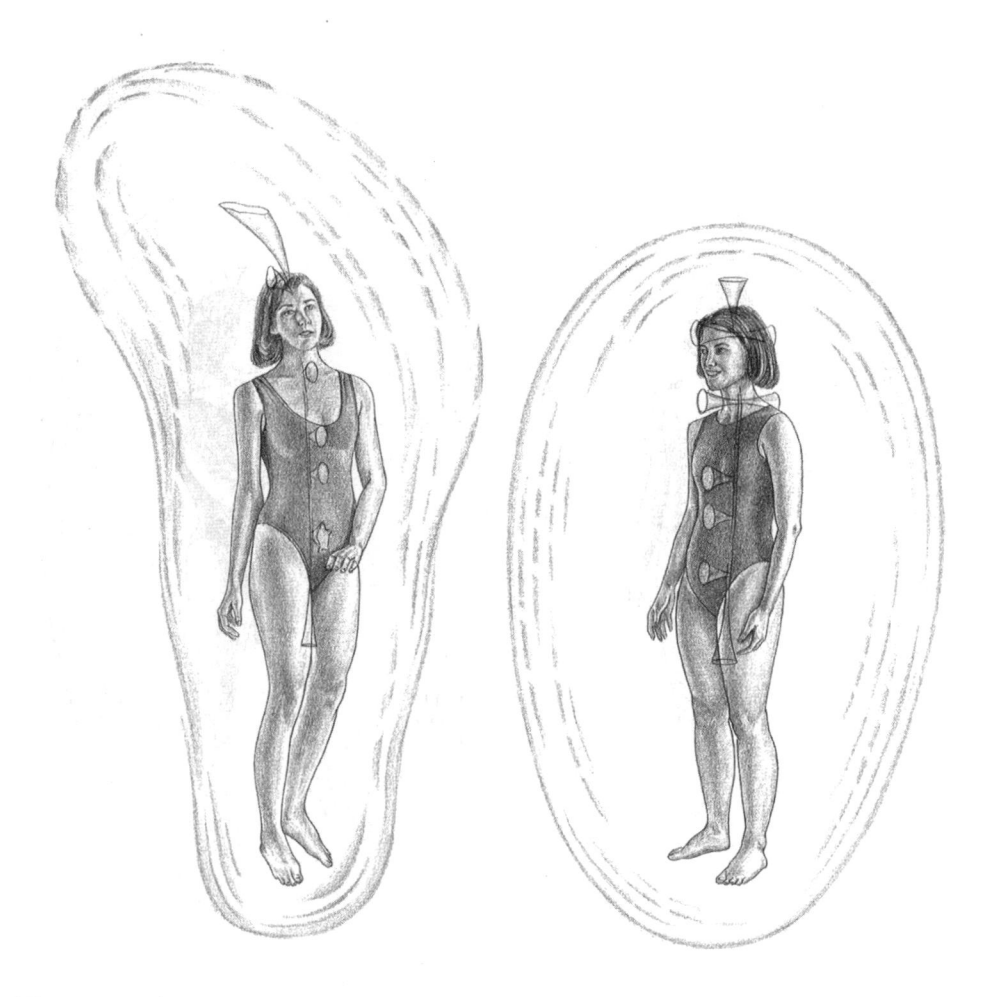

Figura 15-6   A defesa esquizoide e uma reação de permissão ou rejeição

parte superior do peito e assim por diante, até que a sua consciência chegue à planta dos pés. Sinta a planta dos pés e, depois, continue a descer pela Terra. Repita o mantra: "Estou seguro. Estou aqui." Quando sentir a Terra firmemente sob os seus pés, tente sentir a pessoa que estiver conversando com você. Se ela lhe parecer amável e amistosa, e estiver buscando uma aproximação, ajude-a. Tente abrir o seu coração e o seu plexo solar para o seu amigo permitir que ele se ligue a você de uma maneira calorosa e humana.

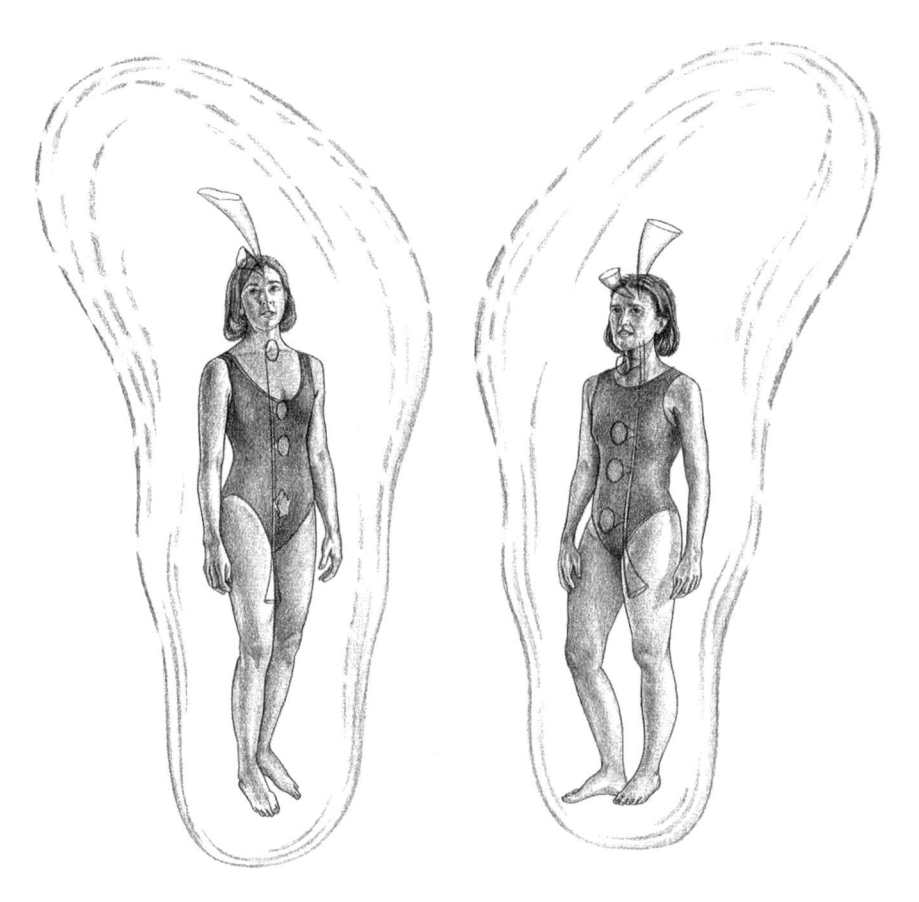

Figura 15-7 A defesa esquizoide e uma reação de retração

O Sistema de Defesa do Caráter Oral

O Principal Problema da Defesa Oral

O principal problema de um homem ou de uma mulher que usa uma defesa de caráter oral é a nutrição. Os indivíduos que apresentam o caráter oral tiveram muitas existências nas quais passaram necessidade. Elas provavelmente viveram durante períodos de fome e morreram à míngua ou tiveram de fazer terríveis escolhas a respeito de quem iria consumir a pouca comida que havia. Os indivíduos que apresentam o caráter oral não tiveram a experiência de ficarem completamente satisfeitos, e têm medo da possibilidade de jamais terem o suficiente.

Como os indivíduos que apresentam o caráter oral vieram para esta vida a fim de curar essa crença, eles vão atrair circunstâncias de infância que trazem essa crença para o Eu nesta vida. Eles experimentaram o abandono no início da vida e temem que isso possa acontecer de novo. Geralmente, eles foram abandonados pelos pais. O mais importante não é a medida em que essas pessoas realmente passaram por isso, mas, sim, o modo como interpretaram a experiência.

O exemplo clássico de criação de uma defesa de caráter oral é o que acontece quando uma mãe não tem o tempo de que precisa para amamentar direito o bebê. Se o bebê for afastado do peito antes de satisfazer-se, ele não passará pela experiência de ficar saciado ao ponto de soltar automaticamente o peito. Ao sugar, o bebê funde-se com a mãe. Isso é o que há de mais próximo com o voltar ao útero. Nessa fusão, o bebê experimenta a si mesmo como a mãe. Ele experimenta a mãe como Deus e a si mesmo como Deus, que é a mãe. As essências da mãe, de Deus e do bebê são uma só. Para que o bebê preencha a sua própria essência, ela precisa ser preenchida com a essência da mãe/Deus. Então, por si só, o bebê precisa ter o suficiente para passar pela individuação a fim de experimentar sua própria essência divina do âmago. O bebê aprende a fazer isso saciando-se ao sugar o peito.

Se a mãe tem dificuldade para amamentar ou afasta o bebê do seio antes que ele esteja satisfeito, ou se tem pressa, é impaciente e deseja que o bebê se apresse, ela de certo modo está abandonando a criança. Se isso acontece repetidamente, o bebê vai ficar nervoso e não conseguirá sugar o leite com rapidez, prolongando, assim, o tempo que demora para mamar, e tornando a situação pior. Por fim, o bebê aprende a abandonar a mãe antes que ela o abandone. No processo, porém, a criança não passa pela experiência de fundir-se com tudo o que existe (essência da mãe) e, depois, individuar-se para a sua própria essência, a fonte da divindade interior. Essas pessoas crescem sem uma experiência clara e plena da sua essência, a fonte da divindade interior. Assim, essa essência é sentida como algo fraco e insuficiente.

Esses bebês também sentiram que os seus pais sugaram a energia deles. E provavelmente estavam certos. Infelizmente, as mães ou ambos os pais usaram as conexões formadas pelos cordões do terceiro chakra para receber nutrição em vez de fornecê-la. Os pais também retiram energia das crianças por meio das correntes bioplasmáticas que prendem a elas. Os pais nunca aprenderam a se ligar à Terra.

A Ação Defensiva que o Caráter Oral Usa Contra o Medo

Em consequência, as ações defensivas das pessoas que apresentam o caráter oral consistem em sugar a energia dos outros. Elas vão fazer isso de forma inconsciente e de diversas maneiras: tentar ligar os cordões do terceiro chakra aos outros para atrair energia por via deles, tal como fizeram os pais; tentar sugar energia por meio das correntes bioplasmáticas formadas pelo contato visual com os seus "olhos de aspirador"; ou por meio de longas conversas enfadonhas em que eles falam baixo demais. Quando falam demasiado baixo para que os outros possam entendê-los claramente, estes irão enviar correntes bioplasmáticas em direção a eles num esforço de ouvi-los. Eles, então, continuam a falar baixo e sugam energia por meio das amentes. A Figura 15-9 mostra a defesa de sugar de uma pessoa que apresenta o caráter oral.

Os Efeitos Negativos da Ação Defensiva do Caráter Oral

O resultado dessas ações defensivas consiste em fazer o mundo físico parecer ainda mais hostil para aqueles que usam a defesa oral. Na verdade, as pessoas que usam a defesa oral recusam a nutrição e não a conhecem. Como elas usam seu sistema de energia para sugar energia dos outros, elas nunca desenvolvem os seus chakras, criando os chakras grandes e normais que iriam preencher naturalmente os seus campos com energia. Eles se concentram em se preencher a partir do mundo exterior e não a partir dos chakras ou de suas fontes interiores. Eles ou não conseguem entrar em contato com a fonte interior ou, então, esta é demasiado fraca. Assim, o seu campo permanece eternamente fraco e dependente de energia pré-digerida proveniente dos outros, criando um ciclo de retroalimentação negativo que os mantém subnutridos e dependentes da energia das outras pessoas. Esses atos fazem com que as pessoas achem extremamente desagradável a companhia das pessoas que apresentam o caráter oral e, assim, elas acabam sendo abandonadas porque as pessoas as evitam. Assim, elas criam experiências de vida provando que nunca terão o suficiente. Desse modo, elas ficam aprisionadas num ciclo vicioso.

Como Saber se Alguém Está Usando uma Defesa Oral

É fácil saber quando as pessoas estão usando ativamente defesa oral porque elas vão se fingir de desamparadas e querer que você faça coisas para elas ou que cuide delas de maneira que não são normais para um adulto. Elas talvez falem baixo demais para você poder ouvi-las e poderão fazer um grande esforço para haver um contato do tipo olho no olho. Mas o que você vê nos seus olhos é um tipo desesperado de súplica que diz: "Faça isso por mim. Tome conta de mim em vez de ter um intercâmbio adulto normal que seja mutuamente satisfatório."

Figura 14-1: As auras róseas das pessoas apaixonadas

Figura 15-8: Responde-se com a cura à defesa esquizoide

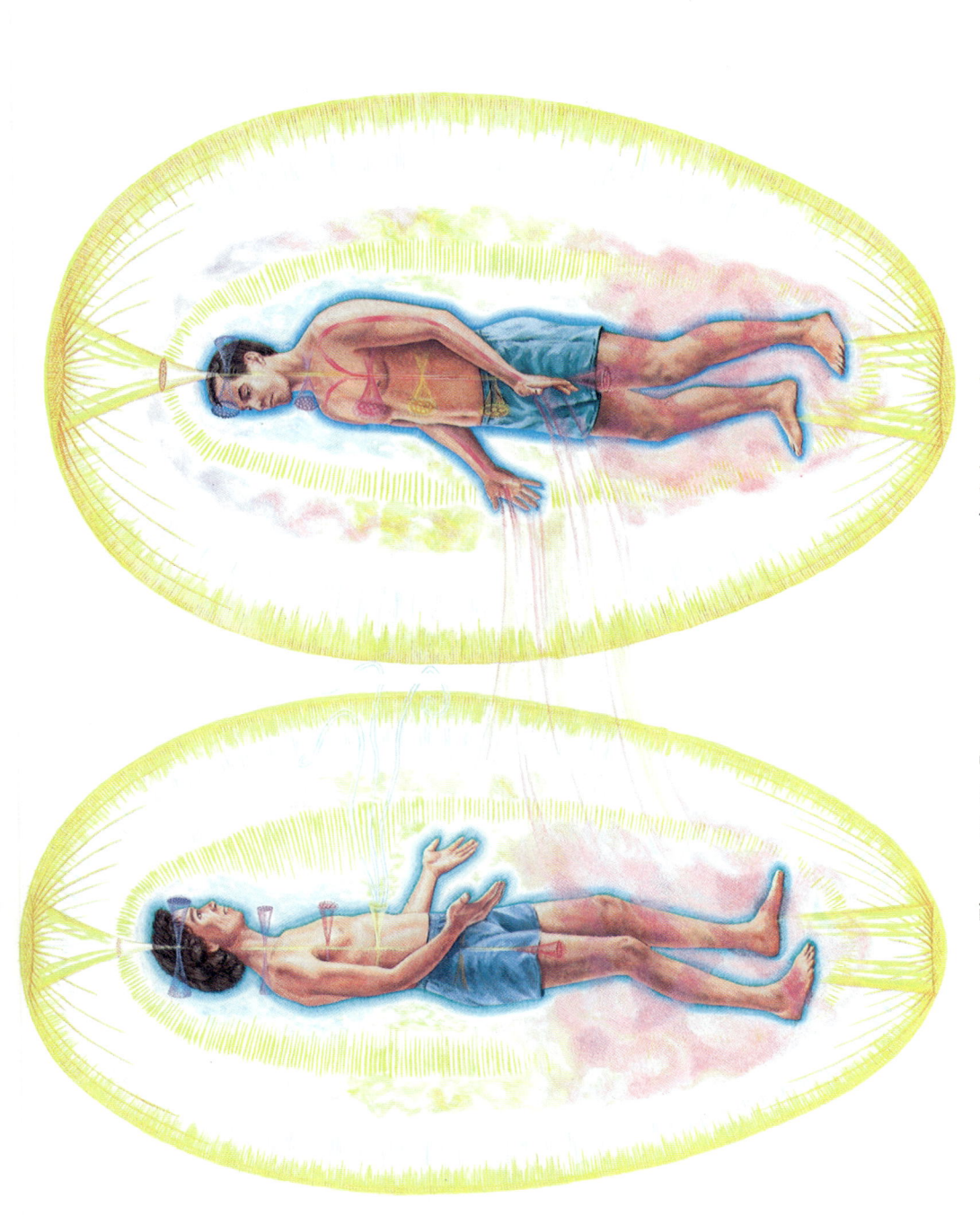

Figura 15-15: Reage-se com a cura à defesa oral

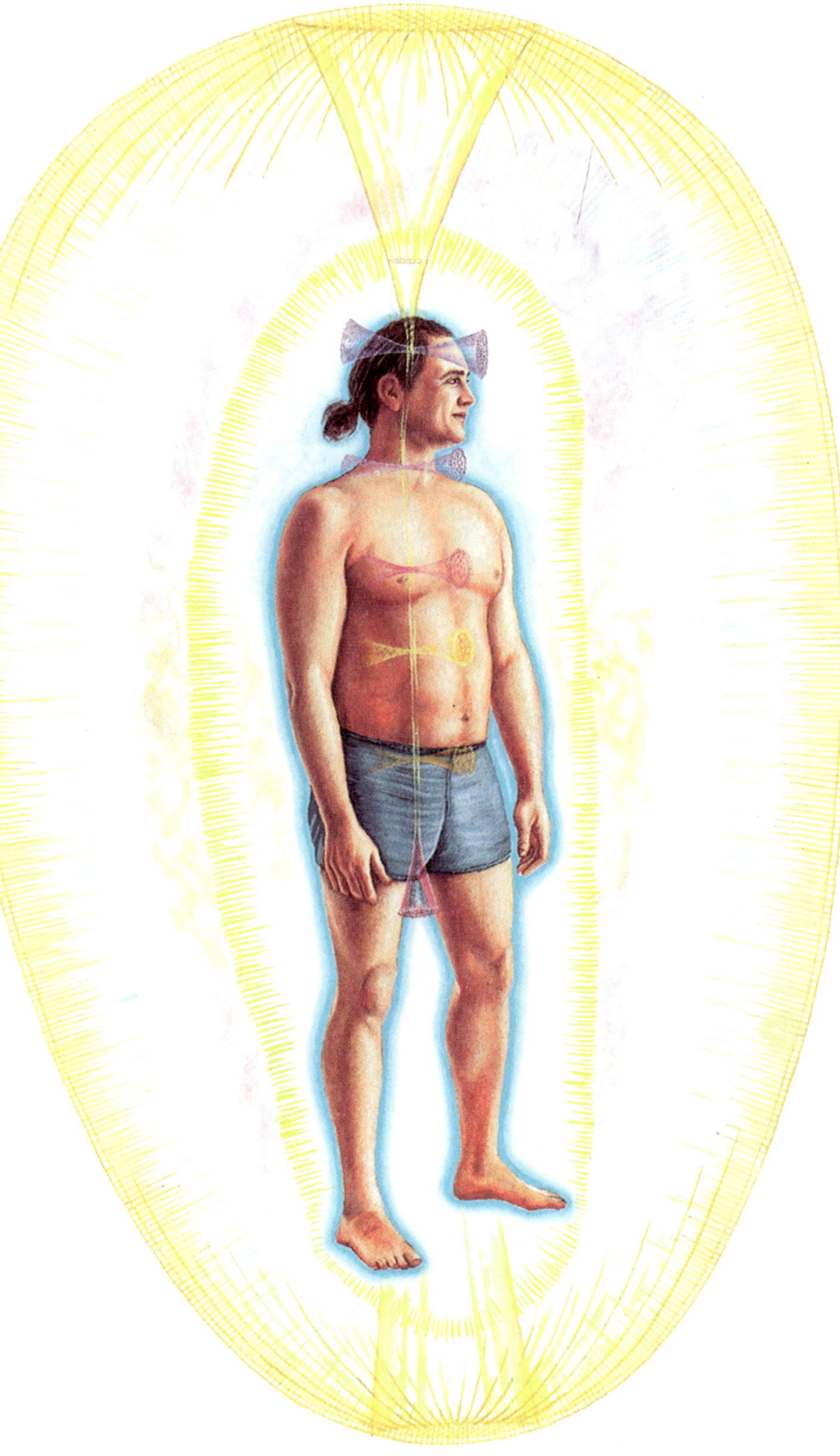

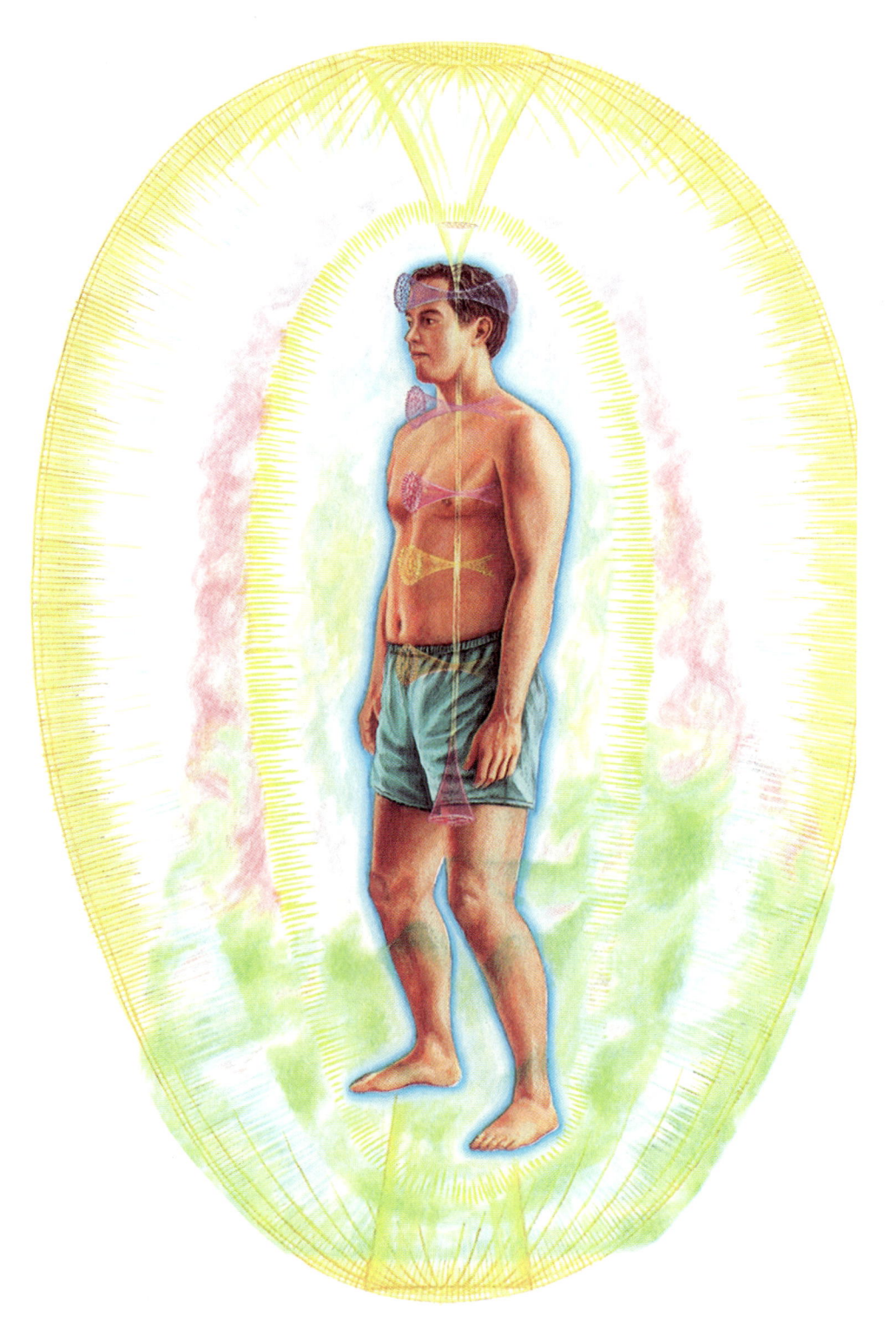

Figura 15-22: Responde-se com a cura à defesa psicopática

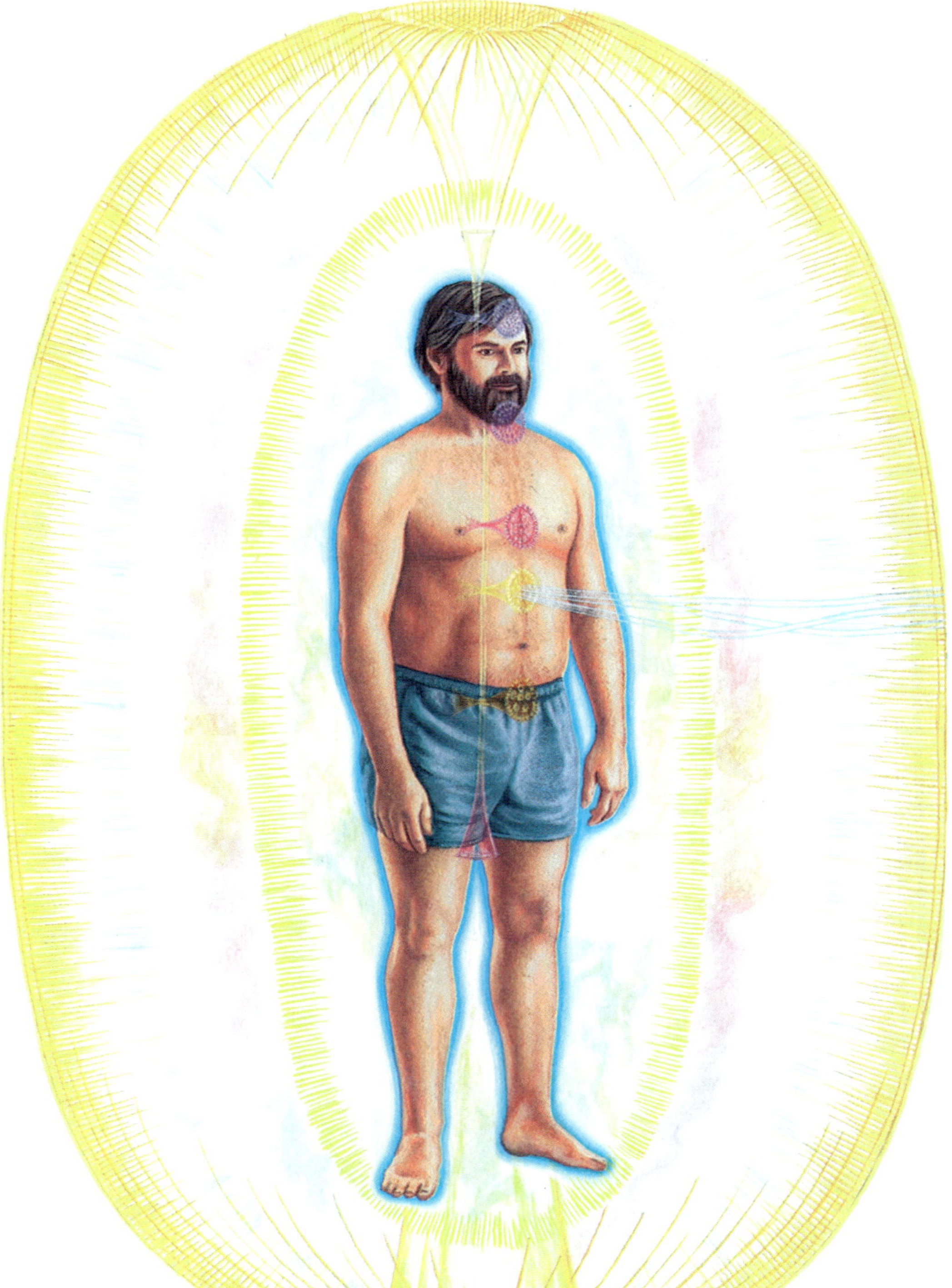

Figura 15-29: Responde-se com a cura à defesa masoquista

Figura 15-36: Responde-se com a cura à defesa rígida

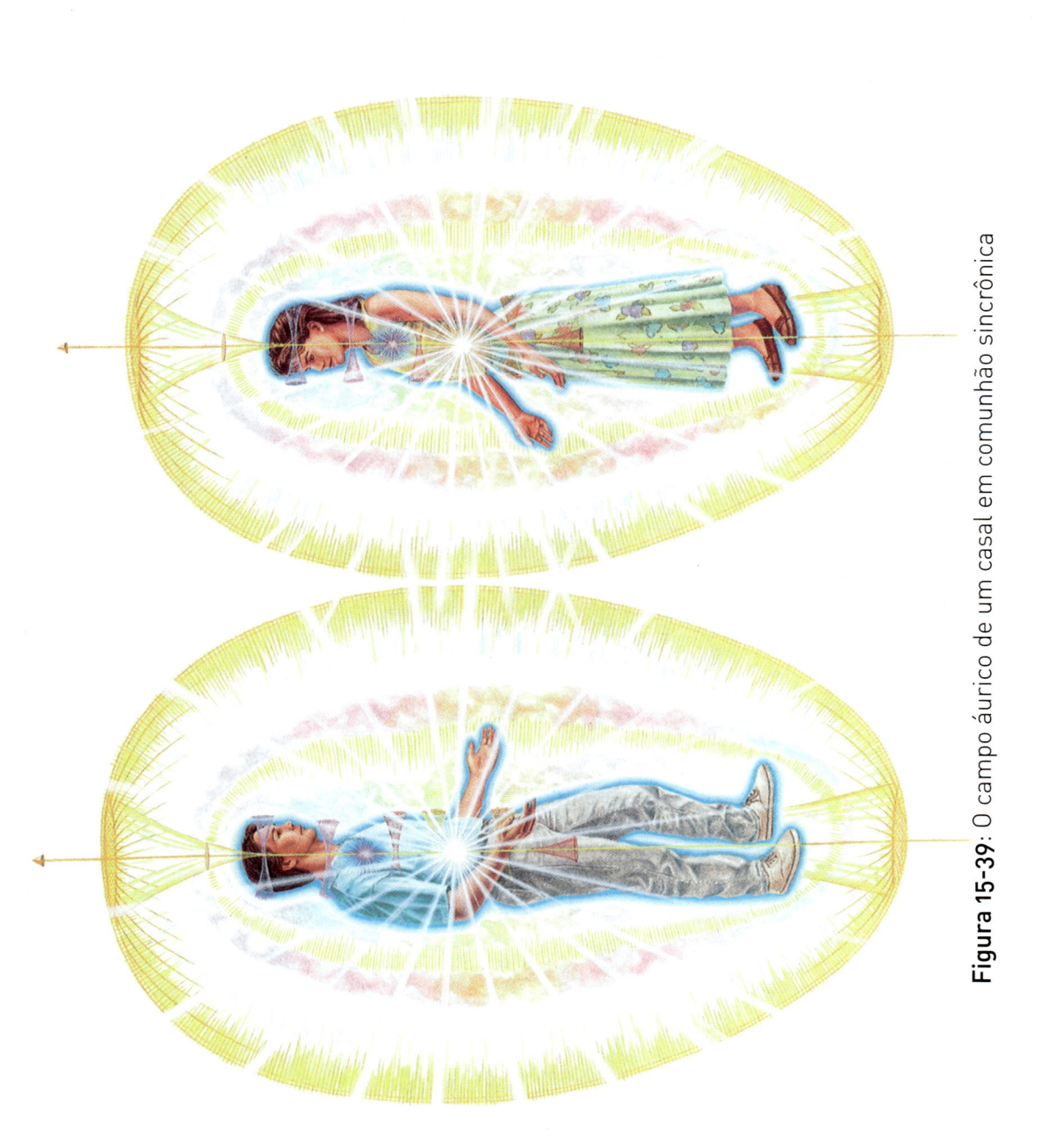

Figura 15-39: O campo áurico de um casal em comunhão sincrônica

Conexão com a Divindade

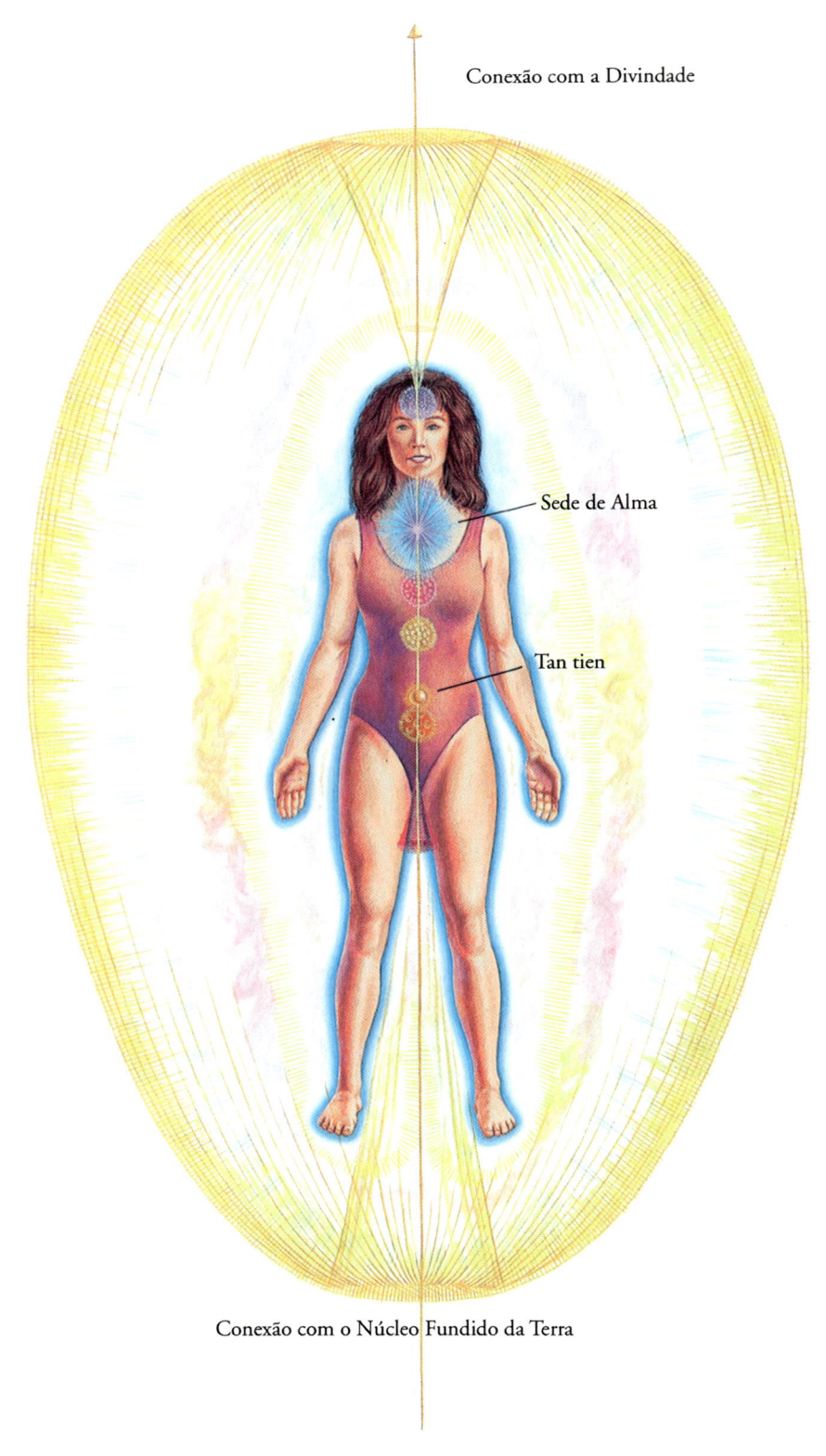

Sede de Alma

Tan tien

Conexão com o Núcleo Fundido da Terra

Figura 17-1: O hara de uma pessoa saudável

Figura 18-1: A estrela do âmago

Figura 18-2: O nível da estrela do âmago de um grupo de pessoas

As Necessidades Humanas e Espirituais de Alguém com uma Defesa Oral

Essas pessoas precisam passar pela experiência de ser completamente satisfeitas, na qual elas próprias são a pessoa que pode satisfazer a necessidade. Elas precisam aprender a fazer isso sozinhas. Precisam aprender a experimentar a plena e poderosa fonte de vida que existe dentro delas, na estrela do âmago.

Qual é a Sua Reação Negativa à Defesa Oral?

Uma vez mais, vamos investigar as principais reações que as pessoas têm às defesas de caráter em termos dos quatro tipos de fluxo de energia (puxar, impelir, deter e permitir).

O que você faz quando está agindo reciprocamente com pessoas que se fingem de desamparadas e tomam, tomam e tomam sem nunca dar nada em troca? Você fica irritado porque elas estão sugando energia de você e, de uma forma negativa, empurra mais energia para elas a fim de fazê-las parar? Você fica irritado, insulta ou oprime e agride as pessoas com a energia? Isso fará com que se sintam piores com relação a si mesmas. Se você o fizer, elas provavelmente vão entrar em colapso e ficar ainda mais indefesas. Será mais difícil chegar a elas da próxima vez. A Figura 15-10 mostra o que poderia acontecer em seu campo quando você fica irritado e impele, e o que as pessoas que apresentam o caráter oral fazem em reação à sua raiva.

Você reage sentindo-se abandonado e se agarra a elas? Você também começa a puxar? Se o fizer, elas vão puxar ainda mais forte e sugar você, ou, então, acabarão entrando em colapso. O que você fará, então? Puxar mais forte? A Figura 15-11 mostra o que você faz quando agarra e puxa e o que as outras pessoas fazem em reação a isso.

Você interrompe o fluxo da sua energia, para que elas não possam continuar a sugá-lo? Ao fazer isso, você se refugia profundamente dentro de si mesmo? Assim, a pessoa que apresenta o caráter oral fica tentando alcançá-lo e sugar enquanto você se esconde dentro de si mesmo. Vocês sentem falta um do outro quando isso acontece? Ou será que você continua presente enquanto detém o fluxo e simplesmente espera que a outra pessoa pare de sugar – talvez com uma exigência impaciente de que elas se apressem e desistam? Elas não o farão. Você interrompe o fluxo de energia para evitar ser sugado? Você deixa de ouvi-las e as abandona? Veja os resultados da interrupção do fluxo na Figura 15-12.

Você simplesmente deixa que as coisas aconteçam, nega-se a aceitá-las e continua a conversa como se as coisas estivessem realmente acontecendo no nível da superfície? Isso o deixa cansado? Você reage cuidando da pessoa? Você permite que a pessoa se ligue aos cordões do terceiro chakra para sugar a sua energia a partir do terceiro chakra? Em caso positivo, você provavelmente vai conseguir sentir isso. Você transmite muita energia a elas através das suas correntes bioplasmáticas, as quais você entrega a elas para que possam manipulá-lo e pedir coisas a você? Você se inclina para a frente para poder ouvi-las mais, num esforço para dispensar cuidados a elas? Você permite que o ar de desamparo dos olhos da pessoa retire a sua energia e, assim, concorda mentalmente que elas não conseguem cuidar de si mesmas sozinhas, mas que você tem muito para lhes dar? Você lhes transmite essa ajuda? Ela se mostra útil para essas pessoas? Na verdade, não – essa contribuição as ajuda a continuarem a ser do jeito que sempre foram desde a tenra infância. Essa não é a solução. A Figura 15-13 mostra a reação de dispensar cuidados diante da defesa oral.

Você reage evitando a pessoa e, assim, abandonando-a? Ou você se retira para que não reste no seu corpo nenhuma energia para ser sugada? A outra pessoa vai interpretar isso como um abandono e irá puxar ainda mais forte ou entrar em colapso e se entregar, já que o seu pior medo foi mais uma vez confirmado. A Figura 15-14 mostra essa combinação de defesas.

Como Você Poderia Reagir de Forma Positiva à Defesa Oral?

A Figura 15-15 (nas ilustrações coloridas) mostra de que forma você poderia controlar o seu campo de energia para interagir com as pessoas que apresentam a defesa oral e fazê-las sentirem-se seguras, ajudá-las a ter a experiência de estarem realmente satisfeitas, e mostra-lhes que elas conseguem fazer isso sozinhas.

A regra número um não é permitir que elas continuem a sugar-lhe energia da maneira habitual. Portanto, não permita que elas liguem os cordões do terceiro chakra aos seus, para sugar-lhe energia. Uma boa maneira de evitar isso é não ficar de pé diretamente diante dessa pessoa. Não as encare. Fique do lado delas e imagine uma tela resistente sobre o seu terceiro chakra, impedindo-as de ligar os cordões delas aos seus. Não faça contato visual nem permita que correntes bioplasmáticas saiam de você segundo as exigências delas. Todavia, é benéfico preencher o campo áurico dessas pessoas com o uso de correntes bioplasmáticas. Isso na verdade é muito fácil de se fazer, quando existe a intenção. Você deve simplesmente relaxar e imaginar lindas e coloridas correntes bioplasmáticas de energia brotando das suas mãos e entrando no terceiro chakra da

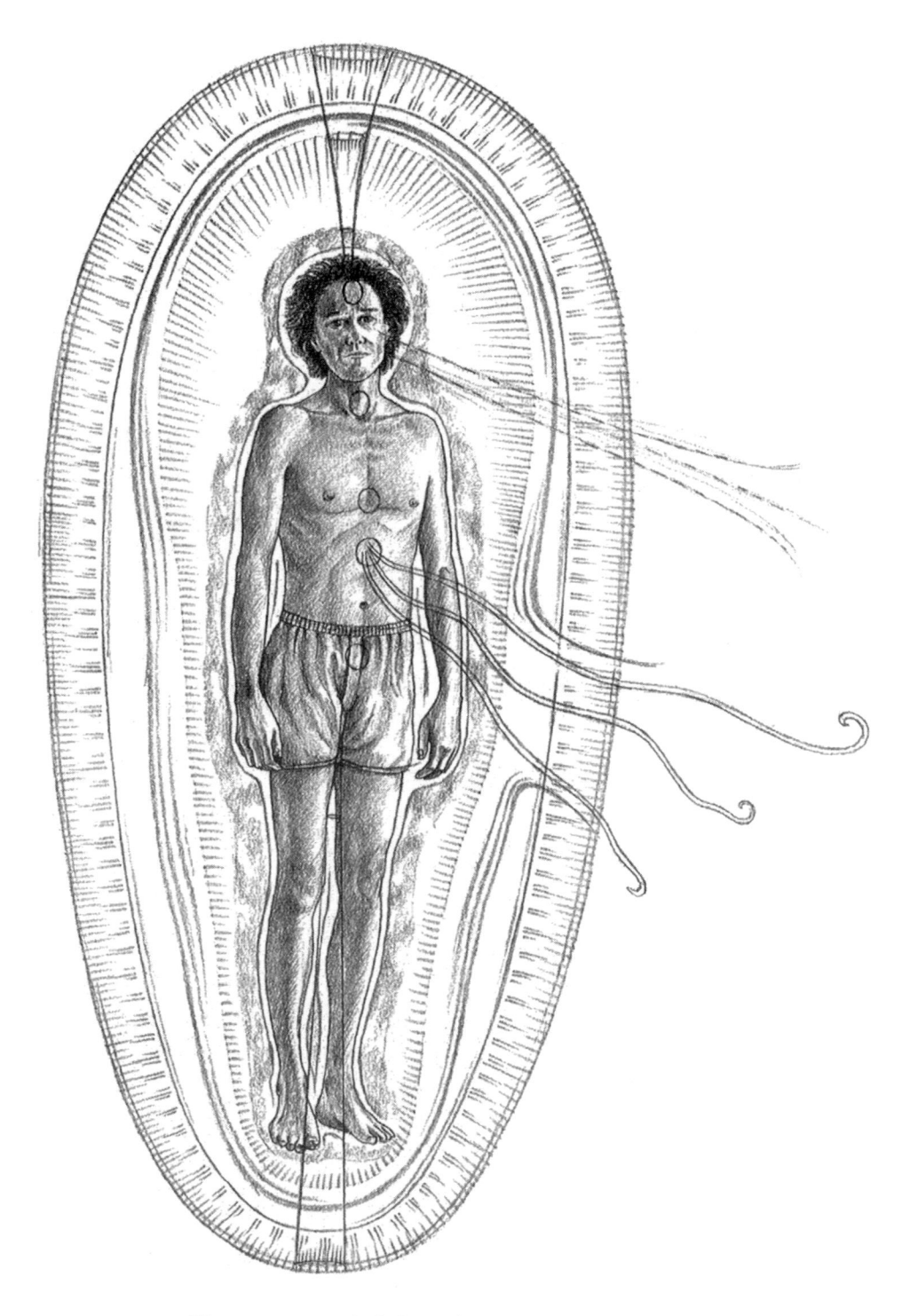

Figura 15-9　A defesa áurica do caráter oral

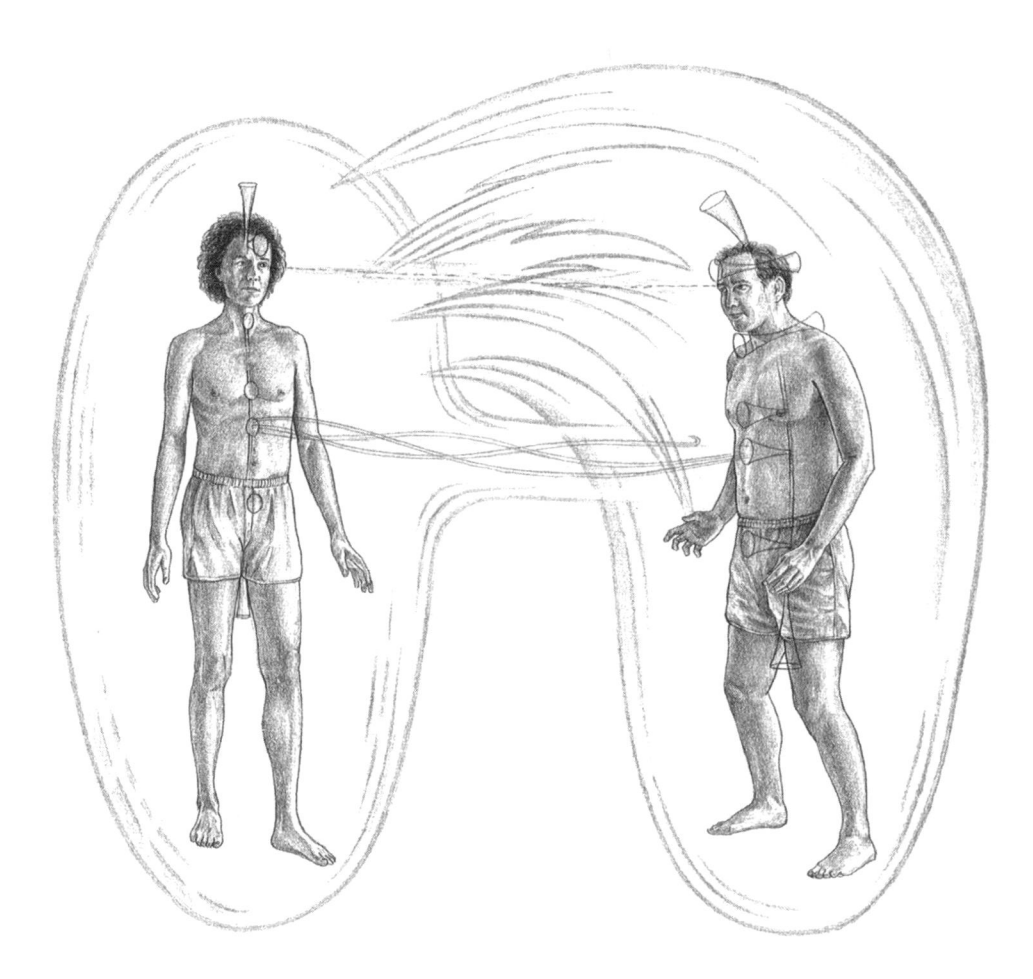

Figura 15-10   A defesa oral e uma reação de repulsão

outra pessoa. Faça isso sem tocá-la fisicamente. Ao fazer isso, continue encorajando-as a se tornarem autossuficientes. Faça isso mediante encorajadoras afirmações verbais em que você diz à pessoa que ela tem pernas fortes e uma poderosa fonte interior de vida. Diga a essas pessoas que elas têm essa capacidade. Assim, você vai lhes proporcionar a experiência de serem satisfeitas sem reforçar a defesa habitual que as mantém insuficientemente carregadas.

Agora, você vai passar para um outro problema que também está relacionado com a defesa que essas pessoas apresentam. A principal maneira pela qual as pessoas que usam a defesa oral recebem energia é através do ato controlado de sugar. Ao sugar, elas estão controlando o modo como a energia entra nelas. Quando você lhes transmitir energia fora dessa maneira controlada, elas irão

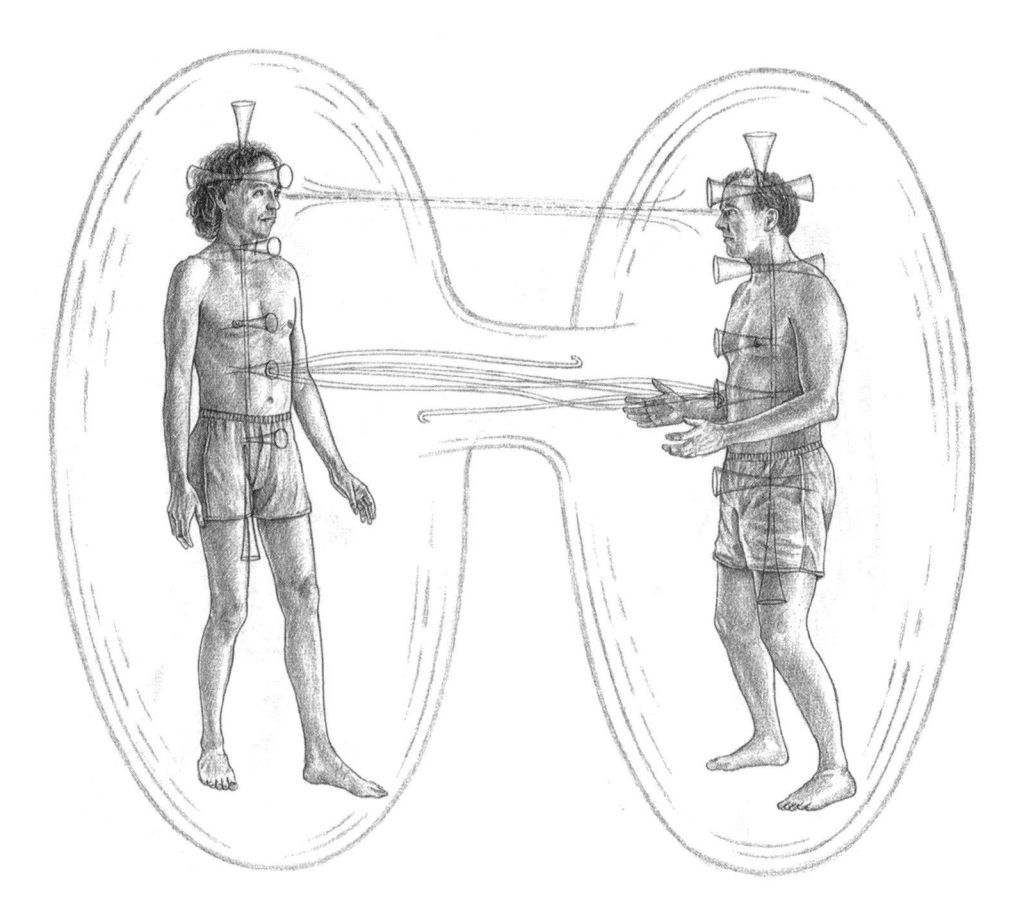

Figura 15-11   A defesa oral e uma reação de puxar

interromper o fluxo e não vão conseguir receber muita energia. Depois de algum tempo, elas vão permitir a entrada apenas de uma pequena quantidade. Elas, então, concluem que isso não é suficiente ou que demora tempo demais e, assim, resolvem interromper o fluxo novamente; isto é, elas vão abandoná-lo antes que você os abandone. Ao fazer isso, elas abandonam a si mesmas. Esse movimento para trás e para a frente vai continuar durante o processo de preenchimento e o fará demorar um longo tempo. Logo que você ficar frustrado, elas vão interromper o fluxo e o processo vai demorar ainda mais. Elas passarão a lutar contra o tempo. Em sua luta, nunca haverá tempo suficiente para elas. Dessa maneira, você será desafiado a permanecer junto delas e a continuar o trabalho até que o processo de preenchimento seja completado.

Quando o campo dessa pessoa estiver bem carregado, concentre a sua mente e a sua intenção para mover em direção à Terra a energia que existe dentro do seu campo, a fim de fazer uma forte conexão com a Terra. Imagine o seu primeiro chakra abrindo-se para permitir que mais energia penetre nele a partir da Terra. Isso não é difícil se você permanecer ligado através das suas correntes bioplasmáticas. É útil olhar para a parte do corpo em que você estiver se concentrando. Se as pessoas forem capazes de se ligar à Terra, a energia vai fluir automaticamente para seus corpos como num poço artesiano. Elas não terão de sugá-la para dentro de si. Depois que isso ocorrer, interrompa sua ação bioplasmática de preenchimento e libere seu contato energético com elas de modo que elas possam se preencher sozinhas.

Os Resultados de uma Resposta de Cura Positiva

Se você conseguir realizar parte da interação acima, você terá ajudado enormemente o seu amigo que apresenta o caráter oral a encontrar a sua própria nutrição. Isso é muito importante porque, à medida que essas pessoas forem prosseguindo com o trabalho, elas vão descobrir que, com o medo de não obter o suficiente, elas acreditam que não são suficientemente boas. No início da infância elas se convenceram de que sua essência não era suficiente. Aprender a se preencherem é o mesmo que reconhecer que elas são suficientemente boas. Depois que fizerem isso, elas conseguirão aprender a estabelecer conexões num relacionamento sem a prática habitual de sugar. Os seus relacionamentos se transformarão em trocas mais saudáveis de energia entre duas pessoas do mesmo nível. O modo como irão se relacionar com o tempo vai mudar. Elas não terão de lutar contra o tempo para tentar prolongá-lo. Em vez disso, elas terão muito tempo por toda a vida.

No nível espiritual, a tarefa dessa pessoa consiste em conhecer a fonte do Deus individual interior. É apenas através dos relacionamentos que elas vão conseguir reconhecer que seu âmago divino é tão brilhante e pleno quanto o de qualquer outra pessoa. Por meio dos relacionamentos elas vão aprender que a fonte da vida é sua eterna essência interior.

Assim, da próxima vez que você notar um amigo ou pessoa querida – do tipo caráter oral – se fingindo de indefesa ou sugando sua energia, lembre-se de que isso significa que ela está com medo. Essas pessoas têm medo de não serem suficientemente boas. Se você reagir ao medo, estará tudo bem. Logo que você observar que está se defendendo contra o desamparo ou o desejo de sugar energia que elas estiverem expressando, respire fundo e procure relaxar. Dobre os joelhos, ligue-se à Terra, concentre-se e respire. É o momento de ajudar – tenho certeza de que você pode fazê-lo!

Como Escapar de uma Defesa Oral

Se você achar que está se sentindo desamparado ou estiver tentando fazer com que alguma pessoa faça alguma coisa por você, respire fundo e relaxe. Diga a si mesmo que você tem todo o tempo do mundo. Fique de pé. Dobre os joelhos e ligue-se à Terra. Volte sua consciência concentrada para a sua estrela do âmago. Aí está a fonte de todas as coisas que você algum dia vai precisar. Você não está desamparado. Você pode fazer qualquer coisa. Você é Deus. Repita o mantra: "Sou bom o bastante. Sou bom o bastante."

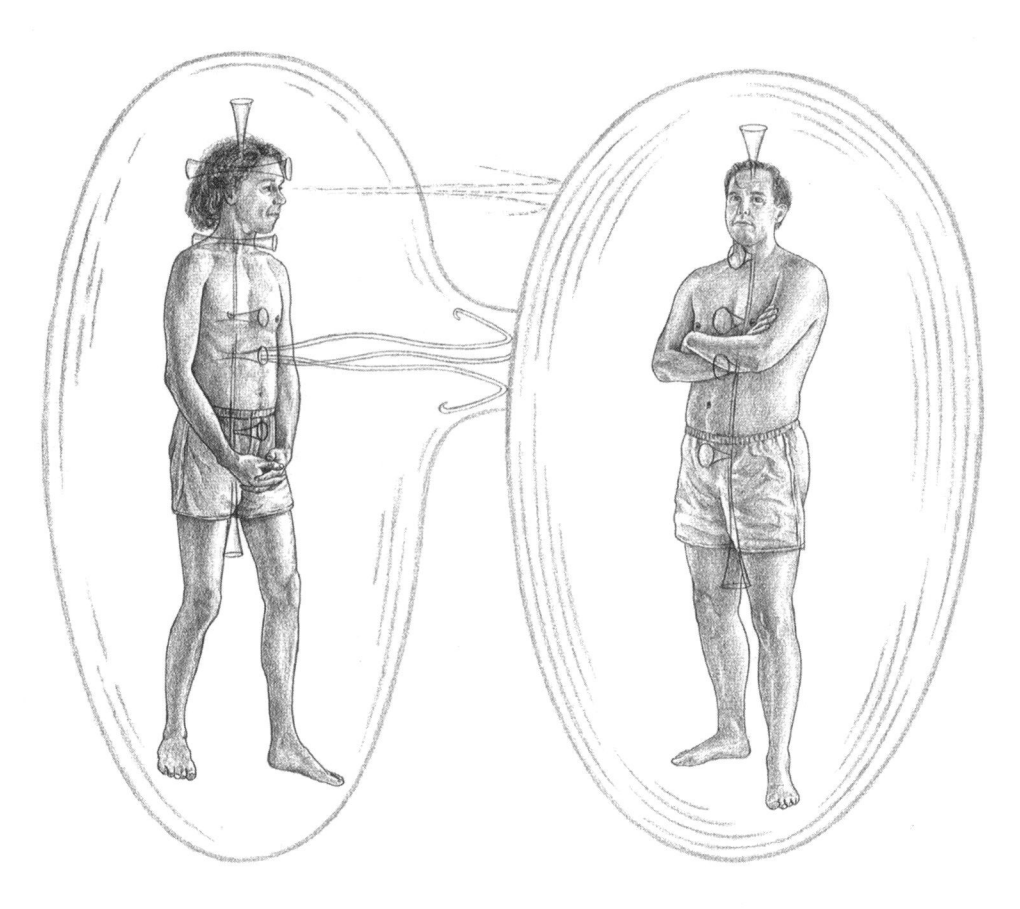

Figura 15-12 A defesa oral e uma reação de interrupção

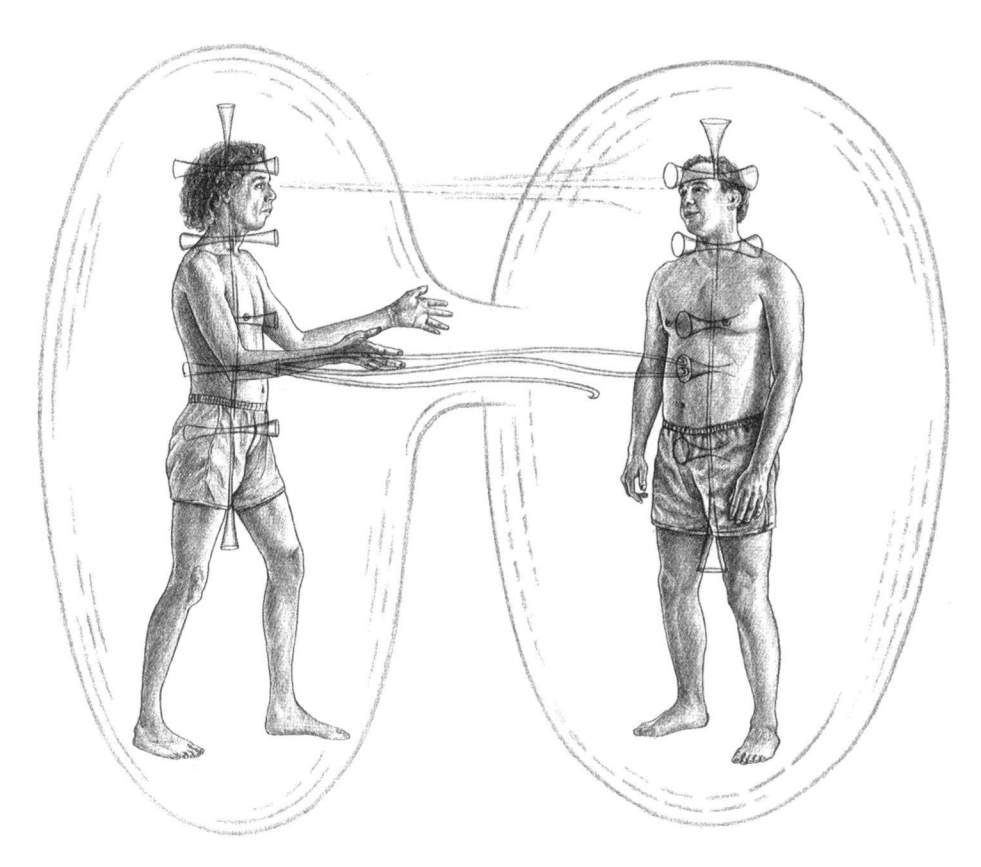

Figura 15-13   A defesa oral e uma reação de permissão ou rejeição

---

O Sistema de Defesa do Caráter Psicopata

O Principal Problema da Defesa Psicopática

A traição é o principal problema para as pessoas que usam a defesa do caráter psicopata. Elas provavelmente passaram por muitas existências como guerreiros, levantando-se e lutando por uma grande causa. Elas se sacrificaram muito no nível pessoal, lutaram e venceram suas batalhas. Elas sabiam que a causa delas estava certa, sabiam que estavam certas, e sabiam que eram boas o bastante – razão pela qual eram boas para vencer. A boa causa fazia com que elas se tornassem boas e o inimigo, ruim. No final, porém, essas pessoas foram traídas, derrubadas e, provavelmente, mortas justamente por aqueles em quem mais

Figura 15-14 A defesa oral e uma reação de retração

confiavam. Por quê? Porque a vitória exige um adversário. Se alguém estiver certo, então, uma outra pessoa está errada. Elas ainda são boas para vencer.

Dirigir um país requer outro tipo de liderança. Isso requer equipe de trabalho e cooperação, onde todos são bons e muitas pessoas estão certas, e não apenas o líder. Assim, as pessoas que apresentam a estrutura psicopática nunca atravessam a fronteira entre o guerreiro e o rei ou rainha. As pessoas que têm o caráter psicopático tentam vencer uma guerra que não existe mais. Em consequência, no fundo, elas não confiam mais em ninguém. Todo mundo, em última análise, é inimigo, até mesmo os seus associados mais íntimos. Eles encaram a vida como um campo de batalha.

A família na qual a pessoa portadora do caráter psicopático escolhe para nascer torna-se o próximo campo de batalha. As pessoas mais íntimas tornam-se os próximos traidores. Elas experimentaram a traição muitas vezes na vida. Foram traídas muito cedo por um ou por ambos os pais. No início da infância, vencer era o mais importante. Alguém, geralmente um dos pais, tinha de estar certo, tinha de vencer. A pessoa que vencia provava ser boa e a que perdia era má. Em geral, o pai do sexo oposto estava tendo problemas com o cônjuge e transferia para a criança muitas das necessidades que deveriam ser atendidas por este. Esse pai ou essa mãe usava a sedução para controlar a criança. A criança se transformava no "homenzinho da mamãe" ou na "linda garota do papai" e, sutilmente, lhe diziam o quanto o pai ou a mãe era melhor do que o outro cônjuge. O pai, no caso dos meninos, e a mãe, no caso das meninas, era ruim, e a criança era boa. A criança recebia responsabilidades maiores do que caberiam a alguém de sua idade e era estimulada a crescer rápido. Essas crianças deram o coração aos pais do sexo oposto, mas o sexo não estava incluído no quadro.

Obviamente, quando sua sexualidade aparecia, na puberdade, era o caos completo. O pai, no caso das filhas, ou a mãe, no caso dos filhos, tinham muito ciúmes de quaisquer pretendentes. Supunha-se que a criança não deveria ter impulsos sexuais e que só deveria amar o pai (no caso das filhas) ou a mãe (no caso dos filhos). Hoje, as pessoas que apresentam a defesa psicopática têm muito medo da sexualidade e dos sentimentos. Ter essas duas coisas significa trair o pai (no caso das meninas) ou a mãe (no caso dos meninos), e que elas próprias são más. Elas são muito vulneráveis nessa área. Elas têm medo de pessoas do mesmo sexo que lembram o pai (no caso dos meninos) ou a mãe (no caso das meninas).

É claro que a verdadeira traição é a dos pais, que usaram e controlaram essa criança para satisfazer as necessidades que deveriam ser supridas pelo cônjuge com o qual eles não conseguiram resolver seus problemas. Assim, uma vez mais, as pessoas que apresentam a defesa psicopática lutaram por uma causa – o "bom" pai ou a "boa" mãe, no caso das meninas e meninos, respectivamente, contra o "mau" pai ou a "má" mãe, no caso dos meninos e meninas, respectivamente – e, ao que se presume, ganharam (o amor do "bom" pai ou da "boa" mãe). Depois, no fim, elas foram traídas pela pessoa (o pai ou a mãe) por quem lutaram porque, no final, ela ficou com o cônjuge ou arranjou um outro companheiro ou companheira.

Dessa forma, essas pessoas têm muito medo e veem o mundo como um campo de batalha onde são forçadas a lutar. Elas têm medo da traição dos amigos íntimos e, por isso, têm medo deles. Elas têm medo de não suportar o pesado fardo que precisam carregar.

A Ação Defensiva que o Caráter Psicopático Usa Contra o Medo

Em consequência do seu medo, a ação defensiva das pessoas que apresentam o caráter psicopático consiste em puxar os seus corpos para fora e para cima num esforço para crescer mais rápido que o normal com o propósito de assumir as responsabilidades de um adulto. Isso enfraquece a sua ligação com a Terra e faz com que elas se sintam menos seguras. Seus campos de energia são muito mais carregados na porção superior do que na inferior. Para manter esse desequilíbrio, elas também impelem a energia para a parte de trás do corpo a fim de aumentar sua força de vontade. Como os cordões do coração que ligam essa pessoa ao pai (no caso das mulheres) ou à mãe (no caso dos homens) estão contaminados pela traição, eles terão medo de ligar os cordões do coração a um outro homem ou mulher.

Como a vida é caracterizada pela luta por aquilo que é certo, as pessoas que apresentam o caráter psicopático também tendem a enfrentar a vida de uma maneira agressiva. Enxergando o mundo como um ambiente hostil, elas deslocam a energia da vontade para a parte de trás do corpo e, depois, fazem-na subir pelas costas e sair pela cabeça, lançando-a contra o suposto agressor. Ela é poderosa e penetrante, e diz: "Você é ruim." A Figura 15-16 mostra a defesa psicopata.

Os Efeitos Negativos da Ação Defensiva Psicopática

Essas ações defensivas fazem o corpo físico parecer ainda mais inseguro para as pessoas que usam a defesa psicopática. Na verdade, elas são as agressoras e não sabem disso. Seu comportamento agressivo traz a agressão de volta para elas qualquer que seja o lado para o qual se voltem. Elas precisam lutar constantemente e se sentem traídas porque lutam com os seus amigos mais íntimos. O campo de energia delas não é ligado à Terra e essas pessoas não conseguem ter acesso à força vital a partir das energias da Terra e, por isso, se sentem fracas e isoladas. Deslocando sua energia para cima, e esgotando o primeiro e o segundo chakras, essas pessoas ficam mais vulneráveis a ter o "tapete puxado debaixo de seus pés".

Elas têm problemas com a sexualidade porque o seu segundo chakra está insuficientemente carregado. Elas são sedutoras, mas a sedução não leva a relacionamentos duradouros porque o coração e a sexualidade não trabalham juntos. Quando elas estabelecem as ligações entre os cordões do coração, eles estão programados previamente para a traição. O homem vai esperar que a mulher o traia; a mulher vai esperar que o homem a traia. Cada pessoa ajuda a preparar a traição do outro. Ou, então, elas se antecipam e traem primeiro.

Quanto mais a experiência de vida dessas pessoas é levada à consciência, mais elas se esforçam por vencer, para provar que são boas. Elas veem o mundo como sendo bom ou ruim, e temem que elas talvez sejam as pessoas ruins. Quando vencem, elas são boas; quando perdem, isso prova que elas são ruins. Portanto, elas sempre procuram batalhas em que possam vencer, de modo que possam sentir-se boas, e acham que o mundo está tentando provar que elas são ruins. Mas elas nunca vencem realmente porque tudo não passa de uma projeção!

Elas também assumem mais incumbências do que podem administrar, tendo aprendido a fazer isso desde cedo. Assumem uma carga pesada de trabalho, renunciam às necessidades pessoais, seguem em frente e, mais cedo ou mais tarde, encontram algum tipo de traição que as fazem entrar em colapso. Trabalham longas horas e assumem mais responsabilidade do que seria bom para sua saúde porque essa é uma maneira de controlar os outros. Acham que precisam controlar as pessoas à sua volta para poderem sobreviver. Fisiologicamente, em geral são saudáveis e continuarão trabalhando até entrarem em colapso, possivelmente de ataque cardíaco, dependendo do quanto os seus cordões do coração estiverem embaraçados por causa das experiências de traição neles armazenadas. Poderão ter problemas nas costas ou nas articulações por assumirem fardos pesados.

As pessoas que usam a defesa psicopática correm contra o tempo. Nunca há tempo suficiente para fazer tudo o que elas precisam fazer. Elas nunca vão parar para viver o momento e viverão num futuro que nunca chega. Experimentam a própria essência como sendo a verdade e, quando diante de uma causa, experimentam o princípio unitivo nessa causa. Mas não sentem nem confiam na individualidade divina dentro dos outros.

Essas pessoas acreditam erroneamente que sua tarefa na vida é a de dar prosseguimento à luta por alguma grande causa. Mais adiante veremos que isso não é verdade.

Como Saber se Alguém Está Usando uma Defesa Psicopática

A melhor maneira de saber se alguém está usando a defesa psicopática é observar se ela tenta brigar com você ou provar que você está errado. Você não só está errado como também existe a implicação de que você é realmente mau quando está errado. Elas também estarão dispostas a ajudá-lo com o seu problema. Elas próprias não têm problemas. (Se tivessem, seriam más.) Se você for um curador, por exemplo, eles terão prazer em deixá-lo trabalhar com elas, para que você possa conhecer mais o seu trabalho. Elas ficarão felizes em criticá-lo depois que você tiver terminado.

As Necessidades Espirituais e Humanas das Pessoas com uma Defesa Psicopática

Lembre-se: tudo o que foi dito acima é apenas uma máscara. E o que está por trás dela é o extremo terror. As pessoas que usam a defesa de caráter psicopático precisam livrar-se do terror e sentir-se seguras. Elas precisam deixar de controlar os outros para se sentirem seguras. Precisam aprender a confiar em si mesmas e nos outros. Precisam compreender que a Terra não é um campo de batalha. Em vez disso, a Terra é um lugar de comunhão com os outros, um lugar onde os outros refletem o Eu. Elas precisam desistir da luta e deitar fora o fardo. Precisam parar de correr rumo ao futuro e entregar-se à expressão divina do universo, que é a vida na Terra tal como ela agora se apresenta. Precisam entregar-se à humanidade imperfeita e encontrar segurança nessa humanidade. Precisam se permitir cometer um erro e, mesmo assim, sentirem-se seguras e boas. Ao fazer isso, elas podem reconhecer o caráter divino que existe dentro dos outros.

Qual é a Sua Reação Negativa à Defesa Psicopática?

Vejamos agora quais poderiam ser as suas reações negativas quando as pessoas se defendem dessa maneira. Uma vez mais, vamos explorar as principais reações diferentes que as pessoas têm em termos de modos de fluxo de energia de impelir, puxar, interromper, permitir e retirar-se.

O que você faz quando está interagindo com alguém e a pessoa começa uma discussão com você para provar que ela está certa e você, não só está errado, como também é mau? As pessoas que apresentam o caráter psicopata fazem isso lançando sua energia agressiva contra você a partir da região acima do topo da cabeça. Ela paira sobre você. Você fica irritado e revida, fazendo o mesmo? Se o fizer, elas vão piorar o conflito. Elas ficarão mais agressivas, mais espertas e, até mesmo, violentas. Lembre-se: elas encaram essa experiência da mesma forma que um animal selvagem encurralado que esteja lutando por sua vida. Quanto mais você luta, menos elas irão confiar em você e mais medo elas terão. Assim, elas irão lutar com mais ferocidade para vencer. A Figura 15-17 mostra o que poderia acontecer nos seus campos se você ficar irritada e impelir a energia.

Você reage sentindo-se abandonado e agarrando-se à outra pessoa? Você a puxa para si? Se o fizer, elas vão ficar ainda mais agressivas e vão procurar empurrá-lo para longe. O que você vai fazer, então? Puxar com mais força? A Figura 15-18 mostra o que você faz quando agarra e puxa e o que elas fazem reagindo a isso.

Você resolve deter o processo e interrompe o seu fluxo de energia? Se fizer isso, elas vão se esforçar ainda mais por alcançá-lo. Ao interromper o fluxo você se refugia profundamente dentro de si mesmo? Nesse caso, elas ficam acima de você, pairando no alto – e você fica encolhido dentro de si. Você se sente mais seguro assim? Você continua sob ataque. Você perde o contato quando faz isso? Ou você continua presente enquanto o fluxo se mantém interrompido e simplesmente espera – talvez com a impaciente exigência de que elas se apressem e calem a boca? Elas não o farão. Veja os resultados disso na Figura 15-19.

Você simplesmente deixa a coisa acontecer para depois rejeitá-la, e continua a falar como se a conversa ou a ligação estivessem realmente ocorrendo? Você deixa a pessoa vencer e se sente mal consigo mesmo? Isso o magoa? Isso realmente as ajuda? Elas realmente vencem? Ou será que elas simplesmente provaram uma vez mais que estavam certas e que o universo é um campo de batalha? Você alcançou o seu objetivo? Duvido. Veja a Figura 15-20.

Ou será que você se retira e deixa o seu corpo para que não haja ninguém lá para assumir a culpa? Elas poderiam ficar mais agressivas e gritar: "Olhe para mim quando estou falando com você!" ou "Pare de fingir que está com medo; eu sei o que você realmente está sentindo!" A Figura 15-21 mostra essa combinação.

Como Você Poderia Reagir de uma Forma Positiva e Curativa a uma Defesa Psicopática

Não se esqueça de que o propósito das respostas de cura positiva a uma defesa é o de ajudar ambas as partes a voltarem para a realidade e comunhão o mais rapidamente possível. As pessoas que apresentam a defesa de caráter psicopático vão exigir que você concorde com os seus pontos de vista deturpados a respeito do mundo. Não concorde com a defesa delas porque isso serve apenas para fortalecê-las. Às vezes, é mais difícil reagir a uma pessoa que usa a defesa psicopática em virtude da agressividade com que elas afirmam que estão certas. Todavia, se entrar numa discussão com essa pessoa, você de certa forma também está concordando com os seus pontos de vista a respeito do mundo simplesmente por estar discutindo.

A Figura 15-22 (nas ilustrações coloridas) mostra o que você poderia fazer com o seu campo de energia para ajudar um homem ou uma mulher que apresente a defesa de caráter psicopático a sentir-se seguro, a ligar-se à Terra e a religar-se para a comunhão. Obviamente, é muito difícil reagir imediatamente e de uma maneira positiva quando alguém o está atacando. Assim, após a sua primeira reação negativa, não importa qual seja, respire fundo e dobre os

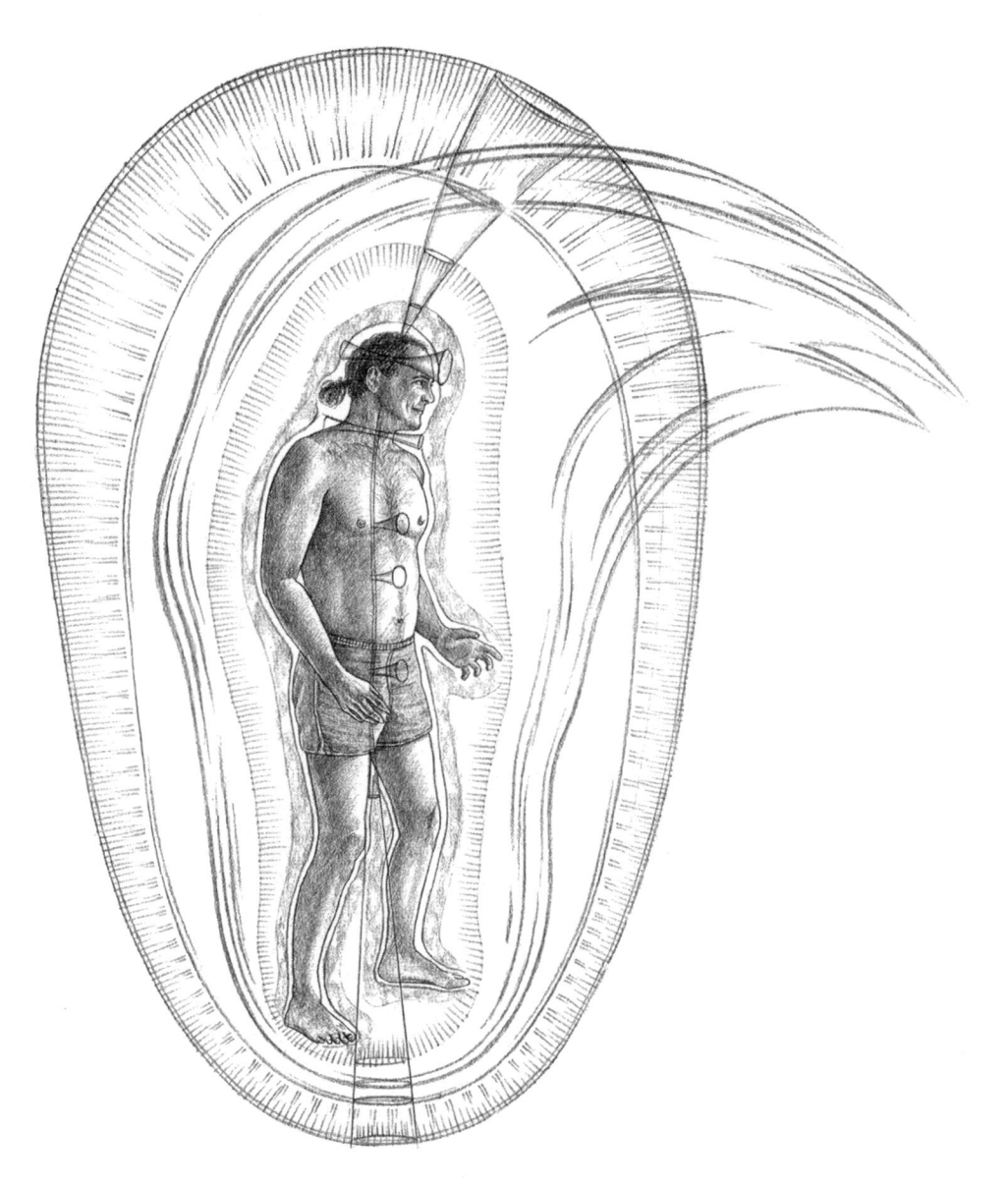

Figura 15-16: A defesa áurica do caráter psicopático

joelhos. Lembre-se: elas o veem como um agressor que pensa que elas são más. Quaisquer correntes bioplasmáticas com as quais elas se deparem serão interpretadas como um ataque agressivo. Ligue-se à Terra e puxe de volta quaisquer correntes bioplasmáticas que você possa ter enviado. Faça isso tornando-se extremamente passivo e concentrando sua atenção em si mesmo enquanto

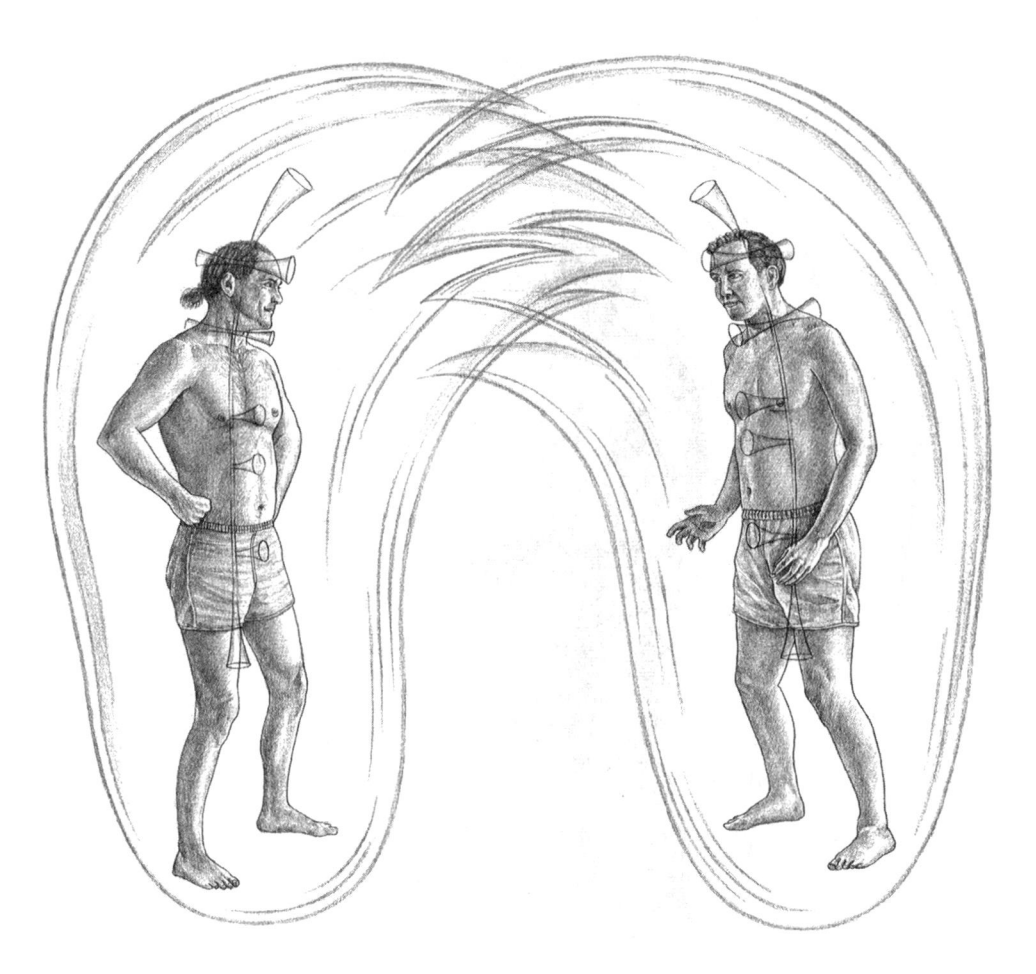

Figura 15-17 A defesa psicopática e uma reação de repulsão

continua a ouvir a pessoa. Você provavelmente vai ter de deixar de olhá-la nos olhos para fazer isso. Se elas exigirem que você olhe para elas, simplesmente explique que você quer ouvir o que elas têm a dizer e que precisa se concentrar em si mesmo para fazê-lo. Desloque a energia do seu campo para a Terra, aumentando a sua porção interior de modo a formar uma grande base e diminuindo o tamanho da porção superior. Faça isso concentrando a atenção nas suas pernas e numa grande área do chão, situada atrás de você. Imagine-a, sinta-a e veja-a. Não se envolva numa disputa. Use o mantra: "Nenhuma disputa, nenhuma disputa." Imagine você mesmo e o seu campo áurico sendo constituído de Teflon, de modo que qualquer energia agressiva dirigida contra você seja simplesmente desviada, sem atingi-lo. Torne-se rosa e verde.

Diga a si mesmo para prestar atenção ao que houver de verdadeiro nas acusações exageradas. Os exageros exprimem, na verdade, o medo da outra pessoa, e não a sua maldade ou o que você fez ou deixou de fazer, muito embora seja esse o sentido das palavras da pessoa. Não discuta a respeito de nenhum assunto. Simplesmente escute a argumentação da outra pessoa, deixando a energia negativa deslizar para a Terra ao atingir a sua aura de Teflon. Lembre-se de que essas pessoas têm muito medo da traição, sentem ódio por si mesmas e se negam a reconhecer isso. Deixe que elas prossigam até terminar. Faça e diga coisas que comuniquem a sua intenção de não traí-las. Fale, por exemplo, a respeito do quanto elas são boas, de como você confia nelas e quer continuar assim. Peça-lhes que lhe digam mais coisas a respeito da situação sobre a qual estiverem falando. Faça com que saibam que você está realmente interessado em modificar a situação e o papel que você desempenha nessa situação.

Em seguida, reduza a frequência das vibrações do seu campo. Nas discussões, elas se tornam elevadas, desarmoniosas e irregulares. Faça isso concentrando-se na Terra e no quanto é bom senti-la sob os seus pés, dando-lhe apoio. Ou, então, você talvez prefira pensar em coisas que o façam sentir-se calmo, tranquilo e seguro, como a caminhada que você fez recentemente pela natureza, sua música favorita ou pensando em alguém que o faça sentir-se muito seguro. Imagine essa pessoa ao seu lado. Ela poderia ser o seu guia. Continue reduzindo e suavizando a sua frequência até que ela se equipare à frequência da Terra, e mantenha-a assim. Fique assim e deixe que suas vibrações se relacionem com a pessoa que apresenta o caráter psicopático, através da indução harmônica. Amenize suas pulsações e faça com que elas assumam um movimento ondulatório. Pense num passeio de canoa num lago sereno numa tarde ensolarada. Mas não deixe de ouvi-las, de mostrar que está presente e de ver o belo âmago dessas pessoas. Olhe para elas, identifique-as e reconheça-as como tais. Quando elas se acalmarem e você se sentir mais seguro, deixe que as vibrações da Terra, que você está reproduzindo, incluam uma quantidade cada vez maior da sua energia do coração. Aceite-as tais como são agora.

Os Resultados de uma Resposta de Cura Positiva

Se você for capaz de fazer ao menos uma parte do trabalho acima, você terá ajudado o seu amigo a descobrir que controvérsia ou discussão não é tão importante quanto a aceitação de quem ele é. Por trás dessa incapacidade de a pessoa reconhecer quem você é está certa incapacidade de reconhecer-se a si mesmo. Como você simplesmente está diante delas, reconhecendo-as pelo que são, elas não precisam ser qualquer outra coisa.

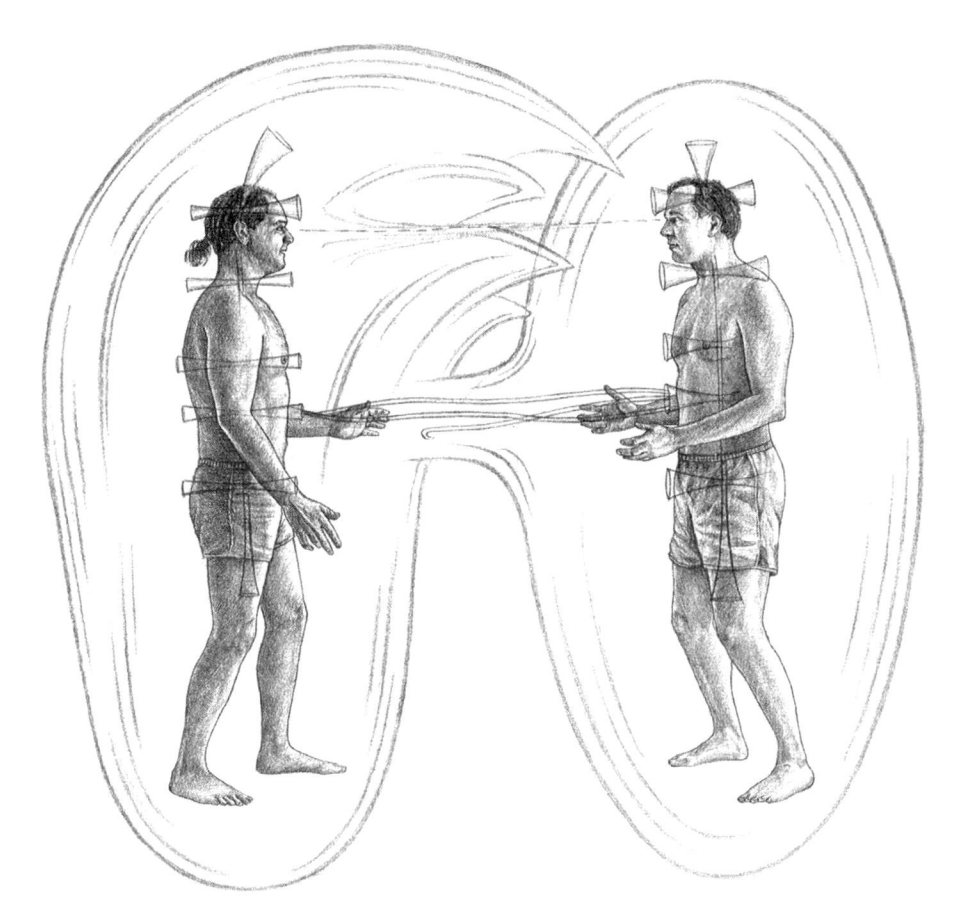

Figura 15-18: A defesa psicopática e uma reação de puxar

Elas irão sentir que são ouvidas, muito embora você talvez não concorde com elas. Poderão presumir que você o faz, mas isso não é realmente importante. Elas precisam sentir que você as ouviu. Isso fará com que se sintam mais seguras da próxima vez e talvez isso não seja tão importante para se fazerem entender quanto ao assunto em discussão. A bondade dessas pessoas vai depender menos de se fazerem entender do que do seu reconhecimento a respeito de quem elas são, mostrando que você sabe que elas não são más e mostrando também que você não é mau! Isso é provado pelo fato de que, enquanto elas arengam, você as contempla com aceitação amorosa. Assim, elas terão uma nova experiência – a da comunhão.

Depois que tiverem isso, elas vão começar a se tornar capazes de reconhecer e confiar na essência divina que existe dentro de você. Tendo feito isso vão

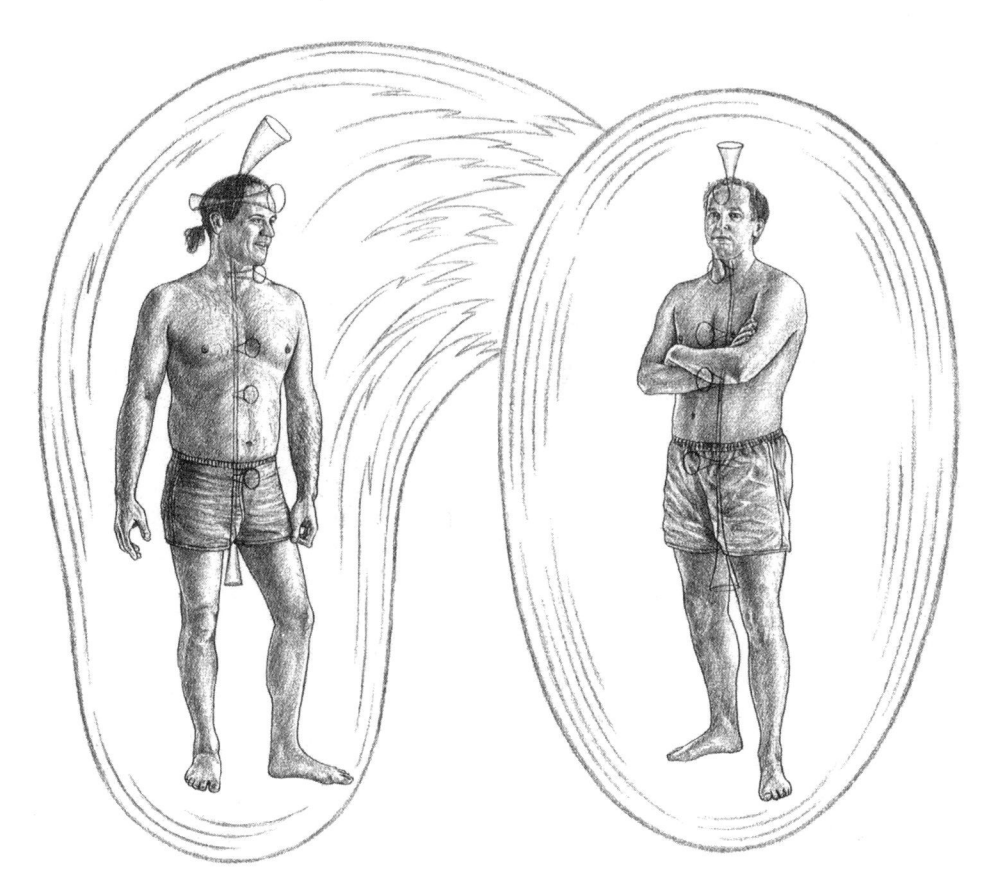

Figura 15-19: A defesa psicopática e uma reação de interrupção

começar a confiar em você e na vontade superior do seu relacionamento. Isso significa que vão começar a abrir mão do controle que tinham sobre você, que era a única maneira por meio da qual elas poderiam sentir-se seguras.

Elas podem começar a reconhecer a sua missão de vida no nível pessoal como uma rendição à bondade que existe dentro de si mesmas e dos outros. No nível mundial, isso provavelmente significaria trabalhar em favor de uma causa; todavia, elas só vão conseguir isso se trabalharem no mesmo nível que as outras pessoas. Apenas reconhecendo, confiando e ajudando a aumentar o caráter divino dos outros é que elas poderão trocar a condição de guerreiro pela de rei. O rei ou rainha é o servo de todos.

Portanto, da próxima vez que uma pessoa amada começar a brigar com você, a culpá-lo e a mencionar todos os motivos pelos quais você é mau, trate

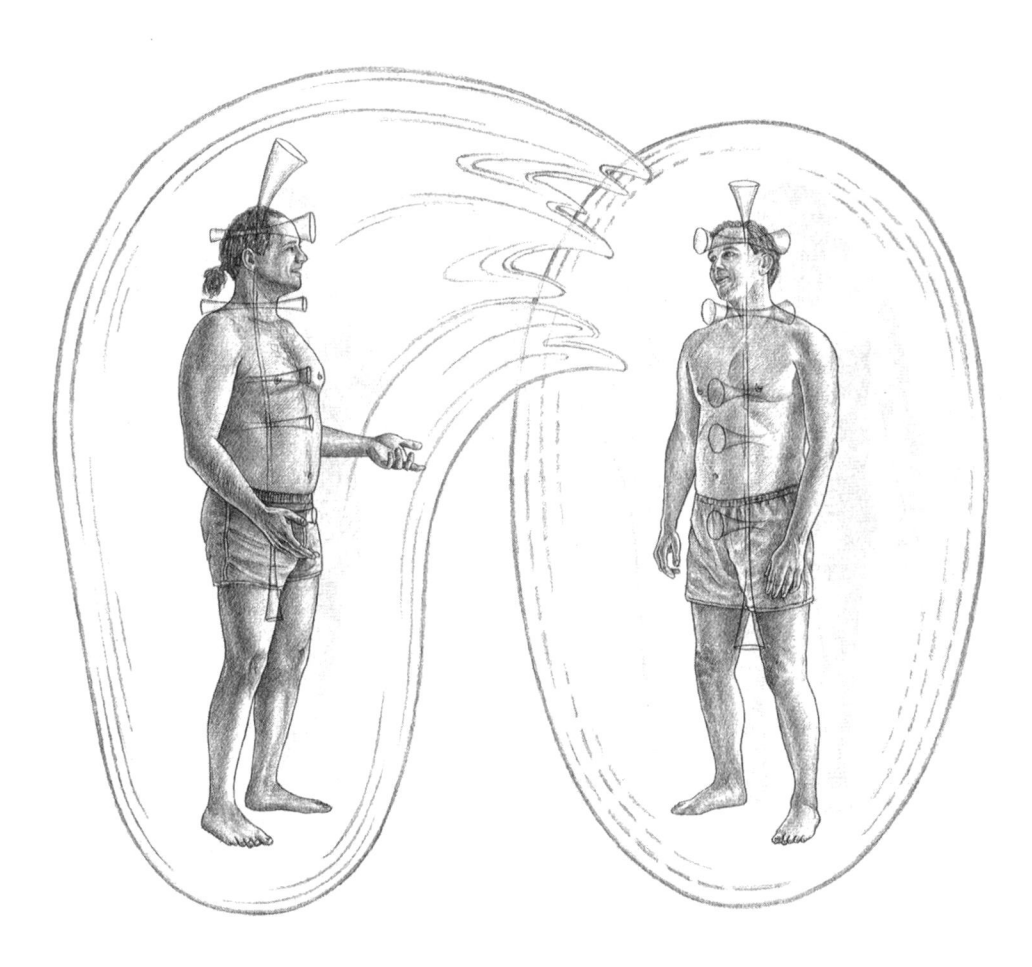

Figura 15-20: A defesa psicopática e uma reação de permissão ou de rejeição

apenas de dobrar os joelhos, fazer uma aura de Teflon e se faça de tolo durante algum tempo. Essa é a melhor maneira de todo mundo voltar à realidade, que é um lugar muito melhor para se estar.

Como Escapar de uma Defesa Psicopática

Se você se vir avançando agressivamente para uma pessoa porque acha que ela o traiu, pare por um momento. Talvez a situação não seja tão ruim e você tenha reagido de forma exagerada. Tente sentir a sua condição humana e a da outra

Figura 15-21: A defesa psicopática e uma reação de retração

pessoa. Dobre os joelhos, respire fundo e concentre sua atenção em si mesmo. Você tem medo? Você está se sentindo magoado ou traído? Isso já lhe aconteceu antes? Muitas vezes? Esse é um padrão que se repete? Você está defendendo a sua bondade? Sua energia está toda na parte superior do seu corpo? Se estiver, faça-a retroceder um pouco e sinta o seu pé sobre a Terra. Volte a sua atenção para a Terra. Faça os seus pés se aquecerem. Sinta a energia nas suas pernas. Concentre-se na estrela do âmago e repita esse mantra: "Estou seguro. Sou a bondade."

O Sistema de Defesa do Caráter Masoquista

O Principal Problema da Defesa Masoquista

Lembre-se de que a defesa do caráter masoquista da bioenergética (ou energética do âmago) não corresponde à definição freudiana de masoquista. O principal problema de um homem ou de uma mulher que usa a defesa de caráter é a possibilidade de perder a privacidade ou de ser controlado. Essas pessoas provavelmente passaram por muitas existências em que foram controladas e aprisionadas em diversas situações, não tendo podido se expressar ou fazer aquilo que desejavam. Em vidas passadas, elas provavelmente foram encarceradas, escravizadas ou sofreram algum tipo de controle religioso ou político por parte dos outros. A autoexpressão e a transgressão das normas eram perigosas. Elas tinham de se submeter.

Em consequência, no fundo, elas anseiam por liberdade, mas têm medo de exigi-la. Elas não sabem como se tornar livres. Elas se ressentem por não ter liberdade, culpam os outros pela falta de autonomia e permanecem presas a essa dependência. Não sabem como escapar dessa situação.

As famílias nas quais elas preferem nascer tornam-se a prisão seguinte, e os pais os novos carcereiros. As mães dessas pessoas eram dominadoras e impunham-lhes sacrifícios. Elas não tiveram nenhuma liberdade pessoal, nem mesmo com os seus corpos. Eram controladas, até mesmo para comer e ir ao banheiro. Faziam com que elas se sentissem culpadas por qualquer liberdade de expressão. Eram humilhadas por causa dos seus sentimentos, especialmente pela sua sexualidade, e não receberam oportunidade de se individuarem.

Seus pais usaram correntes bioplasmáticas para afogá-los com sua energia ou para se engancharem nelas e controlá-las. Os pais também usaram os cordões que fazem a ligação entre os terceiros chakras para controlar os filhos. Ao mesmo tempo, eles os amaram ternamente e criaram sinceros e amorosos cordões de ligação entre os quatro chakras.

Um ou ambos os pais trataram as crianças como se elas fossem parte deles. Havia controle sobre tudo o que fazia parte ou advinha da criança, incluindo os seus pensamentos, ideias e criações. Os pais interferiam com o seu processo de criação. Sempre que elas criavam alguma coisa, como um desenho ou pintura, os pais imediatamente pegavam o que elas haviam feito e afirmavam sua autoria – a dos pais – sobre isso com afirmações do tipo: "Oh! Olhem o que o meu filho fez! É o desenho de um _____!" Os pais, então, descreviam e definiam o objeto criado em vez de simplesmente deixar que a criança o definisse.

Lembre-se de que o propósito espiritual daquilo que criamos é refletir de volta para nós mesmos o que somos e ajudar-nos a reconhecer a nossa essência. Os pais dessas crianças interferiram na etapa do processo de criação em que o objeto criativo reflete o autoreconhecimento de volta para o seu criador. Antes que essas crianças tivessem a oportunidade de fazer isso, seus pais pegaram o objeto e o definiram segundo a sua visão. Em outras palavras, os pais impuseram a sua marca ao objeto quando o definiram. Assim, quando a criança que criou o objeto olhava para o seu reflexo, via nele a essência dos pais, e não a sua essência. Na verdade, os pais roubaram a essência da criança e, agora, ela não consegue sentir a diferença entre a sua essência e a dos pais. Uma outra maneira simples por meio da qual esse tipo de roubo também acontece é quando os pais concluem as frases dos filhos.

A Ação Defensiva que a Pessoa que Apresenta o Caráter Masoquista Usa Contra o Medo

Em consequência do medo de serem controladas e humilhadas, e de terem a sua essência roubada, a ação das pessoas que apresentam o caráter defensivo consiste numa retirada para as partes mais profundas do seu corpo e na construção de uma sólida fortaleza física para manter do lado de fora os invasores que pretendem controlá-las. Elas não botam para fora aquilo que está dentro delas. Afinal de contas, isso será simplesmente roubado ou usado para humilhá-las e, assim, elas o mantêm dentro de si. Como pouca coisa sai de dentro delas, seus campos áuricos ficam muito grandes. Tendo sofrido muitas invasões psíquicas, porém, os seus campos áuricos nunca tiveram uma oportunidade de se desenvolverem e serem definidos. Os níveis difusos e não estruturados tornaram-se mais carregados e desenvolvidos do que os níveis estruturados, que criam sólidas fronteiras. Assim, os seus campos áuricos são muito porosos. Infelizmente, essa combinação de um corpo grande, forte e pesado e de um campo grande dá a impressão de que as pessoas que apresentam o caráter masoquista estão bem protegidas. Esse não é o caso. A energia psíquica entra diretamente e pode ser sentida com grande intensidade, de modo que elas precisam retirar-se ainda mais profundamente para dentro de si mesmas. Num ou noutro ponto do processo de amadurecimento dessas pessoas, elas também vão procurar destruir os cordões do terceiro chakra, com os quais os pais as controlam. As pessoas que usam a defesa masoquista geralmente fazem isso puxando os cordões para dentro e formando uma massa de cordões embaraçados no interior do terceiro chakra.

As pessoas que usam a defesa masoquista carecem de autonomia e têm medo de agir por conta própria. Elas, ou permanecem escondidas dentro de si mesmas ou tentam obter permissão das outras pessoas para se mostrarem. Para obter permissão, irão enviar correntes bioplasmáticas ou tentar ligar os cordões do terceiro chakra ao plexo solar dos amigos, para fazer com que eles se envolvam de alguma forma com a sua manifestação para o mundo exterior. Essas pessoas vão fazer afirmações como "*Você e eu* temos um assunto a tratar" em vez de simplesmente dizerem "Há um assunto que preciso explicar para você". Ou, se você estiver participando de um grupo de terapia com pessoas como essas, elas não vão se apresentar como voluntárias para trabalhar sozinhas, mas sempre vão estar dispostas a trabalhar com outras pessoas. A Figura 15-23 mostra a defesa masoquista.

Os Efeitos Negativos da Ação Defensiva Masoquista

Essas ações defensivas fazem o mundo físico parecer uma prisão, onde a autonomia é proibida. O comportamento passivo dessas pessoas, tentando envolver os outros, implica constantemente a experiência de ser controlado por eles.

Como elas se mantêm dentro de si mesmas, é como se o tempo tivesse parado. Elas vivem no presente, mas não têm muito futuro. Nunca aprendem realmente a expressar-se, e suas criações ficam presas dentro delas. Sua incapacidade para expressar-se coloca-as em situações nas quais as outras pessoas vão ajudá-las a terminar suas frases, interferindo com o seu desenvolvimento e com a formulação das suas ideias.

Esse problema pode ser visto facilmente num grupo em que existam pessoas que apresentam o caráter masoquista. Quando chega a vez dessas pessoas falarem a respeito de ideias, elas apenas conseguirão exprimir ideias parciais, geralmente na forma de sentenças incompletas. Depois, haverá uma pausa. Durante a pausa, elas estão voltando para dentro de si mesmas para trazer para fora o restante da ideia que elas querem formular e expressar. Essa pausa acontece bem na fase criativa, na qual os pais se apossaram de suas ideias e as definiram. Na maioria das vezes, numa pausa que ocorre em meio a um grupo de pessoas, algumas das pessoas presentes não conseguirão tolerar o silêncio e se apressarão em ajudar. Isso interrompe o processo criativo; as pessoas que têm o caráter masoquista se retiram mais profundamente para dentro de si mesmas e demoram mais tempo para voltar a manifestar suas ideias. Uma vez mais, alguém irá preencher o vazio, e elas vão se retirar para um local ainda mais fundo e vão ficar mais confusas. Em pouco tempo, um conglomerado das ideias de todas as outras estará sendo discutido, e ninguém terá dado ouvidos ao que elas tinham a dizer. Nesse penoso processo, mais uma vez, elas se sentem controladas.

Infelizmente, depois de um prolongado período de tempo, elas se esquecem do que havia dentro de si, já que isso foi reprimido durante tantos anos.

Elas criam um grande mundo interior de ideias e fantasias confusas e indistintas, que poderão ser aclaradas se forem trazidas para fora. Todavia, como esse processo sofreu interferência, elas não sabem como botar as coisas para fora, não sabem como criar. Assim, elas permanecem confinadas dentro de uma prisão interior, solitárias e humilhadas, ressentindo-se do mundo por mantê-las assim. Mesmo se atirarem um gancho pontiagudo na direção de alguém, a fim de provocar uma briga na qual possam expressar sua raiva, isso realmente não vai funcionar. A provocação ainda é um tipo de pedido de permissão e, portanto, elas acabam não expressando a sua autonomia.

Como Saber se Alguém Está Usando a Defesa Masoquista

Observe se as pessoas conseguem expressar ideias sem pausas demasiado longas. Observe se elas tentam inconscientemente fazer com que você defina as ideias delas. Elas estão emitindo sinais exagerados? Estão tentando fazer com que você se envolva, mas estão dizendo que estão tentando manter você a distância? Estão dizendo que se trata de "nosso" problema e não do "meu" problema? O modo como elas falam e interagem indica uma incapacidade para distinguir entre elas próprias e você? O que você sente no seu plexo solar? Você tem a sensação de que alguém o está agarrando e se emaranhando com os seus intestinos? Observe que a conversa é pesada, séria, muito séria! Observe se existe no ar uma sensação de inércia e de humilhação, uma sensação de que você está controlando a pessoa e de que ela nada consegue fazer sem você. Elas querem o seu conselho, e não conseguem mover-se sem você, mas todas as sugestões que você dá são erradas e não ajudam. As pessoas que apresentam o caráter masoquista vão rejeitar tudo o que você sugerir, ao passo que as que apresentam o caráter oral vão sugar prazerosamente todos os conselhos que você der, e pedir mais.

As Necessidades Espirituais e Humanas de Alguém com uma Defesa Masoquista

Lembre-se de que por trás de todas essas alfinetadas e provocações, que expressam a falta de autonomia, está o desejo de ser autossuficiente. As pessoas que apresentam o caráter masoquista precisam se afirmar como seres humanos que estão livres para viver a sua vida da maneira que desejarem. Elas precisam se afirmar e expressar quem de fato são. Precisam dar a si mesmas permissão para ter e expressar todos os seus sentimentos e, depois, precisam aprender a fazer isso. Precisam de muita liberdade e de um lugar seguro para expressarem aquilo que são e olharem para si mesmas no espelho do mundo físico. (No Capítulo 14, analisei detalhadamente o modo como o mundo físico age como um espelho no qual nos vemos refletido. Nesse trecho, descrevi o mundo físico como um espelho material que reflete aspectos de nós mesmos.) Essas pessoas precisam botar para fora todas as ideias obscuras e formulá-las dentro dos conceitos claros e práticos a serem aplicados na sua vida pessoal. No nível espiritual, elas precisam reconhecer a essência do seu âmago como sendo a sua própria essência e afirmarem o Deus individuado interior.

Qual é a Sua Reação Negativa à Defesa Masoquista?

Agora, vamos investigar qual poderia ser a sua reação negativa quando um homem ou mulher se defende dessa maneira. Uma vez mais, vamos descrever as principais reações que as pessoas apresentam contra esse tipo de defesa de caráter em termos dos modos de fluxo de impelir, puxar, deter ou permitir.

O que você faz quando está interagindo com pessoas que se retiram profundamente para dentro de si mesmas e, ao mesmo tempo, se agarram a você, provocando-o e, depois, empurrando-o para longe? Depois que elas puxam você de volta, culpam-no e descrevem de que modo você está se sentindo, como se elas próprias estivessem sentindo isso? Você fica zangado e transmite a elas uma energia penetrante e de rejeição? Se o fizer, elas vão ficar ainda com mais medo de você e farão mais daquilo que já estão fazendo. Será mais difícil alcançá-las da próxima vez porque elas, automaticamente vão se refugiar em regiões mais profundas de si mesmas antes de você iniciar a conversação. A Figura 15-24 mostra o que poderia acontecer no seu campo áurico quando você fica irritado e empurra, e o que a pessoa que apresenta o caráter masoquista poderia fazer, reagindo à sua irritação.

Quando essas pessoas se refugiam dentro de si, você se sente abandonado e procura chegar até elas para trazê-las para fora? Isso é justamente o que os pais delas faziam! Se você fizer isso elas vão se enterrar ainda mais fundo e se esconder. O que você fará então? Puxar com mais força? A Figura 15-25 mostra o que você faz quando agarra e puxa e o que elas fazem reagindo a isso.

Você detém o processo e interrompe o fluxo de energia? Ao interromper o fluxo, você também se refugia dentro de si mesmo? Agora, elas estão dentro de si mesmas e você dentro de si mesmo. Você tenta comunicar-se a longa distância? Vocês sentem falta um do outro quando você faz isso? Ou você continua presente enquanto o fluxo continua interrompido, e simplesmente espera – talvez exigindo impacientemente que elas se apressem e saiam do lugar onde se meteram? Elas não vão sair. Veja os resultados na Figura 15-26.

Você simplesmente deixa a coisa acontecer para depois rejeitá-la, e continua a conversa como se não estivesse sendo incomodado? Como você se sente quando isso está acontecendo? Cansado? Desamparado? Confuso? Pesado? Você precisa descansar agora porque não consegue se mover? O seu objetivo foi alcançado? Duvido. Veja a Figura 15-27.

Ou você se retira para fora do seu corpo, ficando longe, e elas continuam dentro de si mesmas, de modo que ninguém se comunica? A Figura 15-28 mostra alguém que está fora e alguém que está dentro – sem que haja contato entre eles.

Como Você Poderia Reagir de uma Forma Saudável e Positiva a uma Defesa Masoquista?

A Figura 15-29 (nas ilustrações coloridas) mostra como você poderia reagir, por meio do seu campo de energia, para fazer com que as pessoas que usam a reação de defesa masoquista se sintam seguras e voltem para a comunhão. A primeira coisa é lembrar-se de que, muito embora elas estejam tentando inconscientemente chegar até você para devassar a sua privacidade – de modo que possam superar a perda de privacidade por que passaram na infância e, finalmente, vencer –, isso não vai funcionar. Assim, a primeira coisa a fazer é não deixar que essas pessoas aceitem esse plano ineficaz e inconsciente. Se isso funcionasse, elas teriam acabado com seus problemas há muito tempo, pois tenho a certeza de que elas conseguiram fazer com que várias pessoas se acomodassem, invadindo a privacidade delas muitas vezes.

Essas pessoas tiveram a privacidade totalmente devassada, e você não quer voltar a criar a situação que elas viveram na infância. Em vez disso, você precisa ter muito cuidado para não invadi-las com as correntes bioenergéticas ou com os cordões do terceiro chakra. Não faça nenhuma corrente bioplasmática. Não fique diante delas nem envie os cordões do terceiro chakra para o terceiro chakra dessas pessoas. Não as deixe penetrar no seu plexo solar com os cordões do seu terceiro chakra. Para prevenir isso, imagine uma cápsula resistente sobre o seu terceiro chakra. Se necessário, ponha as mãos sobre o seu terceiro chakra para impedir que isso aconteça. Isso é muito importante. Se eles enviarem cordões bioplasmáticos, imagine que a sua aura é feita de Teflon e deixe que esses cordões caiam no chão.

Depois que tiver as correntes bioplasmáticas e os cordões sob controle, comece a controlar a frequência de vibração do seu campo áurico. Fique ao lado delas e dê-lhes muita liberdade. Mantenha entre você e elas uma distância suficientemente grande para ter a certeza de que os sétimos níveis dos seus campos áuricos não se misturem. Se não puder sentir isso, fique a um metro de distância da outra pessoa. Esse espaço deve ser suficiente; se não for, afaste-se um pouco mais.

Leve a frequência do seu campo para a mesma frequência que o campo dessas pessoas. Faça isso imaginando que você está se transformando nelas. Em seguida, expanda ligeiramente o campo áurico dessas pessoas até que ele toque a porção exterior do seu. Elas conseguirão sentir isso. Se se aproximarem, você saberá que está um pouco distante demais. Não há problema. Deixe que elas estabeleçam a distância. Elas vão ter uma sensação agradável porque o seu campo é como o delas, embora esteja separado e não invada o dos outros. Isso vai deixá-las à vontade. Simplesmente, permaneça passivo e faça isso. Dessa forma, elas terão a segurança de sentirem o mesmo que você, e disporão do espaço necessário para se manifestarem.

Fiquem assim, com os campos sincronizados e respeitando mutuamente a essência do outro. Ao mesmo tempo, sinta a sua própria essência e deixe-a preencher o seu campo. Uma das coisas que poderão acontecer nessa configuração é que, como ambos estão no mesmo nível, os cordões do terceiro chakra poderão se desenvolver a partir de cada um de vocês e se encontrar no meio do caminho. Essa é a verdadeira comunhão, e cada um de vocês vai sentir a conexão, sem nenhum controle. Não faça isso intencionalmente – simplesmente deixe que isso aconteça automaticamente.

Os Resultados de uma Resposta de Cura Positiva

Se você conseguir fazer pelo menos parte do trabalho acima, você terá ajudado o seu amigo que apresenta o caráter masoquista a descobrir que o mundo não é um lugar que serve apenas para controlar as pessoas. Você o terá ajudado a experimentar a sua própria essência e a descobrir que ela difere da sua. As pessoas vão se sentir respeitadas. Você terá concedido a elas todo o espaço de que precisam para se expressar, sem preencher os espaços que elas precisam descobrir por si mesmas ou as suas próprias ideias. Desse modo, elas vão compreender o processo criativo que se desenrola a partir de dentro. Elas, então, vão ter a capacidade de se libertar para criar a vida que desejam.

Portanto, da próxima vez que uma pessoa amada o impelir e o puxar, buscando a liberdade, dê-lhe bastante espaço para que ela encontre essa liberdade. Você estará lhe dando a maior de todas as dádivas: o caminho que leva ao verdadeiro Eu e à afirmação da verdadeira identidade dessas pessoas e da sua

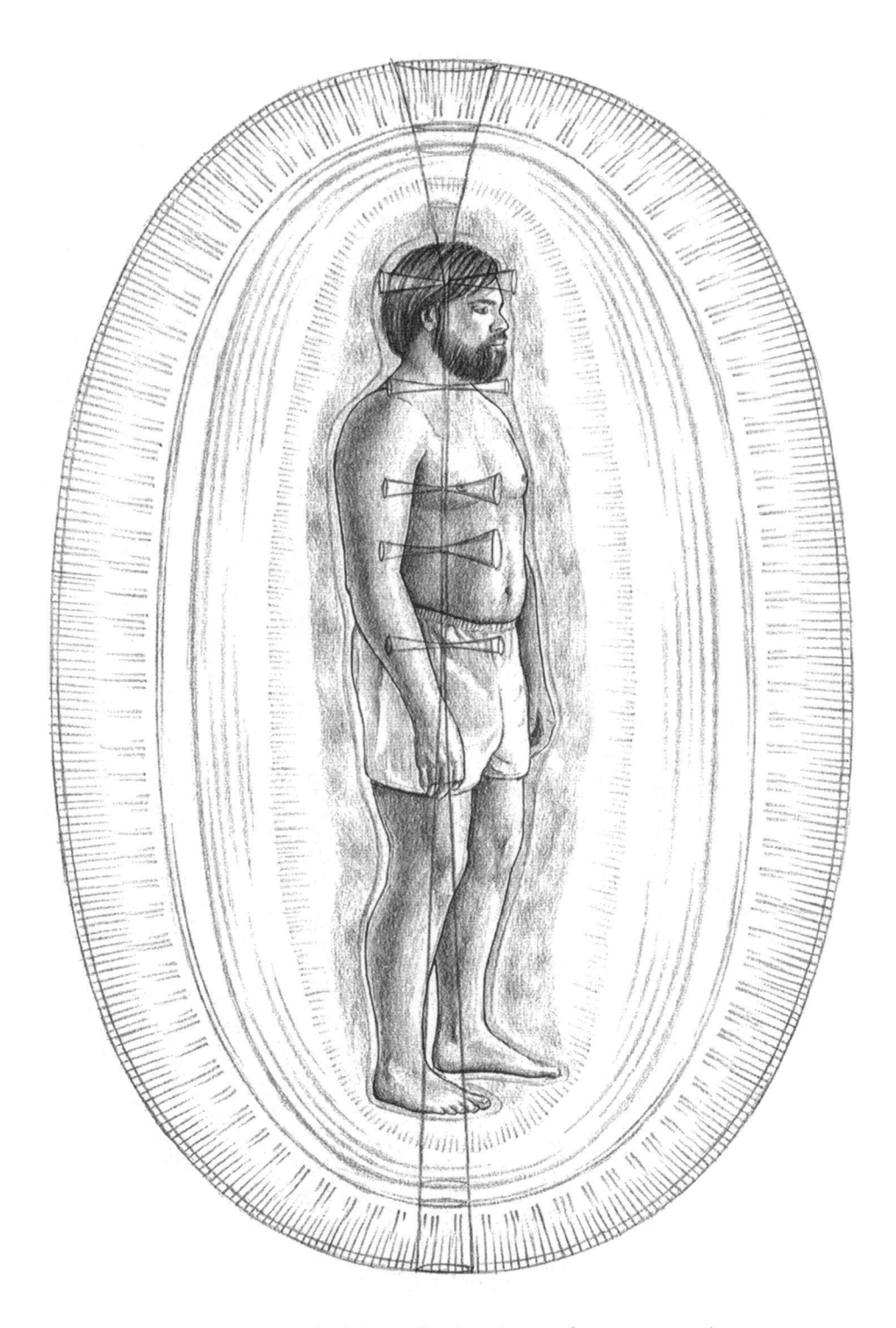

Figura 15-23: A defesa áurica do caráter masoquista

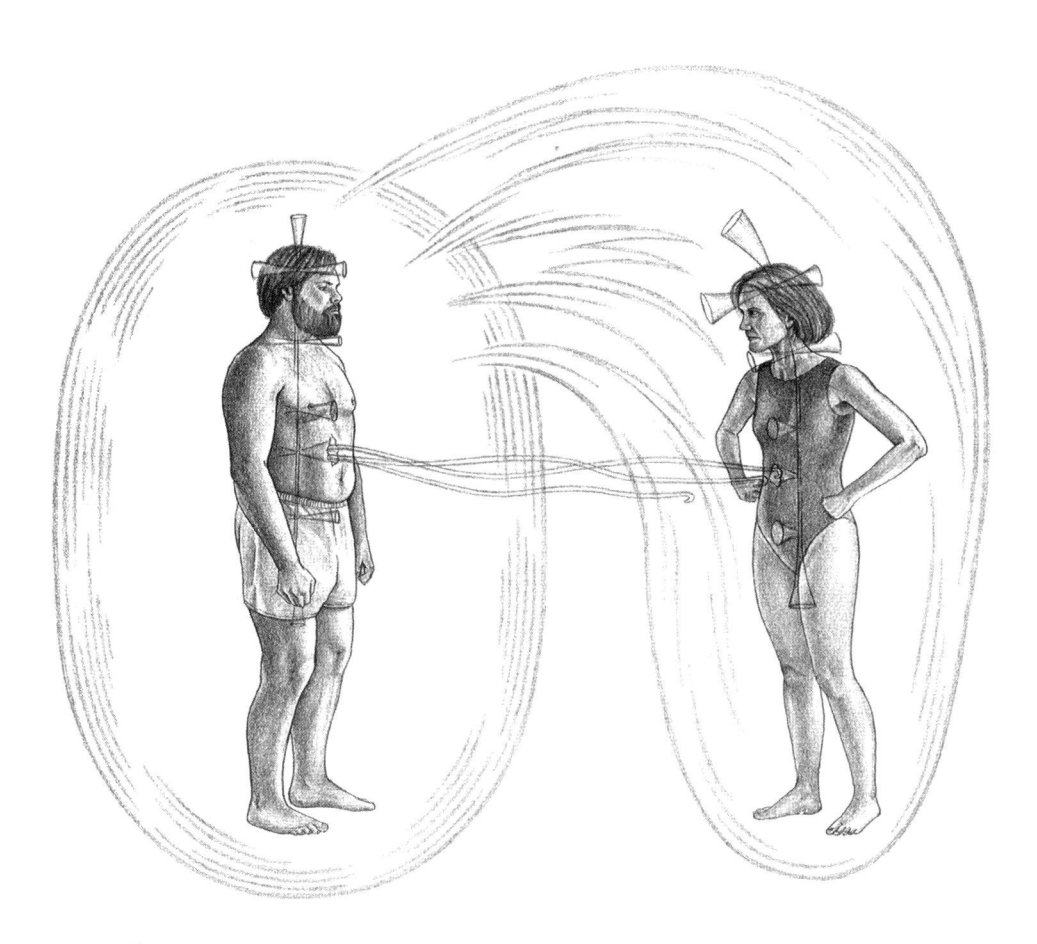

Figura 15-24: A defesa masoquista e uma reação de repulsão

essência do âmago. Elas vão conseguir passar para o futuro a partir do presente perpetuamente imutável, com base no que aprenderam no passado. O presente será vivenciado como uma mudança constante, o desdobrar de um momento. É apenas por meio do relacionamento que elas poderão ter a oportunidade de reconhecer o seu âmago e singularidade porque precisam do âmago de uma outra pessoa para poder fazer uma comparação!

Como Escapar de uma Defesa Masoquista

Se você se vir usando uma defesa masoquista, dobre os joelhos e respire. Ligue-se à Terra e deixe que a energia suba a partir da Terra, através do seu segundo

Figura 15-25: A defesa masoquista e uma reação de puxar

chakra. Deixe que a enorme quantidade de energia à qual você está ligado comece a fluir para o seu campo: faça isso concedendo a si mesmo permissão para sentir-se ligado a todas as coisas que existem à sua volta. Ponha a mão sobre o terceiro chakra para proteger essa região. Se se sentir ligado a uma outra pessoa através do terceiro chakra, imagine-se puxando os cordões que saem do seu terceiro chakra e vão até a outra pessoa, deixando que ela vá e, depois, voltando para dentro de si mesmo. Deixe esses cordões se ligarem à sua estrela do âmago, visualizando-os e sentindo-os assim. Isso vai trazer sua atenção para a essência do seu âmago. Mantenha sua atenção voltada para ela e fique consigo mesmo, concentrando-se na sua própria força interior. Repita para si mesmo um dos seguintes mantras: "Sou livre, sou livre" ou "Eu controlo a minha vida".

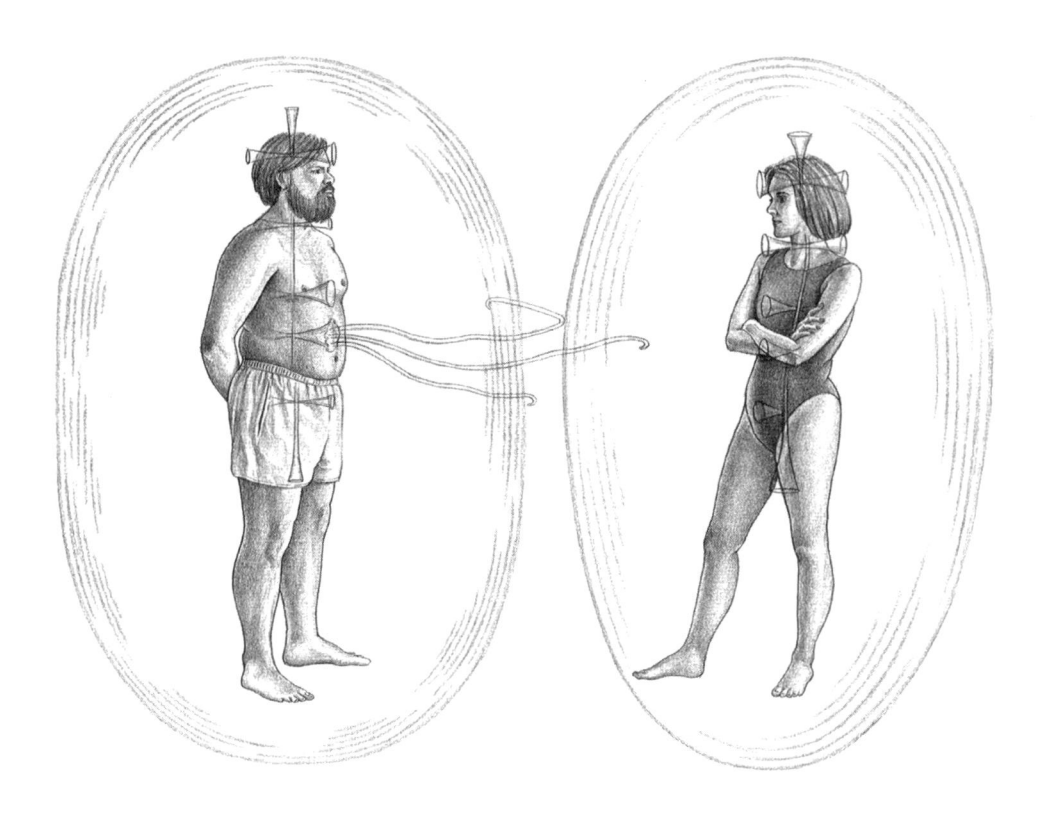

Figura 15-26: A defesa masoquista e uma reação de interrupção

Você está muito confuso e as suas ideias são complicadas e precisam de muito tempo para amadurecer. Elas vão se manifestar aos poucos, como acontece quando se monta um quebra-cabeça. Recomendo enfaticamente que use um diário íntimo no qual possa registrar as suas ideias. Deixe que elas se manifestem uma a uma, no seu próprio ritmo. Não tente entendê-las imediatamente. Elas não irão se manifestar de uma forma linear – não é assim que você funciona. Serão mais holográficas. Você talvez leve dois anos ou mais para organizar essas ideias e formar o quadro completo. Durante esse período, não mostre o seu diário a ninguém. Não é preciso que ninguém interprete as suas ideias antes que elas estejam consolidadas. Isso só servirá para desviá-lo do seu caminho. Só depois que você tiver dado uma boa olhada no espelho refletor material, representado pelo seu diário, e tiver conhecido o quadro total é que você poderá mostrar suas anotações a outras pessoas. Dê a si mesmo o respeito que você merece.

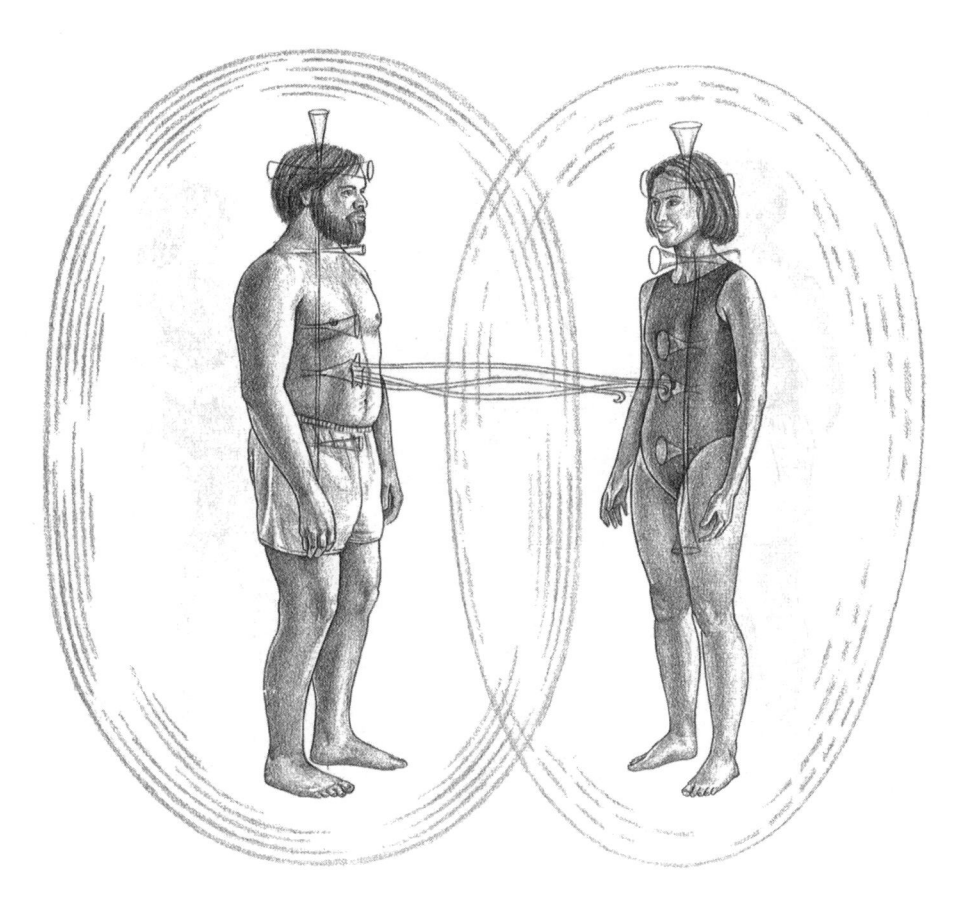

Figura 15-27: A defesa masoquista e uma reação de permissão ou de rejeição

---

O Sistema de Defesa da Pessoa que Apresenta o Caráter Rígido

O Principal Problema da Defesa Rígida

O principal problema das pessoas que apresentam defesas rígidas de caráter é a autenticidade. Isso é causado pela sua separação da sua essência do âmago e pelo esforço em manter perfeito o mundo das aparências. Essa cisão é mantida com tanta força que elas nem sequer têm ideia de que existe uma essência do âmago. As pessoas que apresentam defesas rígidas de caráter passaram por muitas existências nas quais, para poderem sobreviver, tiveram de manter a aparência de

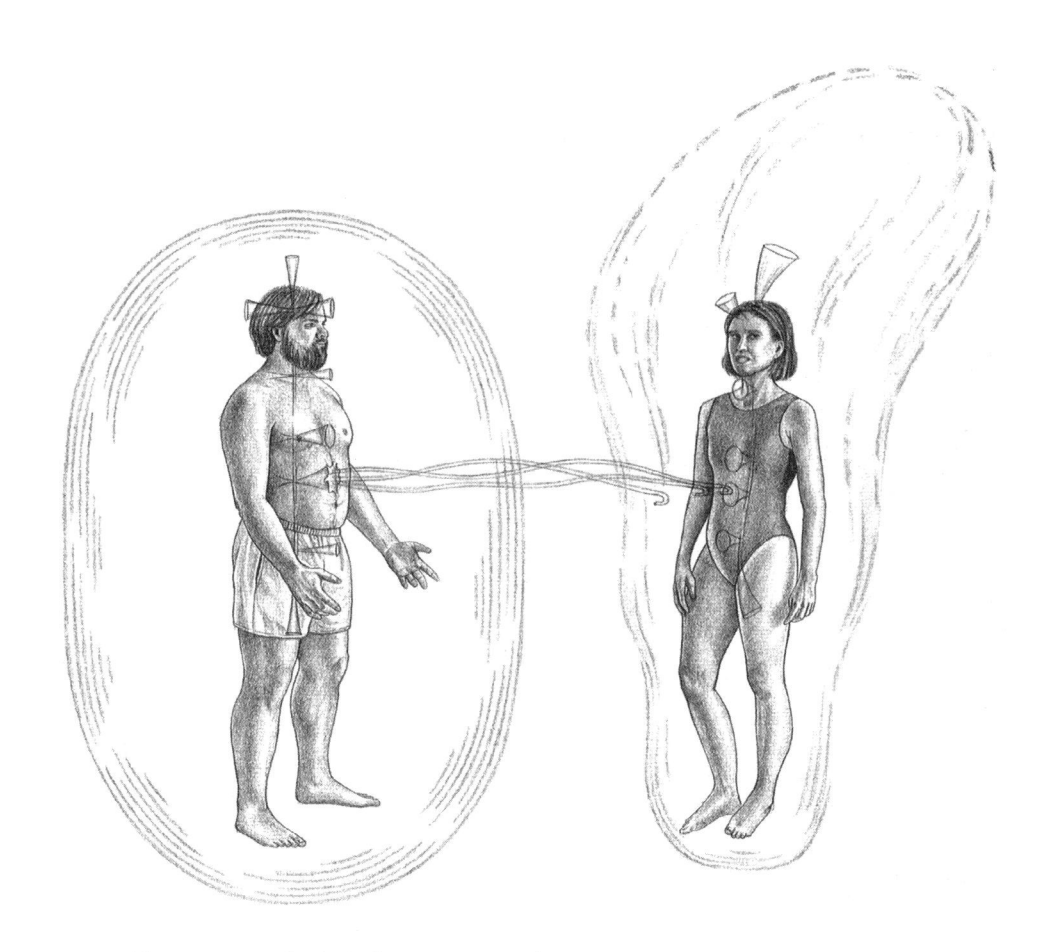

Figura 15-28: A defesa masoquista e uma reação de retração

que são perfeitas, sem defeitos ou fraquezas. As pessoas que apresentam o caráter rígidas provavelmente ocupavam posições de comando nessas existências, como é provável que também aconteça agora.

No decorrer do processo de crescimento, houve muita negação do mundo pessoal interior. Todas as experiências negativas foram recusadas o mais rapidamente possível, e a pessoa se concentrou num falso mundo positivo. Independentemente do que tenha havido na família em termos de discussões, doenças, alcoolismo ou tragédias pessoais, na manhã seguinte tudo estava em ordem. Uma refeição perfeita era servida e a criança era mandada para a escola impecavelmente vestida para sobressair-se. A filosofia consistia em concentrar-se nas coisas boas e negar as ruins. Isso contraria a percepção das crianças e elas, inconscientemente, pensam: "Não há nada com que me preocupar. Aquela briga de ontem à noite não aconteceu realmente. Mamãe não está com câncer. Isso deve ter sido a minha imaginação!" A única maneira de fazer isso é negar o verdadeiro Eu que está vivenciando os acontecimentos negativos de uma forma pessoal. Como isso não aconteceu, a pessoa que o vivenciou não é real e estava apenas imaginando o fato. Em outras palavras, não sinta isso – isso não é real.

Os pais fazem isso de uma maneira que não invade diretamente as fronteiras das crianças e nem usam a humilhação para controlar, como fazem os pais de crianças masoquistas. Aqui, todo o ambiente interior é controlado para criar uma falsa ilusão de que tudo está perfeito. As crianças são tratadas e ensinadas a agir de acordo com a ilusão fácil da perfeição. Elas aprendem a se vestir, a escovar os dentes, a fazer o dever de casa, a dormir na hora certa, a tomar um bom café da manhã e assim por diante.

Assim, para fazer um resumo do universo da pessoa que apresenta o caráter rígido, o mundo exterior é perfeito, o mundo psicológico interior é negado e a essência do âmago não existe. Por trás do verniz – ou, deveríamos dizer, da fachada falsa – das pessoas que apresentam o caráter rígido está o medo vago e distante de que falta alguma coisa e a vida está passando por elas. Mas elas não têm certeza disso. Afinal de contas, talvez a vida seja assim mesmo.

A Ação Defensiva que a Pessoa que Apresenta o Caráter Rígido Usa Contra o Medo

Em consequência do seu medo de um mundo pouco significativo e insatisfatório, em termos pessoais, a ação defensiva da pessoa que apresenta o caráter rígido consiste em tornar-se ainda mais perfeita. Elas se destacam no trabalho e têm o cônjuge perfeito e a família perfeita. Ganham muito dinheiro. Vestem-se bem – tudo combina. Fazem tudo do jeito certo. Seus corpos físicos parecem equilibrados e sadios. A maioria dos seus chakras funciona bem. Elas se ligam de maneira apropriada e harmoniosa com as outras pessoas, por meio dos cordões dos seus chakras. Raramente lançam correntes bioplasmáticas na direção das outras pessoas.

Para serem perfeitas, criam duas rupturas interiores muito fortes. Elas controlam quaisquer efeitos exteriores da reação emocional, de modo que aquilo que se passa dentro delas, no nível psicológico, está separado do mundo exterior. E colocam sua essência do âmago longe de si mesmas. De fato, essas pessoas não sabem que a essência do âmago existe. A Figura 15-30 mostra a defesa rígida.

Os Efeitos Negativos da Ação de Defesa Rígida

Essas ações defensivas servem apenas para tornar o mundo menos significativo e mais inautênticas as pessoas que apresentam o caráter rígido. Todo mundo os inveja pela sua vida aparentemente perfeita e isenta de problemas. Elas não têm a quem recorrer para pedir ajuda. Ao contrário, os outros é que lhes falam sobre os seus problemas. Elas dão a impressão de que são capazes de fazer qualquer coisa. Elas assumirão muitos encargos, vão se desincumbir bem dessas tarefas e nunca entrarão em colapso; todavia, nunca obtêm muita satisfação com aquilo que estão fazendo porque nunca lhes parece que são realmente elas que estão fazendo isso. Essas pessoas parecem sentir-se incompletas.

Elas vivenciam o tempo como uma marcha linear para a frente, marcha que nunca mais deverá ser repetida. Às vezes, poderão sentir que estão sendo levadas passivamente por essa marcha do tempo. Ou, em outras ocasiões, o tempo está simplesmente passando e levando toda a vida com ele. Psicologicamente, do lado de dentro, elas sentem muitas coisas, embora isso não se expresse no exterior. Por causa disso, elas não têm certeza se estão sentindo isso ou não.

Elas não têm absolutamente nenhuma indicação da existência de sua essência do âmago. Jamais ouviram falar nisso ou, então, essa ideia não passa de uma fantasia. Não têm absolutamente nenhuma maneira de alcançar o seu âmago sem a ajuda de uma outra pessoa porque, quando crianças, isso nunca foi confirmado para elas como uma realidade. Não conseguem sequer imaginar o que é o âmago. A única coisa que está faltando na vida dessas pessoas são elas mesmas.

Por não sentirem a si mesmas como seres reais, é impossível para elas integrar seu coração e sua sexualidade. Nessas pessoas, o coração e a sexualidade não funcionam ao mesmo tempo. Eles amam uma pessoa ideal, que não existe e, por isso, têm relacionamentos sexuais de curta duração até que a pessoa perfeita apareça. Tendem a ter casos que duram pouco tempo. Depois, as imperfeições do parceiro vêm à tona – o companheiro ou companheira não corresponde ao ideal – e é o fim de tudo. Ou, então, elas entram num novo tipo de negação e o relacionamento começa a voltar-se para o exterior. O que na verdade acontece é que são incapazes de sustentar um relacionamento pessoal profundo porque não conseguem ter acesso à essência do âmago. Elas precisam de uma outra distração exterior.

Como Saber se Alguém Está Usando uma Defesa Rígida

A melhor maneira de saber se uma pessoa está usando defesas rígidas é verificar a sua autenticidade. A pessoa com a qual você conversa está envolvida de uma maneira pessoal com aquilo que está acontecendo? Ou está completamente alheia à conversa e falando de forma automática? Essa pessoa consegue falar sobre todo tipo de assunto e, não obstante, você fica com a impressão de que ela de fato não está ali? Ela é do tipo de pessoa com a qual nunca há nada de errado? Ou, qualquer que seja o problema, elas conseguem resolvê-lo de uma maneira perfeitamente apropriada? Tudo está perfeitamente razoável, mas você não consegue realmente chegar até elas? Você acredita no que está sendo apresentado no quadro geral? Se estiver faltando essa autenticidade, você provavelmente estará se comunicando com alguém que apresenta a defesa rígida.

As Necessidades Espirituais e Humanas de Alguém que Apresenta a Defesa Rígida

A necessidade humana das pessoas que usam as defesas de caráter rígido é a de serem reais e não a de fazer coisas da forma apropriada. Elas precisam deixar de lado a negação e expressar os seus sentimentos interiores. Precisam parar de controlar o próprio comportamento, na tentativa de serem perfeitas, e mergulhar no medo que está por trás dessa perfeição, para que possam curá-lo. Têm medo de não serem reais, não sabem quem são e precisam descobrir quem realmente são. Precisam experimentar o tempo no presente e não apenas o tempo linear. No nível espiritual, elas precisam experimentar sua essência do âmago, cuja existência desconhecem. A única maneira de satisfazer alguma de suas necessidades humanas é experimentar a sua essência do âmago. Feito isso, tudo pode entrar nos eixos.

Qual é a Sua Reação Negativa à Defesa Rígida?

Vamos agora examinar qual poderia ser a sua reação quando alguém se defende dessa maneira. Uma vez mais, vamos usar as principais reações que as pessoas apresentam contra esse tipo de defesa de caráter em termos dos quatro modos de fluxo de energia: impelir, puxar, parar e permitir.

O que você faz quando está interagindo com alguém e a pessoa não está realmente sendo autêntica? Você fica irritado porque ela não está realmente ali e impele mais energia na direção dela? Se o fizer, ela vai ficar ainda com mais medo de você e se tornará mais perfeita. As pessoas talvez queiram até mesmo saber qual é o seu problema, para que possam ajudá-lo. Essa é uma boa maneira de negar o medo. Se isso funcionar e você realmente falar sobre o seu problema, será mais difícil chegar até elas da próxima vez, porque elas estarão prontas para

Figura 15-30: A defesa áurica do caráter rígido

desviar a conversa e falar de você. A Figura 15-31 mostra o que poderia acontecer no seu campo áurico quando você fica irritado e impele, e o que elas poderiam fazer em reação à raiva.

Você reage sentindo-se abandonado e agarra-se a essas pessoas? Você começa a puxá-las? Se o fizer, elas vão construir duas paredes interiores ainda mais fortes, vão se afastar ainda mais, e ficarão ainda mais eficientes e razoáveis. O que você fará, então? Puxará com mais força ainda e ficará confuso porque elas não aceitam a sua reação? A Figura 15-32 mostra o que você faz quando se agarra e puxa, e o que elas fazem reagindo a isso.

Você detém o processo e interrompe o fluxo de energia? Ao interromper o fluxo, você se afunda dentro de si mesmo, ficando longe da falsidade da conversação? Você entra em sintonia com elas e finge que as está ouvindo, enquanto pensa em alguma outra coisa? Assim, elas continuam falando e você se volta para dentro de si mesmo. Vocês perdem contato quando você faz isso? Ou continua presente enquanto o fluxo continua interrompido e, simplesmente, espera? Dessa maneira, agora as duas pessoas são falsas. Veja os resultados disso na Figura 15-33.

Você simplesmente deixa a coisa acontecer para depois rejeitá-la, continua a conduzir a conversação como se ela estivesse de fato acontecendo e, assim, desperdiça o seu tempo? Você conseguiu o seu objetivo? Você entrou em comunhão com o seu amigo? Vocês passaram a se conhecer mais? Essa fusão aconteceu? Duvido. Veja a Figura 15-34.

Ou você se retira, de modo que uma pessoa não autêntica está sendo perfeitamente razoável com alguém que não está mais ali se comunicando? A Figura 15-35 mostra isso.

Como Você Poderia Reagir de uma Forma Positiva e Saudável à Defesa Rígida

A Figura 15-36 (nas ilustrações coloridas) mostra como você poderia ajudar as pessoas que apresentam a defesa rígida a sentirem a realidade de sua própria essência do âmago. Essa reação é a mais difícil porque requer de você muita capacidade para experimentar a essência do seu âmago e, também, a essência dessas pessoas. Mas tenho a certeza de que, com a prática, você consegue aprender isso.

A primeira coisa é lembrar-se de que, como a pessoa que apresenta a defesa de caráter rígido tem campo áurico forte e equilibrado, com fronteiras bem posicionadas, você não precisa se preocupar com esses limites. Portanto, fique perto delas. Há uma boa oportunidade de que elas se sintam mais à vontade do que

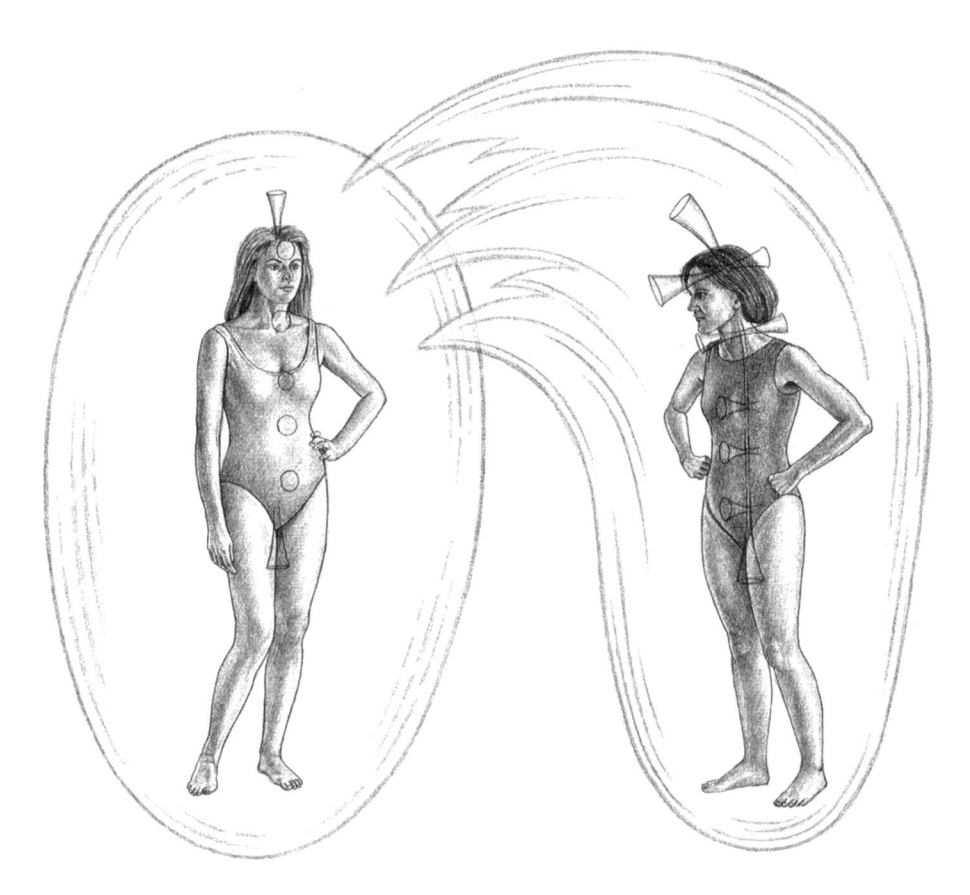

Figura 15-31: A defesa rígida e uma reação de repulsão

você com essa proximidade. Você também não precisa se preocupar em controlar suas correntes bioplasmáticas ou a frequência vibratória do seu campo. No entanto, pode ser muito útil permanecer num estado de amorosa bondade e aceitação. O que você precisa fazer é aprender a sentir a essência do seu âmago dentro de você e a preencher o seu campo áurico com essa essência. Há exercícios específicos no Capítulo 17 que o ensinam a levar a essência do âmago para o seu campo áurico. Você deve fazer esses exercícios para aprender como é.

Feito isso, sinta a essência dessas pessoas ao mesmo tempo que sente a sua própria essência. Para fazer isso, concentre a atenção na sua estrela do âmago, que está localizada quatro centímetros acima do umbigo, na linha central do corpo físico. Ao voltar a sua percepção consciente para esse ponto, você será capaz de experimentar a sua essência. Depois que souber como ela é, ponha as mãos sobre a parte superior do peito e sinta a sua essência aí. A única maneira

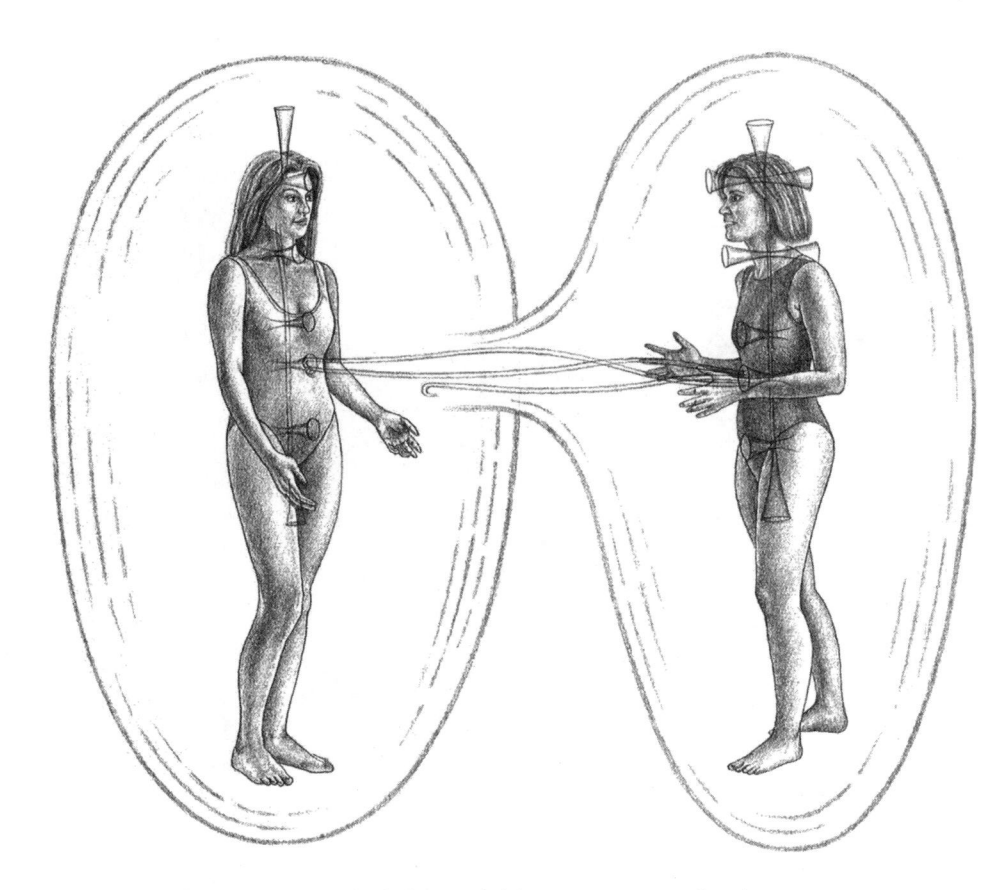

Figura 15-32: A defesa rígida e uma reação de puxar

de sentir a essência de uma outra pessoa é por meio da sua própria essência, de modo que, automaticamente, você está fazendo isso. Para sentir a essência de uma outra pessoa, mantenha a sua essência próxima dos limites da outra pessoa. Agora, descreva o que você está sentindo ao mesmo tempo que mantém a mão sobre o peito da outra pessoa. Estimule-a a sentir a diferença entre a essência dela e a sua. Esse é um trabalho muito sutil e delicado. Você vai precisar de muita paciência. Se você puxar, a outra pessoa vai se afastar. Lembre-se de que isso é muito importante para ela; por isso, vá com calma e tenha paciência.

Os Resultados de uma Resposta de Cura Positiva

Se conseguir fazer ao menos parte do trabalho, você terá ajudado o seu amigo a encontrar a sua essência do âmago, possivelmente pela primeira vez desde o

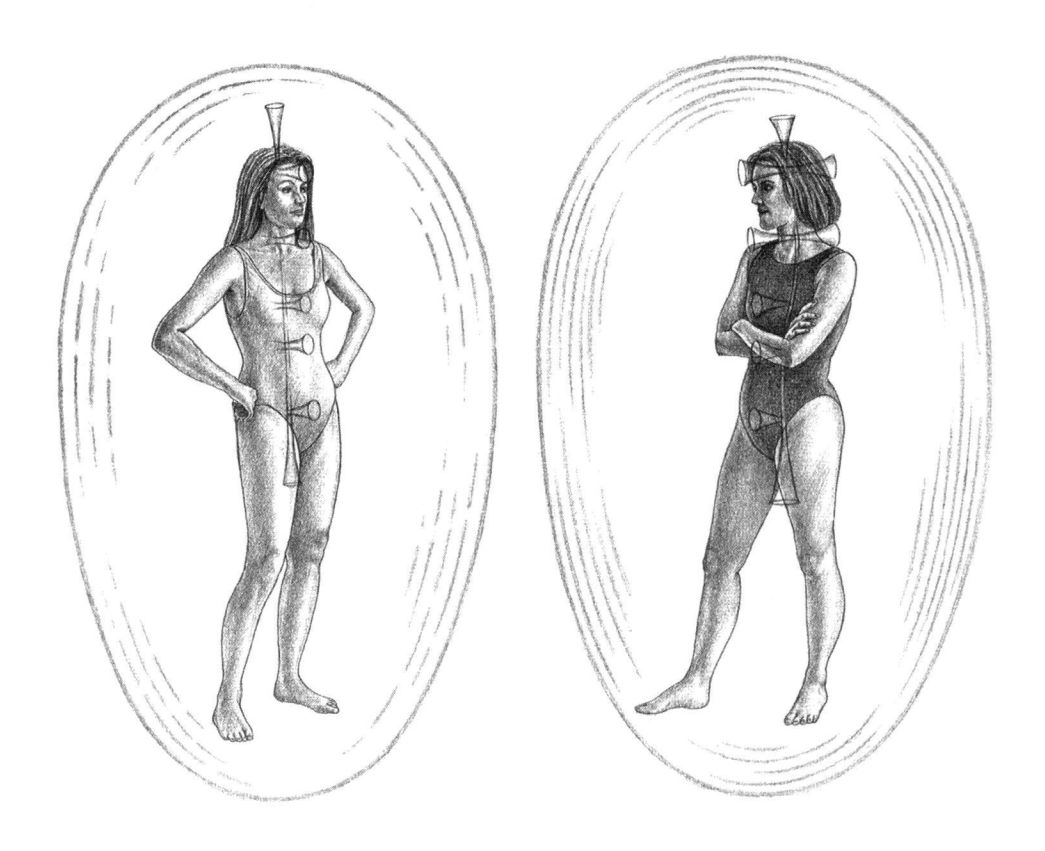

Figura 15-33: A defesa rígida e uma reação de interrupção

início da infância. Essas pessoas nunca passaram pela experiência de ter essa essência confirmada. Elas não têm nenhuma estrutura com a qual possam vivenciar a essência porque, pelo que aprenderam na infância, ela não existe. De fato, você está segurando o espelho refletor para que elas possam encontrar a própria individualidade, e elas só podem encontrar a individualidade vivenciando a essência.

Quando você fizer isso, todas as coisas vão mudar. Elas vão conseguir escapar da inexorável marcha do tempo e entrar no presente que engloba todo o tempo. Elas conseguirão expressar sentimentos porque saberão quem está tendo o sentimento, e isso fará com que sejam autênticas. Elas vão conseguir comportar-se de forma apropriada e, ao mesmo tempo, serem autênticas. Vão fazer a ligação entre a sexualidade e o coração através da essência do âmago, porque ela é as duas coisas. Elas terão um Eu e vão saber quem são.

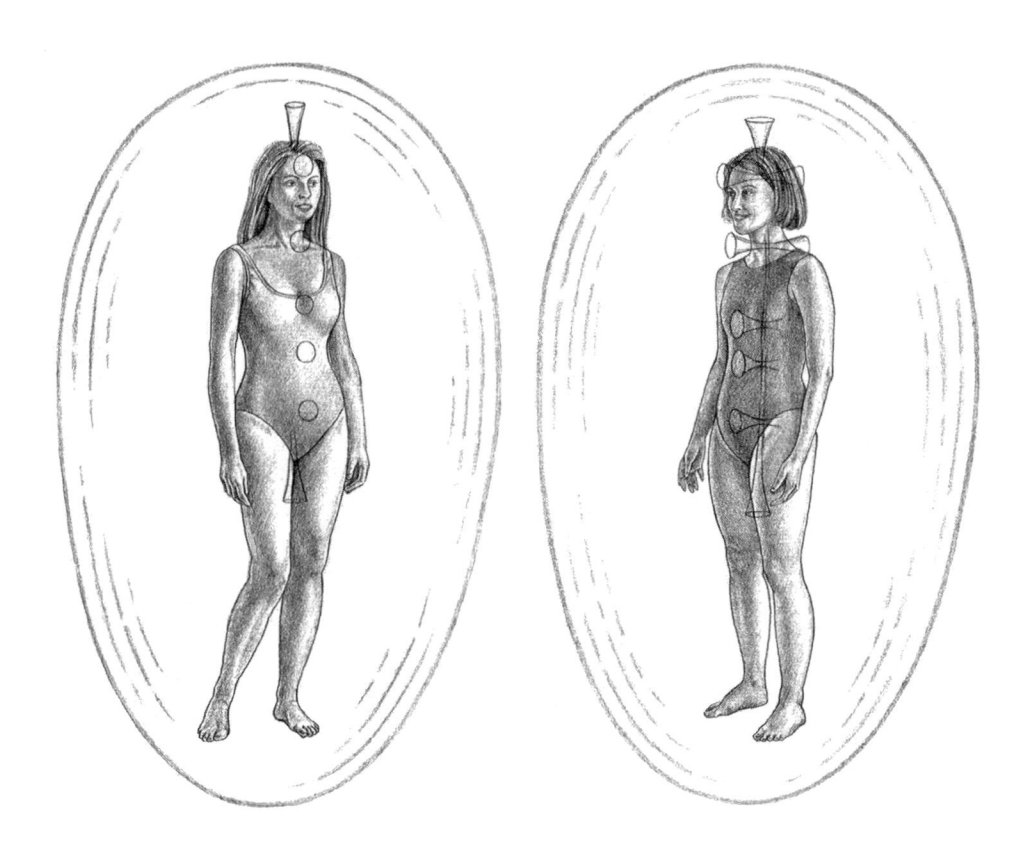

Figura 15-34: A defesa rígida e uma reação de
permissão ou de rejeição

Da próxima vez que seu amigo deixar a conversação e voltar ao perfeccionismo, não haverá mal se você reagir de uma forma negativa. Ao notar isso, porém, respire fundo, dobre os joelhos e ligue-se à Terra. Sinta a sua própria essência do âmago e encha com ela o seu campo áurico. Chegue mais perto, peça permissão para tocar e descreva o que você quer fazer. Você lhe dará uma grande dádiva, pois é apenas nessa comunhão em que são tocadas e em que tocam que elas irão realizar o seu objetivo mais profundo na Terra: conhecer o Deus interior individuado.

Como Escapar de uma Defesa Rígida

Se você se vir usando uma defesa rígida e deixando de compreender uma conversa que estiver tendo com alguém, pare, concentre-se em si mesmo e volte a

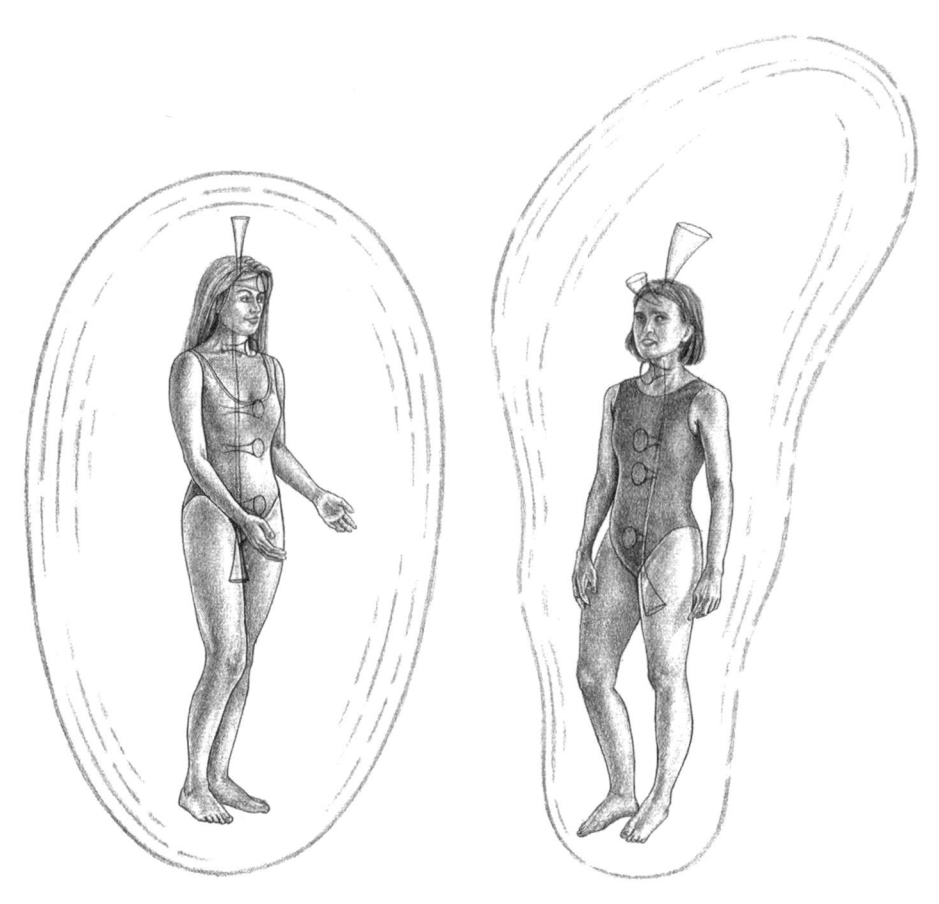

Figura 15-35: A defesa rígida e uma reação de retração

sua atenção para a sua essência do âmago, quatro centímetros acima do seu umbigo, na linha central do corpo. Fique assim até sentir a si mesmo. Depois, com muita tranquilidade, traga esse Eu para a conversação. Repita o mantra: "Sou real. Sou real. Sou luz." Você ficará surpreso com os resultados.

Observação Áurica Acerca de um Casal em Conflito e Acerca do Modo como Eles Resolveram o Problema

Um bom exemplo de um casal que estava passando de um choque de defesa de caráter para uma sincronicidade de cura aconteceu certa tarde, quando eu estava visitando um casal amigo. Quando cheguei, fazia dias que eles estavam discutindo um problema. Quando eles começaram a apresentar seus argumentos a mim, observei os seus campos áuricos interagindo. Eis o que aconteceu.

O marido, que estava adotando uma ação defensiva oral, reclamava porque queria e precisava de mais contato e intimidade. A mulher assumiu uma defesa psicopática e afirmou que disso eles já tinham o bastante. Ela começou sutilmente a agir como se isso fosse problema dele, tentando fazer com que ele se explicasse cada vez mais. Ela ouvia enquanto ele tentava se explicar, mas, ao mesmo tempo, energeticamente afastava-se dele. Primeiro, ela puxou o seu campo áurico para trás e, depois, começou a desfazer a ligação dos fluxos bioplasmáticos de energia que os ligavam através dos chakras do coração e do terceiro chakra de cada um.

Isso o deixou confuso. Ela parecia estar prestando atenção, mas, ao mesmo tempo, afastava-se dele energeticamente, justo quando ele estava tentando obter uma maior quantidade da sua energia. Veja a Figura 15-37.

Enquanto o marido continuava tentando explicar a sua situação, ele mergulhava cada vez mais na defesa oral. Ele ficou cada vez mais confuso e menos confiante de estar falando sobre algo real. A mulher acentuou sua defesa psicopática desfazendo a ligação entre o seu campo e o dele. Ela puxou sua energia para as costas e começou a enviar uma corrente bioplasmática agressiva a partir de suas costas, passando acima da sua cabeça e descendo sobre a cabeça do marido, num esforço para controlá-lo, para negar a sua realidade e, apesar disso, ainda permanecer ligada a ele de uma maneira agressiva, o que a levava a sentir-se segura. Ela não tinha consciência de estar fazendo isso.

A reação do seu campo áurico às afirmações do marido mostravam que a mulher tinha medo deles e do desejo de o marido ter mais intimidade. Ela usava a postura defensiva psicopática para controlá-lo, puxando sua energia para trás e, não obstante, aparentando continuar ali para ouvi-lo, de modo que ela não iria sentir o seu próprio medo. Em consequência dos seus atos energéticos, ela começou a duvidar que aquilo que ele estava dizendo contivesse alguma verdade. Ele achava que o problema talvez não fosse real. Talvez tudo estivesse "apenas na cabeça dele". Sua defesa consistia em convencê-lo de que o problema não era real, de modo que ela não teria de lidar com ele. Inconscientemente, ela estava negando as suas próprias percepções. Embora em algum lugar, no fundo do seu ser, ela soubesse que ele iria apresentar um problema muito real, ela impedia que isso chegasse à sua percepção. Conscientemente, ela apenas tinha consciência de que estava sendo "útil", de que tentava compreender o que ele estava dizendo. Ao manter sua energia na parte de trás do corpo e nos

Figura 15-37: O campo áurico de um casal em atitude defensiva

chakras da vontade, ela estava usando a sua vontade de estar ali com ele, mas sem se permitir ter sentimentos e tornar-se vulnerável. Se deixasse a sua energia fluir para a frente de seu corpo, ela perceberia os seus sentimentos e a sua vulnerabilidade. Isso lhe proporcionaria mais intimidade. Para ela, porém, mais intimidade significaria penetrar nos níveis mais profundos de si mesma, onde ela tinha medo de ir.

À medida que esse processo continuava, o marido começou a ficar com medo. Ele projetou um longo gancho a partir de seu terceiro chakra em direção ao terceiro chakra dela, e começou a agarrar e a puxar a energia dela para impedir que ela se desligasse e o abandonasse. Ela reagiu projetando por sobre sua cabeça mais energia de repulsão e tentou controlá-lo. Veja a Figura 15-38. Quanto mais cada pessoa usava a sua defesa, mais distorcidos ficavam os seus campos de energia.

Quanto mais distorcido um campo de energia se torna, mais essa pessoa desenvolve uma imagem negativa da realidade, menos presente ela fica, e menor a sua capacidade de se relacionar com o que está acontecendo no presente. No

Figura 15-38: O campo áurico de um casal em defesa cada vez maior

caso dos meus amigos, quanto mais defensivo cada um deles se tornava, mais dolorosa ficava a situação. Havia uma presença cada vez menor das verdadeiras pessoas e um predomínio cada vez maior de suas defesas.

Nesse ponto, descrevi o que estava acontecendo com os seus campos e que fazia os dois se sentirem pior. Ambos começaram a se esforçar para trazer seus campos de volta, concentrando-os no âmago e ligando-os à Terra. Enquanto eles faziam isso, eu observava os seus campos, guiando-os para os respectivos centros. Quando eles estavam centrados e ligados à Terra, cada um trabalhou para harmonizar e fortalecer a sua linha hárica. Eles, então, trabalharam juntos através de cada nível do campo, limpando-os, balanceando-os e recarregando-os. Enquanto eu observava os seus campos de energia e os orientava, eles levaram a essência da estrela do âmago para cima, passando pelo nível hárico e por cada um dos níveis do campo. Feito isso, suas defesas haviam desaparecido, seus campos áuricos estavam coerentes e a sala estava cheia da essência de cada um.

Foi então que testemunhei a coisa mais maravilhosa que já vi envolvendo os campos áuricos de duas pessoas. Observei a dissolução de todos os grandes arcos de bioplasma colorido que fluíam entre eles. Restaram duas pessoas com campos coerentes, pulsando em suas próprias frequências e em sincronicidade um com o outro. Elas estavam se comunicando sem um intercâmbio de fluxo de energia. Não havia absolutamente nenhuma dependência. Havia simplesmente a expressão de si mesmas juntamente com aceitação, reconhecimento e prazer com a existência do outro. Essa bela dança de luz continuou por algum tempo. Ambos estavam em êxtase. Isso é mostrado na Figura 15-39, nas ilustrações coloridas.

Essa foi a única vez que vi esse espetáculo. Acredito que esse seja um estado incomum num relacionamento, pelo qual todos ansiamos e que, no futuro, talvez se torne a norma. Faremos isso automaticamente quando aprendermos a acreditar em nós mesmos e no âmago do nosso ser, bem como a honrar e a respeitar uns aos outros e a nos deleitarmos com as nossas diferenças.

Introdução à Cura por Meio do Perdão

Eu gostaria de encerrar este capítulo com uma das mais eficazes meditações de cura que Heyoan me ensinou. Trata-se da meditação da "Cura Por Meio do Perdão". Essa meditação leva-o a um estado de profunda contemplação, com a qual você será capaz de curar as feridas interiores que carrega de relacionamentos passados. O fator mais importante na cura dos ferimentos que ocorreram em relacionamentos passados é o perdão.

Em geral, temos mais consciência da nossa incapacidade para perdoar outra pessoa do que da nossa incapacidade para perdoar a nós mesmos. Todos sabemos que faz uma grande diferença quando conseguimos perdoar alguém que nos ofendeu. Na maioria das vezes, nos lembramos de situações penosas concentrando-nos em alguém que nos ofendeu e culpando essa pessoa.

A nossa culpa está na superfície; um pouco mais fundo, geralmente há uma culpa incômoda que talvez não admitimos. Muitas vezes, a outra pessoa não viveu a situação da mesma forma que nós e talvez nem saiba que ficamos ofendidos. De fato, às vezes a outra pessoa pensa que deveríamos nos desculpar, para que possam perdoar-nos. Em todas essas situações, ficamos presos numa dualidade. O perdão nos tira dessa dualidade e nos eleva até o amor.

Na sua meditação da "Cura Por Meio do Perdão", Heyoan nos oferece uma perspectiva ampla de perdão. Ele nos ajuda a transcender a reprovação do "ele/ela fez isso a mim", com sua mais profunda e incômoda culpa, e nos leva à compreensão unitária do motivo pelo qual o perdão funciona.

Antes de começar, sugiro que você faça uma lista das pessoas que você foi capaz de perdoar na sua vida. Depois, faça a seguinte meditação sobre o perdão. Convém pedir que alguém leia o texto de Heyoan para você ou gravá-lo em fita. Na gravação, a mensagem fica muito mais pessoal e você poderá absorvê-la com mais facilidade, simplesmente deitando-se de costas na cama com os olhos fechados.

A CURA POR MEIO DO PERDÃO
Mensagem Canalizada de Heyoan

Sinta um pilar de luz dentro de si. Sinta uma estrela de luz no seu centro, logo acima do umbigo. Você não está aqui por acaso. Você trouxe a si mesmo até este momento de sua vida para os seus próprios propósitos, os quais têm sua origem no profundo e sagrado anseio que você carrega acima do coração. Quanto mais você respeitar esse anseio, mais fiel você vai se manter ao seu caminho e mais a sua vida será alegre, plena, criativa e magnânima.

Hoje, eu gostaria que você pensasse numa pessoa com quem você está tendo problemas e começasse a trabalhar e a rezar para estar em harmonia com o perdão e a cura. A cura requer que tanto você como a outra pessoa sejam perdoados. Conforme você talvez saiba, a cura engloba toda uma existência – na verdade, todas as suas existências – e aquilo que transcende essas existências. Você existe num domínio muito maior do que o físico, domínio que é definido pelo tempo e pelo espaço. Para você, o tempo e o espaço são apenas limites que, por conveniência, você estabeleceu para si mesmo nesta sala de aula criado por você para nela fazer o seu aprendizado. Você criou as suas lições, a sua sala de aula, os professores que existem dentro dela e, portanto, você é o senhor de tudo isso que foi criado. Você veio à Terra para cuidar dos seus objetivos, os quais estão contidos na sacralidade do seu anseio.

Agora, eu lhe pergunto, com relação à pessoa que você escolheu, de que forma você traiu a sacralidade do seu anseio e, consequentemente, criou uma situação em que há necessidade de você perdoar a si mesmo? Essa talvez não seja uma resposta fácil, do tipo que pode ser dada de imediato. Todavia, se você se concentrar nessa questão, rezar por ela e relacioná-la ao seu trabalho de cura, você vai começar a entender. Através da sua experiência de vida, uma profunda compreensão daquilo que está sendo dito aqui vai brotar da fonte de vida que existe dentro de você.

Sim, é verdade que você cria as experiências da sua vida. Cabe a você planejá-las, e isso foi feito a partir da suprema sabedoria que existe dentro de você. Se houver dor, pergunte o que essa dor está lhe dizendo, pois a dor surge do esquecimento de quem você é. A dor surge a partir da crença de que o aspecto sombrio da realidade é a verdadeira realidade. Essa realidade resulta do esquecimento de quem você é, o que se baseia na crença de que você está isolado ou afastado de Deus.

Eu lhe digo que todas as doenças, quaisquer que sejam as suas formas ou manifestações, são resultado desse esquecimento. Você voltou ao plano terreno para lembrar. Não se aborreça com isso. Dirija sua energia vital para a tarefa de se lembrar e a sua luz vai despertar as porções da sua psique que existem nas sombras e na dor.

Quando você as ilumina com a luz do divino, que existe dentro de todas as células do seu corpo, dentro de todas as células do seu ser, a luz brilha na sombra e a sombra começa a lembrar. Por meio da iluminação, você vai relembrar as porções de si mesmo e de seu corpo que se dissociaram e, portanto, estão doentes. Esse é um novo começo; existe alguma dor, não se pode negar, mas trata-se de uma dor que cura. As lágrimas vão lavar e purificar-lhe a alma, como faz a chuva que caiu há pouco. O seu choro vai libertar o que há séculos vem sendo reprimido e que, durante esse tempo todo, espera o momento de vir à tona. Todos aqueles bloqueios de que falamos vão fluir e serão preenchidos com a vida renovada. Você vai perceber que está com muito mais energia e que a sua vida está se enchendo de criatividade e alegria. Você vai se descobrir sendo preenchido numa dança natural com todas as pessoas à sua volta e com o universo.

Isso, porém, requer perdão: em primeiro lugar, perdão a si mesmo. De que você se perdoou? Se você fosse parar cinco minutos – e vou lhe pedir que faça isso no final desta minha pequena preleção escrevendo uma lista daquelas coisas pelas quais você precisa perdoar a si mesmo algum dia, iria descobrir que ela é bastante extensa. Mas isso não é tão difícil de fazer. Se você tomar cada item e meditar sobre ele durante alguns minutos, todos os dias, e perdoar a si mesmo por isso, você vai aliviar a carga que pesa sobre o seu coração. O perdão vem da divindade interior. Ao rezar, pedindo pelo seu perdão, e ao sentir esse perdão, você vai ligar-se à divindade que existe dentro de você. Você se transforma nessa divindade interior.

As perguntas seguintes são: De que modo cada item pelo qual você se perdoou se manifesta na sua mente e no seu corpo físico? Como ele se manifesta no seu campo de energia? Veja de que forma isso acontece em todos os sete níveis de experiência do seu campo áurico.

Em que parte do seu corpo se acha a dor que está associada com aquela atitude implacável que você adotava com relação a si mesmo e, assim, mantinha uma ligação negativa com uma determinada pessoa que você acha difícil de perdoar? Como você vê, a cura sempre começa em casa.

Dentro de você, de 3,5 a 5 centímetros acima do seu umbigo, há uma linda estrela, a estrela do âmago. Esta é a essência da sua individualidade, o centro do seu ser. É o centro de quem você é na completa paz de antes, durante e depois de todas as existências que você já viveu na sua Mãe-Terra. Sinta esse local dentro de si. Você existia antes dessa vida. Você existia antes de todo o caos, de toda dor e rivalidade que existem na Terra, e continuará a existir.

Esse centro do seu ser é o centro da sua divindade. A partir desse local, você é o centro de todo o universo. É a partir desse local que você cura. Você vai se lembrar de quem é e vai ajudar os outros a se lembrarem de quem são, pois é a partir do centro do seu ser que se iniciam todos os seus atos. Logo que os seus atos deixarem de estar ligados ao âmago de seu ser, você não estará mais em harmonia com o seu propósito divino. Os atos desligados do propósito criam dor e doença. Portanto, meus queridos, concentrem-se no seu âmago. É a partir desse centro que surge todo o perdão.

Eu gostaria, agora, de levar para o seu âmago o primeiro item pelo qual você resolveu perdoar a si mesmo. O que quer que você tenha criado que precise de perdão, isso foi criado de uma maneira sem ligação com o seu centro. Ao se movimentar para criar, você se desligou do centro do seu ser; suas ações perderam a harmonia com o seu propósito divino e passaram para a sombra e para o esquecimento. Assim, se você tomar o que precisa ser perdoado, se o levar para a estrela do âmago e, simplesmente, o conservar ali, rodeando-o e impregnando-o de amor, você irá, através do amor, trazê-lo de volta para a luz. Você vai encontrar o seu propósito original, que surgiu a partir do seu centro. Tendo descoberto isso, você pode prosseguir com a criação original. Ao descobri-lo, ao envolvê-lo e ao impregná-lo de amor e de luz, você vai descobrir o perdão dentro de si mesmo. Eu lhe darei agora alguns momentos para, dessa maneira, criar o perdão a si mesmo.

Quando esse perdão fluir através do seu ser, automaticamente você estará perdoando outras pessoas que possam estar envolvidas nessa situação específica que requer o perdão.

Sexta Parte

A CURA POR MEIO DE NOSSAS REALIDADES ESPIRITUAIS SUPERIORES

"A cada instante temos a liberdade de escolher, e toda escolha determina o sentido de nossas vidas."
– Olivia Hoblitzelle

Introdução

A INTEGRAÇÃO DOS SEUS ASPECTOS ESPIRITUAIS SUPERIORES E DAS SUAS DIMENSÕES PROFUNDAS NO SEU PROJETO DE CURA

Continuando a ensinar e a praticar, descobri que as nossas necessidades espirituais e uma ligação com as nossas realidades mais profundas são tão importantes para o processo de cura como as nossas realidades físicas. De fato, tornou-se óbvio que elas eram fundamentais e que, sem elas, a vida ficaria restrita às três dimensões e seria muito limitada. Para compreender quem somos e qual é o propósito da nossa vida, e para sentir que a vida é uma travessia segura, benigna e amorosa, precisamos tanto de comunhão espiritual como de comunhão humana.

Trabalhando com os níveis espirituais superiores do campo áurico e com as dimensões mais profundas que estão por trás do campo áurico, todo o meu conceito de saúde e cura mudou. De fato, todo o meu conceito de vida no mundo físico se modificou. Comecei a ver a cura como um lindo processo criativo de caráter extremamente natural e universal. Somos guiados por cada etapa do caminho através desse magnífico processo vital. Nele, descobrimos que somos ao mesmo tempo individuais e universais, e nos sentimos completamente seguros num universo benigno e generoso onde a vida e a cura são uma mesma coisa.

Vamos começar com a experiência e o propósito da orientação espiritual na nossa vida. Isso irá nos levar, de forma muito natural, para a espiritualidade superior experimentada nos níveis mais elevados do campo áurico. Em seguida, passaremos para as dimensões mais profundas que formam o próprio fundamento do nosso ser.

Capítulo 16

O PROCESSO DE ORIENTAÇÃO NA SUA VIDA

A passagem tranquila para uma vida voltada para o espírito requer uma grande reorientação da consciência para as realidades transcendentes dos níveis superiores de vibração – cinco, seis e sete – do campo áurico. Nessas faixas superiores da consciência e da energia, há mundos inteiros de seres espirituais. Muitas pessoas nunca chegaram a conhecer esses níveis de experiência; para elas, a própria existência desses níveis parece ser algo extremamente especulativo, obscuro e, até mesmo, ridículo. No processo de cura, porém, se prosseguir no caminho rumo aos níveis superiores de consciência, você automaticamente vai começar a ter experiências envolvendo esses níveis superiores e acabará tendo algum contato com esses seres.

Ao deslocar sua percepção consciente para os três níveis superiores do seu campo áurico, você penetra nos aspectos superiores da sua vontade, das emoções e da razão. Cada um desses três níveis atua como um modelo para os três níveis inferiores do campo. A vontade superior, chamada de vontade divina interior, é o molde para o primeiro nível do campo, o qual contém a vontade de viver no mundo físico. O nível emocional superior, às vezes chamado de nível inspiracional ou nível do amor divino, é o molde do segundo nível do campo, os seus sentimentos a respeito de si mesmo. A razão superior do nível sete, chamada mente divina, que nos proporciona uma compreensão do padrão perfeito de todas as coisas, é um molde para a razão de nível três, o nível mental. Desde épocas imemoriais, esse relacionamento tem sido expresso da seguinte forma: "Assim como em cima, assim também embaixo."

A correspondência entre os níveis sete e três, seis e dois, e cinco e um nos proporciona uma maneira de curar os níveis inferiores, levando para estes os valores dos níveis superiores. Para fazê-lo, precisamos nos elevar até os níveis superiores, o que é chamado de processo transcendente. Elevamo-nos até as nossas realidades superiores e afirmamos que essas realidades fazem parte de nós. Quando fazemos isso, a nossa razão se transforma em verdade, as nossas emoções em amor e a nossa vontade em coragem. Se continuamos esse processo transcendente, nossa verdade se transforma em sabedoria, nosso amor em amor incondicional e nossa coragem em poder. Afirmamos a nossa realidade espiritual como sendo nossa e encontramos o Deus interior.

A melhor – e mais prática – maneira de entrar no processo transcendente é por meio da orientação. A orientação está disponível para toda pessoa a partir do Eu superior que existe dentro dela, de seu anjo da guarda ou espírito-guia. Em geral, as pessoas começam recebendo orientação de seu Eu superior e, depois, passam a recebê-la também de seus espíritos-guias.

Hoje em dia, a obtenção de orientação e o contato com espíritos-guias são atividades populares em alguns círculos. Embora muitas pessoas peçam orientação para todo tipo de coisas, isso em geral é feito para se descobrir como lidar com as dificuldades da vida, o que fazer num determinado dia ou como resolver um problema. A orientação é usada até mesmo para se obter informações para a cura de uma doença. O recebimento de orientação é tão popular que algumas pessoas recorrem a ela para ganhar na loteria, fazer provas ou, até mesmo, encontrar lugar para estacionar. Algumas pessoas fazem mau uso da orientação para tentar fugir de responsabilidades reais. Elas violam compromissos de maneiras irresponsáveis, afirmando que o seu guia as instruiu para agir assim. Elas parecem achar que isso justifica comportamentos antiéticos ou irresponsáveis. Muitas pessoas que usam a orientação espiritual não compreendem a sua função mais profunda e o grande benefício que ela pode trazer para o processo de aprendizado da sua vida.

A orientação faz parte do desenvolvimento da sua vida. Ela é a chave para o desenvolvimento do desejo do coração e da sua missão na vida, qualquer que ela seja. A orientação é mais do que a comunicação com os guias, mais do que o recebimento de mensagens espirituais; ela é um processo de vida. A PSS e a capacidade de obter informações precisas são obtidas depois de a pessoa seguir a orientação durante um longo período. Observando os efeitos da orientação na minha vida, pude levantar as seguintes informações a respeito do modo como a orientação funciona.

Como Funciona a Orientação Espiritual

1. A orientação nunca irá recomendar que você se exima das suas responsabilidades. Ela o mantém responsável de diversas maneiras: responsável por quem você é, por não trair a si mesmo e por honrar os seus compromissos. Se os seus compromissos precisarem ser modificados, a fonte de orientação nunca irá sugerir que você os modifique de maneira irresponsável. Em outras palavras, se você firmar um compromisso que posteriormente demonstre ser prejudicial a você, esse compromisso pode ser modificado, mas não de forma irresponsável.
2. A orientação não absolve o seu karma. Em vez disso, ela lhe proporciona um instrumento para lidar com ele e, possivelmente, para apreciar a sua purificação. Você precisa equilibrar a sua balança cósmica, e isso não significa punição kármica. Significa aprender o que você não aprendeu nas experiências de vida do passado e que ainda afetam a sua vida de uma forma negativa no presente. Em geral, esse aprendizado é feito através de situações pelas quais você passa de acordo com o grau com que você está livre das falsas imagens e concepções erradas.
3. Ao seguir a orientação, você proporciona a si mesmo as experiências de vida de que precisa para desenvolver a sua missão de vida ou para promover a sua cura.
4. Viver uma vida espiritual e descobrir a missão da sua vida requer disposição para seguir a orientação e viver de acordo com a verdade, independentemente do preço que essa orientação aparentemente esteja custando.
5. A orientação fica mais difícil de seguir, em termos pessoais, e o preço aparente aumenta à medida que você a segue.
6. A orientação e a fé caminham juntas. Você precisa ter muita fé para seguir a sua orientação e, por outro lado, seguir a orientação revigora a sua fé. A orientação foi projetada para levá-lo através de áreas da sua psique pessoal às quais você anteriormente havia se recusado a ir, mas que precisa percorrer para se expandir. Ela o conduz dos seus temores mais terríveis para a sua fé profunda.
7. A fé é um estado de existência que fixa, equilibra e recarrega o campo áurico, tornando-o favorável à cura. Ela faz a ligação entre aquela pequena parte de você chamada ego e a parte maior, o Deus interior. Trata-se de um processo de conexão holográfica com tudo o que existe – você se liga a todo o universo.

8. O seu ego separado não terá muita oportunidade para interferir com a orientação sistemática, pois, muitas vezes, você não sabe por que está fazendo aquilo que ele lhe diz para fazer.

9. Ao renunciar à vontade do seu ego separado e ao seguir a vontade divina, tal como ela lhe foi comunicada pela sua fonte de orientação, os outros vão confiar mais em você.

10. A orientação constrói, sistemática e automaticamente, tanto a resistência física como a resistência espiritual para a missão da sua vida.

11. Quanto maior for a sua resistência, mais amor, poder e apoio você vai obter e, numa escala mais ampla, maior e mais eficaz será o desdobramento da missão da sua vida. À medida que você for solucionando os problemas, também irá avançando em direção a problemas mais importantes e difíceis.

12. O ato de seguir a sua orientação constrói o recipiente de cura para as energias vitais curativas. Isso o transforma no recipiente para realizar a tarefa divina com a qual você optou em vir para a Terra. A orientação libera o princípio criativo voluntário dentro de um recipiente seguro. A força-vital involuntária é tudo o que brota automaticamente de você quando o seu fluxo de energia não é bloqueado. Às vezes, ela é positiva, às vezes, negativa. A orientação purifica sistematicamente a sua negatividade, de modo que uma quantidade cada vez maior da força vital positiva pode ser liberada. Ela libera esse poderoso fluxo de força vital no seu recipiente na exata proporção da sua capacidade para lidar com ele. Assim, o seu recipiente está seguro.

13. O poderoso fluxo de força vital que acompanha o princípio criativo divino involuntário não pode ser comandado pelo ego. Uma outra maneira de dizer isso é que a bondade que existe dentro de você flui espontaneamente; ela brota na forma de sabedoria, de amor e ternura, de acordo com a sua própria vontade. Ela não flui sob o comando do ego. A única coisa que o ego pode fazer é impedi-la de fluir ou desviá-la do seu caminho.

14. A orientação o toma pela mão e caminha ao seu lado, conduzindo-o a um estado de rendição à sua verdadeira fragilidade e vulnerabilidade humanas, as quais estão centradas no pequeno ego. Ao fazer isso, você imediatamente enfrenta o fato de que não tem a vida em suas mãos, que o seu ego não controla a sua vida e que a orientação não vai ajudá-lo a fazer isso. Simplesmente, não é possível fazê-lo. Para mim esse é o significado da rendição do ego. A que você se rende? Você se rende a um poder mais profundo que existe dentro de você. Seguir a orientação é uma renúncia sistemática ao ego exterior que poderá tentar dar-lhe segurança, mas que não vai conseguir fazê-lo. A orientação

refaz as suas ligações com o seu poder original. Você torna-se um filho de Deus. Em sua entrega, você encontra um outro poder – o poder do Deus interior. Você se torna um instrumento de Deus. Você descobre dentro de si todo o poder, amor e sabedoria de Deus.

15. Não há nenhum castigo se você não seguir a orientação. Você tem todo o tempo do mundo, pois o tempo é uma ilusão. Se você receber uma orientação e deixar transcorrer três meses ou dois anos, não há problema. Todavia, na medida em que você seguir a orientação recebida, nessa exata medida, você ganha poder espiritual porque o ato de seguir automaticamente a orientação o ajuda a se entregar à divindade maior que existe dentro de você. Esse poder espiritual o ajuda a completar a tarefa da sua vida.
16. Seguir a orientação permite que o espírito sagrado se combine com a sua essência do âmago para dar-lhe poder. Esse poder não se acumula no seu ego. Em vez disso, ele faz a ligação entre a sua essência interior, ou centelha divina individual, e o Deus universal.
17. A orientação gera liberdade e independência porque muda sua maneira de encarar a vida, fazendo com que a meta seja a realidade da divindade interior, em vez de outros valores.
18. As melhores coisas da vida são gratuitas.

Como a Orientação me Conduziu Através da Vida

Analisando a minha vida, vejo que todos os momentos mais importantes e decisivos foram orientados de forma muito específica e precisa. Às vezes, eu seguia orientações que me pareciam totalmente absurdas. As pessoas à minha volta me diziam para não fazer, mas eu fazia.

Quando eu estava morando em Washington, D.C. aprendendo terapia bioenergética, houve um caso extraordinário de orientação. Aconteceu na Páscoa. Alguns dos meus novos amigos disseram que tinham ouvido falar de um milagre que deveria ocorrer em Virginia Ocidental, na manhã de Páscoa. Eles perguntaram: "Você quer ir?" Eu disse que sim e, então, pensei: "Que devo vestir para assistir a um milagre?" Resolvi usar calças brancas, blusa e sandálias! Viajamos cinco horas de carro e chegamos cedo a um pomar de maçãs, antes do alvorecer. Havia câmeras de televisão. A mulher que previra o milagre havia montado a coisa toda com diferentes cenários representando a vida de Cristo, incluindo o Jardim de Getsêmani. Seríamos peregrinos e levaríamos rosas para colocar no jardim.

Todos esperamos ansiosamente o nascer do Sol para ver o milagre que havia sido previsto. Finalmente, o Sol apareceu. Olhei para o Sol enquanto ele nascia e ele rodopiou no céu, emitindo muitos raios avermelhados e movendo-se um pouquinho. Eu disse: "Oh! É como o milagre de Fátima, quando milhares de pessoas viram o Sol rodopiar no céu!" Depois, pensei: "Que efeito interessante dá-se na retina! Então é isso o que acontece quando você olha para o céu!" Ao meu redor, as pessoas estavam gritando: "Olhem o Sol girando! Vocês estão vendo!" Outros murmuravam: "Não consigo ver, não consigo ver – está muito brilhante." Uma vez mais, foi como o que havia acontecido no milagre de Fátima. Uma outra pessoa estava dizendo: "Tem uma cruz no céu." Eu não conseguia vê-la. E era isso. Assim, pus minha rosa no jardim e voltamos para casa. Na viagem de volta, eu disse para mim mesma: "Por que não deixo simplesmente que isso seja um milagre? Não sei como é um milagre. Talvez isso tenha mesmo sido um milagre." Depois, eu disse: "Vou fazer um teste para esclarecer isso."

Na manhã seguinte, acordei cedo e olhei para o Sol para testar o que iria acontecer em termos do efeito na minha retina. Não consegui olhar direito para o Sol – ele estava demasiado brilhante. Eu disse: "Isso é interessante. Agora não consigo olhar para o Sol. Vou ter paciência e esperar para ver se acontece mais alguma coisa, pois não sei o que acontece num milagre."

Não demorou muito tempo para que o assim chamado milagre se manifestasse na forma de um novo fenômeno. Considero parte do milagre tudo o que aconteceu daí em diante, porque, para mim, isso foi o início da revelação do mistério da vida. O que acontecia era simples: sempre que o Sol estava num determinado ângulo no céu, eu ouvia uma nítida mensagem verbal me orientando quanto ao que fazer. Às vezes, ela dizia: "Acalme-se. A sua mente está exagerando tudo." Ou, então: "Sua professora de cura está doente, e hoje você precisa ministrar-lhe uma cura em vez de receber." Eu ouvia uma voz, como se ela estivesse vindo do Sol. O Sol incidiria sobre mim, para chamar a minha atenção, e eu receberia uma mensagem. Parecia-me que, mesmo que o Sol não conseguisse chegar diretamente até mim, ele encontraria uma maneira. Certa vez, eu estava sentada numa cadeira, embalando a minha filhinha. O Sol estava do lado oposto da casa, mas sua luz refletiu na janela da casa do vizinho, entrando através da minha janela e atingindo-me no ângulo certo. Essa comunhão com o Sol continuou durante anos.

Outro exemplo de orientação aconteceu comigo depois de eu ter feito o curso de terapia bioenergética e estar trabalhando como terapeuta em Washington, D.C. Eu tinha começado a ver vidas passadas e não sabia o que fazer a respeito. Assim, comecei a rezar pedindo ajuda para descobrir o que eu deveria fazer. Fui acampar na ilha Assateague. Chovia e, por isso, eu estava deitada na praia com uma lona sobre a minha cabeça. No meio da noite, ouvi o meu nome ser chamado três vezes, tão alto que acordei. Olhei para a lona. Ela estava translúcida e, assim, pensei que estava olhando para as nuvens. Subitamente percebi que estava olhando apenas para a lona e, por isso, tirei-a de cima de mim para ver de onde a voz estava vindo. O céu estava completamente limpo e fiquei admirada porque conseguia ouvir as estrelas cantando uma para outra através do céu. Eu sabia que as minhas orações tinham sido atendidas. Eu havia recebido uma mensagem, e a resposta viria.

Pouco tempo depois, tomei conhecimento do Centro para Energia da Vida (atualmente Pathwork Center), em Phoenicia, Nova York. Fui para lá participar de um seminário e descobri que a resposta para as minhas preces era que eu deveria mudar-me para lá. Passou-se um ano antes que eu pudesse fazer isso. Meu marido não quis mudar-se para o centro, mas eu fui, com minha filha de quatro anos, porque se tratava de uma orientação. Mais tarde ele veio.

Depois de me mudar para Phoenicia, trabalhei a minha capacidade de receber mensagens extrassensoriais num grupo de processamento porque estava recebendo muitas informações extrassensoriais – como, por exemplo, informações a respeito de vidas passadas de outras pessoas – e não sabia o que fazer com essas informações. Houve uma época em que eu estava com a perna quebrada e eu pulava de um lado para o outro, apoiada em uma bengala, gritando que não estava irritada. A diretora do centro, Eva Pierrakos, que recebera espiritualmente o guia de leituras Pathwork, disse: "O problema com você é que os seus canais se abriram muito rápido. Você está muito irritada por dentro e não consegue lidar com isso. Você precisa fechar os seus canais." A orientação que recebi confirmou isso. Eu estava tendo muito prazer em ser sensitiva. Eu. estava contente por ser especial e estava usando isso para evitar ter de lidar com problemas importantes na minha vida. O único uso aceitável para os meus canais de comunicação espiritual era com o meu trabalho pessoal. Assim, bloqueei os meus canais, exceto aqueles utilizados para o meu trabalho pessoal. Eu não sabia quanto tempo isso teria de ser assim. Os meus guias sempre disseram que isso devia continuar assim pelo tempo que fosse necessário.

Pouco tempo depois da minha solene promessa, eu fui testada. Um dia, acidentalmente, comecei a deixar o meu corpo. Vi ao meu lado lindos guias com túnicas cobertas de joias. Eu estava muito curiosa para saber quem eles eram, mas me lembrei da minha promessa e, rapidamente, forcei-me a voltar para o meu corpo. Embora tenha sido difícil abrir mão dos meus dons mediúnicos, eu o fiz, e me concentrei no meu trabalho pessoal. Passei os seis anos seguintes concentrando-me na minha transformação. Nos dois primeiros anos concentrei-me na vontade divina. Para fazer isso, certifiquei-me de que tudo o que eu fazia estava em harmonia com a vontade divina. Tive sessões particulares nas quais tentava compreender o significado da vontade divina. Senti um conflito com relação ao que Deus iria fazer comigo em seguida. Eu era uma escrava dele? Eu administrava todas as coisas na minha vida a partir da perspectiva de estar em harmonia com a vontade divina. Lentamente, ao longo do tempo, descobri que tudo o que eu quisesse fazer a qualquer momento, a partir da parte mais pura e mais profunda do meu ser, era também a vontade divina. Consegui encontrar a vontade divina cantando dentro do meu coração.

Nos dois anos seguintes, concentrei-me no amor divino. Concentrei-me em fazer todas as coisas com amor. Todas as manhãs, eu rezava e meditava para aprender a conhecer o amor divino. Fazendo isso, descobri que muitos dos meus atos não eram assim tão amorosos. Trabalhei nas minhas sessões particulares para trazer o amor para a minha vida. Ao longo desses dois anos, as coisas começaram a mudar e eu consegui ser mais amorosa e expressar mais intensamente o amor na minha vida. Nos dois anos seguintes, o meu trabalho consistiu em concentrar-me na verdade divina. Segui o mesmo padrão de antes, rezando e meditando todas as manhãs para descobrir o que é a verdade divina. Passei muito tempo me concentrando e examinando a sua função na minha vida, descobrindo em que áreas ela estava fazendo falta e como eu poderia trazê-la para a minha vida. Eu estava disposta a encontrar a verdade e a defendê-la em todas as situações? Como nessa época eu vivia numa comunidade religiosa, sempre me eram oferecidas situações de vida nas quais eu poderia praticar todos esses três aspectos divinos de nós mesmos.

Todas as pessoas que pertenciam à comunidade residente no Centro para Energia da Vida estavam trabalhando em si mesmas dessa forma, buscando uma autotransformação. A comunidade estava cheia de pessoas que buscavam verdades espirituais e lutavam umas com as outras todos os dias para determinar os rumos da comunidade. Todos aprendemos muito naqueles dias. Achávamos que estávamos criando uma cidade de luz, mas, posteriormente, quando nos espalhamos pelo mundo, percebemos que cada um de nós tinha conseguido aquilo que lá havia ido buscar. Nós incorporamos o trabalho. Enchemos o nosso ser com o trabalho e, assim, vivemos de acordo com os princípios espirituais superiores nos quais acreditamos. Por fim, depois de seis anos de muito esforço e trabalho, senti que estava pronta para abrir novamente os meus canais porque eu era digna de confiança. As pessoas simplesmente confiavam em mim porque eu estava disposta a aceitar e a seguir a verdade, qualquer que ela fosse. Obviamente, isso não significava que eu tivesse terminado a minha transformação pessoal. O trabalho ainda continua até os dias de hoje, e continuará pelo restante da minha vida. Mas eu sabia que tinha alcançado um momento decisivo na minha vida e que as coisas começariam a mudar drasticamente, como de fato aconteceu.

Eu sabia que deveria ir para Findhorn, e fui. Lá, visitei um ponto de energia natural chamado Randolph's Leap, um lugar perto de Findhorn onde os druidas teriam feito adorações e comungado com os espíritos da natureza. Pedi para ter acesso aos espíritos da natureza. Nada pareceu acontecer. Viajei para a Holanda a fim de dirigir um seminário intensivo e, depois, fui esquiar na Suíça. Esqueci-me totalmente do meu pedido. Cerca de um mês depois de ter voltado, comecei a acordar às cinco e meia todas as manhãs e a escrever pilhas de informações recebidas dos meus guias. Comecei a ver pequenos espíritos da natureza em todo lugar aonde ia. Eles me seguiam enquanto eu caminhava pela propriedade. Eles sempre se mostravam um pouco tímidos e permaneciam alguns passos atrás de mim, dando risadinhas.

Por meio do contato com os espíritos da natureza, obtive muitas informações a respeito do Centro para Energia da Vida, tais como o local e a disposição do santuário que iria ser construído. Isso veio em doses muito pequenas, mediante meditações diárias. Eu estava descendo a estrada superior do centro, indo assumir o meu turno na cozinha, quando uma voz me chamou pelo nome. Eu a ignorei e ela me chamou novamente. Eu disse que estava atrasada para o meu trabalho e continuei caminhando.

Ela me chamou uma terceira vez, e eu disse: "Está bem. O que você quer?" Ela me levou a um prado, até uma pedra.

Eu perguntei: "E então?"

Ela disse: "Sente-se." Assim, eu sentei.

Então, eu disse: "E agora?"

Ela disse: "Sente-se." Assim, eu me sentei e meditei.

No ano seguinte, fui todos os dias até a pedra para meditar. Todos os dias, durante a meditação, recebia informações reduzidas e fragmentadas a respeito da terra. Disseram-me que a pedra em que eu costumava me sentar era a pedra do altar. A voz indicou uma outra pedra colina abaixo e, depois, duas outras de cada lado, que eram pedras de marcação. Poderia ser traçada uma linha entre a pedra do altar e a primeira pedra de marcação. Uma outra linha poderia ser traçada entre as duas pedras de marcação laterais. As duas linhas se cruzavam no meio do prado. Exatamente nesse ponto, duas pequenas árvores tinham caído uma sobre a outra em forma de cruz. Mais ou menos um ano depois, quando chegou o momento de definir o local para a construção do santuário, todas as pessoas foram solicitadas a dirigir a comissão encarregada de construir o santuário aos lugares do centro nos quais prefeririam que fosse feita a construção. Um lugar foi escolhido.

Eu tinha a certeza de que não era aquele o lugar certo, mas fiquei quieta. Voltando para o saguão principal, alguém me pediu que lhe mostrasse o meu lugar secreto de meditação diária. Relutantemente, levei o grupo de pessoas até a rocha do altar. Todos sentaram-se nela para meditar e sentiram instantaneamente que aquele era o lugar apropriado. Então, timidamente, comecei a compartilhar as informações que havia acumulado no último ano de meditações. Posteriormente, quando voltei lá com um topógrafo, verificou-se que as linhas definidas pelas pedras de marcação estavam na posição exata do máximo ângulo solar para um edifício solar. Verificou-se também que as árvores caídas estavam exatamente no local do cruzamento de duas grossas paredes de vidro na frente do edifício heptagonal.

Eu fazia parte da comissão que ajudou a projetar o edifício. Como o terreno era montanhoso, tivemos de dinamitar o leito rochoso, para construir os alicerces. Tentei inutilmente espantar os veados antes da explosão, mas eles não iam embora. Eles apenas se afastaram dois ou três metros, quando a dinamite explodiu, e depois continuaram a pastar como se nada tivesse acontecido.

Durante um longo período, nos anos que passei no centro, fui submetida a testes muito simples. Os guias me davam instruções do tipo "Vá serrar o galho morto daquela árvore." Às vezes, eu demorava três meses para conseguir fazer algo porque achava aquilo uma estupidez – temos um pouco de resistência aqui. Mais cedo ou mais tarde, porém, eu acabava fazendo. Comecei a notar que eu não recebia nenhuma instrução nova enquanto não tivesse feito aquilo que determinava a instrução anterior. Logo que eu fazia o que me havia sido pedido, eu recebia uma nova instrução. Agora compreendo que eu estava sendo treinada para seguir instruções de forma exata e precisa. Isso fortaleceu a minha confiança e, dessa forma, me tornei capaz de fazer cirurgias de quinto grau com os guias. A cirurgia de quinto nível, descrita em *Mãos de Luz*, é uma maneira de reestruturar o quinto nível do campo áurico, sendo que os guias fazem a maior parte do trabalho. Para mim, isso começou num dia em que eu estava fazendo uma massagem numa paciente.

Eu estava fazendo uma massagem sueca numa pessoa quando apareceu um guia e disse: "Segure duas tiras verdes", para fazer-me tirar minhas mãos do corpo. Embora a minha paciente tivesse vindo para receber uma massagem, eu fiquei durante cerca de 45 minutos com as mãos acima do seu corpo, segurando as duas tiras verdes. Eu vi guias chegando sob as tiras verdes e fazendo a operação na minha paciente. Foi então que comecei a aprender o que era a cirurgia espiritual de quinto nível. Observei a operação ao mesmo tempo que continuava esperando que a minha paciente dissesse: "Ei, como fica a minha massagem?" Mas ela não o fez. Na semana seguinte, ela voltou queixando-se de sintomas pós-operatórios. Pude ver os pontos que os guias haviam feito no seu baço e, novamente, tive de segurar as duas tiras verdes. Dessa vez, eles tiraram os pontos. E, uma vez mais, ela não se queixou por eu não ter tocado o seu corpo para fazer a massagem. Ela disse que não sabia o que eu estava fazendo, mas que aquilo era maravilhoso. Foi assim que comecei a aprender a fazer cirurgia espiritual de quinto nível.

Um dia, depois de escrever pela manhã como de costume, às 5h30, a orientação que recebi foi a de que devia comprar uma máquina de escrever. Eu não sabia datilografar mas, como estava recebendo orientações de maneira muito rápida, não conseguia mais escrever à mão. Então, eu teria de datilografar, e aprendi a fazê-lo. Depois de algum tempo escrevendo à máquina, eu já não conseguia datilografar com suficiente rapidez. Recebi orientação para comprar um gravador, e comecei a gravar aquilo que eu tinha a dizer. Sem saber, eu havia começado o meu primeiro livro.

Trabalhei no meu primeiro livro, *Mãos de Luz*, durante 15 anos. Doze editoras recusaram o manuscrito. Eu não sabia o que fazer. Recebi orientação para publicá-lo eu mesma. Vendi a casa que eu tinha e que não estava sendo utilizada, conseguindo 50 mil dólares por ela. Todos acharam que eu estava inteiramente maluca por usar as economias de toda uma vida para publicar um livro. Mas eu disse: "Ou essa é a missão da minha vida ou então não é. Chegou a hora de investir tudo nisso." Gastei 50 mil dólares para fazer mil exemplares do livro. Quando o livro foi publicado, restavam-me algumas centenas de dólares e uma filha para sustentar. Escrevi uma carta para as pessoas que conhecia informando que eu havia publicado o livro. "Este livro me custou 50 dólares. Eu o venderei a você por 50 dólares." O livro se esgotou em três meses e passei a cuidar da edição seguinte. Alguém sugeriu que eu o levasse a uma editora. Eu disse: "Mas elas já o recusaram." Todavia, eu o fiz e a Bantam o comprou. O livro foi traduzido para nove línguas e está sendo distribuído no mundo todo.

Quando comecei a me comunicar com os guias, eu não conseguia distinguir entre os que estavam comigo o tempo todo e os que vinham para me ensinar novas técnicas e, depois, ficavam vários meses sem aparecer. Eu sempre podia vê-los. Depois de ter passado por todos aqueles anos de preparação, trabalhando sozinha e com os guias, eles começaram a fazer sugestões quanto ao modo como eu deveria trabalhar com os meus pacientes durante as sessões. Isso continuou enquanto as minhas massagens e terapias lentamente se transformavam na prática da cura. Os guias me diziam o que fazer com as mãos. Eles também me davam informações a respeito dos pacientes – coisa que, de outra forma, eu não teria meios de saber. Eles me falavam tanto sobre as causas físicas e psicológicas dos problemas do paciente quanto sobre o modo como ambas tinham a ver com determinados relacionamentos que o paciente tinha no momento ou havia tido no passado. De forma lenta, úmida e um tanto constrangida, eu apresentava essas informações ao paciente durante a sessão. Eu dizia coisas como: "Você já pensou na possibilidade de..." e, em seguida, acrescentava as informações fornecidas pelos guias.

Dentro de pouco tempo, a pressão psíquica produzida por esse volume de informações me levaram a servir de canal para a transmissão de mensagens espirituais. Eu nunca disse a nenhum paciente que se tratava de um guia – eu simplesmente falava numa voz diferente. Eu dizia que a minha voz mudava por eu me encontrar num estado alterado. Depois de alguns anos fazendo isso, um paciente disse: "Você está transmitindo a voz de um guia, não está?"

"Quem, eu?"

"Qual é o nome dele?", perguntou o paciente.

"Não sei."

Eu geralmente presto mais atenção aos guias que os pacientes trazem consigo para as sessões de cura, porque os pacientes sempre querem que eu lhes descreva os seus guias. Eu transmito aos pacientes tanto informações passadas pelos seus guias como pelos meus. Comecei até mesmo a falar com sotaque durante algum tempo, mas achava isso um tanto constrangedor. Por fim, eu disse que só queria servir de canal para a transmissão das mensagens de guias que tivessem uma voz mais normal. Se um guia de uma outra pessoa quisesse transmitir informações através de mim, eu o ouvia e depois repetia a mensagem.

Eu sempre podia ver cinco guias em torno de mim enquanto eu trabalhava – eles ainda estão comigo. Nessa época, os guias estavam na moda. Todas as pessoas estavam recebendo mensagens espirituais e eu ainda não sabia quem era o meu guia principal. Assim, resolvi descobrir. Chamei os meus guias certo dia em que estava dando um seminário sobre cura e percepção de mensagens espirituais junto com Pat Rodegast, conhecido médium e autor de *Emmanuel's Book* e *Emmanuel's Book II*. Ouvi a palavra "Heyoan" ou "Heyokan". Eu disse: "Credo! Quero um guia com um nome bonito, como o Emmanuel, de Pat." Não gostei nada do nome e tentei mudá-lo, sem sucesso. Depois, não voltei a pensar nisso. Decorridos seis meses, eu estava dando um outro seminário com Pat, dessa vez sobre recepção de mensagens espirituais e sobre cura. Sempre que trabalhávamos juntos, pedíamos para aprender alguma coisa com o nosso trabalho. Dessa vez, frustrada, eu disse: "Por que todo mundo sabe o nome do seu guia, menos eu?" De fato, Heyoan inclinou-se mais uma vez para mim, quando eu estava fazendo uma demonstração de cura, e disse:

Meu nome é Heyoan – lembre-se, eu lhe disse isso há seis meses. É de origem africana e significa "O vento sussurrando a verdade através dos séculos".

É claro que isso foi muito constrangedor. Ele realmente havia me dito o seu nome e eu me esquecera completamente do episódio. Essa foi a minha apresentação formal a Heyoan. Desde então, temos sido grandes companheiros. No meu estado de percepção consciente que chamo de Barbara, eu geralmente o "vejo" de pé ao meu lado e ligeiramente atrás de mim. Ele parece ter cerca de 3 a 3,5 metros de altura e é azul, amarelo e branco. Quando transmito as mensagens de Heyoan, nossas consciências se fundem e nos tornamos uma só consciência. Eu me "torno" Heyoan. Quando faço isso, o meu campo áurico se amplia, alcançando um diâmetro de cerca de 6 metros. Muitas vezes, depois de transmitir as mensagens de Heyoan por 1 ou 2 horas, sou levada para uma sala iluminada onde há uma mesa grande e comprida, com muitos guias em torno. Nesse local, eles me mostram um grande esboço dos planos para o futuro. Em geral, eu não compreendo muita coisa desses planos, mas continuo tentando. Pouco a pouco acho que vou aprender a interpretá-los.

Diferentes grupos de guias se juntaram aos programas que dirigi ao longo dos anos. Há cerca de cinco anos, comecei a receber mensagens de uma outra entidade espiritual que parecia ser muito feminina. No início, nós a chamamos de Deusa, porque ela parecia ser o aspecto feminino de Deus. O campo de energia desse ser é branco e dourado, e aumentou ao longo dos anos. Ela é tão grande que é impossível dizer o seu tamanho. Eu e a minha querida amiga Marjorie Valeri, uma harpista profissional, entramos em transe. Marjorie recebe as mensagens espirituais e toca a harpa. Uma parede de luz branca, muito mais alta do que a sala, surge por detrás de Marjorie e de mim, elevando a consciência de todas as pessoas. Eu entro em transe e caminho em torno da sala, recebendo mensagens espirituais e ministrando cura às pessoas. Nesse trabalho, a energia é tão grande que tenho conseguido ministrar curas a 280 pessoas em uma hora.

E, o que é mais importante, o poder de cura é tão grande que os efeitos da cura se desdobram ao longo de um período de diversos meses. O caso mais conspícuo foi o de uma pessoa que participou de um seminário no Omega Institute. Ela estava carregando um suprimento de oxigênio e aguardava um transplante de coração e dois transplantes de pulmão. A Deusa trabalhou nela durante uns cinco minutos. Isso, e o seu desejo de se curar, ajudaram-na a superar a doença. O nível de oxigênio em seu sangue começou a subir até ficar, sem o oxigênio, mais elevado do que ficava, antes, com o oxigênio. Os doadores de órgãos nunca apareceram. Posteriormente, ela casou e se mudou para algum lugar mais para o oeste. As últimas notícias que tive dela davam conta de que seus médicos haviam lhe dito que ela precisava de apenas um transplante de pulmão. Agora, faz três anos desde que a Deusa a tocou.

Ao longo dos anos, a energia de cura que chamamos de Deusa se transformou numa energia muito mais equilibrada, em termos femininos e masculinos; e recentemente, recebi a mensagem, através da minha fonte de orientação, de que se tratava do Espírito Santo. Agora, tenho de lidar com o meu acanhamento ao dizer que estou recebendo mensagens do Espírito Santo. De alguma maneira, o aspecto feminino de Deus parece ser mais aceitável. Terei de trabalhar com isso. No último seminário que dirigi, em Santa Fé, também reuni um novo grupo de guias que se intitulavam Conselho de Luz. Eles parecem ter muita energia. Seus membros se sentam em círculo, com uma vela ao pé de cada um. Eles parecem ter grandes planos a respeito da construção de centros de cura pelo mundo. Estou curiosa para ver como isso vai ser feito. E, a seu tempo, isso vai acontecer.

Portanto, foi assim que a orientação influenciou a minha vida. Ao fazer essas coisas, ainda que algumas fossem um tanto absurdas, ridículas ou obviamente tolas, eu construí a minha fé. Foi preciso fé enquanto eu estava sendo continuamente testada para se verificar se faria exatamente o que me havia sido dito para fazer e se daria exatamente a informação que deveria dar, sem revelar as outras informações que me haviam sido dadas. Foi por isso que acabei chegando a um nível em que me tornei capaz de servir de veículo para a transmissão espiritual de tratamentos específicos e de recomendações quanto ao tempo durante o qual a pessoa deveria recebê-lo. Os meus guias orientaram-me passo a passo, ajudando-me a desenvolver a minha Percepção Sensorial Sutil, minha capacidade de receber mensagens espirituais e os três níveis superiores do campo áurico. Eles me fizeram entrar em contato com a minha espiritualidade e, para mim, o mundo espiritual tornou-se uma realidade. A orientação me proporcionou muitas experiências maravilhosas e me levou a adquirir uma compreensão mais ampla a respeito da minha própria divindade.

Nem sempre é fácil seguir as orientações recebidas e penetrar no lado espiritual da vida, porque isso pode representar um grande desafio. Tendemos a ignorá-las, adiá-las ou, simplesmente, achar que elas não são reais. Aprender a seguir a orientação é um processo gradual que nos leva às nossas realidades espirituais superiores. Cada vez que optamos por seguir uma orientação, optamos pela nossa vontade divina superior. Fazendo isso repetidamente, começamos a vivenciar os níveis superiores de nossas realidades espirituais, que correspondem ao quinto, sexto e sétimo níveis do campo áurico. Passamos agora para os níveis superiores do campo.

O Quinto Nível da Aura: A Vontade Divina

O quinto nível do campo áurico está associado à vontade divina. Ele é o nível fundamental de todas as formas e símbolos. Logo que chegar ao quinto nível, através da sua Percepção Sensorial Sutil, você verá uma luz azul-cobalto. No início, você poderá ficar um pouco confuso, pois o quinto nível é o molde de todas as formas. Isso significa que ele é como o negativo de uma fotografia ou o estêncil de um aerógrafo. Tudo está invertido. Aquilo que você esperaria que fosse sólido é espaço vazio. Aquilo que você esperaria que fosse vazio é sólido e tem a cor azul-cobalto. Depois de ter passado algum tempo no quinto nível, você se acostuma com essa inversão e ela já não chama tanto atenção. Como o quinto nível é o molde do primeiro, você pode considerar que ele é feito de sulcos onde se encaixam as linhas do primeiro nível do campo áurico. Ou, então, você poderia pensar no leito de um rio, no qual as águas (as linhas de energia do primeiro nível) fluem. O quinto nível do nosso campo é o molde para o primeiro nível, que, por sua vez, é o molde do seu corpo físico.

O quinto nível geralmente é o que se mostra mais difícil de ser compreendido pelas pessoas da nossa cultura. Na nossa cultura, deixamos que a razão predomine. Se nos pedem que façamos alguma coisa, queremos saber por quê. Queremos compreender o que está acontecendo. O problema com isso é que, com a nossa razão, podemos compreender apenas as coisas que estão dentro da nossa definição de realidade. Se não vivenciamos as realidades espirituais das dimensões superiores, elas não são reais para nós. E temos de ser levados pela mão, num processo gradual. Não vamos reconhecer a paisagem durante algum tempo porque se trata de um novo território. Precisamos nos libertar das nossas ideias preconcebidas a respeito de como isso será e deixar que a experiência simplesmente se desenvolva.

Para penetrar no mundo espiritual descrito nos meus livros, tive de confiar e seguir a vontade divina nos momentos em que eu não compreendia as razões daquilo que estava fazendo. A compreensão veio mais tarde. Não foi por acaso que uma das primeiras coisas que os guias me disseram para fazer foi algo muito simples e inócuo. Eles estavam acomodando a minha razão. Eu precisava ser levada passo a passo. Com a vontade divina, fui capaz de fazer isso, muito embora minha razão estivesse constantemente querendo compreender alguma coisa que ela não tinha informações suficientes para entender. A única maneira de obter uma quantidade suficiente de informações era fazer o que me diziam para fazer e confiar.

Nossas Imagens Negativas a Respeito da Vontade Divina

A vontade divina frequentemente não é compreendida e, muitas vezes, tem sido muito mal utilizada. A velha maneira de perceber a vontade divina reflete a questão da autoridade. Nossa principal imagem negativa é a de que a vontade divina se contrapõe à nossa vontade porque, muito provavelmente, ela não é aquilo que desejamos. Trata-se de algo que temos de desafiar para sermos livres. E, no entanto, foi-nos dado o livre-arbítrio para podermos escolher. Assim, estamos num dilema. Temos o livre-arbítrio, mas, se não usarmos a nossa força de vontade para nos obrigarmos a escolher a vontade de Deus – coisa que não queremos fazer –, estaremos em apuros.

Dessa maneira, temos uma outra imagem: a vontade divina é alguma coisa a ser temida porque, se não fizermos a vontade de Deus, seremos castigados. Assim, se não soubermos qual é essa vontade, talvez não sejamos castigados com tanto rigor. Portanto, seria melhor ficar sem saber qual é essa vontade.

Há uma outra imagem a respeito da vontade divina que usamos para nos resignarmos com uma situação dolorosa: não há nada que eu possa fazer para modificar a vontade divina. Isso nos exime convenientemente da responsabilidade de fazer alguma coisa a respeito de uma situação dolorosa.

A vontade divina é uma maneira de explicar qualquer coisa que não compreendemos. Uma vez mais, não temos de compreender isso! Trata-se de um mistério. De fato, pode até mesmo ser um sacrilégio tentar compreender isso!

Nas nossas religiões, a vontade divina tem sido usada para controlar as pessoas com a ideia de que apenas alguns poucos de nós sabem qual é a vontade divina. Portanto, o restante de nós tem de fazer o que esses poucos dizem. Basicamente, essas poucas pessoas viraram do avesso a imagem que tínhamos de Deus e agiram, talvez de forma inconsciente, como se a vontade delas fosse a vontade divina. Elas usaram em proveito próprio a imagem que seus seguidores faziam de Deus. A vontade de Deus tem sido usada como pretexto para mortes e disputas territoriais. De fato, a vontade de Deus provavelmente tem sido usada como uma desculpa para todas as terríveis coisas que diferentes povos fizeram uns aos outros através da história.

Se considerarmos que os nossos desejos entram em conflito com a vontade divina, podemos culpar Deus pelos nossos problemas. É Deus que não nos dá aquilo de que precisamos. Isso coloca o poder fora de nós. Nesse sistema, tudo o que precisamos fazer é ser bons, de acordo com as regras de uma determinada religião e, então, Ele poderá nos dar aquilo que queremos. Nossa imagem negativa do bem é que ele é um tanto enfadonho, difícil de realizar e, positivamente, não é livre. Deus é mais ou menos como os nossos pais, não é? "Se você se comportar, sairemos para tomar sorvete." Não admira que as pessoas se afastem assustadas diante da ideia da vontade de Deus.

Nossas imagens negativas a respeito também nos fazem ficar confusos quanto ao seu significado. Na maior parte do tempo, achamos que a força de vontade é algo que precisamos ter para realizar as coisas porque isso é difícil de ser feito. Sempre existe alguém ou alguma coisa que temos de repelir ou de tirar de nosso caminho. Em outras palavras, outra imagem negativa que temos a respeito da vontade é de que ela é necessária para combater resistências. A vontade nos confere o poder de superar obstáculos. Dentro do velho sistema, a resistência sempre é vista como algo exterior a nós.

Na verdade, todas essas imagens a respeito da vontade divina nos separam, não apenas dos outros, mas também de nós mesmos. Quando estamos separados dos outros, também estamos separados de nós mesmos, e a batalha começa.

O fato de termos de nos esforçar tanto para fazer a nossa vontade estar em conformidade com a vontade divina significa que a nossa vontade não é tão boa. De onde vem a ideia de que a nossa vontade talvez não seja boa? Ela vem da ideia de separação e de que existe algo de errado conosco. Esses vestígios de velhos valores religiosos estão antiquados e não funcionam mais para nós. Eles existem sob o velho regime de poder. A imagem que está por trás dessa velha maneira de ser é que precisamos de um Deus para manter-nos bons e responsáveis. Mas isso realmente é verdade? Heyoan diz:

> **Tudo isso, meus amigos, é uma ilusão. Em virtude de sua repulsão, você cria a resistência contra a qual vai lutar. O que você iria fazer sem essa resistência?**

Como Ligar-se à Vontade Divina Dentro do Seu Coração

Estamos nos deslocando rumo a uma nova maneira de ser que se baseia no poder e nas responsabilidades interiores. Considere a possibilidade de que a vontade não tenha nada a ver com a superação da resistência e que, em vez disso, ela nos ajude a encontrar o nosso caminho. Vejamos uma metafísica diferente, na qual isso faça sentido.

Se reconhecermos que temos um Deus interior bom e responsável que vive em sincronicidade com o grande Deus universal e que é holograficamente parte dele, então a nossa vontade interior é a mesma de Deus. Ela simplesmente existe. Não há nada contra o que lutar. Há apenas coisas a serem feitas para realizar aquilo que desejamos. Vontade evoca ação.

Temos necessidade de saber qual é a nossa vontade. De onde ela vem? Como reconhecemos essa vontade dentro de nós? Como sabemos se ela é certa? Como ela é?

Uma vez mais, temos de nos voltar para a metafísica M-3, apresentada no Capítulo 3. Dentro dessa estrutura, todas as coisas físicas nascem a partir da nossa mente ou consciência. Assim, nossa vida física nasce a partir da mente. A mente já existia antes da matéria. Se presumirmos que a mente criou de fato a nossa vida física, ela deve ter tido um objetivo para fazer isso. O objetivo da mente universal ao fazer isso é o propósito divino. O propósito divino para o qual fomos criados é a nossa missão na vida. A vontade divina coloca em ação a razão divina.

O mundo físico está sendo constantemente criado pela mente divina ou universal. Nosso propósito é permanente. Ele está, por assim dizer, vivo. Nosso propósito se estende não apenas para além de nossa existência como também atua no momento presente. Neste momento, ele está sempre ligado ao nosso propósito de vida, não importa a situação em que nos encontremos. Nossa vontade divina interior funciona em todos os momentos, por mais breves que sejam, e em todas as grandes escalas temporais; ela funciona nos pequenos atos e nos grandes projetos de longo prazo. Ela funciona holograficamente para servir ao propósito divino.

O Relacionamento entre o Livre-Arbítrio e a Vontade Divina

A confusão acerca da vontade começa a ocorrer quando deixamos de compreender que a escolha do nosso livre-arbítrio num determinado momento é sempre desafiada a servir à nossa vontade divina interior. O grau em que escolhemos livremente a nossa vontade divina interior é a medida exata do grau em que expressamos e agimos de acordo com o nosso verdadeiro Eu. Essa vontade é baseada no poder interior e não no poder contra ou sobre uma outra pessoa. Ela se baseia na autorresponsabilidade e não na culpa. Ela se baseia na liberdade para todos e não no controle sobre os outros. Na vontade divina não existe lugar para a culpa ou para a ilusão de que existe alguma coisa fora de nós contra a qual devemos lutar.

Nos momentos da vida em que enfrentamos sofrimento e problemas, agimos movidos pelo medo e não seguimos nossa vontade divina interior. Talvez estejamos confusos a respeito daquilo que queremos fazer com a nossa vida. Agimos movidos pelo medo e fazemos aquilo que, conforme imaginamos, vai agradar as outras pessoas. Nesse caso, nossos atos ainda estão sendo levados a cabo a partir da perspectiva de que devemos lutar contra alguma coisa que está fora de nós e, assim, não nos damos ao trabalho de seguir a nossa verdadeira vontade. Não estamos fazendo o que realmente queremos fazer. Estamos, na verdade, lutando contra nós mesmos. A outra pessoa é apenas uma espécie de "substituto". Às vezes dizemos coisas calculadas para levar uma outra pessoa a protestar a fim de que possamos deixar de fazer o que queremos, mas que não temos coragem de levar a cabo. Obviamente, as coisas não parecem ser assim no momento em que tomamos a nossa decisão. Simplesmente concentramos a nossa atenção nos protestos das pessoas que estão à nossa volta para não pensarmos naquilo que sabemos que temos de fazer. Em longo prazo, porém, isso nunca funciona realmente. Somente seremos felizes depois que fizermos o que é certo para nós.

Escrever o meu primeiro livro, por exemplo, foi uma tarefa muito difícil. Eu estava lutando constantemente comigo mesma. Passei muito tempo presa a dúvidas e evitando lançar mãos à obra, comprometendo-me com muitas coisas ao mesmo tempo, de modo que não me restasse nenhum tempo para escrever. Eu tinha medo de admitir que aquilo que eu estava fazendo era uma tarefa muito importante e que o mundo realmente desejava conhecer aquilo que eu havia feito. A maioria das pessoas nem sequer sabia que eu estava escrevendo um livro. Quase todas as pessoas com quem falei a respeito de publicar um livro escrito por mim acharam que essa era uma ideia maluca. "Que pessoa, em seu juízo perfeito, iria arriscar as economias de toda uma vida num livro que foi recusado por doze editoras?", perguntaram elas. Mas eu sabia que a minha missão divina era apresentar esse trabalho ao mundo e, assim, fui em frente e confiei. Levar a cabo essa tarefa foi um grande ato de fé, que me fez ficar extremamente fortalecida. Isso mudou minha vida porque eu sabia que a minha obra havia sido feita com amor.

Nosso propósito divino, no momento, sempre está em harmonia com o todo universal. As pessoas poderão ignorar isso e protestar contra a nossa decisão; todavia, cabe a nós a responsabilidade de decidir e, depois, ir até o fim sem fraquejar. Aquilo que a nossa vontade divina nos diz para fazer geralmente não é a solução mais fácil. Muitas vezes, trata-se de algo extremamente difícil de fazer, como aconteceu quando me mudei para o centro sem o meu marido. Se eu não tivesse feito isso, porém, a minha vida teria sido muito diferente.

Algumas Perguntas Oportunas para Descobrir se Você Está Sintonizado com a Vontade Divina

Minha vontade interfere com a liberdade de alguma outra pessoa?
Estou tentando controlar alguém?
Minha vontade baseia-se na culpa e, portanto, desafia uma autoridade imaginária?
A minha vontade contrapõe-se à de uma outra pessoa e, portanto, expressa uma resistência interior?

Se a sua resposta a uma das questões acima tiver sido positiva, você ainda está pensando ou agindo a partir da metafísica M-1.

Minha vontade, neste momento, está ligada ao propósito da minha vida?
Minha vontade me impele rumo à minha autorresponsabilidade e, portanto, para a minha liberdade?
Minha vontade ajuda a liberar os meus sentimentos e a amar?
Ela me fortalece, capacitando-me a seguir em frente e a preencher os mais profundos anseios da minha alma?

Se a sua resposta a alguma das perguntas acima for positiva, você terá mudado a sua perspectiva para a nova metafísica M-3. Ela vai funcionar melhor para você.

Frases Diárias para Mantê-lo Sintonizado com o Seu Propósito

Para manter a sua vida e a sua saúde fluindo harmoniosamente, é muito recomendável alinhar-se conscientemente com a sua vontade divina ou positiva. O que é que você pretende realizar? Essa pergunta diz respeito não apenas à sua vida pessoal e à sua saúde, mas também à sua vida como um todo. Conforme já dissemos, nosso propósito na vida está em sincronia com o nosso propósito neste exato momento. Eles estão ligados holograficamente. O que quer que você queira realizar num determinado momento está diretamente ligado ao seu propósito maior na vida. Isso nem sempre parece ser assim, mas é.

Se o seu propósito na vida for ser um curador, por exemplo, então o modo como você cuida da sua saúde no momento é importante, pois isso afeta o seu campo de energia e a sua capacidade de curar os outros. Se o seu propósito na vida for o de expressar-se através de palavras, então a expressão da sua verdade no presente é uma maneira de permanecer em sintonia com a sua expressão. Se a sua missão de vida for alimentar os pobres, então a sua relação com os alimentos e com a nutrição é muito importante. Aquilo que você está fazendo no momento para alimentar os outros serve para treinar para a sua grande missão de vida e exerce uma influência direta sobre ela. Aquilo que você come, o modo como come e a quantidade que come são importantes. Se a sua missão for simplesmente a de encontrar prazer na vida, então o modo como você encara a vida neste exato momento é um passo muito importante nessa tarefa. Se você considera que um copo está meio vazio, você está mais longe do prazer de viver do que se visse o copo como estando meio cheio. Se você sentir dentro de si mesmo que vai ser um grande líder de muitos povos, então o modo como você age em relação às pessoas que estão à sua volta, e têm menos poder, é muito importante. Se você não as tratar com respeito e amor agora, você não se aproximará da sua liderança. Sua tarefa, agora, consiste em praticar os princípios elevados nas coisas que você faz a todo o momento. Sua grande missão de vida é, na verdade, apenas o resultado da prática cotidiana de princípios de vida mais elevados. O verdadeiro trabalho é feito no presente, onde quer que você esteja, diante do que quer que a vida lhe traga.

Se o seu propósito no momento for uma versão deturpada do seu propósito original e, portanto, causar sofrimento e doença na sua vida, ele precisa ser colocado em alinhamento diretamente com o seu propósito maior, para que possa criar saúde e equilíbrio na sua vida.

Você pode alinhar sua vontade através de afirmações. Se a ideia de seguir a vontade de Deus lhe parecer uma luta para fazer alguma coisa imposta a partir de fora, então você ainda carrega a imagem negativa segundo a qual Deus é uma divindade que dita as regras. A verdade é que a vontade de Deus está dentro do seu coração. Ouça a vontade de Deus enquanto ela fala através do seu coração.

Eis aqui a afirmação que usei várias vezes todos os dias ao longo de um período de dois anos, logo depois de ter sido instruída a fechar os meus canais de recepção de mensagens espirituais e a me concentrar no meu trabalho interior. Eu a utilizava para produzir uma mudança dentro de mim mesma, passando da vontade do pequeno ego para a vontade divina que existe dentro do meu coração. Trata-se de uma excelente afirmação para dissipar a noção de que a vontade de Deus é uma lei exterior. Ela foi extraída de um guia de leitura Pathwork, recebido espiritualmente por Eva Pierrakos.

Afirmações para Alinhar-se com a Vontade Divina

Eu me comprometo com a vontade divina.
Entrego o meu coração e a minha alma a Deus.

Mereço o melhor na minha vida.
Sirvo à melhor causa na minha vida.
Sou uma manifestação divina de Deus.

Os Mecanismos para Receber Orientação

Os mecanismos para receber orientação na verdade são muito simples. Você poderá fazer isso sozinho ou junto com um grupo de pessoas. É importante fazer a experiência de receber orientação de ambas as maneiras durante o seu período de treinamento. Sente-se com um caderno de anotações e um lápis. Sente-se numa posição de meditação e alinhe-se com a vontade divina.

Você poderá dizer silenciosamente para si mesmo: "Eu me alinho com a vontade divina. Eu quero conhecer a verdade, qualquer que ela seja. A resposta não será influenciada pelos meus interesses pessoais. Em nome de Deus [ou de Cristo, de Buda, de Alá, ou de qualquer figura espiritual que seja significativa para você] eu quero saber." Escreva as suas perguntas num papel e, então, espere pela resposta. Seu lápis não irá se mover automaticamente. Você não estará fazendo escrita automática. Em vez disso, estará ouvindo telepaticamente. Escreva o que quer que lhe venha à mente, sem discriminação. Embora você talvez possa achar que está escrevendo coisas erradas ou estúpidas, anote-as assim mesmo. Terminada a escrita, ponha-a de lado, sem lê-la, durante pelo menos quatro horas. Mais tarde, você poderá lê-la e analisá-la.

Quando estiver praticando, é importante escrever tudo o que lhe vier à mente. Se o fizer, com a prática você vai começar a distinguir entre aquilo que você inventa com a sua mente e aquilo que você estiver ouvindo por meio da telepatia. Haverá uma clara diferença na qualidade de informação, na linguagem utilizada e no seu tom. A verdadeira orientação é sempre amorosa, sincera, confortadora e isenta de juízos de valor. Ela não vai comprometer a sua integridade, a sua honestidade ou a sua honra.

Se você estiver praticando em meio a um grupo, providencie para que alguém faça uma pergunta. Todas as pessoas poderão receber orientação para a resposta. Compartilhem as respostas imediatamente e façam uma comparação entre elas. Você ficará surpreso ao descobrir o quanto elas são coerentes e se complementam umas às outras. Não tenha medo de se manifestar dentro do grupo se achar que uma resposta está errada. Agora, no início, é o momento de aprender a manter o canal livre. Se você for criticado, encontre a semente da verdade na crítica e leve-a para a sua próxima sessão de orientação. Quando descobrir em si mesmo alguma coisa relacionada à crítica e que necessite ser purificada, leve isso para uma sessão para descobrir quais são as predisposições que influenciaram a captação das mensagens espirituais. Essa é uma tarefa difícil e geralmente precisa ser feita com uma outra pessoa, perita em psicologia e em descobrir a verdade espiritual. Sempre achei necessário contar com a ajuda regular de uma outra pessoa. Quanto mais honesto você for consigo mesmo, mais nítida será a recepção das suas mensagens espirituais.

O fato de eu ter seguido as orientações dos meus guias durante muitos anos trouxe-me grandes recompensas e muitas experiências de êxtase espiritual. Como eu costumava dizer na época em que clinicava: "Trata-se de um grande privilégio porque passo todo o dia trabalhando com os anjos e mergulhada num estado de amor." Esse foi o instrumento mais eficaz para me ajudar a subir até o sexto nível do campo áurico, o amor divino.

O Sexto Nível da Aura: O Amor Divino

Diferentemente do nível cinco, o nível seis nos é muito familiar. Somos inspirados pela beleza do nascer do sol ou do ocaso, pela beleza da luz do sol sobre a água ou do luar refletido por um lago. As estrelas nos elevam para o anil do céu noturno e nos sentimos maravilhados. Ouvimos música numa catedral ou cânticos num templo e somos tomados de êxtase espiritual. Sentimo-nos como se nos reencontrássemos com nós mesmos e amamos tudo o que existe ali. Essas experiências são únicas para cada um de nós. Não há palavras para expressar a profundidade e a amplitude dos sentimentos espirituais. A poesia nos leva até a porta, mas nós é que temos de passar por ela.

O sexto nível da aura tem o aspecto de belos raios de luz opalescente que se projetam em todas as direções a partir de uma forma oval. Ele tem todas as cores do arco-íris, e talvez seja o nível mais bonito da aura. Quando trazemos a nossa percepção consciente para esse nível, entramos num êxtase espiritual.

Todos temos necessidade de vivenciar isso regularmente, como acontece com a respiração, embora muitas pessoas talvez não saibam disso. Todavia, alimentar a alma é tão importante como alimentar o corpo. Quando a alma humana não é alimentada, nós nos tornamos cínicos com relação ao mundo em que vivemos. A vida se transforma numa sucessão de obstáculos e há uma falta de bem-estar. Muitas vezes, tentamos acumular riqueza material para neutralizar aquela sensação de que está faltando alguma coisa. Isso não funciona. A única maneira de preencher as necessidades do sexto nível é experimentar o sexto nível. Isso significa nos elevarmos até esse nível da experiência. Significa dedicar tempo e energia a essa parte de nós mesmos na nossa vida diária.

Isso talvez signifique a prática regular de meditação ou caminhadas matinais na praia ou nas montanhas. Isso poderá significar o comparecimento regular ao culto religioso da sua preferência, a leitura regular de poesias ou o costume de assistir a apresentações de orquestras sinfônicas. Trata-se simplesmente de dar tempo para que as coisas aconteçam e concentrar-se nelas. Se a meditação silenciosa não for apropriada para você, tente ouvir músicas inspiradas quando estiver meditando.

No seu processo de autocura, cabe a você proporcionar a si mesmo esse tipo de nutrição. Que tipo de música o eleva até esses níveis? Que tipo de meditação o eleva até a experiência espiritual? Você conhece outras maneiras de fazer isso? Quais?

Agindo assim regularmente, você vai trazer à luz muitos aspectos de si mesmo que estão repletos de beleza e de amor. Elas vão se tornar parte do seu Eu normal.

No sexto nível, você vai conhecer o amor incondicional, tanto por si como pelos outros. O amor incondicional é a experiência de cuidar completamente do bem-estar de uma outra pessoa sem esperar nada em troca. Você dá o seu amor sem estabelecer condições. Isso significa aceitar completamente as pessoas tais como são. Significa dar o seu amor de uma maneira que respeite quem elas são, apreciando as diferenças que há entre vocês e proporcionando-lhes apoio e estímulo para que se aperfeiçoem cada vez mais. Isso significa reconhecer a fonte de vida que existe dentro delas como sendo a fonte do divino.

A Importância do Desejo

Os níveis da aura de número par são todos os níveis relacionados com as sensações. Todos encerram os nossos desejos. No nível dois – nossos sentimentos a respeito de nós mesmos – acalentamos o desejo de nos sentirmos bem com relação a nós mesmos, de amar a nós mesmos e de ser felizes. No nível quatro, nossos desejos se concentram nos nossos relacionamentos com os outros: nosso desejo de ter relacionamentos íntimos, um lar feliz e amigos queridos. No sexto nível acham-se os nossos desejos de estar ligados a tudo o que existe e ligados a Deus. Esses são os nossos desejos de comunhão espiritual.

Alguns grupos espirituais ou religiosos dizem que os desejos não são bons, que os desejos lhe trazem problemas e que precisam ser controlados ou neutralizados. Todas as principais religiões do mundo rejeitaram uma parte da experiência humana, seja ela o desejo sexual, o desejo de nos ligarmos diretamente a Deus em vez de fazê-lo por meio de determinadas pessoas escolhidas para isso, o nosso desejo de saber quem somos, o desejo de relembrar as experiências do passado, o desejo de entrar em comunhão com os anjos, o desejo de conhecer o bem e o mal e o desejo de conhecer a realidade – como ela foi criada e qual o papel que nos cabe dentro dela. Todas as religiões consideraram parte desses desejos como maus, perigosos ou ridículos.

Heyoan, todavia, tem um ponto de vista diferente. Ele diz que o principal problema não são os desejos em si, mas suas distorções ou exageros. Todos esses desejos estão ligados a um desejo mais profundo – o anseio espiritual que existe nas dimensões mais profundas do nosso ser. (Essas dimensões serão analisadas no Capítulo 17.) Esse anseio espiritual nos serve de orientação. Ele nos mantém no nosso caminho e nos ajuda a realizar o nosso propósito aqui na Terra. Recentemente, durante uma meditação, Heyoan explicou de que modo nossos desejos pessoais são muito úteis para nós e precisam ser ouvidos, compreendidos e seguidos. Eis aqui a pequena exposição que ele fez para explicar as causas das distorções e exageros dos nossos verdadeiros desejos. Ele nos mostra como fazer a distinção entre os verdadeiros desejos e os desejos equivocados, e como curar os desejos equivocados – os quais nos deixam muito frustrados e nos fazem sentir insatisfeitos.

A UNIÃO ENTRE O DESEJO PESSOAL E O ANSEIO ESPIRITUAL
Canalizado por Heyoan

Estabeleça o seu propósito de cura pessoal levando em conta o que você quer receber e ligue-se ao plano maior que está sendo dirigido pelo mundo espiritual. Quando você continua a se alinhar com a sua tarefa, que está sincronizada com a tarefa do mundo espiritual, o trabalho vai se tornando muito mais leve e mais fácil. Você estará ligado ao significado mais profundo de qualquer acontecimento que você viva no decorrer do seu processo de cura. Você será capaz de se dedicar ao propósito que estabeleceu e de se livrar dos desejos da personalidade que não estão em sincronia com aqueles da sua tarefa de vida.

Como você vê, nem todos os desejos são negativos, conforme alguns grupos talvez diriam. Em vez disso, alguns desejos representam uma distorção ou exagero do seu desejo espiritual mais profundo, o qual se insere dentro do seu plano de vida. A insatisfação ou frustração que você sente decorrem do não cumprimento da missão espiritual mais profunda que você veio realizar, e não do desejo aparentemente não satisfeito que se acha na superfície da sua consciência. Seu trabalho pessoal, então, consiste em descobrir e compreender a origem dos desejos distorcidos que se encontram no seu plano de vida e, depois, na manifestação desses desejos mais profundos – ou anseios espirituais, como os chamamos – de acordo com esse plano.

Assim sendo, caro amigo, quais são as suas verdadeiras necessidades? Eis o que você deve fazer para permitir que os sentimentos e os anseios ligados a essas verdadeiras necessidades preencham o seu ser, para que possam ser atendidos. Primeiro, faça uma lista. O que você quer criar para si mesmo? Pense em alguma coisa simples e profunda. Ao fazer essa visualização, *não a envie para nós como se fôssemos dá-la a você, em vez disso, plante-a profundamente no âmago do seu ser, para que ela possa emergir a partir da sua fonte interior*. Sempre que tiver um desejo que seja claro e esteja em sincronia com a sua missão de vida, leve-o para a sua fonte interior de criatividade.

Ao deslocar-se para dentro de si mesmo e ao expandir a sua percepção consciente para um nível mais amplo de existência, você vai experimentar em primeira mão a ligação com o grande plano de salvação e com a hierarquia que o governa, pois existe um plano que envolve inúmeras pessoas. Esse plano vai continuar a se desdobrar na face da Terra com uma amplitude, intensidade e clareza cada vez maiores à medida que os anos forem passando.

Você talvez não consiga entender de imediato o que lê hoje. A compreensão talvez venha nos próximos três, sete, dez ou quinze anos. Conserve esses ensinamentos num local sagrado e pessoal dentro de si mesmo. Mantenha um diário pessoal sagrado para que, com o passar dos anos, e com o desdobramento do seu caminho pessoal, você tenha referências a respeito de fatos que não fizeram sentido ou não foram compreendidos na época em que ocorreram e que, posteriormente, se revelam uma peça fundamental no quebra-cabeça da sua missão de vida. Esses diários podem servir como fonte de orientação particular que você recebe a partir do seu próprio processo pessoal. Procuramos ajudá-lo a reconhecer o poder, a luz e a responsabilidade por esse poder e pela luz que existe dentro de você, pois é aí que ela sempre se encontra.

Agora, vamos levá-lo a compreender mais profundamente o ferimento que você carrega – sobre o qual falamos no primeiro capítulo deste livro – e a sua intenção de não sentir esse ferimento. Essa intenção é chamada de intenção negativa porque não serve a você. Ela simplesmente traz mais sofrimento para a sua vida. Isso vai trazer-lhe uma melhor compreensão de si mesmo e de todo o processo de transformação pessoal. O trabalho de transformação consiste em penetrar em si mesmo e descobrir a paisagem interior. Você já conheceu essas paisagens. Você passou por túneis escuros que conduziam a locais cheios de luz. Através desse processo de transformação, você encontra mais amor, integridade, poder e inocência dentro de si mesmo. Você descobre que o mundo interior é tão grande quanto o exterior e, então, poderia dizer novamente: "Quem sou eu?"

No início da sua vida, houve uma dor inesperada. Você reagiu a essa dor tentando diminuí-la. Ao fazer isso, você deteve o seu impulso criativo interior. Talvez isso tenha sido simplesmente a dor que você sentiu ao tocar num fogão quente ou, possivelmente, ao ser alvo de um olhar rancoroso do seu pai ou da sua mãe. No momento em que apareceu a dor, você deteve a força criativa interior e cobriu-a com sombra. Ao fazer isso, você se desligou do seu centro e uma parte de você se esqueceu de quem você é.

Ao descobrir mais paisagens interiores através do processo de transformação pessoal, você trouxe de volta a lembrança de quem você é. O amor original e o anseio espiritual que você carregava na sua emoção, a coragem original da sua vontade, a verdade original da sua razão ainda estão dentro de você. Embora você não esteja consciente do seu anseio espiritual de forma direta, ele chega até as suas sombras interiores na forma de desejos da personalidade. Não existe nada de errado com os desejos pessoais no nível humano, pois eles são um reflexo do anseio divino interior, o impulso criativo original.

Os desejos que você tem como ser humano – relacionar-se intimamente com outra pessoa, amar, ter segurança e descobrir um meio de criar a sua vida tal como você a quer – são belos. Talvez eles não sejam muito claros. Talvez sejam equivocados. Talvez você queira ter muito dinheiro porque não se sente seguro. Todavia, não é o dinheiro que o fará sentir-se seguro. Talvez você queira um parceiro perfeito que irá entendê-lo completamente, que nunca discordará de você e que estará sempre pronto para cuidar do seu bem-estar. Mas o que está por trás desse desejo? A abdicação da responsabilidade inerente a uma pessoa adulta? O medo da mudança? Nessas condições, você não se desenvolverá através do intercâmbio de ideias. Esse tipo de "perfeição" não funcionaria na condição humana; ela neutralizaria o seu propósito de vida no plano físico.

Se quiser satisfazer os desejos da sua vida, você precisará encontrar as partes de você que encobrem e distorcem o ato criativo original que provém da sua fonte interior. Você pode fazer isso eliminando as sombras e distorções e sincronizando os seus desejos pessoais com o seu anseio espiritual, que é mantido nas partes mais profundas, no âmago do seu ser. Há uma ligação direta entre eles. Seus desejos pessoais puros e não distorcidos são a manifestação, no nível da personalidade, dos anseios do seu âmago mais profundo. Eles são os seus aliados. Eles o conduzem para a parte mais profunda de sua vida.

Qual é o desejo que você sente agora? Talvez você o ache egoísta. Ele pode ou não ser egoísta. Simplesmente pergunte: "De que modo esse desejo da minha personalidade se liga ao anseio original interior que me orienta na minha vida?" O seu trabalho consiste simplesmente em desobstruir o caminho entre os dois, de modo que o seu desejo da personalidade seja a pura expressão do impulso original interior.

Tem havido muita confusão na Terra a respeito dessa questão. Essa confusão tem gerado muito sofrimento porque, em determinados círculos, os desejos são vistos como pecados. O único pecado é esquecer-se de quem você é. O único pecado é a ilusão de que você se encontra dentro de si mesmo. Não julgue os seus desejos. Considere os seus desejos como sendo as partes mais preciosas de si mesmo, partes dos pedaços da sua vida que precisam ser iluminadas.

Agora, medite para encontrar um caminho entre os desejos da sua personalidade e os anseios mais profundos da sua alma. Lembre-se: você está ligado ao grande plano de salvação que está se desenvolvendo na Terra. Ao curar a si mesmo, a Terra também é curada.

É no sexto nível do nosso ser que experimentamos a fé e a esperança.

Uma parte muito importante do seu processo de cura será o ter fé e esperança. Ter fé em si mesmo, nos seus recursos interiores e na sua capacidade de cuidar de si mesmo e de realizar o que você espera da vida e anseia que ela lhe proporcione: esperança de uma vida melhor. Esperança de uma saúde melhor. Esperança de uma nova ordem mundial. Esperança pela humanidade, pelo planeta. A fé o conduz gradualmente através dos túneis escuros que todos nós atravessamos na vida enquanto caminhamos rumo à esperança da satisfação de nossos anseios.

Todos passamos por períodos em que perdemos a fé. Isso acontece quando estamos nos locais mais escuros dos túneis interiores pelos quais passamos durante o processo de transformação. Quando tudo o mais falha e temos a certeza de que estamos perdidos, nós finalmente nos entregamos à fé e à esperança que nem sabíamos que existiam dentro de nós.

Uma bela meditação de cura surgiu numa palestra que dei em Denver, em julho de 1988. Ela fala da fé e esperança, e faz a ligação entre a cura da sua dor e a sua missão na vida. Trata-se de algo maravilhoso para se usar quando a sua fé estiver sendo testada. Aqui está ela.

A CURA POR MEIO DA FÉ E DA ESPERANÇA
Canalizado por Heyoan

Deixe a luz passar através de você e elevá-lo enquanto você mantém os pés firmemente apoiados na Terra. De forma muito natural, você está atuando como uma ponte entre o céu e a sua espiritualidade, de um lado, e a Terra, seu querido lar no plano físico. Quanto mais você permitir que essa realidade se manifeste na sua personalidade cotidiana, mais você começará a viver o seu verdadeiro Eu – quem você é e o que veio fazer aqui. Sinta as energias desta sala se fundirem enquanto nos unimos para essa comunhão. Abra os olhos para ver, ouvidos para ouvir e os seus sentidos para sentir a nossa presença. Nós não estamos na sua imaginação. De fato, somos os seus irmãos e viemos até aqui para trabalhar juntos, para trazer paz e cura para este planeta.

Todos concordamos em fazer isso antes de você ter nascido. Foi com muita esperança e fé que você veio até aqui e assumiu um corpo físico. O anseio que você sentia por vir a este planeta e poder servi-lo era tão grande que você concordou em assumir parte do sofrimento que nele existe e em curá-lo. Você concordou em receber esse sofrimento no seu corpo e na sua mente para poder transformá-lo em amor.

Assim, diga a si mesmo que você veio até aqui trazendo no coração a grande esperança de um futuro glorioso e a fé para guiá-lo em todos os passos do caminho da transformação, não apenas dentro de si mesmo, mas também deste planeta.

Vejamos, então, um pouco mais detalhadamente, o modo como isso funciona. Chamamos a isso de união com a divindade universal. Você trouxe consigo uma grande sabedoria e poder. Trouxe consigo imensas quantidades de amor, mais do que você jamais sonhou em ter ou receber. É com esse amor, sabedoria e poder que você veio até aqui para curar. Você gerou um corpo a partir do corpo da Mãe-Terra. Você fez um bom projeto para esse corpo. Você trouxe a partir dos céus um sistema energético de perfeitas combinações de energias que lhe fornecerão os instrumentos para satisfazer os seus anseios interiores mais profundos. Pois é isso o que você veio fazer aqui: aquilo que você, mais do que qualquer coisa, anseia fazer. Aquele sonho absurdo que você carrega secretamente, trancado dentro de si, num pequeno invólucro, bem no fundo do seu coração – é isso que você veio fazer aqui.

Assim, agora você talvez possa pegar esse pequeno invólucro, abri-lo e olhar dentro dele. Não se envergonhe. Não pense que você está se comportando de forma egotista. Você não está – essa é a verdade. Não pense que isso é demasiado absurdo, pois a única limitação que você tem é o conjunto de crenças que você criou dentro de si mesmo. Não pense que seja algo demasiado vulgar viver no presente, estar em união e fazer com que todos os seus atos sejam motivados dentro de si mesmo. Não importa o que você esteja fazendo no momento, esse é o ato mais sagrado. Esse é um ato de fé.

Se você ainda não abriu o seu pequeno invólucro, vá em frente e faça-o. Você ficará deliciado com o que sairá dele. Sugiro que você pegue esse invólucro que está aberto e ponha-o num altar e medite a respeito dele duas vezes por dia, durante pelo menos cinco minutos de cada vez. Tenho a certeza de que você pode dispor de cinco minutos duas vezes por dia, ao acordar, pela manhã, e antes de ir para a cama, à noite, para alinhar-se com o seu propósito. Se você está sem jeito de falar sobre isso com as outras pessoas, mantenha tudo em segredo. Se quiser falar sobre isso, fale livremente. Entretanto, escolha bem as pessoas com as quais você vai falar; se abra com as pessoas que vão compreendê-lo e apoiá-lo no seu esforço. Como você tem uma tarefa a executar, vou descrevê-la da seguinte maneira.

Eu gostaria que você analisasse a sua vida. Volte para sua infância e descubra a dor mais profunda que você já sentiu. Descubra essa dor no seu núcleo. Todas as pessoas carregam um núcleo de dor dentro de si.

Depois que a tiver encontrado, descubra de onde ela veio. Descubra de que modo ela tem permeado todos os momentos e todos os aspectos da sua vida. Descubra de que modo você carregou essa dor, ano após ano. Sim, ela tem mudado. Embora ela tenha se expressado de forma diferente em diferentes áreas, eu lhe asseguro que se trata da mesma dor.

Trata-se precisamente da dor – não apenas da que existe dentro de você, mas refletida no mundo – que você veio aqui curar.

Você assumiu essa dor e a colocou dentro do seu corpo e da sua mente, e fez isso com grande coragem. Não existe fuga possível. Fugir da dor não a cura. A única saída é a cura.

Eu gostaria que você tomasse essa dor e a envolvesse suavemente em amor e aceitação. Trate-a como uma criança recém-nascida, uma criança que se esqueceu de quem é. Essa é uma criança de esperança, uma criança bem no futuro brilhante, e é você o curador que possui a fé para curar essa criança feita de dor. O primeiro passo no seu programa de autocura é a aceitação de que essa dor é sua e de que cabe a você curá-la. Essa é a tarefa pessoal que você aceitou voluntariamente, a serviço não apenas de si mesmo, mas do planeta. Enquanto curador, você fez o juramento de ser inteiramente honesto consigo mesmo, de amar e respeitar a si mesmo e de seguir e obedecer a sabedoria divina que está dentro, acima, abaixo e ao redor de você. Sinta a nossa presença na sala. Você não precisa carregar esse fardo sozinho. Sempre existe orientação. Use a fé para curar o seu corpo. Faça disso um hábito. Não espere até sentir a dor. Faça isso com fé.

Sobre o altar, coloque a dor da criança ao lado do amor do curador interno: *Um é esperança e o outro é fé*. São as duas coisas que irão fundir-se e transformar a sua energia de modo que a Terra possa mudar-se em luz. Sinta o amor desta sala. Sinta a luz que é você. Sinta a luz acima e abaixo de você. Sinta a luz em volta, e a luz daqueles que partiram antes de você. Sinta a luz em todas as células do seu corpo. Seja quem você é. Foi apenas para isso que você se apresentou como voluntário. Seja quem você é – isso é tudo o que foi pedido de você. Seja quem você é – isso é tudo o que você sempre vai precisar. Seja quem você é.

O Sétimo Nível da Aura: A Mente Divina

Diz-se que a forma mais elevada de êxtase é o pensamento divino puro e criativo. Essa é uma dádiva do sétimo nível. É aqui que o criador se eleva, pois é aqui que ele conhece o padrão perfeito e compreende que ele próprio é Deus. Aqui ele tece o seu fio dourado através do padrão perfeito e universal da criação e traz ainda mais perfeição para uma rede dourada, viva e pulsante de realidade.

Esse é um direito inato de todas as pessoas; seu estado mais normal e natural. Quanto mais nos permitirmos entrar nesse estado, mais vivos, saudáveis e humanos nos tornamos. Não poderíamos existir sem esse sétimo nível. Teremos muito mais felicidade, arrebatamento e amor quando proporcionamos isso a nós mesmos através de meditações regulares diárias e, depois, integramos isso à nossa vida cotidiana. Não se subestime. Isso já está em você. Trata-se apenas de conduzir a sua percepção consciente até ela e ser quem você é.

Meditação para Alcançar o Sétimo Nível

Faça esta simples meditação durante dez minutos todas as manhãs, ao nascer do sol, e você ficará surpreso com o quanto o seu dia vai correr bem. Sente-se numa posição adequada e mantenha as costas eretas. Não incline para nenhum lado a parte superior das costas. Se precisar de apoio, ponha alguma coisa atrás do seu osso sacro. Agora, simplesmente repita cada palavra do mantra seguinte, cada vez que inalar ou expelir o ar dos pulmões. Sempre que a sua mente começar a divagar, traga-a de volta para as palavras do mantra: "Fique em silêncio e saiba que eu sou Deus."

O nível da mente divina nos leva até a nossa razão para existir. O sétimo nível do campo é a mente divina, que conhece o padrão perfeito. Quando elevamos nossa consciência para esse nível do nosso ser, entramos num estado de lucidez que nos leva a compreender que tudo é perfeito do jeito que é, até mesmo nas imperfeições que apresenta. É apenas a partir desse nível do nosso ser que podemos compreender isso. A partir dos outros níveis isso poderá parecer o não cumprimento de uma promessa ou uma ideia completamente fora da realidade. Como algo imperfeito poderia ser perfeito?

É a partir do sétimo nível que compreendemos que a experiência que vivemos na Terra está repleta de lições. A principal lição aqui é aprender a amar. É fácil amar o que é perfeito e o que não nos causa problemas. Quando passamos por dificuldades e sentimos dor é que precisamos aprender a amar a nós mesmos e aos outros. Portanto, as imperfeições da Terra são a situação perfeita para aprendermos a amar. Se soubéssemos como amar em quaisquer circunstâncias, não teríamos criado todas essas dificuldades e sofrimentos. Quando aprendemos a amar em qualquer circunstância, o amor que damos vai mudar essas condições.

No sétimo nível, a aura é constituída de linhas muito fortes e brilhantes de luz branco-dourada. Elas mantêm todas as coisas juntas. Essas linhas de luz são surpreendentemente fortes. A meditação por meio da qual elevamos nossa percepção consciente para esse nível criará na sua vida uma sensação de força, de bem-estar e de aceitação. Como tudo é perfeito e está funcionando dentro de uma perfeita ordem das coisas, o que quer que aconteça deve ter uma razão superior por trás disso, qualquer que ela seja. Coisas ruins não acontecem porque somos maus. Não estamos sendo punidos. Muitas coisas acontecem em virtude de uma ordem maior que talvez não compreendamos. O que quer que aconteça, por menos sentido que faça ou por mais que faça sentido apenas num contexto negativo, trata-se de uma lição de amor. Não importa o que seja.

Aprender qual é a razão divina superior para qualquer situação difícil nos ajuda a lidar com o que estiver acontecendo. Se soubermos que uma razão divina está sendo aprendida através de uma situação difícil ficará mais fácil suportá-la, mesmo se não soubermos que lição é essa. Na maior parte do tempo nós não sabemos qual é essa lição porque em geral não podemos compreendê-la antes de tê-la aprendido.

Dois casos específicos me vêm à mente, os quais mostram como um acontecimento inaceitável tornou-se tolerável por meio da entrega ao processo de cura ou lição de vida que estava sendo aprendida e mediante elevação a um nível superior de entendimento.

A Cura do Coração de Stephanie Cura o Coração da Sua Família

Em 1985, realizei uma série de sessões de cura numa menina de três anos e na sua mãe. A garotinha, Stephanie, tinha nascido com um septo atrial defeituoso, um orifício do tamanho de uma moeda de 25 centavos de dólar entre as duas câmaras do coração. Uma cirurgia de coração havia sido marcada para julho de 1985. A mãe, Karen, tinha passado por várias cirurgias e temia por Stephanie no que dizia respeito à dor que se seguia à cirurgia. O motivo inicial que fez Karen levar Stephanie para as sessões de cura foi a esperança de, assim, poder evitar a cirurgia.

Em cada sessão, Karen perguntava a Heyoan se Stephanie teria mesmo de fazer a cirurgia do coração. Não haveria nenhuma maneira de impedir isso? Eu também estava procurando evitar a cirurgia. Todas as vezes que Karen fazia essa pergunta a Heyoan, eu ficava nervosa. Eu não queria fazer falsas previsões. Num certo momento, perto do final de uma sessão de cura, Heyoan, como se já estivesse farto das nossas lamentações, subitamente exclamou: "Venha, siga-me."

Eu me vi correndo por um corredor de hospital, atrás de Heyoan. Ele abriu as portas que davam para a sala de cirurgia, levou-me até a mesa e disse: "Aqui, olhe para isto."

Eu me vi inclinando-me para olhar para a cavidade aberta no peito de Stephanie. A operação estava indo bem. Depois, a cena avançou no tempo e passou para o período de recuperação. Stephanie estava passando bem. Então, passamos para um ou dois dias depois da operação. Stephanie já estava sentada numa poltrona, no quarto de hospital, parecendo estar muito animada. Eu a vi pulando da poltrona e correndo ao encontro dos pais, quando eles entraram no quarto. Em seguida, pude ver Stephanie, com cerca de 13 anos e entrando na puberdade. Ela estava de pé diante de um espelho, olhando para a cicatriz no peito. Parecia bonita, saudável e alegre. Ela estava examinando a cicatriz de uma maneira curiosa e despreocupada. A cicatriz ajudou-a a ligar-se ao seu coração e a amar.

Foi então que Heyoan disse: "Veja, isso é assim tão mau?"

Relatei minha pequena aventura a Karen e seus receios diminuíram durante algum tempo; mas na sessão seguinte, obviamente, eles já estavam de volta.

Eu ainda tinha muita dificuldade para continuar imparcial durante as sessões de cura. Como eu também tinha uma filha, queria ajudá-la a evitar essa operação. Tendo eu própria sofrido uma cesariana acrescida de complicações, por ocasião do nascimento de minha filha, descobri que eu também estava predisposta contra a cirurgia, muito embora a cirurgia tenha salvado a vida de minha filha. Em virtude das minhas predisposições, e da pressão de Karen, eu estava tendo problemas para manter abertos os meus canais. Por fim, consegui elevar-me até Heyoan, passando pelos níveis superiores do campo áurico, e recebi dele a seguinte orientação:

> **Para você, os assuntos que giram em torno do amor estão relacionados com a sua capacidade de manter alguém dentro do seu campo de energia de amor e, ainda assim, deixá-los viver a vida tal como eles a planejaram para si mesmos. Você não pode proteger nem salvar nenhum de seus filhos do seu próprio karma. Nesse caso, karma significa o plano de vida que elas próprias escolheram, pois esta é a alma sábia, que veio realizar uma nobre missão, que escolheu exatamente o modo como vai fazer isso e continua a fazer essas escolhas a todo o momento. Ela continua a reafirmar o seu compromisso com a vida, no plano físico a cada momento, assim como vocês duas o fazem. [Aqui Heyoan refere-se a Barbara e a Karen.]**
>
> **Assim, se pudermos entrar nessas discussões a partir de uma perspectiva mais ampla, haverá menos estática no canal de comunicação. Se vocês duas penetrassem agora no reduto de sabedoria que existe dentro de si mesmas, ambas iriam encontrar a profunda sabedoria interior que escolheu as operações pelas quais cada uma de vocês passaram. Ambas aprenderam imensamente com isso. A cirurgia iniciou esta aqui [referindo-se a Barbara] na estrada que a levou a tornar-se curadora, não foi? Antes disso, ela não conhecia a dor nem a doença e, por crescer dessa experiência, não tinha nenhuma empatia com as pessoas que estavam doentes.**
>
> **E no seu caso, minha querida Karen, existem questões semelhantes. Até a cirurgia, você nunca havia passado pela experiência de ser tão bem cuidada. Ela abriu novas perspectivas para você, de cuidar e ser cuidada, de dar e confiar. Mas ainda estou ouvindo você dizer: "Confiar – você está brincando? Eu confiei e veja o que aconteceu!" E eu digo a você: veja o que aconteceu. Você teve dois filhos maravilhosos. Recebeu cuidados. A intimidade entre você e o seu marido e entre você e a sua família, no sentido mais amplo, aumentou muito.**
>
> **Agora, você está cuidando deles. Você tem uma melhor compreensão da dor que eles enfrentam. Você certamente está bem preparada para ajudar sua filha a passar por essa operação, se ela ocorrer, pois você sabe como ela é. Assim, pergunte a si mesma: "O que você teria pedido às outras pessoas quando passou pela**

cirurgia? O que lhe deu mais prazer – as flores no quarto, a visita das pessoas, a mão amiga cuidando de você? De que forma isso serviu para amenizar o seu sofrimento? De que modo sua estada no hospital se tornou mais agradável?"

E assim, se você tiver uma filha que tenha de se submeter a uma cirurgia, veja o que você pode fazer por ela. Escolha o hospital cuidadosamente, conforme fez para o nascimento. Fique com ela no hospital. Viva a sua experiência. Sinta o que ela sentir. Conserve-a no seu campo de amor, sabendo que o que quer que aconteça, essa é a vontade de Deus e a vontade dela. Esta é a parte mais difícil, pois, o que quer que aconteça, é o que ela escolheu. Portanto, respeite a sabedoria da alma que existe dentro da criança. Respeite e apoie as escolhas que ela tiver feito. Apoie o aprendizado que essa criança tem empreendido. Se ela escolher passar pela cirurgia, saiba que esta é uma afirmação da sua confiança cada vez maior na família, no amor e no coração.

Embora agora isso possa parecer uma contradição em termos, atente para a experiência. Uma pessoa não precisaria de mais confiança na família, no amor e no coração para passar por essa experiência do que para não passar por ela?

E é claro que Barbara poderia argumentar: "Mas por que ela não poderia evitar essa cirurgia? Por que não?" E nós simplesmente diríamos que uma maneira não é melhor do que a outra. Elas apenas ensinam lições diferentes.

Lembre-se: conserve o respeito e a coragem. Ela tem muita coragem. Ela dirá a você: "Olhe, mamãe – vou fazer isso e a operação vai aumentar a sua fé e a minha. Esse é um presente que trago para você. O mundo é um lugar seguro, mas nele sempre vai haver dor. O mundo é um mundo de amor, embora haja separação. O mundo é lindo, embora haja desordem. Por meio desses atos, faço essa afirmação da minha completa fé no domínio. Trago isso para você como uma dádiva. E assim, querida mamãe, vim para curar o seu coração e você veio para curar o meu."

KAREN: À luz de toda essa conversa positiva – e isso realmente me sensibilizou –, meu marido queria saber se poderá haver algum problema psicológico se ela se submeter realmente a uma cirurgia. Ela parece estar muito segura. A dificuldade parece ser mais para meu marido e para mim do que para ela.

HEYOAN: Falamos com você nesses termos para ecoar as afirmações feitas pela ampla e profunda sabedoria de Stephanie. Obviamente, porém, há uma parte que não foi analisada. É claro que, se ela se submeter à cirurgia, haverá dor depois que ela acordar da anestesia; e, obviamente, ela vai reagir à dor e dizer: "Mamãe, me leve para casa. Mamãe, me leve para casa." E você não poderá fazer isso. Mas você poderá ficar com ela e dizer: "O mundo é um lugar seguro. Lembro-me disso porque foi você quem me disse que era assim."

E o mesmo vale para o seu querido marido. Tentar resguardá-la da sabedoria que, ela tem não dá certo, meu querido filho. Siga a profunda sabedoria da escolha que ela' fez e você será fortalecido por ela. Quando ela esquecer a sua força, você poderá dar-lhe a sua. Você simplesmente estará retribuindo a dádiva. Você vê o quanto é bonita a harmonia que flui entre cada um dos membros da sua família, e que família é essa!

KAREN: Não tenho mais perguntas e quero apenas agradecer aos seus guias pela sugestão de fazer a imposição das mãos e por toda a ajuda. Foi realmente um prazer fazer isso neste mês. Ela gosta disso, eu gosto disso, e tudo se transformou num ritual.

[Heyoan tinha orientado Karen a ministrar curas por meio da imposição das mãos em Stephanie todas as noites, na hora de dormir. Elas ficaram muito íntimas com esse processo e, na época, já estavam fazendo isso havia vários meses.]

HEYOAN: Sim, é uma bela comunhão, não é?

KAREN: Eu também queria saber se hoje aconteceu alguma coisa de que devêssemos tomar conhecimento.

HEYOAN: O coração foi fortalecido; sua fé foi fortalecida; e é preciso deixar correr mais tempo antes de vocês conhecerem o resultado. Sinto muito, minha querida, mas respeitamos uma vez mais a sabedoria da sua alma, pois haverá uma grande alegria quando você tiver atravessado o seu túnel.

BARBARA: Estou tentando ver o que existe nesse túnel. [Ela olha dentro do túnel.] Ele parece um daqueles jogos de blocos de montar da Lego, um brinquedo interessante para crianças e adultos. É o que existe dentro do túnel.

Eles estão esperando de pé, como se houvesse algo mais a dizer, mas eles não têm nada a dizer. Não sei se você tem mais perguntas.

KAREN: Tenho muitas sensações. Posso sentir o túnel. Boa parte do sofrimento que estou suportando neste último mês está relacionado com o fato de estar longe de meus pais. Finalmente, estou compreendendo que os meus pais não estão aqui para me ajudar. E quando eles falaram do túnel, senti-me como se tivesse de estar aqui para a minha família, portar-me como uma pessoa adulta e afastar-me realmente da dependência de meus pais, que nunca... Eu dependia deles e nunca estavam lá quando eu precisava. Estou tendo muitos sentimentos relacionados com eles. Não sei o que perguntar.

HEYOAN: Lamentamos que você tenha sentido essa dor e lamentamos muito que as coisas não tenham se passado exatamente do modo como você queria, a partir da visão da criança. E, como já dissemos, sua sabedoria superior escolheu as experiências pelas quais teria de passar na infância. Se você tivesse de analisar agora os seus cuidados maternais e ver o quanto eles são admiráveis e o enorme espaço que você tem para a autoexpressão através da maternidade, você compreenderia algumas das escolhas que fez. Afinal de contas, não há ninguém se inclinando por sobre os seus ombros para dizer: "Não, é assim que uma mãe faz." Tampouco você faria isso para a sua filha quando ela se tornasse mãe.

KAREN: Isso é verdade. Esqueci-me da liberdade.

HEYOAN: E quando estiver no hospital, lembre-se de não deixar ninguém se inclinar sobre o seu corpo e dizer: "É assim que você deveria estar agindo." Seja você mesma e, se precisar de alguém para dar-lhe apoio, peça-o por todos os meios, pois ninguém realmente cresce, ao menos nesses termos. As necessidades são reais e têm o seu lado bonito, pois unem as pessoas e criam mais amor, comunicação e força entre elas. Você poderia dizer que uma necessidade é uma força em crescimento. Admitir um medo é encontrar o amor. Admitir que você está perdido significa que você está descobrindo o caminho de volta para casa. Uma necessidade é uma afirmação da verdade, do local onde você se encontra ao longo do seu caminho. Quando Cristo estava na cruz, ele expressou suas dúvidas. Houve um momento de ausência de fé, e ele o expressou. Depois, seguiu-se a isso um momento de fé. Assim, seja completamente você mesma e quem você for num determinado momento. Isso trará mais coragem e mais força para as pessoas à sua volta. Apoie-se com mais frequência no seu marido. Ele é muito forte.

KAREN: É mesmo!

HEYOAN: Talvez ele se esqueça disso de vez em quando. Tente apoiar-se nele um pouco mais e ele vai se lembrar.
KAREN: Sinto-me como se fosse colocar um fardo nos ombros dele. Não quero apoiar-me nele. É espantoso. Obrigada.
HEYOAN: Você é bem-vinda, de coração, e não se esqueça de que estamos sempre com você. Estaremos lá, amparando-a suavemente quando ela deixar o corpo, numa eventual cirurgia.
KAREN: Sim, eu sei. Eu não quero basear-me na possibilidade de que ela não precise passar pela cirurgia e, por isso, estou realmente me preparando para isso.
HEYOAN: Você vai conseguir. Você precisa atravessar o seu túnel.

Através das orientações recebidas, tornou-se cada vez mais claro que a cirurgia provavelmente iria acontecer para ajudar toda a família a unir-se e a aprender a ter fé e confiança na vida no mundo físico. Ambos os pais eram muito religiosos e, de alguma maneira, haviam chegado à conclusão de que a cirurgia significava que haviam feito alguma coisa errada em termos espirituais. Depois de uma série de orientações recebidas, tornou-se claro que esse não era o caso. Na última sessão, Heyoan disse a Karen que, pouco depois da cirurgia, seu marido Michael iria arranjar um novo emprego e eles iriam mudar-se do Brooklyn para uma pequena cidade a uma hora de Nova York, onde a vida deles assumiria uma nova forma. Tudo isso, disse ele, seria o resultado de tremendas mudanças e crescimento na família, em consequência da cura familiar iniciada com a cirurgia de Stephanie. Karen disse que o marido estava procurando emprego havia mais de um ano e que eles queriam mudar-se para Nova Jersey. Heyoan disse que ainda não era o momento de se mudarem porque eles precisavam completar a cura familiar que estava se processando. Era importante para Stephanie completar a sua cura na casa antiga e deixar tudo isso para trás quando fosse começar uma nova vida na casa nova.

Escrevo este livro no ano de 1992. Acabei de entrevistar Karen para verificar os resultados de todo o trabalho. Eles estão felizes e tranquilos. Karen diz que a vida é melhor do que ela jamais sonhara ser possível. Ela apenas confirmou aquilo que eu já havia visto na pequena viagem que fiz com Heyoan, na sala de cirurgia. Stephanie submeteu-se à cirurgia do coração em julho. Sua recuperação foi muito rápida. Dois ou três dias após a operação, ela já estava bastante animada. No minuto em que as enfermeiras retiraram os tubos, ela saltou da poltrona e cruzou o quarto correndo para saudar os pais, ao entrarem.

Karen disse que Stephanie tinha sofrido três traumas emocionais durante sua estada no hospital. Eles ocorreram quando a equipe teve de levá-la dos pais para fazer os testes, para a realização da cirurgia e para a remoção dos tubos. Karen disse que Stephanie teve três pesadelos nas três primeiras noites em que dormiu em casa, um para cada trauma emocional. Depois disso ela ficou bem – não havia lembranças ruins nem problemas relacionados com a internação no hospital.

A família saiu em férias no mês de agosto, outra coisa que Heyoan havia dito que aconteceria e em que a família, na época, não havia acreditado. Quando eles voltaram das férias, havia uma proposta de emprego para Michael em Nova Jersey. Tratava-se do emprego que ele queria, mas que anteriormente recusara porque o salário era muito baixo. Naquele momento, eles haviam aumentado a oferta salarial para atender às exigências dele. Karen disse que eles demoraram apenas dois dias para encontrar a casa que compraram. Em outubro, eles estavam morando em Nova Jersey, e Michael estava no seu novo emprego.

Karen diz que a experiência de cura com Stephanie fora um passo muito importante no processo de desenvolvimento da família. Ela diz que de três a quatro semanas depois da cirurgia Stephanie era uma criança diferente. Antes, ela era uma criança tristonha, mas, depois, ela ligou-se firmemente ao seu corpo e sua maneira de ser mudou. Agora, ela está com dez anos. Ela chama a si mesma de Criança do Coração. Ela escreve poesias e compõe músicas lindas, canta e está interessada em teatro.

Karen diz que, com a experiência, aprendeu a confiar mais na sincronicidade do universo. Analisando as coisas que se passaram, ela pôde ver que todas as coisas aconteceram no momento certo. Por exemplo: muito embora Michael tivesse procurado emprego durante um ano, a mudança de cidade não poderia ter acontecido antes que a cura estivesse completada. Feito isso, tudo fluiu de forma fácil e automática para a nova vida que a família fez para si.

Karen agora diz: "Estou aprendendo a confiar nesse plano maior. Você precisa se esforçar para conseguir as coisas. Mas quando você se esforça e continua enfrentando resistência, sabe que está havendo alguma outra coisa. Talvez não seja apenas a sua resistência; talvez o momento não seja apropriado, e alguma outra coisa tenha de acontecer, algo tenha de ser completado. Depois que isso estiver feito, tudo entrará imediatamente nos eixos. Procurei casa durante dois dias, Michael procurou por um dia e nós compramos essa casa certo dia depois que a vimos pela primeira vez. Eles tinham acabado de abaixar o preço e, assim, ela passou a ser compatível com o nosso poder aquisitivo. Tudo estava correndo bem. É como se eu tivesse aprendido a confiar nisso a partir da experiência com

Stephanie. E tenho continuado a fazer as coisas assim. Quando alguma coisa está certa, ela acontece facilmente. Você não precisa nadar contra a corrente."

Andy Reconcilia a Família

O segundo exemplo que nos dá a possibilidade de aceitar o inaceitável através da elevação a um nível superior de entendimento e, portanto, de transformar nossa experiência de vida, é o de um jovem de 25 anos que estava morrendo por causa de um melanoma maligno. Eu o chamarei de Andy.

Andy morava num lugar que ficava a três horas de carro do meu consultório, e sua mãe querida o trazia para as sessões de cura. Quando Andy veio me procurar, os médicos haviam lhe dado menos de um ano de vida. O câncer avançava rapidamente, já havia se espalhado por todo o seu corpo e estava penetrando no cérebro. Posteriormente, quando estava trabalhando comigo, ele recebeu radiação para reduzir o tamanho dos tumores, que na época estavam começando a causar-lhe dor.

Embora ninguém tivesse dito a Andy qual era o seu verdadeiro estado de saúde, no fundo ele sabia. O mais interessante a respeito de Andy é que ele não estava realmente preocupado com a morte. Isso era verdadeiro mesmo quando ele começou a passar pelas sessões de cura e ainda não estava sentindo dores. Desde o primeiro momento que entrou na minha sala ele não estava mais lutando muito pela vida no corpo físico. Ele admitiu que estava muito dividido quanto à ideia de permanecer no mundo físico. Ele queria saber mais a respeito do mundo espiritual. Transmiti muitas mensagens entre Heyoan e Andy, e eles se tornaram bons amigos.

Ao longo do tempo, Andy começou a se sentir mais à vontade no mundo espiritual e procurou alcançar o seu próprio guia. Andy ficou cada vez mais interessado no amor entre as pessoas, especialmente no que concerne ao amor entre as pessoas da sua família. Às vezes, ele se perguntava se iria morrer logo, mas sempre expressava sua ambivalência e certa curiosidade, como se estivesse na expectativa da grande aventura.

Pouco depois, teve um sonho profético que o afastou completamente da sua negação. Ele disse que tinha a certeza de que ia morrer porque viu o seu guia. No sonho, o seu guia chegou cada vez mais perto dele, até ambos se fundirem e tornarem-se um só. Então, no estado de unicidade, ele observou as pessoas baixando seu caixão durante o funeral. Andy morreu cerca de um mês depois.

Foi muito triste. Eu sabia que esse jovem tinha muita coisa para ensinar a mim e aos outros. Senti que tinha falhado com ele por causa da sua morte, embora ele tivesse aceitado todo esse processo. Eu estava um pouco hesitante em falar com a família dele quando seu irmão e mãe vieram me ver depois de uma conferência que fiz na região em que eles moram. Presumi que não estavam muito contentes comigo, já que não havia conseguido "salvá-lo". Entretanto, tive uma grande surpresa. Eles me agradeceram efusivamente e me disseram que o tratamento de cura de Andy havia causado um profundo efeito sobre toda a família. Naquele processo, a entrega de Andy à verdade e ao amor tinha ajudado os membros da família a se abrirem mais profundamente uns com os outros e, por isso, toda a família havia mudado.

O irmão dele me disse que tinha havido uma séria cisão na família na época do nascimento de Andy, cerca de 25 anos antes. Aparentemente, a família havia rachado ao meio, e cada metade ficou anos sem falar com a outra – isto é, até que Andy, durante o processo da cura, começasse a insistir para que eles curassem suas feridas. As duas metades da família que haviam se separado por ocasião do seu nascimento reconciliaram-se no dia em que ele morreu, e têm estado juntas desde então.

A família se convenceu de que uma das tarefas da vida de Andy fora a de curar a família. Toda a vida de Andy havia sido uma importante lição de vida para a família. Eles estavam gratos por haverem tido Andy entre eles e por tudo o que ele havia lhes dado.

Meditação de Cura para o Sétimo Nível

Sente-se com as costas eretas ou deite-se e relaxe numa superfície confortável. Reduza o ritmo da respiração e relaxe. Concentre-se no seu interior; esqueça as coisas que você acaso tenha de fazer. Ouça e sinta o que se passa dentro de você.

Primeiro, sinta o seu corpo tal como ele é agora. Volte sua percepção para a parte específica do corpo com a qual você está preocupado. Faça-a integrar-se ao seu corpo aceitando-a amorosamente tal como ela é.

Em seguida, visualize a sua integridade e perfeição. Encare-a como uma rede dourada de perfeição – brilhante, forte e bela. Com um gesto de varredura feito com a mão, que é constituída de uma luz dourada, você faz o órgão passar para o seu estado perfeito. Agradeça pela sua transformação.

Faça isso várias vezes por dia. Basta apenas um ou dois minutos.

Uma Meditação de Cura que Integra Todos os Níveis do Campo Áurico

Um relaxamento simples e profundo e uma técnica de visualização ajuda-o a levar uma energia de cura para áreas específicas do seu corpo e para todos os níveis do seu campo áurico que precisam de cura. Chamo a isso de "Viajar Através do Corpo". Isso consiste em quatro partes principais. A primeira parte está se tornando profundamente descontraída; a segunda parte está amando o Eu e entrando em contato com os seus anjos da guarda; a terceira parte está curando pontos específicos do seu corpo; e a quarta parte está voltando de um profundo relaxamento ao mesmo tempo que mantém um estado de cura.

Você pode relaxar-se profundamente usando a sensação cinestésica e imagens visuais sugeridas por estímulos sonoros, junto com uma música suave. Se você for basicamente cinestésico (significando que você se relaciona com o mundo através da sensação física do tato), então você vai reagir às sugestões físicas, tais como deitar-se num colchão de penas ou flutuar suavemente num barco. Se você for basicamente visual, vai reagir à descrição de um lindo céu, de montanhas e de lagos. É melhor usar todos os sentidos para ajudá-lo a provocar um estado de relaxamento.

Estando relaxado, você terá criado no seu corpo um harmonioso fluxo que promove a cura. Você pode seguir para a segunda parte da visualização. Ela consiste em amar a si mesmo e em abrir-se para receber ajuda dos seus anjos da guarda.

A seguir, na terceira parte, você pode ser específico a respeito do que quer que seja curado. Você pode fazer isso de forma simples e concentrar-se num estado de completa saúde para todo o corpo ou, então, pode ser bastante específico a respeito de órgãos e, até mesmo, de células. Algumas pessoas, por exemplo, visualizam glóbulos brancos do sangue destruindo as células indesejáveis de um tumor. Você vai sentir a energia de cura vindo para as partes doentes do seu corpo. É importante permanecer nesse estado até saber que completou sua tarefa para o período de tempo em questão.

A quarta parte da visualização consiste simplesmente em sair do estado de profundo relaxamento e criar um bom fecho para assegurar a continuação do processo de cura. Dê a si mesmo tempo para sair de seu profundo relaxamento e, enquanto estiver fazendo isso, certifique-se de dar a si mesmo a sugestão de que pode retornar a esse estado de cura em questão de momentos sempre que o desejar. Inclua também no final a sugestão de que a cura que você iniciou vai continuar pelo restante do seu processo de cura. Dessa maneira, a cada dia você pode acumular mais energia de cura no seu sistema de energia.

Você pode fazer a sua própria visualização a partir do modelo apresentado acima. Ouça a sua música favorita, use as suas imagens favoritas, suas sensações físicas favoritas. Eis aqui um exemplo de viagem através do corpo que descobri ser eficaz. Em primeiro lugar, ponha para tocar as músicas suaves de que você mais gosta. Depois, deite-se num sofá, numa cama ou num tapete e relaxe a respiração.

Viagem Através do Corpo

Deite-se numa superfície confortável e afrouxe as peças de roupa.

Sinta o seu corpo apoiando-se na superfície embaixo de você. Sinta o calor e a energia fluírem através de cada parte do seu corpo. Concentre-se nos seus pés. Os pés vão ficando pesados e quentes. Em seguida, mova as pernas e, lentamente, vá subindo pelo corpo. Cada parte vai ficando pesada, quente e profundamente relaxada. Sinta a tensão fluindo para fora do seu corpo e escorrendo para a superfície abaixo dele, densa como mel grosso. Ela infiltra-se pela superfície, passa pelo chão e desce pelo solo, penetrando profundamente na Terra. Deixe a sua respiração continuar a reduzir-se até um ritmo apropriado, relaxado e saudável. Repita para si mesmo: "Estou em paz; nenhum barulho vai me incomodar. Estou em paz; nenhum barulho vai me incomodar."

Imagine-se muito pequeno, como uma pequena luz dourada, e entre no seu corpo sempre que quiser. O seu pequeno Eu flui para o seu ombro esquerdo, relaxando toda a tensão aí existente. Diga para si mesmo: "Meu ombro esquerdo está pesado e quente." Depois, passe para o ombro direito. Forneça ao seu pequeno Eu quaisquer instrumentos que ele queira usar para relaxar a tensão do seu ombro esquerdo, tal como esguichar-lhe água com uma mangueira ou pintá-lo com um pincel. Diga para si mesmo: "Meu braço direito está pesado e quente. Estou em paz; nenhum barulho vai me incomodar." O seu pequeno Eu reflui, subindo pelo braço direito, e penetra no seu peito deixando-o ainda mais relaxado. O seu pequeno Eu continua a deslocar-se por todo o corpo, parte por parte, relaxando-o. Todo o corpo torna-se pesado e quente.

Faça uma pausa por alguns momentos antes de passar para o seu corpo como um todo.

Em seguida, se você realmente quiser ir mais fundo, imagine-se caminhando por um prado com lindas flores. Olhe para as flores e para todas as suas belas cores e formas, sinta-lhes a fragrância, sinta a suavidade das pétalas. Continuando a caminhar pelo prado, sinta a suave brisa no seu rosto. Você chegou até a árvore que produz o seu fruto favorito, e você prova esse fruto. A brisa agita suavemente as folhas das árvores que cercam o prado. Os pássaros estão cantando. Você olha para cima e vê um lindo céu, com nuvenzinhas brancas. Deitando na relva macia, à sombra da árvore, você descobre formas específicas nas nuvens.

Você se sente bem com relação a si mesmo, com a sua vida e com o seu corpo. Você começa a sentir o amor por si mesmo. Começa a amar inteiramente a si mesmo, toda a sua personalidade, a sua mente, cada parte do seu corpo, todos os seus problemas e todos os aspectos da sua vida. Você brandamente envolve cada aspecto de si mesmo em amorosa aceitação, independentemente do quanto você normalmente odeie e rejeite essa parte. Envolva cada parte negativa em amorosa aceitação e visualize-a fundindo-se e adquirindo o seu aspecto divino original, qualquer que ele seja. Não há problema se você não souber qual é esse aspecto original. Ao fundir e relembrar o processo, ele vai reverter lenta e automaticamente ao seu propósito, à sua verdade e sentimento divino original. Você reconhece o significado mais profundo da sua vida.

Ao amar a si mesmo, você passa por todas as partes do seu corpo, amando-as e eliminando qualquer dor que nelas possa existir.

Se houver uma determinada parte do corpo com a qual você esteja preocupado, transmita um sentimento de amor especial para essa parte. Envolva-a em amorosa aceitação. Agora, é o momento de fazer um trabalho específico para se livrar das células e dos micro-organismos indesejáveis. Diga-lhes simplesmente que não é apropriado para eles estarem lá e que devem ir para algum outro lugar. Ou, então, parta para uma luta mais agressiva – faça o que quer que lhe pareça apropriado. Você pode imaginar um jato de mangueira levando para longe tudo aquilo de que você quer se livrar. Se determinado órgão estiver funcionando de forma insatisfatória ou excessiva, você pode fazer contato com ele e reequilibrá-lo. Seja tão criativo quanto puder. Aprecie a si mesmo.

Faça uma pausa para ter tempo de ir para as partes do corpo que estão doentes.

Depois de ter concluído a cura de partes específicas do corpo, passe através de cada camada do seu campo áurico, levando-lhe energia e amorosa aceitação. Cada vez que você sobe uma camada é como se estivesse sintonizando o rádio com uma estação de frequência mais elevada ou subindo por um elevador e chegando ao andar seguinte. Simplesmente, ajuste o seu dial para uma frequência mais elevada, e você estará lá.

Nível um do campo áurico: Primeiro, há uma camada da sensação física. Trata-se de uma tela reticulada ou energia azul que mantém as células unidas. Torne-a mais brilhante. Você se sente um pouco maior do que o seu corpo físico porque ele se expande e fica um pouco maior do que a dimensão física. Agora, concentre-se em cada um dos sete chakras.

Eles têm a seguinte localização: o primeiro está no períneo, entre as pernas. O segundo está logo acima do osso púbico, na parte anterior e posterior do seu corpo. O terceiro está na região do plexo solar, na cavidade que fica entre e logo abaixo de suas costelas, na parte anterior e posterior do seu corpo. O quarto está no coração e entre as omoplatas. O quinto está na frente e atrás da garganta. O sexto está na testa e na nuca. O sétimo está no topo da cabeça. Nesse nível do seu campo áurico, eles são todos constituídos de uma tela reticulada azul. Gire cada um deles no sentido horário, tal como são vistos de fora do seu corpo, na frente e atrás, para que eles se movam em espiral. Imagine um relógio no seu corpo no local de cada chakra e gire os ponteiros do relógio azul.

Nível dois do campo áurico: Passe agora para o nível emocional, onde muitas nuvens coloridas flutuam sobre você e através do seu corpo. Aprecie-as enquanto elas se movem, e torne-as mais brilhantes. Sinta o amor por si mesmo que flui a partir daí. Nesse nível, os chakras mudam de cor. O primeiro é vermelho, o segundo é laranja e o terceiro é amarelo. Depois vem o verde, o azul, o anil e, por fim, o branco, no alto da cabeça.

Nível três do campo áurico: Passe agora para a tênue cor amarela da camada mental. Sinta a sensação de clareza, de adequação e de integração que existe aí e aumente-a. Agora, os seus limites são ainda mais amplos. Agora, a dimensão do seu campo deve ter aumentado pelo menos 15 centímetros de cada lado. Cada nível pelo qual você passa atrai a sua consciência para domínios superiores de autoaceitação e de compreensão. Gire todos os chakras desse nível no sentido horário – eles são todos de uma cor amarela radiante.

Nível quatro do campo áurico: Agora, ao passar pelo quarto nível do seu campo, você vai sentir mais uma vez as cores fluindo através e em torno de você. Lembre-se de que cada nível se estende completamente através do corpo. Dessa vez, ele parece um pouco mais espesso, semelhante a um fluido. Você vai encontrar ainda mais amor nessa camada. Deixe-o fluir através de você ao sentir o seu amor pelos outros. Uma vez mais, acentue as cores do seu campo. Gire no sentido horário cada um dos chakras fluidos. Uma vez mais, as cores mudam à medida que você sobe. As cores são semelhantes às da segunda camada, exceto pelo fato de que elas têm muita luz rosa no seu interior.

Ligue-se aos anjos da guarda para obter ajuda.

Durante essa fase, também é bom pedir a ajuda dos seus anjos da guarda, pois as formas de ajuda que há à disposição dos que a pedem é muito maior do que a maioria das pessoas pensa. Tenho visto anjos da guarda pessoais trabalhando em muitos pacientes sem a presença de um curador espiritual. Saber que essa ajuda está à sua disposição vai ajudá-lo a sentir-se apoiado e a compreender que não está sozinho na sua luta. Com a ajuda dos seus guias, passe agora para os níveis superiores do seu ser.

Nível cinco do campo áurico: Primeiramente, sinta a vontade divina dentro de você. Sinta o seu molde através de você e ao seu redor. Ele parece uma cópia heliográfica azul-cobalto da primeira camada. Sinta como ela o fortalece e lhe dá forma. Esse é geralmente o nível com o qual as pessoas têm mais dificuldade para se relacionar porque nessa camada o espaço é formado por um sólido azul-cobalto e aquilo que normalmente é sólido é espaço vazio. Gire os chakras desse nível. Eles são constituídos por finas linhas de espaço vazio.

Nível seis do campo áurico: Ao continuar a se deslocar para fora, para o sexto nível, você começa a sentir o êxtase espiritual. Você é como o fulgor brilhante em torno de uma vela. Você se identifica com cores opalescentes que dele emanam. Deixe a sua luz brilhar. Sua percepção do Eu agora se estende pelo menos 60 centímetros de cada lado do seu corpo. Cada chakra muda novamente de cor, como antes, mas desta vez eles estão cheios de uma luz perolada.

Nível sete do campo áurico: Finalmente, você chegou à rede dourada da sétima camada. Sinta a força desses fios delgados de luz dourada. Eles o envolvem dentro de um ovo dourado. Sinta a força da casca desse ovo enquanto ela o protege. Faça-a ainda mais forte. Preencha-a nos lugares que precisam disso. Faça cada chakra dourado girar no sentido horário. Sinta o quanto eles são fortes. Agora, você se estende cerca de um metro para além de seu corpo físico, em todas as direções. Aprecie isso. Descanse na serenidade da sua mente divina. Permaneça nesse estado de relaxamento pelo tempo que quiser. Isso é bom para a sua cura. Vá dormir, se quiser.

Volte para o estado normal de consciência.

Quando estiver pronto para voltar a um estado normal de percepção, faça uma contagem regressiva para ajudar. Diga simplesmente: "Quando a contagem chegar a zero, estarei acordado e alerta, autoconfiante e consciente, mas continuarei profundamente relaxado, e a minha cura vai continuar." Em seguida, comece lentamente uma contagem regressiva a partir do número cinco ou do seis. A cada número, lembre a si mesmo que você pode voltar a esse profundo estado de relaxamento em questão de minutos. Diga mais uma vez: "Quando a contagem chegar a zero, estarei acordado e alerta, autoconfiante e consciente, e mesmo assim permanecerei profundamente relaxado."

Por fim, você poderá dizer: "Zero! Estou consciente e alerta, e a minha cura continua!"

Capítulo 17

A NOSSA INTENCIONALIDADE E A DIMENSÃO HARA

Todas as coisas que fazemos apoiam-se na nossa intencionalidade no momento em que o fazemos. Por exemplo: embora possamos dizer qualquer conjunto de palavras com o seu significado normal, o modo como dizemos esse conjunto de palavras pode mudar drasticamente o seu significado. Enchemos nossas palavras com a energia dos nossos sentimentos, e o modo como expressamos essas palavras transmite com precisão o que realmente pretendíamos dizer. Podemos dizer "Eu te amo" com amor, com antipatia, num tom de súplica ou com uma falsidade que realmente significa "Eu te odeio".

O modo como pronunciamos as palavras expressa a nossa intenção no momento em que as emitimos. Quando dizemos "Eu te amo" com amor, isso é exatamente o que queremos dizer. Por outro lado, quando dizemos "Eu te amo" com antipatia, estamos pretendendo expressar o nosso descontentamento sem comunicá-lo diretamente. Quando dizemos "Eu te amo" em tom de súplica, a nossa intenção não é expressar o amor, mas, sim, obter alguma coisa através do ato de suplicar. Quando dizemos "Eu te amo" com falsidade, podemos estar pretendendo comunicar que não amamos a pessoa. Ou, então, podemos ter várias outras intenções.

Em cada um desses casos, muito embora as palavras sejam as mesmas, a energia que as conduz é diferente, e tem um aspecto diferente no campo áurico. O que muda é a intenção que está por trás das palavras. É a nossa intencionalidade que cria a energia no campo áurico, a qual, então, transmite a verdadeira mensagem. O resultado é que realizamos aquilo que pretendíamos: transmitimos a mensagem.

Já fizemos referência à intencionalidade (no Capítulo 12), quando analisamos as razões para não agir. Nossas razões para não agir não nos trazem os resultados que desejamos porque elas se baseiam numa intencionalidade diferente. Elas não são baseadas na intenção de completar o nosso propósito original, mas sim na intenção de arranjar justificativas por não termos feito aquilo que pretendíamos. Nossas razões para não agir encobriram o nosso propósito original, fingindo estar em harmonia com ele. Mas elas, na verdade, baseiam-se num propósito totalmente diferente. Assim, temos intenções confusas quando aceitamos justificativas para não agir.

No Capítulo 13, sobre a criação de contratos nos relacionamentos, vimos que confundimos muito os nossos propósitos nos relacionamentos. Vimos que a identificação das nossas intenções nos relacionamentos pode ser um trabalho muito eficaz e transformador.

A palestra sobre a cura da paz mundial, dada por Heyoan (no Capítulo 13), mostra de que modo nossos desejos individuais derivam de diferentes propósitos. Alguns desses desejos servem ao propósito de abrandar o medo; alguns deles derivam de nossos anseios espirituais mais profundos ou de desejos superiores. Quando o nosso propósito também é o de minorar o medo, nossas intenções são confusas, ou estamos divididos quanto aos nossos propósitos com relação a nós mesmos. Isso interfere com o processo natural de criatividade, e não podemos criar o que desejamos. Vamos encontrar essas intenções confusas e propósitos divididos em qualquer parte da nossa vida – incluindo a saúde e a cura – em que estejamos tendo dificuldade para criar o que desejamos. Para criar o que desejamos, portanto, é fundamental ter a capacidade de descobrir quais são as nossas intenções confusas e fazer a necessária separação. Precisamos aclarar as nossas verdadeiras intenções para podermos conferir harmonia àquelas que não estão de acordo com aquilo que realmente queremos. O que realmente queremos sempre está em harmonia com os nossos anseios espirituais ou desejos superiores; nossos propósitos estão em harmonia e o princípio criativo do universo pode funcionar livremente. Ao satisfazer os nossos desejos espirituais somos levados gradualmente a preencher o maior propósito espiritual da nossa vida, a missão da nossa vida.

Depois de trabalhar com o campo áurico e de observá-lo durante muitos anos, pude ver que uma mudança de intencionalidade modifica completamente o equilíbrio de energia no campo áurico e também o tipo de energia que é liberado nas correntes bioplasmáticas. O Capítulo 15 mostra muitos exemplos de interação entre os nossos sistemas de defesa mais comuns e a nossa intencionalidade fundamental. Eu podia ver essas grandes mudanças no campo, mas não conseguia descobrir nenhum aspecto específico do campo que correspondesse à intencionalidade em si.

Mas será que a intencionalidade poderia ser trabalhada diretamente por um curador por meio da imposição das mãos? Por que e como ela tem tanto poder, a ponto de conseguir modificar tão drasticamente o campo áurico? Como funciona a nossa intencionalidade? Quais os papéis que ela desempenha na nossa saúde e na cura, a partir da perspectiva da aura e da nossa PSS? Eu me perguntava se a nossa intencionalidade era mantida no campo áurico ou em alguma outra parte. Será que existe por baixo do campo áurico todo um mundo mais profundo, numa dimensão também mais profunda, da mesma forma como o campo áurico existe numa dimensão mais profunda do que o corpo físico?

Para obter as respostas para as minhas perguntas, precisei me esforçar um pouco. Eu as consegui com os meus alunos. Com esse pequeno esforço, descobri onde se encontra a nossa intencionalidade e por que ela tem tanto poder para modificar o campo áurico. Heyoan também me ensinou a trabalhar com a intencionalidade diretamente na dimensão hara, beneficiando a nossa saúde, a cura e a nossa vida cotidiana.

Meu ingresso no domínio da realidade situada abaixo do campo áurico começou em 1987, quando um aluno solicitou que eu recebesse mensagens espirituais acerca do hara. Senti-me um tanto embaraçada, pois meus conhecimentos a respeito do hara eram bastante limitados e eu nunca havia praticado artes marciais.

Eu havia lido alguma coisa do conhecido filósofo e psicoterapeuta Karlfried Durkheim, no seu livro *Hara*. Ele havia adquirido seus conhecimentos sobre o hara em viagens pelo Oriente. Hara é o termo que os japoneses usam para se referir à parte inferior da barriga. Hara diz respeito não apenas a uma região do corpo, mas também à qualidade de quem possui força, energia e poder concentrados nessa área. Trata-se de um centro de poder espiritual. Durante séculos, os guerreiros do Oriente desenvolveram as artes marciais, concentrando-se em disciplinas que visavam focalizar e acumular poder no hara, o qual seria utilizado como uma fonte de energia durante o combate. Na região do hara, na parte inferior do abdômen, há um ponto central chamado tan tien. Ele é chamado tradicionalmente de centro de gravidade do corpo. O tan tien é o ponto focal do poder do hara. Nas artes marciais, é o centro a partir do qual se originam todos os nossos movimentos.

Além da escassa leitura que eu fizera sobre o hara, também tive a oportunidade de usar a PSS para observar o tan tien dentro do corpo. Observei que, na maioria dos americanos, o tan tien era muito opaco e insuficientemente carregado. Entretanto, nas pessoas que haviam praticado artes marciais durante algum tempo, esse local podia ser visto como uma bola muito brilhante de luz dourada. De fato, algumas dessas pessoas apresentavam uma linha dourada muito forte estendendo-se através do corpo, da cabeça até os dedos dos pés.

Depois de muitas solicitações para que eu fizesse a transmissão da mensagem espiritual, rendi-me finalmente ao momento, e uma nova aventura começou. Eu gostaria de compartilhar essa aventura com você nesta sessão. Você vai descobrir que isso é muito importante para o seu projeto de cura pessoal, porque coloca a cura no lugar onde ela deve estar. Ela transforma a cura num poderoso ato de criatividade evolutiva. Eis aqui o que Heyoan disse na mensagem sobre o hara:

> **O hara existe numa dimensão mais profunda do que o campo áurico. Ele existe no nível da intencionalidade. Trata-se de uma área de poder dentro do corpo físico que contém o tan tien. Foi com esta nota que você puxou o seu corpo físico a partir da Mãe-Terra. É essa nota que torna possível a manifestação física do seu corpo. Sem essa nota, você não teria um corpo. Quando você muda essa nota, todo o seu corpo vai mudar. Seu corpo é uma forma gelatinosa que se mantém unida por meio dessa nota. Essa nota é o som que o centro da Terra produz.**

Bem, isso foi o suficiente para me deixar tonta. Quando me recuperei, minha reação normal foi: "Oh, não, o que foi que eu disse?" Comecei a procurar maneiras de pôr em prática a nova informação. Se era realmente essa nota que tornava possível a manifestação física do nosso corpo, então, a atuação direta sobre ela seria extremamente eficaz. A ideia de que o nosso corpo é gelatinoso é um conceito bastante atraente quando estamos tentando mudar alguma coisa que levará anos para ser mudada. Assim, o uso da ideia de um corpo gelatinoso nas visualizações de cura veio a calhar.

Por meio de mensagens enviadas posteriormente, Heyoan explicou que o nosso nível hárico, onde se encontra a nossa intencionalidade, é a base sobre a qual o campo áurico é formado. Para compreender isso mais plenamente, vamos rever novamente o relacionamento entre as dimensões do mundo físico e os mundos do campo áurico.

O mundo físico existe nas três dimensões. Ele se comporta de acordo com as leis físicas. Nosso corpo físico está relacionado com a nossa personalidade, mas as reações ao que fazemos de minuto para minuto na nossa psique geralmente levam muito tempo, às vezes décadas.

Há uma grande diferença entre o mundo físico que podemos ver com os olhos e o mundo do campo áurico, que podemos ver com a PSS. Para deslocar nossa percepção consciente do mundo físico para o campo áurico, precisamos dar um salto quântico para uma dimensão mais profunda, para o que acreditamos seja a quarta dimensão. Acho que o campo áurico existe em quatro dimensões. Ele se comporta de acordo com a física do bioplasma e da luz. No nível áurico, o tempo é muito diferente do tempo do domínio físico. Podemos estar no tempo presente ou podemos nos deslocar ao longo do que muitas pessoas agora estão chamando de linha do tempo, e entrar em experiências de vidas passadas como se elas estivessem acontecendo agora.

O campo áurico existe numa dimensão da nossa personalidade, que fica num nível mais profundo do que o do corpo físico. Ele responde instantaneamente ao que está acontecendo na nossa personalidade. Essa correspondência do campo áurico é específica e imediata. Todo pensamento, sentimento ou outro tipo de experiência de vida manifesta-se imediatamente no campo áurico como um movimento de energia-consciência em forma e cor.

A energia e a consciência são vivenciadas de forma diferente na dimensão áurica e na dimensão física. No nível físico, parecem ser duas coisas diferentes. No nível áurico, a energia e a consciência não podem ser separadas. A experiência humana dessa energia-consciência depende de sua frequência ou nível de vibração. Podemos deslocar a nossa consciência de um para outro nível do campo áurico. E, portanto, experimentamos diferentes aspectos da consciência humana, tal como foi descrita no Capítulo 2. Muito embora estejamos nos deslocando de um para outro nível de energia-consciência e experiência humana, dentro do campo áurico, ainda permanecemos na quarta dimensão.

Para passar da dimensão áurica para a dimensão do hara e da nossa intencionalidade, precisamos dar outro salto quântico. Nossa intencionalidade existe numa dimensão da nossa natureza básica que é mais profunda do que aquela onde se encontra o campo áurico. Se a dimensão do hara corresponde ou não à quinta dimensão, isso eu realmente não sei. Como seria necessário um esforço de pesquisa razoavelmente sério para fazer uma afirmação dessas, eu hesito em arriscar um palpite.

A linha do hara apresenta uma correspondência imediata e específica com a nossa intencionalidade. Assim como o campo áurico apresenta uma correspondência imediata e específica com os nossos pensamentos e sentimentos, qualquer mudança na nossa intencionalidade corresponde a uma mudança na posição e na harmonia da linha do hara.

A Figura 17-1 (nas ilustrações coloridas) mostra o nível hara alinhado de uma pessoa saudável. Ele é constituído por três pontos principais ligados por uma linha – semelhante a um feixe de laser – que chamo de linha do hara. A linha do hara começa no ponto situado cerca de um metro acima da cabeça, ponto que eu chamo de ponto de individuação ou ponto ID. Ele tem o aspecto de um pequeno funil cuja extremidade mais larga, com aproximadamente seis milímetros de diâmetro, está voltada para baixo, acima da cabeça. Ele representa a nossa primeira individuação a partir do vazio ou do Deus não manifestado. Através dele, temos a nossa conexão direta com a divindade.

A linha do hara liga-se a um ponto situado na parte superior do peito, que eu chamo de sede da alma. Às vezes, ele é chamado de coração superior e confundido com um chakra, coisa que ele não é. A sede da alma tem o aspecto de uma fonte de luz difusa que jorra em todas as direções. Ela geralmente tem de 2,5 a 5 centímetros de diâmetro, mas, com a meditação, pode expandir-se e chegar a um diâmetro de 4,5 metros. Aqui, carregamos nossos anseios espirituais que nos orientam na vida. Dentro dela, podemos encontrar tudo o que ansiamos ser, fazer, ou tudo aquilo em que nos tornamos, desde as menores coisas ou os mais breves momentos da nossa vida até a mais ampla escala vital.

A linha do hara continua a descer em direção ao tan tien, na parte inferior do abdômen. O tan tien está localizado a cerca de cinco centímetros abaixo do umbigo. Ele tem aproximadamente quatro centímetros de diâmetro e não muda de tamanho. Ele se parece um pouco com uma bola oca de borracha, por ter uma membrana. Conforme Heyoan disse, o tom dessa nota é que possibilita a manifestação do nosso corpo físico. Essa nota é um harmônico do som emitido pelo núcleo fundido da Terra. Os curadores usam esse ponto como uma maneira de se ligarem a uma grande quantidade de energia. Ela os liga à fonte de poder da Terra.

O conceito de som sustentando a forma no mundo físico foi discutido no Capítulo 9. Nesse caso, a nota é mais do que um simples tom que possa ser ouvido através da percepção auditiva normal. Em vez disso, essa nota também existe na faixa da Percepção Sensorial Sutil. Penso que ela signifique ainda mais que isso, mas ainda não sei o que seja. A coisa mais parecida com isso que já ouvi na faixa sonora normal é o grito que um mestre em karatê emite ao quebrar tijolos ao meio com um golpe leve.

A linha do hara continua a descer a partir do tan tien e prossegue rumo ao centro do âmago da Terra. Aqui, estamos ligados à Terra e ao som que é o seu centro. Aqui, novamente, o som significa mais do que apenas som. Ao contrário, ele provavelmente se refere a uma fonte de vida em vibração. Ligando-nos ao centro da Terra, a partir da linha do hara, podemos sincronizar as pulsações do nosso campo áurico com aquelas do campo magnético da Terra e, portanto, absorver energia do campo áurico da Terra.

Uma linha do hara saudável está localizada na linha central do corpo, e é reta, bem formada, energizada, e está firmemente ligada ao âmago da Terra. Cada um dos três pontos situados ao longo dessa linha estão equilibrados, alinhados e firmemente ligados uns aos outros ao longo da linha do hara. As pessoas com a configuração apresentada na Figura 17-1 são saudáveis, determinadas em seus propósitos e alinhadas com a sua missão na vida. Quando esse alinhamento é mantido, ele é holograficamente verdadeiro tanto num determinado momento como em todos os momentos da vida da pessoa. A pessoa está imediatamente presente para as pequenas tarefas do momento e está ligada à tarefa maior que a envolve, como no modelo holográfico analisado no Capítulo 3. Essa pessoa consegue realizar a tarefa do momento no instante em que ela precisa ser feita, porque sabe como isso está ligado a todo o tempo e a toda tarefa.

Quando a nossa linha do hara está alinhada, você está sincronizado com o todo. Quando o seu nível hárico está saudável você vai sentir muita energia, integridade e propósito pessoal, porque você está sincronizado com o propósito universal. Nessas ocasiões é que você tem aqueles dias maravilhosos em que tudo flui harmoniosamente, como deve ser.

O sentimento de estar no seu hara é muito libertador. Nessa posição, não existe nenhum adversário. Depois que duas pessoas harmonizam os seus haras com o propósito universal, elas estão automaticamente alinhadas uma com a outra. Seus propósitos estão ligados holograficamente. Cada propósito de cada momento liga-se a todos os propósitos imediatos e a todos os grandes propósitos de longo prazo.

Por outro lado, as pessoas que assumem posições opostas talvez não possam alinhar linhas do hara porque, para fazê-lo, elas precisam estar alinhadas com o propósito universal que não tem adversários. Qualquer um que alinhe a linha do hara entra em harmonia automaticamente com os outros que alinharam as suas linhas.

Portanto, você está alinhado com o seu propósito e intenção positiva na exata medida em que você entrou em harmonia com a linha do hara. Você está alinhado com a sua intenção negativa na exata medida em que você não estiver alinhado com o seu nível hárico. Tudo isso é bastante simples.

A parte complicada é saber se você está ou não em harmonia. Se você tiver uma Percepção Sensorial Sutil desenvolvida, é possível fazer essa diferenciação usando a Percepção Sensorial Sutil para observar o campo hárico para ver se tudo está bem formado, alinhado, energizado e funcionando. Uma outra maneira de saber isso é considerar o fato de que a pessoa que estiver em harmonia não vai discutir para saber quem está certo ou errado. A partir da perspectiva da pessoa, não existe nenhum adversário contra o qual discutir nem lutar.

Se você se vir envolvido numa discussão, isso significa que você não está em alinhamento. O mesmo acontece com a pessoa com a qual você estiver discutindo, se ela reagir nos mesmos termos. Isso não significa que, estando em harmonia com seu hara, você simplesmente reconhece que a outra parte está certa e se afasta. Em vez disso, simplesmente não há nada o que discutir nem nada com que discordar. Sempre que você se vir envolvido numa discussão, a sua primeira providência deve ser concentrar-se e harmonizar-se com a linha do seu hara.

Discussões sobre quem está certo ou errado são travadas por pessoas que apresentam propósitos conflitantes dentro de si mesmas. Ou seja: parte delas está alinhada e parte não está. Esse desequilíbrio se manifesta na linha do hara. Essas partes interiores estão em conflito umas com as outras. Se usarmos os conceitos de Eu inferior, Eu superior e Eu mascarado, que mencionamos no Capítulo 1, poderíamos dizer que parte da psique poderia estar funcionando com qualquer combinação de cada um desses três aspectos. Esse é geralmente o caso. É muito raro estarmos operando totalmente a partir do nosso Eu superior e, portanto, a partir de um chakra em harmonia.

A discordância interior entre essas partes de nós mesmos manifesta-se no nível exterior na forma de discussão com uma outra pessoa. Nossos propósitos conflitantes também vão se materializar no mundo exterior na forma de dificuldades para criar ou realizar alguma coisa. Eles poderão se manifestar na forma de procrastinação ou de trabalho desleixado. Também poderão surgir entre duas pessoas que estejam trabalhando juntas num projeto e se manifestarem na forma de mal-entendidos, de confusão, de competição e de rompimento de contratos.

Por exemplo: se o propósito de cada pessoa for o de fazer com que um projeto seja levado a cabo da melhor forma possível, dentro do prazo e com a melhor qualidade, então isso provavelmente vai acontecer. Mas se um empregado pretende tomar o lugar do chefe, essa intenção negativa vai modificar a qualidade do trabalho e, automaticamente, prejudicar o chefe, mesmo se o empregado não tentar nada.

O Nível Hárico na Saúde e na Cura

O mesmo princípio do alinhamento com o seu propósito também é válido na saúde e na cura. Sempre que possível, você vai manter ou recuperar a sua saúde na exata medida em que permanecer alinhado com o seu propósito de manter ou de recuperar a saúde.

A distorção ao longo da linha do hara e os pontos situados ao longo dela descrevem a tremenda dor da humanidade. Essa é a dor que a humanidade sente, mas não compreende. A disfunção, no nível hárico, está relacionada com a intenção e com a tarefa de vida. Muitas pessoas não chegam a saber – e muito menos a compreender – que criamos a nossa própria experiência de realidade. Elas não compreendem a ideia de propósito ou missão de vida. Não compreendem a ideia de que as nossas intenções causam um grande efeito sobre a nossa vida. Não estão conscientes da sutil, mas poderosa modificação que uma mudança de intenção causa no nosso campo áurico e no nosso fluxo de energia criativa.

Em qualquer doença séria e de longa duração, há sempre uma disfunção na linha hárica. Um curador treinado terá a capacidade de trabalhar no nível hárico para obter a cura. A cura do nível hárico implica trabalhar as questões mais profundas da intenção do paciente, incluindo o propósito em qualquer momento específico e as questões relacionadas com a missão de vida. Antes de apresentar exemplos do que isso significa nas sessões práticas de cura, vejamos primeiro os tipos de distorções que podem ocorrer nos pontos situados ao longo da linha do hara e na própria linha do hara.

Disfunção no Tan Tien

As disfunções no tan tien se apresentam de diversas maneiras. Ele pode estar deslocado; pode estar muito projetado para a frente, para trás ou para um lado do corpo; pode estar deformado. A membrana que envolve o tan tien pode estar dilacerada, semiaberta ou coisa pior. (Veja a Figura 17-2.)

As disfunções no tan tien criam problemas crônicos nas costas. Se o tan tien estiver muito projetado para a frente, a parte inferior da bacia será inclinada para trás. Esses pacientes estão tentando passar à frente de si mesmos. Se o tan tien estiver excessivamente para trás, a parte inferior da bacia será inclinada para a frente. Esses pacientes estão "se abstendo" de cumprir a missão de suas vidas. Ambas as coisas vão se manifestar na forma de problemas lombares.

Como o tan tien detém a nota – ou tom – que permite a manifestação do corpo físico, se o tan tien estiver dilacerado ou aberto, seu tom será alterado. Nesse caso, o corpo e a mente podem ser abalados. Tenho visto pessoas nessas condições ficarem histéricas e permanecerem assim durante várias horas. Tenho visto o corpo tornar-se fraco e não conseguir recuperar-se durante anos. Tenho visto casos em que as pernas se atrofiam.

Figura 17-2: Distorção no Tan Tien

Independentemente do que essas pessoas façam por si mesmas, incluindo exercícios físicos, nada vai ajudá-las até que o tan tien danificado seja reparado. Portanto, o trabalho deve ser dirigido para a cura do tan tien, consertando-o, posicionando-o corretamente ao longo da linha do hara, ligando-o à Terra através da linha do hara e energizando-a. Um curador suficientemente experiente para realizar a cura do hara pode fazer isso diretamente ou através da cura a longa distância.

A cura do tan tien também pode ser feita praticando-se artes marciais com um bom professor. A prática do tai chi é muito boa para isso. É muito importante aprender artes marciais com um bom professor, para que isso seja feito corretamente. Caso contrário, os efeitos da cura não vão ocorrer.

Depois de reparado o tan tien, o exercício físico é muito eficaz para manter o alinhamento. Todo exercício físico deve ser feito com a intenção concentrada de trazer para o corpo a percepção consciente.

Disfunção na Sede da Alma

A sede da alma geralmente fica desfigurada pela ocultação, cobrindo-se com uma nuvem escura de energia. (Veja a Figura 17-3.) O resultado disso é que as pessoas não têm a capacidade de sentir o que querem para suas vidas agora ou no futuro. Elas não têm ideia do que querem fazer na vida. Essas pessoas geralmente apresentam os ombros projetados para a frente e exibem uma postura de "rendição", de "impassibilidade" ou de "tédio e desesperança" diante da falta de sentido da vida. Elas carregam consigo uma profunda tristeza.

Quando um curador começa a purificar a nuvem de energia escura e a aumentar a iluminação da sede da alma, para que ela se expanda e continue a fluir, os pacientes em geral apresentam uma entre duas reações. Na primeira, eles podem sentir subitamente novas esperanças e começar a recriar a vida de acordo com o anseio espiritual de que agora estão conscientes. Na segunda, eles podem se lamentar por todo o tempo perdido, durante o qual não fizeram o que queriam. Depois de um período de tristeza, a vida dos pacientes começa a adquirir um novo significado. Um novo eros nasce, e os pacientes se veem cheios de entusiasmo com aquilo que podem fazer com a própria vida.

Muitas pessoas criam um véu de energia escura em torno da sede da alma depois de terem perdido uma pessoa querida, o que anestesia seus sentimentos de perda, mas também interrompe o processo natural de luto. Se o casal tinha feito grandes planos que não foram realizados, a pessoa que é deixada sozinha no plano físico muitas vezes acha que a continuação desses planos, como eram antes da morte, representa uma demonstração de lealdade para com a pessoa falecida. Como todos os planos estão constantemente mudando e se desenvolvendo, isso infelizmente não funciona. O bloqueio do luto não vai permitir que o plano continue vivo e em processo de constante modificação. A recusa em entregar-se ao luto acaba imobilizando toda a força vital do lado de fora do plano e, depois de algum tempo, o desenvolvimento do trabalho vai ser interrompido. A pessoa vai concentrar-se na preservação do trabalho e tudo vai adquirir um ar de "coisa de museu".

Isso pode ser curado por meio da lamentação da partida da pessoa amada. Esse procedimento pode ser feito a qualquer hora e vai permitir que os projetos tenham prosseguimento. Outra vantagem é a possibilidade de que outras pessoas entrem no plano para uma nova vida e para uma nova experiência a dois. Nunca é demasiado tarde

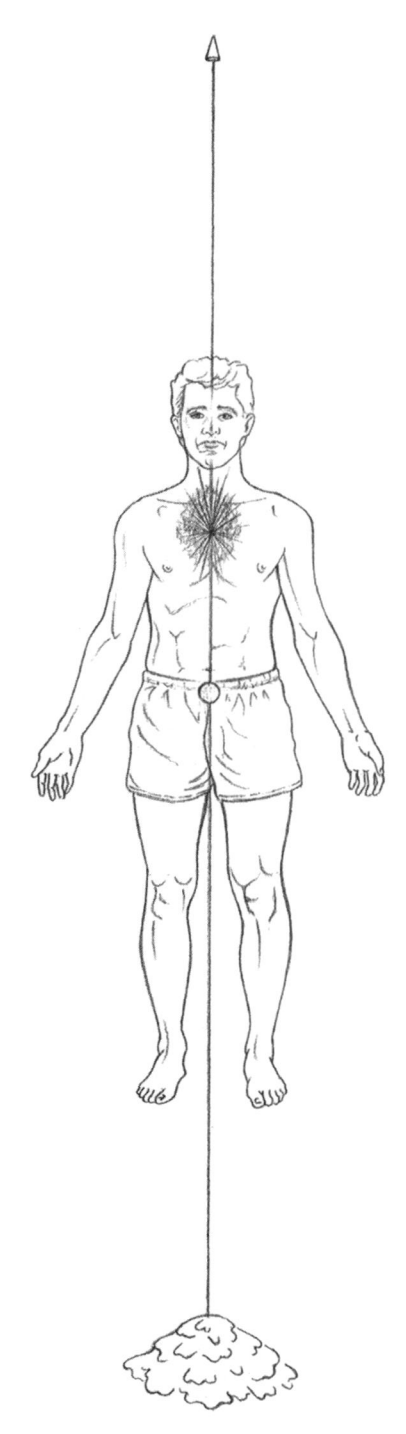

Figura 17-3: A Sede da Alma Encoberta pelo Véu

para nada. Todavia, o plano pode ser realizado de uma maneira diferente daquela que você imaginou porque outros instrumentos e pessoas estarão envolvidos na sua realização.

Disfunção no Ponto ID

O ponto de individuação em forma de funil, situado acima da cabeça, pode ficar distorcido ou obstruído, como mostra a Figura 17-4, o que acaba produzindo uma falta de ligação do ponto ID. Essa falta de ligação do ponto ID também nos leva a uma visão um tanto cínica da vida, já que não existe nenhum entendimento, nenhuma "compreensão de Deus". Os que estão desligados do ponto ID provavelmente acham que as pessoas que acreditam em Deus têm uma visão muito otimista da vida e que estão fantasiando. Para eles, a religião organizada é uma maneira de controlar as pessoas porque define e descreve um Deus que, no entendimento deles, não existe. Eles não têm nenhuma experiência pessoal de Deus, com a qual possam comparar e confirmar quaisquer descrições ou definições da divindade. Elas poderão ser ateias ou agnósticas e aceitarão a metafísica M-1, que ignora a questão da existência de Deus.

Quando o curador purifica e reconstitui a ligação com esse ponto, os pacientes começam de fato a ter lembranças de infância a respeito de ocasiões em que estavam ligados a Deus. Eles também vão começar a desenvolver uma nova conexão com Deus por meio de sua experiência pessoal, em vez de aceitar Deus de acordo com as regras ou relatos dos outros, como acontece em muitas religiões.

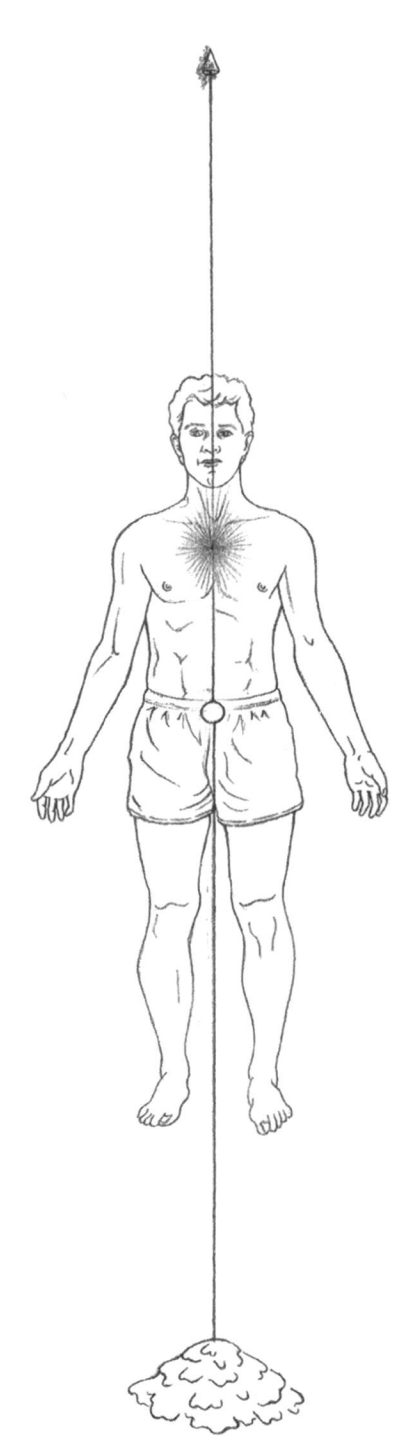

Figura 17-4: Bloqueio no Ponto ID

Disfunção na Linha do Hara e nos seus Pontos

Na minha opinião, o alinhamento da linha do hara da maioria das pessoas não é o ideal. Nunca encontrei ninguém que fosse capaz de manter a linha do hara reta e alinhada o tempo todo. A maioria das pessoas não conserva nenhum alinhamento. Uma minoria pode mantê-la alinhada durante cerca de 30% do tempo. A maior parte dos praticantes de artes marciais, depois de anos de treino, consegue manter alinhada a porção inferior da linha, que faz a ligação entre a Terra e o tan tien. Algumas conseguem manter alinhada a parte média da linha do hara, do tan tien até a sede da alma. Mas elas nada sabem sobre a parte superior dessa linha. São necessários anos de treinamento para que alguém consiga ligar-se à linha do hara e mantê-la inteiramente alinhada durante qualquer período de tempo.

A maioria das pessoas, no entanto, apresenta a linha do hara em desequilíbrio e sofre muito em decorrência disso. O desequilíbrio no nível hárico manifesta-se na forma de distorções na linha do hara e nos três pontos localizados ao longo dela, bem como numa ausência de ligação entre cada um dos três pontos e a Terra. A Figura 17-5 mostra as distorções do nível hárico mais comuns nas pessoas da nossa cultura.

Ela mostra que:

- O tan tien está à direita do centro, fazendo com que a pessoa se torne demasiadamente agressiva. (O lado direito do corpo geralmente encerra a energia masculina/agressiva.)
- A linha laser não está ligada à Terra e, por isso, a pessoa não tem base para apoiar uma agressão que seria útil quando aplicada de maneira positiva. Em outras palavras, essa pessoa é perigosa e pode ser irracionalmente agressiva, sem dispor de poder. Ela tampouco está ligada à "existência na Terra", conforme acontece com os outros e, por conseguinte, tem dificuldade para se relacionar com os demais habitantes da Terra.
- O tan tien não está ligado à sede da alma e, portanto, a existência física dessa pessoa não está ligada ao anseio espiritual que foi projetado para orientá-la na vida. Dessa maneira, a pessoa não sabe o que veio fazer aqui, por isso, não pode cumprir a sua missão.
- A linha laser não está ligada ao ponto ID e, dessa maneira, essa pessoa não está ligada à divindade e, por isso, não tem nenhuma ligação pessoal com a espiritualidade nem com a religião.

Em consequência das distorções mencionadas acima, muitas pessoas de nossa cultura estão desligadas da Terra, dos seus semelhantes, de Deus e do seu propósito, como também de si mesmas. Isso causa muita dor, tanto no nível espiritual como no nível emocional. Elas não sabem porque estão aqui, não acreditam que a vida tenha um propósito, e se sentem muito desconfortáveis na Terra. Em suma, como afirma o dito popular: "Depois que você deu duro a vida inteira, você morre." Isso também pode ser curado mediante a cura do hara.

As linhas do hara dos norte-americanos são diferentes daquelas das pessoas de outras culturas. Pessoas de culturas diferentes distorcem as linhas do hara de maneiras diferentes e pessoas da mesma cultura distorcem as linhas do hara de maneira semelhante. Portanto, as pessoas da mesma cultura sofrem de maneira semelhante. Conquanto eu não tenha tido o privilégio de fazer uma quantidade de observações acerca de muitas culturas para poder constatar essa diferença, Heyoan disse que essa tem sido a causa de muitos conflitos internacionais e que, quando aprendermos a curar no nível hárico, também estabeleceremos a paz entre as pessoas da Terra.

A Cura do Hara

Depois que tiverem determinado o estado do nível hárico, os curadores poderão atuar sobre ele para promover a cura, a qual, conforme mostra a Figura 17-1, o trará de volta para um estado de saudável alinhamento, de equilíbrio e de carga energética.

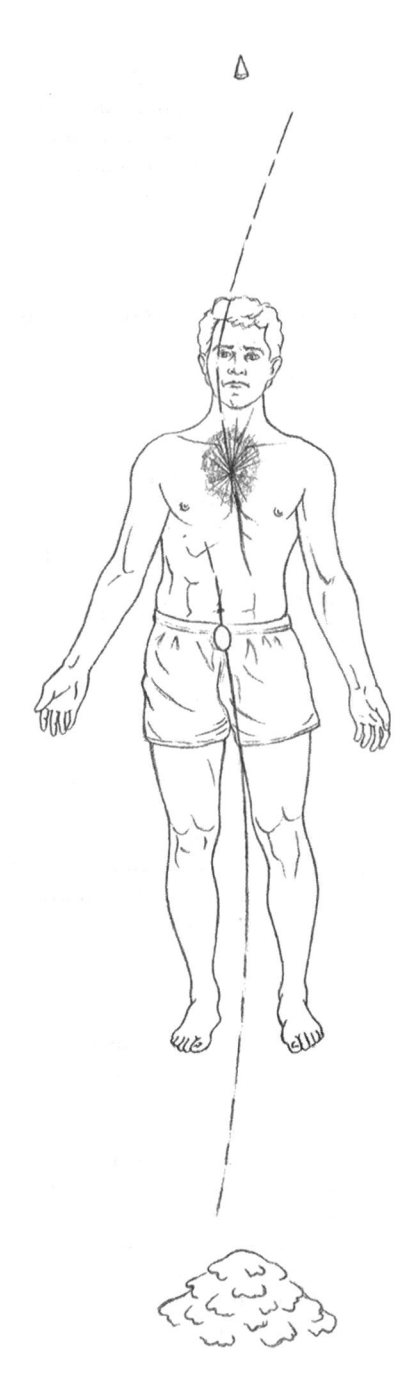

Figura 17-5: Distorção na Linha do Hara

A cura também vai fazer que os pacientes voltem diretamente ao seu caminho de vida e, assim, a vida dessas pessoas vai mudar, na maioria das vezes de forma dramática e num prazo muito curto. Quando as pessoas voltam ao seu verdadeiro caminho de vida, todo o mundo material em torno delas, e que não está em harmonia com esse caminho de vida, acaba mudando ou, gradualmente, desaparecendo. Isso inclui bens materiais, empregos e locais de residência, bem como amigos e relacionamentos íntimos.

A cura do hara é um trabalho avançado e requer muito treino e prática. O curador deve ter a capacidade de endireitar a própria linha do hara e de mantê-la assim, com todos os três pontos na posição correta, e de ficar firmemente ligado à Terra, para poder corrigir a linha do hara do paciente. Os curadores que estiverem fora do alinhamento poderão fazer os pacientes adoecerem ou ficarem desorientados e confusos. Não estou autorizada a ensinar a cura do hara a outros curadores se eles não estiverem prontos para isso. Ou seja: eles devem ter a capacidade de manter a linha do hara em harmonia durante pelo menos uma hora, sem deixar que ela perca o alinhamento. Se isso acontecer, o alinhamento precisa ser restaurado em menos de um minuto – façanha que requer anos de prática.

Um bom exemplo do que pode acontecer em consequência da cura do hara foi o que se passou quando eu estava trabalhando com um músico profissional a quem chamarei de Thomas. O campo áurico de Thomas estava muito escuro e estagnado, com uma energia densa e de baixa frequência. Com base nas condições do seu campo, pude deduzir que ele andava deprimido havia anos. Ele estava cheio de ressentimento e raiva, além de exibir um forte traço de masoquismo. Assim, se eu fosse em frente e purificasse o seu campo, isso não teria funcionado porque eu teria feito exatamente o que os seus pais tinham feito para causar o problema. (Ver as seções sobre defesa masoquista, no Capítulo 15.) No nível hárico, o seu tan tien tinha sido puxado para baixo e para trás do seu corpo, estando também desligado da sede da sua alma. Isso significava que ele estava negligenciando a missão da sua vida e faltando a esse compromisso. Ele também não estava ligado ao primeiro ponto de individuação, acima da cabeça.

Sabendo que a chave para a sua libertação era o realinhamento com o seu objetivo na vida, durante as sessões de cura concentrei-me tão somente no trabalho com o hara. Numa série de quatro ou cinco sessões de cura do hara, alinhei a linha do seu hara e todos os pontos situados ao longo dela. Vi sua aura endireitar-se e purificar-se em consequência das sessões de cura do hara. A purificação do seu campo áurico aliviou-lhe a depressão e permitiu que os seus problemas psicológicos viessem à superfície da sua consciência para serem trabalhados. Ele trabalhou diretamente esses problemas nas sessões de terapia por que passou.

Numa entrevista com Thomas, quatro anos depois, ele afirmou:

> Antes das sessões de cura, eu tinha muita dificuldade simplesmente para continuar vivendo, por que entrava em depressão. Eu queria esconder muitas coisas e não lidar realmente com o que estava acontecendo na época. A principal razão pela qual procurei a cura foi para afirmar a minha própria energia. Houve muita agitação, convulsão e mudança depois de cada sessão de cura. Na terapia, comecei a lidar com muitos problemas familiares – relacionados com o meu pai e com a minha mãe. Eram os problemas comuns entre filhos e pais, e havia muita raiva. Havia uma enorme raiva. Pouco tempo depois, meu casamento acabou. Mais ainda, eu estava tendo todos esses problemas profissionais e financeiros de uma só vez.
>
> Houve tanta luta, sofrimento, confusão, tristeza e muitas outras coisas desagradáveis que acabei por concluir que eu estava aqui [na Terra] para resolver tudo isso. Tudo estaria bem enquanto eu conseguisse evitar que as coisas se complicassem ainda mais e eu pudesse ao menos lembrar-me da razão da minha presença aqui.
>
> Dessa maneira, consegui superar isso. Perdi aproximadamente dez quilos e estou tendo um excelente relacionamento com outra mulher há mais ou menos três anos, além de ser muito amigo de minha ex-esposa e da família dela. Não há nada mais para ser resolvido. Também estou fazendo um curso de computação para poder ganhar mais dinheiro. Ainda sou um músico profissional. Ainda toco e tenho alguns alunos.
>
> O principal benefício que auferi com as curas – a parte mais memorável de tudo – foi a sensação de estar mais concentrado na minha própria energia. Desse modo, agora consigo sustentar a minha energia e fazer por mim mesmo o que acho que precisa ser feito. Continuo ansiando pela oportunidade de dedicar mais tempo à expressão musical e ao ensino da música. Eu gostaria de expressar a música que está dentro de mim, sem necessariamente rotulá-la como jazz ou música da Nova Era. Quero ter acesso a algo que está dentro de mim. Esse é o grande desafio que enfrento agora.

O Alinhamento com o Seu Propósito de Vida

O alinhamento com o seu nível hárico vai alinhá-lo com o seu propósito de vida. O exercício que se segue vai ajudá-lo a harmonizar a linha do seu hara e a curar quaisquer distorções existentes nela ou nos pontos situados ao longo da sua linha. Ele vai colocá-lo em harmonia com o seu propósito maior. Sugiro que faça isso todos os dias, pela manhã, e todas as vezes que se propuser a realizar algo. Você ficará espantado com os resultados que vai obter. Quando se acostumar a manter o alinhamento do hara, você vai fazer isso o tempo todo. Desse modo, vai conseguir manter-se alinhado com a missão da sua vida em todas as pequenas coisas que estiver fazendo no momento. Isso se aplica muito bem à sua tarefa de curar a si mesmo.

Um Exercício para Alinhar a Sua Vontade com o Seu Propósito de Vida

Imagine uma esfera de energia dentro de seu corpo, sobre a linha média, localizada cerca de quatro centímetros abaixo do umbigo. Esse ponto é o centro de gravidade do seu corpo físico. Ele é o tan tien, a nota que permite a manifestação do seu corpo físico. A linha do hara e o tan tien em geral são dourados. Nesse exercício, você tornará vermelho o tan tien.

Fique de pé, com os pés afastados um do outro cerca de 90 centímetros, e dobre bem os joelhos, conforme mostra a Figura 17-6. Deixe os pés se projetarem para fora, de modo que não haja necessidade de torcer os joelhos. Endireite a coluna. Apanhe uma mecha de cabelo que esteja situada diretamente no topo da sua cabeça e puxe-a para cima, para poder sentir o centro do topo da cabeça. Agora, finja que você está pendurado por essa mecha. Isso vai alinhar o seu corpo com a Terra.

Coloque a ponta dos dedos de ambas as mãos sobre o tan tien, conforme mostra a Figura 17-7. Mantenha os dedos juntos. Sinta o tan tien dentro do seu corpo e aqueça-o. Torne-o incandescente. Se você se ligar a ele, em breve todo o seu corpo estará quente; se o seu corpo não ficar quente, você não estará ligado a ele. Tente outra vez. Pratique até conseguir. Depois que tiver conseguido fazer isso, passe a sua consciência para o núcleo fundido da Terra.

Posicione as mãos de modo a formar um triângulo, com as pontas dos dedos apontadas para baixo, em direção à Terra, diretamente em frente ao tan tien. (Ver Figura 17-8.) Sinta a ligação entre o âmago da Terra e o seu tan tien. Agora você vai sentir realmente o calor, um calor tão forte e ardente que você

Figura 17-6: Postura do hara

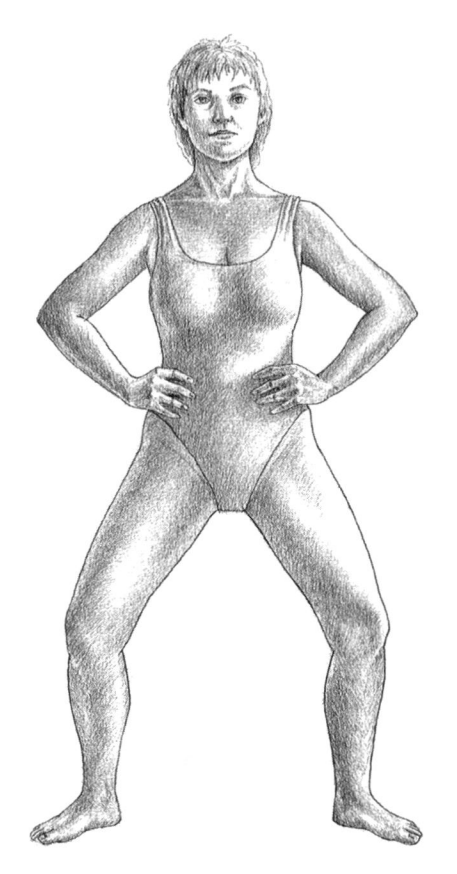

Figura 17-7: Pontas dos dedos dentro do tan tien

vai começar a suar. Você poderá até mesmo ouvir um som semelhante ao que é emitido pelos praticantes de artes marciais ao desferir um golpe. Se a sua Percepção Sensorial Sutil estiver aguçada, você conseguirá ver a cor vermelha do seu tan tien. Você também vai ver uma linha de luz laser ligando o tan tien ao âmago fundido da Terra. Chamo essa linha laser de hara. Se você não conseguir vê-la, imagine-a. Você não precisa vê-la para fazê-la funcionar.

Coloque agora a ponta dos dedos da mão direita sobre o tan tien e volte a palma da sua mão esquerda para o lado direito do seu corpo, com os dedos voltados para baixo. Mantenha a mão esquerda diretamente à frente do tan tien. (Veja a Figura 17-9.) Mantenha essa configuração até se sentir estável.

Volte agora a sua percepção consciente para a região superior do corpo, cerca de oito centímetros abaixo da depressão da garganta e, uma vez mais, na

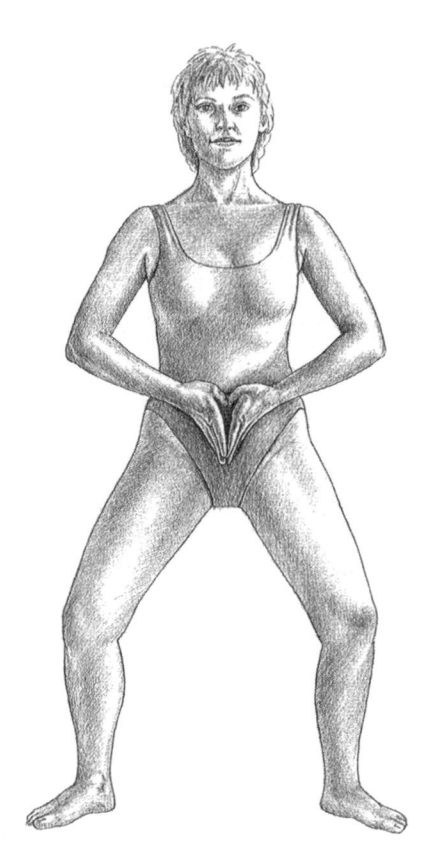

Figura 17-8: Triângulo voltado para baixo

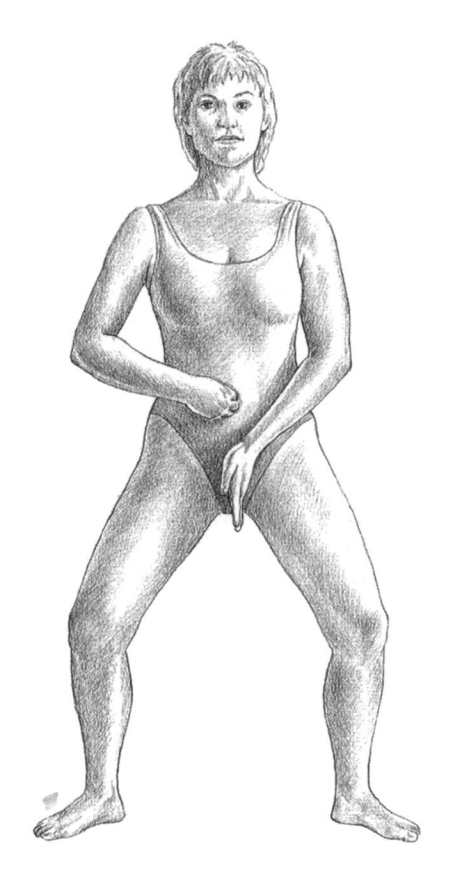

Figura 17-9: Pontas dos dedos da mão direita dentro do tan tien, mão esquerda sobre o tan tien, dedos voltados para baixo

linha média do seu corpo. Aqui há uma esfera de luz difusa. Essa luz contém a canção da sua alma, a nota ímpar com a qual você contribui para a sinfonia universal. Ela carrega o anseio que o orienta na vida para realizar o propósito da sua alma. Coloque a ponta dos dedos de ambas as mãos dentro da sede da alma, na parte superior do peito, conforme você fez anteriormente com o tan tien.

Quando se ligar a ele, você possivelmente terá a impressão de que um balão está sendo enchido dentro do seu peito. Nesse momento, você poderá ter uma sensação de muita segurança e doçura. Sinta esse doce e sagrado anseio enquanto ele está dentro de você. Conquanto ele talvez continue sem nome, mesmo assim você ainda poderá senti-lo. Ele parece uma luz difusa em torno de uma vela, mas a sua cor é azul-púrpura. Expanda a luz azul-púrpura no seu peito.

Em seguida, coloque a ponta dos dedos da mão direita dentro da sede da alma e os dedos da mão esquerda voltados para baixo, sobre o tan tien. A palma aberta da mão esquerda está voltada para o lado direito do seu corpo. (Ver Figura 17-10.) Sinta a linha do hara correndo diretamente para baixo, passando pela sede da alma, pelo tan tien e descendo rumo ao centro da Terra. Quando puder sentir claramente isso, cuide do próximo passo.

Deixando a mão esquerda onde ela está, levante os dedos da mão direita acima da cabeça. Deixe os dedos médios da mão direita apontarem para o ponto ID, situado aproximadamente um metro acima da cabeça. (Ver Figura 17-11.) Sinta a linha do hara, que se estende desde a sede da alma, subindo através da sua cabeça e chegando até a abertura do pequeno funil invertido do ponto ID. Essa pequena abertura é, na verdade, um pequeno vórtice, com sua extremidade aberta

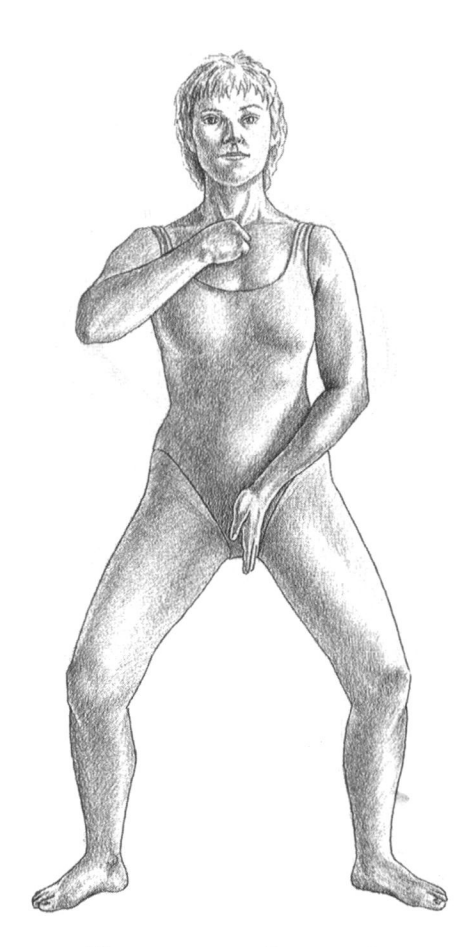

Figura 17-10: Pontas dos dedos da mão direita dentro da sede da alma, mão esquerda sobre o tan tien, dedos voltados para baixo

voltada para baixo. Ele é o mais difícil de ser sentido. Tente fazê-lo, mas lembre-se de que isso poderá demorar algum tempo. Esse vórtice representa o primeiro ponto de individuação a partir da divindade. Ele representa o primeiro ponto de individuação a partir da unicidade de Deus. Quando você consegue fazer a linha do hara passar pelo ponto ID, ela subitamente desaparece na ausência de forma. Ao passar pelo funil, ela poderá emitir um som que, ouvido através da PSS, assemelha-se ao estampido de uma rolha saltando de uma garrafa. Você vai sentir instantaneamente a diferença porque, logo que se ligar a ele, terá mil

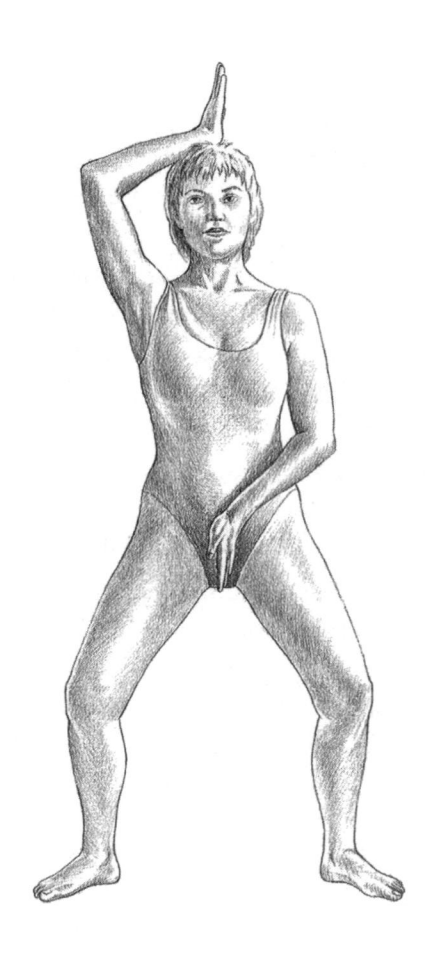

Figura 17-11: Mão direita alinhada com o ponto ID, mão esquerda sobre o tan tien, dedos voltados para baixo

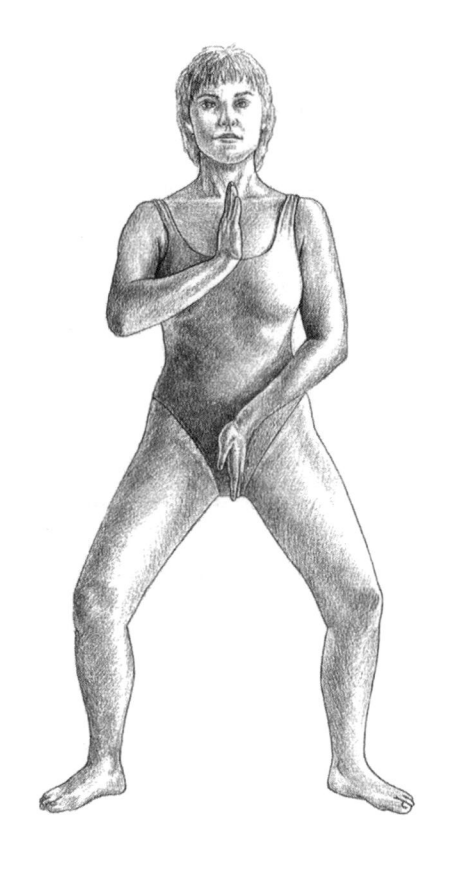

Figura 17-12: Mão direita sobre a sede da alma, dedos voltados para cima, mão esquerda sobre o tan tien, dedos voltados para baixo

vezes mais energia. De repente, tudo ficará calmo dentro de você e você vai se sentir como uma ponte de energia. Você terá alinhado a linha do seu hara.

Espere alguns minutos até a linha do hara ficar estável. Depois, abaixe a mão direita, com os dedos apontados para cima e a palma voltada para o lado esquerdo do seu corpo, de modo que ela fique sobre a sede da sua alma. Assim, você irá sentir-se mais à vontade. Conserve a mão esquerda apontando para baixo, com a palma voltada para o lado direito do corpo, mantida acima do tan tien. (Veja Figura 17-12.)

Sinta a luz do hara e os três pontos. Alinhe-a com a sua intenção. Tenha como propósito deixá-la reta, brilhante e forte. Mantenha a sua intenção até sentir que ela está reta, brilhante e forte. Endireite novamente o corpo para que ele fique como se você estivesse pendurado por uma mecha de cabelo que sai do centro da parte superior da sua cabeça. Contraia um pouco as nádegas e dobre bem os joelhos, mantendo os pés afastados um do outro cerca de 90 centímetros e num ângulo um pouco aberto, para proteger os joelhos. Ao dobrar os joelhos, eles devem ficar numa linha diretamente sobre os seus pés. Faça uma verificação para sentir, ouvir e ver se os pontos estão fortes, firmes e energizados. Se houver fraqueza em alguma área, observe que área é essa. Essa é uma área que precisa de um trabalho de cura. Concentre-se nela por mais algum tempo. Faça o alinhamento da linha do hara e realce os pontos o máximo que puder.

Quando tiver alinhado o seu primeiro ponto de individuação da divindade com o anseio sagrado da sua alma e com a nota com a qual você atraiu o seu corpo a partir da Mãe-Terra, então você terá se alinhado com o propósito da sua vida. Você talvez nem saiba qual ele é, mas, mesmo assim, estará alinhado com ele, e suas ações estarão automaticamente sincronizadas com esse propósito enquanto você permanecer alinhado.

A Linha do Hara do Grupo

Essa técnica também pode ser usada para estabelecer o propósito de um grupo. Eis como isso funciona. O verdadeiro propósito individual de qualquer membro de um grupo está holograficamente ligado ao propósito do grupo como um todo. Uma vez que todos tenham alinhado os seus haras, todos terão alinhado o seu propósito no momento com o seu propósito maior como indivíduos e como grupo. O propósito maior de todas as pessoas é parte do grande plano evolutivo da Terra, já mencionado no Capítulo 13. Ele faz com que todas as pessoas entrem em sincronicidade e o grupo se torna sincrônico. E, conforme dissemos antes, dentro dessa estrutura de realidade nenhuma posição antagônica é possível. A sincronicidade pode ser sentida na sala. A sala se enche com a energia da tarefa do momento. Cada um tem um papel a desempenhar. O propósito de cada parte está ligado ao propósito do todo. É surpreendente o quanto os grupos funcionam bem quando conseguem começar pelo alinhamento de cada vontade individual dentro do grupo. Quando isso é feito, a vontade do grupo vem à luz.

O alinhamento do hara pode ser usado por qualquer grupo. Você pode usá-lo com a sua equipe de cura, com um grupo de pesquisa, com um grupo político ou com grupo de empresários para estabelecer o propósito da equipe. Esse modelo é válido em toda parte – especialmente na mesa de negociações entre empresários – porque baseia-se na unidade e não na dualidade. Se todos estiverem alinhados com os seus haras e estiverem ligados ao propósito universal, não haverá nenhuma situação onde uma parte tenha de perder para que a outra possa ganhar. As transações serão mais fáceis.

Certa vez, dei uma palestra de trinta minutos sobre esse assunto no Win-Win Club, em Denver. Essa organização é constituída por um grupo de dirigentes de empresas e corporações que dá preferência a um estilo de negócio em que ambas as partes saiam ganhando, em vez de privilegiar as abordagens que visam à vitória sobre um adversário. Quando lhes mostrei como alinhar o hara, bastou-lhes alguns minutos para mudar a energia da sala para um propósito grupal sincronizado. Eles aprenderam isso mais rapidamente do que qualquer outro grupo ao qual eu tive o privilégio de ensinar.

Recomendo o uso dessa meditação inicial todas as vezes que você trabalhar com um grupo. Se surgirem discordâncias, isso significa que o alinhamento se desfez. Nesse caso, sugiro que vocês repitam a meditação para fazer o realinhamento.

Por outro lado, a presença de um líder cujo hara seja mantido alinhado vai ajudar todas as outras pessoas à sua volta a se sincronizarem com o seu próprio objetivo. Uso isso regularmente para reparar primeiro a mim mesma e, depois, a equipe de professores com os quais eu trabalho e, posteriormente, a equipe de aprendizes com os quais trabalho em meus programas de treinamento. Chamo isso de ajustamento da linha hara do grupo. O primeiro passo é muito importante para ajustar a linha hara de um grupo. O líder deve ser o primeiro a ajustar o seu hara. Isso significa fazer pessoalmente a meditação para ajustamento do hara, há pouco apresentada.

Sendo eu a líder, faço isso sozinha, antes do meu primeiro encontro com a equipe de ensino. Depois, quando a equipe de professores se encontra pela primeira vez, fazemos toda a meditação com um grupo. Isso sincroniza o propósito de cada membro da equipe de ensino com o propósito do grupo. Mais tarde, quando a equipe de ensino se encontra com a equipe de aprendizes que lhe dá apoio, fazemos mais uma vez a meditação para ajustar o propósito dessa equipe maior.

No dia seguinte, bem cedo, antes do início dos cursos, esse processo de alinhamento é feito mais uma vez com todas as pessoas da sala. Essa energia alinhada é então expandida através da sala, antes que os estudantes cheguem. Depois que os estudantes estão instalados em seus lugares, faço mais uma vez a meditação para ajudá-los a ajustar as linhas do hara. Esse processo ajuda-os a regular a grande quantidade de energia liberada durante as semanas de curso de treinamento.

A energia, a força e o propósito que se acumulam na sala podem ser sentidos quando a linha do hara do grupo toma forma. Essa é uma coisa linda de ser vista. Cada linha dentro de cada pessoa liga-se à Terra, alinha-se e fica mais brilhante. À medida que mais pessoas vão passando por esse processo, isso facilita o alinhamento daqueles que ainda não conseguiram fazê-lo, por causa da energia que existe na sala. Depois, quando toda a sala ficar em sincronia, uma grande linha do hara, representando o objetivo do grupo, forma-se em seu centro. (Veja a Figura 17-13.)

Dessa maneira, permanecemos voltados para o objetivo comum ao longo de todo o curso. Quando perdemos a sincronia, simplesmente repetimos o processo de alinhamento. De todas as aplicações do modelo holográfico que já vi, o alinhamento do hara do grupo é um dos melhores. Trata-se de um exemplo muito prático de manutenção da individualidade e do propósito individual, ao mesmo tempo que a pessoa permanece ligada ao grupo maior que a rodeia. Dessa maneira, a pessoa se liga ao amor, ao apoio, ao poder e ao conhecimento dentro do grupo mais amplo. Acredito que é por isso que conseguimos realizar tantas coisas em nossos cursos. É por isso também que o aprendizado e a mudança ocorrem com tanta rapidez para os estudantes.

O Alinhamento de um Grupo de Pessoas com o Seu Propósito

Para fazer isso num grupo, sentem-se ou fiquem de pé formando um círculo e ajustem as linhas dos seus haras de acordo com as instruções apresentadas no exercício de alinhamento do hara. Certifique-se de que todos façam isso juntos, passando de uma posição para outra de forma simultânea.

A cada passo, dê algum tempo para que cada pessoa fique alinhada. Você vai sentir a energia do grupo modificando-se enquanto isso é feito. Trata-se de um trabalho muito parecido com a afinação de uma orquestra. Depois de algum tempo, você vai sentir, ver ou ouvir as energias do grupo se estabilizarem. Se continuar a sentar-se em meditação, você vai sentir a linha do hara do grupo formar-se no centro do círculo. Trata-se de algo muito semelhante à linha laser que passa pelo seu corpo. Ela representa o propósito do grupo. Ela é uma esplêndida linha de luz dourada, com os mesmos três pontos descritos acima. Haverá também ligações como os raios de uma roda entre o tan tien da linha hara do grupo e o tan tien de cada corpo. (Ver Figura 17-13.)

Sinta o quanto é forte e estável a energia da sala. Agora vocês podem fazer seu trabalho como grupo, sem controvérsias.

Figura 17-13: Linha do hara do grupo

A Reencarnação na Mesma Existência e a Transformação da Linha do Hara

Em *Mãos de Luz*, falei sobre o fenômeno da reencarnação na mesma existência, coisa que ocorre quando alguém encerra a sua missão de vida e passa para uma outra missão sem deixar o corpo. Descrevi um casulo que se forma no campo áurico em torno da corrente de força vertical, na coluna. Desde então, tenho observado que, dentro do casulo, no nível hárico, a linha do hara se dissolve e se refaz, estabelecendo assim uma nova missão de vida para a nova encarnação, sem a necessidade de recomeçar tudo a partir de um novo corpo. O processo de dissolução da velha linha do hara e a restauração de uma nova se estende por cerca de dois anos.

Como os pontos situados ao longo da linha hara também mudam quando a linha hara muda, a reencarnação na mesma existência em geral é acompanhada de alguns problemas físicos. Quando o tan tien vacila e se dissolve, o corpo físico pode ficar num estado caótico. Os sintomas físicos poderão ser muitos, mas talvez nenhum seja diagnosticável. Pode ser ainda, em outros casos, que você tenha uma doença grave, uma experiência de quase morte ou uma experiência de morte física e de retorno à vida.

A reencarnação na mesma existência é uma experiência desorientadora porque você perde o senso de si mesmo, o senso de todas as coisas com as quais você se identificava e o senso do seu propósito. Às vezes, você tem a impressão de que vai morrer. Trata-se de uma fase de profundas mudanças pessoais e de uma época de ausência de conhecimento, de contemplação e espera – às vezes dentro de um vazio de veludo negro que está repleto de vida não manifestada. Este é um momento de rendição às grandes energias que estão operando dentro de você.

Posteriormente, nessa época, novas energias da sua estrela do âmago começam a aparecer no nível hárico para criar uma nova linha hara que corresponde à nova tarefa que você assumiu. Obviamente, a nova tarefa estará relacionada com a velha, da mesma forma como as vidas passadas estão relacionadas umas com as outras e com a existência atual. A reencarnação na mesma existência está se tornando cada vez mais comum à medida que cresce o número de pessoas que trilham o caminho da percepção espiritual.

Durante os dois anos necessários para se fazer a reencarnação no mesmo corpo, tudo na vida muda. Isso inclui grandes mudanças na vida profissional, nos relacionamentos íntimos, no local de residência, nas relações com os amigos e na situação financeira. Em geral, depois de um período de dois anos, a vida fica muito diferente. A reencarnação no mesmo corpo pode acontecer mais de uma vez na mesma existência, mas, pelo que sei, isso é extremamente incomum.

Eis um bom exemplo de como a vida pessoal de uma pessoa mudou em consequência de um processo de reencarnação na mesma existência. Eu a chamarei de Rachel. Rachel era uma brilhante executiva e chefiava a divisão de recursos humanos de uma grande organização financeira. Ela veio me procurar pela primeira vez para curar um edema crônico que havia tido durante dezoito meses.

Depois de três sessões de cura com um intervalo de duas semanas entre cada sessão, Heyoan disse que ela não precisava de mais nenhuma cura. O edema demorou dois meses para desaparecer e nunca mais voltou.

Durante as curas, Heyoan nada disse a respeito das condições físicas de Rachel. Em vez disso, ele falou sobre a estrutura da vida de Rachel, sobre a textura dos fios dourados da sua vida. Rachel, então, iniciou seus estudos na

Barbara Brennan School of Healing e, vários anos depois, começou a me ajudar a dirigir os cursos. Foi durante um desses cursos que notei que o seu tan tien estava se modificando e que ela estava passando por um processo de reencarnação na mesma existência. Eis como ela descreve essa experiência:

> Eu não tinha nenhuma ideia a respeito do que estava se passando. Em meu 38º aniversário, em fevereiro, cortei os meus longos cabelos. Embora eu tivesse usado o cabelo comprido a vida toda, senti que tinha de mudar radicalmente alguma coisa em mim. Alguns dias depois disso, fui para São Francisco encontrar-me com você para o seminário introdutório. Entrei no quarto de hotel e você deu uma olhada para mim e disse: "Olhe, toda a região de seu tan tien está oscilando!"
>
> Eu não fazia ideia do que isso significava. Você disse: "Eis o que acontece quando você reencarna no mesmo corpo. A linha do seu hara se desintegra!" Isso me assustou porque eu não sabia o que isso queria dizer. Depois você olhou para ver se havia um casulo em torno da minha corrente de força vertical. O casulo estava lá e você fez um desenho dele.
>
> Então, seis meses depois, quando o casulo havia começado a se dissolver, havia uma parte da corrente de força vertical em que a mudança havia sido detida. Você disse que eu havia interrompido o processo. Mais tarde, quando desloquei as costas, você disse que uma das razões pelas quais eu estava tendo tantos problemas com as sessões de cura era o fato de o meu tan tien continuar oscilando, uma vez que o processo de reencarnação ainda estava ocorrendo. Eu sempre havia gozado de perfeita saúde, razão pela qual isso foi muito difícil para mim.
>
> Depois que o processo de reencarnação começou, também tive contato com várias vidas passadas. Anteriormente, eu nunca havia passado por isso no nível pessoal. Também tive pelo menos oito ou nove experiências em que duas épocas estavam sobrepostas. Eu podia sentir ou vivenciar um outro nível totalmente fora daquilo que acontecia no presente. Lembro-me que um desses episódios aconteceu quando eu estava sentada no palco, durante uma aula, olhando para os estudantes. Olhei para a galeria e vi que ela estava vazia. Eu sabia que estávamos em 1989. Ao mesmo tempo, porém, tive a vívida impressão de que as galerias estavam cheias de uma ruidosa multidão e que as pessoas estavam exigindo um julgamento. Era uma cena de tribunal. Essas experiências começaram depois de iniciado esse processo de reencarnação no mesmo corpo.

Então, dois anos depois que tudo começou, você veio falar comigo quando eu estava fazendo curas espirituais e disse que o processo estava terminado.

Esse processo acarretou algumas mudanças exteriores. Primeiro, eu não consegui mais continuar com meu emprego anterior. Tive de passar muito tempo aprofundando-me no aprendizado das questões espirituais, e foi nessa época que larguei meu emprego e passei a trabalhar para a escola. Havia muito tempo que eu tinha vontade de fazer isso, mas sentia um medo enorme relacionado com a insegurança financeira. Uma vez iniciado o processo de reencarnação, tornou-se impossível para mim continuar no emprego, por maiores que fossem os meus medos. O impulso que havia por trás da mudança literalmente me impeliu a passar para uma parte de minha vida na qual eu iria me sentir melhor com relação a mim mesma, muito embora eu não soubesse o que isso podia significar, porque comigo as coisas não haviam se passado assim. Eu simplesmente descobri que tinha de parar de sentir isso todos os dias, quando acordei e não pude suportar a ideia de ir trabalhar.

A experiência de reencarnação me proporcionou a sensação de que, em vez de assustadora, a mudança iria trazer-me alguma coisa boa. A mudança tornou-se algo muito excitante, como se eu estivesse esperando ansiosamente por alguma coisa. Eu me sentia muito diferente.

Antes de a reencarnação começar, eu era a pessoa mais incrivelmente saudável que já conheci. Iniciado o processo, machuquei as costas. Esse foi o primeiro problema de saúde importante que tive na vida. Isso aconteceu quase que exatamente um ano depois que a reencarnação começou. Agora, as minhas costas estão muito melhor do que estavam há um ano. Posso dizer que agora tenho apenas uma dor nas costas. Não tive nenhum outro efeito fisiológico.

A principal diferença que vejo em mim, depois desse período, foi uma grande mudança na maneira de me relacionar comigo mesma. Depois que comecei a ter experiências com vidas passadas, meu relacionamento comigo mesma ficou muito mais profundo. Pude perceber melhor como eu tinha pouca consciência de mim mesma. A maior mudança foi que agora eu realmente noto o papel que desempenho em todas as coisas. Realmente estou muito mais consciente de que sou responsável por pelo menos 50% de tudo o que acontece. Tenho muito menos culpa em termos de "ou eu ou eles". Tenho muito mais consciência do padrão habitual da minha vida que, através do meu sistema de defesa, me leva a agir da forma como o faço. Minha percepção consciente passou do nada para um valor extremo. Agora estou muitíssimo consciente da minha reação. Tenho muito mais consciência de todos os papéis que desempenho na vida, em todas as situações. Em vez de a minha vida ser algo que acontece a mim, sem que eu tenha controle algum sobre ela, sinto-me muito mais parecida com um criador ou com alguém que participa da criação. Assim, encontro imediatamente o meu papel em qualquer experiência que tenho, incluindo os relacionamentos.

Noto o papel que desempenho nos acontecimentos, a minha responsabilidade. Se estou tendo atritos com alguém, agora consigo perceber a parte que me cabe na culpa. Vejo agora que tudo é compartilhado por todos; tudo é comunitário. E isso me parece realmente diferente. Tomemos o caso da minha família: em vez de simplesmente interagir com eles, tenho uma segunda visão em que também observo – mesmo se estiver falando com a minha mãe enquanto cozinho ou faço outra coisa qualquer – exatamente aquilo que estou fazendo e que os incomoda e o modo como isso os incomoda. E, então, ela tem uma reação ao meu comportamento e isso volta para mim como uma bola de pingue-pongue; depois eu tenho uma nova reação e assim por diante.

Como essa encarnação é no mesmo corpo, noto que sempre há uma interação desse tipo e que eu na verdade consigo ver, sobreposto à minha vida, o papel que desempenho nos acontecimentos que me afetam. Por exemplo: todo o meu dia de Natal foi maravilhoso porque eu estava inteiramente consciente das interações energéticas que eu tinha e que eram absolutamente habituais na minha família. Foi fascinante assistir a isso. Se eu simplesmente detivesse a energia, se eu interrompesse essa interação e a substituísse por alguma outra coisa, tudo teria mudado.

Acho que o que restou da minha dor nas costas está relacionado com todas as coisas que eu disse a respeito de ser eu responsável pelas minhas interações. Acho que isso está relacionado com o ponto de vista voltado para fora em vez de para dentro, e quanto mais eu aprendia a me voltar para dentro, melhor ficavam as minhas costas. E quanto mais eu me voltava para fora, em busca de aceitação ou de alguma outra coisa, maiores eram os meus problemas. Minhas costas ainda estão relacionadas com a repressão das minhas reações emocionais espontâneas. Sei que ainda reprimo muitas reações profundas, muitos sentimentos. Eu me questiono muito e acho que é nessas ocasiões que as minhas costas doem mais. Eu nem sempre noto isso imediatamente, mas já estou começando a tomar mais consciência disso. Assim, minhas costas não doem muito quando estou feliz.

Introdução à Renúncia, à Morte e à Transformação

A experiência da reencarnação na mesma existência requer a renúncia ao antigo e a morte dele para que haja tempo e espaço para o renascimento. Eis aqui uma meditação maravilhosa dada por Heyoan para facilitar a renúncia ao que quer que precise ser dissolvido. Sugiro que você ponha uma música de fundo quando estiver em meditação, que pode ser feita individualmente ou em grupo. Essa meditação foi planejada para favorecer grandes mudanças na sua vida.

A RENÚNCIA, A MORTE E A TRANSFORMAÇÃO
Canalizado por Heyoan

Sinta o poder da sua divina graça. O poder da luz trouxe-o até aqui e é através da graça que você vai receber essa cura. Embora essa fase da sua vida possa ser muito difícil para você, essa certamente será uma época repleta de avanços, de amor e de fraternidade. Este é:

- um momento para ser grato
- um momento para mover-se para a frente e para fora
- um momento para perdoar tudo o que está por ser perdoado
- um momento para compreender o que precisa ser compreendido
- um momento para renunciar ao que não pode ser compreendido
- um momento para seguir à frente e para liderar
- um momento para ser e um momento para fazer

Este é o seu momento. Você o criou para si e, assim, é você que estará nele, de acordo com a sua escolha.

Como você quer empregar esse tempo? Este é o seu tempo. É o seu momento de seguir o anseio sagrado da sua alma.

- um momento de vida
- um momento de nascimento
- um momento de renovação

O trabalho de parto vem após uma fase de trevas. Dentro das trevas, o útero cresce até o seu tamanho máximo e a magia se realiza. A vida brota a partir da Terra. Você está renascendo para a plenitude de uma nova forma, numa nova vida. Com você, uma nova geração surge e abençoa a face desta Terra. A paz virá. A paz vai reinar.

Sinta no centro do seu corpo a estrela de luz que representa a sua essência individual. Todos nascemos dentro da luz. Você é a luz e a luz vai reinar nesta Terra por mil anos; toda a humanidade será uma só.

Deixe a magia envolver você e aquilo que pode ser compreendido. Trate apenas de ficar dentro do útero da regeneração. Deixe que aquilo que precisa morrer se dissolva na magia e se transforme em adubo para os campos.

- O que você dará à Terra em troca da dissolução?
- A que você precisa renunciar para que a regeneração ocorra?

Agora, deposite isso na Terra com amor e com doce renúncia e despedidas, doces despedidas. Renuncie com as bênçãos de doces lembranças às coisas que lhe serviram no passado e que, agora, não são mais úteis para você. Deposite isso no fundo do útero da sua Mãe-Terra, como se fosse uma semente. Deixe-a rolar para fora de seu corpo e fluir para fora da sua consciência. Deixe-a separar-se de suas formas-pensamento e fluir para as profundezas da Terra para que haja o esquecimento.

Em seguida, passe para a estrela de luz que existe dentro de você, no fundo da sua barriga. Bem dentro do seu corpo, cerca de quatro centímetros acima do umbigo, está a linda estrela da sua singular essência. Simplesmente *permaneça aí por enquanto*. Aquilo a que você será transmudado enquanto você simplesmente *permanece aqui*.

As coisas que morrem na forma renascem imediatamente na vida amorfa do vazio. Aquilo que morre para a forma nasce para a abundante vida amorfa do vazio.

Dentro do ciclo natural, a primavera vai tocar o que se dissolve. No ciclo da primavera, o que foi esquecido ressurge como uma Fênix em outro tipo de lembranças.

Quando a vida dentro do vazio amorfo renuncia à sua morte, a forma renasce.

Capítulo 18

NOSSO ÂMAGO DIVINO

Depois de trabalhar com a linha do hara e com a intencionalidade de muitas pessoas, e de ver grandes mudanças ocorrerem em suas vidas, com o seu propósito de vida se revelando e seus desejos sendo satisfeitos, perguntei: "Quem está sendo satisfeito? Quem tem esse propósito de vida? Quem tem toda esta intencionalidade? Afinal de contas, a nossa intencionalidade não somos nós. A nossa personalidade, obviamente, não é quem somos. Ela é apenas um traço que expressa um pouco do que realmente somos. Nosso corpo físico certamente não é quem somos. Quem somos, então? Onde estamos? De onde vem toda esta vida? Quem eu sou?

Argumentei que deveria haver uma outra dimensão mais profunda por trás do nível hárico, uma dimensão que é o fundamento do nível hárico: a dimensão do conhecedor. Heyoan respondeu rapidamente à minha curiosidade:

> **Por trás da dimensão hárica, está a dimensão do seu âmago mais profundo. O âmago é o eterno "Eu sou o que é, o que foi e sempre será". Eis aqui a origem da sua força criativa. O seu âmago é a fonte interna do divino. Visto através da PSS, ele parece uma estrela, a estrela do âmago. Essa luz é uma assinatura da eterna essência de cada pessoa. Ela existe fora do tempo, do espaço, da encarnação física e, até mesmo, do conceito de alma. Ela parece ser a fonte da própria vida. Ela é o Deus individual singular que existe dentro de cada um de nós. É a fonte a partir da qual brota toda encarnação e, no entanto, permanece em completa paz e serenidade. Onde a luz do âmago emerge ela traz saúde. Onde ela fica bloqueada, ocorrem as doenças.**

Desse modo, eu estava embarcando numa outra aventura, procurando pelo âmago, encontrando-o e aprendendo a senti-lo e a trabalhar com ele. Trabalhar com a estrela do âmago tem sido extremamente compensador. Em todas as sessões de cura que faço atualmente, trabalho com todos os três níveis ao mesmo tempo. Assim, viaje comigo agora, enquanto penetro no mundo da sua essência, a mais sagrada de todas as coisas sagradas que existem dentro de você. Tenho a certeza de que você vai gostar disso.

A Estrela do Âmago: A Eterna Fonte da Sua Essência

Usando a PSS, consegui localizar a estrela do âmago dentro do corpo. Ela está situada literalmente no centro do corpo. Embora eu compreenda que a estrela do âmago está em toda parte, a concentração nesse ponto central do corpo me ajuda a entrar em contato com ela. A estrela do âmago está localizada cerca de quatro centímetros acima do umbigo, na linha central do corpo. Ela parece emitir uma luz brilhante, que é constituída de várias cores (Ver Figura 18-1 nas ilustrações coloridas) e pode expandir-se infinitamente. Ela tem dentro de si uma sensação muito familiar do Eu não reprimido. Ela é o que você tem sido ao longo de toda esta vida. É o que você era antes desta vida. É o que você vai continuar a ser depois desta vida. É o você que existe além do tempo e do espaço. Essa essência do Eu é diferente para cada pessoa. Ela é a sua essência singular. É a divindade individuada que existe dentro de você.

Quanto à essência do âmago, o que pode causar alguma confusão é o fato de ela existir no princípio divino unitivo, ou em Deus. Ou seja, ela é ao mesmo tempo o Deus individuado dentro de nós e o Deus universal. Esse é o paradoxo que, às vezes, não é fácil de ser entendido. Como posso ser eu e Deus ao mesmo tempo? Deus é tão grande. Deus está além da compreensão humana. Como eu poderia chamar a mim mesma de Deus quando sei que Deus é muito mais do que isso? A única maneira de responder a essa pergunta é por meio da experiência da estrela do âmago. Voltando essa percepção consciente para a estrela do âmago, sentindo-a e, então, sentindo que essa essência é a mesma do Eu, podemos resolver esse paradoxo humano.

Depois que você sentiu a sua essência do âmago, você poderá encontrá-la em toda parte. Você vai encontrá-la em todas as partes do seu corpo; vai encontrá-la em todas as partes do seu campo áurico, do seu nível hárico e em todas as partes da sua vida; vai encontrá-la nas partes mais remotas do universo e em todo lugar para onde olhar.

A essência do seu âmago se expressa em certo grau em toda parte. Nos lugares da sua intenção, nos campos de energia da sua vida, no seu corpo físico e na sua vida; ela se expressa mais plenamente nos lugares em que você está saudável e feliz. Os lugares onde ela menos se expressa são os lugares em que você está menos feliz, sente-se desconfortável ou tem problemas. A coisa é assim mesmo, bastante simples. Portanto, voltamos ao começo deste livro, no qual a doença é descrita como um sinal de que, de uma maneira específica, nós nos desligamos da essência do nosso âmago, nos desligamos da nossa divindade interior. Nós nos esquecemos de quem somos. Usando a PSS, podemos "ver" isso como uma falta de conexão com o âmago.

Falta de Conexão com o âmago

No nível da estrela do âmago, a disfunção quase sempre está relacionada com algum tipo de falta de ligação entre a pessoa e a sua essência do âmago. Não que haja algo de errado com a essência do âmago propriamente dita; o problema é com a conexão entre o âmago e os outros níveis da sua existência. De alguma maneira, a essência do âmago não está sendo totalmente transmitida até o mundo físico. Isso poderia ser causado por uma disfunção no nível áurico ou no nível hárico, impedindo essa comunicação. Ou, então, a estrela do âmago poderia estar encoberta por nuvens escuras de energia ou, até mesmo, encerrada dentro de uma substância muito densa e resistente. Assim, as pulsações e a luz da estrela do âmago não podem emergir.

As pessoas que apresentam uma séria falta de conexão com o seu âmago não têm nenhuma conexão com a sua criatividade. Elas não sentem que têm uma divindade interior. Elas não conseguem sentir que elas próprias são um singular centro de luz do universo. Essas pessoas se esqueceram de quem são e enfrentam muitos problemas para se ligarem ao Eu superior ou, até mesmo, para saberem que têm dentro delas um poder superior.

A Cura com a Essência do Âmago

Em virtude da importância do nível da estrela do âmago, fica claro que toda cura deveria incluir algum tipo de trabalho para levar a essência do âmago para todos os níveis situados acima dela. Quaisquer partes do nível hárico, do campo áurico e do corpo físico que tenham sido trabalhadas em qualquer cura deveriam ser inundadas com a essência do âmago antes do encerramento da cura. Isso é verdadeiro porque em qualquer parte do corpo físico, do campo áurico ou do nível hárico que tenha sido distorcida, a essência do âmago também está impedida de se manifestar com todo o seu brilho.

Para ministrar uma cura, o curador primeiro usa a PSS para avaliar a condição dos níveis físico, áurico, hárico e da estrela do âmago. O curador ministra a cura em cada um dos níveis, começando com a aura ou com o hara, conforme for mais apropriado para o paciente. Uma vez completado esse trabalho, o curador expõe a estrela do âmago do paciente e, em seguida, leva-a para cada um dos níveis situados acima dela. A essência do âmago é levada primeiro para o nível hárico, depois para o nível áurico e, em seguida, para o corpo físico. O curador expande a estrela do âmago do paciente para que a sua essência individual preencha a sua intenção, no nível hárico, a sua personalidade, no nível do campo áurico, e todas as células do corpo físico. Em seguida, o curador expande a luz do âmago a partir do corpo, levando-a tão longe quanto for apropriado para o cliente. Isso tanto pode ser pouco mais de um metro como estender-se para as partes mais longínquas do universo.

Um bom exemplo dessa cura ocorreu durante um curso para o segundo ano, por volta de dezembro de 1989, quando uma estudante da Costa Oeste entrou na sala de muletas, com a perna esquerda num suporte. Eu a chamarei de Sarah. Ela disse que havia sofrido um acidente de esqui e que havia rompido o ligamento crucífero anterior de seu joelho esquerdo. Uma rápida avaliação com a PSS me mostrou que dentro do seu joelho havia ligamentos rompidos que precisavam ser reparados. Também vi que o seu hara havia ficado desalinhado e que a questão mais importante na sua vida era a sua relação com o processo de cura que estava se iniciando. Perguntei a ela se poderia usar o seu joelho para fazer uma demonstração para a classe e trabalhar com ela diante de toda a turma.

Comecei a cura falando com todos os alunos que haviam trabalhado no caso antes que eu tivesse a oportunidade de fazê-lo e discutindo os resultados obtidos em cada cura. Em seguida, fiz um reparo de uma parte do campo áurico, uma cura do hara e, depois, trouxe a essência do âmago para as células do seu corpo. Graças às sessões de cura, ela não precisou de cirurgia e sua perna sarou. Falei com ela dois anos depois, em dezembro de 1991, para acompanhar os efeitos das sessões de cura que ela havia recebido. Eis alguns trechos das coisas que Sarah me contou:

> Quando isso aconteceu pela primeira vez, eu estava em Yosemite, escalando essa montanha. Eu estava fazendo um curso de esqui e era a primeira vez que eu praticava esse esporte. Tínhamos passado dias esquiando e, aos poucos, havíamos avançado cada vez mais montanha

acima. Quando caí, senti o joelho estalando. Meus colegas de curso continuaram descendo a montanha e, depois, pararam. Embora eu soubesse que não devia me levantar, não queria que eles subissem para me pegar; portanto, fiquei de pé e desci a montanha esquiando lentamente. Quando devolvi os meus esquis alugados eu estava mancando e sentindo dores.

Fiquei na minha cabana durante toda essa noite. Foi a pior noite da minha vida e eu estava realmente mal. Na manhã seguinte, fui para um hospital. Enquanto descíamos a montanha de carro, vomitei. Eu estava verde. Eles me deram alguma coisa para a dor e disseram-me: "Isso parece ser muito sério. Você precisa procurar um ortopedista imediatamente." Minha perna foi imobilizada.

Fui consultar um ortopedista. Meu joelho estava tão inchado que ele não pôde fazer uma boa radiografia, como se costuma fazer. Todavia, empurrando, apalpando e observando a amplitude dos movimentos ele pôde concluir que o problema era sério mesmo. Tudo apontava para o fato de que eu provavelmente precisaria me submeter a uma cirurgia dentro de dez dias. Ele disse: "Isso é grave." O médico afirmou que eu precisaria voltar dentro de cinco dias, mas respondi que eu queria voltar para a Costa Leste para frequentar durante dois dias os cursos de cura.

Ele olhou para mim e disse: "Você é louca. Acho que você quer realmente fazer isso. Eu não vou lhe dizer para não ir, mas asseguro-lhe que irá passar maus bocados metida dentro de um avião. No entanto, você é quem decide. Para mim, isso parece loucura."

Correu tudo bem na viagem de avião. A companhia aérea forneceu-me cadeira de rodas e havia três poltronas vazias na minha fileira, de modo que me instalei com bastante conforto. Obviamente, eu estava com Tony, uma colega de classe, e ela cuidou da minha bagagem.

Tony trabalhou em mim uma vez antes de eu ir para o Leste, logo após a consulta com o ortopedista. E foi nessa ocasião que eu de fato vi, usando a PSS, que ela ligou dois filamentos no meu campo áurico. O crucífero é uma cruz, e esse é o significado da palavra em latim. Trata-se de uma dobradiça em forma de cruz situada no interior do joelho. Ela ligou dois dos fios que pareciam estar pendendo desse ligamento. Usando a PSS que eu havia aprendido no curso, vi que eles tinham o aspecto de fios brancos serpeantes. Ela os recolocou no lugar e senti realmente um pouco de dor quando isso foi feito. Na ocasião, eu estava suando bastante.

Foi então que eu voltei para o curso e três colegas trabalharam o meu problema. Um deles simplesmente dirigiu para ele energia do nível um, da qual eu estava precisando. Essa foi a primeira vez em que realmente entendi o significado da energia física. Em seguida, Martin trabalhou um pouquinho em mim. Todos os dias alguém trabalhava em mim, o meu joelho ficava um pouquinho melhor. Mas eu ainda sentia dor e não conseguia apoiar o peso do corpo sobre a perna.

Foi então que você me colocou no palco e usou o meu joelho como um instrumento de aprendizado. Você convidou cada pessoa que havia trabalhado comigo a subir ao palco e a falar a respeito do que haviam visto com a PSS e do que haviam feito. Depois, você me fez dizer o que eu estava sentindo. Em seguida, lembro-me de você ter começado a fazer o trabalho com o hara porque não sabíamos nada acerca disso. Você estava de pé ao meu lado, conversando com a classe. Recordo-me da incrível sensação de que você estava movendo as minhas pernas. Eu estava pensando "Não sei o que é isso, mas alguma coisa está acontecendo aqui!"

Uma extraordinária sensação estava subindo pelas minhas pernas e através de todo o meu corpo, e eu estava realmente me sentindo muito influenciada por isso. Foi então que você disse: "Oh, sim. Agora estou trabalhando o seu hara." Lembro-me de ter ficado deitada na mesa, com aquela forte sensação no meu corpo, e de ter perdido a consciência. Depois de trabalhar a estrela do âmago você fez uma finalização da estrela do âmago, coisa que era novidade para nós. Nunca tínhamos visto isso antes e eu não sabia realmente o que você estava fazendo.

Fiquei sem consciência durante algum tempo, depois que você trabalhou em mim. Fiquei no palco provavelmente uma ou duas horas, simplesmente deitada. Depois disso, lembro-me de ter levantado e de ter sido capaz de me apoiar sobre o meu joelho. Eu não estava apoiando todo o peso do corpo. Estava apenas mancando um pouco e caminhei até a metade do caminho em direção à plateia. E você me disse: "Não faça isso ainda! Pegue as suas muletas e dê ao seu joelho um pouco de tempo para se solidificar."

Senti-me muito bem depois que você trabalhou em mim. Depois disso não precisei mais da muleta. Mas não era apenas o meu joelho – eu me sentia muito bem de um modo geral. Senti-me muito segura, de uma forma como nunca havia me sentido antes. Passei por uma grande mudança nessa época. Muitas coisas aconteceram. Eu sempre fora cética com relação ao meu trabalho e estivera questionando meu papel e a realidade desse trabalho. Por isso, significou muito para mim ter sofrido esse ferimento grave – que me levou a pensar que teria de me submeter a uma cirurgia – e descobrir que o trabalho de cura havia sido útil e eficaz. Isso realmente curou o meu joelho. Foi como se eu tivesse concordado em saber, a partir de um nível verdadeiramente básico e apesar de mim mesma, o que esse trabalho podia realmente fazer. Senti-me como se uma completa mudança tivesse ocorrido comigo e passei a sentir-me muito segura no meu trabalho. Isso me ajudou a me ligar ao meu trabalho. Muitas coisas ficaram claras e definidas para mim.

Quando voltei ao ortopedista, ele ficou surpreso e espantado com a cura do meu joelho. Ele acompanhou as condições do meu joelho durante duas semanas. Para ele, eu havia realmente me recuperado. Além disso, eu estava nadando para fortalecer a perna afetada. Trabalhei bastante o nível um da minha aura, principalmente para carregar o nível um do meu joelho.

O resultado mais visível? Eu havia sofrido muitas lesões no lado esquerdo e isso estava muito ligado ao meu lado mulher. Eu precisava adquirir a capacidade de me afastar do mundo e receber. Trabalhei muito o meu princípio feminino. Tive muitos sonhos a respeito da minha garotinha interior. Eu precisava me entregar e aceitar. Tratava-se de voltar para aquele lugar interior, lugar de equilíbrio, lugar verdadeiro que existe dentro de mim e que chamo de verdadeira vida. Tratava-se também de caminhar com os meus próprios pés, de acreditar em mim mesma e de acreditar que eu tenho algo a oferecer. Pouco depois que isso aconteceu a minha cura começou a se desenvolver. A realização desse trabalho é uma maneira de continuar voltando para casa porque, para trabalhar com as pessoas, tenho de ir para esse lugar. Para mim, o desafio consiste em descobrir uma maneira de fazer isso por mim mesma.

As Passagens Interiores para a Visão do Âmago

Passe agora alguns minutos voltando a sua percepção consciente para o local físico associado com a estrela do âmago, no centro de seu corpo, cerca de quatro centímetros acima do umbigo. A abertura da PSS para a estrela do âmago é uma experiência maravilhosa. Primeiro, você poderá ver a estrela do seu âmago, com todo o seu inigualável brilho. Depois, se você olhar para uma sala cheia de pessoas, você verá que é uma sala cheia de estrelas – cada uma delas diferente de qualquer outra e todas belas e radiantes. É como se as estrelas cantassem umas para as outras através de um espaço cheio de luz do âmago que é conhecido como o Todo-Poderoso. (Ver Figura 18-2, nas ilustrações coloridas.)

Se você dedicar alguns minutos por dia (apenas cinco já surtirão efeito) para concentrar sua atenção nesse âmago do seu ser, sua vida vai mudar. Você vai iniciar um caminho consciente de mudança, um caminho que vai levá-lo a lugares aos quais você sempre quis ir, mas aonde não conseguia chegar. Você poderá vivenciar um grande sentimento de elevação espiritual, de assombro e admiração. Você também vai eliminar problemas que tem evitado enfrentar, talvez durante toda a vida. Eles virão para o primeiro plano da sua vida com o propósito de serem conhecidos e curados. Você vai começar a criar as coisas que sempre quis, mas que ainda não criou.

A abertura de uma passagem interior para o nosso âmago vai permitir que o amor, a verdade e a coragem que existem dentro de nós venham à superfície. Isso é fundamental para o processo de cura. Ao abrirmos essa passagem, a energia de cura sobe automaticamente através de todas as quatro dimensões da nossa energia criativa e flui para ser empregada na cura do próprio indivíduo ou de uma outra pessoa. A energia de cura flui automaticamente de qualquer pessoa que abra as suas passagens interiores entre a personalidade exterior e a estrela do âmago. É fácil sentir essa energia de cura quando você está na presença de uma pessoa assim. Você se sente calmo, relaxado, seguro e cheio de confiança em si.

Através do seu Eu superior, você já fez automaticamente a conexão entre a sua personalidade e o seu âmago. A maioria das pessoas mostra-se um tanto reservada quanto à verdadeira natureza de seu Eu superior. A pessoa sente-se mais ou menos como se os seus segredos estivessem sendo desvendados; sente-se um tanto vulnerável. Assim, passe algum tempo conhecendo melhor o seu Eu superior. Que partes de você são realmente claras, puras e amorosas? Quando você ficar mais consciente de quais são essas partes, poderá permitir que elas se expressem mais plenamente. Você ficará mais acostumado a expressar o seu amor e a cuidar dos outros sem ser tão reservado.

A estrela do âmago é a nossa fonte divina. A abertura da passagem interior para a nossa fonte divina também nos liga automaticamente à fonte divina exterior de amor e energia que existe ao nosso redor e que chamamos de divindade universal. É por meio da aceitação do divino que existe dentro de nós – o Deus interior, localizado e individualizado – que somos levados a conhecer o Deus universal. Uma outra maneira de dizer isso é que a abertura de uma passagem interior até Deus também cria um caminho exterior até Deus. Ou, ao contrário, que é através da entrega a Deus, ou ao ser divino que existe acima, abaixo e em todo o nosso redor que somos levados ao ser divino que existe dentro de nós, o Deus interior. Uma coisa não é possível sem a outra.

Tudo o que fazemos se origina na estrela do âmago, assim como toda intenção positiva. O prazer é a sua força motivadora, e ele cria apenas alegria e satisfação.

Esse é o caminho criativo que a nossa essência do âmago toma quando se expande para o mundo da manifestação. Quando a sua força criativa sobe a partir da sua estrela do âmago, ela traz consigo um grande prazer. Quando a essência do âmago emerge na dimensão hara, a caminho do corpo físico, ela vai para o centro dos três pontos situados ao longo da linha do hara. Se todos os três pontos estiverem alinhados, teremos alinhado a nossa intenção com o melhor que existe em nós e estaremos sincronizados com o propósito divino. Em outras palavras, a vontade divina e a nossa vontade serão uma só. Quando, então, permitimos que a essência do âmago flua para esse objetivo divino, nós também expressamos a nossa essência individual através do nosso objetivo ou intenção. Nós expressamos o nosso propósito divino individual.

Chegando ao nível áurico, a essência do âmago flui para os centros dos chakras e se expande para impregnar todo o campo áurico com a essência de quem somos. Depois disso, expressamos a nossa essência divina com a nossa personalidade.

Quando a essência do âmago flui para o nível físico, ela vai para o núcleo de cada célula e penetra no DNA. Ela se expande através de todo o corpo até a luz divina ficar tão brilhante que literalmente brilha através da nossa pele e nós nos tornamos radiantes. Quando isso acontece, expressamos a nossa essência divina através do nosso corpo físico. Essa é uma coisa linda de se ver. A nossa essência preenche a sala e todos os presentes podem senti-la e deleitar-se com ela.

Eis aqui a meditação, recebida de Heyoan, para fazer a sua essência ascender através de cada nível do seu ser.

MEDITAÇÃO DA ESTRELA DO ÂMAGO
Canalizada por Heyoan

Primeira Etapa: Alinhamento com o Hara

Volte a sua percepção para o tan tien, cinco centímetros abaixo do umbigo, na linha média do corpo. Sinta a força e o calor que existem aí. Sinta como esse é o mesmo calor do âmago fundido da Terra. Ele é um harmônico do som emitido pelo âmago da Terra. Permaneça concentrado até ele ficar bem quente.

Volte a sua consciência para uma região da parte superior do peito, cerca de seis centímetros abaixo da depressão da garganta. Aqui no nível hárico a sede da alma – situada no peito – é como a luz difusa em torno de uma vela. O anseio e a canção da alma residem aí. Não se trata do chakra do coração. Quando você se liga à sede da alma, ela às vezes lhe parece uma bola que está sendo enchida dentro do seu peito. Ela tem um aspecto muito claro e esférico e contém o anseio da alma.

Sinta a linha laser enquanto ela se estende a partir da sede da alma, no seu peito, desce para o tan tien, na bacia, e continua rumo ao centro da Terra. Sinta a força e o silêncio na sala quando os nossos propósitos individuais e grupais entram em sincronia.

Volte sua percepção para o ponto situado acima da sua cabeça. Endireite a coluna. Não deixe a cabeça pender para o lado. Imagine um fio delgado passando através do topo da sua cabeça. Se você não o sentir, pegue uma mecha de cabelos bem no topo da cabeça e puxe-a para cima, como se ela fosse um cordão do qual pendesse a sua cabeça. Com os olhos da mente, observe essa pequena abertura, com cerca de seis milímetros de diâmetro, 75 a 90 centímetros acima da sua cabeça. Se a sua percepção auditiva estiver ativada, você vai ouvir um som muito agudo. Quando conseguir fazer essa linha laser passar através do orifício, isso vai ser ouvido por você na forma de uma espécie de estalo. Não é fácil descobrir esse ponto. Ele é como um pequeno vórtice. Quando você o encontra, é como se estivesse passando para uma realidade totalmente diferente, situada acima de você. Se passar por ele, você vai se ver dentro da divindade ou existência indiferenciada. Para ultrapassar essa linha você tem de se alinhar completamente com o seu corpo físico.

Sinta esse minúsculo feixe de laser – da metade do tamanho do seu dedo mínimo – percorrer toda a distância entre a divindade e o âmago fundido da Terra. Sinta a canção da alma no seu peito e a força criativa do seu tan tien. Sinta isso ao mesmo tempo que sente a linha em todo o seu percurso até o âmago fundido da Terra. Sinta esse poder. Isso é o alinhamento para a sua tarefa. Essa é a ponte. Isso é você e a ponte entre o céu e a Terra.

Sinta agora, na sala, a sincronicidade de objetivos. A linha que passa pelo meio da sala é a linha hara do grupo. Sinta a conexão entre o seu tan tien e o tan tien do grupo – que está no centro da sala.

É nesse nível que ocorre a sincronia entre a sua tarefa e a tarefa do grupo maior do qual você é membro. É nesse nível que a tarefa do seu grupo vai sincronizar-se com a da comunidade maior à sua volta. Essa, por sua vez, vai sincronizar-se com a do Estado, do país, do continente e da Terra. É assim que se faz a conexão com o poder e a verdade que existem dentro de um sistema que está dentro de um sistema que, por sua vez, se encontra dentro de um sistema ainda maior. Essa é a chave do alinhamento holográfico universal. Não há nenhuma necessidade de lutar ou de se preocupar com a possibilidade de sua tarefa ser difícil. Ela não precisa ser. Quando você se alinhar com esses níveis – a estrela do âmago, a aura, o hara e o corpo físico – você estará em sincronia com o mundo ao seu redor e consigo mesmo.

Segunda Etapa: A Luz Aflora a Partir da Estrela do Âmago

Desloque agora a sua percepção para a estrela do âmago quatro centímetros acima do umbigo. Aí reside a essência de quem você é, além do espaço, do tempo, dos anseios e do desejo. Nesse lugar, você simplesmente existe. Não há nenhuma necessidade, nenhuma dor. Você simplesmente é o criador. Quando você, como criador, sai da essência do seu âmago para criar, você primeiramente traz a energia criativa para o nível do hara, a sua tarefa divina. Do nível hárico, você leva a energia para o nível áurico, criando a sua personalidade, o modelo para o corpo físico. A partir do nível áurico, você leva a energia para o nível físico, para criar a vida na forma do corpo físico.

A força criativa desloca-se da unidade (da estrela do âmago) para a trindade (representada pelo ponto acima da sua cabeça, pelo ponto que está dentro do seu peito e pelo ponto dentro do seu tan tien, no nível hárico), passando pelos sete níveis do campo áurico e penetrando na multiplicidade de formas do mundo tridimensional. Quando tiver completado o plano de criação, você, então, vai deslocar mais uma parte da sua essência para a trindade, através da qual brilha o seu propósito.

Deixe agora essa essência fluir de forma vigorosa e coerente a partir da sua estrela do âmago, passando através do seu nível hárico e penetrando em seu campo áurico. Deixe essa essência fluir através de cada camada do campo áurico. Cada uma dessas camadas representa um estado de ser, um nível de existência na humanidade. Traga a essência do seu ser através de cada um desses níveis da existência humana. Em seguida, traga-a através do nível físico para que ela se cristalize no seu corpo, em todas as células do seu corpo. Ela vai criar saúde, alegria e prazer na sua vida física e na missão da sua vida. O seu corpo, a sua personalidade e a sua vida são todas expressões da sua essência divina.

E assim, a unidade que se tornou trindade transformou-se em sete e, à medida que for descobrindo os segredos dos sete, você vai conhecer o Deus que existe no interior do ser humano. Olhe agora dentro de cada célula do seu corpo. Você vai encontrar no núcleo de cada célula uma configuração muito semelhante à estrela do âmago – um ponto de luz que irradia a essência do seu ser dentro de todas as células do seu corpo físico. A cura, então, consiste simplesmente em ajudar o seu Eu a ligar-se com a verdade do seu ser. Não é nada mais do que isso.

Onde houver dor ou doença, raiva ou medo, onde existir desconfiança ou ganância, onde existir esquecimento, lembre-se da estrela do seu âmago. Deixe aflorar a luz que existe dentro da sua estrela do âmago. Lembre-se da luz que existe no interior de cada célula do seu corpo. Lembre-se do seu corpo. Junte os membros do seu corpo dentro da luz do seu corpo, o seu altar em forma. Essa luz é a luz da estrela do seu âmago, da sua essência, do Deus interior.

Sua missão não tem origem na dor; ela vem do desejo de criar. Ela vem do fluxo de amor a partir do centro do seu ser, que no seu movimento criativo a partir do seu âmago se desligou e se esqueceu de quem é. Trata-se apenas de refazer a conexão com a lembrança de quem você é. A missão da sua vida consiste em lembrar-se desse impulso criativo original e em completar a sua criação para que um outro desejo brote da sua fonte interior.

Deixe a essência de quem você é – e que existe dentro da sua estrela do âmago – brilhar através de todos os níveis do seu ser. Deixe esse impulso criativo original que ali existe orientá-lo ao longo da sua vida.

A Estrela do Âmago e o Impulso Criativo de Vida

Recentemente, numa palestra sobre criatividade, Heyoan descreveu as fases do processo criativo com relação às quatro dimensões do nosso ser. Ele disse que o impulso criativo surge a partir do nosso âmago e sobe através de todos os outros níveis até chegar ao mundo material, quando você entra em contato com ele durante a meditação. Heyoan disse que, então, o impulso criativo se manifesta na nossa vida como criações da nossa vida. Por exemplo: pintamos um quadro, escrevemos um livro, construímos uma casa, fazemos uma descoberta científica ou criamos uma organização. Quando terminamos, fazemos uma comemoração. Temos a grande sensação de termos realizado algo e proclamamos ao mundo que o conseguimos!

Mas Heyoan disse que é justamente no aparente auge da nossa criatividade, que precisamos ter cuidado com o modo como encaramos as nossas realizações. Ele diz que a nossa descoberta ou obra de arte não é o produto final do nosso processo criativo e nos lembra que o propósito da vida na dualidade do plano físico é o de criar um espelho para nós mesmos para que possamos reconhecer a nossa individualidade divina. O produto final da nossa arte, da nossa descoberta científica ou organização representa, na verdade, os nossos espelhos mais polidos. Esse é o ponto de mais elevado discernimento e que diz: "Olhe, veja-se refletido nessa realização." Esse, na verdade, é apenas o ponto que assinala a metade do processo criativo.

O processo criativo ou impulso vital tem quatro fases. A primeira é o silêncio do espaço vazio que existe profundamente no interior da estrela do âmago. Esse é um ponto de estase. Em seguida, vem a expansão para fora do âmago, quando a essência de quem você é se expressa através dos níveis da intenção (nível hárico), da personalidade (nível áurico) e no mundo físico. Na altura da expressão física, passamos para a fase seguinte, quando olhamos para o espelho bem polido. Esta é a estase no final de nossa expansão para o individualismo. Aqui fazemos uma pausa para a auto-observação. Pouco depois, o impulso criativo de vida retorna para o interior, saindo do mundo físico e passando pelo nível áurico, pelo nível hárico e, então, voltando para o âmago. É aí, bem dentro do âmago, que alcançamos o quarto e último estágio do impulso criativo da vida. Mais uma vez, passamos para a estase, bem dentro do âmago.

Assim, qual é o produto final da nossa criação? Depois que tivermos dado uma boa olhada no nosso espelho altamente polido do autodiscernimento, trazemos nossas criações de volta através do nível da personalidade, passando pela intencionalidade e chegando ao nosso eu mais profundo. Quando a força criativa volta através de cada dimensão, cada fase traz consigo um aprendizado. Esse aprendizado passa para o mundo físico, para o mundo psiconoético dos sentimentos, para o mundo noético das ideias puras e, em seguida, desce para o mundo da intencionalidade e para as partes mais profundas da nossa essência. *Nossa criação final, então, é a essência destilada do nosso âmago.*

Esse processo criativo ocorre continuamente. Estamos continuamente criando o âmago da nossa essência individual. Sempre estamos em alguma parte dessa onda criativa em todos os aspectos da nossa vida. Eu tenho o palpite de que nós provavelmente estamos em todas as partes do impulso durante todo o tempo, mas em diferentes partes da nossa experiência de vida.

Estamos rodeados e somos invadidos por uma onda pulsante universal de criação. Somos feitos dela, somos ela e ela é nós. Ela flui através de nós e nós fluímos através dela. Não existe fim nem começo. Nós a criamos, assim como ela nos cria. Não existe nenhum iniciador. Existe apenas uma onda criativa de vida que está constantemente se expandindo. Nessa expansão, o tempo é criado. Na sua retração, o tempo é dissolvido. É isso o que o renomado físico David Bohm chama de "ordem implicada".

A onda criativa começa com uma estase retrativa e, depois, expande-se para cima e para fora, a partir da estrela do âmago e passando por todas as dimensões até alcançar o mundo físico manifesto, de onde ela se expande para alcançar os confins do universo. A expansão fica mais lenta, para e fica em estase. Ela teceu os fios dourados da criação através de tudo o que está aí, através de todo o mundo manifesto. Aqui ela entra em comunhão com todas as coisas com as quais se fundiu. Nessa fusão, o amor é criado. O amor permanece. E, então, ele inicia a longa jornada de contração. Ele se retrai para dentro de si mesmo e retorna à estrela do nosso âmago passando através das quatro dimensões de nossas energias criativas e trazendo de volta para o Eu individual tudo o que foi aprendido e criado.

A maioria de nós não concede tempo suficiente para a parte da nossa onda criativa correspondente à estase. Existem duas fases na parte da onda criativa correspondente à estase: a parte que precede a expansão, quando estamos contraídos e nos fundimos dentro do nosso Eu mais profundo, e a parte depois da expansão, quando estamos expandidos e fundidos um com o outro.

Primeiro, precisamos de um período de tranquilidade, a sós, para fazer a integração entre quem somos e o que criamos no passado. Precisamos ficar sozinhos para encontrar a nós mesmos, para ficar com nós mesmos sem fazer nada.

Para o segundo tipo de estase, precisamos de tempo para ficar com os outros de uma maneira silenciosa e não verbal, para que possamos sentir o que há de maravilhoso na outra pessoa. Podemos fazer isso de muitas maneiras, como, por exemplo, formando díadas de silenciosa interação ou, em grandes meditações de grupo, simplesmente ficando todos juntos sem que haja a obrigação de fazer algo.

A maioria de nós realmente gosta da parte expansiva da onda criativa. Gostamos da enorme quantidade de energia que flui para o exterior e nos sentimos bem conosco. Gostamos de nos aventurar mundo afora para aprender. Achamos emocionante participar de seminários, fazer cursos ou pintar um quadro. Sentimo-nos eufóricos quando olhamos para o espelho criativo que reflete a nossa imagem, ao entrar no estado de estase expandida que vem depois da expansão. Queremos permanecer aqui para sempre e resistimos a qualquer mudança nesse estado.

Opomos resistência ao movimento de volta para baixo e para dentro. Todavia, é importante nos lembrarmos de que precisamos dedicar igual tempo e atenção à fase de contração do impulso e ao silencioso vazio da fase de profunda estase interior que vem depois da contração. Muitos não gostam da contração. Essas pessoas ficam perturbadas depois de um grande projeto expansivo e entram em depressão depois que ele termina. Isso acontece porque elas não compreendem a contração natural do processo criativo e não sabem como respeitá-lo e apreciá-lo plenamente.

Nossa resistência é maior na fase do princípio criativo em que estamos nos contraindo de volta para o Eu, por causa dos sentimentos negativos a respeito de nós mesmos que geralmente são evocados nesse estágio. Deixem-me explicar por quê.

Na fase de expansão, uma grande quantidade de energia passa pelo nosso corpo, pelo nosso sistema energético. Essa poderosa energia começa a trazer luz para os nossos bloqueios de energia escura e estagnada, levando-lhes vida e percepção consciente. Em consequência, eles se soltam e começam a se movimentar. Quando isso acontece, sentimos a energia-consciência que existe neles como parte do processo de cura ou iluminação. Para expressar isso de forma mais simples, na fase de expansão ficamos empolgados com os novos conhecimentos e as novas criações. Mas com esse novo conhecimento também vemos os nossos erros com mais clareza. Isso não nos causa problemas enquanto nos concentramos no espelho de nossas criações, mas, à medida que nos contraímos, o nosso foco volta-se para dentro. Vemos erros que antes talvez não tivéssemos notado. O problema é que começamos a julgar e a rejeitar a nós mesmos por aquilo que agora podemos ver e sentir. Esses julgamentos aumentam os nossos sentimentos negativos a respeito de nós mesmos e nós simplesmente não queremos senti-los.

Portanto, não queremos estar presentes quando a onda se retrai para dentro de nós e passa pelo segundo nível do campo, onde estão os nossos sentimentos a respeito de nós mesmos. Assim, resistimos à retração. Tentamos deter o impulso da onda para o interior ou, então, saltamos para fora dela e interrompemos o processo criativo. Para fazer isso, desfazemos a nossa conexão com o que criamos. Nós nos desfazemos do produto da nossa criação, desvalorizando-o, ou o doamos, dizendo que o fizemos para uma outra pessoa. No final, podemos começar mesmo a acreditar que o criamos para outra pessoa e não para nós mesmos. É como se acreditássemos que é errado criar alguma coisa para o nosso próprio prazer, como se isso também não fosse beneficiar os outros. Esse tipo de coisa gera mais sofrimento.

Muitos de nós evitamos criar porque não sabemos como completar o processo criativo, trazendo aquilo que criamos de volta para nós mesmos, para nos homenagear por aquilo que realizamos. O processo de respeitar-nos e de reconhecer o nosso próprio valor é o processo de olhar para o espelho refletor da manifestação a fim de que possamos reconhecer a divindade que existe dentro de nós. Essa é uma fase muito importante do processo criativo. Precisamos aprender a vivenciar essa contração de uma maneira positiva.

Heyoan diz:

> A contração é a chegada do Eu, trazendo a si mesmo para dentro da sabedoria que sempre esteve ali. Depois de uma experiência, como um grande sucesso, ou até mesmo uma cura, em cerca de três dias – ou talvez antes disso – você vai automaticamente se contrair. Essa contração não precisa ser uma experiência negativa. Trata-se de uma experiência em que você vai para dentro de si mesmo para reconhecer o Eu e, posteriormente, para encontrar a próxima terra, o próximo horizonte interior, o próximo recanto sagrado dentro de si mesmo. É a partir desse local interior que você vai descobrir uma nova vida. Se depois de cada uma das expansões você conceder a si próprio tempo e fé para se voltar para o seu interior, para se sentar em silêncio consigo mesmo e para voltar a reconhecer quem você é a partir de um novo nível, então a expansão emerge de forma automática. Se você não se opuser ao fluxo natural de contração que o leva para dentro de si mesmo e encarar isso como uma experiência positiva, você não vai precisar criar na sua vida exterior experiências negativas que o forcem a voltar-se para dentro.
>
> Desse modo, ao reservar para si mesmo algum tempo para se voltar para dentro, depois de uma fase de expansão, você automaticamente vai encontrar um fluxo positivo dirigido para dentro de si. Lá, você vai alcançar um ponto de silêncio e vai se sentar no vazio de veludo negro que existe dentro de você e que está repleto de vida indiferenciada, esperando o momento de nascer e de se manifestar. Você vai descobrir esse profundo vazio dentro da estrela do seu âmago. Fora dessa vida ocorre o ressurgimento da Fênix. Trata-se do seu novo Eu que se manifesta com um aspecto adicional da sua essência do âmago que antes foi acrescentada ao Eu.

Temos medo de sentir o impulso criativo e, por isso, nem sempre permitimos que ele passe livremente através de nós. Ele traz experiências de vida e mudanças. Temos medo das duas coisas. Nós o bloqueamos porque ainda acreditamos que experiências de vida podem ser perigosas. Ficamos na defensiva e fugimos do momento presente.

Há pouco tempo, Heyoan proferiu uma palestra sobre a nossa opção pela atitude defensiva e sobre o modo como essa escolha cria ciclos de cura na nossa vida. Ele intitulou-a "A Quem Você Serve?"

A QUEM VOCÊ SERVE?
Canalizado por Heyoan

Concentre-se e verifique o alinhamento do seu campo: ligue-se com a Terra, alinhe-se com a missão da sua vida ou linha hara; passe por todos os chakras, purificando-os; volte a sua consciência para cima, passando por todos os níveis do campo e caminhando passo a passo rumo ao âmago do seu ser. Pergunte a si mesmo: "A quem eu sirvo? Por que vim à Terra? Qual é o meu propósito, não apenas nos próximos minutos, mas em longo prazo?"

A partir da perspectiva do continuum espaço/tempo, você está criando um padrão aparentemente linear de momento para momento. Essa criação segue a linha da sua intenção. Cada uma de suas ações, cada uma de suas escolhas reflete quem você preferiu servir. Quando você está presente no momento da expansão, você permanece ligado às energias e ao propósito do seu âmago. Assim, suas energias, criativas fluem a partir do seu âmago não obstruído e você cria prazer e alegria na sua vida. Você serve ao divino que existe dentro de você, ao seu âmago.

Quando você não está presente, como acontece quando está empenhado numa atitude defensiva, você não está diretamente ligado às energias criativas que emanam a partir da sua estrela do âmago. Você não está servindo diretamente ao seu âmago criativo. Se preferir "proteger-se", assumindo uma atitude defensiva, então você estará servindo à ilusão de que precisa de uma defesa. Sua defesa afasta-o do momento de expansão. Ela tenta congelar o tempo para controlar os acontecimentos, de modo a impedir ou evitar que alguma coisa aconteça. A intenção de deter o fluxo criativo é chamada de intenção negativa. Ela é a intenção de esquecer.

Não dizemos isso a você como se estivéssemos passando-lhe uma reprimenda. Parte da missão da sua vida consiste em aprender a se livrar da sua defesa e a permanecer concentrado em si mesmo. Uma vez que você assume uma atitude defensiva e começa a criar a partir daí – já que você sempre está criando, não importa a partir de onde – você, então, cria lições para serem aprendidas por si mesmo. Essas lições, com o tempo, vão levá-lo automaticamente de volta ao âmago do seu ser e podem ser vistas como ciclos de cura.

Você existe dentro de um sistema de cura ou de aprendizado que é à prova de falhas. Trata-se de um sistema que você projetou. Ao culpar o sistema, você se afasta um pouco mais do propósito do seu âmago ou propósito divino. Um outro círculo é criado. O ciclo secundário, obviamente, é um outro círculo de cura. E nas suas criações você gera ciclos de cura que podem ser considerados de ordem primária ou de ordem secundária.

No seu constante movimento pendular entre a intenção clara e positiva e a intenção negativa, você cria primeiramente a alegria e, em seguida, mais ciclos de cura, por meio dos quais você vai entrar no seu processo de cura. Uma coisa apoia a outra. Quanto mais alegria e prazer houver na sua vida, maior a base em que você poderá se apoiar quando estiver passando pelos ciclos de aprendizado e cura. Quanto maior o seu aprendizado, mais fé você terá nos seus ciclos de cura. Quanto mais coisas realizar em sua vida, maior prazer e alegria você poderá criar. Portanto, o contínuo processo de criação da sua experiência de vida sempre vai acabar trazendo-lhe mais prazer e alegria!

Estou aqui hoje para dizer-lhe que os seus ciclos de cura não precisam ser tão dolorosos. O processo natural de criação inclui os princípios expansivo, contrativo e estático. Muitos dos seus problemas resultam da não compreensão do processo criativo e do modo como você pode ajudar-se a superá-los. Os novos ciclos de lições que o aguardam poderão ser compreendidos mais facilmente se você permanecer com a verdade do Eu; ou seja, com a verdade de quem você é no momento, do que você é capaz de fazer no momento, e do que é apropriado para você fazer no momento.

Por trás da sua incapacidade para permanecer consigo mesmo a cada momento está a desconfiança. Mas você resiste à contração, presumindo que ela vai ser dolorosa.

Considere a possibilidade de que uma contração seja definida como um movimento que tem o propósito de levar para o seu Eu interior todos os tesouros com os quais você entrou em contato no mundo durante o seu estado expandido. Na contração você traz essas dádivas para baixo e as coloca no seu altar interior para que haja um autorreconhecimento daquilo que você realizou.

A contração significa apreciar essas dádivas e conhecimentos e levá-los para a criança interior. Significa colocá-los no altar da criança interior, que há muito tempo foi ferida, e dizer-lhe: "Olhe aqui o que eu lhe trouxe do mundo exterior." Da mesma forma como um adulto – uma mãe ou um pai – leva presentes para um filho, uma contração leva presentes para a criança interior. Uma das grandes tradições da nossa cultura é que, quando os pais voltam de uma viagem, eles trazem um presente para o filho que ficou em casa. Esse presente não é apenas para a sua criança física, mas também para a sua criança interior. Muitas vezes sua criança interior aprecia esse presente tanto quanto a criança física e, às vezes, até mais, conforme certamente já lhe aconteceu. Portanto, leve essas dádivas para o seu Eu interior.

Se você estiver numa fase contrativa, porque acabou de ter um profundo aprendizado ou uma poderosa e expansiva experiência de vida, procure aprender alguma coisa com a contração. Se estiver sofrendo, deixe que a dor lhe ensine. Não se esconda e não adote uma atitude defensiva, que o leve a se esconder. Se precisar fazer alguma coisa, faça isso a partir de onde você estiver. Se você for um professor, então ensine a partir desse lugar. Se você se esconder, seu trabalho não vai expressar a sua essência. Ele não lhe dará uma sensação de plenitude. Ao assumir uma postura não defensiva enquanto trabalha, você vai ingressar num estado de prazer.

Todavia, aquilo que estou lhe pedindo para fazer é, na verdade, muito difícil. De certo modo, estou lhe pedindo para não fazer o que você sempre tem feito para se sentir seguro quando não se sente assim. Compreendo e afirmo isso com toda a compaixão. Estamos aqui para você, com você. Nós o acompanhamos até os limites da sua onda criativa. E, conforme você talvez já tenha sentido durante uma sessão de cura, quando o seu curador o acompanha passo a passo até os limites da sua onda criativa, o sofrimento não é tão grande. Ele simplesmente se transforma numa onda de vida que está se expressando.

Por conseguinte, quando eu perguntar "A quem você serve?", considere que você serve ao Deus ou à Deusa que existe dentro de você. Não se esqueça de que a fonte à qual você está servindo é a estrela do âmago, a expressão da verdadeira individualidade de Deus. E se você se perguntar o que fazer a seguir, ou para onde ir ou o que dizer, passe para o centro do seu ser. Se ao se deslocar para a estrela do âmago você encontrar a criança interior ferida, pegue-a nos braços e leve-a com você.

Deixe que a estrela do âmago se expanda para dentro. Se isso significar que você precisa de alguns momentos antes de responder a uma pergunta ou de concluir uma tarefa, conceda a si mesmo esse tempo porque é assim que você pode estar na sua verdade, independentemente do que estiver se passando no nível exterior [no mundo exterior]. Diga simplesmente: "Preciso de algum tempo agora. Preciso alcançar a mim mesmo e encontrar os limites da minha onda. Quando eu a descobrir, poderei entrar em comunhão com você. Antes disso, não estou em comunhão nem sequer comigo mesmo. Como, então, poderia entrar em comunhão com você?"

Quando estiver vivendo o momento, sendo você mesmo e acompanhando a sua onda, você estará no auge da perfeição e da sincronia com o mundo. Se você se perguntar por que determinados dias fluem harmoniosamente, saiba que isso acontece porque você está em sincronia com a sua onda criativa de expansão, de repouso, de contração e de repouso. E, obviamente, quando você está consigo mesmo você está com o universo, com tudo o que existe, com o divino que se manifesta no nível físico e no nível espiritual. Essa é a sua forma mais natural. É isso o que você é. Nós somos parte de você e você é parte de nós.

Ao descer para o plano da Terra, que abriga tanto a alegria como o sofrimento, você se esqueceu dessas verdades de que acabei de falar. Você se transformou numa dualidade, deixando os seus guias no mundo espiritual. Nós, os guias, podemos ser considerados aquilo em que você vai se transformar e aquilo que você já é. Todavia, você é mais do que isso. Assim, se tiver o seu guia em alta conta, compreenda que ele é você. A parte de você que está encarnada encerra um pouco mais de esquecimento do que a que se manifesta dentro do guia. Essa é a única diferença entre nós. Além disso, sempre estamos aqui para fazê-lo lembrar-se e para trazê-lo de volta para a sincronicidade. Essa é a natureza deste trabalho. Trata-se de uma dádiva que você leva para a Terra e para si mesmo.

Assim, ao passar pelo seu processo de cura, caminhe consigo mesmo. Nós caminhamos ao seu lado, perto de você, dentro de você. Caminhe através do caminho criativo que é você. Você ficará deliciado com o que a força criativa interior tem para lhe oferecer.

Como Realizar a Cura de Si Mesmo Estando no Impulso da Onda Criativa

A cura e a manutenção da saúde significa tornarmo-nos conscientes da nossa onda criativa e permanecermos com ela. Significa estar presentes no momento da contração e sermos quem somos em cada momento. Podemos seguir conscientemente o impulso criativo à medida que ele sobe através das nossas quatro dimensões de energia criativa. Podemos estar junto dele a cada momento enquanto ele passa pelo nosso campo áurico, nível por nível.

Para encerrar este capítulo, eu gostaria de partilhar com você uma meditação que Heyoan apresentou no final do programa de treinamento de 1989-90. Trata-se de uma meditação para manter a sua percepção consciente firmemente ancorada na sua onda criativa à medida que ela passa através de você. Ela o leva para o centro de si mesmo, centro que está vivo e é livre e criativo. Nele, você se transforma no impulso vital.

O EU EM EXPANSÃO
Canalizado por Heyoan

Ouça a música interior que diz quem você é. Sinta a luz jorrando dentro de você, dentro de cada célula do seu corpo. Ligue-se com o chão e o seu propósito na Terra. Qual é a tarefa que lhe cabe neste exato momento? O que você veio fazer aqui e o que há para ser aprendido neste exato momento da expansão? Em vez de pensar no que vem a seguir, traga a si mesmo para o momento de expansão que está ocorrendo dentro de você e faça um agradável repouso dentro de cada célula do seu corpo – não a pessoa que você quer ser, mas quem você é no momento.

Ao passar pela sua expansão, depois pela estase/comunhão e, em seguida, pela retração para o Eu, cavalgue a onda durante todo o percurso. Você vai encontrar uma camada de sofrimento, mas terá de passar por ela para chegar até a criança. Ao pegar a criança pela mão, vá mais fundo, até o âmago do seu ser, até a sua individualidade e desloque-se para as partes mais profundas desse âmago, chegando até o grande vazio que existe dentro do Eu. Sinta esse grande vazio, pois ele representa o seu potencial. Dentro desse vazio, toda a vida está pulsando e vibrando na sua plenitude, apesar de ainda não ter nascido. Aqui há uma grande paz. Sinta o encanto desse vazio interior. Apesar da sua denominação, ele não está vazio, ainda que possa dar essa impressão a um observador situado no nível da personalidade. Quanto mais a pessoa penetra nesse vazio, aprofundando-se pelo interior do Eu, mais vida ela encontra. Entregue-se simplesmente à segurança e ao encanto desse centro interior, livrando-se de todas as vinculações.

Quando houver movimento a partir de um local onde aparentemente nada existe, simplesmente acompanhe a expansão do impulso vital que segue adiante, enchendo o espaço com vida manifesta, com entendimento. Ao seguir para cima e para fora, você vai sentir esse impulso de vida passando por todos os níveis do seu campo áurico. Haverá um nível em que a mente recomeça. Se continuar a se deslocar, você vai seguir para a frente e para fora, passando por todos os níveis e por todas as experiências pessoais dentro de cada nível. Você está sentindo a manifestação da vida, está sentindo o processo criativo. Essa expansão continua indefinidamente. Deixe que a sua percepção consciente acompanhe esse impulso até o ponto mais distante a que ele possa chegar e saiba que esse impulso vai até as partes mais longínquas do universo. São apenas as suas imagens que o limitam. Volte a sua percepção consciente para esse processo. Ao se expandir, procure alcançar os pontos mais distantes possíveis de uma esfera de 360°. Procure expandir-se, alcançando os pontos mais distantes do universo. Lá, haverá comunhão com todas as coisas que estão ou aparentam estar fora de você; é aí que ocorre a fusão. Detenha-se um pouco nesse local. Uma vez mais, então, simplesmente siga a sua onda criativa quando ela se contrair.

Essa expansão e contração ocorre a cada momento. Trata-se de um impulso múltiplo de expansão/estase e contração/estase. Há impulsos mais rápidos e impulsos mais lentos. Há impulsos que você nunca conseguirá perceber com a mente consciente, porque são inconcebíveis.

E assim, ao viajar novamente para dentro, você vai passar mais uma vez pelos níveis do campo áurico. À medida que as coisas que você aprendeu são trazidas de volta para si, através de todos os níveis do seu campo áurico e, dessa maneira, através da sua personalidade, as novas dádivas trazem luz para a sua individualidade. Quando essa luz passa através do seu campo áurico, aquelas partes do seu ser que estão estagnadas dentro da sua imagem negativa são iluminadas. Quando a luz alcança pela primeira vez o esquecimento, você muitas vezes sofre, pois ela evoca recordações. Ela evoca energia e consciência que não foram purificadas. No início do processo, ao passar pelos níveis emocionais do campo áurico, você vai sentir a sua dor emocional. Não interrompa o movimento. Continue a levar a luz e a derramá-la sobre todos esses desapontamentos, sobre os temores, a tristeza, o desgosto e o pesar que você sentiu na sua vida.

Se você continuar seguindo o impulso que o leva para dentro e para baixo, levando a luz e a compreensão de que você está unido a tudo o que existe, você e o sofrimento se transformam numa só coisa. Você e as pessoas envolvidas nessa dor se transformam numa só coisa. Desse modo, o amor nasce na fusão da dualidade que aparentemente existe entre você e as pessoas envolvidas nos acontecimentos dolorosos da sua vida, pois aquilo que for tocado pela luz vai criar amor. À medida que você penetra cada vez mais fundo, através da dor e do medo, esse processo de comunhão cria amor. Ele é levado à criança interior e é colocado aos seus pés; esse amor toca o ferimento original da criança e ela é curada. O processo continua até chegar à estrela do âmago, a essência de quem você é. Uma vez mais, você se detém no vazio, tendo levado mais luz para a luz interior. Simplesmente fique ao lado da mãe, em estado de graça. Com essa graça, você está em comunhão com a grande mãe, e o amor nasce mais uma vez.

Posteriormente, começa o movimento para fora. Tendo sido nutrida à saciedade, a criança desloca-se agora para longe quando o seu destino interior se esgota. Tendo nascido a partir do amor, ela se move por si própria, sente o seu Eu individual e o seu corpo. Ela gosta e ama o que sente. Ela tem mais amor por si mesma. Ela compreende a si mesma e, assim, tem uma ideia do seu valor. Sentindo-se valorizada, ela sente o seu amor pelos outros e continua a seguir rumo ao mundo exterior. Esse amor pelos outros evoca o seu amor. A criança recebe amor e reconhecimento por parte dos outros. Esse reconhecimento amoroso transmite coragem, enquanto a consciência da criança se expande através da vontade divina. Ela sente a sua totalidade e a sua divindade e ingressa num estado de êxtase espiritual. Ingressando num estado de êxtase espiritual, a criança é levada a perceber o padrão perfeito e o conhecimento da mente divina. Ela continua a se deslocar para fora, passando pelas regiões mais longínquas do universo, para além daquilo que tem sido chamado de pai e, mais uma vez, aproxima-se da fusão. O seu Eu interior passa através do universo manifesto, criando mais vida ao passar e levando para o universo as dádivas que o Eu individual manifestou.

Esse é o processo criativo que dissolve o dualismo. Portanto, você cria o seu mundo à sua volta: através da expansão, da estase e da comunhão com o universo, e através da contração, da estase e da comunhão com a sua individualidade interior. Ele é você...

O Eu em Expansão.

CONCLUSÃO

Neste livro falamos muito sobre a criação da sua própria individualidade e da sua conexão com a sua saúde e bem-estar. Explicamos como a energia criativa se origina no nosso âmago criativo e de que maneira o impulso para criar surge a partir do prazer. Discutimos o caminho que as ondas criativas de energia percorrem depois que emergem do nosso âmago e tomam o caminho do mundo físico. Demonstramos que, quando essa energia criativa aflora no mundo físico de uma forma pura e livre, ela cria saúde, felicidade, alegria e realização na nossa vida. A doença é o resultado do bloqueio da força criativa. *A doença é a criatividade bloqueada.*

Cada experiência negativa é uma lição de vida planejada para nos levar até a nossa verdade. Cada experiência de vida negativa pode ser vista como um ciclo de cura que nos leva para níveis mais profundos do Eu, dos quais há muito tempo nos esquecemos.

A energia criativa do âmago brota automaticamente e cria mais prazer na nossa vida ou, então, é desviada e cria um ciclo de cura. É uma coisa ou outra: ou estamos expressando plenamente a estrela do nosso âmago na forma de alegria e prazer, ou estamos num ciclo de cura que produz maior percepção consciente de nós mesmos, o que, de forma indireta, também permite uma maior expressão da estrela do nosso âmago; esta, então, cria mais alegria e prazer na nossa vida. Esse é o paradigma da década de 90.

No nível espiritual, nossa escolha no momento é a escolha entre o amor e o medo. E nós a fazemos em cada momento da nossa vida, estejamos ou não conscientes disso. Essa é a escolha entre assumir ou não uma postura defensiva, entre estar ligados, mantendo a nossa individualidade, ou estar desligados e separados.

A opção pelo amor consiste em deixar a essência do nosso âmago brilhar. Se não pudermos fazer essa escolha no momento, então a próxima opção pelo amor será aceitar a nossa condição tal como ela é e trabalhar através de um outro ciclo de cura ou lição de vida, e ganhar uma maior consciência de nós mesmos.

Não há julgamentos a respeito das escolhas que fazemos. Um ciclo de cura ou uma lição de vida constituem uma escolha respeitável. Nossa opção por estar no mundo físico é uma opção para passar por ciclos de cura. É preciso coragem para estar aqui. Somos corajosos e dignos de respeito por termos escolhido vir para cá. Heyoan diz que a única razão pela qual estamos aqui é que a cada momento optamos por continuar aqui. Nenhum Deus exterior está nos obrigando a ficar aqui; nenhum antigo karma nos força a fazê-lo. Nós escolhemos esta condição humana. Parte da condição humana é que, no nosso estado de evolução, nem sempre conseguimos expressar a nossa essência do âmago, pois ainda não sabemos como fazê-lo. Conquanto ainda não tenhamos aprendido o amor eterno, estamos certamente trabalhando nisso e nos saindo muito bem. Chegamos à conclusão de que a jornada vale a pena e, por isso, estamos aqui. Todos queremos o autoaperfeiçoamento e temos esperança de conseguir realizá-lo. Todos estamos aqui para aprender quem somos, tanto no nível microscópico como no nível macroscópico.

Assim, o processo de cura consiste em permitir que *a luz aflore* a partir da fonte da estrela do âmago. Quanto mais você deixar a sua verdadeira essência brilhar através de todas as células do seu corpo, mais saudável e mais feliz você vai ser.

APÊNDICE A

SESSÃO DE CURA COM RICHARD W.

....

Para exemplificar como se dá a cura, escolhi uma sessão de cura que realizei com um médico a quem chamarei de Richard W. No primeiro encontro, geralmente peço que os pacientes preencham uma ficha e deem uma entrevista. Como Richard estava curioso a respeito do meu trabalho, ele não me forneceu nenhuma informação nessa primeira consulta. Foi um tipo de teste que ele fez para saber se a PSS e a cura eram úteis e instrutivas. Ele ficou satisfeito com a cura e passou a transcrição desta ao seu próprio médico, George Sarant, MD. O dr. Sarant escreveu uma carta comparando os resultados dos exames e diagnósticos médicos com as informações obtidas através da PSS durante a sessão de cura. Sua carta vem depois dessa transcrição.

Transcrição da Sessão de Cura com o Paciente Richard W.

(Richard W. e Barbara estão sentados de frente um para o outro, a uma distância de aproximadamente um metro e oitenta.)

BARBARA: Você precisa fortalecer bastante a parte inferior de seu corpo, na região do primeiro chakra e da bacia. E o metabolismo do açúcar está um pouco desequilibrado; a atividade da tireoide é insuficiente e você provavelmente precisa fazer algum tipo de purificação do fígado. Está havendo algum problema com a assimilação de nutrientes no intestino delgado. Ele não é tão eficiente quanto deveria ser. Você tem algum problema de prisão de ventre?

RICHARD W.: Não.

BARBARA: O seu cóccix precisa ser um pouco mais flexível. Como você sabe, o occipício e o cóccix se movem quando você respira. Isso em parte acontece porque a metade inferior do seu corpo não está tão forte quanto poderia estar. Tenho a certeza de que você também trabalhou com ela em termos de sua estrutura de caráter. [Estrutura de caráter é um termo da terapia bioenergética que relaciona a estrutura física do corpo com a constituição psicológica da pessoa.] Mas a fraqueza é causada parcialmente pelo cóccix – ele não é suficientemente flexível. Vou precisar trabalhar nisso. O primeiro e o quinto chakras seriam afetados basicamente pela caracterologia do masoquismo. Eu queria trabalhar principalmente o problema do terceiro chakra, o qual, pelo que posso perceber, foi produzido por acontecimentos que se passaram na sua infância. Em termos de psicodinâmica, ele está relacionado com o modo como você se liga às pessoas. Existem no seu terceiro chakra algumas velhas questões – relacionadas com o seu pai e com a sua mãe – que fazem dessa área a mais fraca do seu corpo.

Acho que agora não seria muito difícil para você aprender a ver dentro do corpo. O seu terceiro olho está bem aberto – existe muita energia aí. Você já tentou? Você viu alguma coisa?

RICHARD W.: Só um contorno indistinto. E nada mais. Às vezes, vejo coisas, mas não tenho certeza se são reais ou não.

BARBARA: Quanto ao problema de saber se você viu algo em um compêndio médico ou no seu corpo, você deve procurar anomalias que não teriam sido apresentadas num compêndio. Você provavelmente já fez autópsias, e também precisa separar os conhecimentos obtidos dessa forma. Se, contudo, você continuar observando o seu corpo, vai acabar descobrindo coisas que jamais viu antes, e que poderão lhe ser úteis.

Eu não sei se isso é ou não normal, mas o lado direito da sua tireoide é um pouco menor do que o esquerdo. Você se importa de tirar a gravata? Está um pouco difícil de ver. Estou olhando para ver se existe algum problema fisiológico no seu coração.

O que você está fazendo em relação ao extresse? Você trabalha muito?

RICHARD W.: Não muito. Está vendo algum problema fisiológico?

BARBARA: Por enquanto, não. Vou me aprofundar mais... Vejo que você esteve submetido ao extresse. (*Pausa: examinando o coração com a PSS; ainda sentada de frente para ele, a 1,8 metros de distância.*) Quando olho para o seu coração, o problema está de fato naquele lado, na parte de trás. (*Referindo-se à parede situada na parte inferior direita posterior do coração.*) Nessa parte de trás, os músculos parecem um pouco... os músculos parecem estar mais tensos. Depois eu encontro termos mais apropriados. (*Nesse ponto, ela está omitindo informações, para não perturbá-lo.*)

(Richard deita-se na mesa e Barbara começa a trabalhar. Decorre algum tempo.)

BARBARA: Vou falar um pouco sobre o que estou fazendo agora. O que vou dizer não está no meu livro. Vou trabalhar em algo que descobri e que está num nível mais profundo do que o campo áurico. Trata-se do assim chamado nível hárico. As pessoas que praticam artes marciais fazem uso desse nível, e você deve saber alguma coisa a respeito dele. Vou penetrar mais fundo e fortalecer o ponto chamado tan tien.

Apenas para sua informação, perguntei se você tinha prisão de ventre porque acho que há algo de errado com o equilíbrio de fluidos no seu corpo.

Do ponto de vista psíquico, portanto, quando faço uma cura do hara, toda a metade inferior [do corpo] começa a libertar-se, no sentido de fundir-se e modificar-se. A articulação sacroilíaca está fora de alinhamento no lado direito e eu estou trabalhando nela. O lado anterior da articulação está comprimido...

(*Passa-se algum tempo.*)

Agora, estou fazendo o seguinte: estou tentando energizar uma linha de acupuntura, um meridiano que sobe por aqui e vai até o local onde está havendo o problema. E também estou trabalhando os ligamentos, bem nessa região. Agora o segundo chakra está começando a ficar carregado.

Reestruturei o primeiro chakra no nível dourado do campo áurico, que é a sétima camada desse campo. O primeiro chakra vai até o cóccix e fica situado na articulação entre o cóccix e o sacro. Havia aí uma falta de energia; isso continua à medida que subimos rumo ao lado direito da articulação sacroilíaca e prossegue numa trajetória ascendente que passa por todo o corpo.

(*Passa-se mais algum tempo.*)

Neste momento, pelo que posso ver, estou na vesícula biliar... E agora estou entrando na área do terceiro chakra. Na verdade, o fígado não parece mal; ele parece estar muito mais limpo do que pensei. Há uma área atrás, abaixo dele... o interior da parte de trás do fígado está estagnada...

Agora, estou tentando fazer a vesícula biliar eliminar parte do material que ela está carregando. No nível áurico isso já foi feito, mas isso não significa necessariamente que o mesmo aconteça no nível físico. Estou recebendo a informação de que ela vai reagir de hoje para amanhã. Eu normalmente não dou explicações detalhadas, mas vou fazê-lo porque você é médico.

Estou no terceiro chakra, trabalhando o quarto nível da aura.

Você tem um irmão? Alguém de quem você era muito íntimo por volta dos doze anos de idade? Ele morreu ou aconteceu alguma outra coisa? Caiu de uma árvore? Vejo que você sofreu algum tipo de perda que deixou uma marca no seu corpo. Não há dúvida de que parece tratar-se de um irmão. Desse modo, o trauma relacionado com o seu irmão está no seu terceiro chakra na forma deste vórtice aqui, meio alinhado, meio pendido. Isso é interessante. Já vi essa configuração áurica duas vezes e ela sempre está associada ao excesso de peso. (*Richard W. é obeso.*) Agora, porém, é a primeira vez que a vejo ligada ao seu amigo ou irmão, e isso é novo para mim. Psicologicamente, ela está ligada ao pai. (*Refere-se ao lado direito do chakra do plexo solar.*) Ademais, há também aqui toda uma parte relacionada com a sua mãe (*lado esquerdo do chakra do plexo solar*). Com base no que posso ver, seu relacionamento com o seu pai foi muito mais forte do que o seu relacionamento com a sua mãe. Aqui [no campo áurico] ainda há mais coisas a serem trabalhadas.

Assim sendo, vou unir as partes de toda essa área porque aqui houve um rompimento do terceiro chakra, perto da região do pâncreas.

RICHARD W.: Essa é a parte relacionada com a mãe.

BARBARA: Sim. Estou apenas começando a entrar nessa área [com a energia curativa] para refazer a ligação entre suas diversas partes. Se trabalhar nela durante mais algum tempo, irei cada vez mais fundo. Estou somente trazendo isso de volta e começando a juntar as partes no primeiro nível do campo áurico. Você poderia sentir isso como uma tentativa de consolidar a coisa toda, como um fortalecimento de toda a área.

(*O tempo passa. Barbara está emitindo sons de cura na área do pâncreas e do plexo solar.*)

Agora isso está afetando mais a segunda camada; trata-se de um tipo de iluminação ou de suavização.

(*Barbara termina a cura em silêncio e sai. Richard W. fica deitado por mais 15 ou 20 minutos. Depois, Barbara volta para discutir a cura. Em geral, as curas não são discutidas de forma tão profunda logo depois de sua aplicação, pois o paciente precisa descansar. Nesse caso, como Richard W. é médico, há uma discussão mais prolongada e detalhada.)*

BARBARA: Bem, com a reestruturação do terceiro chakra e a reativação daquelas energias do sistema, você vai sentir alívio na área do chakra do coração. Esse chakra está tentando fazer o trabalho dos dois chakras.

RICHARD W.: Você vê alguma coisa em torno do meu chakra do coração?

BARBARA: Sim, há algumas coisas sobre as quais não falei. O problema no pâncreas estava afetando o rim esquerdo. Todos os órgãos apresentam impulsos fortes que, na saúde, estão todos sincronizados. [Na doença, eles não estão em sincronia.] No mês passado, um aluno e eu estávamos trabalhando em alguém que recebeu um transplante de fígado; tínhamos de fazer com que os órgãos voltassem a pulsar sincronicamente. Como o seu pâncreas estava fora de sincronia, tive de sincronizá-lo com o fígado e com os rins. Era quase como se, energeticamente, o rim estivesse puxado para cima e preso ao pâncreas, ainda que não fisicamente, é óbvio. Quando eu estava trabalhando nessa área o puxei de volta para o seu lugar.

Há uma estagnação no coração. Foi como se este lado do coração [esquerdo] tivesse mais energia do que o outro; a causa primária disso, contudo, não é o coração. O problema é a debilidade dos chakras inferiores, que o obrigam a compensar com o coração. E continuei ouvindo Heyoan dizer: "Quando fizer uma conexão com os seus pacientes, você precisa começar a se concentrar no hara e nos chakras inferiores." O interior do coração está fraco e obstruído porque esse chakra [o terceiro] está dilacerado. Esse chakra estava deixando a energia passar por aqui para compensar a deficiência dos chakras inferiores. Lembra-se daquela linha de acupuntura que eu disse que sobe por aqui?

Também havia menos energia do lado direito do que no lado esquerdo do coração. Então, fiz a energia circular, e não me surpreenderia se você tivesse sentido uma estagnação aqui. Outra coisa: se você vier a se preocupar com uma possível arritmia, a causa provém da região do terceiro chakra, e não das causas tradicionais. Sei que essa não é uma causa comum. Obviamente, eu também posso perceber todos esses outros fatores: colesterol, gorduras e tudo o mais. Também existem alguns problemas nessa área.

Mas o coração em si estará bem se for apoiado pelos órgãos inferiores, pelo metabolismo do corpo e pelos chakras inferiores. Assim, recomendo que fortaleça realmente esta parte [a sua metade inferior]. Isto [chakras três e quatro] está completamente reestruturado e, por isso, você vai se sentir diferente. E também coloquei muita energia no hara, no tan tien e trabalhei o cóccix. Assim, confie em si mesmo e, quando estiver no hospital [trabalhando], sinta realmente o hara e use-o para ligar-se aos outros. Em vez de se ligar aos pacientes apenas por aqui [nas áreas do coração e do plexo solar], o melhor é fortalecer o hara. Não há problema em usar estes chakras [do coração e do plexo solar], mas você deve colocar uma cobertura sobre o terceiro e o quarto chakras. Imagine simplesmente uma pequena cápsula protegendo você. Basta fazer isso.

Há alguma outra pergunta que queira fazer?

RICHARD W.: E quanto à minha estrutura? Está muito pesada?

BARBARA: Caracterologicamente? Sim, psicopatia masoquista.

RICHARD W.: E isso não está fluindo? Há um deslocamento para cima e a energia fica aprisionada no tronco?

BARBARA: Isso mesmo.

RICHARD W.: Fisicamente, tive um ataque cardíaco há dois anos. O que você quis dizer quando falou que o meu coração estava fazendo o trabalho de dois?

BARBARA: Dos dois chakras. O chakra do coração também estava fazendo o trabalho do terceiro chakra. Lembre-se de que eu disse que aqueles músculos [da parte de trás do coração] estavam – era quase como se a palavra fosse *velhos*. Eu não queria dizer isso porque se tratava de uma afirmação bastante negativa. Mas era quase como se esses músculos – você sabe o que acontece quando as pessoas envelhecem, os músculos perdem o tecido conectivo e ficam fibrosos, rígidos? Esse é o aspecto dos músculos da câmara inferior direita; parecem papelão. Não sei se isso está relacionado com alguma coisa.

RICHARD W.: Tecido cicatricial.

BARBARA: Correto.

RICHARD W.: Isso acontece porque a parede interna do meu coração não está se movendo direito. Está rígida por causa do tecido cicatricial, um músculo cardíaco morto.

BARBARA: Só nessa parte do coração? Porque o lado de cima parece estar bem melhor.

RICHARD W.: A parte de baixo, a parede interior do átrio direito, está rígida porque...

BARBARA: Estou vendo isso na parte de trás, à direita.

RICHARD W.: (*Aponta para a parte de trás do coração, correspondente à área que Barbara estava vendo.*) Isso é tecido cicatricial, e por causa dele o coração não se contrai com o devido vigor. Mas [como você diz] o problema, então, está mais embaixo.

BARBARA: A causa é uma debilidade neste ponto [plexo solar], o problema com o metabolismo do açúcar, todo este chakra dilacerado e o fato de você não se apoiar nesse poder que está aqui embaixo [tan tien]. Dessa maneira, algo semelhante ao tai chi seria realmente bom para você porque iria redistribuir a energia. Todavia, não recomendo que você se ligue demasiadamente aos seus pacientes através do coração. Isso não é bom porque, tal como vejo as coisas, ele já está sobrecarregado devido à debilidade existente na porção inferior.

Quer dizer então que você teve um ataque cardíaco há dois anos?

RICHARD W.: Passei por uma cirurgia.

BARBARA: Você sofreu uma cirurgia? Eu não percebi isso. Você recebeu uma ponte de safena? Bem, você sabe o que eu vi? Foi engraçado – era quase como se toda a sua aorta estivesse empurrada excessivamente para esse lado [para a direita], e eu a empurrei de volta. [No nível energético.] Empurrei de volta para o lado esquerdo toda a energia que estava fluindo ao longo da aorta. Acho que eles a deslocaram durante a cirurgia.

RICHARD W.: Provavelmente, foi isso o que fizeram.

BARBARA: É por isso que havia essa diferença entre o lado direito e o lado esquerdo [na região do coração].

Muitas vezes, a cirurgia tira os órgãos de seus lugares na estrutura do campo áurico. Se os órgãos não estiverem na posição corretamente na estrutura matriz, eles não vão receber a energia vital de que precisam para funcionar corretamente. Isso causa disfunções adicionais nos órgãos, pois os corpos de energia atuam como uma matriz energética em que as células e órgãos são alimentados e crescem. Assim, sempre que alguém sofrer uma cirurgia, é preciso recolocar os órgãos físicos nos seus órgãos energéticos e realinhar os corpos energéticos com o corpo físico. Foi isso o que fiz com a aorta do paciente.

Na época em que realizei a sessão de cura com Richard W., eu infelizmente estava fechando a minha clínica para ter tempo de ensinar e escrever e, por isso, não voltei mais a vê-lo. Seria interessante saber como ele teria progredido se a cura tivesse continuado.

Pedi ao dr. Sarant que escrevesse uma carta fornecendo informações médicas a respeito de Richard W., que poderiam ser comparadas com o que vi. Eis o que ele escreveu.

Carta do dr. George Sarant, M.D., Comentando a Sessão de Cura de Richard W.

No passado, as relações entre os curadores e os médicos não foram particularmente férteis e produtivas, e a história do relacionamento entre a medicina organizada e os sistemas de cura heterodoxos tem sido ainda pior. Lembro-me da época em que era estudante de medicina e ouvia as observações zombeteiras e depreciativas feitas por professores e colegas a respeito de curadores e de outros sistemas de saúde. Creio, todavia, que até mesmo as atitudes tradicionais começam a ficar mais flexíveis. Estamos encontrando médicos que encaminham pacientes para curadores e tratamentos alternativos, e mesmo alguns médicos que se transformam eles próprios em curadores. Nesse contexto, vêm-nos à mente os nomes de Norm Shealy, M.D., Bernie Siegel, M.D. e Brugh Joy, MD. (entre muitos outros).

Enviei meu paciente Richard W. para Barbara Brennan por diversas razões. Assim como eu, Richard – ele próprio médico – tem um grande interesse em curadores e em curas heterodoxas. Aos 37 anos de idade, ele sofreu um infarto grave na parede inferior do miocárdio [isto é, um ataque cardíaco] e foi submetido a uma cirurgia para implantação de ponte de safena. Houve também um considerável dano na parede do átrio direito do seu coração [o significado desse dano está explicado no texto acima]. O pai de Richard W. havia morrido aos 38 anos e, quando Richard W. teve o problema cardíaco, ele certamente estava dominado por uma sensação de desesperança, como se não houvesse maneira de escapar à estagnação em termos de emoção e de condições de vida na qual se encontrava. Richard estava interessado em obter diferentes pontos de vista a respeito da sua doença.

Chegamos à conclusão de que a melhor tática, ao procurar Barbara, seria não lhe informar nada antecipadamente e verificar o que ela teria a dizer. Sua interpretação foi verdadeiramente inacreditável, e espantosa até. Embora ela não tivesse dito: "Aha! Vejo que você teve um ataque cardíaco", sua interpretação revelou-se uma valiosa e quase inacreditável descrição dos danos que a isquemia havia provocado no miocárdio; ou seja, ela descreveu um coração que havia sofrido um ataque coronariano. Ela descreveu uma estagnação no coração... e uma fraqueza e obstrução bem no interior do músculo cardíaco... Muito interessante foi o seu comentário de que o lado esquerdo do coração tinha mais energia do que o lado direito... De fato, Richard W. havia sofrido lesões musculares nos ventrículos esquerdo e direito e também no átrio direito. O átrio direito era a parte mais danificada e foi provavelmente isso que Barbara viu ("fibrosos e rígidos... os músculos da câmara interior direita do coração"). Em termos de anatomia, se você olhar para a parte posterior do coração, verá que ela é constituída principalmente pelo átrio e pelo ventrículo direito. Se você pudesse olhar através das costas de alguém e ver o coração da pessoa, estaria olhando principalmente para o átrio e para o ventrículo direito; e essa parte rígida e fibrosa do coração de Richard W. era o seu ventrículo e átrio direitos (danificados). Era impossível para Barbara ter sabido disso exceto por meio da sua capacidade de ver o interior do corpo.

Um outro aspecto de sua interpretação não foi menos impressionante: Barbara afirma enfaticamente que o metabolismo do açúcar do paciente está "um pouco desequilibrado", o que, curiosamente, apenas tornou-se um problema clínico dois anos depois do exame feito por ela. Richard W., de fato, tem diabetes Mellitus do tipo II. É interessante especular se essa demora no aparecimento da doença clínica não foi consequência de alguma manipulação no seu campo de energia. Sem que Richard W. soubesse disso na época, existem também algumas evidências de uma ligeira disfunção hepática. Há uma elevação de ligeira para moderada nos resultados dos exames de avaliação da função hepática, confirmando a afirmação de Barbara ("poderia fazer algum tipo de purificação do fígado"). Os comentários dela a respeito de uma insuficiência funcional da glândula tireoide não puderam ser confirmados; os exames da função tireoidiana estão bioquimicamente normais.

Outras partes da interpretação estavam funcionalmente corretas embora formalmente incorretas. É interessante comparar algumas das intepretações de Barbara com sonhos ou com pessoas que recebem informações telepaticamente. Às vezes elas estão quase que totalmente certas. Isto é, embora a validade do que foi relatado seja indubitavelmente correta, existem casos de ligeiras exceções.

Assim, não foi o irmão de Richard W. que morreu quando Richard tinha 12 anos; foi o pai dele que morreu quando Richard tinha 9 anos. Mas Richard admite que seu relacionamento com o pai era como o de dois irmãos. Parece-me necessária a realização de mais pesquisas e de um trabalho mais prolongado sobre partes específicas. Barbara estava completamente correta ao ver e descrever as anormalidades anatômicas e fisiológicas no átrio e no ventrículo direito de Richard W., porém não fez comentários específicos sobre o seu ventrículo esquerdo.

Isso teria acontecido porque o ventrículo esquerdo está escondido na lateral do peito e, por isso, não se tem pronto acesso a ele? São algumas questões a ponderar.

Bioenergeticamente, Richard W. com certeza tem um diafragma tenso e espástico – isto é, tem um bloqueio diafragmático razoavelmente grave que Barbara certamente refez e, de certa maneira, interpretou. É interessante que ela tenha notado uma estagnação cardíaca, que foi atribuída a esse bloqueio.

Acredito que os médicos possam utilizar melhor o serviço dos curadores mantendo a mente aberta e lembrando-se de que os médicos certamente não dizem a primeira e nem a última palavra a respeito das doenças. Precisamos mostrar alguma humildade e manter a mente aberta.

Richard W. fez alguns comentários curiosos sobre a interpretação: ele próprio ficou profunda e inacreditavelmente comovido com a experiência, ainda que não pudesse determinar conscientemente por que ficou tão comovido e o que o deixou assim. E ele me disse que, várias horas depois da cura, ficou cansado e teve de tirar uma soneca de uma hora. Ele comparou isso à fadiga que sentiu depois de uma sessão de acupuntura.

Eu certamente espero que haja muito mais consultas conjuntas de médicos e curadores. Ambos poderão beneficiar-se imensamente com essa atuação em conjunto.

APÊNDICE B

TIPOS DE CUIDADOS PROFISSIONAIS COM A SAÚDE

....

Médicos Holísticos (M.D.)

O que eles fazem: Médicos holísticos são doutores em medicina que praticam algum tipo de terapia natural, assim como a homeopatia, a acupuntura, a nutrição, ou têm outra especialização. Médicos holísticos entendem que todos os aspectos da vida criam e encerram um estado de saúde perfeita.

Eles analisam os valores nutricionais, emocionais, ambientais, espirituais e de estilo de vida do cliente, a fim de tratar a pessoa em vez de a doença. Habitualmente, o tratamento consiste em alguns procedimentos, cada qual apropriado para um diferente aspecto da vida do paciente. O objetivo é conseguir uma sensação de bem-estar mais pleno, mais unificado. O médico holístico estabelece uma relação de cooperação com o cliente e o ajuda, seja homem ou mulher, no processo de autocura. O cliente aprende que na saúde a responsabilidade pessoal representa um grande papel no processo de cura.

National Organization
American Holistic Medical Association (AHMA)
4101 Lake Boone Tail
Suite 201
Raleigh, NC 27606
(919) 787-5181

Médicos Naturopatas (N.D.)

O que eles fazem: O objetivo da prática de um médico naturopata inclui todos os aspectos do cuidado familiar desde o nascimento natural dos bebês até os cuidados geriátricos. Médicos naturopatas têm licença de atuar em grande número de Estados e províncias do Canadá. Esses médicos são treinados na medicina natural. O treinamento implica quatro anos de estudo de ciências médicas e de uma grande diversidade de terapias naturais. Os estudos terapêuticos incluem a medicina herbal, a hidroterapia e a manipulação, com especializações nas áreas de parto natural, homeopatia e acupuntura.

National Organization
The American Association of Naturopathic Physicians (AANP)
P.O. Box 20386
Seattle, WA 98102
(206) 323-7610

Médicos Osteopatas (D.O.)

O que eles fazem: Esta disciplina foi iniciada por Andrew Still no final do século XIX, ensinando a manipulação dos ossos a fim de promover a cura natural.

A osteopatia ajuda o corpo a estimular e restaurar o seu próprio sistema imunológico e é muito eficaz no tratamento de várias doenças autoimunes, como a artrite. Esses médicos usam um sistema de cura que coloca ênfase no realinhamento do corpo através da manipulação, a fim de corrigir estruturas e funções falhas. Eles se especializam em manipular músculos e articulações para tratar os problemas. Médicos osteopatas recebem treinamento completo e são diplomados segundo os mesmos padrões dos doutores em medicina e recebem um treinamento extensivo adicional sobre a estrutura e a função do corpo.

National Organization
American Osteopathic Association (AOA)
142 East Ontario Street
Chicago, IL 60611
(312) 280-5800

Médicos Quiropráticos (D.C.)

O que eles fazem: Os médicos da quiroprática se especializam na manipulação e ajustamento da coluna vertebral. Essa disciplina teve início em 1895 com Daniel Palmer e se baseia na teoria da subluxação espinhal para apoiar a saúde natural. Os quiropráticos analisam e corrigem interferências dos nervos da coluna, que podem ser resultado de trauma físico, de interferência durante o processo do parto, tensão mental excessiva, de nutrição falha ou de má postura.

National Organization
The American Chiropractor Association (ACA)
1701 Clarendon Boulevard
Arlington, VA 22209
(703) 276-8800

Nutricionistas

O que eles fazem: Os nutricionistas usam a terapia da dieta. Eles determinam as necessidades individuais da nutrição de um paciente, bem como se a pessoa tem alergia a determinados alimentos. Os nutricionistas providenciam diretrizes específicas de dietas e de suplementos alimentares, tais como vitaminas e minerais, para serem tomados em intervalos regulares durante um longo período de tempo a fim de manter a saúde e tratar a doença.

Muitas doenças comuns podem ser tratadas eficazmente com medidas dietéticas.

National Organization
The American Dietetic Association (ADA)
216 West Jackson Boulevard
Suite 800
Chicago, IL 60606
(312) 899-0040

Homeopatas

O que eles fazem: A homeopatia começou na Alemanha com Samuel Hahnemann (1755-1845) e se estabilizou como uma principal força no cuidado com a saúde no século XIX, nos Estados Unidos. Trata-se de uma ciência farmacêutica natural que usa substâncias do reino vegetal, mineral e animal e se fundamenta na premissa de que essas substâncias naturais podem curar sintomas de doenças semelhantes aos que produzem se tomados em overdose. Cada remédio é prescrito individualmente de acordo com o modo como ele estimula os sistemas imunológico e defensivo da pessoa doente. Algumas vezes é chamada de "a medicina nobre".

National Organization
National Center for Homeopathy
801 North Fairfax Street
Suite 306
Alexandria, VA 22314
(704) 548-7790

Acupunturistas

O que eles fazem: A acupuntura é considerada pelos chineses como uma forma de manutenção da saúde que estimula a habilidade do corpo para manter-se e equilibrar-se. É baseada na teoria de que uma força vital eletromagnética é canalizada em fluxo contínuo através do corpo por uma rede de "meridianos". Agulhas são espetadas em pontos específicos ao longo dos meridianos para estimular ou dispersar o fluxo de força vital a fim de corrigir um desequilíbrio. O tratamento por acupuntura não usa um sistema padronizado de correlações entre doenças particulares e técnicas, mas trata cada pessoa como um ser único.

National Organization
American Association of Acupuncture and Oriental Medicine (AAAOM)
4101 Lake Boone Trail
Suite 201
Raleigh, NC 27607
(919) 787-5181

Preparadores físicos estruturais

O que eles fazem: Eles usam uma técnica de alongamento e movimentação do tecido conjuntivo (fáscia) a fim de alongar e equilibrar o corpo ao longo do seu eixo vertical natural. Distorções do tecido conjuntivo podem ser causadas pela reação e compensação devido a acidentes, tensão emocional, traumas do passado ou padrões de movimento influenciados por problemas de saúde na primeira infância. Um tratamento completo consiste em dez sessões, progredindo de áreas superficiais de constrição para a reorganização de segmentos mais amplos do corpo.

National Organization
The Rolf Institute
P.O. Box 1868
Boulder, CO 80306
(800) 530-8875

Masoterapeutas

O que eles fazem: A massoterapia tem sido usada desde a época de Hipócrates, no século IV a.C. A filosofia básica da massagem é a manipulação dos tecidos moles para aumentar a tendência do corpo para curar a si mesmo. Consiste em métodos físicos que incluem a aplicação de pressão fixa ou móvel, segurando e movimentando partes do corpo.

National Organizations
Associated Professional Massage Therapists and Bodyworkers (APMT)
1746 Cole Boulevard
Suite 225
Golden, CO 80401
(303) 674-8478

Second Office:
P.O. Box 1869
Evergreen, CO 80439-1869

American Massage Therapy Association (AMTA)
1130 West North Shore Avenue
Chicago, IL 60626-4670
(312) 761-2682

Psicoterapeutas

O que eles fazem: Os psicoterapeutas trabalham com a formação emocional dos clientes, como distúrbios provocados por traumas da infância e outras causas. Alguns lidam com esses problemas levando em conta a ligação entre a mente e o corpo. Eles são conhecidos como psicoterapeutas do corpo.

National Organizations
Association for Humanistic Psychology (AHP)
1772 Vallejo
Suite 3
San Francisco, CA 94123
(415) 346-7929

American Psychological Association
1200 17th Street, N.W.
Washington, DC 20036
(202) 955-7600

C.G. Jung Foundation for Analytical Psychology
28 East 39th Street
Nova York, NY 10016
(212) 697-6430

Institutos que treinam psicoterapeutas do corpo
International Institute for Bioenergetic Analysis
144 East 36th Street
Nova York, NY 10016
(212) 532-7742

Institute of Core Energetics
115 East 23rd Street
12th Floor
Nova York, NY 10010
(212) 505-6767

Curadores

O que eles fazem: Como é explicado neste livro, curadores trabalham tocando ou não o corpo para equilibrar e modificar o campo áurico. Eles canalizam energia curativa para os clientes a fim de obter a cura parcial ou total de qualquer parte do corpo.

National Organization
National Federation of Spiritual Healers
1137 Silent Harbor
P.O. Box 2022
Mount Pleasant, SC 29465
(803) 849-1529

APÊNDICE C

A ESCOLA DE CURA DE BARBARA BRENNAN

A Escola de Cura Barbara Brennan é uma instituição de ensino altamente especializada e respeitada, dedicada à pesquisa e enriquecimento da ciência da cura. Fundada em 1982, a Escola de Cura Barbara Brennan atrai alunos de todas as profissões e formações do mundo inteiro no intuito de fazerem seus estudos sobre a ciência da cura. Há dois componentes da escola:

Introdução à Ciência da Cura

Através de cursos, palestras, seminários e eventos relacionados com a cura, os alunos começam a descobrir as complexidades dessa ciência, a examinar os princípios da cura e a analisar a miríade de aspectos da experiência humana que são tecidos pelo processo de cura.

O Programa da Ciência da Cura com Certificado

Este treinamento em nível universitário leva à prática da cura científica profissional. A formação dura quatro anos em salas de aula e em casa, e inclui tanto exames práticos como exames escritos. Para ser treinado como professor há o acréscimo de dois anos de curso. Também se oferece certificados de extensão para enfermeiras, massoterapeutas e acupunturistas. A frequência conjunta a uma universidade oficial permite que os alunos usem seus estudos para a maioria de suas teses de mestrado e doutorado.

O treinamento inclui o estudo do Campo de Energia Humano (HEF = human energy field), ou aura, tanto do ponto de vista científico quanto da visão de observações clínicas feitas por curadores. Ensina anatomia e fisiologia do campo energético humano; psicodinâmica do Campo de Energia Humana, incluindo alguns bloqueios de energia e sistemas de defesa como os manifestados no CEF; o desenvolvimento da Percepção Mais Elevada dos sentidos para perceber a aura e obter informação sobre a causa da doença; orientação para canalização espiritual; cura do hara; cura da estrela do âmago; e uma variedade de outras técnicas de cura. Analisa assuntos individuais através do profundo processo de trabalho pessoal direcionado para a descoberta do curador único interior. Aulas de cinco dias por semana são dadas cinco vezes por ano em Long Island, em Nova York. Para obter mais informações, escreva, passe um FAX ou telefone para o seguinte endereço:

The Barbara Brennan School of Healing
P.O. Box 2005
East Hampton, NY 11937
Fone: 0-700-HEALERS
FAX 0-700-INLIGHT
Se o telefone de onde estiver ligando não estiver na rede AT&T, disque 10 + ATT + 0 + 700 + o número. Siga as instruções.

BIBLIOGRAFIA

Altman, Nathaniel. *Everybody's Guide to Chiropractic Health Care*. Los Angeles, CA: J.P. Tarcher, 1990.

Angel, Jack E. *Physician's Desk Reference*. Montvale, NJ: Medical Economics Company, 1983.

Aranya, Swami Hariharananda. *Yoga Philosophy of Patanjali*. Albany, NY: State University of New York Press, 1983.

Artley, Malvin N. Jr. *Bodies of Fire, Vol. 1: A Thousand Points of Light*. Jersey City Heights, NJ. University of the Seven Rays Publishing House, 1992.

Becker, Robert O. *Cross Currents: The Promise of Electromedicine*. Los Angeles, CA: J.P. Tarcher, 1990.

Becker, Robert O. e Selden Gary. *The Body Electric: Eletromagnetism and the Foundation of Life*. Nova York: William Morrow & Co., 1985.

Berkeley Holistic Health Center Staff. *The Holistic Health Lifebook*. Berkeley, CA: And-Or Press, 1981.

Berkow, Robert. *The Merck Manual of Diagnostis and Therapy*. West Point, PA: Merck Sharp & Dohme International, 1982.

Bohm, David e David F. Peat. *Science, Order, and Creativity*. Nova York: Bantam, 1987.

Bohm, David. *Wholeness and the Implicate Order*. Nova York, Routledge Chapman & Hall, 1983. [*A Totalidade e a Ordem Implicada*, Editora Cultrix. São Paulo. 1992.]

Brewster, Letitia e Michael F. Jacobson. *The Changing American Diet: A Chronicle of American Eating Habits from 1910-1980*. Washington, DC: Centers for Science in the Public Interest, 1993.

Bruyere, Rosalyn L. *Wheels of Light: A Study of the Chakras*. Arcadia, CA: Bon Productions, 1989.

Burnham, Sophy. *A Book of Angels*. Nova York: Random House, 1990.

Burr, Harold Saxton. *Blueprint for Immortality: The Eletric Patterns of Life*. Essex, Inglaterra: The C. W. Daniel Company, Ltd., 1972.

Burt, Bernard. *Fodor's Health Escapes*. Nova York: McKay, 1991.

Campbell, Don, org. *Music Physician for Times to Come*. Wheaton, IL: Quest Books, 1991.

Cousens, Gabriel. *Conscious Eating*. Coos Bay, OR: Vision Books, 1992.

Cummings, Stephen e Dana Ullman. *Everybody's Guide to Homeopathic Medicines*. Los Angeles, CA: J.P. Tarcher, 1984.

Diamond, Harvey e Marilyn. *Fit For Life*. Nova York: Warner Books, 1985.

Dunne, Lavon J. *The Bestselling Guide to Better Eating for Better Health*. Nova York: McGraw-Hill, 1990.

Durkheim, Karlfried. *Hara: The Vital Center of Man*. Nova York: Samuel Weiser, 1975. [*Hara. O Centro Vital do Homem*. Editora Pensamento. São Paulo, 1991.]

Eisenberg, David. *Encounters with Qi: Exploring Chinese Medicine*. Nova York: Viking Penguin, 1987.

Epstein, Gerald. *Healing Visualizations: Creating Health Through Imagery*. Nova York: Bantam, 1989.

Estella, Mary. *Natural Foods Cookbook*. Nova York: Japan Publications, 1985.

Evans, John. *Mind, Body and Eletromagnetism*. Dorset, Inglaterra: Element Books, 1986.

Fremantle, Francesca, e Chogyam Trungpa. *The Tibetan Book of the Dead*. Boston: Shambhala, 1975

Gach, Michael Reed. *Acu-Yoga*. Nova York: Japan Publications, 1981.

Gawain, Shakti. *Living in the Light*. San Rafael, CA: New World Library, 1986. [*Vivendo na Luz*. Editora Pensamento, São Paulo, 1991.]

Gerber, Richard. *Vibrational Medicine*. Santa Fé. NM: Bear & Co., 1988. [*Medicina Vibracional*. Editora Cultrix. São Paulo, 1992.]

Goldamn, Jonathan. *Healing Sounds: The Power of Harmonics*. Rockport, MA: Element, Inc., 1992.

Goldstrich, Joe D. *The Best Chance Diet*. Atlanta, GA: Humanics, 1982.

Gottschall, Elaine. *Food and the Gut Reaction: Intestinal Health Through Diet*. Ontário: The Kirkton Press, 1986.

Grof, Christina e Stanislav Grof, M.D. *The Stormy Search for the self*. Los Angeles, CA: Jeremy P. Tarcher, Inc. 1990. [*A Tempestuosa Busca do Ser*. Editora Cultrix. São Paulo, 1994.]

Harman, Willis. *Global Mind Change*. Indianapolis, IN: Knowledge Systems, Inc., 1988. [*Uma Total Mudança de Mentalidade*. Editora Pensamento. São Paulo, 1994.]

Harman, Willis e Howard Rheingold. *Higher Creativity: Liberating the Unconscious for Breakthrough Insights*. Los Angeles, CA: J. P. Tarcher, 1984.

Hay, Louise L. *You Can Heal Your Life*. Santa Monica, CA: Hay House, 1992.

Hodson, Geoffrey. *Music Forms*. Wheaton, IL: The Theosophical Publishing House, 1976.

Hooper, Judith e Dick Teresi. *The Three Pound Universe*. Nova York: Macmillan, 1986.

Ivanova, Barbara. *The Golden Chalice*. São Francisco, CA: H.S. Dakin Co., 1996.

Jaffee, Dennis T. *Healing from Within: Psychological Techniques to Help the Mind Heal the Body*. Nova York: Simon & Schuster, 1980.

Jening, Hans. *Cymatics*. Basileia, Suíça: Basler Druck and Verlagsanstalt, 1974.

Karagulla, Shafica, MD. e Dora van Gelder Kunz. *The Chakras and the Human Energy Fields*. Wheaton, IL: The Theosophical Publishing House, 1989. [*Os Chakras e os Campos de Energia Humanos*. Editora Pensamento. São Paulo.]

Kowalski, Robert E. *The 8-Week Cholesterol Cure*, Nova York: Harper & Row, 1989.

Krieger, Dolores. *The Therapeutic Touch: How to Use Your Hands to Help or Heal*. Englewood Cliffs, NJ: Prentice-Hall, 1979.

Kulvinskas, Viktoras. *Survival Into the 21st Century: Planetary Healers Manual*. Connecticut: Omangod Press, 1975.

Kushi, Aveline com Alex Jack. *Aveline Kushi's Complete Guide to Macrobiotic Cooking for Health Harmony and Peace*. Nova York: Warner Books, 1985.

Kushi, Aveline e Michio. *Macrobiotic Diet*. Nova York: Japan Publications, 1985.

Lavabre, Marcel. *Aromatherapy Workbook*. Rochester, VT: Healing Arts Press, 1990.

Levine, Frederick G. *Psychic Sourcebook: How to Choose and Use a Psychic*. Nova York: Warner, 1988.

Levine, Stephen. *Healing Into Life and Death*. Nova York: Doubleday, 1984.

Liberman, Jacob, O. D. Ph.D. *Light: Medicine of The Future*. Santa Fé, NM: Bear & Company, 1991.

Mandel, Peter. *Energy Emission Analysis: New Application of Kirlian Photography for Holistic Health*. Alemanha: Synthesis Publishing Company, N.d.

Markides, Kyriacos C. *Homage to the Sun.* Nova York: Routledge, 1987. [*Homenagem ao Sol*. Editora Pensamento. São Paulo, 1990.]

_____. *The Magus of Strovolos: The Extraordinary World of a Spiritual Healer.* Nova York: Routledge, 1985. [*O Mago de Strovolus – O Extraordinário Mundo de Quem Faz Curas Espirituais.* Editora Pensamento. São Paulo, 1990.]

McCarty, Meredith. *American Macrobiotic Cuisine.* Eureka, CA: Turning Point Publications, 1986.

Mitchell, Elinor R. *Plain Talk About Acupuncture.* Nova York, Whalehall, 1987.

O'Connor, John e Dan Bensky, orgs. *Acupuncture: A Comprehensive Text.* Chicago, IL: Eastland Press, 1981.

Orenstein, Neil e Sarah L. Bingham. *Food Allergies: How to Tell If You Have Them. What to Do About Them If You Do.* Nova York: Putnam Publishing Group, 1987.

Ott, John N. *Health and Light.* Columbus, OH: Ariel Press, 1973.

Pearson, Carol S. *The Hero Within: Six Archetypes We Live By.* Nova York: Harper Collins, 1989. [*O Herói Interior – Seis Arquétipos que Orientam as Nossas Vidas.* Editora Cultrix. São Paulo, 1992.]

Pierrakos, Eva. *The Pathwork of Self-Transformation.* Nova York: Bantam, 1990. [*O Caminho da Autotransformação.* Editora Cultrix. São Paulo, 1993.]

Pritikin, Nathan. *Pritikin Permanent Weight Loss Manual.* Nova York: Putnam Publishing Group, 1981.

Pritikin, Nathan e Pratick McGrady. *Pritikin Program for Diet and Exercice.* Nova York, Bantam, 1984.

Reilly, Harold J. e Ruth H. Brod. *The Edgar Cayce Handbook for Health Through Drugless Therapy.* Nova York: Berkeley, 1985.

Rodegast, Pat e Judith Stanton. *Emmanuel's Book II: The Choice for Love.* Nova York: Bantam, 1989.

Rolf, Ida P. *Rolfing: The Integration of Human Structures.* Rochester, VT: Inner Traditions, 1989.

Rubin, Jerome. *New York Naturally.* Nova York: City Spirit Publications, 1988.

Satprem. *The Mind of the Cells.* Nova York: Institute for Evolutionary Research, 1982.

Schechter, Steven R. e Tom Monte. *Fighting Radiation with Foods, Herbs and Vitamins.* Brookline, MA: East-West, 1988.

Schwarz, Jack. *Voluntary Controls: Exercises for Creative Meditation and for Activating the Potential of the Chakras.* Nova York: Dutton, 1978.

Seem, Mark. *Acupuncture Energetics*. Rochester, VT: Inner Traditions, 1987.

Shealy, Norman C. e Caroline Myss. *The Creation of Health: Merging Traditional Medicine with Intuitive Diagnostis*. Walpole, NH: Stillpoint Publishing, 1988.

Sheldrake, Rupert. *A New Science of Life*. Los Angeles, CA: J.P. Tarcher, 1981.

Siegel, Bernie S. *Love, Medicine & Miracles*. Nova York: Harper & Row, 1986.

Simonton, O. Carl e Reid Henson, com Brenda Hampton. *The Healing Journey*. Nova York, Bantam, 1992.

Steindl-Rast, Brother David. *Gratefulness, the Heart of Prayer*. Nova York: Paulist Press, 1984.

Talbot, Michael. *The Holografic Universe*. Nova York: Harper Collins, 1991.

Ullman, Dana, org. *Discovering Homeopathy: Your Introduction to the Science and Art of Homeopathic Medicine*. Berkeley, CA: North Atlantic Books, 1991.

Upledger, John E., e Jon D. Vredevoogd. *Craniosacral Therapy*. Seatle, WA. Eastland Press, 1983.

Werbach, Melvin R. *Nutritional influences on Illness: A Sourcebook of Clinical Research*. New Canaan, CT: Keats Publishing, 1989.

Wilber, Ken. *The Holographic Paradigm and Other Paradoxes*. Boston: Shambhala, 1982. [*O Paradigma Holográfico e Outros Paradoxos*. Editora Cultrix. São Paulo. 1991.]

_____. *No Boundary: Eastern and Western Approaches to Personal Growth*, Boston: Shambhala, 1979. [*A Consciência Sem Fronteiras*. Editora Cultrix. São Paulo, 1991.]

Willhem Richard e C. G. Jung. *The Secret of the Golden Flower*. Nova York: Harcourt Brace Jovanovich, 1970.

Woolf, Vernon V., Ph.D. *Holodynamics: How to Develop and Manage Your Personal Power*. Tucson, AZ: Harbinger House, Inc., 1990.

Woolger, Roger J. *Other Lives. Other Selves*. Nova York: Bantam, 1988. [*As Várias Vidas da Alma*. Editora Cultrix. São Paulo, 1994.]

Zerden, Sheldon. *The Best of Health: The 101 Best Books*. Nova York: Four Walls Eight Windows, 1989.

Zukav, Gary. *The Seat of the Soul*. Nova York: Simon & Shuster, 1989. [*A Morada da Alma*. Editora Cultrix. São Paulo, 1993.]

ÍNDICE REMISSIVO

Aceitação, 165, 261
   como estágio da cura, 175-77
Acupuntura, 121
Adereços, 237
Afirmações (frases), 190
   diárias, 490
Aflorar, 177, 558, 572
Agressividade do caráter psicopático, 427, 429-30
Água, 245-46
AIDS, 91-2, 158, 362
Akizuki, dr. Tatsuishiro, 248
Alimentos, 101, 159, 188
   (*Ver também* Hábitos alimentares; Alimento orgânico)
   assimilação, 107
   energia dos, 238-241
Ambiente poluído, 212
Amigos, 194, 317
Amor divino, 60, 197, 210, 471, 478
   necessidade do, 197
Amor incondicional (*Ver* Amor divino)
Amor, 18, 20, 27, 35, 56, 125, 167, 190
   (*Ver também* Amor divino; Amor-próprio)
   vs. medo, 571
Amor-próprio, 190-91
   exercícios, 268-73
Analgésicos, 154
Anjos da guarda, 113, 127, 472
Aprendizado, problemas de, 385
Aromas e campos de energia, 228
Artes marciais, 252-58
Artrite reumatoide, 362
Árvores, energia das, 207
Assistência à saúde
   e modelo holográfico, 87
   e visão holística, 92
   modelo mecanicista na, 71-2
Ataque do coração, 371, 428
Atividade mental, 183, 191, 515
Atteshlis, Stylianos, 343
Autenticidade e caráter inflexível, 449
Autoaceitação, necessidade de, 190
Autoestima, baixa, 257
Autonomia do caráter masoquista, 438
Autossugestão, 33

Banhos, 234
Beck, dr. Robert, 45-6

Becker, dr. Robert, 41, 45-6
Bioenergético, 398-99
Bioenergia, campo de, 41
  e mundo físico, 41
Bioplasma, 49-50, 129, 340
Bioplasma, correntes de
  e esgotamento, 351
  e objetos, 351
  no trabalho com o público, 350
  nos relacionamentos
Bloqueios de energia, 24, 272, 562, 591
Bócio, 379
Bohm, dr. David, 83, 560
Brincar, 266-68
Burr, dr. Harold, 41, 44

Campo áurico (*Ver também* Campo de energia humano)
  bloqueio no, 24
  cor no, 141, 224, 237, 276, 515-16
  de terror, 241
  diâmetro do, 483
  dimensões do, 520
  e caráter esquizoide, 405, 409, 414
  e caráter inflexível, 454, 459
  e caráter masoquista, 439, 441
  e caráter oral, 415, 419
  e caráter psicopático, 425, 431
  e casal em conflito, 460-61, 462-63
  e chakras, 219-20, 225
  e comunicação, 344-45
  e consciência, 521
  e controle da respiração, 251
  e corrente de força vertical, 541
  e dança, 252
  e emoções negativas, 262-63
  e espaço, 209-10, 216
  e essência do âmago, 556
  e ferimentos no, 397
  e fome, 101
  e hábitos alimentares, 241, 248
  e impulso criativo, 568
  e intencionalidade, 517
  e interações negativas, 395-96
  e ioga, 250
  e música, 223
  e obra de arte, 217-18
  e percepção consciente, 284-85
  e relacionamentos, 314
  e som, 218-19
  e terra, 332
  energia no, 25, 205, 224, 234-35, 521, 558
  equilíbrio do, 53, 207, 251
  escovação da aura, 236
  escovar, 236
  estruturas de caráter, 401-02
  limpeza (purificação, eliminação), 206, 235, 339
  níveis do, 97, 99, 147, 187-99, 211, 262-63, 284, 558
  níveis espirituais do, 139
  primeiro nível do, 51, 53, 57, 97, 187, 219, 338
  quarto nível do, 55-6, 183, 194, 250, 313
  quinto nível do, 57, 195, 480, 485
  segundo nível do, 190, 210, 262-63, 471, 494, 515, 562
  sétimo nível do, 57, 61-2, 198, 209, 224, 404
  terceiro nível do, 54-5, 183, 185, 191, 210, 264, 286, 350
Campo de energia humano, 3, 41, 46-63
  (*Ver também* Campo áurico)
  descrição do, 121
  e curador, 124-25
  e vidas passadas, 26-7

existência do, 40
faixas de frequência, 105
níveis do, 49-63, 112, 183
observadores do, 44-5
percepção e funcionamento do, 19-22
primeiro nível do, 49, 51, 53, 55, 57, 59, 183
quarto nível do, 49, 55-4, 59, 113
quinto nível do, 49, 57-9, 183-84
segundo nível do, 49, 53, 55, 183
sétimo nível do, 49, 57, 61, 183
sexto nível do, 49, 57, 61, 183
terceiro nível do, 49, 53, 55, 183
Campo de energia universal (CEU), 19, 147
referências históricas ao, 44
Campo de energia, como cuidar do, 234
Campos de energia, 204-32, 462
como cuidar, 234-35
e aromas, 227
e cidades, 211
e clima, 205
e cor, 224-25, 237
e densidade populacional, 208-09
e escolha de um local para viver, 213
e espaço, 215-16, 224
e natureza, 207-08
e objetos, 217
e sistemas de defesa, 396
e sons, 218
Câncer de colo de útero, 144
Câncer de mama, 293
Câncer, 162, 206, 224, 230, 290, 293, 362, 367, 510
Castaneda, Carlos, 186
Catarata, 148
Causa do ódio contra si mesmo
no nível espiritual, 260-61
Causa psicológica do ódio a si mesmo, 258

Cérebro, 159
Chakra(s), 63-6
como órgãos de captação de energia, 28, 147
como vórtices de energia, 63
cor nos, 63, 220, 225, 276
de caráter inflexível, 448
disfunção dos, 63, 224
e adolescentes, 223
e aromas, 227
e campo áurico, 218-19, 225
e doença, 63, 224
e essência do âmago, 556
e fluxo de energia, 21, 23, 24, 35, 51
e função racional, 66
e funções emocionais, 66
equilíbrio dos, 66
função dos, 63
funções da vontade, 66
giro, 515
partes do corpo servidas pelos, 63
primeiro, 65, 223, 277
primeiros cordões, 353, 357
purificação, 564
quarto (coração), 65, 222, 356, 371, 404
quarto (coração), cordões, 357, 371, 380
quinto (garganta), 65, 195, 376
reparados, 349
segundo, 65, 222, 226, 353
segundo, cordões, 357, 362, 363, 380
sétimo, 66
sétimo, cordões, 357, 390-93
sexto, 65
sexto, cordões, 357, 380, 385-86
sexuais, 65
terceiro (plexo solar), 65, 219, 223, 242

terceiro (plexo solar), cordões, 357, 365,
    415-16, 418, 439, 443
  tons, 219
Chi gong, 250, 252
Cidades, energia nas, 211, 212
Cinestésica, PSS, 69
Cirurgia espiritual, quinto nível, 480-81
Clima, energia do, 205
Cole, Thomas, 218
Cólera, 65
Colite ulcerativa, 243
Colonectomias, 144
Comunicação
  com o sol, 476
  e campo áurico, 344-45
Condição humana, 34-5
Conexões "Eu-tu", 55
Conexões, 35
Conglomerados do tempo psíquico
    congelado, 24
Conhecimento direto, 20
Consciência, 71-2, 78, 521 (*Ver também*
    Consciência-energia; Intenção; Mente)
  e doença, 92
  e realidade, 84
Contração do pensamento criativo, 563,
    565
Contratos (*ver* Contratos negativos;
    Contratos tácitos)
Contratos negativos
  benefícios do rompimento, 325
  e relacionamentos, 314-15
  exercício para dissolver, 322-23
  exercício para identificar, 320
Contratos tácitos, 311-13
Cor
  e campos de energia, 223, 226, 237
  no campo áurico, 141, 224, 237, 276,
    277, 511

nos chakras, 63, 224, 277
  respiração colorida, 276
Corante vermelho, 157
Cordões, 353-94
  genéticos, 355
  relacionais, 357
  tipos de, 354
Cordões da alma, 354
Cordões genéticos, 355-56
Cordões relacionais, 357-94
  e traumas de vida, 359-60
  problemas com, 360-94
Coriolis, força de, 50
Corpo físico
  campo de energia, como cuidar do,
    234-36
  energia vital nos alimentos, 238-41
  exercícios energéticos, 249-53
  hábitos alimentares, 241-45
  higiene pessoal, 233
  roupas e adereços, 237
  sono e descanso, 253
  tempo, 254-55
Criação de uma nova vida, 84
  como estágio de cura, 179
Criança interior, 565
  como conhecer, 264-65, 266-67, 264
Crianças retardadas, 391
Criatividade *vs.* doença, 571
Cristais, 127, 188, 217, 218, 235
Crohn, doença de, 243
Cura (*Ver também* Cura pela fé; Cura de si
    mesmo)
  afloramento da luz, 572
  aromática, 228
  arte da, 111-16
  canalização para, 279-283
  ciclos da, 563
  com a essência do âmago, 550-51

com as mãos, 147-48
como caminho de conhecimento, 329
defesa oral, 418, 422
dieta para, 247
duração, 130
e cordões do primeiro chakra, 362
e cordões do quarto chakra, 371-76
e cordões do quinto chakra, 379-80
e cordões do segundo chakra, 364-65
e cordões do sétimo chakra, 393
e cordões do sexto chakra, 385
e cordões do terceiro chakra, 367-68
e defesa esquizoide, 409-11
e defesa inflexível, 455-56
e defesa masoquista, 443, 446
e defesa psicopática, 430
e guias espirituais, 112-13
e medo, 114-15
e paz mundial, 518
e percepção consciente, 284
e respiração, 251
energia, 555
espaço para, 231
estágios da, 164-80
fortalecimento, 38
hara, 530-31
holística, 114, 122
informações, 302-06
intervalo entre as sessões, 129
mecânica da, 126
meditações, 276-77
níveis de, 182, 199
pelo perdão, 464, 465-67
por meio da fé e da esperança, 499-501
projeto de, 202
resistência à, 128
sessões, 118, 129
treinamento de, 110

Cura de si mesmo
  meditação para a, 278
  visualização para a, 307
Cura do hara, 530
Cura pela fé, 119, 499
Curador
  contar tudo, 134
  e amor, 125
  e campo de energia humano, 124-25
  e nível hárico, 289, 524-25
  e remoção de bloqueios, 296
  habilidades do, 123
  honorários, 133
  incapacitado, 135-36
  informações, como obter, 137
  limites éticos do, 132
  objetivos do, 115
  objetivo principal do, 130-31
  orientação, 127
  técnicas do, 120
  treinamento do, 124

Dança, 252
De La Warr, George, 44
Defesa masoquista e reação de permissão
  ou rejeição, 449
  e defesa esquizoide, 413
  e defesa inflexível, 459
  e defesa oral, 424
  e defesa psicopática, 436
Defumação, 235
Densidade populacional, 208-10
Depressão, 165, 172, 173
  como estágio de cura, 173
Descanso, 253
Desejo pessoal e anseio espiritual, 495-98
Desejo, 494
Desequilíbrio e doença, 99

Desertos, energia dos, 207
Deusa, energia da, 483
Diabete, 142, 143, 367, 581
Diagnóstico (intratável), 76
   e modelo holográfico, 94
Diarreia, 242
Dieta, 287
   deficiências, 150
   para cura, 247
Dislexia, 385, 386, 389
Diverticulite, 243
Divórcio, 360
Dobrin, Richard, 45
Doença
   diagnóstico de, 75-6
   e chakras, 63, 224
   e compreensão, 301-02
   e consciência, 91
   e cordões do primeiro chakra, 362
   e cordões do quarto chakra, 371
   e cordões do quinto chakra, 379
   e cordões do segundo chakra, 363
   e cordões do sétimo chakra, 391
   e cordões do sexto chakra, 385
   e cordões do terceiro chakra, 366-67
   e correntes bioplasmáticas, 181
   e desequilíbrio, 99, 100
   e processo, 140
   história da, 149, 150
   significado e causas, 151-52
   vs. criatividade, 571
Doença celíaca, 243
Dor (sofrimento), 114, 282, 501
   cura, 281-83
   de vidas passadas, 26-7
   defesa contra, 30
   defesa ou negação da, 31
   e máscara do eu, 28
   origem, 27-8

Dor nas costas, 93, 106, 292, 302, 544-45
Dores de cabeça, 385, 391
Drogas, 23, 142, 156, 158, 174, 306
   (*Ver também* Medicamentos)
Dualidade e individuação, 343
Dualismo, 34, 71, 343
Durkheim, Karlfried, 519

Edema, 542
Efeito da folha fantasma, 47
Efeito do membro fantasma, 47
Ego, vontade, 474
Einstein, Albert, 83, 86
Eletromagnética, energia, 159
Emoções negativas e campo áurico, 262-63
Emoções, 20, 262 (*Ver também* Sentimentos; Emoções negativas)
Endometriose, 166
Energia criativa (bloqueio), 23
   conglomerados do tempo psíquico congelado, 24
   eu superior, 9
   intenção, 31
   máscara do eu e sofrimento original, 28
   prazer negativo e eu inferior, 29
   sofrimento de vidas passadas, 26
   sofrimento, origem do, 27
Energia criativa, 68-9
   cura, 22
   dimensões da, 39
Energia negativa, 296, 398
Energia, 89, 523, 562 (*Ver também* Energia criativa (bloqueio); Campo de energia humano; Campo de energia universal)
   cura, 555
   e chakras, 63, 121, 147
   exercícios, 249-52

formas de, 44
negativa, 212, 235, 296, 433
no campo áurico, 26, 205, 223, 234, 521
nos alimentos, 238-41
Energia-consciência, 24, 49, 521
Envelhecimento, 147
Epstein, Gerald, 278
Equipe curador-médico
 e doença, significado e causas, 151
 e história da doença, 149
 e modalidades de tratamento, 153
 e processo patológico, 140
 e trabalho de aura com as mãos, 147-48
Esclerose múltipla, 224
Escolha, 563, 571
Esgotamento, 99, 162
 e correntes bioplasmáticas, 351
Espaço
 e campo áurico, 209-10, 215
 e campos de energia, 215-16, 229-30
Espelho, exercícios, 269-70
Esperança, cura pela, 499-501
Esquizofrenia, 385, 391
Esquizoide, caráter, 401
 defesa do, 399-400, 403-13
Essência divina, 68
Estrela do âmago, 40, 68, 388, 120, 354, 447
 e impulso criativo, 359
 essência da, 68, 131, 205, 402, 456
 luz que aflora a partir da, 558
 meditação da, 556, 557
 passagens interiores para a, 554-55
Estruturas de caráter, 401, 402
 esquizoide, 399, 400, 401, 403
 inflexível, 399, 400, 450, 451
 masoquista, 399, 400, 401
 oral, 399, 400, 401, 403, 415
 psicopático, 399, 400, 401, 403, 425
Eu (*Ver* Eu superior; Eu inferior; Máscara do eu)
Eu inferior, 29-30
Eu superior, 30
Exercícios aeróbicos, 249
Exercícios, 249-53
 aeróbicos, 249
 alinhar sua vontade com seu propósito de vida, 533-34
 amor por si mesmo, 268
 espelho, 270
 julgamentos e efeitos, 297
 julgamentos sobre si mesmo, 300-01
 para a respiração, 251
 para descobrir o medo, 289
 para dissolver contratos negativos, 322-33
 para eliminar a negação, 294
 para encontrar contrato negativo, 320
 para energia, 249-50
 para troca de energia, 250
Êxtase espiritual, 197-98, 493, 515

Família
 correntes bioplasmáticas na, 348
 cura da, 511
 necessidade da, 194
 relacionamentos saudáveis com, 317-18
Feng shi, 214
Ferimento original, 28-34
 estrada de volta ao, 32-3
 propósito espiritual do, 36
 sistemas de defesa habituais, 32
Fibrilação atrial, 371-73
Fibrose cística, 243
Fígado, 141, 142
 apático, 107
 câncer no, 224, 367

hipofuncionamento, 143-44
transplante, 158
Flanagan, dr. Gael Crystal, 239
Flanagan, dr. Patrick, 239
Flanagan, os, 240, 246
Floresta, energia na, 207
Fome, medo da, 338
Formas-pensamento negativas, 55
Freud, Sigmund, 401
Frost, David, 45
Fumantes, 142, 287

Gabbor, Dennis, 83
Gestla, Karen, 45
Guias espirituais, 112-13, 127, 472

Hábitos alimentares, 241, 248
  (*Ver também* Alimentos)
Hárico, nível, 40, 66, 524-30
Harman, dr. Willis, 70, 72
Hay, Louise, 107, 133, 278
Hepatite, 141
Hepatite, 367
Heyoan, 114, 134, 155, 175, 205, 211, 268, 401, 503, 510, 522, 542, 546
  apresentação formal a, 483
  sobre a estrela do âmago, 305, 556-59
  sobre amor, 387
  sobre cirurgia, 503
  sobre companheiros, 377-78
  sobre contração, 563
  sobre cordões, 354, 355
  sobre cura do hara, 530-31
  sobre cura, 279-83, 464, 465-67
  sobre desejo pessoal, 495-98
  sobre dislexia, 386, 388
  sobre distúrbios de comunicação, 390
  sobre escolha, 563-67, 571
  sobre fé e esperança, 499-501
  sobre homossexualidade, 364
  sobre medo, 114-15
  sobre necessidades, 507
  sobre nível do hara, 520
  sobre o impulso criativo, 559, 567
  sobre paz mundial, 88, 334-37, 518
  sobre perdão, 464, 465-67
  sobre resistência, 487
  sobre sede da alma, 388
  sobre transfiguração, 546-47
Higiene pessoal, 233
Hill, Anita, 373
Hipoglicemia, 367
Histerectomia, 166
Hodgkin, doença de, 157
Holismo, 79, 82
Holística, cura, 114, 122
Holística, visão, 92-3
Holografia, 82-3, 332, 333
Holográfica, função do sistema de equilíbrio, 105-08
Holográfico, modelo, 78
  e diagnóstico (intratável), 95
  e realidade, 84-92
Holograma, 79-80, 83-4
Homeopáticos, remédios, 155, 241
Homossexualidade, 363
Hunt, dra. Valerie, 42, 45

Imagem final, 25
Imposição das mãos, 156, 506, 519
Impotência, 363
Impulso criativo, 559
  meditação do, 567, 568
Indigestão, 367
Indução harmônica, 409
  nos relacionamentos, 345
Indústria de alimentos saudáveis, 160
Inflexível, caráter, 401

defesa do, 399-400, 403, 449-60
Intenção, 31, 524, 525 (*Ver também*
 Consciência; Nível hárico)
 positiva *vs.* negativa, 274
Intencionalidade, 517
 e nível hárico, 521
Inyushin, dr. Victor, 41, 45
Ioga, 250-51, 252

Jardins, energia nos, 208
Jening, dr. Hans, 220
Joelho, lesão no, 552-53
Julgamentos negativos, 191
Julgamentos sobre si mesmo, 300-01
 negativos, 191
Julgamentos, exercícios para entender os, 297-98 (*Ver também* Julgamentos sobre si mesmo)

Karma, 132, 377, 400, 473, 504, 572
Kilmer, Walter, 44
Kübler-Ross, dra. Elisabeth, 165
Kushi, Aveline, 248
Kushi, Michio, 238, 248

Lagos, energia dos, 207
Lamentar, 527
Lashley, Karl, 83
Leibnitz, Gottfried Wilhelm von, 44
Leith, Emmette, 83
Leucemia, 158, 230
Lição de vida pessoal, 181
Límbico, sistema, 227
Limites, 209
Linha do hara do grupo, 538-39
Linha hárica, 463
 alinhamento, 523, 529, 532-40, 556-57
 distorção na, 526, 529-30
 e intencionalidade, 289

e propósito de vida, 533-41
e tan tien, 522-23
grupo, 538-39
laser, 529, 534, 540
transformação da, 541-42
Livre-arbítrio e vontade divina, 488-89
Local para viver, escolha do, 213-14
Lowen, dr. Alexander, 205

"Maçã de Pribram", 124
Macrobiótica, 238-39, 248
Mammers, dr. Guy, 221
Mar, energia do, 207
Markides, Kyriacos, 343
Máscara do eu, 297
 e sofrimento, 28
Masoquista, caráter, 401
 defesa do, 399-400, 403, 438-48
Mecanicista, modelo na saúde, 71-2, 76
Medicamentos, 155, 156, 241
 (*Ver também* Drogas)
Médicos, 78 (*Ver também* Equipe curador-médico)
Meditação, 61, 65, 113, 198, 216, 242, 250, 276, 278, 362
 cor, para chakras, 277
 cura para o sétimo nível, 511
 cura para todos os níveis, 511-16
 cura por meio do perdão, 464, 465-67
 cura, 275-76
 da estrela do âmago, 556-59
 e hábitos alimentares, 242
 espaço para, 216
 música para, 222
 para a própria pessoa se curar, 278
 para alcançar o sétimo nível, 501
 respiração colorida, 276
 sobre impulso criativo, 567-70
 sobre transfiguração, 546

Medo, 114, 179
  cheiro do, 227
  de caráter esquizoide, 404
  de caráter inflexível, 451
  de caráter masoquista, 439
  de caráter oral, 415-16
  de caráter psicopático, 427
  e negação, 169, 294
  eliminação para aplacar o, 337-38
  exercício para descobrir o, 289-90
  vs. amor, 571
Melanoma, 510
Memória, 83, 149-50
Mensagens canalizadas, 279, 334, 354, 364, 377, 386, 387, 388, 390, 465, 483, 487, 495, 499, 504, 520, 546, 548, 556, 563, 564, 567 (*Ver também* Heyoan)
  espíritos-guias, 112, 472, 481
  para cura, 279, 283, 465, 466, 467, 499, 501
Mente divina, 61, 198, 285, 390, 471
  necessidade da, 198
Mente, 71 (*Ver também* Mente divina)
Mesmer, Franz Anton, 44
Minerais, 159, 241, 246
Missão de vida, 364, 391, 435, 491, 525
  e anseios, 37
Monet, Claude, 218
Monismo materialista, 70-1
Monismo transcendental, 71
Montanhas, energia das, 207
Morte, 73, 76, 111, 112, 134
Motoyama, dr. Hiroshi, 41, 45
Mozart, Wolfgang Amadeus, 295
Mundo físico, 39-40
  e campo bioenergético, 41, 42
Música, 188, 222

Natureza, energia da, 207
Necessidades físicas, 51, 53, 182, 514
Necessidades pessoais, 182
Negação, 103, 165, 166-67 (*Ver também* Reação de defesa ou negação)
  como estágio de cura, 166
  do caráter inflexível, 452
  exercício, 294
Negociação, 165
  como etapa de cura, 171-72
Northrup, F. S. C., 44

Obesidade, 285
Objetos
  e campos de energia, 217-18
  e correntes bioplasmáticas, 182-63
Obra de arte e campo áurico, 217-18
Ódio contra si mesmo, 257
  causa espiritual do, 260-61
  causa psicológica do, 258
  como quebrar o círculo vicioso do, 261-62
Oral, caráter, 401
  defesa do, 399, 413-23, 461
Orgânico, alimento, 159, 208, 239, 243
Orientação espiritual, 472-516
  e amor divino, 493-94
  e mente divina, 501-11
  e vontade divina, 485-93
ORM, 211, 212, 235
Ovário, infecção no, 363

Pacientes, resistência dos, 128
Palpitações, 371
Pâncreas, funcionamento do, 143, 146
  câncer no, 224
Paracelso, 44
Parcelles, dra. Hazel, 238, 239, 240, 243

Paz mundial, 88, 334-37, 518
Pélvica, doença inflamatória, 363
Percepção consciente, 284
Percepção sensorial superior (PSS)
   auditiva, 142, 146
   cinestésica, 143
   definição de, 19
   desenvolver a, 59,112, 534
   desenvolvimento, 125, 160, 396
   e anjos da guarda, 113
   e estrela do âmago, 68, 548-54
   e guias espirituais, 112-13
   e interação entre os campos áuricos, 340
   e problemas psicológicos, 127, 152
   modificando a, 50
   no futuro, 62
   visual, 141-42, 146, 344
Perda e depressão, 173
Perdão, cura por meio do, 464, 465-66
Pesar, 173
Pescoço, lesões no, 150, 271-72, 379
Pesticidas, 240
Pierrakos, dr. John, 47
Pierrakos, Eva Broch, 275, 477, 491
Pitágoras, 44
Plantas, energia das, 208
Poluição, 159, 212, 221
Ponto de individuação (ID), 522, 529, 536
   bloqueado, 527, 528
   exercício com, 537
Postura corporal, 33
Praias, energia das, 206
Prana, 205
Prazer negativo ou eu inferior, 29-30
Pribram, dr. Karl, 83, 84, 86
Problemas do coração, 149, 157, 162, 371
Processo criativo e saúde, 69

Profissionais da área da saúde, 302-03
   relacionamento com, 326
Propósito de vida e linha do hara, 532-41
Propósito espiritual do ferimento original, 36-7
   anseios e missão de vida, 37
   cura, 37
Próstata, câncer de, 363
Psiconoética, forma-pensamento, 352
Psicopático, caráter, 401
   defesa, 399-400, 403, 423-24, 461
Puharich, dr. Andria, 43, 45
Pulmão, doenças do, 379

Quadris, problemas nos, 150
Quimioterapia, 129, 130, 141, 156, 305, 328

Radiação, 129, 156, 248, 510
Ravitz, L. J., 44
Reação de interrupção
   e defesa esquizoide, 412
   e defesa inflexível, 458
   e defesa masoquista, 448
   e defesa oral, 423
   e defesa psicopática, 435
Reação de puxar
   e defesa esquizoide, 408
   e defesa inflexível, 457
   e defesa masoquista, 447
   e defesa oral, 421
   e defesa psicopática, 434
Reação de retração
   e defesa masoquista, 450
   e defesa oral, 425
   e defesa psicopática, 437
   e defesa inflexível, 460
   e defesa esquizoide, 414

Realidade
  e modelo holográfico, 84-92
  metáforas da, 77-84
Reencarnação, 541-46
Regressão, 26
Reich, dr. Wilhelm, 44, 53, 211, 401
Reichenbach, Wilhelm von, 44
Relacionamentos, 57-8, 310, 311-33, 343
    (*Ver também* Cordões relacionais)
  com família e amigos, 317-26
  com profissionais de saúde, 326-30
  e contratos negativos, 313-17
  e contratos tácitos, 311-13
  e correntes bioplasmáticas, 346
  e Terra, 332-33
  indução harmônica nos, 344-46
  interações áuricas negativas nos, 395-98
Rembrandt, 218
Renascimento, 116, 165
  como estágio de cura, 177-79
Respiração, 251-52
  cor, 276
Revolta, 170-71
Rim, funcionamento do, 146-47
Rituais, 352
Rodegast, Pat, 482, 188
Roupas, 237

Salieri (compositor), 295
Saúde e processo criativo, 69
Schumann, ondas, 45, 46
Sede da alma, 67, 522, 526, 529
  exercício com, 536, 537
  ocultação, 526-27
"Sentimento", poema recebido por
    mediunidade, 275
Sentimentos religiosos, 184
Sentimentos, 54, 273-74 (*Ver também*
    Emoções)

Sentir-se amado, necessidade de, 194
Septo atrial defeituoso, 503
Sexualidade, 223, 362-63, 380, 381-82,
    426, 458
Sheldrake, dr. Rupert, 97
Siegel, dr. Bernie, 133
Simonton, dr. O. Carl, 252
Sincronicidade (sincronia), 538, 557, 566
Sistema de equilíbrio, 95-7, 101-05, 167,
    285
  acreditar no, 103
  e desequilíbrio, 99, 100
  função holográfica do, 105
Sistemas de defesa habituais, 32
Sol, comunicação com o, 476
Som, 522-23
  e campos de energia, 218-19
  poluição sonora, 221
Sono (dormir), 99, 163, 253
Stevenson, Ian, 339
Sucção, de caráter oral, 415, 417, 422

Tai chi, 250
Tan tien, 67, 519, 529, 543
  e linha do hara, 522-23
  exercício com, 533-38
Tempo, 254-55
  holográfico, 88
Terra
  campo magnético da, 159
  energia da, 204-32
  relacionamento com, 332
Tireoide, problemas da, 107, 224, 272,
    278, 384, 573
Tomlin, Lily, 77
Torção nos tornozelos, 148, 150
Trabalho com o público, correntes
    bioplasmáticas no, 350
Traição e caráter psicopático, 424-25

Transcendência, 185, 472
  e campo áurico, níveis do, 195-99
Transformação, 186, 478, 497
Transplante de coração, 305
Tratamento, modalidades de, 153-60, 193, 306
Traumas da vida e cordões relacionais, 359-60
Troca de energia, exercício, 250

Úlcera, 120, 367
Upatinicks, Juris, 83
Útero, problemas no, 166, 193

Vaginal, câncer, 363
Vaginal, infecção, 363
Valeri, Marjorie, 483
Van Gogh, Vincent, 218
Verdade, 195-96
"Viagem através do corpo", 513

Vida passada, experiências de, 26, 354
Vida selvagem, 207-08
Visualizações, 512
  para cura de si mesmo, 307
Vital, energia (*Ver* Energia)
Vital, força, 474
Vitaminas, 159, 241, 246-47
Vogel, Marcel, 236
Vontade divina, 210, 255, 343, 471, 478, 485
  imagens negativas da, 486

White, John, 19
Whitehead, Alfred North, 82
Wigmore, dra. Ann, 248
Woolger, Roger, 26

Zeta, potencial nos alimentos, 239-40
Zimmerman, dr. John, 45